中国年鉴精品工程
High Quality Project of China's Yearbook

汉阳年鉴

2023

HANYANG YEARBOOK

武汉市汉阳区档案馆
（武汉市汉阳区史志研究中心） 编

方志出版社
Publishing House of Local Records

图书在版编目（CIP）数据

汉阳年鉴. 2023 / 武汉市汉阳区档案馆（武汉市汉阳区史志研究中心）编.—北京 ： 方志出版社, 2023.12

ISBN 978-7-5144-5918-0

Ⅰ. ①汉… Ⅱ. ①武… Ⅲ. ①区(城市)－武汉－2023－年鉴 Ⅳ. ①Z526.34

中国国家版本馆 CIP 数据核字(2023)第 238364 号

责任编辑：范锐超
责任校对：张玉霞
责任印制：梅中英
出 版 者：方志出版社
地　　址：北京市朝阳区潘家园东里 9 号（国家方志馆 4 层）
邮　　编：100021
网　　址：http://www.zgfzcb.cn
发　　行：方志出版社图书营销中心（010-67110500）
印　　刷：湖北金港彩印有限公司
开　　本：889 毫米×1194 毫米　1/16
印　　张：27 印张　插页：2.75 印张　地图：1 幅
字　　数：1146 千字
版　　次：2023 年 12 月第 1 版
印　　次：2023 年 12 月第 1 次印刷
定　　价：260.00 元

《汉阳年鉴》编纂委员会

《汉阳年鉴（2023）》编辑人员

序

国务院办公厅2015年8月印发的《全国地方志事业发展规划纲要（2015—2020年）》（以下简称《规划纲要》）要求，到2020年要做到地方综合年鉴一年一鉴，公开出版，实现省、市、县三级综合年鉴全覆盖。《规划纲要》还要求，坚持存真求实，正确处理质量与进度的关系，将精品意识贯穿于年鉴编纂出版工作全过程。2015年12月，中国地方志指导小组办公室启动中国年鉴精品工程，将其与先期实施的中国志书精品工程视为姊妹工程，一道作为加强地方志质量建设的重要抓手。

实施中国年鉴精品工程有助于推动中华优秀传统文化传承发展。近年来，在党中央、国务院的高度重视和关心支持下，全国地方志事业发展迎来最好的发展时期。年鉴编纂发端于欧洲，鸦片战争后被引入我国，在我国走过了100多年的发展历史。在长期的编纂中，年鉴在内容和形式上不断发展，逐渐演变成为适合反映中国国情、具有鲜明中国特色的一种文化载体，并在改革开放后出现了快速发展的局面。2006年5月，国务院《地方志工作条例》颁布施行，明确将地方综合年鉴纳入地方志工作范畴，年鉴工作走上了有法可依的轨道。《规划纲要》出台，为从依法编鉴转变到依法治鉴指明了方向。2016年12月，中国地方志指导小组印发《全国年鉴事业发展规划（2016—2020年）》，更进一步明确了到2020年全国年鉴事业的任务书、时间表、路线图。经过多年的发展，年鉴工作已经成为地方志工作的重要组成部分，成为中华民族优秀文化传统的有机组成部分，其存史、育人、资政作用日益彰显。实施中国年鉴精品工程，是年鉴工作者紧扣时代脉搏、坚持创新发展的一项重要举措，对于坚定文化自信，传承弘扬好中华优秀传统文化意义重大。

实施中国年鉴精品工程有助于为全面建成小康社会提供更多智力支持和历史借鉴。党的十八大作出全面建成小康社会的战略部署。党的十八届五中全会提出到2020年如期实现全面建成小康社会的目标要求。完成《规划纲要》确定的目标任务是年鉴工作者的神圣使命，更是年鉴工作者以自身力量为全面建成小康社会献上的厚礼。一方面，可以更好地利用年鉴这种年度资料性文献，及时记录各地区在全面建成小康社会伟大征程中每年取得的新成绩和新经验、出现的新情况和新问题、涌现的优秀人物和典型事迹等；另一方面，可以更好地积累地情、国情资料，为推动经济社会发展和深化改革提供智力支持，为推进国家治理体系和治理能力现代化提供历史借鉴。

实施中国年鉴精品工程有助于全面推进地方志事业转型升级。地方志不是单纯修志编鉴工作，而是全体方志人“修志问道，以启未来”的一项事业，这项事业包含着巨大的时代担当与使命追求。地方志工作要在“五大建设”总体布局和“四个全面”战略布局中发挥与其自身价值、功能相匹配的作用，就要因时而谋、乘势而上、顺势而为，全面推进地方志事业转型升级。转型升级，当下最重要的目标就是完成“两全”目标，包括“年鉴全覆盖”目标；长远的目标就是基本形成地方志编修体系、理论研究和学科建设体系、质量保障体系、资源开发利用体系、工作保障体系“五位一体”的地方志事业发展综合体系，包括“五位一体”的年鉴事业发展综合体系。中国年鉴精品工程是一项探索工程，也是一项创新工程，是推进地方志事业转型升级的重要内容。通过实施中国年鉴精品工程，不仅有助于确保年鉴质量，不断编纂出版具有鲜明时代特征、年度特点和地域特色的精品年鉴，也有助于推动年鉴工作适应经济社会发展形势和时代需要，不断改革创新，与时俱进。

多年来，在中国地方志指导小组办公室的指导和全国各级地方志工作机构的共同努力下，年鉴种类数量快速增长，年鉴成果粲然可观，为实施中国年鉴精品工程奠定了坚实的基础。实施中国年鉴精品工程，就是要在全国地方志系统起到示范作用，进一步培育精品意识，打造精品年鉴，以点带面，在提高年鉴质量方面探索出一条切实可行之路，使这项探索工程和创新工程能够积累经验，发挥引领作用。

“万山磅礴，必有主峰；龙衮九章，但挈一领。”实施中国年鉴精品工程，是筑牢地方志事业特别是年鉴事业发展根基之举，其意义与价值不言而喻。但编修出年鉴精品佳作，绝非朝夕之功，需要付出长期艰辛的努力。希望通过实施中国年鉴精品工程，能够进一步推进年鉴质量建设，使年鉴真正成为传承中华民族优秀传统文化的重要载体，成为展示中国国情、地情的重要窗口，成为“为当代提供资政辅治之参考、为后世留下堪存堪鉴之记述”的资源宝库，在全面建成小康社会过程中作出更大贡献。

是为序。

中国社会科学院原副院长
原中国地方志指导小组常务副组长 李培林

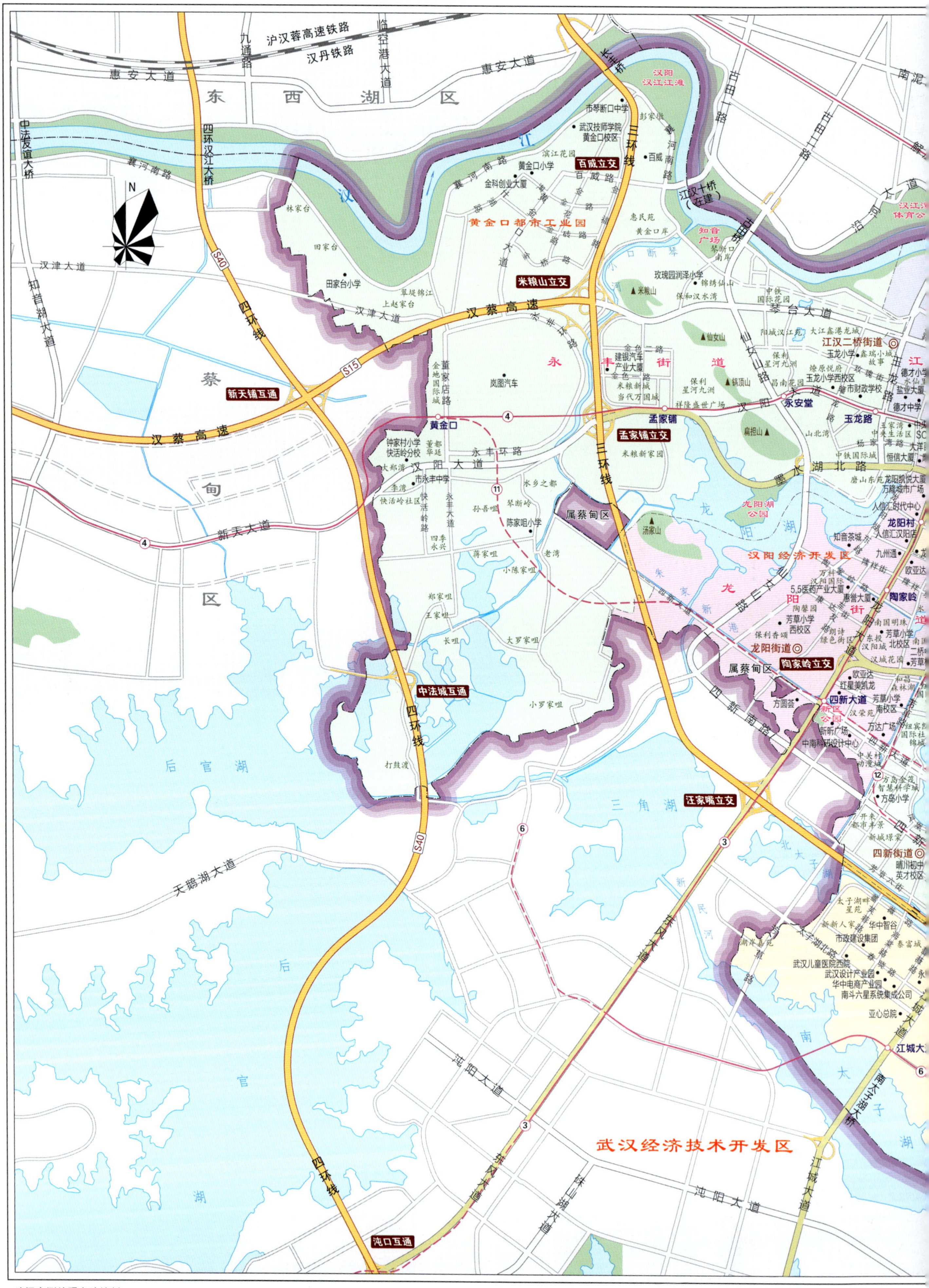
沪汉蓉高速铁路
汉丹铁路
九通路
临空港大道
惠安大道
东西湖区
中法友谊大桥
四环汉江大桥
襄河南路
汉江
长丰桥
汉阳汉江江滩
市琴断口中学
武汉技师学院黄金口校区
彭家嘴
三环线
百威立交
百威路
黄金口小学
金科创业大厦
滨江花园
黄金口都市工业园
黄金口大道
林家台
田家台
田家台小学
汉津大道
知音湖大道
米粮山立交
汉蔡高速
新天铺互通
蔡甸区
四环线
S40
S15
永丰街道
岚图汽车
董家店路
金地国际城
黄金口
孟家铺
孟家铺立交
米粮新寓园
永丰环路
汉阳大道
钟家村小学快活岭分校
市永丰中学
快活岭社区
快活岭路
永丰大道
水乡之都
琴断岭
孙吾咀
陈家咀小学
属蔡甸区
汤家山
新天大道
蒋家咀
小陈家咀
老湾
郑家咀
王家咀
长咀
大罗家咀
中法城互通
小罗家咀
打鼓渡
后官湖
三角湖
汪家嘴立交
天鹅湖大道
沌阳大道
东风大道
沌口互通
武汉经济技术开发区
江汉十桥（在建）
知音广场
琴断口南岸
惠民苑
黄金口岸
玫瑰园润泽小学
锦绣仙山
米粮山
保利汉水湾
琴台大道
仙女山
仙女山路
锅顶山
扁担山
墨水湖北路
龙阳湖公园
龙阳湖
汉阳经济开发区
江汉二桥街道
玉龙小学
永安堂
玉龙路
龙阳村
陶家岭
龙阳街道
陶家岭立交
四新大道
方圆荟
四新南路
新区公园
中南科研设计中心
芳草小学西校区
四新街道
太子湖北路
武汉儿童医院西院
武汉设计产业园
华中电商产业园
南斗六星系统集成公司
亚心总院
江城大道
南太子湖
武汉市财政学校
德才中学
欧亚达
九州通
南国明珠
方达广场
新一中
华中智谷
市政建设集团
汉江湾体育公园
南泥湾
汉阳大道

武汉市测绘研究院编制

武汉市汉阳区地图

审图号：武汉市S（2023）030号 二〇二三年八月

编 辑 说 明

一、《汉阳年鉴》由武汉市汉阳区人民政府主管，武汉市汉阳区档案馆（武汉市汉阳区史志研究中心）负责编纂，全区各有关部门和单位共同参与编纂。2006年创办，每年出版一卷，是各界人士了解汉阳区的年度资料性文献。《汉阳年鉴（2023）》为第18卷。

二、《汉阳年鉴（2023）》以马克思列宁主义、毛泽东思想、邓小平理论、“三个代表”重要思想、科学发展观、习近平新时代中国特色社会主义思想为指导，坚持辩证唯物主义和历史唯物主义的立场、观点和方法，存真求实，全面、客观、系统地记述汉阳区2022年自然、政治、经济、文化和社会等方面情况。记述时限为2022年1月1日至12月31日。

三、《汉阳年鉴（2023）》采用分类编辑法，以类目为单元，类目由分目和条目组成。条目为收录资料信息的基本单位。全书条目的标题统一加“【 】”表示。

四、《汉阳年鉴（2023）》卷首设有特载、专文、大事记、区情概览，主体部分设有中国共产党武汉市汉阳区委员会、武汉市汉阳区人民代表大会、武汉市汉阳区人民政府、中国人民政治协商会议武汉市汉阳区委员会、中共武汉市汉阳区纪律检查委员会·武汉市汉阳区监察委员会、民主党派、人民团体、法治、军事、经济管理、数字经济、工业·建筑业、商贸服务业、会展业、金融业、旅游业、功能区建设、交通·邮政·通信、城市建设与管理、生态环境保护、科技、教育、文化、卫生健康、体育、社会生活、应急管理、街道共28个类目，卷尾设人物·荣誉、统计资料、附录、索引。

五、《汉阳年鉴（2023）》与上卷年鉴相比，增加了4个类目。“商贸业·会展业”类目拆分为“商贸服务业”和“会展业”两个类目，并在“会展业”类目后补充“金融业”类目；“文化·体育”类目拆分为“文化”和“体育”两个类目；“汉阳概览”类目更名为“区情概览”；“生态环境”类目更名为“生态环境保护”；“民主党派与工商联”类目调整为“民主党派”类目，工商联分目调整至“人民团体”类目中；将“交通·邮政”类目改为“交通·邮政·通信”类目；将“汉阳区人民政府”类目中的“应急管理”分目升格为类目。

六、《汉阳年鉴（2023）》统一使用规范的现代语体文记述，数字用法、标点符号用法分别采用国家标准《出版物上数字用法》（GB/T 15835—2011）、《标点符号用法》（GB/T 15834—2011），计量单位采用国家技术监督局1993年12月发布的《量和单位》系列国家标准。

七、《汉阳年鉴（2023）》所载大部分稿件（资料）由武汉市汉阳区区直各部门、各单位以及辖区有关单位提供，并经各单位审核。“统计资料”由汉阳区统计局供稿。因统计口径等原因，有关单位所用个别数据与“统计资料”中的数据不尽一致，凡涉及汉阳区国民经济和社会发展的全局性数据均以汉阳区统计局提供的资料为准。

2022年，已有500余年树龄的“汉阳树”　　（汉阳区融媒体中心 供图）

生态宜居之城

2022年，汉阳区把山水风光融入城区景色，用“绣花功夫”实施城市建设与管理，勾勒出两江靓、六湖美的生态盛景。

汉阳区沿长江、汉江岸线

（汉阳区融媒体中心 供图）

公园城市

2022年，汉阳区加快建设生态宜居宜游的公园城市，新建绿地16万平方米、花田花海10万平方米、口袋公园7个，人均公园绿地面积居武汉市中心城区第一，墨水湖、龙阳湖水质稳步提升，琴断口小河入选全市“美丽河湖”优秀案例，呈现出生态宜居的美好环境。

2022年5月1日建成开园的龙阳湖公园（一期）鸟瞰图　　（汉阳区融媒体中心 供图）

2022年3月，琴断口小河入选武汉市“美丽河湖”优秀案例（汉阳区融媒体中心 供图）

2022年5月1日，恬静公园建成开园　　（汉阳区园林局 供图）

2022年10月1日，武汉国博中央水系景观公园正式开放　　（汉阳区融媒体中心 供图）

2022年11月7日，龙阳湖公园龙阳半岛园区建成开放　　（汉阳区融媒体中心 供图）

2022年，汉阳区墨水湖公园被评为湖北省“最美城市公园” （汉阳区融媒体中心 供图）

2022年11月2日，汉阳区第三十九届金秋菊展在墨水湖公园举行　（汉阳区园林局 供图）

2022年，游客在汉江湾桥下的花田花海游玩
（汉阳区融媒体中心 供图）

2022年，江城大道街头园林扎景　（汉阳区园林局 供图）

路网建设

2022年，汉阳区交通基础设施建设快速推进，完成18个重点路网工程建设，知音大道先行示范段建成通车。全区对外大畅通、对内大循环的路网格局全面形成，道路畅通率位居武汉市中心城区第一。

2022年2月，知音大道先行示范段（仙女山路至阳城西路）正式通车　　（汉阳区融媒体中心 供图）

2022年9月，位于黄金口都市工业园的金砖路（什湖路至黄金口大道）道路工程完工　　（汉阳区融媒体中心 供图）

2022年，连接国博大道和二环线的马鹦路立交桥鸟瞰图 （汉阳区融媒体中心 供图）

2022年10月，建港路（晴川大道至新五里后堤段）完成人行道和非机动车道建设 （汉阳区融媒体中心 供图）

2022年8月，位于龙阳湖健康谷的车友路建成 （汉阳区融媒体中心 供图）

“一刻钟便民生活圈”

2022年，汉阳区稳步推进“一刻钟便民生活圈”建设。12月，江堤街道江腾社区、琴断口街道金龙花园社区、琴断口街道百灵社区和江汉二桥街道郭茨口社区入选武汉市首批建成的“一刻钟便民生活圈”试点名单。

江堤街道在兰亭都荟小区引入小微便民商户　（汉阳区融媒体中心　供图）

江腾社区依托江腾广场打造家门口的社区商圈（汉阳区融媒体中心　供图）

郭茨口社区的“万科里”商圈，超市、商铺一应俱全　（汉阳区融媒体中心 供图）

金龙花园社区内的健身器材满足全龄段居民健身需求
（汉阳区融媒体中心 供图）

郭茨口社区内的华中师范大学附属郭茨口小学环境优美、设施齐全　（汉阳区融媒体中心 供图）

“三城一中心”建设

2022年，汉阳区致力产业转型升级，确立“三城一中心”的发展路径，即加快打造科技创新城、文化创意城、青年创业城和武汉西部消费中心，努力建设新时代英雄城市宜居宜业新汉阳。

2022年5月12日，在汉阳区文化创意城启动仪式上，汉阳区确定建设知音文化旅游区。图为鸟瞰知音文化旅游区

（汉阳区融媒体中心 供图）

墨水湖西南岸的汉阳四新片区，形成汉阳区新的经济圈 （汉阳区融媒体中心 供图）

2022年，中铁大桥局集团有限公司大楼
（汉阳区融媒体中心 供图）

2022年7月20日，“高宗余院士专家工作站”在中铁大桥局集团有限公司揭牌成立
（汉阳区融媒体中心 供图）

2022年7月5日，湖北锐捷信息集成有限公司、武汉泽塔云科技股份有限公司等汉阳区企业与武汉大学、中国地质大学签订科研合作协议
（汉阳区融媒体中心 供图）

科技创新城

2022年，汉阳区加快打造科技创新城，全面推进科技创新、全链融合统筹发展，努力将汉阳区建设成为创新活力涌流、创新要素集聚、创新环境优化的科技创新之城。

2022年，容百华中总部及研究院项目选址汉阳区黄金口都市工业园 （汉阳区融媒体中心 供图）

2022年3月29日，容百集团华中区域总部及新能源电池技术研究院落户汉阳区 （汉阳区融媒体中心 供图）

2022年7月5日，太保武大保险科技研究院在汉阳区揭牌成立 （汉阳区融媒体中心 供图）

2022年5月12日，汉阳区举行科技创新暨数字经济大会　　（汉阳区融媒体中心　供图）

2022年9月30日，武汉元宇宙数字产业基地正式启动建设　　（汉阳区融媒体中心　供图）

2022年1月21日，武汉星火数字产业大楼启用，华中地区首个“星火链网”骨干节点在汉阳区上线　　（汉阳区融媒体中心　供图）

位于黄金口都市工业园内的百威（武汉）啤酒有限公司是百威全球首家碳中和工厂，图为2022年该公司生产车间

（汉阳区融媒体中心 供图）

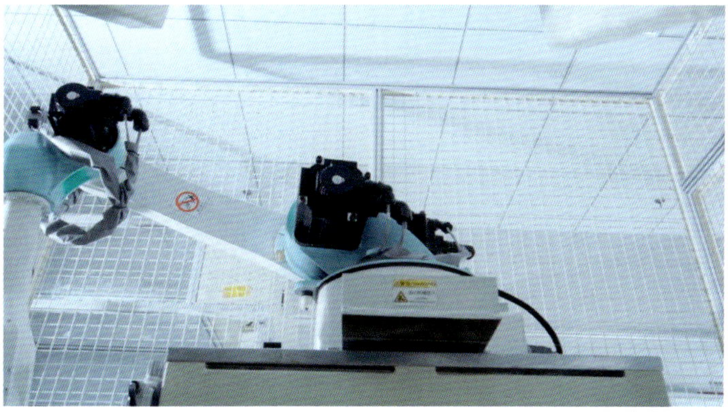

2022年，武汉孚安特科技有限公司锂锰软包电池生产车间

（汉阳区融媒体中心 供图）

2022年，从事汽车空调电子电气产品设计、研发、制造和销售的武汉显捷电子有限公司被评为湖北省第四批专精特新“小巨人”企业，图为该公司内景

（汉阳区融媒体中心 供图）

2022年，武汉健民药业集团有限公司员工通过SCP（供应链规划）系统查看生产线情况

（武汉健民药业集团有限公司 供图）

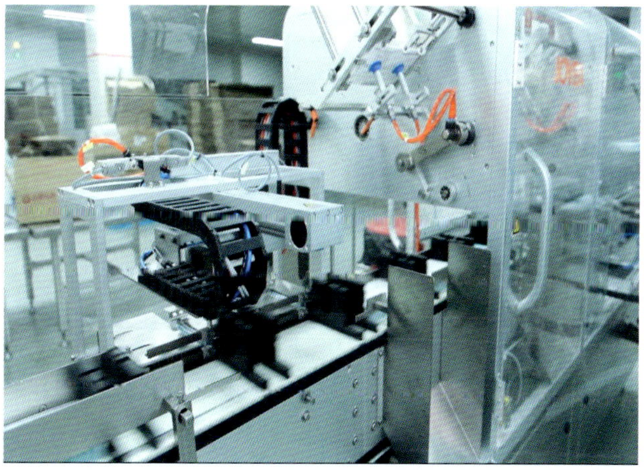

2022年，武汉健民药业集团有限公司自动化生产线

（武汉健民药业集团有限公司 供图）

2022年5月12日，汉阳区为华发国际企业大厦授牌“武汉智慧地理信息产业大厦”（汉阳区融媒体中心 供图）

武汉智慧地理信息产业大厦内展厅（汉阳区融媒体中心 供图）

华发国际企业大厦（汉阳区融媒体中心 供图）

2022年7月8日，湖北省智慧交通研究院在汉阳区揭牌成立

（汉阳区融媒体中心 供图）

湖北交通投资集团有限公司运行控制中心通过智慧联动平台系统监测湖北省高速公路路况

（汉阳区融媒体中心 供图）

2022年5月1日，由湖北交通投资集团有限公司投资建设运营的鄂州花湖机场高速公路建成通车，该高速公路为湖北省首条智慧高速公路

（汉阳区融媒体中心 供图）

文化创意城

2022年，汉阳区加快打造文化创意城，让文化根植于汉阳城的街头巷尾、让创意融入汉阳人的日常生活、让文化创意成为汉阳现代产业的新动力。

2022年5月12日，汉阳区文化创意城建设启动仪式暨文化旅游产业发展大会举行

（汉阳区融媒体中心 供图）

融创·武汉1890项目定位为“国家工业文化保护样板区”和“武汉文创艺术商业核心区”

（汉阳区融媒体中心 供图）

2022年12月24日，武汉美术馆（琴台馆）建成开馆　　（汉阳区融媒体中心 供图）

2022年12月28日，“艺以通衢——2022武汉双年展”在武汉美术馆（琴台馆）开幕。图为游客在馆内欣赏展览作品　　（汉阳区融媒体中心 供图）

2022年7月17日，“知音文化五个一”系列作品发布会在汉阳区举行　　（汉阳区文旅局 供图）

位于汉阳区月湖风景区知音半岛的阅秀公益书屋
（汉阳区融媒体中心 供图）

2022年10月，晴川街道华园社区居民在华润中央公园小区“图书漂流屋”阅读图书　　（汉阳区融媒体中心 供图）

2022年8月19日，汉阳区举办第四十五届"武汉之夏"广场舞大赛 （汉阳区文旅局 供图）

2022年8月20日，第四十五届武汉之夏"街头音乐会"在万科未来中心举办 （汉阳区文旅局 供图）

青年创业城

2022年，汉阳区加快推进青年创业城建设，推出知音人才谷“黄金十条”，新筹建知音人才公寓、青年人才之家近千套，服务“学子留汉”近2万人，湖北青创园（汉阳）开园即满园，汉阳创新创业氛围日益浓厚。

2022年7月5日，武汉人力资源服务产业园（汉阳集聚区）升级开园暨知音人才谷启幕仪式举行

（汉阳区融媒体中心 供图）

2022年1月20日，汉阳区首届“知音云上”创投大赛总决赛在武汉基金产业基地举行

（汉阳区融媒体中心 供图）

2022年11月，知音人才公园开园

（汉阳区融媒体中心 供图）

2022年5月4日，湖北青创园（汉阳）试点园区揭牌
（汉阳区融媒体中心 供图）

2022年，湖北青创园（汉阳）一期先导示范区在汉阳区四新片区运营
（汉阳区融媒体中心 供图）

万科·金域国际知音人才公寓 （汉阳区融媒体中心 供图）

2022年9月21日，位于墨水湖畔的武汉青年人才之家·知音驿站正式启用
（汉阳区融媒体中心 供图）

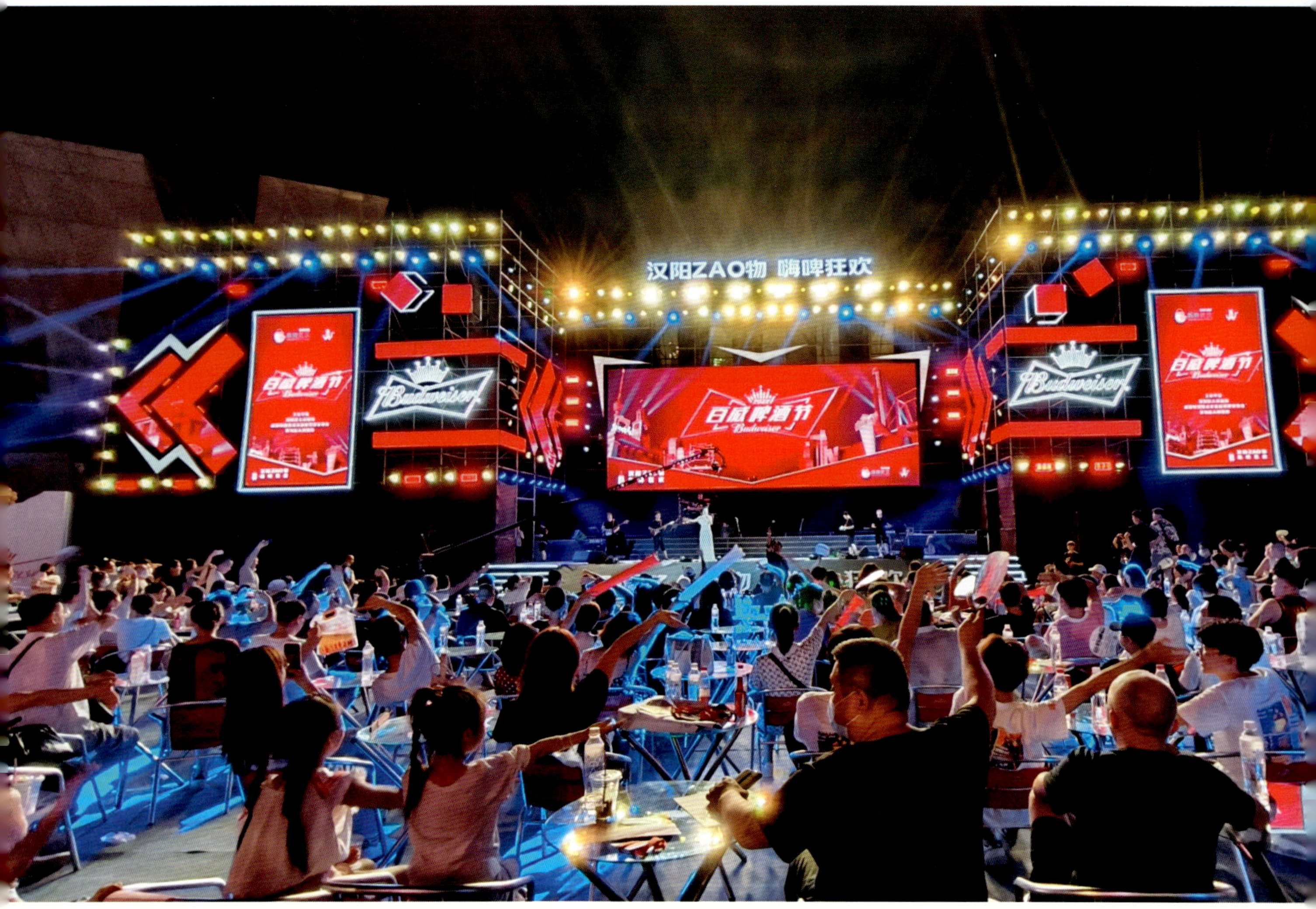

2022年8月5日，“百威啤酒节暨打造武汉西部消费中心”活动正式启动 （汉阳区融媒体中心 供图

2022年，龙阳大道汽车产业长廊 （汉阳区融媒体中心 供图）

2022年国庆节期间，“汉阳造进社区”活动在龙阳街道举办 （汉阳区融媒体中心 供图）

2022年6月，武汉摩尔城广场举办亲子消费体验活动 （汉阳区融媒体中心 供图

武汉西部消费中心

2022年，汉阳区积极融入武汉国际消费中心城市建设，立足大汉阳地区打造武汉西部消费中心。持续开展消费促进活动，汉阳消费吸引力、拉动力更加强劲。

2022年6月16日，“狂欢盛夏·不夜江城”2022武汉国际消费季主场活动启动

（汉阳区融媒体中心 供图）

2022年9月22日，武汉最大裸眼3D屏“三镇之眼”在钟家村商业体点亮 （汉阳区融媒体中心 供图）

年度聚焦

聚焦2022年度汉阳区持续优化的营商环境，蓄势集能的大健康产业、基金产业，不断完善的基层治理，全区呈现高质量发展的良好态势。

2022年7月5日，位于铁桥广场写字楼的汉阳工程咨询服务产业园正式启用
（汉阳区融媒体中心 供图）

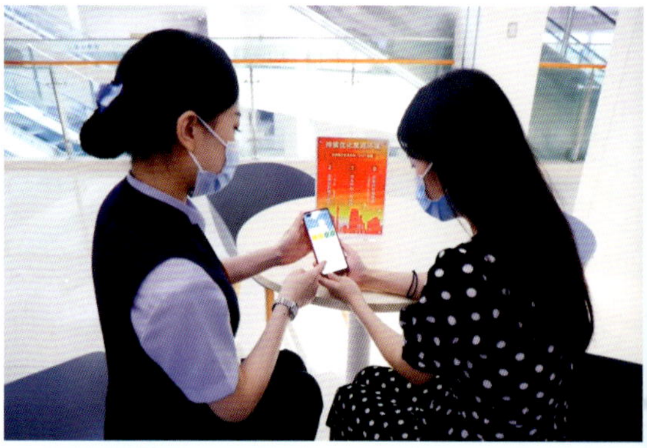

2022年6月，汉阳区政务服务中心工作人员引导经办人使用“汉阳云政务”小程序
（汉阳区融媒体中心 供图）

2022年5月，由专家、汉阳区营商环境监管部门、媒体组成的“知音帮帮团”向企业送去《惠企政策一本清》（汉阳区融媒体中心 供图）

2022年10月，汉阳区税务人员向纳税人讲解政策
（汉阳区融媒体中心 供图）

营商环境

2022年，汉阳区持续优化营商环境，深化拓展“一事联办”，109个主题事项实现“一件事一次办”，留抵退税“精简达”等4个项目成为省级示范。实施“金牌管家助企”工程，落实增值税留抵退税58亿元。在2022年度湖北省营商环境评价考核中，汉阳区位列全省99个县（市、区）第一。

2022年6月18日，汉阳区楼宇经济促进会成立大会举行　（汉阳区融媒体中心 供图）

2022年6月18日，远洋国际中心金融总部与中国银行、湖北银行、中信银行、农村商业银行4家金融机构签订战略合作协议

（汉阳区融媒体中心 供图）

大健康产业

2022年，汉阳区加速发展大健康产业，在2022年世界大健康博览会上，亮出“健康生活 汉阳造”的产业新名片。龙阳湖健康谷以九州通集团为龙头，形成大健康产业集聚吸附效应，全年全区大健康产业营业收入达1600亿元。

2022年8月5日至7日，2022年世界大健康博览会在武汉国际博览中心举办

（汉阳区融媒体中心 供图）

2022年世界大健康博览会展馆中的汉阳造AI智能机器人门诊

（汉阳区融媒体中心 供图）

2022年世界大健康博览会汉阳展区

（汉阳区融媒体中心 供图）

2022年10月8日，九州通集团股份有限公司新总部大厦启用
（汉阳区融媒体中心 供图）

2022年，汉阳区与湖北省妇幼保健院签署合作协议，湖北省妇幼保健院汉阳院区落户汉阳大道639号 （汉阳区融媒体中心 供图）

龙阳湖健康谷内大健康产品展示区
（汉阳区融媒体中心 供图）

位于叶开泰中医药文化街区的叶开泰秘药局
（汉阳区融媒体中心 供图）

2022年的武汉基金产业基地　　（汉阳区融媒体中心 供图）

2022年8月18日，湖北省铁路发展基金有限责任公司正式入驻武汉基金产业基地　　（汉阳区融媒体中心 供图）

武汉基金产业基地内景　　（汉阳区融媒体中心 供图）

基金产业基地

2022年，汉阳区稳步推进武汉基金产业基地建设，武汉基金产业基地基金管理规模突破1400亿元。通过举办“创投W+”品牌活动、政企系列对接会等，打造投融资对接中心，优良的投融资生态逐步构建。

2022年3月17日，“创投W+”人工智能专场活动在武汉基金产业基地举行
（汉阳区融媒体中心 供图）

2022年5月25日，汉阳区2022年专精特新“小巨人”企业金融服务政银企对接会在武汉基金产业基地召开 （汉阳区融媒体中心 供图）

武汉基金产业基地一楼基金产业展厅
（汉阳区融媒体中心 供图）

基层治理“深耕工程”

2022年，汉阳区大力实施党建引领基层治理“深根工程”，一体推进党员干部“下基层、察民情、解民忧、暖民心”实践活动、“美好环境与幸福生活共同缔造”活动，扎实开展“小区遍访行动”，积极创建市域社会治理现代化示范区，“红色驿站”“阳小驿”等创新做法被湖北省、武汉市推广。

2022年7月1日，汉阳区举行“实施深根工程创新基层治理”社区书记“我行我秀”擂台赛（决赛）
（汉阳区融媒体中心 供图）

2022年6月24日，“江城红领驿站”——武钢云谷·琴台钢贸园党建共同体成立
（汉阳区融媒体中心 供图）

2022年，汉阳区开展“万名警察进社区”活动

（汉阳区委政法委 供图）

2022年，琴断口街道七里一村社区服务队到居民家中服务

（汉阳区委政法委 供图）

2022年，江堤街道江欣苑社区干部在“红色驿站”服务居民

（汉阳区委政法委 供图）

2022年，龙阳街道龙湖东岸社区“智囊团”走家入户服务居民

（汉阳区委政法委 供图）

2022年7月8日，汉阳区举办“红马甲领跑 志愿红深根”新时代文明实践志愿服务项目大赛　　（汉阳区融媒体中心 供图）

2022年，琴断口街道七里一村社区开设“琴易达”志愿服务积分兑换点
（汉阳区融媒体中心 供图）

2022年，琴断口街道七里一村在社区服务大厅设置为户外从业人员提供休息场所的“阳小驿”　　（汉阳区融媒体中心 供图）

2022年，汉阳区人大代表在春天里小区举行外墙维修规划师上岗仪式　（汉阳区人大常委会　供图）

2022年6月24日，政协汉阳区委员会在龙灯里小区开展“协商在一线”活动　（政协汉阳区委员会　供图）

2022年，永丰街道惠民苑小区内居民和志愿者共建美好环境　（汉阳区融媒体中心　供图）

2022年，江汉二桥街道玫瑰西园小区安装健身器材，居民参与验收　（汉阳区融媒体中心　供图）

数读汉阳2022

土地面积：111.54平方千米

行政街道：11个

社区：118个

常住人口：90.06万人

户籍人口：59.17万人

地区生产总值：801.86亿元

第二产业增加值：150.41亿元

第三产业增加值：651.45亿元

一般公共预算总收入：121.51亿元

地方一般公共财政预算收入：88.48亿元

一般公共预算总支出：75.01亿元

规模以上工业总产值：166.64亿元

规模以上工业增加值：42.29 亿元

城镇居民年人均可支配收入：59220.00元

全社会固定资产投资额：220.30亿元

社会消费品零售总额：552.01亿元

限额以上批发零售和住宿餐饮营业额：412.19亿元

限额以下批发零售和住宿餐饮营业额：139.82亿元

实有市场主体：112702个

旅游总收入：20.80亿元

全年共接待游客数：3352万人次

国家AAA级以上旅游景点：7个

高新技术企业：286个

高新技术产业增加值：62.94亿元

专利授权总量：2766件

文化综合活动中心：120个

医疗卫生机构：472个

三级医院：4个

医疗机构床位：4530张

卫生技术人员：7035人

幼儿园：140所

小学：31所

普通中学：19所

中等职业学校：9所

高等职业学校：2所

城区园林绿化覆盖面积：2751.21万平方米

人均绿地面积：28.88平方米

植树：1.5万株

人口出生率：10.8‰

人口死亡率：6.1‰

人口自然增长率：4.7‰

环境空气质量优良天数：274天

社会养老服务机构：142个

新增就业：22468人

棚户区改造新开工住房：2500套

发放租赁住房补贴：432户

城镇职工基本养老保险参保人数：26.74万人

城镇职工基本医疗保险参保人数：39.28万人

失业保险参保人数：16.08万人

工伤保险参保人数：28.75万人

社保扩面净增人次：26220人次

（数据来源：武汉市汉阳区统计局）

目录

特载

专文

大事记

区情概览

中国人民政治协商会议武汉市汉阳区委员会

中共武汉市汉阳区纪律检查委员会·武汉市汉阳区监察委员会

民主党派

人民团体

商贸服务业

会展业

会展产业

展会活动

金融业

银行业

保险业

证券业

旅游业

风景名胜

旅游园区建设

文化旅游活动

旅游线路

旅游管理

功能区建设

武汉四新生态新城

汉阳经济开发区

交通·邮政·通信

交 通

邮 政

通 信

城市建设与管理

国土资源与城市规划管理

生态环境保护

环境质量

环境污染整治

环境监管

园林绿化

节能减排

科　技

科技管理

科技活动

科技成果

科普宣传

教　育

教育管理

素质教育

教师队伍建设

学前教育

小学教育

中学教育

职业教育

成人教育

文　化

公共文化

应急管理

人物·荣誉

统计资料

附　录

索　引

深入学习宣传贯彻党的二十大精神
奋力开创新时代汉阳高质量发展新局面

——在中国共产党武汉市汉阳区第十三次代表大会第二次会议上的报告

中共武汉市汉阳区委书记 徐丽

（2022年11月11日）

各位代表、同志们：

中国共产党汉阳区第十三次代表大会第二次会议，是在深入学习宣传贯彻党的二十大精神、奋进全面建设社会主义现代化国家新征程、推进新时代汉阳高质量发展取得更大进展的关键时期，召开的一次重要会议。

会议的主要任务是：深入学习宣传贯彻党的二十大精神，全面贯彻习近平总书记考察湖北武汉重要讲话和重要指示批示精神，认真落实省第十二次党代会和市第十四次党代会部署要求，总结回顾换届一年来的工作，全面部署2023年工作，团结带领全区上下踔厉奋发、勇毅前行，加快打造科技创新城、文化创意城、青年创业城和武汉西部消费中心，更好建设宜居宜业新汉阳，奋力开创新时代汉阳高质量发展新局面。

现在，我代表区委向大会作报告，请予审议。

一、攻坚克难、团结奋进，经济社会发展稳中有进

2022年是极不平凡的一年，外部形势急剧变化，新型冠状病毒持续冲击，经济下行压力加大。在市委、市政府的坚强领导下，区委团结带领全体汉阳人民，紧紧围绕“疫情要防住、经济要稳住、发展要安全”重要要求，努力在危机中育先机、于变局中开新局，有力推动经济社会安全稳定发展。

（一）突出政治建设，区“四大家”班子团结一心，党的领导更加坚强有力

学深悟透习近平新时代中国特色社会主义思想，高质量组织区委理论学习中心组学习，严格执行第一议题学习制度，聚焦贯彻习近平总书记考察湖北武汉重要讲话精神，系统研究确立打造“三城一中心”（科技创新城、文化创意城、青年创业城，武汉西部消费中心）的奋斗路径，切实将“两个确立”（即确立习近平同志党中央的核心、全党的核心地位、确立习近平新时代中国特色社会主义思想的指导地位）“两个维护”（即坚决维护党中央权威和集中统一领导；坚决维护总书记党中央的核心、全党的核心地位）体现在行动上、落实到工作中。区委统揽全局、协调各方，团结带领区“四大家”班子荣辱与共、主动靠前，分兵把守各条战线，以身作则引领全区党员干部攻坚克难防疫情、促发展、保民生、护稳定，有力推动党中央决策部署和省委、市委工作要求在汉阳不折不扣落地见效。

（二）坚持动态清零，超前预判调整防控策略，成

功应对多轮疫情来袭（略）

（三）锚定产业振兴，全力以赴调结构拓赛道，经济发展质效加速提升

建立并严格执行“一街一品”和产业链发展定期调度机制，全区上下抓经济工作合力、基层街道抓经济工作能力显著增强。毫不动摇狠抓招商引资“一号工程”，创新实施项目策划年，纵深推进股权投资招商，中国电建集团公司华中区域总部、永辉彩食鲜发展有限公司等44个亿元以上产业项目签约落户，全区数字经济企业突破200家，新引进企业实缴注册资本金占产业到资比重突破70%。以平台建设加速产业集聚，人力资源服务、智慧地理信息、工程咨询服务“三园齐开”彰显发展特色，湖北青创园（汉阳）开园即满园，武汉基金产业基地基金管理规模突破1400亿元。立足大汉阳提升城区显示度，丰富“汉阳喊你”系列消费品牌，打造“汉阳造物”城市伴手礼，成功举办 “2022百威啤酒节”，汉阳“西”引力不断增强。

（四）聚焦最优标准，系统升级城区环境优势，宜居宜业品质日益彰显

持续争创最优营商环境，真金白银助企纾困，落实增值税留抵退税40.81亿元，民生事项下放相关经验在全省推广，营商环境考核连续三个季度领跑全市。将打造赏心悦目的市容环境作为“一把手工程”，探索建立精细化城管“一网统管”平台，全面拆除环卫工作间还路于民，创新实施“双路长”制和环卫报事积分激励机制，密集上新汉江湾“花田花海”、龙阳湖公园一期和半岛公园、国博中央水系景观公园、江欣园共同缔造园等，汉阳城区颜值、口碑持续攀升。全力打造安居乐业的平安环境，积极创建市域社会治理现代化示范区，整合资源打造平安大楼、律所大楼、星空大楼，深入开展矛盾纠纷大走访大排查大化解专项行动，大力开展“无盗小区”创建，成功打赢党的二十大安保维稳攻坚战。

（五）践行为民宗旨，深化党建引领基层治理，群众获得感幸福感不断增强

深入实施“深根工程”，一体推进党员干部“下基层、察民情、解民忧、暖民心”实践活动、“美好环境与幸福生活共同缔造”活动，扎实开展“小区遍访行动”，小区、楼栋党组织和居民志愿服务本地化建设在疫情封控中初显成效，“红色驿站”“阳小驿”（汉阳区户外工作者服务驿站）等一系列创新做法多次被省、市推广，主流媒体头版头条聚焦。竭尽全力增进民生福祉，民生领域支出占一般公共预算支出比重超75%，全年新改扩建中小学7所、新增公办幼儿园5所，金龙公馆北、港口村等养老综合体项目启动建设，武汉市第五医院、武汉市中医院汉阳院区、汉阳医院新改扩建工程加速推进，湖北省妇幼保健院汉阳院区成功签约，让汉阳老百姓在家门口尽享优质服务。

（六）从严管党治党，驰而不息推进自我革命，党的建设得到全面加强

严格落实党风廉政建设主体责任，扎实推进清廉汉阳建设，开展两轮区级交叉巡察，全区党风政风进一步好转。驰而不息加强作风建设，严格落实中央八项规定精神，全面推行“无会日”制度，深入开展“六项治理”（治理庸、懒、散、慢、乱、浮）和“节日纠风”系列活动，将监督延伸到“八小时外”。坚持新时代好干部标准，突出严管就是厚爱、激励和约束并重，探索建立干部政治素质评价考核体系，年轻干部配备工作在全市领先，“个人埋头干事、业绩群众公认、进步组织关心”在汉阳蔚然成风。

同志们，这些成绩的取得，得益于市委、市政府的坚强领导，离不开全区广大党员干部和人民群众的辛勤汗水，饱含着社会各界的关心支持。在此，我代表区委，向长期奋战在全区各条战线的广大党员干部和群众，向所有为汉阳经济社会发展作出贡献的同志们、朋友们，表示衷心的感谢并致以崇高的敬意！

同时，我们要更加清醒地认识到工作中存在的问题与不足：汉阳正处于产业转型阵痛期，新兴产业带动能力不强，新动能释放不足；西部地区功能滞后，综合承载能力还需提升；党的建设方面还存在薄弱环节，少数干部担当作为意识不强等。我们必须正视这些问题，下大决心、花大力气切实加以解决。

二、牢记嘱托、感恩奋进，深入学习宣传贯彻党的二十大精神

党的二十大是在我国迈上全面建设社会主义现代化国家新征程、向第二个百年奋斗目标进军的关键时刻召开的一次十分重要的大会。大会在政治上、理论上、实践上取得了一系列重大成果。学懂弄通做实党的二十大精神，不仅是我们当前和今后一个时期的首要政治任务，更是做好汉阳全部工作的首要前提。

（一）深刻领会党的二十大精神核心要义

既要整体把握、全面系统，又要突出重点、抓住关键。全区上下要把学习宣传贯彻的着力点聚焦到习近平总书记是党中央的核心、全党的核心，习近平新时代中国特色社会主义思想是党必须长期坚持的指导思想上；聚焦到党的十九大以来的重大成就和新时代十年的伟大变革上；聚焦到把握好马克思主义中国化时代化最新成果的世界观和方法论，坚持好、运用好贯穿其中的立场

观点方法上；聚焦到中国式现代化在理论和实践的创新突破上；聚焦到贯彻落实党的二十大作出的重大决策部署上；聚焦到以习近平同志为核心的新一届中央领导集体是深受全党全国各族人民拥护和信赖的领导集体上；聚焦到习近平总书记是全党拥护、人民爱戴、当之无愧的党的领袖上；聚焦到一丝不苟贯彻落实习近平总书记考察湖北武汉重要讲话和重要指示批示精神上，切实把思想和行动统一到党的二十大精神上来，一步一个脚印沿着习近平总书记指引的方向奋勇前进。

（二）坚定拥护"两个确立"，坚决做到"两个维护"

党的二十届一中全会选举产生了以习近平同志为核心的新一届中央领导集体。习近平同志继续当选中共中央总书记、中央军委主席，由经过历史检验、实践考验、斗争历练的党的核心、人民领袖、军队统帅继续掌舵领航，对于我们应对百年变局、迎接新的挑战、进行伟大斗争、夺取新的胜利具有决定性意义，反映了全党全国各族人民的共同意志、共同心愿。党的十八大以来，习近平总书记先后五次考察湖北武汉，带领我们打赢了气壮山河的疫情防控武汉保卫战，取得疫后重振决定性成果，如期全面建成小康社会。我们更加深刻感受到，风雨来袭、泰山压顶时，习近平总书记是最可信赖的核心，以习近平同志为核心的党中央是最可靠的主心骨。全区上下要深刻领悟"两个确立"的决定性意义，以高度的政治自觉坚决做到"两个维护"，坚定不移将习近平总书记的谆谆教诲、殷殷嘱托，作为我们做好一切工作的科学指引和根本遵循。

（三）迅速在全区兴起学习宣传贯彻党的二十大精神热潮

坚持领导带头学、原原本本学、融会贯通学，充分发挥党委（党组）理论学习中心组示范引领作用，精心组织处级干部集中轮训，用好"三会一课"（"三会"即定期召开支部党员大会、支部委员会、党小组会；"一课"即按时上好党课）、支部主题党日等多种形式，推动党的二十大精神入脑入心。牢牢把握宣传引导的主动权、话语权，弘扬主旋律、传播正能量，巩固壮大主流思想舆论，着力用党的二十大精神统一思想、凝聚力量。坚持贴近实际、尊重规律，用好新时代文明实践中心（所、站）和新时代马克思主义接力者汉阳行理论宣讲品牌，深入基层开展丰富多彩的群众宣传活动，努力增强学习宣传贯彻党的二十大精神的吸引力感染力和针对性实效性，切实把党的创新理论转化为推动汉阳高质量发展的强大动力。

（四）推动党的二十大精神在汉阳落地生根

坚持把贯彻落实党的二十大精神与贯彻落实习近平总书记历次考察湖北武汉重要讲话和重要指示批示精神结合起来，与贯彻落实省第十二次党代会、市第十四次党代会、区第十三次党代会精神结合起来，牢牢把握湖北建设全国构建新发展格局先行区，加快建设"三高地两基地"（"三高地"即全国科技创新高地、制造强国高地、数字经济发展高地，"两基地"即现代农业基地和现代服务业基地），打造国内大循环重要节点和国内国际双循环重要枢纽等战略机遇，深度融入武汉奋力打造新时代英雄城市的时代征程，立足三镇均衡发展，聚焦打造"三城一中心"、构建"1+6"现代产业体系（"1"即以数字经济为引领，"6"即以大健康、工程设计建造、汽车后市场、智能制造、金融商贸、会展文旅等优势产业为支撑），以"功成不必在我"的胸怀和"功成必定有我"的担当，全力攻坚转型发展阵痛期，加快建成充满活力、富有魅力的宜居宜业新汉阳。

三、锚定目标、坚定信心，久久为功加快推动产业振兴

坚持把主要精力投入经济主战场，坚定不移优产业、优项目、优服务，努力推动经济实现质的有效提升和量的合理增长。

（一）立足长远提升招商引资质效

把握全国产业链供应链重构契机，依托区内要素资源比较优势，主动承接产业转移和功能疏解。建立产业链招商责任制，更好发挥产业链链长、链主企业作用，协同招引产业链高端环节、缺失环节企业和项目。聚焦"一街一品"动态优化全区招商地图，精准招引"大而强""新而特"企业，签约落户一批带动能力强、产出效益高的优质产业项目。持续深化股权投资招商，充分发挥武汉基金产业基地资本效益，支持汉阳投资发展集团联合金融机构创新投融资模式，高水平、常态化举办青创大赛，招引一批高成长性企业落户汉阳、发展壮大。

（二）全力以赴推动产业加速集聚

强化大汉阳地区产业协同、创新合作，加快实施科技创新"双倍增"计划，着力提升"两院四中心"（智慧交通〈城市〉研究院、工业研究院，新能源汽车服务研究中心、大学生创新创业中心、科技成果转化中心、数字经济研究中心）运营质效，积极推进创新楼宇、创新街区建设，切实增强科技支撑。持续布局产业发展平台，支持现有产业园积极争创省级示范园。定向突破数字经济，拓展区块链、地理空间信息、元宇宙、人工智能等细分领域，建成武汉元宇宙数字产业基地，培育壮大数字优势产业集群。更大力度推动工业园区腾笼换鸟，支持存量企业智能化改造，因地制宜招引先进制造业企业，推动汉阳制造业复兴。做

大做强现代服务业，加快大健康、工程设计建造、汽车后市场等优势产业延链强链；突破发展品质会展、金融服务等产业；优化整合大汉阳地区文旅资源，加快打造四大文创片区（琴台中央文化艺术区、汉阳古城文化风貌区、四新方岛智慧科学城、中国〈武汉〉文化消费体验区）；丰富优质消费供给和场景，支持做强“四大商圈”（钟家村商圈、王家湾商圈、五里墩商圈、四新商圈），持续擦亮“三全”（全城抢购汉阳造、全民引爆汉阳MALL、全域畅享汉阳游）品牌，提升消费拉动力。

（三）敢为人先谋划布局重大项目

抢抓新一轮逆周期调节政策“窗口期”，紧盯中央和省市重点支持领域，谋划一批重大项目，用足用好专项债券、政策性开发性金融工具。坚持超前谋划、从无到有，依托楼宇资源和产业用地资源，高水准策划储备一批特色项目。加快土地储备和供应，完善地块全链条推进机制，推动实现早落地、早开工、早运营。

（四）以控制成本为核心打造最优营商环境

以“高效办成一件事”为导向，聚焦“零障碍、低成本、高效率”，持续深化“放管服”（简政放权、放管结合、优化服务）改革，加快推动“一网通办”，打造政务服务标杆城区。健全市场主体全生命周期服务链条，深化“金牌管家助企”工程，持续完善“一业一策”“一企一册”，推动惠企政策精准推送、直达快享。大力实施企业降本增效工程，千方百计提高企业利润率，切实增强企业获得感。

四、提升品质、丰富功能，展现汉阳都市新形象

主动融入全市规划布局，坚持高标准建设、精细化管理，精益求精丰富城区功能、塑造区域形象。

（一）打造武汉西部交通物流枢纽

推动汉阳站高铁4.0示范新城规划建设，稳妥有序推进西部七村改造，提升西部地区基础设施建设水平。加强物流基础设施体系建设，加大仓储、冷链物流设施、社区物流配送站等储运基础设施建设力度。持续完善“七横九纵”骨架路网体系，加快建设知音大道、江汉十桥、地铁12号线汉阳段，织密微循环路网，打造慢行系统，构建现代化交通新格局。

（二）统筹推进城区更新改造

坚持“留、改、拆”并举，因地制宜推进老旧小区改造升级。保留街巷“烟火气”，推进人性化城市建设，提升玫瑰街、翠微路、显正街等老街品质。加快米粮村、黄金口村、四台村“三村”改造，妥善解决城中村改造历史遗留问题，推动产业用地高效整合利用。高水平建成一流电网，加强“蓝绿灰”一体化海绵城市建设。

（三）提升城区精细化管理水平

坚持立足长远，下足绣花功夫，全面提升城区环境、市容秩序、设施运维等治理水平，实现城市管理全周期、全覆盖、全过程、全天候。持续完善环卫工作模式，全面推进“双路长”进“阳小驿”，高水平完成“一网统管”城市综合管理平台市级试点。持续加大闲置空地整治力度，着力解决停车乱象，逐步消除城市管理盲区。

（四）涵养生态底蕴打造宜居花城

策划实施大汉阳地区流域治理工程，持续提升龙阳湖、墨水湖水质。加快建设百里长江生态廊道汉阳段，高标准建设绿道、碧道，“见缝插绿”新建口袋公园、公共绿地，擦亮汉阳绿色生态品牌。开展低碳示范创建活动，打造低碳生活圈，推动形成绿色生活新风尚。高质量做好中央环保督察反馈意见整改，确保按期全面销号。

五、以人为本、惠民利民，全面增进民生福祉

始终牢记让人民生活幸福是“国之大者”，紧盯群众“急难愁盼”，全力以赴解民忧暖民心，让汉阳人民充分享受发展红利。

（一）办好人民满意教育

积极争创省级义务教育优质均衡发展示范区，推进高中教育多样特色发展。持续加强中小学和公办幼儿园建设，保障与人口增长相适应的优质学位供给，力争到2023年公办园在园幼儿占比达到50%。严格落实“双减”（减轻义务教育阶段学生作业负担和校外培训负担）政策，提升校内教学质量，实现教育“减负增质”。加强师德师风建设，锻造德才兼备的汉阳教育铁军。

（二）提升社会保障和公共服务水平

强化就业优先政策，努力实现更加充分更高质量就业。完善多层次全覆盖的社会保障体系，聚焦“一老一小”，扩大公益性托育服务受益面，探索居家、社区、机构“三位一体”的智慧养老服务体系。全面提升综合医院服务能力，深化分级诊疗和医联体建设，做优“10分钟医疗急救圈”。加快构建更高水平文体公共服务体系，优化“12分钟文体圈”。谋划推进完整社区建设，打造“一刻钟便民生活圈”。坚持“房住不炒”定位，着力保交楼、稳民生。积极对口来凤县、山坡街开展乡村振兴工作。

（三）毫不放松抓好常态化疫情防控（略）

（四）坚守安全发展底线

全面落实总体国家安全观。做好经济、金融、债务、房地产等各类风险防范、化解、应对和处置工作，守住不发生系统性区域性风险的底线。完善立体化、信息化社会治安防控体系，推动扫黑除恶常态化，精准打击违法犯罪活动。落实安全生产责任制，坚决防止发生

重特大安全事故。全面落实粮食安全党政同责。严格食品药品安全监管。推进应急管理体系和能力现代化，提高防灾减灾救灾能力。

六、党建引领、共同缔造，打造共建共治共享的社会治理体系

持续答好超大城市现代化治理“时代考题”，以党建引领推动法治、德治、自治深度融合，以广大党员引领带动居民群众共同缔造美好环境与幸福生活。

（一）持续推进“深根工程”赋能共同缔造

做实小区、楼栋党组织赋能工程，实现小区党支部、楼栋党小组有形有效全覆盖，打造坚强战斗堡垒。实施小区党支部领导下的“多方联动”，以群众身边、房前屋后的“微改造、微服务、微心愿、微空间、微治理”为切入点，全面推进决策共谋、发展共建、建设共管、效果共评、成果共享。

（二）更大力度推动资源平台服务下沉

用活用好“红色驿站”“阳小驿”，持续推进民生服务事项下放，全面推行“红色代办”“预约服务”等措施，让小区实现由“能办”向“好办”“易办”转变。用好“三支队伍”（即下派的社区党组织“第一书记”、社区居委会主任助理、党建指导员）下沉力量，探索完善人大代表、政协委员等行业领域专业人才服务基层制度，推动实现部门资源、界别力量和社会资本在小区一线链接。

（三）打造更高水平法治汉阳

加强法治政府建设，深化行政执法体制改革、司法体制综合配套改革。持续巩固市域社会治理现代化试点成效，深化新时代“枫桥经验”汉阳实践，做实“小事不出小区、大事不出社区、难事不出汉阳区”。常态化开展领导干部包案接访，深入开展重复信访专项治理，加强特定利益诉求群体矛盾问题源头化解，推动事要解决。广泛开展“八五”全民普法宣传，引导群众从“信访”向“信法”转变。

七、敢于斗争、自我革命，推进全面从严治党向纵深发展

推进新时代汉阳高质量发展，关键在党。要弘扬伟大建党精神，时刻保持赶考的清醒和谨慎，以党的建设新成效，为加快建设宜居宜业新汉阳提供坚强政治保障。

（一）深化党的政治建设

坚持用习近平新时代中国特色社会主义思想凝心铸魂，不断完善“思想引领、学习在先”制度体系。严明政治纪律和政治规矩，压实各级党委（党组）主体责任，严肃党内政治生活，持续增强党员干部政治判断力、政治领悟力、政治执行力。严格落实意识形态工作责任制，牢牢掌握意识形态工作领导权和主导权。

（二）打造高素质专业化干部队伍

坚持新时代好干部标准，做深做实干部政治素质考察，深化干部能力提升工程，拓展年轻干部成长工程，加强党外干部培养储备，更加注重在大战大考、基层一线磨砺锻炼干部，着力增强防风险、迎挑战、抗打压能力。健全能上能下的选人用人机制，巩固提升能者上、庸者下、劣者汰的良好局面。

（三）驰而不息正风肃纪反腐

坚决执行中央八项规定精神，坚持“无会日”制度持续为基层减负，更大力度纠治隐形变异“四风”（形式主义、官僚主义、享乐主义、奢靡之风）问题和影响营商环境的作风顽疾。持续推进清廉汉阳建设，深化整治权力集中、资金密集、资源富集领域腐败问题，坚决惩治群众身边的“蝇贪”。发挥政治巡察利剑作用，加强巡视巡察整改和成果运用。加大容错免责和澄清保护力度，不断巩固汉阳风清气正的政治生态。

（四）加强党的全面领导

加强和改进党对人大、政府、政协工作的领导，做好群团、民族、宗教、外事、侨务、对台、新阶等工作，巩固和发展最广泛的爱国统一战线。完善两新组织党建指导员工作机制，探索把党组织建到产业链或产业集群上，以党建赋能高质量发展。

同志们，团结才能胜利，奋斗才会成功。让我们更加紧密地团结在以习近平同志为核心的党中央周围，在市委、市政府的正确领导下，坚定信心、同心同德，埋头苦干、奋勇前进，加快建成宜居宜业新汉阳，努力开创新时代汉阳高质量发展新局面！

政府工作报告

——在武汉市汉阳区第十六届人民代表大会第二次会议上

武汉市汉阳区人民政府区长 郭笑撰

（2022年12月30日）

各位代表：

现在，我代表区人民政府向大会报告工作，请予审议，并请各位人大代表和列席人员提出意见。

一、2022 年工作回顾

2022 年是汉阳极具挑战的一年，也是迎难而上、砥砺前行的一年。一年来，我们坚持以习近平新时代中国特色社会主义思想为指导，深入学习贯彻党的二十大精神和习近平总书记考察湖北武汉重要讲话精神，在市委、市政府和区委的坚强领导下，在区人大及其常委会、区政协的监督支持下，努力在困境中寻突破，在逆境中蓄势能，全力以赴统筹疫情防控和经济社会发展，全年地区生产总值预计实现 800 亿元，地方一般公共预算收入 103 亿元（可比口径），在承压中实现正增长，全区工作呈现出新气象、新变化。

一年来，我们重点做了以下五个方面工作：

（一）顶压前行、奋力拼搏，经济质效在转型升级中不断优化

数字经济蓬勃发展。产业集群蓄势聚能，武汉趣链数字科技有限公司等独角兽企业成功落户，武汉安恒信息科技有限公司等领军企业加快发展，数字经济企业突破 200 家。其中，规模以上企业增加至 34 家，高新技术企业增加至 43 家，实现跨越式增长。地理信息、元宇宙等新产业赛道不断拓展，“星火·链网”骨干节点（汉阳）上线运营，“北斗七星”引领地信产业突破发展，长江鲲鹏卫星应用实验室揭牌运行，武汉市元宇宙产业联盟在汉阳成立，数字经济竞争力持续提升。应用场景日趋丰富，供链融通等 3 个应用入选全省区块链十大优秀应用案例，智慧道路管养系统等 16 个项目被评为全市人工智能优秀应用场景，武汉国际博览中心智慧化场馆正式运行，产业数字化浪潮在汉阳大地奔涌向前。

重点产业提质增效。“1+6”产业根基更加牢固，“一街一品”产业布局初见成效，全区经济发展底盘不断夯实。大健康产业加速发展，聚成医疗等 3 个大健康产业项目落地运营，九州通健康城建成投用，大健康产业营业收入达到 1600 亿元。新能源汽车博览城加快建设，北京理想汽车有限公司、上海蔚来汽车有限公司等 21 个品牌汇聚汉阳，盟盛人新能源汽车产业园成为华中地区品牌最全的交付交易中心。金融活水加快汇聚，浦发银行、渤海银行入驻鹦鹉大道金融一条街，成功引进 200 亿元太保长航母基金和全省最大的私募证券机构昭融汇利，武汉基金产业基地基金管理规模超 1400 亿元。商贸文旅提质扩容，武汉西部消费中心建设稳步推进，鹦鹉巷子迭代升级，华中最大裸眼 3D 屏“三镇之眼”点亮汉阳古城，“百威啤酒节”引爆消费热潮，“汉阳喊你”“汉阳造物”等品牌享誉三镇，月湖“最美结婚登记点”牵起浪漫经济产业链。智能制造焕发新活力，金牛二期、5G 智能检测等优质工业项目顺利开工，联东 U 谷产业园建成开园，武汉西高电器有限公司等 3 家企业获国家级、武汉显捷电子有限公司等 16 家企业获省级专精特新“小巨人”企业称号。

招商引资再结硕果。始终以“第一力度”抓好“一号工程”，深化链长制招商、股权招商，纵深推进驻点和“走出去”招商，与杭州上城区缔结友好城区，汉阳招商“朋友圈”不断扩大。新引进俊领科技有限公司等亿元以上产业项目 45 个，容百集团华中总部及新能源技术研究院项目成功签约，中国电力建设集团、永辉彩食鲜发展有限公司等 500 强企业区域总部注册落户，实现招商引资实际到位资金 490 亿元，新引进企业实缴注册资本金占产业到资比重突破 70%，高质量发展的基石更加稳固。武汉人力资源服务产业园（汉阳集聚区）成功创建省级产业园、纳入湖北武汉“一园多区”建设管理，在全市率先成立楼宇经济促进会，楼宇招商信息平台上线运行，人力资源服务、智慧地理信息、工程咨询服务“三园齐开”彰显发展特色，甲级写字楼数量增至 10 栋，亿元税收楼宇达到 4 栋，产业集聚、企业集群、功能集成的新型楼宇经济发展格局加快形成。

（二）抢抓机遇、锐意进取，发展动能在改革创新中不断壮大

科技创新能力显著增强。创新主体活力迸发，“高宗余院士工作站”揭牌成立，湖北省智慧交通研究院布局汉阳，新增市级以上研发平台 2 家，健民药业股份有限

公司新药成果转化、百威（武汉）啤酒有限公司等中试平台建成运营。创新成果竞相涌现，2 个院士专家项目落地汉阳，科技成果转化 112 项，技术合同交易额达 45.1 亿元，高新技术产值 310 亿元。创新人才加速集聚，重磅推出知音人才谷“黄金十条”，新筹建人才公寓近千套，服务“学子留汉”近 2 万名，湖北青创园（汉阳）一期开园即满园，汉阳人才“磁吸效应”不断增强。

重大项目建设成效明显。创新实施“项目策划年”，谋划四台工业园等优质项目 140 个，总投资突破 1000 亿元。城市更新改造蹄疾步稳，在全市率先建立覆盖全区的城市更新单元库，成立中心城区首个区级城市更新公司；人保大楼等 3 个征收项目实现当年启动、当年清零，中维烟草等 15 个项目累计供地 80 公顷；“城中村”产业用地破冰发展，向阳教育产业园项目签约落地；高铁汉阳站站城一体化设计方案正式出炉，汉阳西部产城融合发展阔步前行。项目建设全面提速，汉阳市政科研中心等 32 个重大项目开工建设，金茂方岛等 7 个百亿级项目稳步推进，发展支撑更加坚实有力。

市场主体活力加速释放。聚焦“高效办成一件事”，深化拓展“一事联办”，109 个主题事项实现“一件事一次办”，在全市首创“企业开办+银行预约开户”一体化服务新模式，“地籍图可视化查询”等 4 个项目成为省级示范，企业群众办事更加舒心。真金白银助企纾困，实施“金牌管家助企”工程，开展区领导走访百家企业行动，深化构建“亲”“清”政商关系，出台促进区块链产业发展等系列惠企政策，落实增值税留抵退税 49.5 亿元，兑现扶持资金 2.3 亿元，营商环境考核连续领跑全市，“服务最好”成为汉阳“金字招牌”。国企改革专项行动顺利完成，区属国企营业收入、税收排名中心城区第一，发展质效全面提升。

（三）强基塑形、建管并举，城区品质在内外兼修中不断提升

城区功能持续完善。规划先行引领城区建设，“三区三线”划定取得新成果，城区开发边界增加至 77 平方公里，有效保障未来区域发展空间。区级城建投资突破 120 亿元、增长 31.5%，江汉十桥等市级重点工程启动建设，知音大道先行示范段等 12 条道路建成通车，车友路等 6 条断头路实现贯通，鹦鹉小道等 4 条道路改造提升，10 公里慢行系统提质升级，群众出行更加顺畅。高标准建成朝阳路一流电网项目，新增停车位 1.2 万个、充电桩 6400 个，11 所学校 2400 个停车位全面向公众开放，“停车难”问题有效缓解。“一点一策”改造易渍水点 12 处，疏浚排水管网 1300 余公里，月湖等汇水区完成海绵城市建设，全区基本实现“小雨不积水，大雨不内涝”。累计投入 2.5 亿元，完成老旧小区升级改造 19 个、惠及居民 1.4 万户，改造工作走在中心城区前列，让更多群众从“有房住”到“住得好”。

城市管理出新出彩。将打造赏心悦目的市容环境作为“一把手工程”，在全市创新推出“双路长”制，“一网统管”市级试点平台启动建设，143 个“阳小驿”亮相全区，环卫网格化“微治理”实现全覆盖，报事解决率 100%，“大城管”考核稳居中心城区第一。创新实施空置地块环境综合整治提升行动，将 85 处闲置空地“变废为宝”，因地制宜打造知音人才公园等一批“网红”打卡点，实现城区颜值气质双提升。

宜居环境日益彰显。杨泗港都市 T 台、南岸嘴景观矩阵惊艳亮相，历经 17 年长江江滩汉阳段实现全线贯通，墨水湖、龙阳湖水质稳步提升，琴断口小河入选全市“美丽河湖”优秀案例，绘就两江靓、六湖美的生态盛景。龙阳湖公园一期（龙阳半岛）、江欣园共同缔造园、米粮城市低线公园“三园齐开”，张之洞体育公园成为全省唯一的中央环保督察整改正面典型案例，新建绿地 16 万平方米、“花田花海”10 万平方米、口袋公园 7 个，人均公园绿地面积稳居中心城区第一，“路在绿中、城在林中、人在景中”的城市新画卷徐徐展现。

（四）用心用情、实事惠民，幸福指数在共建共享中不断攀升

疫情防控精准高效。始终坚持“人民至上、生命至上”，完整全面落实二十条优化措施，不折不扣执行“新十条”，超前决策、因时因势调整防控策略，成功应对多轮疫情考验。在区委的坚强领导下，区领导靠前指挥，党员干部奋战一线，用责任担当践行初心使命，广大医务人员、社区工作者、志愿者冲锋在前，用辛劳付出守护万家灯火；爱心企业、居民群众同心同德，凝聚了团结抗疫的磅礴力量。

民生保障扩面提质。顶住财政收支紧张压力，将超 70% 的财政支出用于保障和改善民生。千方百计稳定就业，新增就业 2 万人，江欣苑社区荣获国家级充分就业社区。兜底保障尽力有为，精准发放各类救助金 5644.9 万元，低保总人数减少 8.9%，筹集保障性租赁住房 6435 套，建成棚户区改造住房 1700 套。社保扩面净增 1.5 万人次。养老服务不断优化，全市首个区级养老服务中心投入运营，社区养老服务设施星级评定全市第一，徐湾社区入选全国示范性老年友好型社区。建立未成年保护工作三级服务体系，成功创建全国首批未成年人保护示范区。乡村振兴和对口帮扶倾情用力，守牢山坡街“零致贫零返贫”底线，对口援建来凤金盆水库等项目、惠及村民 4.5 万人，首届“凉交会”来凤县专场在汉阳成功举办。

社会事业加快发展。投入17.8亿元优先发展教育事业，7所中小学校、11所公办幼儿园建成投用，新增学位8500余个；“双减”成果持续巩固，教师队伍建设成效明显，新增湖北省特级教师4人，高考重本率、中考普高率稳居全市第一方阵。医疗资源供给增量提质，武汉市第五医院西院一期竣工，武汉市中医院汉阳院区平疫结合大楼和汉阳医院医疗综合楼封顶，湖北省妇幼保健院汉阳院区项目成功签约，区域医疗服务能力稳步提升。文体事业亮点纷呈，中心城区配置最优、功能最强的区级融媒体中心建成启用，成为全省城区融媒体示范样板；推进“知小音”“汉小阳”双生虚拟IP创造，在全市率先推出城区虚拟形象代言人；琴台音乐节、琴台艺术节好戏连台，武汉美术馆（琴台馆）盛大开馆，武汉戏曲艺术中心开工建设，知音文化研究院挂牌成立，全国青少年模拟飞行锦标赛成功举办，汉阳入选全省体教融合示范区。

社会治理谱写新篇。结合党建引领基层治理“深根工程”，广泛开展美好环境与幸福生活共同缔造活动，把服务送到最基层，把困难解决到家门口，把温暖送到群众心坎上，社区治理能力不断提升、治理体系更加完善。星空大楼、律所大楼、平安大楼“三楼齐开”夯实治理堡垒，市域社会治理现代化试点工作在全省交流，基层社会治理效能全面提升。“一城汉阳人，半城志愿者”走深走实，建港社区获全国“最佳志愿服务社区”称号。民生事项下放持续推进，创新开展“红色驿站+流动服务队”办证模式，建成基层政务网点436个、数量位居中心城区第一，实现26项民生类事项下放街道社区、21个事项“免申即享”，相关经验在全省推广。圆满完成平安护航党的二十大安保任务。全力维护人民群众生命财产安全，积极稳妥推进“保交楼”，推动“无盗小区”比例提升至80%，安全生产形势总体稳定，人民群众安全感持续增强。

同时，国防教育和国防动员取得新进步，征兵、退役军人服务保障、台办、民宗、侨务、残联、慈善、科普、档案史志等工作积极推进，工会、妇女、青少年事业健康发展。

（五）清正廉洁、务实高效，政府建设在同心聚力中不断加强

政治建设持续加强。坚持以党的政治建设统领政府自身建设，严格履行政府系统全面从严治党主体责任。认真落实第一议题学习制度，深入学习习近平总书记系列重要讲话精神，不折不扣贯彻中央和省市区委各项决策部署，忠诚拥护“两个确立”，坚决做到“两个维护”。高标准完成省委涉粮问题专项巡视巡察反馈意见整改。

法治建设持续深化。主动接受人大、政协和社会各方面监督，高质量办理人大议案1件、大会及闭会期间代表建议185件，政协建议案1件、提案115件，各类议提案办结率、满意率100%。制定和完善新一届政府工作规则、政府常务会议事决策等系列制度，政府运行更加规范。深化街道综合行政执法改革，实现“一支队伍管执法”，执法效能不断提升。区行政复议中心揭牌成立，行政机关负责人出庭应诉率100%，区司法局荣获全国“复议为民促和谐”专项行动先进单位称号。“八五”普法有序推进，区关工委荣获“全国青少年普法教育先进集体”称号。

作风建设持续从严。严格落实中央八项规定精神，驰而不息纠治“四风”，纵深推进政府系统“六项治理”和清廉建设。扎实开展“下基层察民情解民忧暖民心”实践活动，全面落实小区遍访行动，解决企业困难364个、圆梦群众心愿400余个，为民初心在躬身实干中不断诠释。树牢过“紧日子”思想，压减“三公”经费、一般性支出等20%以上。落实“无会日”制度，干部职工脚步向下、沉到一线，发扬不怕苦、不怕累的精神，凝神聚力、真抓实干，干出了精气神、干出了新业绩。

各位代表，回顾一年来的发展历程，我们深感成绩来之不易。这些成绩的取得是市委、市政府和区委坚强领导的结果，是区人大及其常委会、区政协大力支持的结果，是全区人民团结奋斗、艰苦创业，社会各界和衷共济、通力协作的结果。在此，我谨代表区人民政府，向辛勤工作在各行各业的全区人民，向人大代表和政协委员，向各民主党派、工商联、人民团体以及社会各界人士，向驻区部队、武警官兵，向离退休老领导、老同志，向所有关心和支持汉阳发展的同志们、朋友们，表示崇高的敬意和衷心的感谢！

在看到成绩的同时，我们也清醒地认识到，汉阳发展还面临不少问题和挑战：疫情防控面临新形势新任务，各类衍生风险不容忽视；经济恢复的基础尚不牢固，需求收缩、供给冲击、预期转弱三重压力仍然较大；产业转型仍处在阵痛期，优势产业集聚效应还不够明显，新动能释放不足；民生保障优势还不够突出，优质均衡的公共服务供给有待进一步加强；极少数部门工作效率不高，克难攻坚抓落实的成效不够明显。对于这些问题，我们必须高度重视，采取有力措施认真加以解决。

二、2023年工作安排

2023年是全面贯彻落实党的二十大精神的开局之年，是实施“十四五”规划承前启后的关键一年，做好

明年的各项工作，意义十分重大。我们将坚持以习近平新时代中国特色社会主义思想为指导，深入贯彻落实党的二十大和中央经济工作会议精神，按照市委、市政府和区委工作要求，坚持稳中求进工作总基调，完整、准确、全面贯彻新发展理念，深度融入武汉奋力打造新时代英雄城市的时代征程，聚力打造“三城一中心”，着力构建“1+6”现代产业体系，加快推动高质量发展，更好统筹疫情防控和经济社会发展，更好统筹发展和安全，大力提振市场信心，扎实做好稳增长、稳就业、稳物价工作，推动经济运行整体好转，实现质的有效提升和量的合理增长，更好建设宜居宜业新汉阳，奋力开创新时代汉阳高质量发展新局面。

全区经济社会发展的主要预期目标是：地区生产总值增速6.5%，固定资产投资增速10%，规模以上工业增加值增长6%，社会消费品零售总额增长5%，地方一般公共预算收入增长5%（剔除一次性因素），居民人均可支配收入增长与经济增速同步。

为实现上述目标，我们将重点做好以下五个方面工作：

（一）聚焦打造“三城一中心”，构建高质量发展新格局

全力打造科技创新城。纵深推进科技创新“双倍增”，强化企业创新主体地位，着力构建创新企业梯次培育体系，新增专精特新企业8家、科技型中小企业170家。强化科创平台建设，高标准建设创新街区、创新园区、创新楼宇8万平方米，着力提升“两院四中心”运营质效，支持龙头企业设立国家重点实验室、院士工作站，服务健民药业集团股份有限公司、百威（武汉）啤酒有限公司等中试平台运营，建成成果转化中心2个以上，技术合同成交额突破47亿元。坚持以才兴业，发挥汉阳人才集团、人力资源服务产业园作用，力争引进培养战略科技、产业领军等高层次人才20人以上。

全力打造文化创意城。高标准打造四大文创片区。加快创建AAAA级知音文化旅游区，依托汉阳文化研究院深挖历史文脉，持续推进龟山公园改造提升，加快张之洞与武汉博物馆提档升级、重新开馆，打造“景景通”“古琴号两江游轮”等精品旅游专线，推动古琴台、晴川阁等景点串珠成链。重振汉阳古城风貌区，以远洋、中海等重大项目为引领，串联打造古城文化主轴，彰显古城发展新图景。打造一流国博会展数字文创区，加快国博功能配套项目建设，推动工业品国际博览商场项目落地，打造月湖婚庆产业园，形成“会展+数字文创”发展高地。建强工程设计建造集聚区，加快中南科研设计中心、湖北交投实业总部等项目建设，整体提升周边配套设施，以中铁大桥局集团有限公司等龙头企业为引领，推进工程设计与文化、数字融合发展，持续拓展汉阳工程设计品牌影响力。

全力打造青年创业城。聚焦四新片区，全域布局创新创业载体，全面提升青年创业城吸引力、承载力和竞争力。扩容提质湖北青创园（汉阳），增强配套服务，打造四新“漫生活街区”，新增市级以上创业孵化载体4个。实施“学子留汉”工程，持续办好“知音云上”青创大赛，加快集聚人才、金融等创新资源，引进一批青年优秀人才、高水平青创团队。优化青年创新创业环境，推动24小时智慧政务服务点入驻湖北青创园（汉阳），强化安居、教育、医疗等全方位支持，提档升级知音人才谷，推动汉阳人才服务平台上线运营，新增人才公寓1000套，为青创人才创新创业保驾护航。

全力打造武汉西部消费中心。把恢复和扩大消费摆在优先位置，积极融入武汉国际消费中心城市建设，筑牢大汉阳地区消费合作“铁三角”，整体打造“吃住行游购娱”一体化消费聚集区，不断增强汉阳“西”引力。支持做强“四大商圈”，优化提升龙阳新能源汽车、鹦鹉巷子、十升路美食一条街等特色商业街区业态，服务国博山姆旗舰店、武汉远洋里、祁遇商业体开业运营，招引高端品牌旗舰店36家以上，打造汉阳消费新名片。大力发展网红经济、假日经济，高标准办好“百威啤酒节”，不断擦亮“汉阳喊你”“三全”等品牌。营造消费新环境，推进消费基础设施改造，打造“一刻钟便民生活圈”。

（二）聚焦能级跃升，塑造产业发展新优势

加快构建现代化产业体系。持续做强数字“新基建”，强化省级卫星中心社会化应用节点、国家超算中心长江分中心市场化应用，服务中铁大桥局集团有限公司建成桥联网平台；加快数字产业集聚，支持领军企业快速发展，新引进5亿元以上数字经济重大项目4个，成立元宇宙创新联合体，建成武汉元宇宙数字产业基地，举办中国元宇宙服装设计大赛，力争形成元宇宙示范项目2个以上。促进大健康产业提质增效，聚焦健康服务、药械生产等领域，新引进大健康产业项目3个，推动龙阳湖健康谷、知音茶城提档升级，力争大健康产业营业收入突破1800亿元。错位发展新能源汽车后市场，加快建设龙阳新能源汽车产业园、湖北交投汽车产业园，高标准打造中国新能源汽车博览城，主动融入长江左岸智联汽车大走廊。实施工业提升三年行动，加快银合温控等重大项目建设，推进黄金口工业园腾笼换鸟，滚动实施健民药业股份有限公司、武汉天龙黄鹤楼酒业有限公司、武汉金牛经济发展有限公司等3个工业技改项目，

力争工业投资增长20%。持续壮大金融业，启动建设人保武汉金融中心，优化基金全生命周期服务，新引进股权投资基金、新兴产业发展基金30家，推动武汉基金产业基地基金管理规模增长10%以上；加快推动企业上市，新培育“金种子”“银种子”企业6家。

着力培育多元发展动能。深化产业链招商、股权招商和以商招商，统筹协调、整合共享招商资源和信息，持续完善“大招商”格局。瞄准500强企业，结合“一街一品”产业布局，完善产业地图、产业链招商清单，力争新引进亿元以上产业项目30个，500强投资项目2个。深挖楼宇潜力，推进老旧楼宇升级、税收亿元楼宇培育，聚焦会计咨询、规划设计、检验检测等专业服务领域，全力引进一批行业领军企业，新打造特色楼宇13栋，激发楼宇经济新活力。狠抓项目建设，大力开展“项目落地年”活动，推动容百集团华中总部等36个项目开工，加快金茂览秀城等项目建设，不断夯实投资稳增长“压舱石”作用。

持续争创最优营商环境。坚持以企业群众办事需求为导向，加强全区政务数据汇聚共享，做优做实“五减五通”，不断拓展汉阳“云政务”特色服务模式，最大程度让群众“少跑腿”、服务“多跑路”。着力打造“政企云沟通畅联”平台，完善“一企一册”，对企业诉求“即接即办”；引导各类金融机构加大对科技创新、小微企业的金融支持，加大惠企政策落实力度，以真招实招服务企业做大做强。加快推进社会信用体系建设，建强信用汉阳平台，全面加强知识产权保护，营造公平竞争市场环境。深化国企改革，完善区属国企现代公司治理，探索推进金融赋能国企发展，降低区属国企综合融资成本，优化绩效考核机制，不断提升国企核心竞争力。牢固树立经营城市的理念，探索国有资产市场化运营、专业化管理，努力实现国有资产保值增值。

（三）聚焦颜值提升，打造城区靓丽新名片

推动城区功能品质提升。服务地铁3号线二期、6号线三期、11号线四期、12号线汉阳段等市级重点工程建设，统筹实施汉阳古城片区地下空间项目，加快百灵路、徐家湾路片区路网改造，推动知音大道基本贯通，推动青石桥路等11条道路建成通车，构建路成网、网织密、立体化的现代交通体系。谋划智慧停车项目建设，高水平推动芳草变电站、国博大道电力通道等16个一流电网项目。扎实推进城市更新，启动汉阳树广场建设，启动实施环墨水湖东片等城市更新试点单元，加快桥梁学校片等新项目征收，推进高森片等项目征收清零，谋划实施武汉卷烟厂等项目，力争全年供地66.67公顷以上；继续推进西部三村改造，有序推进西部七村改造，服务汉阳站高铁4.0示范新城规划建设，推动黄金口物流园等“城中村”产业用地项目开工，加速产城融合、区域协调发展步伐。拓面提质老旧小区改造，实施知音东苑等28个老旧小区改造，完成桃花岛城市花园完整社区试点建设，让群众切身感受变化、得到实惠。

提升城市精细化管理水平。全面完成“一网统管”市级试点平台建设，加快“双路长”进“阳小驿”，构建主体明确、协同治理的大城管格局。强化建筑高度、第五立面等管控，持续深化乱停车、裸土暴露等问题专项整治，对违法建设零容忍，拆除违法建设10万平方米以上；健全闲置土地管理机制，推动闲置空地环境提档升级，实现无处不精细、无街不美景。深入推进智慧环卫平台建设，全面完成环卫作业市场化改革，推动主次干道机械化率达到98%以上，加快垃圾分类“撤桶并点”，新增生活垃圾收集屋10个，努力打造精致汉阳、精美汉阳、精彩汉阳。

打造绿色低碳人居环境。强化水环境保护，落实长江“十年禁渔”，持续推动河湖港渠水生态修复、市政管网混错接改造，加快汉江南岸综合治理，实现汉水碧道全线完工，构建人水相亲、城水相映的湿地景观。守护蓝天白云，强化机动车路检抽查，严格建筑工地扬尘管控，确保全年空气质量达到国家二级标准。推进全域增绿增景，加快龙阳湖公园二期、汉阳树公园、玫瑰低碳公园、四新篮球公园建设，服务武汉动物园精彩亮相，“量体裁衣”新建“花田花海”10万平方米、绿地15万平方米、口袋公园5个，打造四季常绿、季季有花的大美汉阳。严格落实第二轮中央和省级环保督察反馈意见整改，持续巩固整改成效。

（四）聚焦美好生活，绘就幸福民生新画卷

高质量推进民生保障。落实落细就业优先政策，扎实做好高校毕业生、困难人员等重点群体就业，新增就业1.9万人。深化全民参保，推进社保扩面净增1.5万人次。健全分层分类社会救助体系，筑牢基本保障底线。加快完善住房保障体系，筹集建设保障性租赁住房3000套，竣工保障性住房1000套，落实解决从事公共服务人员住房问题工作，完成燕归园保障房试点建设。关爱“一老一小”，新增养老床位1000张，建成太保家园国际颐养社区。积极对口来凤县、山坡街开展乡村振兴工作。

高标准优化公共服务。持续加大优质学位供给，启动燎原初中等4所学校建设，确保国博四小等2所学校建成投用；多渠道扩容公办学前教育资源，力争公办园在园幼儿占比达到50%；深化“双减”工作，强化师德师风建设，积极争创省级义务教育优质均衡示范区。科学、精准、高效落实新阶段疫情防控各项举措，强化医疗物资储备供应，做好分级分类诊疗，加快推进老年人等重点群体疫苗接种，不断提升医疗救治和服务保障能力。加快优质医疗资源均衡布局，加速推进泰康（同济）武汉医院二期建设，完成武汉市第五医院本院改扩建、汉阳区域医学检验中心等项目建设，推动汉阳医院医疗综合楼投入使用，服务湖北省妇幼保健院汉阳院区、康健医院新院区开业运营，提升妇幼服务水平和影响力，建成惠民苑社区卫生服务机构，积极创建全省基层卫生服务机构百强特色科室。充分发掘“汉阳造”工业文化底蕴，串联武汉天龙黄鹤楼酒业有限公司、中铁大桥局集团有限公司等汉阳特色工业资源，推动“文旅+工业”深度融合。加速发展文体事业，融合区域特色资源，启动区全民健身中心建设，打造足球友好城，持续办好知音汉阳女子半程马拉松、琴台音乐节“古琴系列”等特色品牌活动，服务武汉戏曲艺术中心建设，推动新绿文旅滑雪场投入运营，用心用力托举人民群众多彩生活。

高水平加强社会治理。深化“枫桥经验”汉阳实践，巩固市域社会治理试点成果，拓展区级社会治理综合指挥中心实战化运作功能，提升基层治理能力。常态化开展领导干部接访，深入开展重复信访专项治理，加强特定利益诉求群体矛盾问题源头化解，推动“事要解决”。探索建设智慧城区，推动城市信息模型（CIM）平台上线，统筹开放政府公共服务等领域场景应用，持续推进平台、资源、服务下沉，把政务服务做到群众“家门口”“心坎上”。深化“平安建设示范小区”创建，进一步提升“无盗小区”比例，守护全区居民的岁月静好。防范化解重大风险，扎实做好保交楼、保民生、保稳定各项工作，持续抓好金融领域风险防治，守住不发生系统性风险的底线。落实安全生产责任制，紧盯建筑施工、危化品、消防等重点领域安全监管，坚决防范遏制重特大安全事故发生，努力建设更高水平的平安汉阳。

进一步做好国防动员、民防、征兵、科普、民宗、侨务、统计、残联、退役军人、档案史志、机关事务、关心下一代等工作，切实保障妇女、未成年人和老年人合法权益。

（五）聚焦自身建设，树立政府效能新标杆

始终铸牢政治忠诚。坚持把政府系统党的政治建设摆在首位，坚决捍卫“两个确立”，增强“四个意识”，坚定“四个自信”，做到“两个维护”。深入学习宣传贯彻党的二十大精神，推动党的二十大精神在汉阳落地生根。深化党风廉政建设，强化“一岗双责”，把全面从严治党要求落实到政府工作全过程。

大力推进依法行政。依法接受人大监督，自觉接受政协民主监督，主动接受社会监督和舆论监督，高质量办好人大议案、代表建议和政协建议案、提案。强化法治政府建设，科学民主决策，深化行政执法体制改革，严格规范公正文明执法，持续做好政务公开和“八五”普法，确保政府工作始终在法治轨道上运行。

持续强化作风建设。始终保持“拼抢实”工作状态，敢担当、善作为、察实情，以奋发有为的精神状态和“时时放心不下”的责任意识做好政府各项工作。进一步完善清单化管理、项目化推进、精准化督查的工作机制，以钉钉子精神一抓到底，推进上级各项决策部署落地见效。树牢过“紧日子”思想，严控“三公”（指政府部门人员因公出国〔境〕费用、公务接待费、公务用车购置和运行维护费）经费和一般性支出，扎实做好“三保”（保基本民生、保工资、保运转支出）工作，持续加大对重要领域和关键环节的审计力度，把宝贵的财政资金更多用在惠企利民上。

各位代表！道阻且长，行则将至；行而不辍，未来可期。让我们紧密地团结在以习近平同志为核心的党中央周围，在市委、市政府和区委的坚强领导下，在区人大及其常委会、区政协的监督支持下，踔厉奋发、笃行不怠，加快建成宜居宜业新汉阳，为全市打造新时代英雄城市作出新的更大贡献！

汉阳区楼宇经济发展报告

武汉市汉阳区人民政府办公室

2022年，武汉市汉阳区深挖楼宇经济“富矿”，以“空间+配套+运营”方式抢抓机遇，全区楼宇总体量已超190万平方米，优质甲级楼宇比2020年增加近40万平方米，税收过1亿元商务楼宇总量达到4栋，万科未来中心、九州通健康城等一批特色楼宇加速产业集聚，楼宇经济发展呈现“量增、质优、效果好”新态势。

一、强基固本，构建楼宇经济发展新格局

高站位谋划明思路。引进仲量联行物业管理服务有限公司、世邦魏理仕有限公司等专业咨询机构，编制《汉阳区楼宇经济白皮书》，为楼宇经济发展提供行动指南。学习借鉴杭州、成都等地区先进做法，立足汉阳区实际，落实《汉阳区楼宇经济发展工作意见（2020—2025）》，全力构建“两横三纵”的楼宇经济空间格局和产业布局，推动汉阳区商务楼宇逐步实现布局均衡、产业集聚的新局面。结合各街道“一街一品”特色定位，坚持优存量和扩增量并举，推进新阳广场、闽东国际城、铁桥广场、武汉华科育新科技服务有限公司大健康科技园等改造提升，以中铁大桥局集团有限公司、湖北交通投资集团、汉阳市政建设集团总部大楼和光明中心等重点楼宇为主体，加快打造工程设计建造总部集聚区。

高标准定位建平台。建成“汉阳区楼宇招商信息平台”，实现楼宇经济发展全链条“一流服务”，开发PC版和手机版“两个版本”，设置企业租户端、楼宇运营端和政府管理端“三个端口”，发挥信息收集全面性、数据更新及时性、招商宣传实用性和系统审核安全性“四大特性”，实现提高招商实效、拓展宣传推广、促进资源整合、加强监测管理、精准数据分析“五大功能”，有力帮助楼宇提升入驻率。永丰街道、琴断口街道楼宇平均入驻率在80%以上，麦迪森广场、5.5家居创意园、顶琇广场等部分楼宇入驻率保持在90%以上。

高效能集聚育品牌。武汉智慧地理信息产业大厦正式挂牌，围绕地理信息、超融合+GPU、云数据中心等产业上下游图谱，锁定深度关联企业，招引武汉生态环境设计研究院、武汉易米景科技有限公司、武汉追月信息技术有限公司、湖北畅通市政工程有限公司、中煤西安地下空间科技发展有限公司湖北分公司、武汉市威特工程机械有限公司等地理信息企业入驻，全年税收近2000万元。国家超算长江分中心落地并启动运营，“自然资源湖北省卫星应用技术中心社会化应用节点”成功授牌，塑造汉阳区地理信息产业新名片。武汉基金产业基地不断壮大，落户基金企业87家，基金管理规模1431亿元，已备案基金机构对外投资项目65个，累计投资额39亿元，获“最受关注基金小镇TOP10”称号。万科未来中心入驻企业数量不断攀升，深圳云天励飞技术股份有限公司等数字行业领军企业相继入驻，国家级高新技术企业、信息安全领域龙头企业杭州安恒信息技术股份有限公司落户华中网络安全总部基地项目，数十家数字经济企业纷至沓来，意向租赁面积1万平方米。人力资源服务产业园规模不断扩大，园区面积达1万平方米，入驻企业近40家，累计提供就业岗位6.2万人次，精准满足企业用工需求2.1万人次，年营业收入达18亿元。区块链大楼建设成效初显，九州通健康城建成投用，汉阳工程咨询服务产业园实现产值约7000万元，嘉盛数字经济产业园钢材市

场税收达到1.07亿元，加华科技产业园入驻率达88%，星空大楼、知音·律所大楼、平安大楼等楼宇顺利入市，汉阳楼宇经济发展品牌不断提升，呈现量质齐升态势。

二、聚气凝神，激发楼宇经济发展新动力

突出自主化做强楼宇联盟。发挥楼宇业主主体主力作用，激活楼宇发展内生动力，推动产业互融共促，推动成立“汉阳区楼宇经济促进会”（简称楼促会），吸纳60多个楼宇业主方或运营商成为会员单位，共同成为汉阳区楼宇经济发展的“合伙人”，搭建政府、企业、市场沟通平台，引导楼宇企业自我管理、抱团发展。6月2月，楼促会成功举办第一届会员大会，选举产生理事长、副理事长、监事等。7月5日，楼促会成功注册并在远洋国际中心正式挂牌，形成上下一心、优势互补、资源共享、发展共赢的楼宇经济新局面。

突出专业化做优楼宇运营。支持楼宇引入专业运营机构提升运营质量，铁桥广场、星光国际引进优质运营机构，入驻率从60%提升至90%以上。邀请世邦魏理仕有限公司、戴德梁行有限公司等知名楼宇专业机构，在全区范围内组织多场专业培训活动，针对汉阳区楼宇经济状况对症下药，创新运营模式，对条件成熟、特定产业的楼宇，借力招商大使、全球招商招才联络处等开展市场化、专业化、社会化招商。

突出实效化做精楼宇招商。重点组织“安恒信息华中网络安全总部基地揭牌仪式暨汉阳区楼宇招商信息平台上线发布会”“武汉市汉阳区楼宇经济促进会成立大会暨远洋国际中心金融总部落成发布会”等大型招商活动，全区范围内共组织不同类型招商活动60余场，新招引企业净增147家，“以楼聚产、以产兴城”的局面逐步形成。聚焦需求招商，开展入驻企业清查和楼宇综合整治，协助恒信大厦等重点楼宇实施周边环境综合治理。健全楼宇经济发展数据库、制定全区重点楼宇招商作战图，不断夯实工作基础。聚焦要素招商，优化企业要素服务，借力创投大赛、投融资路演、专题直播等活动协助资本与科技成果、产品和企业股权深度融合，举办政企对接会10余场，助力优质企业持续稳健发展。

三、舒筋活血，打造楼宇经济发展新生态

强化激励，完善奖励政策。深入走访街道、楼宇，了解楼宇发展面临的突出问题，邀请楼宇开发商、运营商调研座谈，掌握企业政策需求，从招商奖励、自持奖励、安商奖励、服务奖励、提升奖励、集聚奖励和贡献奖励7个方面完善政策，针对楼宇痛点，回应企业诉求，力求形成“人无我有，人有我特”的汉阳区楼宇招商专项扶持政策，全面激发楼宇经济发展的信心和活力。

创新管理，明确招商责任。出台《重点楼宇“楼长制”服务工作实施方案》，建立以“楼长制”为核心的楼宇服务网络体系，由属地楼长、街道楼长、招商专员等共同为重点商务楼宇提供优质服务，明确各级各类人员楼宇招商责任，增强商务楼宇招商竞争“软实力”，努力实现楼宇得成长、企业得机会、区域得发展的“三赢”局面。

健全考评，树立正确导向。坚持“谁招引、谁服务、谁受益”的原则，以目标为导向，以属地为单位，在全区开展“楼宇经济发展”专项考评，从“楼宇去化”程度、楼宇工作推进速度、楼宇产业引导力度三个维度入手，通过重点指标、结果指标、加分指标，全面精准开展楼宇考评工作，科学考核辖区楼宇“三率”（租赁率、销售率、收益率）提升情况，引导企业纳税在汉阳、贡献在汉阳，鼓励打造特色产业楼宇、引进“四上”企业（规模以上工业企业，有资质的建筑业企业及有开发经营活动的全部房地产开发企业，限额以上批发和零售业、限额以上住宿和餐饮业企业，规模以上服务业企业），将完成情况与单位考评挂钩，发挥考评“指挥棒”作用。

做优服务，营造良好氛围。坚持项目为王、服务至上的理念，当好金牌“店小二”，念好“细、准、快”三字经，不断做优汉阳区营商环境的“金字招牌”。免费为全区50栋楼宇安装智慧管理系统，全面收集客户需求，及时跟进求租信息，一条龙服务企业注册落地。用政务服务解难题，在万科未来中心挂牌全区首个“政协委员统战成员之家”，为中小微企业纾困解难。在黄金口都市工业园设立“西部政务中心”，将服务送上门；用党建服务创先锋，在光明中心成立“四新新城总部集聚区综合党委”，在琴台钢贸园揭牌“江城红领驿站”，以“红色文化”赋能“黄金楼宇”，突显红色基因、坚持政企同心，增值服务赋能共享，创造价值合作共赢。

2022年6月18日，武汉市汉阳区举办楼宇经济促进会成立大会暨远洋国际中心金融总部落成发布会

（汉阳区融媒体中心　供图）

汉阳区民营经济发展报告

武汉市汉阳区科学与技术信息化局

2022年，汉阳区认真贯彻落实中共中央、国务院和中共湖北省委关于支持民营经济发展和优化营商环境的决策部署，积极回应企业和商户诉求，为民营经济的持续健康发展注入了强劲动力。

一、市场主体蓬勃发展

从市场主体数量来看，2022年末，汉阳区工商登记民营经济市场主体数量达到112702家，比上年增长12%。其中，私营企业40503家，增长15.1%；个体工商户71098家，增长10.3%；合作社16家，增长6.7%。从资本总量来看，私营企业的注册总资本达到2951.17万元，增长25.3%；个体工商户的注册总资本为48.45万元，增长13.8%；民营经济市场主体注册资本金占全区工商登记资本金总额的82.7%。从品牌效应来看，全区民营企业中有8家被认定为“武汉名品”，获得驰名商标认定保护9件，并收录“湖北省优势商标”7件。民营企业的数量和质量均得到提升，竞争力显著增强。

二、企业规模持续扩大

近年来，汉阳区民营企业规模持续扩大，呈现出蓬勃发展态势。2022年底，全区共有655家“四上”企业，其中民营企业532家，占81.2%。其他营利性服务业民营企业新进入规模以上企业行列46家，展现出良好的成长势头。九州通医药集团股份有限公司、恒信汽车集团股份有限公司分别位居湖北省民营企业百强榜单第二和第三，武汉建银华盛投资集团有限公司、武汉苏泊尔炊具有限公司等7家企业入选武汉市民营企业100强榜单，武汉天龙黄鹤楼酒业有限公司、健民药业集团股份有限公司等5家企业跻身武汉市民营制造业企业50强榜单。龙头民营企业实力稳步提升，为全区经济发展奠定了良好基础。

三、支撑作用日益凸显

从行业层面来看，2022年汉阳区工业领域民营企业数量占全区工业企业总数的83.3%，产值占比为72.2%，形成了食品医药（产值占比10.5%）、日用轻工（产值占比32.5%）、建筑建材（产值占比15.9%）、通用设备（产值占比8.3%）四大产业；限额以上批发零售和住宿餐饮业民营企业数量达301家，占限额以上批发零售和住宿餐饮业企业总数的86.7%；在汽车、医药、住宿和餐饮等重点行业中，民营企业均占据主导地位；在其他营利性服务业中，民营企业的营业收入增速相较于行业平均水平高出5.3个百分点，对行业增长的贡献率达到74.2%。从税收贡献来看，2022年全区纳税百强企业中的民营企业达到88家，纳税额超过亿元的民营企业达到22家，纳税总额达到61亿元。民营企业的全口径税收占据全区全口径财政收入的73%（剔除增值税留抵退税影响）。从社会贡献来看，大量民营企业积极承担社会责任，主动参与疫情防控、公益慈善等各项事业，成为推动社会发展的重要力量。

四、政策保障与时俱进

在2022年度湖北省营商环境评价考核中，汉阳区名列全省99个县（市、区）第一名，持续提升了汉阳区的营商环境形象。在政务环境方面，实施“金牌管家助企”工程，并自主研发“云政务”系列创新应用，为企业提供便捷高效的政务服务。在市场环境方面，持续推进“阳小税”智慧税务服务品牌，提供“再担园区贷”“汉融通”等金融产品服务，并建立“信用汉阳”信用体系管理平台，为企业提供竞争有序的市场环境。在法治方面，启动“知音护航法治营商环境”6大工程和18项举措，推进“法护万企助企惠企”工程，成为“湖北省优化营商环境改革先行区”试点项目的启动地，为企业营造公平公正的法治环境。

五、预期信心逐步恢复

在疫情影响减弱、减税降费、促进消费政策等因素共同带动下，消费需求缓慢释放，经济有所恢复。根据中共中央、国务院稳定市场预期、提振市场信心的部署，汉阳区政府高度重视民营经济发展，围绕优化民营企业营商环境、破除制约民营企业公平参与市场竞争的制度障碍、依法维护民营企业产权和企业家权益等出台系列举措，民营经济主体发展的信心得到提振。经调研，超过40%的民营经济主体认为疫情后情况会大幅好转，对未来充满信心；24%的企业有扩张计划，其中8%的企业计划通过大幅招聘、扩大销售、发布新产品等方式进行扩张，表明民营经济市场预期和信心逐步恢复，营商环境优化成效初显。

汉阳区教育系统学区化集团化办学纪实

武汉市汉阳区教育局

学区制改革是汉阳区推进义务教育优质均衡发展的重要举措。自2012年开始改革实验，至2022年底，全区义务段42所学校（小学30所，初中12所）全部纳入学区制管理，共设7个学区，其中，小学有汉阳区钟家村小学联合学区、汉阳区西大街小学联合学区、汉阳区芳草小学联合学区、汉阳区墨水湖小学联合学区4个学区，初中有武汉市第三寄宿中学联合学区、武汉市二桥中学联合学区、武汉市晴川初级中学联合学区3个学区。汉阳区充分整合学区优质资源，推动区域教育均衡发展。基于学区建设，适应城区建设加速的形势，满足学生入学需求，同步探索集团化办学，加速带动新校建设，以“名校+”模式，高标准、高起点、高质量推动新校建设，形成汉阳区钟家村小学教育集团、汉阳区西大街小学教育集团、汉阳区芳草小学教育集团、汉阳区墨水湖小学教育集团、汉阳区弘桥小学教育集团、汉阳区七里小学教育集团、汉阳区玫瑰园小学教育集团、武汉市第三寄宿中学教育集团、武汉市二桥中学教育集团、武汉市晴川初级中学教育集团、武汉市翠微中学教育集团11个教育集团。学区化集团化办学，不断激发优质学校引领示范作用，激活各成员学校的自主发展活力，有效促进汉阳区教育高位优质均衡发展。

一、整合学区资源，优化集群效应

深度整合区域优质教育资源，实施“教研同步，课程共享，活动共建，优师交流”，激发各校内动力，有力推动汉阳教育质量稳步提升。

立足课堂教学共研，项目推动区域教育品质建构。发挥学区中心校辐射引领作用，以项目研究方式，整合区域优质资源，带动区域教育教学改革。汉阳区以“学习力课堂”模式研究课题项目为抓手，整合学区中心校和骨干成员校资源，与华中师范大学展开深度合作，建立以课题为引领的校际研修模式，探索建立区级教育教学资源库，逐步实现区域模块化教学资源共享，改进课堂教学样态。以点带面，渐次带动学区及区域内各校聚焦课堂教学模式开展研究，提升课堂教学效益。

强化学区常态教研，优师引领区域共进。推动“学区备课组常态教研”和“中心校常态教研”等常态教研活动。组建14个区域“名师工作室 ”和20个“班主任工作室”，通过跨校同步交互式教研有效促进学区间及学区各校教研质量的提升，共享科研教研成果。同时，通过学区建设，强化科学配置，实现发展资源共享。疫情期间，汉阳区教育局充分发挥学区机制优势，建构“空中课堂”，依托学区整体优势，按学科、年级段组建学区在线备课组，为全区小学生提供1440节优质学科课程。既保证“空中课堂”质量，又带动学区教师团队在新型冠状病毒期间提升在线教学能力，有效化解疫情影响，保障汉阳区中考、高考再创佳绩。集群发展模式和团队合作效应，在疫情关键期，发挥重要作用。

创新师资柔性流动，实现优质师资辐射。完善教师轮岗制度，强化优师流动机制，重点推进集团校校区间流动和学区各成员校间流动。2020年至2023年共有652名教师轮岗交流，形成集团派遣、跨校走班、互换交流等方式，促进学区及区域内教师互动交流和教师队伍建设，深度推动各校学科建设，促进教育教学均衡发展。

二、构建学区文化，突出特色发展

发挥学区中心校文化建构优势，将“成熟”的文化建构模式（如汉阳区钟家村小学“读式文化”、汉阳区西大街小学“开放文化”、汉阳区芳草小学“芳华”文化、武汉市第三寄宿中学“品质文化”等），向成员校输出，特别是学校管理制度的融合借鉴，进一步带动各校深度发展。以文化为引领，持续深化学区建设，深度促进学区优质校的辐射引领作用。

围绕文化建构，汉阳区教育局重点引导各学区聚焦课程建设、教师发展、信息化融合、德育一体化等核心发展项目，推进学区建设。以此为基础，逐步延展学区优势项目，包括汉阳区墨水湖小学联合学区德育创新、武汉市晴川初级中学联合学区信息化〈翻转课堂〉研究、钟家村小学联合学区“书香校园”建设、武汉市二桥中学联合学区“大思政”研究、汉阳区芳草小学联合学区体育艺术特色课程等，凝练学区发展特色。

定期开展学区沙龙研讨活动，构建学区文化交流主阵地，推进学区文化内生融合。每学期，汉阳区教育局基教科会同教科中心，围绕教育教学、学校管理、特色发展、课程建设、“双减”（指减轻义务教育阶段学生作业负担和校外培训负担）实施策略等内容，分层组织学区各成员校校长或分管校长，开展主题沙龙研讨活动。以此为带动，深层促进学区内各成员校内在交流，融合发展。并以学区沙龙为延伸，遴选学区代表，定期开展区域“论坛”交流活动，让学校、学区的特色经验，成为可借鉴、可复制的区域经验，充分发挥学区优质资源集群效应，推动区内各校共同发展。

三、延展集团办学，助推新校成长

深入推进集团化办学研究，根据相关片区发展需求，持续扩展集团化办学规模。至2022年底，11个集团化学校校区达到30个，武汉市楚才中学、武汉市第三十二中学、武汉市七里中学、武汉市永丰中学4所学校以联合办班形式，输出优质资源。

汉阳区教育局引导各集团校根据总校校情，合理调配干部教师资源，优化集团管理制度，推进集团“矩阵式”管理模式，实现集团管理制度化、规范化、优质化。探索校区“差异性”发展，遵循“文化引领”“和而不同”的办学理念，充分调动各校区自主能动性，激发办学活力，形成“共建、共享、共赢”的区域教育治理体系。集团化办学规模不断扩大，钟家村小学教育集团，由原来2个校区扩展至5个校区，在校学生达6065人；汉阳区西大街小学由原来2个校区扩展至4个校区，在校学生达3559人；发挥了名校辐射作用。

集团化办学，有效改变四新新城区教育格局，有力提升区域教育质量。片区内，汉阳区西大街小学国博校区、汉阳区弘桥小学金桥校区、汉阳区钟家村小学三里坡东校区和西校区、武汉市二桥中学芳草校区、武汉市晴川初级中学英才校区等校区的设立，缓解了四新地区的入学压力，满足片区内对高质量教育的需求。

汉阳区教育局积极探索“紧密型”集团向“松散型”集团办学模式转变的研究，尝试“独立法人”分校区制。汉阳区西大街至诚小学、汉阳区钟家村明德小学、汉阳区玫瑰园润泽小学3所小学分别以“独立法人”“独立编制”的形式加入钟家村小学教育集团、西大街小学教育集团、玫瑰园小学教育集团，快速移植集团母校的办学模式、制度内核等先进经验，并摸索自身成长路径，呈现良好发展势头。

汉阳区教育局还尝试多元化合作办学，引入华中师范大学附属小学办学资源，先后合办汉阳区墨水湖小学和汉阳区郭茨口小学。2所学校高起点快速发展，迅速成为区域新兴“名校”。

四、深研办学机制、重构学区集团

汉阳区教育局深入推进学区集团化改革。2022年起系统构建钟家村片区“教育示范中心”、二桥片区“教育发展中心”、四新片区“现代教育中心”3个教育中心，启动学区集团化提质重构研究，重组学区协作共同体，形成中心、学区特色鲜明的发展脉络。

持续打造三个教育中心。深入分析区域教育状况及发展趋势，充分提炼区域教育特色，持续以“教育示范”“教育发展”“现代教育”三个核心发展点为引导，明确项目，精准发力，推动三个教育中心建设，打通小学、初中、高中纵向联系通道。东部片区深析“教育示范”内涵，依托“名校扎堆”优势，联动发展，优势互补，培育学校教育品牌，打造示范引领项目，形成学校“名片”。四新片区聚焦“现代教育”内核，依托新校高起点建设，以“智慧学校”构建为抓手，以“智慧教育”研究为导向，在学校管理、课程活动、信息化融合等方面推进教育现代化。西部片区明确“教育发展”目标，以区域优质校为引领，弘扬拼搏精神，向内挖潜，向外借力，激活学校内生发展活力，快速提升教育教学质量。

深入推进学区集团化办学。横向重构学区与教育集团。小学段着力探索集团化办学，兼及学区制；中学段重在学区制，兼顾集团化探索。谋划初中段重组4个学区，加强校际合作，促进学校高位优质均衡发展；小学段延展深化“名校+”教育集团建构模式，高起点带动区域新校发展；以集团校为核心，重组小学学区，加大优质教育资源的辐射力度，深入研究“名校+”模式。

表1　　2022年武汉市汉阳区集团化学校校区一览表

学校集团名称	管理学校名称
钟家村小学教育集团	汉阳区钟家村小学三里坡东校区、汉阳区钟家村小学三里坡西校区、汉阳区钟家村明德小学、汉阳区钟家村方岛小学、汉阳区钟家村滨江小学、汉阳区钟家村第一小学
西大街小学教育集团	汉阳区西大街小学鹦鹉花园校区、汉阳区西大街小学江景园校区、汉阳区西大街小学国博校区、汉阳区西大街至诚小学
芳草小学教育集团	汉阳区芳草小学南校区、汉阳区芳草小学北校区、汉阳区芳草小学西校区
七里小学教育集团	汉阳区七里小学南校区、汉阳区七里小学北校区
墨水湖小学教育集团	汉阳区墨水湖小学本部、汉阳区墨水湖小学东校区
弘桥小学教育集团	汉阳区弘桥小学莲花湖校区、汉阳区弘桥小学月湖校区、汉阳区弘桥小学金桥校区
玫瑰园小学教育集团	汉阳区玫瑰园小学本部、汉阳区玫瑰园润泽小学
武汉市第三寄宿中学教育集团	武汉市第三寄宿中学、武汉市第三初级中学
二桥中学教育集团	武汉市二桥中学知音校区、武汉市二桥中学芳草校区
晴川初级中学教育集团	武汉市晴川初级中学莲花湖校区、武汉市晴川初级中学英才校区
翠微中学教育集团	武汉市翠微中学本部、武汉市墨水湖中学

大事记

1月

1日

武汉市首个区级养老服务中心在汉阳区社会福利院投入试运行。

10日

《湖北日报》刊发《武汉楼宇经济刷出新“高度”》，报道汉阳区“天下名企汇”从“停摆楼”到“亿元楼”的发展情况。

12日

汉阳区举办“赓续传承、汉阳有爱”2022年“慈善情暖江城”汉阳区困境儿童帮扶慰问活动。

15日

汉阳区举办2022年第一季度重大项目集中开工活动，中海建桥街项目A包、东投汉阳城、汉阳区老旧小区改造工程（四期）3个重大项目集中开工，总投资150余亿元。

20日

汉阳区融媒体中心举行新址启用暨“媒体融合·知音共享”战略合作签约仪式。

同日，汉阳区首届“知音云上”创投大赛在武汉基金产业基地举行总决赛，6家企业获政府股权投资。

21日

华中地区首个“星火·链网”骨干节点在汉阳区上线，武汉星火数字产业大楼正式揭牌。

同日，汉阳区召开党史学习教育总结大会。

24日

汉阳区“黄鹤楼汉汾酒酿造技艺”（传统技艺类）入选武汉市第七批非物质文化遗产代表性项目名录。

25日

政协武汉市汉阳区委员会正式启动“政协委员进基层，知音圆桌在一线”工作，组织11个街道联络委员会、“政协委员之家”开展2022年首个“基层协商日”活动。

29日

中共武汉市汉阳区第十三届纪律检查委员会第二次全体（扩大）会议召开。

2月

4日

深圳瑞光康泰科技有限公司脉搏波血压计生产基地落户汉阳区。

10日

汉阳区人力资源局组织14家大型企业到恩施州来凤县开展专场招聘活动。

14日

武汉市第三寄宿中学少年科学院申报的“智能垃圾清运系统”“人体睡眠运动探测智能识别预警系统”2个项目获第三十六届武汉市青少年科技创新大赛一等奖。

16日

配电自动化系统“一键转供”技术首次在武汉市汉阳区应用成功，也是湖北省首个成功范例。

17日

武汉市汉阳区第十六届人大常委会第一次会议举行。

18日

汉阳区永丰街道徐湾社区的武汉四季永兴经贸有限公司董事长吴彩荣获2021年度湖北省三八红旗手称号。

21日

汉阳区司法局被司法部评为“复议为民促和谐”专项行动先进单位。

24日

汉阳区四新工程设计建造产业园入选2020—2021年武汉市设计之都示范园区，获武汉市人民政府奖励50万元。

25日

“虎年春风送岗位，政协委员‘职’等你”线上招聘活动在武汉人力资源产业园（汉阳集聚区）直播室举行。

同日，汉阳区知音大道先行示范段（仙女山路至阳城西路）正式通车。

3月

1日

《湖北日报》刊发《中心城区“以旧焕新”：看武汉72变》，报道汉阳区融创·武汉1890项目工业遗址先导示范区。

2日

中共武汉市汉阳区委召开经济工作会议，总结和部署全区经济工作。

8日

国网湖北省电力有限公司武汉供电公司自主开发的低压有载合环转负荷技术在汉阳区首次应用成功。

11日

湖北省首批工程质量潜在缺陷保险单在汉阳区正式签订生效。

14日

汉阳区关心下一代工作委员会被中国关心下一代工作委员会、中共中央政法委员会、中华人民共和国司法部、共青团中央委员会、中国法学会联合授予“全国青少年普法教育先进集体”称号。

16日

汉阳区洲头街道新五里社区被湖北省减灾委员会、湖北省应急管理厅命名为“2021年湖北省综合减灾示范社区（村）”。

17日

在“全省2021年基层法院法治化营商环境建设工作”考核评比中，汉阳区人民法院居全省基层法院第一名。

同日，汉阳区被湖北省民政厅确认为首批“全省‘五社联动’社会工作服务体系建设重点县（区）”创建单位。

22日

汉阳区琴断口小河入选武汉市生态环境局和武汉市水务局联合发布的2022年武汉市“美丽河湖”优秀案例，成为首批15个“美丽河湖”之一。

25日

位于汉阳区汉桥路钰龙旭辉半岛一期的武汉市急救中心桃花岛急救站正式揭牌。

29日

武汉市汉阳区工商业联合会（汉阳区总商会）第十四次会员代表大会举行。

30日

湖北省2021年度全省营商环境评价结果发布，武汉市汉阳区获优异等次第二名。

4月

1日

汉阳区2022年金融产业大会暨金融服务“早春行”政银企对接会在武汉基金产业基地举行。

7日

在2021年度武汉市城市综合管理考核中，汉阳区居全市中心城区第一位。

18日

汉阳区16家企业入选2022年湖北省省级第四批专精特新“小巨人”企业。

20日至23日

“读你读我读汉阳”汉阳区2022年全民阅读月活动，以线下共读、线上传播方式举行。

21日

《湖北日报》头版头条刊发《武汉市汉阳区实施党建引领基层治理“深根工程”——向更深处扎根，向最末端发力》。

同日，汉阳区文选路人行天桥正式投入使用。

26日

湖北省、武汉市人大常委会及湖北省、武汉市卫生健康委员会走访调研汉阳区阳光护理院、晴川街道社区卫生服务中心医养融合机构。

同日，由中国太平洋人寿保险股份有限公司、太保私募基金管理有限公司共同出资的武汉首支越级保险资金母基金落户汉阳区。

27日

武汉凯德维斯生物技术有限公司、北京灵汐科技有限公司与汉阳投资发展集团有限公司签订股权投资协议，分别获得汉阳区人民政府产业引导母基金直接投资的2000万元股权。

同日，武汉市举行2022年第二季度重大项目集中开工活动。汉阳区有9个重大项目开工，总投资119亿元。

28日

中铁大桥局集团有限公司新能源工程指挥部（大企业事业部）常务副指挥长肖世波获2022年全国五一劳动奖章。

29日

2021年“茅以升科学技术奖”颁布，中铁大桥局集团有限公司副总经理查道宏，副总工程师李军堂、周功建获建造师奖；中铁大桥局集团有限公司副总工程师蒋本俊、中铁大桥科学研究院新技术研究所所长王翔获“铁道工程师奖”。

5月

1日

汉阳区龙阳湖公园（一期）、恬静公园正式开园。

4日

湖北青创园（汉阳）在汉阳区四新街道揭牌运营。武汉市汉阳城建集团有限公司与中电光谷联合控股有限公司签署战略合作协议，共同运营湖北青创园（汉阳）。

7日

武汉市自然资源和规划局汉阳分局、武汉市汉阳区人民政府建桥街道办事处联合多部门发布《武汉市汉阳区汉阳树公园概念文案征集公告》，面向全社会公开征集汉阳树公园概念文案及商业建筑概念文案。

11日

汉阳区洲头街道建港社区被中共中央宣传部、中央精神文明建设指导委员会办公室评为全国“最佳志愿服务社区”。

12日

汉阳区举行文化创意城建设启动仪式暨文化旅游产业发展大会。

同日，汉阳区举行科技创新暨数字经济大会，汉阳区人民政府被授牌为“自然资源湖北省卫星应用技术中心社会化应用节点”。华发国际企业大厦被授牌为“武汉智慧地理信息产业大厦”。

同日，汉阳区发布汉阳古城文化轴建设项目计划。

15日

华中首个基于“星火·链网”构建的数字藏品平台——“知音数藏”在汉阳区发布。

18日

汉阳区总工会举办2022年汉阳区职工劳动竞赛启动仪式暨“中国梦·劳动美——喜迎二十大，奋进新征程”劳模先进事迹报告会。

19日

汉阳区举行知音婚庆产业联盟成立暨汉阳婚恋品牌推介大会。

同日，武汉中交交通工程有限责任公司科学技术协会成立大会在中交第二公路勘察设计研究院有限公司检测公司举行。

同日，线上举行的第七届SportIN体育产业大会暨体育BANK颁奖盛典上，张之洞体育公园获2021年度最佳智慧体育公园称号。

24日

杭州安恒信息技术股份有限公司华中网络安全总部基地在汉阳区揭牌投入使用，由杭州安恒信息技术股份有限公司负责研发的“汉阳区楼宇招商信息平台”同步上线。

25日

政协武汉市汉阳区委员会联合中共武汉市汉阳区委统战部成立“政协委员、统战成员助企联盟”，全区首个“政协委员、统战成员之家”在万科未来中心揭牌。

同日，武汉市公安局汉阳区分局晴川街派出所教导员廖宗安被中共中央、国务院授予“全国特级优秀人民警察”称号。

27日

《湖北日报》刊发《新能源汽车哪里买，就去汉阳龙阳街》，聚焦汉阳区龙阳街道依托龙阳大道汽车产业优势，打造新能源汽车博览城。

同日，汉阳区首个社区少先队工作委员会在琴断口街道龙祥社区成立。

30日

《长江日报》刊发“下基层、察民情、解民忧、暖民心”专栏，报道汉阳区党员干部深入基层一线，用心用情解决群众急难愁盼问题。

6月

1日

汉阳区民政局婚姻登记处月湖婚姻登记点正式对外服务。

8日

武汉新城国际博览中心有限公司与沃尔玛（中国）投资有限公司旗下山姆（上海）投资有限公司就合作山姆会员超市（国博旗舰店）项目正式签约。

9日

汉阳区举办“云上逛非遗，一屏看汉阳”活动，组织非物质文化遗产保护项目参加湖北省文化和旅游厅、武汉市文化和旅游局“文化和自然遗产日”宣传展示主场活动。

10日

武汉市汉阳区与杭州市上城区缔结友好城区，双方签订数字金融、智能制造等多项战略合作协议。

16日

“狂欢盛夏·不夜江城”2022武汉国际消费季暨“嗨啤六月嘉年华”在汉阳区举办。

18日

汉阳区举办“和鸣元心，共赢未来”武汉市汉阳区楼宇经济促进会成立大会暨远洋国际中心金融总部落成发布会。

20日

武汉市汉阳市政建设集团有限公司总部大楼——汉阳市政建设大厦正式落成启用。

24日

“江城红领驿站——武钢云谷·琴台钢贸园党建共同体”揭牌仪式在汉阳区黄金口都市工业园举行。

25日

“加快推进武汉具有全国影响力的科技创新中心建设暨湖北省科技创新大会”公布2021年度湖北省科学技术奖获奖名单，中国工程院院士、全国工程勘察设计大师、中铁大桥勘测设计院首席专家高宗余获科学技术突出贡献奖。

同日，中共汉阳区委宣传部、方岛金茂智慧科学城联合“楚天都市报·极目新闻”媒体平台共同举办“向四新出发”武汉方岛首届低碳智慧亲子嘉年华活动。

29日

武汉市首次机构编制联席会议在汉阳区召开，汉阳区事业单位改革经验在大会上作交流发言。

同日，“穿行汉阳城，诗话新时代——喜迎二十大，汉阳喊你来读诗”沉浸式理论宣讲暨“新时代马克思主义接力者汉阳行”理论宣讲品牌提升活动在晴川阁举行。

7月

1日

位于汉阳区龟山的向警予烈士生平展示厅举行揭牌仪式并正式对外开放。

同日，汉阳区举行“实施深根工程 创新基层治理”社区书记“我行我秀”擂台赛（决赛）。

3日

《湖北日报》头版刊发《“阳小驿”与它的近万名“老铁们”》，报道汉阳区户外工作者服务驿站。

5日

太保科技服务（武汉）有限公司在汉阳大道140号闽东国际城商业东区成立。

同日，武汉智慧地理信息产业园开园暨湖北省卫星中心社会化应用节点建设启动仪式在汉阳区华发国际企业大厦举行。

同日，武汉人力资源服务产业园（汉阳集聚区）升级开园暨知音人才谷启幕仪式举行。

同日，汉阳工程咨询服务产业园在铁桥广场揭牌启用。

同日，汉阳区人民政府发布《关于加快培育汉阳地理信息产业发展的若干扶持政策》。

6日

琴断口街道十里景秀社区居民委员会、四新街道梅林都汇社区居民委员会、龙阳街道芳草社区居民委员会获湖北省百佳社区居民委员会称号，龙阳街道办事处公共服务办公室负责人万遂平获湖北省社区建设先进工作者称号。

6日至8日

良之隆·2022第十届中国食材电商节在武汉国际博览中心举办。

8日

湖北交通投资集团有限公司“智联大枢纽、助力先行区”科技创新大会举行，湖北省首个智慧交通研究院在汉阳区揭牌成立。

13日

汉阳区与湖北省妇幼保健院签署合作协议，湖北省妇幼保健院汉阳院区落户汉阳大道639号。

14日至18日

第二十届华中国际车展在武汉国际博览中心举办。

16日

恩施州首届“凉交会”来凤专场推介会在汉阳区江腾广场举办。

同日，第四十七届武汉渡江节在大禹神话园开幕。

17日

汉阳区举办“知音文化五个一”系列作品发布会。

20日

“高宗余院士专家工作站”在中铁大桥局集团有限公司揭牌成立。

21日

汉阳区楚才小学校长韦莉、中交第二公路勘察设计研究院有限公司检测公司副经理付伟获2022年第二季度“武汉楷模”称号。

22日至24日

第十三届全国青少年模拟飞行锦标赛在汉阳区张之洞体育公园举办，汉阳区获2枚金牌、4枚银牌、2枚铜牌。

23日至25日

第二十三届全国医院建设大会暨国际医院建设、装备及管理展览会（CHCC2022）在武汉国际博览中心举办。

28日

汉阳树公园设计概念方案评审结果出炉，深圳市大普设计有限公司的“以时间的长河、重塑时空的记忆”规划理念获得第一名。

29日至31日

第二十九届生活用纸国际科技展览会在武汉国际博览中心举办。

8月

5日

2022年世界大健康博览会在武汉国际博览中心举办。

同日，“2022百威啤酒节”暨打造武汉国际消费中心城市西部门户启动仪式在汉阳区举行。

5日至7日

第五届中国国际工业设计博览会在武汉国际博览中心举办。

7日至9日

2022年第十六届中国品牌节年会金谱奖榜单揭晓，“中国中铁大桥局”被评为“桥梁建设行业领导品牌”。

8日

位于汉阳区五里墩街道七里庙地铁站东侧、占地2700平方米的知音人才公园开园。

12日

武汉市举行2022年第三季度重大项目集中开工活动，汉阳区共有10个重大项目集中开工，总投资83.1亿元。

18日

湖北省铁路发展基金有限责任公司正式入驻武汉基金产业基地。

19日

九州通医药集团股份有限公司、恒信汽车集团股份有限公司连续六年分别蝉联“2022武汉民营企业100强”第二名和第三名。

同日，武汉市自然资源和规划局发布《武汉市汉阳站站城一体化区域城市设计及站区综合体建筑概念文案国际征集结果公告》。

20日

“星火·链网”骨干节点（汉阳）首个应用场景——“工业品追溯与防伪”项目上线。

26日

由自然资源湖北省卫星应用技术中心社会化应用节点和长江鲲鹏生态创新中心牵头成立的长江鲲鹏卫星应用联合实验室在武汉智慧地理信息产业园揭牌。

9月

1日

武汉市墨水湖中学、汉阳区墨水湖小学东校区、汉阳区芳草小学西校区建成并投入使用。

6日

位于马沧湖路236号的汉阳区星空大楼揭牌启用，由原汉阳区青少年活动中心升级改造而成。

同日，湖北省首个政府引导、市场运作、律师事务所协作的法律服务产业化特色楼宇汉阳区知音·律所大楼在马鹦路102号揭牌。

同日，位于琴断口街道徐家大湾372号的汉阳区社会治理综合指挥中心（平安大楼）揭牌仪式举行。

同日，九州通医药集团股份有限公司、恒信汽车集团股份有限公司、湖北交通投资集团有限公司入选中国企业500强榜单。

9日

汉阳区楚才小学校长韦莉获2022年度武汉“最美教师”称号。

12日

《湖北日报》刊发《汉阳区政务服务“深根工程”高效便民——有事要办，就来小区“红色驿站”》，报道汉阳区实施政务服务“深根工程”，持续推动民生审批事项逐级下放，把政务服务做到群众“家”门口。

17日

2022年汉阳区“全国科普日”启动仪式暨主场活动在钟家村实验小学举办。武汉桥梁博物馆、叶开泰中医药文化博物馆被授牌“市级科普教育基地”。

21日

汉阳区举办“创青春嘉年华”活动，湖北青创园（汉阳）二期揭牌并投入使用。

同日，位于汉阳区何家嘴路的武汉青年人才之家·知音驿站揭牌启用。

22日

中铁大桥局集团有限公司“高速铁路大跨度桥梁创新团队”获詹天佑科学技术创新团队奖。

同日，汉阳区钟家村商业区的武汉最大裸眼3D屏“三镇之眼”开启。

28日

武汉市元宇宙产业联盟在汉阳区成立，并举行第一届第一次会员大会。

30日

武汉市元宇宙产业联盟揭牌暨武汉元宇宙数字产业基地建设启动仪式在汉阳区举行，全市59家元宇宙相关领域企业参加仪式。

10月

1日

武汉国际博览中心中央水系景观公园正式开园。

4日

汉阳区开展重阳节“六个一”（对老年人说一句话、陪老年人吃一顿饭、为老年人做一件事、与老年人拍一张照、给老年人打一个电话、给老年人寄一张贺卡）关爱老年人活动。

8日

九州通医药集团股份有限公司新总部大厦启用，九州通健康城项目落成。

10日

墨水湖公园被评为湖北省2022年“最美城市公园”。

11日

武汉市第三寄宿中学田泽恺、汉阳区玫瑰园小学徐紫涵、汉阳区楚才小学熊宸乐获2022年度武汉市“新时代好少年”称号。

19日

汉阳区永丰街道徐湾社区被国家卫生健康委员会、全国老龄工作委员会办公室命名为“全国示范性老年友好型社区”。

20日

算立方数字时尚艺术展暨泽塔云杯·首届中国元宇宙服装设计大赛开幕式——赞助及战略合作签约仪式在汉阳区举行，元宇宙设计渲染云计算一体机“算立方”正式发布。

26日

《人民日报》刊登《托育园开到家门口》一文，其中大篇幅介绍汉阳区永丰街道徐湾社区开办普惠性社区托育园的举措。

11月

1日

在2022年武汉设计日“设计之夜”暨武汉设计发布盛典主题活动中，武汉市汉阳市政建设集团有限公司设计院作品《游鱼亭》获创意街区公共设施定向设计金奖。

5日

第三十九届汉阳区金秋菊展在墨水湖公园举行，布展面积达3.4万平方米。

7月

汉阳区龙阳湖半岛园区、江欣园（一期）、米粮城市低线公园建成并开放。

11日

中国共产党武汉市汉阳区第十三次代表大会第二次会议举行，会期半天。

同日，中共武汉市汉阳区第十三届纪律检查委员会第三次全体会议举行。

12日

琴川大道东延线及配套绿化工程项目开工建设。

17日

共青团武汉市汉阳区第十四次代表大会召开。

同日，在湖北省第一届职业技能大赛开幕式暨第三届“湖北工匠”表彰大会上，中铁大桥局集团有限公司六公司工匠技师刘琴梅获“湖北工匠”称号，中铁大桥局集团有限公司七公司测量特级技师杜操获“湖北省技术能手”称号。

18日至20日

2022知音汉阳·武汉女子半程马拉松线上跑活动举行。

25日

汉阳区司法局推行的法律援助“信用+”模式被评为2022年湖北省社会信用体系建设典型案例。

12月

5日

汉阳区建桥街道钟家村社区被湖北省减灾委员会命名为“2022年湖北省综合减灾示范社区（村）”。

8日

第十一届琴台音乐节在琴台音乐厅采取线上直播方式开幕。

9日

2022年武汉科技成果转化对接活动·智慧城市与智能建造专场活动在汉阳区举行。

12日

第十一届琴台音乐节古琴大型音乐系列活动在汉阳区举办。

16日

“‘就’在汉阳‘职’等你来”暖冬行动招聘季开启。

24日

“欧亚达·千礼之行”首届新能源汽车展览会在欧亚达家居奥特莱斯商场外广场举行。

26日

武汉市公布首批建成的“一刻钟便民生活圈”试点名单，汉阳区江腾社区、金龙花园社区、百灵社区和郭茨口社区上榜。

28日

汉阳区与宁波容百集团新能源科技股份有限公司完成新一体化合作“云签约”，协议在汉阳区落地建设容百湖北新能源技术研究院及华中区域总部项目。

同日，武汉美术馆（琴台馆）开馆，开启首展“艺以通衢——2022武汉双年展”。

30日

轨道交通3号线二期、6号线三期、11号线四期正式开工。

30日至31日

武汉市汉阳区第十六届人民代表大会第二次会议举行。

同日，政协武汉市汉阳区第十六届委员会第二次会议举行。

区情概览

建置区划

【区位面积】 武汉市汉阳区地处北纬 29°58′ 至 30°33′、东经 113°40′ 至 114°16′ 之间，位于长江中下游的江汉平原东北边沿，武汉市西南部，长江与汉江交汇处，为武汉市中心城区之一。东南临长江，与武昌区、洪山区隔江相望；西南与武汉经济技术开发区（汉南区）接壤；西接蔡甸区；北依汉水，与江汉区、硚口区、东西湖区相望。东西最大横距 17 千米，南北最大纵距 14 千米。2022 年末，全区土地总面积 111.54 平方千米。

【建置沿革】 距今约 5 万年至 1 万年前，汉阳地区即有古人类活动。夏代，境域原住民三苗部族被禹征服。春秋战国时期，汉阳境域先属郧国，后入楚国。秦时，属南郡。西汉时，属江夏郡沙羡县。东汉建武元年（25），首置沌阳县，为武汉三镇最早的县级独立建制。东汉年间，筑却月城和江夏城（鲁山城），却月城为武汉市中心城区最早的军事城堡。东汉末、三国至南北朝时期，却月城曾为江夏郡治、石阳县治、曲阳县治、曲陵县治、沙羡县治，鲁山城曾为江夏郡治和鲁山县治，长期发挥军事城堡和行政治所作用。隋代战乱平息后，改革行政建制。隋开皇九年（589），复置沌阳县。开皇十七年，改沌阳县为汉津县，县治迁至鲁山（又称大别山，今龟山）。大业二年（606），因汉津县位于鲁山之南、汉水（古汉水改道前）之北，依“山南水北为阳”之意，改汉津县为汉阳县，汉阳为县之名始于此（明成化初汉水主航道改道后，汉阳城虽处汉水以南，但仍沿用汉阳名）。唐武德四年（621），在凤栖山（今凤凰山）南筑沔州城（后称汉阳城），为沔州（汉阳郡）、汉阳县治所；沔州下辖汉阳县、汊川县（后改汉川县）。朝廷在地处中原水陆要冲的今武汉及周边地区设鄂州和沔州，初步确立武昌、汉阳双城并立的城市建制。自此直至清代，汉阳城内均设有州（郡、军、府）、县两级行政治所。宋代，设汉阳军及所属汉阳县。元至元十四年（1277），改汉阳军为汉阳府，境域属汉阳府汉阳县。明洪武九年（1376），撤汉阳府，降为州，汉阳州属武昌府。洪武十三年，废汉阳州，复设汉阳府。清朝汉阳府曾下辖汉阳县、汉川县、黄陂县、孝感县、沔阳州、夏口厅。民国初年，废汉阳府，汉阳县先后属湖北省鄂东道、武汉黄德道、湖北省江汉道。1927 年，汉阳县城区（今汉阳区部分地域）与汉口市和武昌市合并成立武汉市，为国民政府京兆区（首都）。1930 年 4 月，汉阳城区回归汉阳县。1937 年，武昌（省会区）与汉阳城区合并为武昌市，区境属湖北省武昌市。1938 年 10 月日本侵略军侵占武汉后，日伪武汉市地方政府成立，先后在汉阳城设伪武汉特别市政府汉阳办事处、伪汉口特别市政府汉阳办事处、伪汉阳县政府。1945 年日军投降。9 月，汉阳城区与省会区武昌再次合并，成立武昌市。1946 年 7 月，汉阳城区再次回归汉阳县。清末及民国时期，汉阳县治所仍设于汉阳城。1949 年 5 月 17 日，汉阳县解放。5 月 24 日，汉阳城区划归武汉市，汉阳县农村设汉阳县（今蔡甸区）。6 月 1 日，武汉市汉阳中心区成立。1950 年 1 月 25 日，改汉阳中心区为汉阳城区，设区公所，为武汉市人民政府派出机构。11 月 21 日，改汉阳城区为武汉市第六区，撤销汉阳城区区公所，成立武汉市第六区人民政府。1952 年 8 月，武汉市第六区改称汉阳区，第六区人民政府改称汉阳区人民政府。1954 年，汉阳区人民政府改称汉阳区人民政府委员会。1955 年 2 月，汉阳区人民政府委员会改称汉阳区人民委员会。1968 年 4 月，汉阳区革命委员会成立。1980 年 2 月，撤销汉阳区革命委员会，恢复汉阳区人民政府至今。

【行政区划】 2022年，汉阳区下辖晴川街道、建桥街道、鹦鹉街道、洲头街道、五里墩街道、琴断口街道、江汉二桥街道、永丰街道、江堤街道、龙阳街道、四新街道11个街道，共有118个社区。

自然地理

【地形】 汉阳区平原、丘陵、湖泊、河流相间；水网密布、山水相连。长江由西南向东北流经汉阳区境东南边沿，汉水经汉阳区境北侧蜿蜒流入长江。境内有龟山、凤凰山、梅子山、锅顶山、仙女山、米粮山、碎琴山、扁担山、磨子山、汤家山、赫山、细石山等低山，有月湖、莲花湖、墨水湖、龙阳湖、后官湖（部分）、南太子湖等湖泊。地势为西北高、东南低，除龟山及西部的剥蚀丘陵外，大部分为河湖阶地，平均海拔24米。全区最高点在锅顶山山顶，海拔为112.6米。

【气候】 汉阳区属北亚热带季风性（湿润）气候，具有常年雨量丰沛、热量充足、雨热同季、光热同季、冬冷夏热、四季分明等特点。年平均气温15.8℃至17.5℃，极端最高气温为41.3℃，极端最低气温为-18.1℃。年无霜期一般为211天至272天，年日照总时数1810小时至2100小时，年总辐射104千卡/平方厘米至113千卡/平方厘米，年降水量1150毫米至1450毫米；降雨集中在每年6月至8月，占全年降雨量的40%左右。

【土壤】 汉阳区境内土壤地层自然形成有第四系全新世黏性土区、第四系中更新世老黏性土区和第四系中新世老黏性土区3个分布区。第四系全新世黏性土区主要分布在一级阶地、河漫滩及三级阶地的坳沟部分。这类区域地层具有明显的沉积相二元性结

表2　2022年武汉市汉阳区街道基本情况一览表

街道名称	面积（平方千米）	人口（人）	社区名称
晴川街道	6.50	22948	龙灯社区、华园社区、铁桥社区、国棉社区
建桥街道	2.87	74405	大桥社区、青石社区、南城社区、古楼社区、显正街社区、西大街社区、钟家村社区、冰塘社区、白鹤社区、琴台社区、归元社区、车站社区
鹦鹉街道	2.52	58086	桥机社区、瓜堤社区、钢管社区、夹河社区、杨泗社区、自力社区、锦绣长江社区、鹦鹉花园社区、鹦鹉洲社区
洲头街道	6.00	31363	红建社区、建港社区、洲头社区、向阳社区、怡畅园社区、新五里社区
五里墩街道	4.75	75387	五琴里社区、五墨里社区、五园里社区、五合里社区、五湖里社区、五红里社区、五麒里社区、五麟里社区、五春里社区、五丰里社区、五福里社区、五荣里社区、五瑞里社区、五玉里社区
琴断口街道	3.39	53993	冯家畈社区、紫荆花社区、七里庙社区、汇福园社区、桃花岛社区、金龙花园社区、七里晴川社区、七里一村社区、龙祥社区、星火社区、百灵社区、江花社区、龙兴社区、十里景秀社区
江汉二桥街道	3.88	60169	知音东苑社区、知音西苑社区、玫瑰西园社区、玫瑰东苑社区、桥东社区、桥西社区、赫山社区、十里铺社区、水仙里社区、郭茨口社区
永丰街道	33.70	52092	汉沙社区、磨山社区、米粮社区、四台社区、徐湾社区、燎原社区、仙山社区、三眼桥社区、董家店社区、快活岭社区、罗家咀社区、郑家咀社区、陈家咀社区、黄金口社区、玉龙社区、汉琴社区、惠民苑社区、黄金口岸社区、龙磨社区、仙湖社区
龙阳街道	8.80	44853	陶园社区、汉城社区、汤山社区、陶家岭社区、龙阳新村社区、龙阳湖社区、龙湖东岸社区、龙清社区、芳草社区
江堤街道	16.93	66757	江欣苑社区、向阳村社区、潮江社区、江城明珠社区、江腾社区、墨水湖社区、新新社区、鲤鱼洲社区、老关社区、丰收社区、汉博佳园社区、江博社区、三里民居社区、江宁社区
四新街道	8.93	52709	澜菲溪岸社区、太子观澜社区、梅林都汇社区、墨南湖畔社区、总港西岸社区、上太子溪社区

构，上部为一般黏性土层，厚度为1米至12米，粉土厚度为2米至5米，局部大于5米；粉土或粉砂夹粉质黏土互层，顶板埋深6米至12米，厚度3米至5米，部分厚度30米至45米。砂、砾卵石层厚度2米至8米，底部为基岩。第四系中更新世老黏性土区主要分布在剥蚀堆积平原的坳沟地区和一、三级阶地的结合部或残丘附近，一般黏性土最大厚度大于8米。第四系更新世湖积淤泥，淤泥质软土最大厚度大于20米；中部为老黏性土；底部为基岩。第四系中新世老黏性土区主要分布在汉阳大部分城区范围，属剥蚀堆积平原土层，厚度3米至28米，主要为棕红色网状黏土及黏土，残积土层；底部为基岩。残丘边沿部分存在坡积层。

【植被】 汉阳区植物区系属中亚热带常绿阔叶林向北亚热带落叶阔叶林过渡的地带，兼具南方和北方植物区系成分。常绿阔叶林、落叶阔叶林和针叶林组成的混交林是全区典型的植被类型，主要常见树种有樟树、楠竹、杉木、山茶、女贞等，蕨类和种子植物丰富多样。2022年，汉阳区绿化覆盖率为41.3%。

【河流水系】 长江及其支流汉水流经汉阳区境，两江汉阳区岸线长30余千米。长江汉阳区段上起抬船路，下至南岸嘴，长约10千米；流向由西南向东北，主流偏左岸（汉阳岸）下行，左岸龟山下游接汉江来水。下段江面受龟山和蛇山所束，形成江面最窄处，武汉长江大桥由此横跨两岸；长江汉阳段水面较窄，一般宽1100至1300米，最窄处在龟山、蛇山之间，其水面宽1060米；河水最大流量为76100立方米/秒，最小流量为2930立方米/秒。汉水全长1532千米，其汉阳段约占1/70。汉水出蔡甸区境，入汉阳区林家台，向东南流又折转向西北，再转向南至琴断口，形成一个85千米长的“S”形弯道。琴断口以下河道先向东南转向东北，在郭茨口上游转向东南，至南岸嘴转向北又折向东入长江。此段河道宽180米至300米，汉阳区右岸有边滩10米至350米。最下游13千米长河道水面宽约200米。汉水自入汉阳区境，至南岸嘴入江，水岸线全长20.58千米。汉水汉阳段水面宽度丰水期约400米，枯水期约100米；河水最大流量14600立方米/秒，最小流量1800立方米/秒。

自然资源

【土地资源】 2022年，汉阳区有城镇村及工矿用地8389.63公顷，占75.2%；交通运输用地142.34公顷，占1.3%；水域及水利设施用地2144.62公顷，占19.2%；湿地面积27.4公顷，占0.2%；园地面积0.14公顷，占0.0017%；林地面积122.14公顷，占1.1%；草地面积83.73公顷，占0.8%；其他土地244.38公顷，占2.91%。

2022年，汉阳区月湖边的琴台大道绿树成荫

（汉阳区融媒体中心　供图）

【生物资源】 汉阳区植物区系属中亚热带常绿阔叶林向北亚热带落叶阔叶林过渡地带。常绿阔叶林和落叶阔叶林组成的混交林是全区典型的植被类型。汉阳区境内动物分为家养和野生，其中多为水产类和畜禽类。水产类有青鱼、鲩鱼、鲤鱼、鲫鱼、鳊鱼、鲢鱼、鳙鱼、鲇鱼、鳜鱼、黄颡鱼、鲦鱼、翘嘴鲌、财鱼、鳝鱼、泥鳅、甲鱼等，畜禽类有生猪、奶牛、水牛、肉鸡、肉鸭、蛋鸡、蛋鸭、肉鸽等。

人口 民族 宗教

【人口】 2022年末，汉阳区常住人口90.06万人。有户籍人口59.17万人，比上年增加2.23万人，其中男性29.65万人、女性29.52万人。年内出生6295人，人口出生率为10.8‰；死亡3517人，人口死亡率为6.1‰；人口自然增长率为4.7‰，比上年增加0.1个千分点。

【民族】 2022年，汉阳区有壮族、满族、回族、苗族、维吾尔族、土家族、彝族、蒙古族、藏族、布依族、侗族、瑶族、朝鲜族、白族、哈尼族、哈萨克族、黎族、傣族、鄂伦春族、土族、锡伯族、毛南族等少数民族22个，少数民族户籍人口3931人。100人以上的少数民族有回族（1941人）、土家族（598人）、壮族（441人）、满族（255人）。有少数民族流动人口465人。

【宗教】 2022年，汉阳区有佛教、伊斯兰教、天主教、基督教4个宗教类别，经批准登记的宗教场所有归元禅寺、铁佛寺、伊斯兰教元宁公山临时过渡点、显正街天主堂、圣光堂、基督教知音聚会点、基督教朱家亭聚会点、基督教西大街聚会点8个。经认定的教职人员有59人。其中，佛教45人，伊斯兰教阿訇1人，天主教9人，基督教4人。

历史文化

【历史渊源】 汉阳是江汉地区人类文明的发祥地之一。4亿年前，汉阳境域属扬子海，考古发掘有距今4亿年至2亿年前的“汉阳鱼”化石。属古云梦泽时，有距今3.55亿年前泥盆纪的植物化石，境域陆地形成。距今约5万年至1万年的更新世末期，“汉阳人”由蒙昧走向文明。自尧时起，汉阳属古荆州之地，为江汉地区主体民族三苗的聚居地。相传，大禹治水，疏江导汉，在大别山（今龟山）旁使汉水与长江交汇，形成汉阳两江交汇的地理格局和“江汉朝宗”的自然景观。春秋战国时期，古汉阳名夏汭、江汉，先属郧国，后入楚国。随着楚国的崛起，汉阳成为楚文化传播的重要通道。春秋时期发生在汉阳境域的伯牙与钟子期高山流水遇知音的故事流传千古。经历秦汉时期社会动荡和政治、经济、文化的发展，汉阳地区逐渐成为兴盛之地。东汉末，汉阳沿江港埠可供数千只船舶入港交易。东汉建安元年（196）前，汉阳即筑有今武汉市中心城区范围内最早的军事城堡——却月城。三国两晋南北朝时期，汉阳为兵家必争之地，龟山及其附近还曾建有鲁山城、萧公城、汉口城（梁废城）、马骑城等军事城堡。隋代至唐代，汉阳社会经济进一步发展。唐代将州（府、郡）、县两级行政机构均设在汉阳城内，汉阳城逐步发展成为长江中游北部区域性的政治、经济、文化中心。宋代汉阳城是军、县两级行政中心，设有官府、驻军、铁钱监、牧马监及书院等机构，是朝廷专卖茶叶等商品的集散地。唐宋时期，汉阳的纺织、铸造、酿酒等手工业较为发达，也是著名的风景名胜之地。元代，汉阳保持中原腹地水陆交通运输枢纽的优势地位。元末，徐寿辉领导的天完红巾军占领汉阳并定都于此，号称“天完国都”。明清时期，汉阳府、汉阳县两级衙署、以及府学、县学、文庙、书院等均设在城内。明成化初汉水主航道改道后，汉口镇形成并迅速发展，武汉三镇隔江鼎立格局由此形成。清光绪二十五年（1899），汉口镇从汉阳县析出，设置夏口厅。清道光年间，汉阳鹦鹉洲形成长江流域最大的竹木市场。晚清洋务派实力人物张之洞督鄂后，在汉阳兴办汉阳铁厂、汉阳兵工厂等大型官办工厂，官办工业带动民办工业迅速兴起，汉阳成为中国近代制造业的发祥地之一。近代中国革命的风暴也频频席卷汉阳，太平天国起义军4次攻克汉阳、辛亥革命时期震惊中外的阳夏保卫战都曾使汉阳城处于革命的风口浪尖。1921年后，中国共产党汉阳地方组织带领汉阳人民群众开展革命斗争，组织领导工人运动。1922年汉阳铁厂工人大罢工斗争声势浩大，成立的汉冶萍总工会为当时全国规模最大的产业工会组织。1926年9月，中共汉阳地方组织领导工人群众配合北伐军占领汉阳。林育英、林育南、李立三、许白昊、陈春和、欧阳梅生等共产党人都曾在汉阳开展革命工作。1938年日军侵占武汉后，汉阳经济遭到毁灭性打击，城市设施遭到极大破坏，商贸业遭摧残，工厂被迫西迁。抗战胜利后，经济刚有复苏之势，又在内战中再受重创。中华人民共和国成立前夕，汉阳沦为一个经济萧条、市区破败、周边坟茔遍布之地。1949年5月17日，中国人民解放军解放汉阳。6月1日，武汉市汉阳中心区人民政府成立。1950年7月，中共武汉市第六区委员会成立。1951年4月，武汉市第六区人民政府委员会成立。在完成民主改革，对农业、手工业和资本主义工商业进行社会主义改造，建立新的社会秩序等任务后，汉阳区集中力量开展社会主义工业化建设，成为武汉市新兴的工业城区之一。1978年中共十一届三中全会后，全区实现以经济建设为中心的工作重点转移，经济及社会各项事业迅速发展。20世纪80年代中期，汉阳区被列为武汉市旅游城区，90年代定位为具有风景旅游特点的综合经济发展区和山水园林城试验区，21世纪初成为武汉新区的核心区，2006年被科技部确定为国家可持续发展实验区。在企业改制、经济结构调整、改造老工业区和城区功能转型的同时，兴建汉阳经济开发区、黄金口都市工业园等经济园区，积极招商引资，大力发展现代制造业，重振“汉阳造”雄风。同时，发展商贸服务业和文化创意产业，加强城市基础设施和旅游景点景区建设，发展各项社会事业，全区呈现政治安定、社会稳定、经济繁荣、环境优美、人民生活水平不断提高的良好局面。汉阳区正朝着经济可持续发展的活力之区、文化品位高雅与文化氛围浓郁的魅力之区、生态环境良好的观光旅游之区、社会各项事业协调发展的和谐之区、宜居宜业新汉阳的目标迈进。

【非物质文化遗产】 2022年，汉阳区有国家级非物质文化遗产项目5项，分别为龙舞高龙（第一批，传统舞蹈类）、汉阳归元庙会（第三批，民俗类）、伯牙子期传说（第四批，民间文学类）、叶开泰传统中药制剂方法（第五批，传统医学类）、武汉大禹治水传说（第五批，民间文学类）。有省级非物质文化遗产代表性项目8项、市级非物质文化遗产代表性项目13项、区级非物质文化遗产代表性项目68项。

【文化品牌】 汉阳文化源远流长，丰富多彩，主要包括知音文化、“汉阳造”文化、禹文化、汉阳树和鹦鹉洲文化、民俗文化、辞章文化等文化品牌。

知音文化品牌 作为中国知音文化的发源地，知音文化品牌形象享誉海内外。纪念性建筑古琴台就在汉阳，汉阳至今还保留有钟家村、琴台大道、琴台路、琴台村、知音大道、知音路、知音东村、知音西村、琴断口、碎琴山等具有浓厚知音色彩的地名。

“汉阳造”文化品牌 19世纪80年代起，湖广总督张之洞在汉阳创办民族工业，先后建成汉阳铁厂、湖北枪炮厂等规模宏大、设备精良的一批工厂。20世纪初，汉阳铁厂发展成为汉冶萍煤铁厂矿有限公司，为中国第一家近代黑色金属冶炼联合企业，是当时亚洲规模最大、技术一流的钢铁联合企业。湖北枪炮厂于20世纪初快速发展为汉阳兵工厂，成为国内创办经费最多、引进设备最先进、生产规模最庞大、产品性能最优良的兵工厂，所产79式步枪被称为“汉阳造”，闻名全国。民营工业也在官方提倡与官办工业影响下蓬勃兴起，汉阳成为中国近现代制造业的发祥地之一。

禹文化品牌 大禹在长江中上游地区留下的重要遗迹大多在汉阳区。汉阳龟山东麓临江石矶，相传为大禹疏导汉水入长江大功告成之所，故名为禹功矶。禹功矶上著名的晴川阁，为纪念大禹的系列建筑之一，有众多大禹遗迹，如禹柏、禹功矶、朝宗亭、禹碑亭、楚波亭、禹稷行宫等。

汉阳树和鹦鹉洲文化品牌 “晴川历历汉阳树，芳草萋萋鹦鹉洲”，崔颢的著名诗句使汉阳树和鹦鹉洲声名远播。汉阳至今仍存有500余年树龄的“汉阳树”和鹦鹉洲、鹦鹉大道、鹦鹉洲长江大桥、鹦鹉街道等地标性名片。

民俗文化品牌 具有浓郁汉阳地方特色的舞龙、数罗汉、赶庙会等民俗活动，体现出汉阳人民创造和弘扬优秀民族文化，追求幸福美好生活的民俗风情。龙舞·高龙、汉阳归元庙会为国家级非物质文化遗产项目。

辞章文化品牌 汉阳作为历史文化名城，一代代的风流名士、迁客骚人吟诗作赋，留下许多著名的篇章。屈原、李白、苏轼、王维、杜甫、杜牧、柳宗元、白居易、王安石、黄庭坚、岳飞、汤显祖、孔尚任、冯梦龙、张居正、张之洞、董必武、毛泽东、郭沫若、赵朴初……不胜枚举的历代名家留墨汉阳，丰富了汉阳的文化内涵。

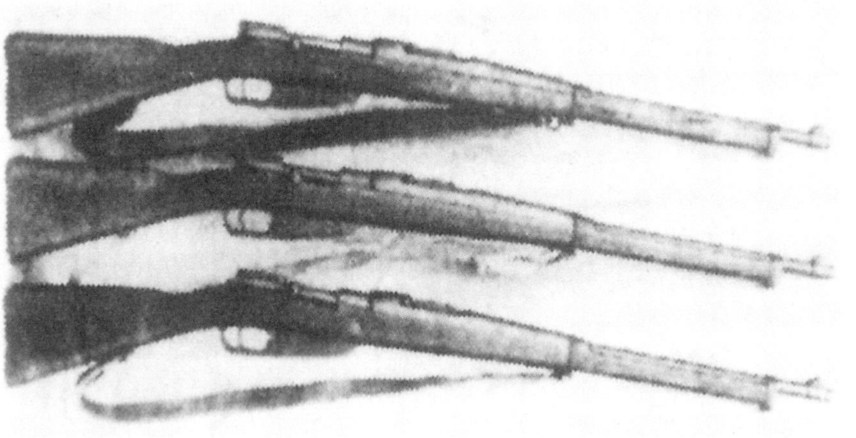

汉阳兵工厂造79式步枪被称为“汉阳造”

（汉阳区档案馆 供图）

【历史名人】 汉阳人杰地灵，自古即为人文荟萃之地。早在龙山文化的晚期，相传大禹治水成功于大别山（今龟山），成为“走进武汉历史的第一人”。春秋末期，伯牙与钟子期以音乐为媒介，在汉阳成为知音。东汉末年，祢衡在鹦鹉洲赋诗《鹦鹉洲赋》，赋予鹦鹉洲浓厚的人文底蕴。唐代大诗人李白钟情汉阳，为汉阳写下的诗篇达16首之多。宋代，知军黄幹为理学的忠实继承者和实践者，汉阳成为传播朱熹理学的重要场所。元末，农民起义席卷全国，徐寿辉天完政权在汉阳“定都”4年，汉阳成为红巾军反元运动的中心。明清两代，汉阳人才辈出，尚书戴金“独立敢言”，榜眼萧良有拥有状元之才，吴正治高居清廷相国，白光、主峰创办湖北首刹归元禅寺，无神论者熊伯龙教授康熙皇帝诗书，叶开泰后代叶名琛震守粤桂大地等。清末，汉阳成为中国近现代工业发祥地之一，张之洞创办汉阳铁厂、汉阳兵工厂等众多近代工厂，科学家徐建寅试验汉阳兵工厂火药殉职于汉阳，周仲宣创办的周恒顺机器厂进入全国民营机器厂前三名。民国时期，中国共产党领导汉阳工人开展罢工运动，林育英、林育南、李立三、许白昊等知名工人运动领袖在此留下光辉足迹。萧楚女生于汉阳，长于汉阳，从鹦鹉洲走上革命道路；向警予、夏明翰等革命英烈长眠在汉阳的土地上；萧楚女、向警予、夏明翰被评为“全国100位为新中国成立作出突出贡献的英雄模范人物”。

土特名产

【“老锦春”酱品】 汉阳“老锦春”酱品约创建于清康熙十八年（1753）后。至1920年，达到第一个鼎盛时期，年产酱品约30吨，酱菜品种达20余种。中华人民共和国成立后，汉阳“老锦春”酱品厂得到长足发展，建有年产5000吨酱品和1000吨酱菜的车间，各种产品深受市民喜爱。1985年，“老锦春”陈醋被评为武汉市优质产品。1988年，“老锦春”陈醋和糖蓑衣萝卜获首届全国食品博览会铜牌奖。

【“黄鹤楼”牌特制汉汾酒】 1984年8月，在全国第七次质量月授奖大会上，武汉酒厂（1992年易名黄鹤楼酒厂）生产的“黄鹤楼”牌特制汉汾酒夺得金奖，该酒进而成为中国十大名酒之一。2003年，黄鹤楼酒厂改制，由武汉天龙投资有限公司投资，以原黄鹤楼酒厂汉阳分厂厂房组建成天龙黄鹤楼酒业公司。2004年10月，在中国白酒专业委员会举行的全国白酒质量评比中，“黄鹤楼”酒被授予“中国白酒质量优秀产品”称号。2005年3月，天龙黄鹤楼酒业有限公司凭借良好的业绩跻身中国白酒工业百强企业之列。2011年，“黄鹤楼”酒被商务部认定为“中华老字号”品牌。

【归元禅寺素菜】 膳素食是佛教徒及香客的饮食习惯。1956年5月，归元禅寺开办云集斋素餐厅，弘扬佛教文化，满足食客需要。云集斋的名菜有佛手笋、罗汉上寿、麻雀头、炒双冬、三丝卷、溜鱼片、烩口蘑、红烧金鱼、荷包元子、什锦大拼、花色彩碟等。归元禅寺素菜很受游客及市民的喜爱，蜚声中外。

【“福达坊”芝麻油】 位于汉阳区黄金口都市工业园的武汉福达食用油调料有限公司依托本地资源优势，结合国际先进技术，开发出“福达坊”牌黑芝麻油、纯芝麻油、小磨香油等系列产品。“福达坊”芝麻油历经清洗、焙炒、扬烟、物理压榨、沉淀、过滤等六道生产工艺制作，有效保留了芝麻油原有的营养成分，且不含一滴浸出油，香味浓郁、风味纯正，深受消费者喜爱。2012年，“福达坊”（芝麻油）被国家工商行政管理总局商标局认定为中国驰名商标，2021年被认定为“武汉名品”，芝麻油系列产品连续10年在湖北省销量第一，企业综合实力居全国同行业前三位。

2022年经济社会发展

【经济建设】 2022年，汉阳区快速推进产业转型，培育发展数字经济、大健康产业、工程设计与建造、都市工业、楼宇经济和商贸服务业，经济发展势能汇聚。全年全区完成地区生产总值（GDP）801.86亿元，比上年增长2.6%，其中，第二产业增加值150.41亿元，增长10.3%；第三产业增加值651.45亿元，增长0.8%。第二、第三产业结构由上年的21.4∶78.6调整为18.8∶81.2。完成全社会固定资产投资220.3亿元，比上年下降55.7%。其中，第二产业投资下降29.8%，第三产业投资下降56%。城镇投资下降39%，房地产开发投资下降59.5%。实现社会消费品零售总额552.01亿元，下降2%。实现一般公共预算总收入121.51亿元，增长2%。一般公共预算总支出75.01亿元，下降0.9%。城镇居民人均可支配收入59220元，增长5.5%。

产业发展 2022年，汉阳区数字经济活力迸发，区块链、地理信息等数字经济产业扶持政策持续发力，供链融通等3个应用被评为省级区块链十大优秀案例，“星火·链网”应用场景多点开花，全年100万条数据上链，“北斗七星”计划推动地理信息关联企业聚集，16个项目被评为市级人工智能应用场景。成立“国家超算长江分中心”，推动省级卫星中心社会化应用节点高效落地。武汉市元宇宙产业联盟正式揭牌，武汉金牛经济发展有限公司产业数字化改造项目完成，趣链科技有限公司等独角兽企业成功落户，武汉太保科技有限公司顺利开业，数字经济企业突破200家，其中规模以上企业增至34家。大健康产业发展壮大，九州通健康城落成投入使用，签约入驻率86%，5.5医药健康创新园被评为国家级众创空间、国家小型微型企业创业创新示范基地，签约武汉聚成医疗科技有限公司等大健康产业项目3个，大健康产业营业收入达1600亿元。工程设计与建造产业聚链成势，企业总量超过1000家，四新产业园产值突破560亿元。新能源汽车博览城初现雏形，小鹏、腾势等21个新势力品牌汇聚汉阳区。智能制造赋能提速，新建百威研发中心和实验平台，5G智能检测、武汉誉城千里建工有限公司总部等重点项目加快推进。武汉西部消费中心持续推进，签署《打造武汉西部消费中心三方合作协议》，王家湾、钟家村、五里墩三大商圈发展迅速，“三镇之眼”成为商业新地标，鹦鹉巷子迭代升级，“啤酒节”“汉阳喊你”系列活动持续火爆。月湖婚恋产业园打造“最美结婚登记地”，再添琴台美术馆文化地标，工业遗产保护和工业旅游传承发展，大健康展、中国婚博会等展会盛大举办。

城市建设 2022年，汉阳区完成城建投资120.59亿元，比上年增长31.5%。江汉十桥等市级重点工程启动建设，知音大道先行示范段等12条道路建成通车，车友路等6条“断头路”实现贯通，鹦鹉小道等4条道路改造提升。推进海绵城市建设，琴断口等5个汇水分区项目全部完成。完成19个老旧小区升级改造，建成停车泊位1.2万个，充电桩6400个。全年完成市级城建重点工程征地14.58公顷，征收1.39万平方米。完成旧城改造房屋征收面积2.59万平方米，“城中村”改造拆迁面积55.01万平方米。

2022年，依江而立的武汉基金产业基地

（汉阳区融媒体中心 供图）

【政治建设】 2022年，汉阳区持续深化政治建设。坚持党的领导、人民当家做主和依法治区有机统一，积极支持区人大、区政协围绕中心、服务大局，创造性开展工作。区人大认真履行法定职责，首创民情民意联系点探索代表联系群众新模式；首将监察机关、备案审查专项工作纳入监督；首推“提示函”形式增强对政府监督的时效；首建媒体对接平台强化人大实践宣传。区政协面对经济发展主战场，主席会议成员挂点3个重点产业链，谋划大健康产业发展，协调人力资源服务产业园、青年创业园建设，服务打造文化创意城区，统筹推动246名驻汉阳区的全国和省、市、区四级政协委员进基层履职。坚持依法治国、依法执政、依法行政共同推进，法治政府建设各项工作取得新成效。提档升级一站式多元解纷中心，整合公检法司等部门力量集中进驻，打造集综治、信访、维稳、社区矫正、矛盾调解、行政复议“六位一体”的汉阳区社会治理综合指挥中心——平安大楼；在全省首建“律所超市”——知音律所大楼；首创成立法治政府研究院；在全市率先开展“一体四化”（执法协调监督工作体系和执法队伍专业化、执法行为规范化、执法监督常态化、执法考核精细化）行政执法协调监督体系试点工作并通过省级营商环境创新示范项目评选；法治宣传、司法为民、规范执法等工作在湖北省、武汉市交流。党的建设全面加强。中共汉阳区委落实“思想引领、学习在先”机制，在全区组织学习宣传贯彻党的二十大精神，跟进学习习近平总书记最新重要讲话和指示批示精神。打造能堪重任的高素质干部队伍，探索建立干部政治素质评价考核体系，提拔重用区管干部67人，晋升一级调研员13名，其中选拔任用“80后”处级干部29人，在全市动态完成年轻干部配备目标，“个人埋头干事、业绩群众公认、进步组织关心”在汉阳区蔚然成风。驰而不息正风肃纪反腐，严格贯彻落实中央八项规定及其实施细则，全面推行“无会日”制度，深入开展“六项治理”（治理庸、懒、散、慢、乱、浮）和节日纠风系列活动，将监督延伸到“八小时外”。严格落实党风廉政建设主体责任，扎实推进“清廉汉阳”建设，开展两轮区级交叉巡察，高效巩固风清气正的政治生态。

【文化建设】 2022年，汉阳区锚定文化强区建设目标，启动汉阳文化创意城建设。编制汉阳文化创意城三年规划，聚力打造知音文化旅游区、汉阳古城风貌区、国博会展数字文创区、工程设计建造集聚区。成立汉阳文化研究院，组建专家智库，逐步探索文化赋能城区建设新路径。拓展数字文化发展新领域，构建“元宇宙文创产业生态圈”。持续完善公共文化服务体系，年末，全区有文化馆（站）12个、文化综合活动中心120个、文化广场78个、影剧院及音乐厅15个、博物馆12个、区级档案馆1个。有区级图书馆1个，区图书馆街道分馆11个，藏书32万册，接待读者11.95万人次。全年开展全民阅读活动60场。全区有省级以上非物质遗产保护项目6个，不可移动文物34处，其中省级文物保护单位6个、市级 9个。全区有群众艺术表演团队15个。全年组织开展文化惠民活动100场，其中举办大型公益性文艺演出20场。全年完成文艺作品创作130件，其中文学15件、戏剧5件、音乐舞蹈10件、美术书法40件、摄影60件。原创作品《谢谢你》代表湖北省参加第十九届全国黄鹤群星奖比赛。在省级“六一”儿童节主题教育系列活动中，汉阳区儿童书法作品获比赛二等奖1个、三等奖3个，汉阳区图书馆获优秀组织奖。年内，武汉美术馆（琴台馆）开馆，总建筑面积约4.3万平方米，其中地上建筑面积约2.08万平方米、地下建筑面积约2.22万平方米。汉阳区融媒体中心成为全省城区示范样板。

【社会建设】 2022年，汉阳区把握“提高保障和改善民生水平”“加强和创新社会治理”两个方面重点，全面加强社会建设。加强民生保障，民生重点领域支出达49.77亿元，占区级一般公共预算支出的66.4%。发放就业补贴资金6776.7万元，及时足额发放低保金和各类补助金5644.9万元，落实残疾人各项补贴1282.7万元、退役优抚资金6308万元。全区参加城镇基本养老保险26.74万人，职工医疗保险39.28万人，居民医疗保险16.47万人，失业保险16.08万人，工伤保险28.75万人。全年全区社保扩面净增26220人次。全年全区城镇居民人均可支配收入59220元，比上年增长5.5%。推进基本养老服务体系建设，金龙公馆北、港口村等养老综合体项目启动建设，全市首个区级养老服务中心投入运营，徐湾社区被评为全国示范性老年友好型社区，年末，全区有养老服务机构142家。其中，社区老年人服务中心（站）56家，“互联网+居家养老”服务网点50家，街道养老服务综合中心2家，社会养老机构25家，社区老年人食堂9个。养老床位6086张，其中机构养老床位3952张。扎实推进安居工程。全区建设筹集保障性租赁租房6463套（间），棚户区改造新开工住房2500套，基本建成2000套，发放租赁住房补贴432户。新启动7个旧城改建项目。累计投入2.5亿元，完成19个老旧小区升级改造、惠及居民1.4万户。持续实施教育民生工程，全年新建中小学7所、公办幼儿园11所，新增学位8500余个，高考重本率、中考普高率稳居全市第一方阵。强化优质医疗资源供给，武汉市第五医院西院区一期竣工，汉阳医院医疗综合楼封顶，湖北省妇幼保健院汉阳院区项目成功签约。社会治理强基赋能。“共同缔造”“深根工程”深入推进，党建引领基层治理新格局加快构建。着力构建“5分钟社区便利服务圈”，建成小区党群服务驿站378个，拓展建设“阳小驿”服务驿站143个。深化新时代“枫桥经验”汉阳实践，妥善化解矛盾纠纷，基本实现“小事不出小区、大事不出社区、难事不出汉阳区”。

【生态环境建设】 2022年，汉阳区持续推进生态环境建设。全年植树1.5万株，新增绿地15万平方米、垂直绿化0.3万米，建成花田花海10万平方米、口袋公园7个。年末，城区园林绿化覆盖面积2751.21万平方米，绿化覆盖率41.3%，人均绿地面积28.88平方米，人均公园绿地面积在武汉市中心城区位居第一。全年环境空气质量优良天数为274天，比上年减少7天，城区环境空气质量优良率为78.1%，下降1.3%。城区环境空气中颗粒物（PM10）年平均浓度为53微克/立方米，下降8.6%，达到《环境空气质量标准》（GB 3095—2012）年平均浓度二级标准；城区环境空气中细颗粒物（PM2.5）年平均浓度为32微克/立方米，下降5.9%，达到《环境空气质量标准》（GB 3095—2012）年平均浓度二级标准。城市区域昼间环境噪声平均值为57.2分贝，减少0.7分贝。城市道路交通昼间噪声平均值为69.5分贝，符合交通干线两侧功能区噪声标准（70分贝），减少1.3分贝。城市生活垃圾无害化处理率达到100%。109个入江排口整治取得成效，水源地水质达标率为100%，墨水湖、龙阳湖水质稳步提升，琴断口小河入选全市“美丽河湖”优秀案例。

2022年11月7日，江欣园共同缔造公园建成开园。图为市民在该园休闲锻炼

（汉阳区园林局 供图）

【营商环境评价考核位列全省第一】 2022年，汉阳区持续优化营商环境。全区处级以上领导干部包保包联508家企业项目，共收集问题364个，解决率100%。梳理形成区级118条政策措施，为企业印发《惠企政策一本清》，实现政策精准推送。全年留抵退税49.48亿元，延缓税费1.77亿元；为193户中小微企业减免租金680.98万元；兑现各类扶持资金2.3亿元。建设“政企云”沟通畅联平台，首创“开办+开户”一体化服务新模式。推进“法治营商环境先行区”建设，深化拓展“一事联办”，实现109个主题事项“一件事一次办”，留抵退税“精简达”等4个项目成为省级示范。持续推进“拿地即开工”，“推动工程项目联合验收再优化”被列为全市典型经验。市场主体活力增强。全年新增市场主体2.1万户，其中企业8694户，比上年增长17.9%。新增纳税企业11562户，增长53.4%。累计销售开票金额3129.2亿元，增长7.8%。新申报“金种子”“银种子”企业4家。引进亿元以上项目45个、签约总金额达521.15亿元，容百新能源科技股份有限公司华中区域总部及新能源技术研究院、中国电建集团华中区域总部、永辉超市股份有限公司湖北彩食鲜总部、美的集团股份有限公司湖北总部等45个亿元以上产业项目签约落户。汉阳区九州通医药集团有限公司、恒信汽车集团有限公司、湖北交通投资集团有限公司上榜“2022中国企业500强”榜单。在2022年度湖北省营商环境评价考核中，汉阳区在全省99个县（市、区）位列第一。

（汉阳区档案馆）

中国共产党武汉市汉阳区委员会

综　述

2022年，中共武汉市汉阳区委员会（以下简称中共汉阳区委）围绕“疫情要防住、经济要稳住、发展要安全”等要求，推动经济社会安全稳定发展。全年召开区委常委会会议25次，印发会议纪要30期，接收传阅上级文件54件，研究经济、城建、民主、党建等各方面议题117个。召开区委人大工作会议、政协工作会议，以及深化改革、财经、政法、统战、国家安全、保密、民族宗教等议事协调机构会议，推进各项工作落实。完成上级各项巡视巡察整改任务，办理中共湖北省委、武汉市委主要领导批示件40件，督办完成区委主要领导交办事项253件，回复人民网区委书记留言板留言354条，办理区第十三次党代会提案议案20件，推动实现武汉智慧地理信息产业园、武汉人力资源服务产业园、汉阳工程咨询服务产业园三园齐开，汉阳区星空大楼、知音·律所大楼、平安大楼三楼齐开，助力汉阳区获全市城市综合管理考核第一名。落实党风廉政建设主体责任，开展两轮区级交叉巡察，加强巡视巡察整改和成果运用。落实中央八项规定精神，全面推行“无会日”制度，持续为基层减负，纠治隐形变异“四风”（形式主义、官僚主义、享乐主义和奢靡之风）问题和影响营商环境的问题。推进“清廉汉阳”建设，深化整治权力集中、资金密集、资源富集领域腐败问题。加大容错免责和澄清保护力度，巩固汉阳区风清气正的政治生态。开展“六项治理”（治理庸、懒、散、慢、乱、浮）和节日纠风系列活动，将监督延伸到“八小时外”。探索建立干部政治素质评价考核体系。加强和改进党的领导，落实群团、民族、宗教、外事、侨务、对台、新的社会阶层等工作，巩固和发展爱国统一战线。完善“两新”组织（新经济组织和新社会组织）党建指导员工作机制，探索把党组织建到产业链或产业集群上。落实经济、金融、债务、房地产等各类风险防范、化解、应对和处置。完善立体化、信息化社会治安防控体系，推动“扫黑除恶”常态化，打击违法犯罪活动。落实安全生产责任制，防止发生重特大安全事故。全面落实粮食安全党政同责。严格食品药品安全监管。推进应急管理体系和能力现代化建设，提高防灾减灾救灾能力。

政治建设　2022年，中共汉阳区委深化党的政治建设，完善“思想引领、学习在先”制度体系。严明政治纪律和政治规矩，压实各级党委（党

2022年9月6日，武汉市汉阳区星空大楼揭牌启用

（汉阳区融媒体中心　供图）

组）主体责任，严肃党内政治生活，增强党员干部政治判断力、政治领悟力、政治执行力。落实意识形态工作责任制，掌握意识形态工作领导权和主导权。组织区委理论学习中心组学习，执行第一议题学习制度，聚焦贯彻习近平总书记考察湖北武汉重要讲话精神，确立打造“三城一中心”（科技创新城、文化创意城、青年创业城和武汉西部消费中心）目标。

经济发展统筹　2022年，中共汉阳区委建立并严格执行“一街一品”和产业链发展定期调度机制，增强全区上下抓经济工作合力、基层街道抓经济工作能力。落实招商引资“一号工程”，创新实施项目策划年，推进股权投资招商，中国电力建设集团有限公司华中总部、永辉彩食鲜供应链管理有限公司等44个亿元以上产业项目签约落户，全区数字经济企业突破200家，新引进企业实缴注册资本金占产业到资比重突破70%。以平台建设加速产业集聚，人力资源服务、智慧地理信息和工程咨询服务彰显发展特色，湖北青创园（汉阳）开园即满园，武汉基金产业基地基金管理规模突破1400亿元。立足大汉阳提升城区知名度，丰富“汉阳喊你”系列消费品牌，打造“汉阳造物”城市伴手礼，举办“2022百威啤酒节”。

民生建设　2022年，中共汉阳区委践行为民宗旨，深化党建引领基层治理，增强群众获得感幸福感。实施“深根工程”，推进“下基层、察民情、解民忧、暖民心”实践活动、美好环境与幸福生活共同缔造活动，开展小区遍访行动，“红色驿站”“阳小驿”等一系列创新做法多次被湖北省、武汉市推广，媒体头版头条聚焦报道。增进民生福祉，民生领域支出占一般公共预算支出比重超75%，全年新改扩建中小学7所，新增公办幼儿园5所。启动金龙公馆北、港口村等养老综合体项目建设，加速推进武汉市第五医院、武汉市中医医院（汉阳院区）、武汉市汉阳医院新改扩建工程，签约湖北省妇幼保健院汉阳院区。提升社会保障和公共服务水平。强化就业优先政策，实现充分和高质量就业。完善多层次全覆盖的社会保障体系，聚焦“一老一小”，扩大公益性托育服务受益面，探索居家、社区、机构“三位一体”的智慧养老服务体系。全面提升综合医院服务能力，深化分级诊疗和医联体建设，做优“10分钟医疗急救圈”。开展新型冠状病毒疫情常态化防控工作，保障人民群众生命安全和身体健康。加快构建更高水平文体公共服务体系，优化“12分钟文体圈”。谋划推进完整社区建设，打造“一刻钟便民生活圈”。坚持“房住不炒”定位，着力保交楼、稳民生。优化营商环境，助企纾困，落实增值税留抵退税40.81亿元。开展对口来凤县、江夏区山坡街道乡村振兴帮扶工作。

2022年8月5日，“2022百威啤酒节”在琴台大剧院开幕

（汉阳区融媒体中心　供图）

社会治理　2022年，中共汉阳区委以党建引领推动法治、德治、自治融合，以广大党员引领带动居民群众共同缔造美好环境与幸福生活。推进“深根工程”赋能。落实小区、楼栋党组织赋能工程，实现小区党支部、楼栋党小组全覆盖。实施“多方联动”，以“微改造、微服务、微心愿、微空间、微治理”为切入点，全面推进决策共谋、发展共建、建设共管、效果共评、成果共享。推动资源平台服务下沉。推进民生服务事项下放，推行“红色代办”“预约服务”等措施，民生事项下放相关经验在湖北省推广。探索完善人大代表、政协委员等行业领域专业人才服务基层制度，推动部门资源、界别力量和社会资本在小区一线链接。创建市域社会治理现代化示范区。深化行政执法体制改革和司法体制综合配套改革，推进法治政府建设。深化新时代“枫桥经验”汉阳实践，落实“小事不出小区、大事不出社区、难事不出汉阳区”。打造平安大楼、律所大楼、星空大楼，开展矛盾纠纷大走访、大排查、大化解专项行动，创建“无盗小区”。开展“八五”全民普法宣传，引导群众从“信访”向“信法”转变。探索建立精细化城管“一网统管”平台，拆除环卫工作间，还路于民，创新实施“双路长制”和“环卫报事积分激励机制”。新建汉江湾花田花海、龙阳湖公园一期和半岛公园、国博中央水系景观公园和江欣苑共同缔造园，打造安居乐业环境。

（胡晓晖）

重要会议

【中共汉阳区第十三次代表大会第二次会议】　2022年11月11日，中国共产党武汉市汉阳区第十三次代表大会第二次会议召开。大会主题为深入学习宣传贯彻党的二十大精神，切实把力量凝聚到党的二十大确定的各项任务上来，加快建设宜居宜业新汉阳，奋力谱写新时代汉阳高质量发展新篇章。会上，中共汉阳区委书记徐丽代表区委作题为《深入学习宣传贯彻党的二十大精神，奋力开创新时代汉阳高质量发展新局面》的工作报告。大会总结区第十三次党代会第一次会议以来的工作，听取和审议区第十三次党代会第二次会议区委工作报告，书面审议区第十三次党代会第二次会议区纪委工作报告，审议通过《中国共产党武汉市汉阳区第十三次代表大会第二次会议决议（草案）》。

2022年11月11日，中国共产党武汉市汉阳区第十三次代表大会第二次会议召开
（汉阳区委办公室　供图）

【区委全体会议】 2022 年，中共汉阳区委召开全体会议 3 次，全体（扩大）会议 1 次。1 月 15 日，中共汉阳区委十三届二次全体会议召开。会议听取关于汉阳区推荐提名湖北省出席中共二十大代表候选人推荐人选的说明，审议确定推荐人选名单。1 月 18 日，中共汉阳区委十三届二次全体（扩大）会议暨区委经济工作会议召开。会议传达中央经济工作会议和湖北省委、武汉市委经济工作会议精神；传达湖北省委十一届十次全会、武汉市委十三届十三次全会精神；总结 2021 年全区经济工作，部署 2022 年全区经济工作；审议通过《中共汉阳区委关于进一步加强党的政治建设坚持“两个确立”做到“两个维护”的决定（草案）》和《中共汉阳区委十三届二次全体会议决议（草案）》。3 月 2 日，中共汉阳区委十三届三次全体会议召开。会议听取关于汉阳区推荐提名武汉市出席湖北省第十二次党代会代表候选人的说明，审议确定汉阳区推荐提名武汉市出席湖北省第十二次党代会代表候选人名单。8 月 19 日，中共汉阳区委十三届四次全体会议召开。会议审议《中共武汉市汉阳区委关于学习贯彻习近平总书记考察湖北武汉重要讲话精神，奋力打造“三城一中心”的决定（草案）》；审议通过《中共汉阳区委十三届四次全体会议决议（草案）》。11 月 11 日，中共汉阳区委十三届五次全体会议召开。会议审议通过《中共汉阳区委关于认真学习宣传贯彻党的二十大精神的决定》和《区委向区第十三次党代会第二次会议的工作报告》；审议《区纪委向区第十三次党代会第二次会议的工作报告》，以及中国共产党汉阳区第十三次代表大会第二次会议有关文件。

【区委常委会会议】 2022 年，第十三届中共汉阳区委召开常委会会议 22 次，学习传达习近平总书记重要讲话，以及中共中央、中共湖北省、中共武汉市委有关会议、文件精神，审议并原则通过《汉阳区党员干部下基层察民情解民忧暖民心实践“小区遍访行动”实施方案》《汉阳区青年发展型城区建设试点实施方案》等事项。

（胡晓晖）

表3　2022年第十三届中共武汉市汉阳区委常委会会议一览表

序号	会议内容	会议时间
1	传达学习武汉市第十四次党代会精神；传达学习中共中央民主生活会会议精神、习近平总书记在全国政协新年茶话会上的重要讲话精神和对“三农”工作、党史学习教育工作的重要指示精神	1月6日
2	传达学习中共湖北省委、中共武汉市委经济工作会议及武汉市“两会”精神；传达学习中共武汉市委组织部《关于认真做好2022年领导干部报告个人有关事项工作的通知》文件精神；听取关于近期有关信访工作情况的汇报；传达全国老干部工作“双先”（先进集体和先进个人）表彰大会暨全国老干部局长会议主要精神，研究汉阳区贯彻落实意见；听取并同意推荐提名武汉市出席湖北省第十二次党代会候选人工作的汇报；研究区委组织部相关工作	1月23日
3	传达学习十九届中共中央纪委六次全会和中共湖北省纪委十一届六次全会、中共武汉市纪委十四届二次全会精神，研究汉阳区贯彻落实意见	1月27日

续表

序号	会议内容	会议时间
4	传达学习习近平总书记在中共中央政治局第三十六次集体学习和在省部级主要领导干部学习贯彻中共十九届六中全会精神专题研讨班开班式上的重要讲话精神；听取并同意关于2021年度绩效管理综合考评等次和区管领导班子、区管领导干部年度考核等次评定建议的汇报；听取关于开展排查整顿农村发展党员违规违纪问题工作的汇报；研究区委组织部有关工作	2月10日
5	传达学习全国和湖北省、武汉市宣传部长会议精神，研究汉阳区贯彻落实意见；听取并原则同意区人民政府党组关于2021年工作情况和2022年计划安排，区人大常委会党组、区政协党组关于2022年工作要点的汇报；审议同意2022年中共汉阳区委工作会议暨平安建设工作会议方案；听取关于汉阳区2021年度投资及重大项目先进单位和先进个人评选表彰情况的汇报；研究有关案件工作	2月24日
6	传达学习习近平总书记在中共中央政治局第三十七次集体学习和中央党校（国家行政学院）中青年干部培训班开班式上的重要讲话精神；听取区人民法院党组、区人民检察院党组关于2021年工作情况及2022年工作打算的汇报；传达中共湖北省委平安稳定工作专题会议、平安湖北建设工作暨平安湖北建设表彰会和中共湖北省委、中共武汉市委政法工作会议精神，研究汉阳区下一步工作安排；听取并同意关于推动区青少年活动中心大楼功能提升改造的情况汇报；研究有关干部工作	3月10日
7	传达学习全国“两会”精神，书面传达学习习近平总书记在“两会”期间参加有关代表团会议时的重要讲话精神；听取区工商联（总商会）换届工作情况的汇报；听取《十三届汉阳区委巡察工作规划（2022—2026年）》《2022年度区委巡察工作计划》起草情况的汇报	3月17日
8	传达学习中共中央政治局常务委员会3月17日、3月31日会议精神，习近平总书记在参加首都义务植树活动时的重要讲话精神和湖北省安全生产委员会办公室《关于全国安全生产电视电话会议精神及贯彻落实措施的报告》，以及中共湖北省委书记王蒙徽、中共武汉市委书记郭元强对该报告的批示抄清；审议并原则通过《区委理论学习中心组2022年集体学习计划》；传达学习湖北省公安局长会议、武汉市公安工作会议精神，研究汉阳区贯彻落实意见；传达学习全国、湖北省、武汉市各级组织部长会议精神，研究汉阳区贯彻落实意见；研究组织部有关工作	4月5日
9	传达学习全国和湖北省、武汉市统战部长会议、湖北省基层统战工作会议、武汉市对台工作会议精神，研究汉阳区贯彻落实意见；审议并原则通过《中共汉阳区委常委会2022年工作要点》《区委常委会会议2022年部分议题安排》；听取并原则同意关于制定《汉阳区绩效管理综合考核办法》和编制《汉阳区2022年绩效管理目标》有关情况的汇报；听取并同意关于做好武汉市党代表会议生产和工作第一线代表推选工作的汇报；研究组织部有关工作	4月14日
10	传达学习中共中央政治局4月29日、中共中央政治局常务委员会5月5日会议精神，以及习近平总书记在中共中央政治局第三十八次集体学习时、在海南考察时、在中央全面深化改革委员会第二十五次会议上、在中央财经委员会第十一次会议上的重要讲话精神和对湖南长沙居民自建房倒塌事故作出的重要指示精神；传达学习湖北省、武汉市国家安全工作主要精神，研究汉阳区贯彻落实意见；听取关于《信访工作条例》学习宣传贯彻有关情况的汇报；审议并原则通过《汉阳区青年发展型城区建设试点实施方案》；传达学习全国和湖北省、武汉市机要保密和档案工作会议精神，研究汉阳区贯彻落实意见；听取关于区委人大工作会议筹备情况汇报，审议并原则通过《中共武汉市汉阳区委关于新时代坚持和完善人民代表大会制度加强和改进人大工作的实施方案》	5月7日
11	传达学习湖北省、武汉市开展党员干部“下基层、察民情、解民忧、暖民心”实践活动方案主要精神，研究汉阳区贯彻落实意见；审议并原则通过《关于调整中共汉阳区委全面深化改革委员会组成人员的通知》《中共汉阳区委全面深化改革委员会2022年工作要点》；审议并原则通过《汉阳区国企改革专项行动	5月28日

续表

序号	会议内容	会议时间
12	实施方案》；听取并原则同意关于《汉阳区加强新形势下重大决策社会稳定风险评估工作实施细则（试行）》起草情况的汇报；听取关于开展整顿农村发展党员违规违纪问题的汇报；研究有关干部工作 传达学习习近平总书记6月28日在湖北武汉考察时的重要讲话精神；传达学习习近平总书记在中央全面深化改革委员会第二十六次会议和中共中央政治局第三十九次、四十次集体学习时的重要讲话精神；审议并原则通过区委、区人大常委会、区政府、区政协领导班子成员开展党员干部“下基层、察民情、解民忧、暖民心”实践活动“三张清单”；审议并原则通过区级领导干部安全生产工作职责清单、重点工作清单；听取并原则同意关于《贯彻落实〈中共中央、国务院关于新时代加强和改进思想政治工作的意见〉的具体措施》起草情况的汇报；审议并原则通过《关于推动党史学习教育常态化长效化的实施意见》；传达学习《关于更加有效发挥统计监督职能作用的意见》主要内容，研究汉阳区贯彻落实意见	6月30日
13	传达学习习近平总书记在庆祝香港回归祖国二十五周年大会暨香港特别行政区第六届政府就职典礼时的重要讲话精神；审议并同意《关于合作建设湖北省妇幼保健院汉阳院区相关情况的报告》；研究有关干部工作	7月7日
14	传达学习习近平总书记在新疆考察时的重要讲话精神和对专用通信工作的重要批示精神，书面传达习近平总书记系列信件、文章等重要精神；传达学习湖北省、武汉市党员干部“下基层、察民情、解民忧、暖民心”实践活动有关会议精神，审议并原则通过《汉阳区“四大家”领导班子成员“下基层、察民情、解民忧、暖民心”实践活动“三张清单”情况一览表》及《汉阳区党员干部“下基层、察民情、解民忧、暖民心”实践活动“小区遍访行动”实施方案》；传达学习中共中央和湖北省、武汉市关于当前意识形态领域形势的通报，研究汉阳区贯彻落实措施；研究有关干部工作	7月22日
15	传达学习习近平总书记在省部级主要领导干部“学习习近平总书记重要讲话精神，迎接党的二十大”专题研讨班、7月28日中共中央政治局会议、中共中央政治局第四十一次集体学习和在中央统战工作会议上的重要讲话精神，书面传达习近平总书记系列书信、文章等重要精神和湖北省、武汉市党内法规工作会议精神；听取并原则同意关于召开区委十三届四次全体会议建议方案及相关会议材料起草情况的汇报；审议并原则通过《汉阳区关于党的二十大期间安保维稳工作方案》；传达学习武汉市政法领导干部政治轮训班精神，研究汉阳区贯彻落实意见，审议并原则通过《关于巩固政法队伍教育整顿成果推进全面从严管党治警的实施方案》；传达学习上级巡视巡察会议精神，研究汉阳区贯彻落实意见；研究有关干部工作	8月18日
16	传达学习习近平总书记在中央全面深化改革委员会第二十七次会议和8月30日中共中央政治局会议上的重要讲话精神，以及对四川甘孜泸定县6.8级地震作出的重要指示精神；传达学习中共湖北省委书记王蒙徽在中共湖北省委常委会（扩大）会议暨市州党委书记座谈会上的讲话精神；听取武汉市公安局汉阳区分局禁毒大队关于全区禁毒工作的汇报；传达学习中共湖北省纪委办公厅部分通报；研究有关干部工作	9月9日
17	传达学习武汉市贯彻落实《领导干部配偶、子女及其配偶经商办企业管理规定》工作部署会议精神，研究汉阳区贯彻落实意见；研究有关干部工作	9月23日
18	传达学习中共武汉市纪委通报部分文件精神；传达学习习近平总书记在9月9日中共中央政治局会议上的重要讲话精神、对国防和军队改革研讨会作出的重要指示精神，以及在“中国农民丰收节”到来之际和参观“奋进新时代”主题成就展时的重要讲话精神，书面传达习近平总书记系列书信、文章；传达学习中共湖北省委书记王蒙徽9月28日在中共湖北省委常委会（扩大）会议上的讲话精神；传达学习《习近平生态文明思想学习纲要》，审议并原则通过《汉阳区贯彻落实第二轮中央生态环境保护督察报告整改方案》；研究有关干部工作	10月13日

续表

序号	会议内容	会议时间
19	传达学习习近平总书记关于疫情防控工作的重要批示精神和11月18日中共湖北省委常委会会议、中共武汉市委常委会会议精神，听取汉阳区疫情防控指挥部关于全区疫情防控工作情况的汇报	11月19日
20	传达学习习近平总书记在11月10日中共中央政治局会议上的重要讲话精神，以及对河南省安阳市凯信达商贸有限公司火灾事故作出的重要指示精神，书面传达习近平总书记系列书信、文章；审议并原则通过《汉阳区贯彻落实〈中国共产党统一战线工作条例〉具体措施》；研究并原则同意汉阳渔场公司制改革相关工作，审议并原则通过《武汉市国营汉阳渔场公司制改革方案》；研究有关干部工作	12月2日
21	听取并原则同意区人大常委会党组、区政协党组工作情况和区人大十六届二次会议、区政协十六届二次会议筹备情况的汇报；听取并原则同意汉阳区残疾人联合会换届筹备工作情况的汇报；审议并原则通过《汉阳区深化国防动员体制改革实施方案》；审议并原则通过《汉阳区区属国有企业领导人员管理办法（试行）》；研究并原则同意区委组织部关于区人大代表、区政协委员增补工作的汇报	12月9日
22	传达学习中央经济工作会议和中央农村工作会议精神，以及中共湖北省委十二届三次全体会议暨省委经济工作会议精神；听取并原则同意关于《区政府工作报告》《汉阳区2022年国民经济和社会发展计划执行情况与2023年国民经济和社会发展计划（草案）的报告》《汉阳区2022年财政预算执行情况和2023年财政预算（草案）的报告》起草情况的汇报；听取并原则同意关于全区当前维稳工作形势及措施建议的汇报；听取并原则同意区法院党组、区检察院党组关于2022年工作情况及2023年工作打算的汇报；研究有关干部工作	12月27日

重大决策

【推动青年发展型城区建设】 2022年5月13日，中共汉阳区委印发《汉阳区青年发展型城区建设试点实施方案》，提出实施“青年城区文明风尚引领工程”“产业强区聚才工程”“青年创业就业工程”“青年安居工程”“青年品质生活提升工程”“青年基层治理深根工程”“青少年权益维护工程”7大工程，出台一批青年发展政策、实施一批青年实事项目，不断提升汉阳区对青年的吸引力、凝聚力和承载力。到2023年5月，初步完成《中长期青年发展规划（2018—2025）》各项目标任务，青年工作联席会议机制有效运行，青创园汉阳站一期初步建设完成，出台园区服务青年发展配套政策，推出系列服务青年发展实事项目。到2024年5月，高标准建成集青年思想价值体系、青年就业创业创新、青年生活服务保障、青年社会交流交往、青少年权益维护保障于一体的青年发展城区生态。

【企业帮扶活动】 2022年5月30日，中共汉阳区委办公室、汉阳区人民政府办公室印发《汉阳区“解难题、稳增长、促发展”企业帮扶活动工作方案》，减少新型冠状病毒疫情对汉阳区经济运行特别是企业发展的影响，帮助企业挺过去、活下来、发展好，促进经济稳健运行。明确建立区领导包保、区直部门包联、各街道（开发区）帮扶的“一保一联一帮扶”对口帮扶企业机制，尽快落实各项惠企政策，加快解决需求不足、物流运输不畅、产业链供应链受阻等突出问题，为经济社会平稳健康发展夯实基础。

【推动党史学习教育常态化长效化】 2022年7月19日，中共汉阳区委办公室印发《关于推动党史学习教育常态化长效化的实施意见》，巩固拓展党史学习教育成果。意见提出要自觉把党史作为必修课、常修课，持续推进党史总结、学习、教育、宣传；落实“思想引领、学习在先”机制，坚持用习近平新时代中国特色社会主义思想武装头脑，擦亮做实“新时代马克思主义接力者汉阳行”理论宣讲品牌，讲好新时代党的创新理论的学理哲理、道理情理；加强党性教育锻炼，强化对党忠诚教育；开展党员干部“下基层、察民情、解民忧、暖民心”实践活动，发挥基层党组织战斗堡垒作用和党员先锋模范作用，践行党的宗旨为群众办好实事；加强革命传统教育和党的光荣传统、优良作风教育、形势政策教育和创新精神、斗争精神教育；经常性开展政治体检，深化正风肃纪，坚持不懈推进自我革命。

【开展美好环境与幸福生活共同缔造活动试点】 2022年8月19日，中共汉阳区委办公室、汉阳区人民政府办公室印发《关于开展美好环境与幸福生活共同缔造活动试点工作的实施方案》，明确以社区（小区）为基本单元，以改善群众身边、房前屋后人居环境的实事小事及群众反映强烈的堵点难点问题为切入点，以建立和完善全覆盖的基层党组织为核心，以构建“纵向到底、横向到边、共建共治共享”的基层治理体系为目标，以决策共谋、发展共建、建设共管、效果共评、成果共享为路径，不断深化党建引领基层治理“深根工程”，深入开展美好环境与幸福生活共同缔造活动。活动要求每个街道至少确定1个样板点，每位区领导领办1个样板点。9月中旬，各街道制定完成试点工作方案并组织实施。12月上旬，全区党员干部“下基层、察民情、解民忧、暖民心”实践活动领导小组办公室会同有关部门，组织开展试点工作评估，督促各街道做好迎接省、市评估验收准备工作。12月底，全区试点工作取得成效，试点社区人居环境得以改善，群众主体作用得到发挥，共同缔造长效机制初步建立。

（胡晓晖）

组织工作

【概况】 2022年，中共武汉市汉阳区委组织部（以下简称汉阳区委组织部）发挥基础强化作用，增强党组织政治功能和组织功能；突出选人用人，建设干部队伍；建立完善引才机制，集聚创新创业优秀人才；服务发展大局，发挥绩效考评作用；提高思想淬炼，推动能力提升。年末，全区有中共基层组织1814个、中共党员4.49万人。其中35岁以下的党员7845人。全区党政群团机关有科级干部1043人。其中，女干部481人，占46.1%；大专以上学历1037人。全区有处级干部454人。其中，女干部160人，占35.2%；党外干部12人，占2.6%；民主党派人士12人，占2.6%；大专以上学历454人，占100%。新成立党委1个（中共武汉市汉阳区龙阳街道汤山社区委员会）。增加党总支2个，增加党支部29个。新发展党员270人，其中新发展35岁以下党员168人。

【基层组织建设】 2022年，汉阳区委组织部开展党支部标准化规范化示范创建，推进党支部标准化规范化建设。遴选全区各类型党支部34个，其中6个党支部被评为市级示范党支部。开展“英雄城市·先锋有我”创建评选活动，1个先锋团队被评为市级“民生保障”先锋团队。全区各级党组织结合本单位职能职责，开展主题活动，区委直属机关工委开展“思想破冰引领发展突围”大讨论、“喜迎二十大、建功新时代”学习宣传等系列教育活动。

【党员队伍建设】 2022年，汉阳区委组织部执行“三会一课”（支部党员大会、支部委员会、党小组会和党课）、党支部主题党日、组织生活会和民主评议党员等制度。每月制发全区党支部主题党日重点内容提示，全区各党支部每月及时开展主题党日活动，召开支部委员会、党小组会，每季度召开党员大会、讲授党课，召开年度组织生活会、开展民主评议党员等，组织生活会做好组织学习、征求意见、谈心谈话、查摆问题、开展批评和自我批评、整改落实等各项工作。开展“创意主题党日我来开”“组织生活我规范”等“我”系列党员教育主题活动和“英雄城市·先锋有我”党建创意视频大赛，累计向中共武汉市委组织部选送优秀作品45部。其中，3部党建视频获省级优秀奖，3篇案例、7部党建视频获市级优秀奖。区委组织部在武汉市2022年党员教育电视片观摩交流活动中获优秀组织奖。

【领导班子和干部队伍建设】 2022年，汉阳区委组织部制定《汉阳区领导干部政治素质考察实施办法（试行）》，通过日常考核、专项考核、年度考核等方式，了解、收集各部门各单位、各领域各战线干部的政治表现情况，探索建立干部政治素质档案。组建4个考察组，通过列席党委（党组、党工委）会、参加政治生活等形式，了解全区各部门各单位领导班子和干部政治表现和工作状态。坚持新时代好干部标准，发现并培育“实干型”“攻坚型”“创新型”“团结型”“廉洁型”干部，重点选优配强区管党政正职。常态化推进区管干部交流，优化班子结构，提升班子功能。统筹抓好女干部、党外干部和专业干部的培养选拔。注重在经济社会发展主战场培养锻炼干部，先后选派20余名优秀年轻干部到广州市驻点招商、长江新城管委会挂职、区内重点企业和对口帮扶地区挂职，培育储备一批经济领域专业化干部。注重在急难险重任务和风险挑战中历练干部，选派百余名干部参与相关任务，锤炼应急处突、解决实际问题的能力。注重在基层一线和艰苦环境中培育干部，推动全区81家机关企事业单位、2000余名党员干部下沉社区，在疫情防控和基层治理一线提升干部队伍服务群众、化解矛盾的能力。深化年轻干部成长工程。拓宽源头储备，全年参与招录选调生8名，引进选聘生9名，累计调任2名优秀事业单位年轻干部到行政机关工作。强化实践锻炼，先后选派约50名年轻干部到全区招商引资、信访维稳、征地拆迁、重大项目建设等岗位历练。加强选拔任用，紧盯年轻干部配备目标，强化跟踪培养和监督管理，及时发现、适时任用一批优秀年轻干部。全年先后提拔重用区管干部67名。其中，正处级28名，副处级39名，“80后”处级干部29名；晋升一级至四级调研员58名。其中，一级调研员13名，二级调研员10名，三级调研员14名，四级调研员21名。

【绩效管理综合考核】 2022年，汉阳区有纳入绩效管理的责任单位72个。优化完善绩效管理考核机制，科学设置绩效目标指标体系。强化动态量化考核和日常监测管理，坚持中共汉阳区委、汉阳区人民政府主要领导每月综合调度、分管区领导行业调度、牵头部门日常调度的“三级调度”机制，组织开展考评规则、统计规则和市级绩效指标考核计分办法培训，确保各项绩效目标落实落地、保质保量。强化考核结果运用，推动“考核人”和“考核事”相结合。全年评定2022年度综合考核立功单位35个、优秀单位37个。

【干部培训】 2022年，汉阳区委组织部筹划全区处级以上领导干部学习贯彻党的二十大精神集中轮训班，对处级以上党员领导干部集中轮训5天。通过线下与线上相结合的形式，采取“区委书记作宣讲报告+专家授课+集中辅导+个人研学+远程教学”等方式举办学习党的十九届六中全会精神轮训班，培训覆盖全区450余名处级干部。以习近平总书记考察湖北武汉重要讲话精神和湖北省第十二次党代会精神为重点学习内容，落实上级要求，设汉阳分会场收听收看专题辅导和深化拓展培训内容，分会场参训人员范围扩大至全区各单位，助力广大党员干部完整、准确、全面理解把握核心要义和精神实质。推进发展突围和产业转型升级，提升干部抓经济工作的能力素质，为加速全区高质量发展锻炼储备力量。举办数字化思维视野系统培训班、提升突发事件应对能力专题研讨班、区委党校第41期中青年干部培训班、全区重点经济指标考评规则专题培训等班次，累计培训基层年轻干部500余人次。

2022年，中共武汉市汉阳区委组织部举办全区党员领导干部学习贯彻党的二十大精神集中轮训班（区委组织部　供图）

【干部监督管理】 2022年，汉阳区委组织部围绕领导干部日常监督、选人用人监督主要职责，以区领导班子换届风气监督为契机，加强干部监督工作，营造选人用人环境和政治生态。加强巡察整改，结合十三届中共汉阳区委第一、二轮巡察工作，对照政治标准、政治要求查找偏差、推动整改，开展12家单位选人用人专项检查，发现干部担当作为问题50个，选人用人问题100个，提出整改建议60条。强化巡察成果运用，针对国有企业选人用人制度不够健全等问题，研究制定《汉阳区区属国有企业领导人员管理暂行办法》和《汉阳区区属国有企业管培生管理办法（试行）》，提出改进和防范措施。建立健全信件、电话、网络、短信“四位一体”的“12380”综合举报受理平台，执行举报受理工作制度。安排专人值守举报电话，如实记录、全程录音；每天早晚2次查看网络和短信平台并及时受理。全年受理举报件17件，全部在规定时间内核查清楚，汇总分析调查结果，形成书面调查报告，及时向举报人回复。全年查核26批次、142名领导干部个人有关事项，全面清理历史问题，查核验证1名领导干部家产数额较大、变化幅度较大情况，清退4个政策性住房未清理问题，退款42.32万元。全年全区依法依规批评教育3人次，责令检查1人次，诫勉3人次。

【干部出国（境）管理监督】 2022年，汉阳区委组织部落实国家工作人员因私出国（境）信息备案和证件管理，新录用、新调入的国家工作人员，及时做好人员报备和证件管理；全面更新维护人事关系发生变化的人员信息。执行领导干部出国（境）备案制度，规范审批流程，防止失控漏管现象。开展违规因私出国（境）专项清理“回头看”和出国（境）管理工作专项检查，比对核查全区干部备案信息2559条、持证信息5465条，及时清理规范违规问题，降低违规出国（境）风险。通过提醒、函询、诫勉等方式，纠正和解决苗头性倾向性问题，全年累计给予批评教育10人次、书面检查4人次、诫勉13人次。

【任前公示制度执行】 2022年，汉阳区落实区管干部任前公示，及时在区机关一楼大厅和干部所在单位张贴纸质公示公告，公开干部信息，严格公示时限，保障干部群众的知情权、参与权和监督权，发挥社会舆论监督作用。全年开展13批次、105名区管干部任前公示。对1名区管干部拟任人选公示期间举报问题进行查核，查否后予以任用。

【科级干部提拔晋升监督】 2022年，汉阳区执行科级干部提拔晋升事前报告制度，审核拟提拔和晋升人员的人事档案和其他相关材料，防止干部“带病提名”“带病提拔”。加强科级干部提拔晋升工作的全程指导与监督，全年提拔科级领导干部81人，晋升一级至四级主任科员106人，晋升事业单位管理岗位七级、八级职员20人。

【人才引进和培养】 2022年，汉阳区推动人才平台建设，升级人力资源服务产业园，园区面积扩大至1万余平方米，入驻企业增至44家，纳入省级园区“一园多区”统一建设管理，建设武汉市首个知音人才主题公园。加强人才队伍建设，推荐申报“湖北省青年拔尖人才”2人、“武汉英才”31人。推进“学子聚汉”工程，策划举办线上线下大学生就业招聘活动和学子游汉阳活动10余场次，新增高校毕业生就业创业 1.93 万人。优化人才服务环境，坚持招才服务招商，推出“知音人才谷”政策黄金十条，累计筹建人才公寓近 3000 套，新建成“武汉青年人才之家·知音驿站”1 个，全年服务招商引资项目企业人才近 200 人。落实人才系列宣传，人才公寓、青年人才建设等工作被《中国青年报》《湖北日报》等媒体报道。《探索新时代下“政府+猎头+企业”市场化招才路径研究》课题报告获 2022 年度武汉市党建研究课题调研成果三等奖。

【公务员管理】 2022 年，汉阳区委组织部组织开展全区行政机关公务员、参照公务员管理人员年度考核。全区 65 个机关单位 1466 名处级以下（含处级）公务员（参公人员）参加考核，被确定为优秀等次 351 人，占参加考核人数的 23.7%（其中 4 人为驻村干部，不计入比例）；确定称职等次 1057 人，占参加考核人数的 72.3%；不称职 0 人；未确定等次 58 人。通报嘉奖年度考核中 291 名被确定为优秀等次的公务员（2 人已评定为“百佳公务员”，不重复奖励）；为 58 名连续三年被确定为优秀等次的公务员记三等功。王文革、陈东华获 2022 年度武汉市“百佳公务员”称号。推荐申报人民满意的公务员和公务员集体人选，吴喆记一等功。

2022年9月21日，武汉青年人才之家·知音驿站揭牌启用

（汉阳区委组织部 供图）

【“两新”组织党建】 2022 年，汉阳区委组织部健全区委“两新”组织工委体制机制。指导民办教育、物业服务、快递物流等八大行业，系统落实“一行一品”工作机制，常态化开展摸底排查和软弱涣散党组织整顿，增强党组织凝聚力。选派 88 名专、兼职党建指导员，全覆盖联系指导“两新”组织，聘任 11 名全职党建指导员并组织两轮集中培训，分层分类开展“两新”组织党组织书记和党建指导员示范培训班，培训“两新”组织党务工作者 198 人。设立党员先锋岗、党员责任区、党员示范岗，选树先进典型，加强政治引领。授予 2 名快递员“区级优秀共产党员”称号，评选 11 名区级“金牌先锋”和 37 名“党员先锋”。组织开展“双找一联”行动，通过动态摸底排查、党员计划单列、培养入党积极分子等方式，加强政治吸纳，建立 11 个快递、外卖、网约车司机党支部，储备 11 名入党积极分子。按照“三区、六点、7+N”（社区、小区、商业区；“红色教育点”“舒心歇脚点”“续航补给点”“服务代办点”“调解援助点”“健康关爱点”；汉阳区组建“阳小二”服务团，为新兴就业群体提供 7 项共性服务和 N 项个性服务）的思路，打造 143 个“阳小驿”党建服务阵地，汇集区级部门、事业单位、区内企业等各类资源，提供“七类”（普法宣传、法律知识讲座、纠纷调处等法律服务，提供就业信息和就业指导，以及有关政策咨询服务，相亲交友联谊服务，子女就近就便入学服务，困难职工慰问帮扶、心理咨询、劳动争议调解、重大疾病救助等关心关爱服务，身心健康义诊服务，提供租房住房信息、政策服务）共性及若干特色服务事项，落实职业培训、帮办代办等贴心服务举措。搭建“江城小蜜蜂”“驿站说事”“司机之家”等线上线下平台，发布各类党建活动安排、志愿服务信息，发动网格员、

2022年5月24日，中共武汉市汉阳区委组织部调研四新街道“一街一品”工作

（汉阳区委组织部 供图）

“红街坊”、下沉党员走访联系、回应诉求300余条，引导1000余名新就业群体参与疫情防控、平安建设、文明创建、困难帮扶等基层治理工作任务。健全完善“集聚区综合党委—产业链党建联盟—两新党组织”三级架构，围绕“一街一品”建设，梳理职能部门、街道社区、区内单位和市场主体的产业资源、创新资源、人才资源，打造“龙阳湖大健康党建示范产业园”“汽车后市场红色长廊”等一批党建特色品牌。发布《集聚区综合党委年度“十件实事”清单》和《职能部门年度服务项目清单》，建成10个“江城红领驿站”，打造“四新总部集聚区”“钟家村古城商贸知音驿站”等一批党建特色品牌。依托“党建联盟联席会议”渠道和开展“红领办实事”活动契机，组织龙头企业党组织共研政策、共商治理、共解难题，通过双向认领、双向服务的模式，建立集聚区年度服务项目清单和社区“三张清单”，推动专属服务、公共服务、特色服务在集聚区和社区落地落实。

【迎接党的二十大和学习贯彻党的二十大精神】 2022年，汉阳区委组织部按照“主题党课我来讲”优质党课评选的有关要求，围绕深化“党课开讲啦”活动，以“喜迎二十大、建功英雄城”为主题，采取讲座式、访谈式、情景式等形式，讲授主题党课。落实“光荣在党50年”纪念章颁发工作。统筹使用党费、“红色基金”和其他各级各类慰问资金，走访慰问获得党内功勋表彰的党员、生活困难党员、老党员、老干部和烈士遗属、因公殉职党员干部家属。举行新党员入党宣誓仪式和开展党员重温入党誓词活动。开展知识竞赛、演讲比赛、理论宣讲、主题展览、志愿服务等活动，教育引导党员干部立足岗位，发挥先锋模范作用。党的二十大召开后，迅速在全区兴起学习宣传贯彻党的二十大精神热潮，发挥党委（党组）理论学习中心组示范引领作用，组织处级干部集中轮训，用好“三会一课”、支部主题党日等多种形式，推动党的二十大精神入脑入心。把握宣传引导的主动权，用好新时代文明实践中心（所、站）和新时代马克思主义接力者汉阳行理论宣讲品牌，组织“先锋党员一线讲”宣讲活动，全区组织“第一书记”宣讲队到118个社区新时代文明实践站全覆盖开展宣讲200场，涉及党员群众12万余人次。运用典型示范、红色文艺、网上传播、支部学习等形式，推动宣讲活动取得成效。“汉阳知音”微信公众号及时转发“一图读懂二十大”等权威解读；采取基层支部联建学习、社区名书记专题党课、新老党员学习笔记漂流瓶及红色驿站上党课、流动小课堂、“献礼二十大”诗朗诵等形式，充分激发各类党员群众学习热情。

2022年7月1日，武汉市汉阳区举行“实施深根工程 创新基层治理”社区书记“我行我秀”擂台赛（决赛） （汉阳区委组织部 供图）

【基层社会治理“深根工程”】 2022年，汉阳区实施党建引领基层治理“深根工程”，推动组织深根、队伍深根、服务深根、阵地深根，强化人员下派、治理重心下移，送服务至基层，在家门口解决困难，为群众送温暖。出台《中共汉阳区委党建工作领导小组工作规则》，印发《汉阳区党建引领基层治理“深根工程”实施方案》等“1+5”系列文件，强化区委统领作用，落实街道“工委+专委”工作架构，全覆盖建立小区党支部和楼栋党小组，建强“街道大工委—社区大党委—小区党支部—楼栋党小组—党员中心户”动力主轴。至年底，全区建立小区党支部593个、楼栋党小组4730个，选任楼栋党小组组长（楼栋长）8349人，党员中心户挂牌1.2万户。开展换届后“回头看”工作，建立“学与思”“行与悟”“赛与秀”培训机制，通过夜学、现场拉练、名书记带徒弟、“我行我秀”书记论坛等多种形式，加强社区书记培训力度。推动人大代表、政协委员下沉社区服务居民，在小区楼栋、红色驿站设立人大代表“民情民意联系点”450处，开展政协委员“四进、四亮、四问、四送、四议”进社区行动，壮大挂点联系社区力量。实施网格长精细服务行动，晋升全区550余名网格员为网格长，实行网格内网格长总体负责制，集聚网格内自管党员、志愿者服务队、物业工作人员等9个方面力量，组建“网格红色工作队”，凝聚网格共治合力。丰富小区党群服务驿站功能和服务内容，汇集党群、政务、物业、志愿、民调五大服务，强化职能部门和街道联动，通过统筹规划、现场踏勘，迁入政务外网小区党群服务驿站228个，51项民生类高频办理的审批事项实现居民“下楼就能办”。按照“6+1”（居民文体活动空间、一站式服务大厅、社区综治中心、党员教育中心、“阳小驿”户外工作者服务驿站、新时代文明实践站和国防教育基地）要求，明确社区党群服务中心功能布局、挂牌标识、日常管理等方面要求，整齐规范。按照“应建尽建、按需设点”原则，新建小区党群服务驿站 15 个。按照“三区、六点、7+N”要求，建成“阳小驿”户外工作者服务驿站 143 个，为环卫工人、快递小哥、外卖小哥、网约车司机等户外工作群体免费开放，引导全区 1000 余名户外从业人员担任义务动态信息员，参与志愿服务活动，及时提供民生问题线索。

（陈泰安）

宣传工作

【概况】 2022 年，中共武汉市汉阳区委宣传部（以下简称汉阳区委宣传部）坚持以学懂弄通做实习近平新时代中国特色社会主义思想作为首要政治任务，围绕宣传贯彻党的二十大精神，组织区委理论学习中心组集体学习 20 场，并举办学习贯彻党的二十大精神专题读书班。推动汉阳区融媒体成为湖北省城区融媒体示范样板。

【意识形态工作责任制】 2022 年，汉阳区委宣传部完善意识形态分析研判、巡察考核、处置应对机制。中共汉阳区委常委会多次专题研究全区意识形态工作，召开全区意识形态工作联席会 2 次，分析研判，化解意识形态领域面临的风险隐患。发挥巡察作用，组建区级联合巡察组，完成 12 家单位意识形态专项检查和 6 家单位巡察整改督办任务。落实网络安全工作责任制，强化专业技术支撑，依托安恒信息华中网络安全总部，共建汉阳城市网络空间安全运营中心，组织属地网络安全和网络内容检查 40 余次，督促修复网络安全漏洞 20 余个。开展清朗网络空间系列行动，清理闲置政务新媒体和工作群 20 余个，依法依规核处 10 余个属地违规网站，整改有关信息 300 余条。

【思想政治教育】 2022 年，汉阳区委宣传部加强和改进思想政治教育，制定《〈关于新时代加强和改进思想政治工作的意见〉的具体措施》，分类指导学校、企业、社区开展思想政治工作。成立区级“大思政”课题组和教师工作室。《长江日报》刊登专题文章《让思政课“有意义”还“有意思”，汉阳区将思政课改革与德育有机结合》，成为武汉市推介思政课改革经验的首发区。

【新闻舆论宣传】 2022 年，汉阳区委主要领导在《人民日报》“治理者说”版块发表理论文章《用心用情温暖新就业群体》；元旦、春节期间，中央电视台综合频道《新闻频道》连续两次聚焦汉阳区消费重振场景。《湖北日报》《长江日报》头版头条推介汉阳频次创新高，洲头街道建港社区被评为全国“最佳志愿服务社区”，《湖北省精神文明建设》专题刊载汉阳区志愿服务工作经验，“汉阳喊你来读诗”宣讲队获湖北省基层理论宣讲先进集体，楚才小学校长韦莉被评为湖北省基层理论宣讲先进个人，汉阳区文化馆馆长李阳被评为湖北省宣传思想工作先进个人，杨明峰等 9 人获宣传思想文化领域市级表彰。其中，“书信校长”韦莉获“荆楚楷模”、2022 年度武汉“最美教师”称号，被《人民日报》等中央、省、市各级媒体聚焦报道，并被“学习强国”学习平台专题报道。

【文化强区建设】 2022 年，汉阳区委宣传部以文化强区建设为目标，围绕区委“三城一中心”，启动汉阳文化创意城建设，编制汉阳文化创意城三年规划，打造知音文化旅游区、汉阳古城风貌区、国博会展数字文创区和工程设计建造集聚区。成立汉阳文化研究院，组建专家智库，参与玫瑰街北路及侧路等城区改造更新项目，探索文化赋能城区建设新路径。抢先布局元宇宙数字产业新赛道，牵头推动武汉元宇宙数字产业基地建设，对接服务首届中国元宇宙服装设计大赛活动，开辟元宇宙服装时尚应用场景，拓展数字文化发展新领域，构建“元宇宙文创产业生态圈”。推进中关村动漫城、四新方岛、四新体育公园、月湖婚庆产业园等重点项目，累计完成投资额 70.64 亿元。培育壮大文化市场主体，引进杭州时氪网络科技有限公司、北京清元时空科技有限公司、武汉铁树文化传媒有限公司等数字文化产业、演艺类公司 3 家。至年底，全区有规模以上文化企业 48 家，比上年增加 10 家。争取各级文化企业奖励资金 263 万元，为文化企业纾困，帮助企业渡过疫情发展难关。

2022年6月23日，“喜迎二十大，一起向未来”主题宣讲活动在古琴台广场举办

（汉阳区委宣传部 供图）

【全民国防教育活动】 2022年，汉阳区委宣传部加强培养国防意识，开展全民国防教育，结合“全民国防教育日”“9·30烈士纪念日”等开展多种形式的国防教育60场。7月22日，共青团汉阳团区委、汉阳区关心下一代工作委员会、汉阳区少年先锋队工作委员会、汉阳区青少年教育办公室和江腾社区联合开展“武汉以我为荣”暨“红色故事我传颂烈士精神我传承”主题实践活动。9月30日，汉阳区举行烈士纪念日公祭活动。开展“最美退役军人”评选活动，宣传“最美退役军人”先进事迹，展现退役军人风采。

【“新时代马克思主义接力者汉阳行”理论宣讲活动】 2022年，汉阳区委宣传部实施“新时代马克思主义接力者汉阳行”理论宣讲品牌提升行动，组织开展宣讲活动710场。举办“喜迎二十大，汉阳喊你来读诗”沉浸式理论宣讲和“听习总书记的话”主题演讲比赛，宣传党的创新理论。“汉阳喊你来读诗”宣讲队、“最美思政课”宣讲队被评为湖北省、武汉市理论宣讲先进集体，韦莉、吴炎坤、梁星3人被评为湖北省、武汉市理论宣讲先进个人称号。用好用活“学习强国”学习平台，被平台采用图文、视频稿件1050篇。巩固党史学习教育成果，制定印发《关于推动党史学习教育常态化长效化的实施意见》。龟山向警予烈士生平展示厅正式开馆。

【“喜迎二十大，汉阳喊你来读诗”宣讲活动】 2022年6月29日，“喜迎二十大，汉阳喊你来读诗”沉浸式理论宣讲暨新时代马克思主义接力者汉阳行理论宣讲品牌提升活动在晴川阁举行，汉阳青年说宣讲队成员、先进模范代表，以“诗词”为媒，以长江江滩、晴川阁等历史建筑、自然景观为背景画，宣讲习近平新时代中国特色社会主义思想、湖北省第十二次党代会精神，演出古筝快闪弹奏、微型话剧、现代说唱等节目，汉阳区楚才小学校长韦莉、江汉二桥街道网格长禹晶晶、琴断口街道志愿者周重书3位先进典型代表通过宣讲自身的经历，展现不负韶华、爱岗敬业、无私奉献的精神品质。活动上线武汉首个“汉阳喊你来读诗”H5小程序，参与者打开手机微信，搜索小程序“wuho有声邮局”，进入界面即可参与读诗分享活动。此次活动吸引20余万名网友观看。

（吴遵华）

2022年6月30日，“喜迎二十大，汉阳喊你来读诗”沉浸式理论宣讲活动在晴川阁举行

（汉阳区委宣传部 供图）

统一战线工作

【概况】 2022年，中共武汉市汉阳区委统一战线工作部（以下简称汉阳区委统战部）以助力宜居宜业新汉阳建设为主线，加强组织体系、队伍建设和阵地平台建设，提高服务质效。加强统一战线成员思想政治引领，制定总体方案和活动安排，围绕“喜迎二十大、奋进新时代”主题，举办非公有制经济人士理想信念教育培训班、宗教政策法规培训班等培训活动4场次，开展中共十九届六中全会精神宣讲、党外人士新春座谈会、“同心书画展”、宗教人士“送福进社区”、爱国主义教育基地参观、主题征文等活动10余场。1名统战成员入选中共武汉市委统战部“统战人话统战”系列访谈视频，1名统战成员“同心向党·喜迎二十大”主题征文、6名统战成员学习中共二十大报告感悟文章被“武汉统战”微信公众号刊载。印发《汉阳区贯彻落实〈中国共产党统一战线工作条例〉具体措施》，区级党政领导每人与2至3名党外代表人士结对交友，全年开展联谊交友活动195人次，调研走访民营企业159人次，及时回应及解决企业反映的问题79件次。中共汉阳区委分别就“党风廉政和反腐败”“加快我区‘一街一品’街域经济发展”等工作情况召开全区各民主党派、工商联和无党派人士座谈会2次，参会人员66人次，提出意见和建议60条。举荐优秀党外人士担任领导职务，1人被提拔为副处职，1人被提拔为正处职。全年全区有副处级以上党外领导干部17人。举办统一战线十九届六中全会精神、中央统战工作会议精神等专题培训班，培训统战干部和统战成员500余人次。中共汉阳区委统一战绩工作部被中共湖北省委统战部表彰为湖北省基层统战工作先进单位，在武汉市统战部长会上交流分享；激发统战成员助力基层治理经验做法被中央统战部《中国统一战线》刊载，获湖北省统战工作实践创新成果奖，在湖北省统战系统推广；政协委员、统战成员“助企联盟”服务民营企业发展做法被《人民政协报》统战专栏报道。被评为武汉市统战系统信息工作先进单

位。率先在武汉市建成的汉港澳青年交流驿站，累计承接接待工作20余次。9月19日，中共湖北省委常委、统战部部长专题调研并肯定汉阳区发挥统战优势参与“共同缔造”工作。

【民主党派与无党派人士工作】 2022年，汉阳区民主党派与无党派人士提交建言和提案106篇、社情民意80篇。其中，6篇被相应党派省委会采用，50篇被武汉市政协及相应党派市委会采用，10篇作为区政协会议的发言。在全区民主党派中，有5个党派区工委获武汉市先进集体称号，5个党派支部获市级先进支部称号，5人获省级称号，47人次获市级称号。全年全区党外代表人士中有全国人大代表1人、湖北省政协委员5人、武汉市人大代表8人、武汉市政协委员14人、汉阳区人大代表42人、区政协委员131人。

【民营经济领域统战工作】 2022年，汉阳区委统战部坚持“两个毫不动摇”（毫不动摇巩固和发展公有制经济；毫不动摇鼓励、支持、引导非公有制经济发展），加强民营经济人士组织建设和各类商会建设。围绕促进非公有制经济健康发展和非公有制经济人士健康成长，参与创建民营经济统战工作示范区，在宏侨集团打造汉阳区民营经济统战工作联络站，为民营经济人士学习交流搭建平台。加强总商会、街道商会、异地商会、市场商会、行业商会、年轻一代联谊会建设，举办非公有制经济人士理想信念教育、年轻一代联谊会和省青年民营企业家联合会座谈会等活动，推动实现信息互通、资源共享和优势互补。坚持常态化走访服务民营企业，搭建“政银企”对接平台，联合区政协成立“汉阳区政协委员、统战成员助企联盟”，围绕“同心履职解忧、凝心聚力促发展”主题举办融资、招工、惠企3场座谈会，邀请金融机构和职能部门现场回应民众关切的问题，相关活动被《人民政协报》统战专栏刊载、被《湖北日报》报道。联合政协、司法、税务等部门举办金融服务“早春行”政银企对接会、“春风送岗”、“万所联万会”法律服务、企业合规改革培训、税法知识宣传、知识产权网络培训等活动10余场。重视发挥民营企业投诉服务中心诉解作用。加强民营企业投诉服务中心建设，投诉服务中心设在区大数据中心指挥处置科。推进“百日攻坚”行动计划，全区民营企业平台注册数1.51万家，工商联会员企业注册率实现100%。全年接到非公有制企业投诉平台转交投诉10件，均已办结，满意率100%。

【新的社会阶层人士统战工作】 2022年，汉阳区委统战部发挥街道、社区、园区、楼宇和“两新”组织党组织的战斗堡垒作用，在汉阳造文创园区、江欣苑非遗社区、龙阳湖健康街区、黄金口产业园区“四轮驱动，以点带面”新的社会阶层人士统战工作阵地布局基础上，在江欣苑社区新打造区级新的社会阶层实践创新基地1处。加强新的社会阶层人士联合会建设，围绕新的社会阶层人士统战工作主题，采取集中授课、座谈研讨等形式，重点学习中共十九届六中全会和中央统战工作会议精神、习近平新时代中国特色社会主义思想、统一战线理论等相关课程，开展专题培训2期，参训20人次。引导新的社会阶层人士开展“凝聚新力量、筑梦新时代”主题教育活动10场次，参加武汉市“网络大V寻美武汉”活动。打造“新联心”文艺轻骑兵志愿服务品牌，以社区、企业、居民需求为导向，开展新春送福、走进恩施山区开展送法助学、为户外工作者送清凉等活动10余场次。发挥“知音e家”网络人士联谊会资源优势和智力优势，常态化疫情防控期间组织开展战“疫”系列公益活动30余场，传播防疫正能量。

2022年5月25日，汉阳区“政协委员、统战成员助企联盟”开展“同心履职解企忧，凝心聚力助发展”活动 （汉阳区委统战部 供图）

【对台工作】 2022年，汉阳区对台文化交流活动以线上为主。6月10日，组织“舞动精彩、情暖两岸”鄂台广场舞线上交流活动，通过两岸同胞喜闻乐见的娱乐项目“广场舞”的展示互动，进行两地间文化交流融合，凝聚“两岸一家亲”共识。春节期间，组织30余位留汉过年的台湾青年参访归元禅寺，开展新春祈福活动。落实惠台利民政策，为瓜堤社区台青创艺（武汉）企业孵化器有限责任公司、武汉图奈米文化艺术有限公司、爱上行眼镜（武汉）有限公司3家台企发放台青创业就业补贴35万元。全年慰问困难台胞台属19人。定期宣传涉台工作法规，帮助台胞台企了解惠台政策、法规，解决实际困难，协调街道帮助困难台属提供住房拆迁政策上门宣传服务，协调街道派出所帮助台资企业解决职工劳务纠纷，全年为区内台胞解决来电来信反映问题、了解情况10余件。

【政党协商活动】 2022年，汉阳区委统战部召开各民主党派主任委员、统战团体负责人座谈会，结合汉阳区“十四五”规划、区人民政府工作报告等，专题研讨2022年统战成员参政建言工作征求意见建议，制发《中共汉阳区委2022年政党协商计划》。利用党外人士座谈会平台，引导围绕“党风廉政建设和反腐败工作”“‘一街一品’街域经济发展”“加强环境治理和生态建设，落实汉阳‘水’文章”主题调查研究，形成建言材料30篇，提出意见建议86条。会后及时印发《中共汉阳区委党外人士座谈会重点建言分解办理清单》，以“责任清单”形式，推进建言落实落地，推动建言成果多途径转化。

2022年6月23日，武汉市汉阳区新的社会阶层人士联谊会联合5家医疗机构在永丰街道玉龙社区开展义诊活动 （汉阳区委统战部 供图）

【公益性社会服务】 2022年，汉阳区委统战部引导统战成员开展公益服务活动42场。累计捐赠防疫物资价值1万元。118位社区居委会主任助理下沉汉阳区140个“阳小驿”户外工作服务站，为户外工作者捐赠防暑降温物资，提供健康义诊服务。区新的社会阶层人士联合会开展“新春送福字”“爱眼护眼”“送法助学”等活动10场。引导统战成员发挥行业特点和专业特长，打造民革“同心·博爱”法律服务、民盟“同心·筑梦”文化展演、民建“同心·光彩”结对帮困、民进“同心·共育”阳光家庭成长计划、农工“同心·健民”医疗服务等系列“知音助你·同心惠民”社会服务品牌。至年底，农工党汉阳区工委为社区独居失独老人和居家养老的老人提供急救医疗服务、民建汉阳区工委与特定老人结对建立“志愿服务联系卡”开展“多方关爱‘粽’是情”慰问困难群众、民革汉阳区工委“博爱·牵手”志愿团开展“健康进万家”“送法进社区、保护少年的你”法治宣讲等“同心·惠民”系列活动30场。

【统战成员挂职社区】 2022年，汉阳区委统战部组建由社区党委、相关职能部门和30名来自法律、城建、教育、医疗、消防安全等领域的优秀统战成员构成的“1+X”智囊团，为“主任助理”解决好社区治理难点问题提供专业指导意见。至年底，智囊团就琴台社区“闽东国际空调噪音扰民问题”推动建桥街道城管、闽东国际物业、社区群众及楼宇单位进行协商，初步达成解决方案；针对龙阳街道反映独居老人急救难问题，成立急救医疗服务队，为9个社区的独居失独老人、居家养老的老人提供急救服务10余人次；针对永丰街道各社区普遍反映疫情防控物资短缺的问题，全覆盖向20个社区捐赠防疫物资共2万元。引导主任助理扎根社区，参与完成玉龙路停车场改造、江欣苑共同缔造主题公园设计、小城故事小区环境整治、赛博园小区便民休憩长廊建设等20多个项目。

（李征 程林 曾丽庆）

政策研究

【概况】 2022年，中共武汉市汉阳区委政策研究室（以下简称汉阳区委政研室）累计起草综合性文稿270篇，采用率100%。主要有区委主要负责人向中共武汉市委、武汉市人民政府主要领导的汇报，汉阳区第十三次党代会第二次会议报告，《关于学习贯彻习近平总书记考察湖北武汉重要讲话精神奋力打造“三城一中心”的决定》和《关于认真学习宣传贯彻党的二十大精神的决定》等。强化党委信息主渠道作用，加大综合类、分析类、建议类信息报送力度，向中共武汉市委办公厅报送信息190篇。牵头负责“下基层、察民情、解民忧、暖民心”实践活动领导小组办公室材料简报组工作，刊发简报35期，被省、市简报采用4篇。负责区新型冠状病毒防疫指挥部综合协调专班信息室工作，起草工作汇报等文稿30篇，编写信息日报、周报、指挥调度简报50份。

【专项调查研究】 2022年，汉阳区委政研室围绕聚力攻坚产业转型阵痛期、推动三镇均衡发展，开展《探索“个转企”高质量培育的汉阳模式》和《关于支持大汉阳地区协同发展 推动武汉三镇均衡发展的综合研究》2项合作研究，为区委决策提供参考。

【改革任务督查与经验研究】 2022年，汉阳区委政研室组织召开4次区委全面深化改革委员会会议，及时传达学习中央和省委、市委关于深化改革的会议精神，研究部署全区重大改革事项，推动各级改革部署在汉阳落地生根。落实改革主体责任，加强改革谋划、政策配套和督办落实。先后15次深入街道、部门督查重点改革项目推进情况，协调解决实际问题，压紧压实各单位改革责任。全年，推进全区承担的75项重点改革任务，相关改革经验在省级主流媒体报道18次，在市级主流媒体报道20余次。7月21日，《人民日报》第5版刊发中共汉阳区委主要领导人署名文章《治理者说——用心用情温暖新就业群体》，报道汉阳区实施党建引领基层社会治理改革相关经验。

（李恬）

信访工作

【概况】 2022年，武汉市汉阳区信访局坚持“以人民为中心”理念，聚焦化解重复信访和信访积案等专项活动，针对不同的对象人群，开展《信访工作条例》等法律法规宣传教育，推进法治信访建设。全年信访总量6179件（人次）。其中，来访2200批次、2296人次，来信2979件，网上信访904件。在规定时限范围内进行转办、交办和督办受理的信访问题，办结率100%。区级领导参与接访、下访和包案督办109批次，接待群众374人次，回复率100%。

【积案化解】 2022年，汉阳区按照武汉市领导接访包案工作要求，筛选疑难杂案报请武汉市领导包案，通过接访调度，实现化解。按照党政领导干部坐班接访要求，协调安排区级领导到汉阳区信访局坐班接访。开展提级调度，常态化推进区级领导包案，将重复信访和信访积案300余件，逐一落实区级领导包案，并提请区委主要领导问案督办。通过房源调剂、困难补助、慈善救助等方式，化解一批疑难案件。参与指导推进重点信访案件化解，报请省市信访局调度会商，协调区内多个部门提供化解思路，化解1起国家信访局督办跨区案件。坚持成效落地，向区委常委会专题汇报重复信访件办理工作，组织区级领导干部下基层开展大接访活动，加大积案化解力度。至年底，中央信访工作联席会议办公室交办的259件重复信访件、市级交办的信访积案87件，全部化解结案。

【智慧信访信息系统】 2022年，汉阳区推进湖北省智慧信访信息系统落实落地，以及与原阳光信访信息系统的衔接和过渡。街道、相关职能部门等70个有权处理信访事项的责任单位的信访工作，全部纳入湖北省智慧信访信息系统统一运行；通过来信、来访及网络信访等不同形式的信访件，包括微信、支付宝、网站反映的信访事项，全部纳入湖北省智慧信访信息系统统一流转，开展“接诉即办”。信访业务各个环节，全部纳入智慧信访信息系统统一管理，智能规范、智能引导、智能分析，促进信访事项高效、依法、科学、规范办理。先后举办操作培训会3次，集中开展培训讲解，点对点、键对键指导基层单位运用“智慧系统”。全年全区智慧信访信息系统受理信访件6179件，及时受理率100%，按期办结率100%，案结事了率92.7%。办结信访件中，信访部门满意度98%。

（陶爱军）

机构编制工作

【概况】 2022年，中共武汉市汉阳区委机构与编制委员会办公室（以下简称汉阳区委编办）深化事业单位改革，保障民生领域编制，深化改革创新实践，推进规范化建设，管好机构编制资源，规范事业单位登记管理。深化事业单位改革经验被《中国机构编制》杂志收录，街道综合行政执法改革相关工作方法被湖北机构编制网、《长江日报》等多次刊载报道。武汉市首次机构编制联席会议在汉阳区召开，汉阳区事业单位改革经验在大会上作交流发言。全年全区有区级行政机构60个。其中，党委工作部门12个，人大常委会机关1个，政府工作部门25个，政协机关1个，群团机关7个，街道办事处11个，派出机构3个。另有区委直属事业单位3个，区政府直属单位5个。全区行政在职人数1065人，实有事业在编人员5252人。汉阳区机构编制工作获湖北省机构编制综合考评二等奖。

【机构编制管理】 2022年，汉阳区委编办实施机构编制精细化管理，提升实名制管理质量。组建“全区实名制系统单位用户工作群”，通过“线上督促+线下指导”方式，逐个上门指导各单位使用机构编制实名制管理系统。依托机构编制监督检查、事业单位改革等重点工作，将机构编制实名制系统信息与机构编制台账数据逐一核对。及时提醒实名制管理平台上信息更新不及时的单位，限期修改，

2022年6月29日，武汉市区级机构编制工作联席会在汉阳区召开

（汉阳区委编办 供图）

发挥机构编制管理全流程督察作用，实现机构信息调整、人员信息变动与系统同步更新。加强建章立制。规范人员调动程序，优化编制审核流程，结合全区实际制定机构编制业务网上办理、机关事业单位人员编制使用、科级职数使用、机关事业养老保险业务办理等相关规定。建立实名制数据常态化分析机制，为领导决策提供参考。综合研判全区机构编制面上情况，实时掌握各部门编制、职数使用情况，每月报送至区委主要领导，为干部调整、综合调研、人员招录、军转安置等工作提供数据支撑。启用电子印模，推广使用统一制式《上编通知单》和《下编通知单》，各单位凭借《上编通知单》和《下编通知单》办理机关事业养老保险新增、减少、异动等业务，网上申报、线上打印，发挥机构编制基础性数据作用，推进跨部门数据共享。强化机构编制刚性约束，建立汉阳区机构编制重要事项报告制度，明确报告内容及程序，督促各部门党委（党组）加强机构编制管理的力度。按照中共湖北省委关于县级党政机构限额和内设机构设置的政策规定，规范管理党政机构、直属事业单位，严控机构总量不突破。在省、市下达的编制总量内，规范管理全区机关、事业单位编制，严控编制总量不突破。化解机构编制信访矛盾，建立主要领导统筹协调、分管领导亲自负责、各相关科室密切配合的信访维稳工作机制。专题研究“12310”热线、阳光信访平台、实地接访等收到的信访案件。加强编外用工管理，建立进一步规范机关事业单位购买服务岗位工作联席会议制度。坚持科学测算、从严核定各单位用工指标，严禁未经批准自行用人，防止“编内减、编外增”问题。

2022年7月19日，中共武汉市汉阳区委机构编制委员会办公室到武汉市公安局交通管理局汉阳区交通大队调研编外用工情况　（汉阳区委编办　供图）

【事业单位登记管理】 2022年，汉阳区全面梳理已设立未办证、已撤销未注销等问题，全年下发工作提醒函和工作督办函41份，督促指导事业单位补办法人设立登记6件、法人变更登记44件。注重程序规范，确保依法监管。按照20%的比例，随机抽取41家事业单位开展实地和书面审查。组建区级“双随机、一公开”检查人员库，共计54人，从中随机抽取4名检查人员参与事业单位法人公示信息抽查，发现存在法人证书地址与实际办公地址不一致、开办资金与实际不符等问题45个。规范事业单位登记行为，强化事中事后监管。全面完成事业单位法人年度报告公示。全区参加年度报告的事业单位205家，均在湖北省事业单位登记管理局按要求公示，公示率100%。

【党政机构改革】 2022年，汉阳区分别实施开发区管理机构规范、巡察干部管理体制调整、红十字会管理体制调整、群团编制置换等重点领域改革。规范开发区管理机构。聚焦开发区管理机构主责主业，明确其加强党的领导、发展规划、协调服务、招商引资等职能定位，规范设置内设机构，统一核定领导职数，以机构编制合理调整破解开发区体制机制问题。调整巡察干部管理体制。明确区纪律检查委员会领导班子成员担任区委巡察工作领导小组办公室主任，区委巡察办干部统一归口区纪律检查委员会管理，同时区委巡察办仍作为区委工作机关。调整红十字会管理体制。明确区红十字会为单独机构，配备专职副会长1名，完善组织机构建设。

【事业单位改革】 2022年，汉阳区以落实中小学教职工编制达标为契机，深化事业单位改革。起草全区深化事业单位改革方案，并争取相关职能部门的支持，研究精简撤并单位的人员身份关系、领导职数、岗位设置、社保待遇等关键问题，按照审核程序，公开公平公正实施改革。做好风险预判。结合调研过程了解现实困难，制定风险防控应急预案，针对撤销单位人员的社保、工资保障问题，与汉阳社保处、区财政局沟通，确保人员待遇不受影响；针对超编、超职数的问题，锁定人员，按照“只减不增”原则，逐步消化。全区事业单位深化改革从3月初正式启动，45天基本完成，全面清理撤销“空壳”事业单位，整合撤并“小散弱”事业单位，优化整合职能相同或相近事业单位。改革后，涉改的68家单位减少20家，减少率29.4%。盘活编制资源，全面清理并收回自收自支事业编制。对使用财政供养事业编制的事业单位，按照50%的比例核减部门空编，净收回编制1434名，收回比例44%。对合并重组的事业单位，依法明确主要职责和业务范围，保障事业单位聚焦主责主业、行使公益职能。

【学校编制核定】 2022年，汉阳区对标中小学教职工编制核定，核查各学校上年底在校学生数，按照师生比例，核定中小学校教职工编制数，核增编制1833名。加强党对教育工作的全面领导，核增各学校党组织领导干部45名。顺应教育集团化办学发展方向，配备中小学正副校级干部，针对钟家村小学等学校集团化办学设立分校的实际情况，核增分校副校级干部各1名。

【街道行政综合执法管理体制改革】 2022年，汉阳区创新综合执法机制和创新人员管理办法，推进街道管理体制改革。4月，以跨界执法为突破口，在五里墩街道率先试点推行“人员统筹、分片管理、全科执法、定期轮换”综合执法模式。融合城市管理、市场监管、司法、街道机关等各类编制，统筹行政、参公、事业、聘用等各类人员组成街道综合执法队伍。综合执法被列入基层社会“网格化”治理体系，重新划定全街8个综合执法网格，市场、城管、执法辅助等人员被编入同一网格。城管执法队员和市场监管人员共同组队、互为补充，以“路长制”为基础，打造“跨界执法”新模式。建立下沉人员轮岗交流制度，定期轮换街道片区内8个综合执法网格人员，预防执法人情化、选择性执法等问题。琴断口街道将市场监督管理所、司法所集中至街道综合执法中心统一办公，实现机构设置上的“物理整合”。江堤街道综合执法中心根据《汉阳区街道职权清单》《汉阳区街道行政执法事项目录》规定，开出武汉市首张违建治理物业“处罚单”。针对街道多种编制类别“共存”、人员身份“混杂”情况，以关口前移为依托，树立“区属街管街用”导向。制定《关于街道执法机构工作人员管理有关问题的意见（试行）》，落实街道管理体制改革中“赋予街道党工委行使人事考核权”的要求，提高街道对“属地”人员的管理力度，增强街道统筹管理能力。在区城管执法局执法大队、街道司法所、街道市场监督管理所，核定一定数量职务职级职数，专项用于解决下沉人员职务职级晋升问题，畅通下沉干部晋升渠道。通过双方复函、延伸考察等环节设置，畅通街道党工委和相关区直部门党委（党组）的信息交流，体现街道党工委的“属地”人员管理权限，掌握下沉单位党委（党组）对人员职务职级的使用情况。

（黄莹）

网络安全与信息化管理

【概况】 2022年，汉阳区网络安全与信息化管理、公安、大数据、机要保密等部门联合落实属地网络安全责任，形成保障合力。组织实施全民数字素养与技能提升行动，开展网络安全素养教育培训和区级网络攻防演练等网络安全宣传周系列活动。强化专业技术支撑，依托安恒信息华中网络安全总部，共建汉阳城市网络空间安全运营中心。组织对属地政务领域和重点企业进行实地检查和线上巡检40余次，督促修复网络安全漏洞60余个，完善网络安全事件应急预案，及时协调处置问题3个。完成网站备案审核94家，App及交互式网站安全评估11家，全力确保辖区网络安全。

2022年7月，武汉市汉阳区五里墩街道城管执法队员和市场监管人员组队检查辖区餐饮摊点

（汉阳区融媒体中心 供图）

【网络生态环境综合整治】 2022年，汉阳区着力完善网络综合治理体系，推进区级网络应急指挥中心建设，充实区级网信执法工作力量，配备2名执法行政人员，开通区级网络执法账户。区网络信息、网络安全、文化等部门联合完成上级交办和本级巡查到的违规线索查找，依法依规核处“女神漫画”“永安堂念佛堂”“得意生活”“无忧代笔网”等10余个属地违规网站。落实常态化属地网站平台检查规范工作，走访8家重点互联网企业，并结合“清朗”系列行动开展打击历史虚无主义、网络民宗、NFT（非同质化代币）发行交易、MCN（多频道网络）乱象、规范算法推荐、养老诈骗等专项规范行动，清理属地重点网站涉网络水军、错词等200余条信息。常态化开展公务活动中指尖上的形式主义整治工作，规范移动应用程序备案审批流程，清理闲置政务新媒体和微信、QQ工作群16个。

（吴遵华）

区直机关党建

【概况】 2022年，中共武汉市汉阳区委直属机关工作委员会（以下简称汉阳区直机关工委）以党的政治建设为统领，以落实中共汉阳区委党建引领基层治理“深根工程”、开展“党建联盟”活动为主线，推进全面从严治党向基层延伸。全年，汉阳区区直机关有中共基层组织170个。其中，机关党委4个，机关党总支9个，直属机关党支部157个。由区直机关工委直接管理的中共党员有2437人。其中，在职党员1568人，离退休党员869人。区直机关各级党组织开展“听习总书记的话”系列活动，在武汉市征文评比活动中，获一等奖1名、三等奖1名，1名选手获全区演讲比赛一等奖。开展“红动七月喜迎二十大”活动，“思想破冰引领发展突围”大讨论。全面开展党支部标准化和规范化示范创建工作，下发党建工作任务清单一览表，推进支部标准化和规范化工作。中共汉阳区委办公室机关党支部被评为市级示范点。定期提醒督促基层党组织按期换届，全年完成40家机关党组织换届，调整11家党组织委员。规范党员发展程序，发展党员13名。严肃党内政治生活，开展“我”系列党员教育主题活动，1部视频、2部电教片在市级评选中获奖，1篇案例被评为中共汉阳区委主题党日优秀案例，2部党课被评为区优秀党课、2部视频被评为区优秀视频。开展常态化专项排查，推动“三会一课”、民主生活会、组织生活会、民主评议党员等制度的有机融合，强化重温入党誓词、党员过“政治生日”等政治仪式，增强党员荣誉感责任感。开展基层党组织和党员“星级争创”活动，区直机关有17家党组织获“五星级基层党组织”称号，325名党员获“五星级党员”称号。

2022年6月15日，武汉市汉阳区直机关工委党组书记和纪检委员到湖北省党风廉政警示教育基地参观“清廉说·人文讲坛” （汉阳区直机关工委 供图）

【机关作风建设】 2022年，汉阳区直机关工委引导区直机关党组织结对社区，党员干部进社区亮明身份，为群众办实事、办好事。督导区直机关各级党组织发挥战斗堡垒作用和党员先锋模范作用，参加物资配送等工作。组织区直机关开展精神文明创建，制发《关于在机关使用和推广普通话的倡议书》，举办“汉阳知音与礼同行”文明着装和礼仪培训，引导党员干部穿上“红马甲”，共同参与文明典范城市创建。

【“清廉机关”建设】 2022年，汉阳区直机关工委围绕“好正实优”（政治生态好，用人导向正，干部作风实，发展环境优）的清廉机关建设总要求，融合任务清单、责任清单、考核清单、评价清单与模范机关创建和机关主责主业，实现机关全面从严治党向基层纵深推进的双引擎驱动。加强政治机关意识教育和对党忠诚教育，开展“悟党史里的廉洁精神，做党员中的廉洁模范”交流讨论、“我为清廉机关建设献一策”“清廉说·人文讲坛”等活动。在窗口和执法部门公开“微权力清单”，搭建多元化监督平台，监督基层“微权力”运行。定期排查党风廉政风险点，形成抓作风促工作、抓工作强作风循环。印发《汉阳区直机关2022年清廉机关建设考评细则》，采用多种形式对各单位量化赋分。8家责任单位按职能认领模块化创建项目，实现监督指导从“大水漫灌”到“精准滴灌”的转变。选择3家单位作为清廉机关建设示范点，培育并做好监督指导，总结可复制、可推广的创建成果。

【“党建联盟”活动】 2022年，汉阳区直机关工委按照资源共享、优势互补、共同发展、形成合力的总体思路，开展区直机关“1+N党建联盟”行动。以“机关+机关”“机关+社区”“机关+企业”“机关+两新组织”等为主要形式，开放式组合，将机关党组织深根到社区、企业、“两新”组织，重点破解单位性质不同、体制机制不同、沟通交流不畅等问题，调动多方共治的积极性，实现各领域党组织工作的衔接和互动。区税务局以服务企业为联盟单位，开展上门定制服务，开展“银税互动”“亲清结对”“联合专家政策团进企业”等活动，帮助市场主体渡过初创期资金困难，跟进落实促产增收政策，协调支持制造业龙头做大做强。区市场监督管理局以“小个专”（小微企业、个体工商户、专业市场）综合党委为中心，开展“小个专”领域“党建+123”建设，深化党建引领行业监管，推进多元服务共建。区委政法委联合区检察院、区法院、区司法局组建“平安护航”党建联盟，立足新时代“枫桥经验”汉阳实践，开展“知音航班”“红色知音邻里”调解服务及“公益诉讼守护美好生活”等创新工作项目，提升高效治理、守护平安的能力。区房管局联合区建设局、区司法局、区政务服务中心等单位，召开联席会议，推动“红色物业”全面覆盖，促进城中村改造还建房小区物业服务质量可持续发展。

【思想政治教育活动】 2022年，汉阳区直机关工委以思想破冰大讨论、问题大排查、问题大整改、研讨文章征集及演讲比赛为载体，在区直机关各级党组织中开展“思想破冰引领发展突围”大讨论活动。征集大讨论理论文章70余篇。在“七一”前夕，开展“思想破冰引领发展突围”演讲比赛预决赛，2 人获一等奖、4 人获二等奖、5 人获三等奖，4 家机关党组织获优秀组织奖。庆祝中国共产党成立 101 周年，以开展“创意支部主题党日我来开”主题党日活动、“主题党课我来讲”优质党课活动、“英雄城市先锋有我”基层党建创意视频活动、党建知识测试、颁发“光荣在党50 年”纪念章、“知规守廉、知足明廉、知慎尚廉”现场教学活动为主要内容，在区直机关开展“红动七月”系列活动，提高基层党组织的组织力、凝聚力、战斗力。

【企业帮扶】 2022 年，汉阳区直机关工委结合湖北省“下基层、察民情、解民忧、暖民心”实践活动和全区“解难题、稳增长、促发展”企业帮扶活动，组织区直机关处级干部服务企业。全年全区 508 家项目、园区和企业（不含省、市级包保包联 134 家企业）全部开展联系走访，形成“问题清单”364 项，解决问题 364 个。在春节前，开展处级干部深入企业走访活动，向企业宣传汉阳区 2022 年春节期间鼓励区内工业企业及在建项目工地稳岗留工若干措施，引导企业春节期间按照生产需求安排生产计划，灵活安排停产检修，努力做到防疫生产两不误，企业经济不受影响。

【脱贫攻坚和乡村振兴对口帮扶】 2022 年，汉阳区直机关工委按时完成对江夏区区级财政不少于 300 万元和各派出单位不少于 3 万元的帮扶资金支持。加强督促检查和沟通协调，严格落实“五天四夜”驻村要求和驻村人员更换调整，确保驻村纪律到位。及时为驻村队员购买保险并配发夏冬两季生活物资，组织驻村人员参加业务培训，提高帮扶工作能力。开展“两不愁三保障”（即不愁吃、不愁穿和义务教育、基本医疗、住房安全有保障）大调研，宣传落实帮扶政策，确保 788 户脱贫户全覆盖。开展防返贫监测大排查，组织实施遍访行动，常态化监测和帮扶脱贫不稳定户、边缘易致贫户和突发严重困难户，确保零返贫零新增。开展“我为群众办实事”

2022年5月31日，武汉市汉阳区发展和改革局工作人员到武汉福达食用油调料有限公司了解企业生产经营情况　　（汉阳区发展和改革局　供图）

活动，做好常态化疫情防控。投身抗旱救灾，为困难群众送慰问物资共 34.73 万元、为重病脱贫户捐款 3.52 万元，解决实际问题 265 件。注重产业帮扶，因村制宜做规划、引资金、上品质、促增收，湖北电视台以《驻村工作队“筑巢引凤”生态养牛创致富路》报道向阳二村工作队产业帮扶经验。注重消费帮扶，各帮扶成员单位帮助对口村联企业找销路，购买和销售农副产品金额 69.38 万元，销售苗木 30 万元。坚持问题导向、目标导向和效果导向，对照国家、省、市考核评估反馈问题和暗访回访反馈问题，找短板补弱项，确保销号清零。

（李明）

老干部管理与服务

【概况】 2022 年，中共武汉市汉阳区委老干部工作局（以下简称汉阳区委老干部局）落实全区党建引领基层治理“深根工程”和武汉老干部“银耀英雄城”行动，强化政治建设统领地位，推进党建引领老干部工作融入城市基层治理，实现新时代老干部工作高质量发展。5 月，举办社区老年大学网课助播员培训班，组织开展区老年大学“名师名课名专业”进社区活动。7 月，组织社区党建指导员和老干部党支部书记培训；武汉市老干部工作半年推进会在汉阳区召开，组织参观江欣苑社区老党员之家建设成果。8 月，组织老干部参加中国老年报社举办的知识竞赛。全年全区有离休干部和处级以上退休干部 661 人。其中，离休干部 39 人（行政机关离休 12 人，企事业单位离休 27 人），处级以上退休干部 622 人（局级岗位退休干部 51 人，处级岗位退休干部 571 人）。

【老干部政治待遇落实】 2022 年，汉阳区委老干部局突出强化习近平总书记关于老干部工作的重要论述和系列指示批示精神的学思践悟。组织全区老干部和老干部工作者学习中共二十大精神，观看中共二十大开幕会。印发《关于学习宣传贯彻〈关于加强新时代离退休干部党的建设工作的意见〉的通知》，举办全区离退休干部、党支部书记暨社区党建指导员培训班。把握老干部工作政治属性，落实老干部阅读文件、参加重要会议、听重要报告等政治待遇，为老干部订阅党报党刊。

【老干部生活待遇落实】 2022 年，汉阳区委老干部局重点推进“一人一策”精准助医行动。与武汉市中医医院、武汉市第五医院签订合作协议，建立适时健康咨询指导、就医绿色通道和家庭医生上门服务的工作机制，形成《“一人一策”精准服务手册》。重点推进完善困难帮扶机制，完善区级困难救助机制，全年分 2 次集中帮

2022年5月9日，中共武汉市汉阳区委老干部工作局和汉阳区老年大学开展“名师名课名专业进社区”活动 （汉阳区委老干局 供图）

扶困难老干部，督促区直部门和街道落实困难帮扶工作。全年区级帮扶25人次、共计5.6万元。推进“走近身边、走进心灵”活动，坚持“六必访”（重要节日必访、老干部生病住院必访、老干部去世必访、老干部思想上出现波动必访、老干部家庭困难必访、老干部80岁生日必访），注重解决老干部个性化问题，全年走访慰问110余人次，发放慰问金共计18.7万元。

【老干部作用发挥】 2022年，汉阳区委老干部局印发《“深根工程·银辉有我”工作方案》，引导老干部聚焦服务基层治理，围绕完善“银发”组织体系、充实“银发”队伍、打造“银发”工作阵地。7月，区委组织部、区委老干部局联合通报表扬冯学凯等35名社区党建指导员。指导开展老年教育“知音合伙人”、关心下一代“携幼合伙人”、服务基层治理“家园合伙人”和传播党的好声音“宣讲合伙人”工作。区老年大学送“名师名课名专业”进社区，指导老年教育远程收视点和社区老年大学分校建设。区关心下一代工作委员会主任开展宣传党的二十大精神活动，助力年轻干部成长。联系社区落实关心下一代工作，引导老干部发挥长者风范，传承良好家风，维护家庭和睦和社会稳定。推进银发人才队伍建设。建立区级“银发人才库”，择优推选老干部申请进入市级“银发人才库”，充实完善区老干部“正能量合伙人”宣讲团。至年底，正能量合伙人报告团成员发展至21人，指导118个社区组建“银领先锋志愿服务队”。

【老干部“四就近”工作】 2022年，汉阳区依托社区党员群众服务中心和小区党群驿站现有资源，坚持“共建共享共用”理念，按照“一室多用”原则，推进社区（小区）“老党员之家”建设。江欣苑社区建成示范型“老党员之家”和“老党员驿站”。用好区老年大学优质教育资源，促进“名师名课名专业”进社区。推进“家门口老年大学”建设，建成墨南湖畔社区老年大学分校。

（肖武）

党校工作

【概况】 2022年，中共武汉市汉阳区委党校守正创新，推进教育培训，增效理论研究，优化服务保障。全年开办主体班1个，为期1个月，培训人数55人。举办专题特色班14班次，培训干部2000人次。全年开展送教下基层33场，受众2300人次。全年有理论研究成果11项，市级以上刊物发表论文5篇，市级科研立项3项，获省级党校系统论文奖项1个，获市级党校系统论文奖项4个。

【主体班和特色班培训】 2022年，汉阳区委党校主体班和特色班授课内容包括学习贯彻中共十九届六中全会精神、保密培训、纪检监察、基层妇联、“两新”组织、街道综合执法、数字化思维、国家安全等。坚持突出党的理论教育和党性教育主业主课地位，主体班党的理论教育和党性教育占比77.8%，其中党性教育占比22.2%。在主体班中开设《营商环境评价及优化对策》课程，助推全区营商环境改善，探索解决招商引资项目推进中各类问题。响应区委工作部署，举办汉阳区数字化思维视野系统培训班。

2022年9月17日，汉阳区数字化思维视野培训班开班仪式在中共武汉市汉阳区委党校举行 （汉阳区委党校 供图）

【教学创新】 2022年，汉阳区委党校注重创新教学方法，提高互动式、案例式、体验式新教学方法占比。在第41期中青年干部培训班（春季主体班）教学安排中，授课专题更新率61.1%，教学质量评估优良率85%以上，其中互动式教学方法占比44.5%。在主体班和专题特色培训班中，改进传统教学模式，推广研讨式、情景模拟式、现场教学以及行动学习法等教学方法，比例达到总课时的40%以上。派出优秀教师到机关基层宣讲33次，发挥党校理论宣传阵地作用。

【科研工作】 2022年，汉阳区委党校围绕全区社会发展大局，开展区情调研和课题研究，全年完成市级以上科研课题结项1项，立项3项；公开发表科研论文5篇；教研人员科研成果获奖5项。决策咨询报告获县级以上党委政府领导批示3个，分别是《整合文旅资源打造特色文旅片区的汉阳实践》《关于加强城市基层党建工作的思考与建议》《加强网络意识形态工作的思考与建议》。

（陈金娥）

2022年7月1日，位于汉阳龟山的向警予烈士生平展示厅正式对外开放

（汉阳区档案馆 供图）

党史编研

【概况】 2022年，武汉市汉阳区档案馆（汉阳区史志研究中心）开展党史编研，深化党史学习教育，扩大汉阳区党史文化影响力。编纂的《萧楚女传》，被推荐至中共中央组织部，参加全国党员教育培训教材展示交流活动。制作《萧楚女——永不熄灭的红烛》《龟山忠魂——向警予》微视频，被选为武汉市党员教育电视片，并被区委组织部推荐报送中共湖北省委组织部和中共中央组织部。修改《中国共产党汉阳历史（1978—2002）》送审稿，完成萧楚女生平事迹陈列展布展工作。

【党史宣传教育】 2022年，汉阳区档案馆（汉阳区史志研究中心）选派党史宣讲员进社区宣讲中共党史，参加“清风送廉”汉阳区新时代文明实践日百姓理论宣讲活动。制作汉阳党史宣教短视频《中共纪检监察事业的先驱者许白昊》，报送参加湖北省“楚韵清风”微视频评比活动；制作动漫片《向警予魂归龟山》，被“汉阳知音”视频号采用；将动漫片和党史宣讲短视频提供给区教育局、区退役军人事务管理局等单位学习。制作《萧楚女——永不熄灭的红烛》党员教育电视片，获武汉市2022年党员教育电视片观摩交流活动二等奖。

【《中国共产党汉阳历史（1978—2002）》编纂】 2022年，汉阳区档案馆（汉阳区史志研究中心）按照上年底中共武汉市委党史研究室反馈意见，修改《中国共产党汉阳历史（1978—2002）》送审稿。突出党史权威性、完整性、系统性、真实性、准确性，力争内容全面、文献准确、史论结合、叙述得当、行文流畅。

【向警予烈士生平展示厅揭牌开放】 2022年7月1日，向警予烈士生平展示厅举行揭牌仪式，面向社会开放。展示厅位于向警予烈士陵园东侧三国全景画馆一层西南角，建筑面积约220平方米，由前厅、主厅、办公室组成。通过图文展示、场景还原、造型设计、史料陈列、音视频播放等形式，展现向警予烈士事迹。开放2个月，来访游客1761人次。9月30日，汉阳区举行烈士纪念日公祭活动，向烈士纪念碑敬献花篮仪式在向警予烈士陵园举行，200余人参加。

（王坤）

武汉市汉阳区人民代表大会

综　述

2022年，武汉市汉阳区人民代表大会及其常务委员会（以下简称汉阳区人大常委会）共筹备召开区人民代表会议1次、常委会会议8次、常委会主任会议11次。首创民情民意联系点，探索代表联系群众新模式；首次将监察机关、备案审查专项工作纳入监督；首次推出“提示函”，增强监督时效；常态化开展代表列席旁听会议、参加调研视察等工作，邀请人大代表和人民群众共同参与专项执法检查、办案质量检查等重要事项监督工作。对于工作评议、专题询问等重大监督议题，实施人大代表、常委会组成人员票决制，全年共组织5次票决，其中2次拓展至全体代表。畅通政情通报等沟通渠道，组织政府及相关部门向人大代表通报政情工作5次。首次建立媒体对接平台，组织召开媒体对接会2次，向社会公布代表履职情况。强化人大实践宣传，全年在中央、湖北省、武汉市媒体宣传报道243篇次。

审议决定重大事项　2022年，汉阳区人大常委会听取并审议汉阳区人民政府、汉阳区人民法院、汉阳区人民检察院的专题报告和汇报23项，作出决议3项，分别为《汉阳区第十六届人民代表大会常务委员会关于开展第八个五年法治宣传教育的决议》《汉阳区第十六届人民代表大会常务委员会关于批准武汉市汉阳区2021年财政决算的决议》《汉阳区第十六届人民代表大会常务委员会关于批准2022年区级预算调整方案的决议》。

人事任免　2022年，汉阳区人大常委会召开有关人事任免事项的会议6次，对区国家机关工作人员进行任免（含批准辞职）共182人次。其中，任免区人大常委会工作人员119人次，任免区人民政府组成人员37人次，任免区监察委员会工作人员4人次，任免区人民法院工作人员16人次，区人民检察院工作人员6人次。

创建民情民意联系点　2022年，汉阳区人大常委会创新民情民意表达平台，丰富全过程人民民主实践。在湖北省首创代表民情民意联系点，推动省、市、区三级人大代表257人回选区设立460块联系牌，公开代表微信二维码，广泛收集民意。对代表收集的意见建议实行分类梳理、分级受理、统一交办、统筹督办的管理机制。全年收集民情民意1000余条，解决王家湾商圈非机动车道出行不便等问题。

建设基层立法联系点　2022年，汉阳区人大常委会以江欣苑社区为主阵地，推进全区基层立法联系点建设。建立“线上+线下”“网上+掌上”“广纳民意直通车”，线上利用二维

2022年3月4日，武汉市汉阳区人大代表现场查看居民通过“民情民意联系点”反映的陶家岭社区文化广场年久失修问题　（汉阳区人大常委会　供图）

码、联络群，搭建“人人皆可参与”的意见反馈平台。全年线下组织立法意见征询会10次，发动群众参与座谈。完善意见处理机制，实现立法意见广泛征集、及时整理、完整上报，全年参与对11部法律法规的意见建议征集工作，提交建议179条。

人大代表构成 2022年末，汉阳区第十六届人民代表大会共有代表244名。其中，工农代表1名，占0.41%；党政干部代表90名，占36.89%；专业技术人员代表38名，占15.57%；军人及其他界别代表115人，占47.13%。中共党员代表203名，占83.2%；非中共党员代表41名，占16.8%。妇女代表75名，占30.74%。具有大学以上学历的代表190名，占77.87%。其中，硕士研究生以上学历的代表90名，占36.89%。

2022年12月30日，武汉市汉阳区第十六届人民代表大会第二次会议召开

（汉阳区人大常委会　供图）

重要会议

【汉阳区第十六届人民代表大会第二次会议】 2022年12月30日至31日，武汉市汉阳区第十六届人民代表大会第二次会议召开。大会应到代表244人，实到201人，列席140人，符合法定人数。会议审议通过关于汉阳区人民政府工作报告的决议、关于汉阳区2022年国民经济和社会发展计划执行情况与2023年国民经济和社会发展计划的决议、关于汉阳区2022年财政预算执行情况与2023年预算的决议、关于汉阳区人大常委会工作报告的决议、关于汉阳区人民法院工作报告的决议、关于汉阳区人民检察院工作报告的决议、关于大会议案的决议。大会选举郭龙梅为武汉市汉阳区人民法院院长，李弘、李钟、吴红文、林鹏、罗琳、高琴为武汉市汉阳区第十六届人民代表大会常务委员会委员；表决通过吴红文为武汉市汉阳区第十六届人民代表大会社会建设委员会主任委员，林鹏为武汉市汉阳区第十六届人民代表大会财政经济委员会副主任委员。大会共收到区人大代表10人以上联名提出的议案5件，其中，财政经济方面2件，城乡建设与环境保护方面2件，教育科学文化卫生方面1件。大会确定将《关于加快推进汉阳站高铁功能区建设，增强汉阳发展新动力的议案》作为此次会议1号议案。其他议案原案转为建议、批评和意见，分别交承办单位研究办理，并在规定时间内答复代表。

【区人大常委会会议】 2022年，汉阳区第十六届人大常委会召开8次会议，听取和审议区人民政府、区人民法院、区人民检察院专项工作报告21项，作出决议决定16个。

【区人大常委会主任会议】 2022年，汉阳区第十六届人大常委会召开主任会议11次，听取和审议区人民政府、区人民法院、区人民检察院专项工作报告15项，听取和审议区人大常委会工作报告8项，研究决定事项29个。

表4　2022年武汉市汉阳区第十六届人大常委会会议一览表

次序	会议内容	会议时间
第一次	听取和审议区人民政府关于区十六届人大一次会议议案、代表建议办理方案的报告；审议通过区人大常委会2022年工作要点；审议决定人事任免事项	2月17日
第二次	听取和审议区人民政府关于“七五”法治宣传教育工作情况及实施第八个五年法治宣传教育工作规划的报告，表决通过《汉阳区人民代表大会常务委员会关于开展第八个五年法治宣传教育的决议（草案）》；听取和审议区人大法制委员会关于规范性文件备案审查工作情况的报告，表决通过《区人大常委会规范性文件备案审查工作办法（草案）》；听取区人大常委会代表资格审查委员会关于个别代表的代表资格的报告；审议决定人事任免事项	4月29日

续表

次序	会议内容	会议时间
第三次	听取和审议区人民政府关于2021年度国有资产管理情况综合报告和行政事业性国有资产管理情况专项报告；评议区行政审批局、区统计局、区水务和湖泊局、区民政局、区卫生健康局工作；听取区人大常委会代表资格审查委员会关于个别代表的代表资格的报告；审议决定人事任免事项	6月28日
第四次	听取和审议区人民政府关于2022年上半年国民经济和社会发展计划执行情况、区级预算执行情况的报告；听取和审议区公安分局、区人民法院、区人民检察院2021年度办案质量情况的报告；听取和审议区人民政府关于落实教育“双减”（减轻义务教育阶段学生作业负担和校外培训负担）政策情况的报告；听取和审议区人民政府关于2021年汉阳区环境状况和环境保护目标完成情况的报告	8月4日
第五次	听取和审议区人民政府关于2021年区本级决算报告草案及2021年度区级预算执行和其他财政收支的审计工作报告，审查和批准汉阳区2021年财政决算；听取区行政审批局、区统计局、区水务和湖泊局、区民政局、区卫生健康局关于落实区人大工作评议意见的整改工作报告，并进行满意度测评；听取和审议《武汉市城市绿化条例》执法检查工作报告；听取区人大常委会代表资格审查委员会关于个别代表的代表资格的报告；审议决定人事任免事项；听取和审议区人民政府关于优化营商环境工作情况的报告，开展“打造最优营商环境，助推宜居宜业新汉阳建设”专题询问	9月27日
第六次	听取和审议区监察委员会关于优化营商环境监察监督工作情况的报告；听取和审议区人民政府关于全区人力资源产业发展情况的报告；审查区人民政府关于2022年区级预算调整方案（草案）的报告，决定批准2022年区级预算调整方案；听取和审议区人民政府关于区十六届人大一次会议议案、代表建议办理情况的报告；书面审议部分市人大代表的述职报告，进行满意度测评；听取区人大常委会代表资格审查委员会关于个别代表的代表资格的报告；审议决定人事任免事项	12月9日
第七次	表决通过《关于召开武汉市汉阳区第十六届人民代表大会第二次会议的决定》；补选武汉市第十五届人民代表大会代表	12月20日
第八次	听取和审议区人民政府关于2021年度区级预算执行和其他财政收支审计查出问题整改情况的报告；初审2022年预算执行和2023年财政预算草案；表决通过《关于调整汉阳区第十六届人民代表大会第二次会议召开时间的决定》；审议并通过区十六届人大常委会工作报告；初审区十六届人大二次会议有关文件；听取区人大常委会代表资格审查委员会关于个别代表的代表资格的报告；审议决定人事任免事项	12月28日

表5　　2022年武汉市汉阳区第十六届人大常委会主任会议一览表

次序	会议内容	会议时间
第一次	听取区人民政府关于区十六届人大一次会议议案、代表建议办理方案的报告；研究人事任免事项；研究区人大常委会2022年工作要点；拟定第一次常委会会议议题，决定会议时间	2月15日
第二次	研究区人大常委会2022年工作评议方案；研究区人大常委会2022年执法检查方案；研究区人大常委会2022年专题询问方案	3月22日
第三次	听取区人民政府关于实施《中华人民共和国反家庭暴力法》情况的报告；研究代表异动事项；研究人事任免事项；拟定区人大常委会第二次会议议题，决定会议时间	4月26日
第四次	听取区人民检察院关于履行法律监督职责情况的报告；听取区人大财政经济委员会关于《武汉市汉阳区第十六届人大常委会国有资产监督工作规划》的报告	5月24日
第五次	听取区人民政府关于全区地方政府债务管理情况的报告；研究代表异动事项；研究人事任免事项；拟定区人大常委会第三次会议议题，决定会议时间	6月23日
第六次	听取区人民政府关于实施城市精细化管理情况的报告；听取区人民政府关于区十六届人大一次会议议案、代表建议上半年办理情况的报告。拟定区人大常委会第四次会议议题，决定会议时间	7月19日

续表

次序	会议内容	会议时间
第七次	听取区人民政府关于全面推进预算绩效管理工作情况的报告；听取优化营商环境专题调研报告，讨论专题询问实施方案；研究代表异动事项；研究人事任免事项；拟定区人大常委会第五次会议议题，决定会议时间	9月16日
第八次	研究代表人事变动情况；拟定区人大常委会第五次会议议题，决定会议时间	9月23日
第九次	听取区人民政府关于文旅融合发展情况的报告；听取区人民政府关于全区建设工地规范化建设和管理情况的报告；听取区人民政府关于武汉基金产业基地建设运营工作情况的报告；听取区人民政府关于区十六届人大一次会议议案、代表建议办理情况的报告；研究代表人事变动情况；研究人事任免事项；拟定区人大常委会第六次会议议题，决定会议时间	12月6日
第十次	书面审议区人民政府工作报告、区人民法院工作报告、区人民检察院工作报告、区人大常委会工作报告、区人大各专门委员会工作报告；研究补选武汉市第十五届人民代表大会代表；拟定第七次常委会会议议题，决定会议时间	12月19日
第十一次	研究区十六届人大二次会议议案工作；区财政局通报全区2022年财政预算执行情况和2023年财政预算（草案）编制情况；讨论区十六届人大二次会议有关文件（预备会及第一次主席团会议文件）；通报当选代表的代表资格审查情况；研究人事任免事项；拟定区人大常委会第八次会议议题，决定会议时间	12月28日

代表工作

【概况】 2022年，汉阳区人大常委会加强代表履职服务保障。完善11个人大街道“代表之家”，创新设立4个专业代表组“代表之家”，推进100个选区代表工作室全覆盖，依托小区“红色驿站”打造代表联络站，整合“民情民意联系点”，形成“家、室、站、点”多维布局。密切常委会同人大代表的联系，坚持主任会议成员联系常委会组成人员、人大代表机制，实现对人大代表走访全覆盖。统筹开展代表培训管理，组织常委会、全体代表辅导培训3次，分组培训20余次。健全代表履职档案，量化履职实效，激活代表内在动力。

【人大代表“三进”活动】 2022年，汉阳区人大常委会采取专业领域“跨界”、不同地域“跨区”、省市区代表“跨级”的联动方式，组织全区各级人大代表开展“三进”（人大代表进企业、进社区、进选举单位）听意见活动1506次，参与代表1763人次，建议完善西大街小学配套设施建设等一批问题得到解决。汉阳区人大代表“三进”活动2次在武汉市作交流发言。

【武汉市人民代表大会汉阳区代表团】 2022年1月11日至14日，武汉市第十五届人民代表大会第一次会议召开。汉阳区代表团由34名市人大代表组成，全部出席，另有8名列席代表。会议期间，汉阳区代表团围绕会议议题向大会提交建议22件，针对审议报告提出修改建议5条。《长江日报》《武汉晚报》和武汉电视台等新闻媒体对汉阳区代表团活动情况报道11篇次。

监督工作

【概况】 2022年，汉阳区人大常委会聚焦统筹发展与安全、经济健康发展、法治汉阳建设、民生福祉改善和城市环境提升，监督国民经济和社会发展计划执行、财政预算执行和决算、财政资金预算管理绩效，以及两江（长江、汉江）生态环境保护等工作，听取审议专项工作报告30个，开展调研视察87次。

2022年3月29日，武汉市汉阳区人大代表在五里墩街道五荣里社区与选民见面，听取意见
（汉阳区人大常委会 供图）

【专题询问】 2022年9月27日，汉阳区人大常委会组织开展“打造最优营商环境，助推宜居宜业新汉阳建设”专题询问，13名汉阳区人大常委会委员和人大代表围绕高效政府环境、有效要素环境、有序市场环境、公平法治环境、一流城市环境等方面开展询问，区行政审批局、区市场监督管理局等12个区政府职能部门和单位负责人应询。

【法律法规执行情况检查】 2022年，汉阳区人大常委会开展法律法规执行情况检查5次、检查《中华人民共和国环境保护法》《中华人民共和国社区矫正法》《中华人民共和国长江保护法》《武汉市文物保护若干规定》和《武汉市城市绿化条例》实施情况。

【统筹发展督导】 2022年，汉阳区人大常委会视察武汉市第五医院改扩建项目，促进项目加快实施；参与协调、督办引进湖北省妇幼保健院汉阳院区项目，填补汉阳区妇幼专科医疗机构空白。全覆盖走访区内银行，调研武汉基金产业基地，推进银企对接，指导基金产业基地和金融企业开拓发展，做强金融产业链。开展优化营商环境专题询问，广泛调研，精准提问，专题督办，增强区政府各部门服务意识。组织代表开展“稳经济”专项视察，帮助企业纾困解难。规范监督政府专项债务，成立调研组，深入11个项目工地，召开9场座谈会，首次向汉阳区人民政府发出关于加强专项债项目管理的提示函，促进落实专项债项目“借、用、管、还”工作。

【经济工作督导】 2022年，汉阳区人大常委会从招商引资、企业培育及要素保障等方面督办全区数字经济发展，推进地理信息产业大楼等项目实施，全区数字经济企业从1家增至200余家。组织专门委员会与工作委员会联组监督、代表实地调研13次，促进扩大社会投资，提振经济发展动能。强化预算管理刚性约束，开展预决算审查监督，督促政府约谈预算绩效管理排名靠后单位；落实审计监督问题整改情况跟踪督查，助力构建整改长效机制。提升国有资产监督效能，制定国有资产监督工作规划，听取审议行政事业性国有资产管理情况专项报告，促进行政事业单位高效运转。

【法治工作督导】 2022年，汉阳区人大常委会听取和审议全区“八五”普法规划，督促汉阳区人民政府结合区情出台实际措施，深化法治宣传教育。强化办案质量检查，结合公检法重点工作，检查案件91件，督促整改问题157条。听取汉阳区人民检察院履行法律监督职责情况的报告，推进建立健全公检法监督与协助配合机制。监督监察机关，首次听取和审议汉阳区监察委员会关于汉阳区优化营商环境工作情况的报告。听取审议规范性文件备案审查工作情况报告，修订工作办法，审查政府文件5件，向武汉市人大报备1件。开展汉阳区行政审批局、统计局、水务和湖泊局、民政局和卫生健康局5部门工作评议，提出意见建议117条，推动部门依法行政。依法妥善处理群众信访40件次，汉阳区人大信访工作在武汉市人大作经验交流。

2022年8月15日，武汉市汉阳区人民代表大会常务委员会开展《中华人民共和国长江保护法》执法检查
（汉阳区人大常委会 供图）

【民生福祉督导】 2022年，汉阳区人大常委会关注文旅融合，组织代表视察3次，协调景区、相关部门6次，为旅游专线“景景通”开通奠定基础。关注教育和居民就业，推动教育资源优化整合、学生全面健康发展，听取审议汉阳区人民政府落实教育“双减”（指减轻义务教育阶段学生作业负担和校外培训负担）情况的报告。优化人力资源配置，听取审议全区人力资源产业发展情况的报告。关注基层服务设施建设，督办关于加快社区办公用房的建议案，现场调研视察4次，促进一批社区办公用房提速建设、投入使用。关注弱势群体权益维护，市区联动开展社区养老立法项目调研，促进汉阳区养老设施建设。调研《中华人民共和国反家庭暴力法》《中华人民共和国未成年人保护法》实施情况，保护妇女儿童合法权益。

【城市环境督导】 2022年，汉阳区人大常委会听取和审议政府专项报告，视察建设工地规范化管理情况，推进完善城市管理机制。组织代表视察、协调武汉国际博览中心亮点片区周边环境整治5次，督促政府相关部门现场认领并限时整改问题148个。市、区联动检查《中华人民共和国环境保护法》贯彻实施情况，营造全民参与生态环保的氛围。结合督办“口袋公园”建设等代表建议，开展《武汉市城市绿化条例》执法检查，推进园林绿化管养能力提升。组织人员到长江、汉江两江水面及岸线检查《中华人民共和国长江保护法》贯彻执行情况，实地查看生态环境保护情况，督促区政府推进两江船舶污染物接收码头工程建设，保护两江生态环境。

议案建议

【概况】2022年，汉阳区十六届人大一次会议共提出议案1件、人大代表建议案185件，其中会议期间代表建议144件、闭会期间代表建议41件。年内，区人大常委会实行主任会议成员领衔督办、对口专（工）委跟踪督办、“三进”代表小组联合督办机制，推动议案和建议案办理工作。督促政府向代表通报办理进度，组织代表检查办理成效，完善代表评价机制，实现“面对面”反馈、“背对背”评价。将代表议案建议办理纳入全区各单位绩效考核，促进代表建议办理从“答复型”向“落实型”转变。至年底，议案、建议案全部办结，代表所提问题已解决153件，占建议总数的82.7%；代表所提问题因客观条件限制或其他原因近期内难以解决并已向代表做解释说明的共32件，占建议总数的17.3%。

【打造龙阳汽车特色一条街的建议案】2022年，汉阳区人大代表高晶等提出的《关于打造龙阳汽车特色一条街的建议》，由汉阳区人民政府常务副区长彭焚领办，区发展和改革局主办，区科学技术和经济信息化局、区城市管理执法局、区商务局、龙阳街道、武汉市自然资源和规划局汉阳分局、武汉市汉阳投资发展集团有限公司会办。年内，汉阳区加速调整龙阳大道沿街产业空间，推动武汉欧亚达商业控股集团有限公司、武汉贤良汽车销售服务有限公司、广汽埃安新能源汽车股份有限公司等企业转型新能源领域，引入小鹏汽车、腾势汽车等区域总部落户，打造港天国际、方圆荟汽车主题消费园区。盘活闲置产业用地，筹备建设新能源汽车产业园。将龙阳街道列为西部区域性消费中心重要节点，依托武汉摩尔城、万达商业广场、欧亚达家居广场等消费集聚区域，加快首店经济、品牌经济发展。

【建立双碳达标汉阳模式的建议案】2022年，汉阳区人大代表陈钢等提出的《关于建立双碳达标汉阳模式的建议》，由汉阳区人民政府常务副区长彭焚领办，区发展和改革局主办，区人民政府金融办公室、区教育局、区科学技术和经济信息化局、区建设局、区城市管理执法局、区商务局、区住房保障和房屋管理局、区统计局、汉阳经济开发区、区园林局、武汉市生态环境局汉阳分局会办。年内，汉阳区多措并举实施“双碳”目标，将节能服务产业纳入循环经济发展规划，支持各类产业园区和重点用能单位实施节能改造，鼓励企业开展生产审核。加强能源形势检测分析预警，引导各重点用能单位和重点污染物排放企业采取有效措施，减少碳排放和污染物排放量。建立建筑物回收利用体系，建设建筑废物资源利用和处理设施，减少使用一次性消费品。发展再制造产业和节能环保装备产业，持续推进重点行业绿色化改造，推进大中型数据中心、网络机房绿色建设和改造。探索建立汉阳低碳普惠平台，推动全面形成绿色低碳文明健康生活模式。百威（武汉）啤酒有限公司、金茂方岛科技城、西大英才小学入选全市低碳创建试点单位。挖掘双碳产业资源，引进国家电投集团湖北绿动新能源有限公司总部、容百集团华中总部及新能源技术研究院等项目，推动双碳产业加快发展。

工作委员会与专门委员会

【概况】 2022年，汉阳区第十六届人民代表大会共设法制、财政经济、城乡建设与环境保护、社会建设4个专门委员会，以及教育科学文化卫生、代表人事任免、预算3个工作委员会。

【法制委员会建设】 2022年，汉阳区人大常委会法制委员会首次对区监察委员会开展专项工作监督，协助常委会及主任会议听取和审议“一府一委两院”（“一府”指人民政府，“一委”指监察委员会，“两院”指人民法院、人民检察院）专项工作报告3项，对1个政府工作部门开展工作评议，组织对公检法三机关开展办案质量检查，形成调研报告3篇，立法联系实践获得新闻媒体重点宣传报道12篇次。首次向常委会报告备案审查工作，促进备案审查工作走向科学化、规范化运行轨道。全面梳理备案审查工作情况，调研“一府一委两院”开展备案审查工作情况。修订备案审查工作办法，规范备案审查流程。强化工作统筹，召开“一府一委两院”备案审查工作培训会，建立健全工作机制，加强定期沟通。全年审查政府规范性文件5件，向武汉市人大常委会报备规范性文件1件，备案审查工作得到武汉市人大常委会通报表扬。开展公检法机关办案质量检查，将法院2021年度办结的民商事案件中上诉发回案件及改判案件、检察机关提出检察建议的案件及检察院2021年度“少捕慎诉慎押”案件、公安分局办理的电信诈骗案件确定为案件质量检查重点。抽调公检法机关和辖区律师事务所人员，组成专业队伍，抽查案卷91件，逐一反馈问题157条，严格督促整改。开展法律监督，协助常委会听取区人民检察院履行法律监督职责情况的报告。实地调研区人民检察院在武汉市公安局汉阳区分局设立的“侦查监督与协作配合办公室”，听取区人民检察院关于履行法律监督职责工作的汇报，全面掌握区人民检察院的工作情况，指出存在的问题。督促整改落实，要求区人民检察院进一步履行好宪法法律赋予的检察责任，认真推进严格执法、公正司法。在办案质量检查、调研汉阳区人民法院专项工作等其他监督活动中，协同推进对汉阳区人民检察院履行法律监督职责情况的支持，以“少捕慎诉慎押”司法政策的落实为突破口，促进公检法三机关打通信息渠道，构建合作机制。

【财政经济委员会建设】 2022年，汉阳区人大常委会财政经济委员会围绕中共汉阳区委中心工作任务和汉阳区十六届人大一次会议确定的经济社会发展任务，密切关注经济运行中的热点难点问题，依法履职，强化财经监督。将优化营商环境作为年度重点监督任务。协助常委会组建6个调研组，到11条街道、50余家企业和相关职能部门开展全面调研，查找营商环境方面存在的短板弱项，提出对策建议，并开展优化营商环境工作专题询问。协助常委会会议首次听取和审议区纪委监委关于开展优化营商环境监督工作情况的报告，书面审议区人民政府落实优化营商环境审议意见书整改情况的报告。汉阳区营商环境排名居全市第一。开展季度经济工作监督，加强半年度全区经济社会运行情况监督，协助常委会开展重大项目建设视察、专项债项目联组监督等视察活动。强化预决算审查监督，重点聚焦18个专项债券项目的事前、事中、事后各环节，开展全过程监管。实施债务全口径审查，建立健全政府向人大报告政府债务管理情况工作机制，协助常委会首次向区人民政府下达工作提示函，提出4条工作建议。强化国有资产监督，首次研究制定《武汉市汉阳区第十六届人大常委会国有资产监督工作规划》，开展上届国有资产监督检查，进一步督促政府健全国有资产报告长效机制，加强国有资产规范管理。加强与审计部门的工作衔接，将人大预算审查监督重点项目及资金纳入审计范围。督促审计部门加大对中央和区委决策部署落实情况、重点支出、财政收入、资金使用绩效等事项的审计力度，并向常委会报告审计工作情况。

【城乡建设与环境保护委员会建设】 2022年，汉阳区人大常委会城乡建设与环境保护委员会加强城市管理效能监督和环境保护治理监督，推进宜居宜业新汉阳建设。将建设工地规范化建设和管理作为重点监督对象，实地视察检查汉江南岸综合治理工程、新建商业服务业设施项目（中南科研设计中心）等，督导区人民政府及其相关部门全面加强建设工地安全生产标准化达标建设、文明施工管理。对汉阳区贯彻执行《武汉市城市绿化条例》情况开展执法检查，全区绿地率达36.3%，居全市第三；绿化覆盖率达41.3%，居全市前列；人均公园绿地面积达14.61平方米，居全市中心城区第一。落实生态环境保护报告制度，听取武汉市生态环境保护局汉阳分局、区水务和湖泊局、区建设局等部门专题汇报，实地察看重点项目，了解掌握全区环境质量状况和环境保护目标的完成情况。推进生态环境领域监督工作，配合完成上级人大检查《中华人民共和国环境保护法》《中华人民共和国长江保护法》贯彻实施情况，检查杨泗港都市T台工程建设、南岸嘴节点提升工程以及污染物接收码头运行情况，对区水务和湖泊局2020年以来的工作情况开展评议调查。联合财政经济委员会对道路建设、老旧小区改造、地铁建设、湖泊治理等专项债项目建设情况进行专题调研检查，为区人大常委会全面摸清地方政府债务提供资料。做好建议督办工作，共督办大会及闭会期间代表建议101件，以闭环监督的方式，有效促进解决一批群众急难愁盼问题。

【社会建设委员会建设】 2022年，汉阳区人大常委会社会建设委员会围绕区人大常委会工作部署和专门委员会年度任务，有序推进全年工作。协助常委会听取和审议区人民政府关于全区人力资源产业发展情况的报告，在调研的基础上，提出"人力资源产业总体发展水平仍不充分""园区品牌建设、企业效益还需提升""产业要素融合、协同发展成效还需增强"等问题和3项建议，推动全区人力资源市场体系更加完善。协助常委会主任会议听取区人民政府实施《中华人民共和国反家庭暴力法》情况的报告。对区民政局开展工作评议。督办区十六届人大一次会议1号议案《关于加快数字经济发展，推动汉阳经济结构转型的议案》和11条代表建议。全年社会建设领域代表建议完成率100%，代表满意率100%。开展区级养老服务中心运行情况调研，推动完善以医疗服务为支撑、康复服务为补充的医养结合模式，发展普惠养老。调研汉阳区未成年人保护工作情况，推动完成首批"全国未成年人保护示范区"创建工作。督促区人民政府相关部门依计划按期推进向警予烈士陵园升级改造，于7月1日建成并开放展示。调研基层应急工作站规划建设情况，加快推进全区社区应急服务站建设和规范化管理。

【教育科学文化卫生工作委员会建设】 2022年，汉阳区人大教育科学文化卫生工作委员会围绕落实教育"双减"政策、推进文旅融合发展、深化政府部门工作评议、健全文物保护监管体系、强化督办议案建议办理等，协助区人大常委会及主任会议听取和审议专项工作报告2项，开展市区联动执法检查、专项调研3项，组织调研视察活动12次，组织开展对政府组成部门工作评议1项，形成调研报告4篇。

（陈雨）

武汉市汉阳区人民政府

综 述

2022年，武汉市汉阳区人民政府统筹疫情防控和经济社会发展，优化经济质效，壮大发展动能，提升城区品质，提高居民幸福指数，加强政府建设。汉阳区全年实现地区生产总值801.86亿元，地方一般公共财政预算收入88.48亿元，实现正增长。

重点产业发展　2022年，汉阳区加快产业转型升级，提升能级。发展大健康产业，武汉聚成医疗科技有限公司等3个大健康产业项目落地运营。九州通健康城建成投入使用，大健康产业营业收入达1600亿元。新能源汽车博览城加快建设，北京理想汽车有限公司、上海蔚来汽车有限公司等21个品牌汇聚汉阳区，盟盛人新能源汽车产业园成为华中地区品牌最全的交付交易中心。汇聚金融活水，浦发银行、渤海银行入驻鹦鹉大道金融一条街，引进200亿元太保长航股权投资基金（武汉）合伙企业（有限合伙）和武汉昭融汇利私募基金管理有限公司，武汉基金产业基地基金管理规模超1400亿元。提质扩容商贸文旅产业，推进武汉西部消费中心建设，鹦鹉巷子迭代升级，“百威啤酒节”引爆消费热潮，“汉阳喊你”“汉阳造物”等品牌逐渐打响，月湖“最美结婚登记点”牵起浪漫经济产业链。推动智能制造，武汉金牛经济发展有限公司申报的新建工业厂房（二期）、5G智能检测等优质工业项目开工，联东U谷产业园建成开园，武汉西高电器有限公司等3家企业被评为国家级专精特新“小巨人”企业，武汉显捷电子有限公司等16家企业被评为省级专精特新“小巨人”企业。数字经济企业突破200家，其中规模以上企业增加至34家。

科技创新　2022年，汉阳区增强创新主体活力，“高宗余院士工作站”揭牌成立，湖北省智慧交通研究院布局汉阳区，新增市级以上研发平台2家，2个院士专家项目落地汉阳区，百威（武汉）啤酒有限公司等中间工厂试验平台建成运营。全年科技成果转化112项，技术合同交易额45.1亿元。全区高新技术企业增至286家，全年实现高新技术产值310亿元。

招商引资　2022年，汉阳区深化链长制招商、股权招商，推进驻点和“走出去”招商，与杭州上城区缔结友好城区，扩大汉阳区招商“朋友圈”。新引进深圳市俊领科技有限公司等亿元以上产业项目44个，签约容百集团华中总部及新能源技术研究院项目。中国电力建设集团有限公司、水辉彩食鲜供应链管理有限公司等500强企业区域总部注册落户汉阳区，实

2022年9月21日，汉阳钟家村祁遇“三镇之眼”裸眼3D大屏启用

（汉阳区政府办公室　供图）

现招商引资实际到位资金490亿元，新引进企业实缴注册资本金占产业到资比重突破70%。武汉人力资源服务产业园（汉阳集聚区）创建省级产业园、在武汉市率先成立楼宇经济促进会，楼宇招商信息平台上线运行，武汉人力资源服务产业园（汉阳集聚区）、武汉智慧地理信息产业园、汉阳工程咨询服务产业园“三园齐开”，甲级写字楼数量增至10栋，亿元税收楼宇达4栋。

重大项目建设　2022年，汉阳区创新实施“项目策划年”，谋划四台工业园等优质项目140个，总投资突破1000亿元。推进城市更新改造，在武汉市率先建立覆盖全区的城市更新单元库，成立中心城区首个区级城市更新公司。中国人民财产保险服务有限公司大楼等3个征收项目实现当年启动当年清零，中维烟草等15个项目累计供地0.8平方千米。发展城中村产业用地，签约向阳教育产业园项目，完成高铁汉阳站“站城一体化”设计方案，加快汉阳西部产城融合发展。全面提速项目建设，武汉市汉阳市政建设集团有限公司科研中心等32个重大项目开工建设，推进金茂方岛等7个百亿级项目建设。

宜居汉阳建设　2022年，汉阳区城区功能持续完善，“三区三线”（根据城镇空间、农业空间、生态空间三种类型的空间，分别对应划定的城镇开发边界、永久基本农田保护红线、生态保护红线三条控制线）划定取得新成果，城区开发边界增加至77平方千米。区级城建投资突破120亿元，比上年增长31.5%。启动建设江汉十桥等市级重点工程，建成知音大道先行示范段等12条道路，贯通车友路等6条“断头路”，改造提升鹦鹉小道等4条道路，提质升级10千米慢行系统。建成朝阳路一流电网项目，新增停车位1.2万个、充电桩6400个，向公众开放11所学校2400个停车位，缓解“停车难”问题。“一点一策”改造易渍水点12处，疏浚排水管网1300余千米，月湖等汇水区完成海绵城市建设。将打造赏心悦目的市容环境作为“一把手工程”，在武汉市创新推出“双路长制”，启动建设“一网统管”市级试点平台，建设143个“阳小驿”（汉阳区打造的新就业群体服务驿站），环卫网格化微治理实现全覆盖，报事解决率100%。创新实施空置地块环境综合整治提升行动，将85处闲置空地“变废为宝”，打造知音人才公园等一批“网红”打卡点。采取多种措施改善生态环境。建设杨泗港都市T台、南岸嘴景观，贯通长江江滩汉阳段，提升墨水湖、龙阳湖水质。琴断口小河入选武汉市“美丽河湖”优秀案例。龙阳湖公园一期（龙阳半岛）、江欣苑共同缔造园、米粮城市低线公园开园，张之洞体育公园成为湖北省唯一的中央环保督察整改正面典型案例。新建绿地16万平方米、花田花海10万平方米、口袋公园7个。

民生实事实施　2022年，汉阳区顶住财政收支紧张压力，将超70%的财政支出用于保障和改善民生。全年新增就业2万人，江欣苑社区获“国家级充分就业社区”称号。发放各类救助金5644.9万元，低保总人数减少8.9%。筹集保障性租赁住房6435套，建成棚改住房1700套。社保扩面净增1.5万人次。优化养老服务，武汉市首个区级养老服务中心投入运营，社区养老服务设施星级评定为武汉市第一名，徐湾社区入选全国示范性老年友好型社区。建立未成年保护工作三级服务体系，创建全国首批未成年人保护示范区。累计投入2.5亿元，完成老旧小区升级改造19个，惠及居民1.4万户。投入17.48亿元优先发展教育事业，7所中小学校、11所公办幼儿园建成投用，新增学位8500余个，新增湖北省特级教师4名。增量提质医疗资源供给，武汉市第五医院改扩建项目（一期）主体结构顺利封顶，武汉市中医医院平疫结合暨汉阳院区住院综合楼项目和汉阳医院医疗综合楼项目封顶，签约湖北省妇幼保健院汉阳院区项目。区级融媒体中心建成启用。推进“知小音”“汉小阳”双生虚拟IP创造，在武汉市率先推出城区虚拟形象代言人。先后举办琴台音乐节、琴台艺术节。武汉美术馆（琴台馆）开馆，武汉戏曲艺术中心开工建设，知音文化研究院挂牌成立。举办全国青少年模拟飞行锦标赛成功。汉阳区入选湖北省体教融合示范区。

基层社会治理　2022年，汉阳区结合党建引领基层治理“深根工程”，开展美好环境与幸福生活共同缔造活动。星空大楼、知音·律所大楼、平安大楼“三楼齐开”，市域社会治理现代化试点工作在湖北省交流。建港社区被评为“全国最美志愿服务社区”。创新开展“红色驿站+流动服务队”办证模式，建成基层政务网点436个，实现26项民生类事项下放街道社区。21个事项“免申即享”，相关经验在湖北省推广。维护人民群众生命财产安全，推进“保交楼”，推动“无

2022年，汉阳区琴断口小河入选武汉市“美丽河湖”优秀案例

（汉阳区政府办公室　供图）

盗小区”比例提升至80%，安全生产形势总体稳定。

重要会议

【汉阳区第十六届人民政府第一次全体(扩大)会议】 2022年2月17日，汉阳区第十六届人民政府第一次全体（扩大）会议暨汉阳区第十六届人民政府第五次常务会议召开。区人民政府区长郭笑撰出席会议并讲话。副区长彭焚主持会议。会议的主要内容是：贯彻落实区第十三次党代会和区人大十六届一次会议精神，部署2022年汉阳区《政府工作报告》确定的主要任务责任分解工作和区十六届人大一次会议议案、代表建议和区政协第十六届一次会议建议案、提案办理工作。会议审议《汉阳区新能源汽车销售长廊奖励扶持政策（试行）（送审稿）》《汉阳区政务信息化项目建设管理实施细则（送审稿）》。

【区政府常务会议】 2022年，汉阳区人民政府召开常务会议30次，讨论会议议题195项。

【区政府专题会议】 2022年，汉阳区人民政府召开专题会议117次，召集相关部门及辖区有关单位，研究、调度项目建设、民生事项办理等工作。

（周瑞）

表6 2022年武汉市汉阳区人民政府常务会议一览表

序号	会议内容（部分）	会议时间
1	听取汉阳区应急救援消防工作情况的汇报。审议《关于在全区公民中开展法治宣传教育第八个五年规划（2021—2025年）（送审稿）》《汉阳区2022年春节期间鼓励辖区企业稳岗留工措施（送审稿）》。研究举办“知音云上”创投大赛及投资获奖项目，九州通医药集团股份有限公司续租“5.5医药健康创新园”办公场所，变更汤山村还建房建设主体，武汉市汉阳控股集团有限公司关于黄金口村、米粮村、四台村“城中村”棚户区改造项目融资和发行债券情况，区房管局等3家单位的项目资金申请和支付等工作	1月7日
2	传达学习全国省市燃气安全排查整治动员部署会议精神。研究全区燃气安全排查整治、区教育局等14家单位项目资金申请和支付、汉阳区医养结合示范基地及地铁12号线（汉阳段）沿线地下空间配套建设项目建设内容、全国未成年人保护示范区创建和湖北铁路发展基金公司落户奖励兑现等工作	1月25日
3	审议《区十六届人大一次会议议案及代表建议办理工作方案（送审稿）》《关于汉投发公司股权投资招商投决程序实施细则（试行）（送审稿）》《关于汉投发公司股权投资招商项目专家评审实施细则（试行）（送审稿）》。研究区人民政府金融办公室等6家单位项目资金申请和支付，对湖北恒信德龙实业有限公司延续五年扶持政策有关事宜，罗七路以东、玫瑰街以南项目相关事宜，无偿划转武汉市祁万顺酒楼股份有限公司国有债权至汉阳投发集团相关事宜等工作	2月11日
4	审议《汉阳区促进区块链产业发展若干政策（试行）（送审稿）》，研究汉阳区2021年度投资及重大项目先进单位和先进个人评选表彰、区教育局等5家单位项目资金申请和支付、无偿划转三亚房产至武汉市汉阳控股集团有限公司和解决永丰街道燎原村还建量不足相关问题等工作	2月24日
5	研究琴断口街道社区卫生服务中心过渡用房更新工程、2022年汉阳区政府债务还本付息、区建设局等2家单位项目资金申请和支付、拨付各街道2021年下半年财政经费补助和回购世纪金桥配建幼儿园装修工程等工作	3月8日
6	研究江堤街道向阳村新建保障新租赁住房有关事宜、区城管执法局购置环卫作业车辆、区商务局等4家单位项目资金申请和支付、武汉市第五医院西院一期项目合作方式有关事宜等工作	3月10日
7	研究汉阳区打造武汉西部区域性消费中心、区青少年活动中心功能提升改造和区房管局等2家单位项目资金申请和支付等工作。审议《汉阳区中小学合同制教师薪酬待遇标准（试行）（送审稿）》	3月19日
8	审议《汉阳区2022年“项目策划年”实施方案（送审稿）》《汉阳区人民政府2021年度法治政府建设工作报告（送审稿）》。听取汉阳区耕地保护工作汇报。研究区卫健局等4家单位项目资金申请和支付、区人民政府2022年度重大行政决策事项等工作	3月26日

续表

序号	会议内容（部分）	会议时间
9	审议《武汉市汉阳区人民政府工作规则（送审稿）》《武汉市汉阳区人民政府常务会议议事和决策规则（送审稿）》《武汉市汉阳区人民政府财经工作联席会议制度（送审稿）》《武汉市汉阳区人民政府规划、土地工作联席会议制度（送审稿）》《汉阳区国企改革专项行动实施方案（送审稿）》。研究区民政局和区人力资源局房屋资产划转、区教育局等7家单位项目资金申请和支付、汉阳区社会福利院养老院业务用房改造等工作	4月2日
10	审议《汉阳区行政执法协调监督工作体系建设试点工作实施方案（送审稿）》《汉阳区法治政府建设实施方案（2021—2025年）（送审稿）》。研究落实《市人民政府关于修改武汉市消防管理若干规定的决定》、区建设局等5家单位项目资金申请和支付、2022年汉阳区城建项目安排、区建管站业务用房更新工程等工作	4月19日
11	研究区教育局等7家单位项目资金申请和支付、自然资源湖北省卫星应用技术中心社会化应用开发节点建设等工作	4月29日
12	审议《武汉市汉阳区防洪应急预案（修订稿）》《武汉市汉阳区城乡自建房安全隐患专项排查整治工作实施方案（送审稿）》《汉阳区加快推进现代化产业体系提升“1654”行动计划（2022—2024年）（送审稿）》。听取汉阳区安全生产工作汇报和汉阳区消防安全形势研判及下一步工作安排。研究区乡村振兴局等11家单位项目资金申请和支付、湖北青创园（汉阳）项目建设、十里铺法庭项目建设等工作	5月14日
13	审议《汉阳区关于落实加快推进总部经济高质量发展政策措施的实施细则（送审稿）》《关于中国武汉人力资源服务产业园（汉阳聚集区）的扶持政策（试行）（送审稿）》《汉阳区残疾人事业发展“十四五”规划（送审稿）》。研究汉阳区2022年义务教育学校入学划片和招生、中国武汉人力资源服务产业园（汉阳聚集区）升级改造建设项目、区科经局等10家单位项目资金申请和支付、汉阳环卫集团公司与湖北鑫烨医药有限公司办公用房置换等工作	5月28日
14	传达学习中共中央办公厅、国务院办公厅《关于更加有效发挥统计监督职能作用的意见》并研究汉阳区贯彻落实意见。审议《汉阳区促进市场主体壮大十二条（送审稿）》《关于加快培育汉阳地理信息产业发展的若干扶持政策（送审稿）》《汉阳区人民政府与中国地质大学（武汉）战略合作协议（送审稿）》《2021年度国有资产管理情况的综合报告（送审稿）》《2021年度行政事业性资产管理情况的专项报告（送审稿）》。研究2022年政府债务管理、区教育局等7家单位项目资金申请和支付等工作	6月18日
15	审议《湖北青创园（汉阳）发展支持计划（送审稿）》。研究汉阳区食品药品安全、启动2022年学校建设项目、合作建设湖北省妇幼保健院汉阳院区、与深圳北斗应用技术研究院有限公司签订合作框架协议、区教育局等10家单位项目资金申请和支付等工作	7月2日
16	听取汉阳区十六届人大一次会议议案、代表建议办理半年推进情况，审议《汉阳区2022年全面深化“高效办成一件事”工作要点（送审稿）》。研究成立汉阳区高铁功能区征地拆迁指挥部、汉阳区平安大楼升级改造工程、武汉基金产业基地2021年奖励政策兑现申报、区教育局等6家单位项目资金申请和支付等工作	7月5日
17	听取汉阳区城市精细化管理、2022年上半年财政预算执行情况，审议《汉阳区一刻钟便民生活圈建设实施方案（送审稿）》《2022百威啤酒节暨打造武汉国际消费中心城市西部门户启动仪式活动方案（送审稿）》《汉阳区创建生态文明建设示范区规划（2022—2028年）（送审稿）》。研究区科经局等6家单位项目资金申请和支付等工作	7月15日
18	听取汉阳区2022年上半年国民经济和社会发展计划执行工作、2021年度环境状况和环境保护目标完成情况、“双减”（减轻义务教育阶段学生作业负担和校外培训负担）工作落实情况汇报。审议《汉阳区城市	7月23日

续表

序号	会议内容（部分）	会议时间
	排涝应急预案（送审稿）》《汉阳区工程设计及建造产业发展“十四五”规划（送审稿）》。研究桥梁学校片旧城改建项目征收、区教育局等7家单位项目资金申请和支付等工作	
19	审议《汉阳区贯彻落实国家统计督查反馈意见整改工作方案（送审稿）》《汉阳区关于贯彻落实扎实稳住经济一揽子政策措施的通知（送审稿）》。研究汉阳区批而未供土地处置、汉阳控股集团购置房产、加快推进汉阳区城市更新改造、区城管执法局等8家单位项目资金申请和支付等工作	8月7日
20	研究汉阳区街道综合行政执法、轨道交通12号线江北段工程征收补偿、区发改局等6家单位项目资金申请和支付等工作	8月20日
21	审议《汉阳区文化和旅游产业发展三年行动计划（2022—2024年）（送审稿）》。研究汉阳区部分插花地带市容环境权属管理、全面推进预算绩效管理改革、归还永投公司借款等工作	8月26日
22	审议《知音人才谷政策（试行）（送审稿）》。研究汉阳区环保督察反馈问题整改、贯彻执行《武汉市城市绿化条例》、优化营商环境等工作	9月9日
23	研究汉阳区文旅融合发展、2021年财政收支决算及区级预算执行和其他财政收支审计结果、规范汉阳区政府投资项目代建单位等工作	9月17日
24	听取落实区人大常委会关于全区2021年行政事业性国有资产管理情况审议意见报告。研究打造元宇宙数字文化产业基地、区发改局等5家单位项目资金申请和支付、拨付2022年保障性安居工程资金等工作	9月24日
25	传达学习习近平总书记重要指示批示精神和全国、全省、全市有关会议精神并研究部署国庆期间全区安全生产、应对极端天气、疫情防控、市场供应、城市管理、交通保障、文化旅游等工作。研究汉阳造国家广告产业园考核评估、区教育局等7家单位项目资金申请和支付等工作	10月2日
26	研究“知音文化旅游区”申报国家AAAA级旅游景区、鹦鹉村和向阳村“城中村”改造产业政策规模、汉阳渔场公司制改革、区建设局等6家单位项目资金申请和支付等工作。审议《关于汉阳区建设工地规范化建设和管理情况的报告（送审稿）》《汉阳区旧城改建房屋征收项目相关经费管理办法（送审稿）》	11月6日
27	听取区十六届人大一次会议议案及代表建议办理、汉阳区人力资源服务产业发展和武汉基金产业基地运营等情况的汇报。审议《汉阳区关于全省体教融合示范区试点建设工作方案（送审稿）》《武汉市汉阳工业园区工业用地容积率调整的工作流程（送审稿）》。研究中共汉阳区委宣传部等6家单位项目资金申请和支付、奥深玻璃项目供地等工作	11月19日
28	审议《政府工作报告（送审稿）》《汉阳区2022年国民经济和社会发展计划执行情况及2023年国民经济和社会发展计划（草案）的报告（送审稿）》《汉阳区2022年财政预算调整方案（草案）》。研究区教育局等6家单位项目资金申请和支付工作	12月3日
29	研究推进贯彻落实食品安全“属地管理责任和企业主体责任”、中共汉阳区委宣传部等8家单位项目资金申请和支付、全区219所学校校门外设立人脸识别卡口项目、汉阳区国有土地上房屋征收等工作。审议《汉阳区2022年度预算执行和2023年度预算草案编制情况报告（送审稿）》《汉阳区2021年度区级预算执行和其他财政收支审计查出问题整改情况报告（送审稿）》	12月26日

表7　2022年武汉市汉阳区人民政府专题会议一览表

序号	会议内容（部分）	会议时间
1	召开轨道交通12号线芳草路站芳草溪挡墙施工方案调度会	1月6日
2	召开一流城市电网项目与地铁12号线（汉阳段）文化体育产业园及医养项目协调会	1月13日

续表

序号	会议内容（部分）	会议时间
3	召开汉阳朱家亭供水营业网点工程竣工验收协调会	1月18日
4	研究汉阳市政历年城建计划项目工程款支付及钟家村片区老旧小区改造项目专项债工作等相关事宜	1月27日
5	召开米粮村“城中村”改造前第三方公司参与“城中村”改造费用先期支付专题调度会	1月29日
6	专题研究汉阳区归元片二期A包8号地块规划审批事宜	3月8日
7	专题研究汉阳区汤山村统征储备项目工作	3月12日
8	专题研究汉阳区米粮、四台、黄金口3村统征改造工作	3月12日
9	专题研究武烟汉阳厂区置换有关工作	3月15日
10	研究城建重点工程相关事宜	3月16日
11	召开汉阳区工程建设项目审批制度改革工作专题会议	3月17日
12	召开关于解决五瑞里社区办公用房专题调度会	3月17日
13	专题研究墨水湖立交G匝道涉及马沧湖警务站迁建选址工作	3月22日
14	研究向阳体育公园室内恒温游泳馆办理经营高危险性体育项目许可证事项	3月23日
15	召开关于纽宾凯未使用安置房备案及安置使用相关事宜专题调度会	3月28日
16	研究磨山村“城中村”改造有关工作事项	3月31日
17	召开关于中国金茂方岛项目的相关问题会议	3月31日
18	召开轨道交通12号线四新中路站至芳草路站区间涉及芳草路烟波2号桥拆迁复建工作专题调度会	3月31日
19	对12号线专项债项目资金申请相关事项进行商讨和议定	4月1日
20	研究龙阳湖公园建设涉及龙阳村部分土地征收等事宜	4月1日
21	专题研究武汉市第五医院西院综合大楼项目推进问题	4月6日
22	研究中国石油天然气股份有限公司湖北武汉销售分公司前进加油站拆迁还建选址相关工作	4月7日
23	专题调度丁家咀站至十里铺站区间矿山法施工用地工作	4月8日
24	召开地铁12号线（汉阳段）站点配套医养结合项目及区间配套文化产业园建设项目专题调度会	4月19日
25	召开关于汉阳区老旧小区改造工程（四期）、“红色物业”托管小区配套建设项目专题调度会	4月19日
26	召开琴断口街道重点项目建设工作专题调度会	4月22日
27	召开研究米粮、四台、黄金口3村改造拆迁及还建房建设工作专题会	4月22日
28	召开基督教圣光堂工程验收办证专题调度会	4月22日
29	召开关于城建战线重点工作专题会议	4月22日
30	召开墨水湖面源污染控制工程、龙阳湖水体提质及生态修复工程（一期）、龙阳湖生态治理工程（二期）项目的初雨调蓄池建设用地问题专题调度会	5月1日
31	召开惠民苑社区党群服务中心综合楼建设有关工作专题调度会	5月5日
32	召开汉阳控股集团新建租赁住房等建设工作专题调度会	5月6日
33	专题研究磨山村“城中村”改造停车场控制用地B2、K2地块供地成本的有关工作事项	5月10日
34	召开曾家南湾武汉冷藏公司自建房危房整治工作专题调度会	5月10日
35	召开江明水上加油站搬迁工作专题调度会	5月10日
36	专题研究解决退役士兵顾某某的退休问题	5月11日
37	召开月湖船院项目关于装配式建筑有关事宜专题调度会	5月12日
38	专题研究汉阳区米粮、四台、黄金口3村统征改造工作	5月21日
39	专题研究万里皮鞋厂供地价格等相关事宜	5月23日
40	召开关于金茂方岛项目的相关问题专题调度会	5月31日
41	召开琴台大道项目征收工作专题调度会	5月31日

续表

序号	会议内容（部分）	会议时间
42	专题研究龙阳街道欧龙家居办理不动产权证以及招商入驻企业办证工作、城建重点工程征地征收相关工作及停车场建设有关工作	5月31日
43	专题研究墨水湖立交G匝道工程涉及动物园路47号房屋拆除工作	6月7日
44	召开仙山村“城中村”改造工作专题会议	6月7日
45	召开行政事业单位办公用房房屋维护管理费专题调度会	6月7日
46	召开龙阳湖大健康文化主题公园配套建筑准入湖泊保护区及规划审批事宜专题调度会	6月14日
47	专题研究钟家村小学开设临时消防疏散通道、远洋归元寺8号地公共通道移交问题	6月16日
48	专题研究晴川高中门房征收还建补偿方案	6月16日
49	专题研究新五里后堤路涉及渔业村征收有关工作	6月16日
50	研究武汉市城乡统筹示范区投资开发有限公司股权收购等工作	6月16日
51	召开龙阳村“城中村”改造规划产业用地建筑规模确认工作专题调度会	6月17日
52	召开月湖船院片开发项目规划手续和公租房有关工作专题调度会	6月19日
53	召开万里皮鞋厂项目供地及后期建设工作专题调度会	6月27日
54	召开汉江南岸综合治理工程、汉阳古城亮点片区路网建设、世界一流电网建设相关工作专题调度会	7月4日
55	专题研究武汉显捷电子有限公司购买联东U谷厂房事项	7月5日
56	专题研究汉阳区人民政府投资项目代建单位工作	7月7日
57	召开关于龙江庭院B区28套住宅办证问题专题调度会	7月8日
58	研究地铁4号线二期工程拆迁补偿问题	7月8日
59	召开关于占用武汉市第二十三中学在建校园场地作为武汉地铁12号线丁家咀站至十里铺站区间矿山法临时施工用地协调会议	7月13日
60	专题研究武汉国博洲际酒店一层游泳池办理高危险性体育项目经营许可证事项	7月14日
61	召开瑞益公司琴台天地项目房源款支付相关事宜专题调度会	7月14日
62	专题研究前进村停车场、好美家停车场、汉阳市政停车楼等建设有关工作	7月15日
63	专题研究米粮城市低线公园项目建设工作	7月19日
64	专题研究黄金口村还建房机械车库配建相关问题	7月19日
65	召开四新方岛项目建设工作专题调度会	7月22日
66	专题研究汉阳区汤家山村还建房建设推进工作	7月28日
67	召开汉阳区“高效办成一件事”考核指标责任分工相关事宜专题调度会	7月29日
68	召开汉阳区征收项目房源梳理、建桥片土地成本返还资金、征收项目经费标准和使用管理工作专题调度会	8月5日
69	召开汉阳区“米粮”“四台”“黄金口”3村统征改造工作专题调度会	8月6日
70	召开审议《汉阳区桥梁学校片旧城改建项目征收补偿方案（送审稿）》专题会议	8月10日
71	召开汉阳区港渠管养相关事宜专题调度会	8月17日
72	召开芳草小学北校区周边区域入学及学校改扩建等工作专题调度会	8月25日
73	专题研究汉阳区住宅区配套幼儿园移交工作及郭茨口小学土地问题	8月31日
74	召开汉阳区涉房风险专班办公室第二十二次例会暨恒大项目风险研判专题会议	9月8日
75	专题研究推进黄金口产业园（原东风雷诺项目）征地工作	9月8日
76	专题研究汉江村“城中村”改造堤外绿化控制用地土地问题相关工作	9月9日
77	专题研究墨水湖面源污染控制工程至芳草路初雨调蓄池、马沧湖路初雨调蓄池项目范围内苗木迁移事项	9月13日
78	专题研究米粮山原采石场不稳定斜坡治理修复工程及龙阳湖东路杆线迁改工作	9月15日
79	专题研究汉阳区汤家山村还建房建设推进工作	9月16日

续表

序号	会议内容（部分）	会议时间
80	召开建港路58号太子湖实业房屋征拆工作现场调度会	9月16日
81	专题研究玫瑰低碳公园项目建设相关工作	9月16日
82	专题研究汉阳区“承诺可开工”制度推进工作	9月27日
83	召开太保科技服务（武汉）有限公司入驻装修补贴及房租支付相关事宜专题调度会	9月27日
84	研究汉阳区城管局与湖北鑫烨医药有限公司办公用房置换事宜	9月29日
85	专题研究磨山村“城中村”改造A1地块规划条件调整工作	10月9日
86	召开汉阳区水环境治理、河湖健康评价相关事宜专题调度会	10月9日
87	召开汉阳知音大厦人防工程（邵牛湾公用人防工程）移交工作专题会议	10月14日
88	召开四新明渠整体改造提升相关事宜专题调度会	10月14日
89	专题研究惠民苑社区综合停车楼有关工作	11月2日
90	专题研究建设汉阳生命文化纪念园及配套设施项目工作	11月6日
91	专题研究汉阳区商品住宅项目配建保障性住房（含保障性租赁住房、公租房和人才公寓）相关工作	11月8日
92	研究轨道交通12号线征收建设等工作	11月9日
93	专题研究龙阳湖健康谷悦城街区1号楼办公商业用于医疗机构和养老经营手续办理的相关工作	11月9日
94	专题研究军运会景观亮化工程及门面招牌移交相关工作	11月10日
95	专题研究玫瑰低碳公园项目建设相关工作	11月10日
96	召开汉桥村“城中村”改造奖励地块和H3还建地块10号楼还建房交房工作专题会议	11月11日
97	召开汉阳区城市更新工作领导小组2022年第一次专题会议	11月11日
98	召开曾家南湾武汉科德冷冻厂项目房屋收购工作专题调度会	11月17日
99	专题研究恒大集团有关项目工作	11月17日
100	专题研究武汉基金产业基地道口改建事项	12月7日
101	召开汉阳区解决基本公共服务人员住房问题工作会议专题调度会	12月7日
102	专题研究驻汉阳区部队师以下离退休干部退休士官移交政府安置管理住房办证工作	12月7日
103	专题研究中部名居项目风险工作	12月9日
104	召开卓越·博译大江项目住宅地块复工建设、涉房稳定，以及商业地块土地款缴纳事宜专题调度会	12月26日

政府综合事务

【政务督查】 2022年，汉阳区人民政府督查落实《政府工作报告》84项工作，落实率100%。累计制发专项督办单24份，工作提示函58份，督办各类问题270项，回复率100%。湖北省、武汉市人民政府督查室转来涉及汉阳区督办件31件，完成率100%。承办武汉市人民政府督查室转来省长留言和人民网留言督办件20件、投诉问题71个，办结率100%。落实“下基层、察民情、解民忧、暖民心”实践活动和企业帮扶活动，分解督办市级转办各类问题28个，分解全区民生事项“三张清单”（问题清单、任务清单、效果清单）问题98个，完成率100%。

【人大会议议案和代表建议办理】 2022年，汉阳区人民政府承办区人大议案1件，即《关于加快数字经济发展，推动汉阳经济结构转型的议案》。承办会议期间代表建议144件、闭会期间代表建议41件。其中，已解决153件，因限制或其他原因近期内难以解决、需要向上级反映或留作参考、并已向代表作解释说明的32件。推进《关于加快数字经济发展，推动汉阳经济结构转型的议案》办理。全区建成5G基站1095个，“星火·链网”骨干节点建成上线，国家超算中心长江分中心启动运营，“自然资源湖北省卫星应用技术中心社会化应用节点”挂牌，全区楼宇招商信息平台上线启用；万科未来中心、星火产业大楼、武汉智慧地理信息产业园等数字楼宇、产业园区串点成线，吸引大批优质数字企业落户生根；数字类企业占比不断提升，产业数字化转换提速扩面，百威（武汉）啤酒有限公司、健民药业集团股份有限公司、武汉天龙黄鹤楼酒业有限公司3家企业技术改造项目列为市级示范项目；构建全区统一的电子网络安全接入平台，搭建大数据共享交换平台，建设视频汇聚共享平台。

【政协建议案和提案办理】 2022年，汉阳区人民政府承办区政协建议案1件，即《关于打造楼宇经济升级版，点燃汉阳高质量发展新引擎的建议案》；重点提案6件、集体提案16件、其他提案93件。全部按照工作要求按期办理回复，办理回复率和满意率均100%，推动解决一批实际问题。议案各承办单位按照汉阳区人民政府统一部署，结合部门职责，推进办理，以“空间+配套+运营”方式抢抓机遇，楼宇经济发展量质齐升，民主测评满意和基本满意率100%。

（詹俊 安浩）

【政府热线办理】 2022年，汉阳区人民政府热线办理被评为“荆楚问政网群工作优秀回复单位”，获“我为群众办实事典型案例”奖。年内，受理群众投诉案件21.91万件，其中，武汉市长专线受理督办案件19.19万件，按期结案率100%，工作满意率95.4%。

（杨志华）

【政府信息公开】 2022年，汉阳区人民政府制发并落实《2022年武汉市汉阳区政务公开工作要点》《武汉市汉阳区2022年政务公开工作考评方案》，提高机关工作人员信息公开意识，同步进行信息收集与公开。及时在汉阳区人民政府门户网站上更新相关信息，同时落实依申请公开政府信息公开工作，保障市民对政府工作知情权和参与权。加强落实政策发布解读回应工作，及时解读在汉阳区人民政府门户网站上公布的政策文件，强化政务舆情回应。全年制发行政规范性文件5件，废止12件，现行累计有效件数8件。至年末，受理政府信息依申请公开67件。其中，自然人65件，商业企业2件。邮寄申请7件，占比10.4%。当面申请11件，占比16.4%。电子邮箱申请49件，占比73.2%。全部依照《政府信息公开条例》承办完结，无结转下年度。全年无政府信息处理费收取情况。因政府信息公开引起行政复议41件，因申请人撤销行政复议申请、结果终止、其他结果41件。无因政府信息公开导致的行政诉讼。

（张钊）

【企业服务】 2022年，汉阳区企业服务中心拓展服务企业半径，提升服务企业品质。为企业开展“园区贷”服务，完成“园区贷”业务9个，共计1050万元；为企业开展“创业贷”“纾困贷”服务，完成“创业贷”17个，共计790万元；完成“纾困贷”1个，共计500万元；完成科技型企业贷款11个，共计1569.2万元。发挥汉阳区企业志愿服务专家团队作用，开展包括企业数据合规管理、市场营销、财税规划以及风险管理等主题的咨询讲座，扩展服务企业内容。全年组织开展企业志愿活动4场，服务企业72家、98人次。常态化走访企业，为企业排忧解难。组织银行上门，结合企业特点，向园区企业介绍相匹配的金融产品，助力企业经营发展。落实项目策划工作，优化企业发展规划。引导企业优化企业战略和商业模式设计，探讨企业数字医疗健康发展方向及发展路径，协助优化企业发展规划，明确企业发展实施方案。根据企业土地增容需求，协助办理土地报批、建设规划制定等手续。联系第三方咨询机构，开展汉阳区大健康数智产业园远程康复中心项目策划。加速平台建设，打造“政企云沟通畅联”企业一站式服务平台，通过“线上+线下”协同，完善政策兑现集成服务，探索建立完善金融综合服务体系。响应《武汉市汉阳区一刻钟便民生活圈建设实施方案》要求，推动便民生活圈数字化转型。与武汉市裂爪网络科技有限公司合作，协助企业争取商务部门支持；与江堤街道、四新街道、龙阳街道、建桥街道联系，协助武汉市裂爪网络科技有限公司做前期市场调查。跟进关注企业市场开发进展，配合推进“一刻钟便民生活圈”数字赋能系统在汉阳区试点。

（赵童）

【人才服务】 2022年，汉阳区人才服务中心配合完成招商引资签约金额600亿元，引进项目7个，跟进项目7个，策划重点项目1个。建成汉阳楼宇经济信息平台，推动成立武汉市第一家区级楼宇经济促进会，并实体化运作。制定《汉阳区促进楼宇经济发展奖励办法》。跟踪引进人才成长。联系黄鹤楼酒业有限公司支持华中农业大学博士邓文文开展“桂花清酒稳定性与货架期研究”，解决黄鹤楼酒业有限公司桂花清酒沉淀物未知的问题。

（孙元媛）

2022年8月25日，武汉市汉阳区企业服务中心开展财税培训活动

（汉阳区企业服务中心 供图）

行政审批与政务服务

【概况】 2022年，汉阳区围绕深化“放管服”改革、“高效办成一件事”、优化营商环境等工作目标，全面推进行政审批服务提质增效，湖北省营商环境考核位列第一、政务服务考核指标位列第二。《汉阳区政务服务“深根工程”高效便民——有事要办，就来小区“红色驿站”》在《湖北日报》头版头条报道；《大力开展政务服务“云培训”以人才培养推进政务服务“深根”基层》被“武汉市优化营商环境工作简报”转发；《汉阳区深入实施深根工程让政务服务更加暖心便民》经验在湖北省宣传推广。全年汉阳区政务服务中心入驻部门35个，有行政许可类项目696项、非行政许可类项目949项，政务公开率100%。全年受理政务服务事项19.6万件，即时办结率100%，提前办结率100%；全年办件122.71万件，接待人数约80万人次，窗口服务群众满意率99.9%以上。全区新设立各类内资企业8694个、个体工商户1.24万个、外商投资企业40个。年末，汉阳区累计有各类内资企业4.16万个（其中私营企业4.05万个）、个体工商户7.11万个、外商投资企业325个（其中法人企业96个、分支机构229个）。全区市场主体总量11.27万个，比上年增加1.21万个。

【“一窗通办”改革】 2022年，汉阳区推动“一门、一窗”改革；推动区婚姻登记处入驻区级政务服务大厅、区退役军人事务中心入驻社会民生类综合办事窗口。区政务服务大厅实现35个区直相关部门和市垂直管理部门的1668项依申请和公共服务事项全入驻。多次召开协调会，从场地安排、设备购置、专网联通、人员调配等方面着手，在武汉市率先实现街道派出所全部入驻街道便民服务中心。完善“一窗通办”，按照“前台综合受理、后台分类审批、综合窗口出件”模式，在区级政务服务中心设置不动产登记、社保医保、税务、经济类、社会类、建设类等分领域综合办事窗口和“跨省市通办”“一事联办”“多测合一”等综合专窗，升级开通短信通知到号提醒功能，优化群众办事体验。依托湖北政务服务网和武汉市政务服务智慧管理平台，推进“一窗受理、多网办结、全量汇聚”的“一网通办”新模式，全面提升“一网通办”服务水平能力。

【“一事联办”改革】 2022年，汉阳区拓展“一事联办”应用场景。推动湖北省、武汉市统筹的90件“一事联办”事项落地，完成事项上线以及复制推广。自主研发区、街道“高效办成一件事”协同系统，创新推出114个汉阳区特色“一事联办”主题事项在街道受理。全年区行政审批局分批次推出226个“一事联办”高频应用场景，办理联办事项923件，减少251个事项、1011个办理环节、586份申请材料、297个办理时限和246个跑动次数。

【行政审批电子政务推行】 2022年，汉阳区深化电子证照应用共享，开发建立“汉阳区电子证照云”系统，推动“一企一档”“一人一档”建设，重点推进身份证、户口本、结婚证、社保卡、不动产证和营业执照等高频电子证照线上线下“免提交”“免证办”，最大限度“减证便民”，实现电子卡包自动关联获取身份证信息、线下办事免交实体证照。8月，推动24小时自助政务服务终端落户武钢云谷·琴台钢贸园，全区自助政务服务机增加至21台，可办理便民服务事项369项、审批事项123项及跨域办事项346项。统筹编制区、街道、社区三级共9110个政务服务事项的办事指南二维码，使用微信或“鄂汇办”App“扫一扫”功能，即可查阅办事材料、流程、时限等内容。持续推出“云政务”系列特色应用。自主研发免费“云刻章”、远程“云勘查”、快速“云填单”和线上“云帮办”等“云政务”系列特色应用；自主研发银行预约“云开户”系统，打造“企业开办+银行开户”一体化服务新模式，全区14家银行78个网点预约开户业务纳入“企业开办专区”。全年81户企业通过“云开户”完成企业开办工作。创新研发“云培训”系统，设计课程中心、模拟训练、在线考试、政务动态、答疑题库以及统计分析等模块，打造“互联网+政务培训”新模式。

【行政审批制度改革】 2022年，汉阳区深化审批制度改革，提升审批服务效能。严格落实企业开办“210”（2个环节〈一表申请、一窗发放〉、1天内办结、零费用〈赠送一套三枚公章〉）标准，银行开户预约等流程

2022年3月25日，武汉市汉阳区政务服务中心不动产登记窗口工作人员为群众介绍使用“鄂汇办”App领取电子证照操作流程（汉阳区行政审批局 供图）

纳入"企业开办专区"，完善企业登记全流程机制。推动企业登记和注销"一表申请、一窗受理、一链办结"。推动"住所承诺制"改革落地见效，全年采取住所承诺制注册登记和变更企业7000余家。出台"汉阳区壮大市场主体'黄金12条'"，组成"基层巡回服务队"下沉街道、园区、楼宇开展政策宣传，加强市场主体登记许可业务指导，提供"一对一"全程帮办跟踪服务。创新推动教师资格认定服务，通过在指定医院体检中心分设现场确认办公点，实现"零跑动"办理教师资格证，全年完成教师资格现场确认工作1007件。推进医疗机构校验"零材料"审批，通过信息系统核查，让办事医护无须携带原件即可办理医疗机构校验。全年，办理医疗机构校验147件，减少收取纸质材料1330份。依托全国文化市场技术监管与服务平台营业性演出管理系统，许可批文直接邮寄送达，实现全过程数字化"零材料"办理和"不见面"审批。至年底，帮助企业办理完成营业性演出许可事项审批147件，减少收取纸质材料超1465份。

【建设工程项目审批改革】 2022年，汉阳区实施水电气接入外线工程"一事联办、并联审批"，采用一个窗口受理一套申报资料、填写一张表格，联合现场踏勘，企业一天内即可取得"武汉市占用挖掘城市道路许可证"和"小型管线工程规划方案备案书"。优化审批服务从水、电、气占道挖掘领域延伸至通信行业，优化条件、减少材料、再造流程，实现资料齐全1个工作日内发证。推行"拿地即开工"五证同发审批模式，整合并联审批、帮代办等一系列工程建设项目审批改革措施，提升审批效能。创新开发夜间施工许可管理系统，通过网络协同平台信息推送推进夜间施工许可审批流程再造，全年承接夜间施工许可审批事项办理403件，推动审批与监管无缝衔接、良性互动。

【"证照分离"改革】 2022年，汉阳区制定出台《汉阳区全面深化"证照分离"改革工作实施方案》《关于贯彻落实〈关于进一步深化"证照分离"改革的通知〉的通知》。重新梳理调整中央层面涉及企业经营许可事项的改革清单，按照"直接取消审批、审批改革备案、实行告知承诺、优化审批服务"的改革方式，推动行政审批制度改革。其中，审批权限为区级的事项有78项，"典当业特种行业许可证核发"等6个事项直接取消审批，"粮食收购资格认定"等4个事项审批改为备案，"人力资源服务许可"等27个事项实行告知承诺，"危险化学品经营许可"等41个事项优化审批服务。

【政务服务"深根工程"】 2022年，汉阳区实施政务服务"深根工程"，不断提升政务服务标准化、规范化、便利化。通过区领导遍访小区、政务专员走访入户、社区居民集中议事等方式，围绕居民高频办理事项，特别是"一老一小"事项办理需求，实地调研全区11个街道、118个社区。实现群众高频事项应放尽放，累计下放涉及卫健、养老、房管、退役等民生类事项73项。

【基层政务人才培养】 2022年，汉阳区制发《2022年度汉阳区政务服务培训方案》《关于街道组织民生事项下放业务自学培训的通知》，组织各街道、社区、园区政务服务工作人员培训15场。创新研发线上"云培训"系统，配备视频学习、PPT学习、模拟训练、在线测试、咨询题库、成绩查询和电子合格证书下载等功能，打造全域、全时、全员、全程的"互联网+政务培训"新模式。组织全区基层政务服务1455人，开展线上"云培训+云考核"，并颁发汉阳区政务服务培训合格证书，实现人人持证上岗。

【政务服务帮代办体系构建】 2022年，汉阳区推行高频事项"线上人工帮办"。区行政审批、税务、公安、不动产登记、社保、医保等部门科室提供200余项高频事项"线上人工帮办"服务。提供多样化线下帮办服务，实施"一把手驻窗口、促提升"蹲点制度，为落地企业和落户项目提供一对一"绿色通道服务"，为商业综合体类的重大项目、企业集中的园区项目提供上门服务。开展首届"个体工商户服务月"活动。在区级政务服务大厅一楼设立综合帮办代办和党员示范服务区、吐槽台，设置"有事请找我"专窗；在区、街道政务服务大厅均设立"办不成事反映窗口"，设置"绿色通道"，倡导"早晚弹性办""午间、周末延时办"、专业帮办等特色服务，满足多元化办事需求。

2022年4月，武汉市汉阳区行政审批局服务窗口工作人员为办事群众提供咨询服务

（汉阳区行政审批局 供图）

推行园区“政务网格员”。在园区设立窗口，企业现场申办、现场打照，由政务服务中心工作人员送照上门，形成“闭环式”兜底服务。

【政务服务质量提升】 2022年，汉阳区贯彻落实《武汉市政务服务中心服务规范（试行）》，相继开展“质量月”、“基层协商日”、典型社区、“红色驿站”调研、窗口办事体验等活动。多方位、多层次地给区政务服务“找茬”，挖掘群众办事遇到的难点、堵点，及时督促整改窗口服务不到位、不规范问题。开展政务服务电话不暖心、基层政务服务场所“不便民”问题专项整治。组织“岗位实操技能大赛”“‘深化作风、提升素质、打造文明服务’主题礼仪培训”“优化营商环境，争当服务先锋”知识问答竞赛等活动；开展政务服务之星评选，围绕服务意识、服务规范、服务效率和服务能力等方面，选树先进典型，强化榜样引领带动作用。全面推行政务服务“群众评”。区政务服务中心在政务大厅窗口规范摆放“好差评”评价器和“双评议”二维码，提供现场评价。湖北政务服务网、“鄂汇办”、短信、政务热线提供非现场评价，不断提升主动评价率。贯彻落实省、市有关工单回复要求，确保工单回复的规范性、准确性、时效性，实现“好差评”工单实名差评回访整改率100%。

【街道政务服务中心建设与运行】 2022年，汉阳区推进政务服务规范化建设，创建“1+11+118+N”的基层政务服务阵地，推动成立区、街道、社区、“红色驿站”“四级”政务服务体系。全年全区11个街道便民服务中心办事大厅面积200至600平方米，按功能划分为咨询引导区、综合办事区、休闲等候区、24小时自助政务服务区。设置6至8个“综合办事窗口”、1个“办不成事反映窗口”，配备电子显示屏、宣传栏、办事指南取阅架、老花镜等便民服务设施设备。在118个社区便民服务站基础上，全覆盖打造378个小区“红色驿站”，拓展政务服务功能。街道层级可办理事项217项，社区、“红色驿站”可办理事项69项，实现老年人优待证、残疾人乘车卡、老年人福利补贴等21个事项“免申即享”，将“个体工商登记”“小餐饮经营许可”“残疾人证办理”等7个部门77项事项确定为“多点可办”事项，推动民生事项在社区、驿站直接办结。提升审批服务效能，全区11个街道、118个社区及小区“红色驿站”实现政务外线全覆盖。在建及新建“红色驿站”因地制宜，分批次接入政务专网，保障业务系统在小区正常运行。搭建武汉市智慧社会治理信息平台——社区工作平台，将全区部署的48个系统终端整合归并到统一平台，上线房屋租赁、疫情防控等场景应用，实现统一登录、一键切换。在琴台钢贸园新增24小时自助服务机，满足园区企业、员工简易事项就近办。强化基层服务力量，创建“政务服务基层巡回队”，抽调政务中心业务骨干每周深入街道、社区和小区“红色驿站”，驻点办公指导。组建“不动产登记应急小分队”，驻点“红色驿站”，累计办理不动产权证9000张，平均办理时限30分钟。汉阳公安“知音航班”在企业、医院、学校开展流动服务，办理各类户政类业务1000余次。推出“驿站+N”模式，“驿站+银行”变身退休年审服务点，“驿站+职能部门”变身医保卡一代换三代服务点，解决社区半径过大、服务无法及时覆盖的问题。

2022年6月，武汉市汉阳区行政审批局调研街道“红色驿站”

（汉阳区行政审批局　供图）

【政务服务清单管理】 2022年，汉阳区梳理政务服务事项清单，清理全区实际在办事项，研判分析不可承接的事项。同时，汇总梳理中心城区清理意见。将全区2021年已发文的区、街道、社区三级依申请及公共服务事项清单，与湖北政务服务网上已认领公示的事项清单对比，整理出名称一致的事项、同事不同名的事项、完全不一致的事项，并提出解决建议，上报至武汉市政务服务和大数据管理局。摸底调研各街道，整理实际在办事项与湖北省下发通用目录的差异，汇总上报实际在办但未被纳入省通用目录的事项清单。组织全区各部门落实事项动态调整更新，认领发布率100%，实现清单之外无审批。

（黄钦）

人事管理

【概况】 2022年，汉阳区落实职员等级制度改革，全面摸底33家街道所属事业单位人员、编制、岗位设置情况，核定区级统筹和街道统筹使用的职员等级数额281个。开展符合条件管理岗位人员等级晋升工作，畅通基层事业单位工作人员上升途径。开展全区机关事业单位工资福利审批和评比表彰。完成非营利性服务业工资总额增速指标工作。组织全区事业单位工作人员参加年度考核，组织事业单位新招录事业人员，指导机构改革事业单位完成岗位设置变更。建立评比表彰管理部门与承办部门沟通联系机制，完成2021年“汉阳区投资及重大项目工作先进单位和先进个人”表彰，授予全区50家单位及80名个人“汉阳区投资及重大项目工作先进单位”和“汉阳区投资及重大项目先进个人”称号。完成2022年“汉阳区推动高质量发展工作突出贡献集体、先进集体和先进个人”的表彰。

【事业单位人员管理】 2022年，汉阳区开展事业单位工作人员年度考核。全区有5022人参加考核，被评定为优秀等次969人，占参加考核人数的19.3%；被评定为称职等次3802人，占参加考核人数的75.7%；其他等次251人，占参加考核人数的5%。嘉奖全区924名年度考核优秀等次人员，通报表彰66名连续三年年度考核为优秀等次人员。集中开展公开招聘。为15家主管部门共22家事业单位招聘事业单位工作人员132人。结合全区高层次人才缺口情况，为2家事业单位招聘急缺高级职称人才2名。督导23家事业单位完成岗位设置变更，岗位认定107人，推进事业单位基础管理规范化。

【工资补贴管理】 2022年，汉阳区人力资源局推动非营利性服务业工资总额增速工作。落实任务规划分解，通过组织专场培训、落实工资福利政策、加强指导调度等方式，推动非营利性服务业工资总额增长。全年全区非营利性服务业工资总额比上年增长22.5%。及时办理全区事业单位新进人员、岗位晋级、异动人员工资审核及调整，组织开展全区机关事业单位工资调标和晋级晋档。办理退休及社保待遇申领审批159人，办理一次性安葬费和抚恤金审批88人。指导武汉市第五医院落实公立医院薪酬制度改革。

2022年7月12日，武汉市汉阳区人力资源局在汉阳区五里墩街道开展工资补贴业务培训 （汉阳区人力资源局 供图）

【购买服务岗位规范化管理】 2022年，汉阳区有42家单位纳入购买服务岗位规范化管理范畴，每月备案人数由年初的5518人上升到年末的5958人，年度备案6.82万人次。

【人才服务】 2022年，汉阳区开展“院士专家企业行”活动，推荐5家企业参与湖北省人才“院士专家企业行”活动，选派专家到企业帮助解决科研技术和生产经营难题，促进科技成果转化。区人力资源局开辟职称评审“绿色通道”。在集中评审时，为240名专业技术人员申报中级职称，为208名专业技术人员申报高级职称；在常规评审之外，组织建筑工程中高级职称专场评审，回应企业工程技术人员职称评审需要。推荐中铁大桥局集团有限公司申报博士后科研工作站，推荐武汉市有突出贡献中青年专家2名，推荐享受武汉市人民政府专项津贴专家4名。

【人力资源服务产业园建设与运营】 2022年，汉阳区人力资源服务产业园完成2.0版本升级扩容建设，建筑面积从3300平方米增至10000余平方米。通过“政府主导+市场化运营”模式，园区推进空间、数字、企业和人才4个要素集聚发展，重点强化政策、管理运营和公共政务3项服务保障，打造人力资源服务产业集聚发展平台，促进产业内、外两个循环。区人力资源服务产业园被纳入湖北武汉人力资源服务产业园“一园多区”统一建设管理，升级省级园区。

（樊酌汝）

电子政务

【概况】 2022年，汉阳区大数据中心坚守7×24小时工作制度，优化办理群众投诉流程。推进政务信息化建设，完善政务信息化项目统筹协调机制，印发《汉阳区政务信息化项目建设管理实施细则》。升级区级政务信息网络机房，提供综合性托管服务，与各单位自建机房相比，节约财政资金约1000万元。全年汉阳区大数据共享交换平台汇聚数据2.48亿条，为全区政务服务、楼宇经济、城市治理等多种场景提供数据支撑。

【电子政务网络建设与管理】 2022年8月5日，汉阳区大数据中心发布《关于进一步规范汉阳区政务网使用的通知》，首次建立区级政务网安全使用规范。通过改造汉阳政务云平台网络结构，实现网络链路和设备的双冗余，降低网络中断风险，整合内外网资源，使切换至外网的应用访问延迟从50毫秒降低到10毫秒。构建大数据智能安全分析平台（态势感知平台），封禁处置危险源头，让网络安全事件可感知、易运营、安全事件快速联动闭环。全年，实施安全扫描4052万次，处置终端安全事件570件，处置系统安全事件61件，组织网络安全知识培训5次，开展渗透测试4次，安全攻防演练2次。实现网络安全零事故。率先应用“5G-Sd-Wan”加密无线网络通信技术，为应急处置、“红色驿站”政务服务、大型活动等提供政务网服务。至年底，全区有政务网点515个，其中“红色驿站”政务网253个。全年为全区视频会议联调238次，服务工作调度、大型学习等视频会议268场，比上年增长110%。

2022年3月16日，武汉市汉阳区举办区领导轮值研判督办群众诉求活动
（汉阳区大数据中心　供图）

【群众投诉案件办理】 2022年，汉阳区大数据中心受理群众投诉案件21.91万件。其中，市长专线受理督办案件19.19万件，按期结案率100%，工作满意率95.4%。连续获“荆楚问政网群工作优秀回复单位”称号；获“我为群众办实事典型案例”奖，参与湖北电视台公共新闻频道“旗帜”栏目拍摄工作。利用大数据清洗筛查功能，梳理排查“2022年十大突出投诉问题清单”，助力提高职能部门工作效率和服务质量。全年形成日报32期、周报50期、月报11期；形成相关专题分析报告6期。挖掘群众投诉案件数据背后价值，推动解决群众急难愁盼问题。全年举办区人民政府领导轮值督办群众诉求活动5次，督办重难点问题27个，形成活动专报5期。坚持落实“五级”督办机制（在诉求件办理的全流程中坚持前台转办〈首办〉、中心督查督办、督查室督查督办、区领导批示督办、区纪委问责督办）。全年现场调研15次，召开协调会议6次，督办问题588件，开展业务培训2次，区领导签批意见59件，编制《献礼建党100周年“我为群众办实事”典型案例汇编》1套。

【电子政务服务】 2022年，汉阳区人民政府门户网站发布政务信息3396条，依申请公开栏目接收办理群众申请230件，区长信箱栏目回复办理群众留言805条，开展问卷调查活动6次，网站累计访问量243.89万次。全面升级改版网站，11月上线后，当月访问量比上年同月增长54.8%。汉阳OA协同办公系统持续为全区97家单位、5000名人员提供无纸化办公服务，全年处理7.1万条流转业务，节约文印费143万元；提供人员异动服务800余次，为4500余人进行办公信息整理。上线“学习园地”模块，成为武汉市首家利用党政机关协同办公系统在内网播放学习视频的平台，面向全区处级及以上领导干部开放学习资源9条，累计播放566次。定制“遍访行动日志”小程序，深化“深根工程”，用数字化思维、信息化手段助力基层党建工作。全年，“遍访行动日志”提供3236条流程服务，汇总24.77万户，遍访记录68.69万人次，解决24.23万户群众上报的问题。将5711条数据目录全量迁移至OA协同办公平台，打造“数据超市”模块，打通国家、省、市、区四级数据资源的申请、调用服务，引导全区各单位提升数据资源融合共享和应用开发意识。开发上线项目管理模块，提供合同录入和项目管理服务，内嵌合同到期提醒功能，帮助OA用户实现项目进度全周期管理。

【电子政务服务平台运营】 2022年，汉阳区大数据中心依托汉阳区大数据共享交换平台和汉阳区视频汇聚共享平台，构建“1+N+M”服务体系。全年为8家单位提供数据资源88项，交互数据762万条，支撑9个应用场景及专项工作；为17家单位分级分权限推送视频和开放数据资源3.61万路次。汉阳区大数据共享交换平台为有关单位申请国家、省、市、区数据接口，“服务遍访行动”线上日志、“信用汉阳”平台、“云政务”服务小程序、“智慧城管”（燃气管理）平台、楼宇招商平台、“政企云”沟通畅联、大数据法律监督、武汉市社区工作平台等应用系统专项工作，提供基础能力和技术支撑。汉阳区视频汇聚共享平台整合接入武汉市综治中心、武汉市公安局汉阳区分局、区教育局、区园林局等单位1.66万路监控视频资源，比上年增长15.2%。为区人民政府办公室、区委政法委、区教育局及各街道分级分权限推送视频，为应急调度、平安综治、平安校园、智慧城管等专项工作提供“可视”资源。围绕中考、高考、疫情防控、春运维稳、节日庙会、汉阳夜市、重大赛事、溺水防治、夏季防涝等重要时间节点、专项工作，探索和部署专题场景设计9个。

【政务新媒体监管】 2022年，汉阳区加强全区政务新媒体监管，建立动态管理机制，及时提供技术指导。纳入监管的18个政务新媒体，全年发布信息1.73万条。在武汉市政务服务和大数据管理局历次发布的《关于全市政务新媒体检查情况的双周通报》中，汉阳区更新合格率、备案合格率均100%。

【政务信息化项目审批】 2022年，汉阳区成立汉阳区政务信息化项目建设管理领导小组，组建区级政务信息化项目技术咨询专家库，规范区级政务信息化项目建设管理流程，强化政务信息化项目监督能力，提高资金使用效益，提高政务信息化项目建设管理水平。至年底，收到备案项目36个，备案金额1472.3万元；送审项目11个，报审金额1.34亿元；完成审查意见11份，审减金额1391.36万元。

（杨志华）

区直机关事务管理

【概况】 2022年，汉阳区着力加强机关事务集中统一管理，修订完善《汉阳区机关事务服务中心固定资产及低值易耗品管理办法》《汉阳区机关事务服务中心合同管理办法》《汉阳区机关事务服务中心经费开支报销和审批流程》等工作制度，落实过“紧日子”要求，高标准推进节约型机关创建活动，切实做好办公用房、公务用车、公文交换管理与保障，提升服务保障能力。年内，汉阳区机关事务服务中心被国家机关事务管理局、国家发展和改革委员会、财政部等4部委授予“节约型机关”称号。

2022年1月，武汉市汉阳区机关事务服务中心检查机房安全隐患

（汉阳区机关事务服务中心 供图）

【节约型机关建设】 2022年，汉阳区严控机关运行成本，按照总额控制、从严从紧的原则科学编制经费预算，严控机关运行开支，从源头上降低成本，与上年度相比预算资金压减20%。开展“反对浪费、崇尚节约”文明行动。淘汰耗能硬件设备，更新节能环保新设施。完成区级党政机关建成节约型机关创建工作，指导全区31家单位完成“节约型机关”和“省级节水型单位”创建，创建完成率达到90%。

【公务用车管理】 2022年，汉阳区搭建公车平台综合信息化系统，全区保留公车的25家党政机关及35家事业单位共计289台公车已全部纳入到“全市一张网”平台，覆盖率为100%。全区公务用车安装北斗车载终端设备，全区公务用车管理信息化平台连接武汉市机关事务管理局平台。成功保障全区重大会议活动用车需求、工作调度及日常公务出行，全年无交通安全事故发生。

（蔡勤峰）

中国人民政治协商会议武汉市汉阳区委员会

综　述

2022 年，中国人民政治协商会议武汉市汉阳区委员会（以下简称汉阳区政协）组织开展常委会协商 4 次、专题协商 2 次，落实界别协商和提案办理协商工作，打造“政协委员进基层 知音圆桌在一线”工作品牌。全年，开展基层协商活动 12 次，开展“政协委员之家”“书香政协”等活动 5 次。提案、建议案办复率 100%，满意率 98% 以上；建议案办理情况全体会议通报率 100%。组织开展专项监督 1 次、视察监督 2 次，并开展其他形式监督。进一步加强委员队伍建设，健全完善委员服务体系，开展委员培训 2 次。聚焦全区经济高质量发展、居民群众高品质生活、基层社会高效能治理等课题，形成调研报告 6 篇。调研报告、社情民意文章、信息被全国政协和政协湖北省委员会、政协武汉市委员会采用及领导批示 9 篇。

“政协协商议事之家”平台建设　2022 年，汉阳区政协有界别委员之家、街道社区协商议事之家、“阳小驿协商议事之家”等协商议事平台。年内，汉阳区政协在企业园区、商业楼宇、社会组织、宗教场所等地搭建界别委员之家 13 个，建立委员工作室 8 个，联合中共汉阳区委统战部成立“政协委员、统战成员之家”，融合统战资源、提档升级协商议事阵地。全年，界别委员之家开展协商 26 场、提交提案 56 件、反映社情民意 69 件，实现从试点探索到全面推进。在全区 11 个街道打造“街道协商议事之家”，试点建设“社区协商议事之家”33 个。2022 年，开展一线协商 60 余次，助推解决老旧小区改造、燃气线路优化、二次供水改造、街角公园等问题 40 余个。试点建设 22 个社区“阳小驿协商议事之家”，全面推动政协委员“亮码”进“阳小驿”、兼任“一日网格长”“一日楼栋长”，1000 名基层群众与委员成为好朋友，开展基层协商议事。

“阅觅知音书香政协”委员读书活动　2022 年，汉阳区政协在“政协委员之家”及街道、社区、“阳小驿协商议事之家”设置委员书吧 33 个，增添书籍 10000 余册，创新探索“委员下单、政协买单”做法，56 本委员“购书单”中的书刊被放入书吧。在“知音圆桌在 e 线”委员履职小程序，链接湖北省图书馆、武汉图书馆等线上读书平台，为委员读书提供 24 小时在线服务。向委员赠阅《习近平书信选集》第一卷、《向北方》等图书 1000 余本。围绕中共党史、健康医疗、数字经济、金融科技、文化艺术等主题开展读书活动 8 次。打造

2022年5月25日，武汉市汉阳区首个“政协委员、统战成员之家”在万科未来中心揭牌
（汉阳区政协　供图）

“委员说”栏目，定期邀请委员走进XR演播厅，沉浸式讲述读书故事、宣传读书，推动“书香政协”委员读书活动与全民阅读活动有机衔接。

界别活动　2022年，汉阳区政协由中共、民革、民盟、民建、民进、农工党、致公党、九三学社、无党派人士、共青团、工会、妇联、青联、工商联、科协、台联、文化艺术、科学技术、经济、农林、教育、体育、医药卫生、社会福利和社会保障、少数民族、侨联、宗教27个界别组成。汉阳区政协坚持主席会议成员联系走访民主党派、工商联制度，为各界人士在政协履职搭建平台，创造条件。2022年，全区各民主党派、工商联和无党派人士在政协平台上聚焦发展重点、改革难点、民生热点，提交会议发言30份、提案76件。民建汉阳区工委、民盟汉阳区工委启动“同心向党·喜迎二十大”主题活动，宣传“知音同心”理论。农工党汉阳区工委实施“汉阳120急救圈”项目，为失独老人提供全天候免费急救服务。民进汉阳区工委组织开展“长江小卫士”行动。民革汉阳区工委开展“送法进社区”活动。九三学社汉阳区工委、致公党汉阳区工委打造“质量型”参政议政队伍，实施“精品型”服务工程。经济、工商联界别开展银企对接协商活动8场，为中小微企业提供定制金融服务。教育、医疗界别围绕学前教育普惠发展、打造特色妇幼专科开展协商，提出的12条建议被相关部门转化落实。文化艺术界别持续挖掘传承汉阳历史文脉，为打造文化创意城区建言献策。科协、科学技术界别委员与行业精英共谋地理信息产业突破发展。社会福利和社会保障界别持续开展“金晖关爱助学行动”。共青团、青联界别以星空大楼为载体，培育“青少年友好”全链条服务示范阵地。民族、宗教界别“委员之家”建设“书香政协知音讲堂”，推动宗教场所开展爱国主义教育、中共二十大精神宣讲。

联谊交流　2022年，汉阳区政协深化政协系统交流联谊，畅通湖北省、武汉市政协委员、智库专家常态化下沉履职渠道。邀请湖北省、武汉市政协领导到汉阳区调研指导，接待上海、浙江、江苏等外地政协到汉阳区交流学习12批次，赴北京、深圳、湖南等地政协学习调研4次。

委员构成　2022年末，汉阳区政协第十六届委员会共有委员213人。其中，女性委员63人，占29.6%；少数民族委员7人，占3.3%；非中共党员131人，占61.5%。汉阳区政协委员会由27个界别组成。其中，中共界12人，占5.6%；民革界7人，占3.3%；民盟界11人，占5.2%；民建界7人，占3.3%；民进界9人，占4.2%；农工党界6人，占2.8%；致公党界8人，占3.8%；九三学社界7人，占3.3%；无党派人士6人，占2.8%；共青团界1人，占0.5%；总工会界3人，占1.4%；妇联界4人，占1.9%；青联界4人，占2%；工商联界22人，占10.3%；科协界5人，占2.3%；台联界4人，占2%；文化艺术界5人，占2.3%；科技界15人，占7%；经济界31人，占14.6%；教育界7人，占3.3%；体育界2人，占1%；医药卫生界5人，占2.3%；社会福利和社会保障界5人，占2.3%；少数民族界4人，占2%；侨联界2人，占1%；宗教界5人，占2.3%；特邀界16人，占7.5%。

重要会议

【政协汉阳区第十六届委员会第二次会议】　2022年12月30日至31日，政协武汉市汉阳区第十六届委员会第二次会议召开。会议审议批准政协汉阳区第十六届委员会常务委员会工作报告、政协汉阳区第十六届一次会议以来提案工作情况的报告，审议并通过《关于做优共同缔造汉阳实践，打造现代化基层治理新格局的建议案》。补选产生区政协第十六届委员会副主席1名。委员们列席汉阳区第十六届人民代表大会第二次会议，听取并协商讨论汉阳区人民政府工作报告、区人民法院工作报告、区人民检察院工作报告和其他有关报告。

【政协常委会会议】　2022年，政协汉阳区第十六届委员会召开4次常委会会议。3月29日，政协汉阳区第十六届委员会第一次常委会会议召开。会议传达全国和湖北省、武汉市政协会议精神，通报2022年区政协党组工作要点、协商和监督工作计划，审议通过《政协武汉市汉阳区第十六届委员会常务委员会关于机构设置的决定》《政协武汉市汉阳区第十六届委员会办公室、各专门（工作）委员会主任及副主任名单》《政协武汉市汉阳

2022年12月30日至31日，政协武汉市汉阳区第十六届委员会第二次会议召开
（汉阳区政协　供图）

区第十六届委员会常务委员会关于任命街道联络委主任的决定》。8月9日，政协汉阳区第十六届委员会第二次常委会会议召开。会议专题协商“打造楼宇经济升级版点燃汉阳高质量发展新引擎”大会建议案。中国工程院院士、驻鄂全国政协委员、中铁大桥勘测设计院集团有限公司首席专家高宗余及武汉市政协智库专家过文俊、游士兵应邀出席，与会的专家和委员分别从培育具有汉阳区特色的楼宇经济以及楼宇经济的高质量服务、高能级提档等方面提出意见和建议。9月30日，政协汉阳区第十六届委员会第三次常委会会议召开。会议专题协商“特色发展大健康产业，擦亮‘健康生活·汉阳造’品牌”。与会委员在前期调研、协商基础上，为汉阳大健康产业发展“把脉问诊”，提出意见和建议。12月22日，政协汉阳区第十六届委员会第四次常委会会议在线上召开。会议传达学习中共二十大精神，通报《中共汉阳区委关于批转中共汉阳区政协党组〈关于召开政协汉阳区第十六届委员会第二次会议的请示〉的通知》；审议通过政协汉阳区第十六届委员会部分常委、委员调整的决定（草案），政协汉阳区第十六届委员会第二次会议议程（草案）、日程安排（草案）、主席团名单和执行主席分工（草案）、各小组召集人名单（草案），政协汉阳区第十六届委员会常务委员会工作报告（草案），政协汉阳区第十六届委员会常务委员会关于第一次会议以来提案工作情况的报告（草案）。

协商议政

【概况】 2022年，汉阳区政协围绕全区发展大局和民生重要工作开展协商议政，首创将每月25日设立为“基层协商日”，开展“一线协商·共同缔造”行动，让协商入楼宇、到园区、进小区、上“云端”，推动协商民主嵌入汉阳区基层治理、区域发展的全过程，营造“有事好商量、遇事多商量”的氛围。至年末，相关工作先后5次在武汉市交流发言，武汉市政协主要领导予以批示和肯定。《人民政协报》《湖北日报》《长江日报》《政协论坛》等新闻媒体累计宣传报道100余篇。

【经济建设专题协商】 2022年，汉阳区政协围绕全区经济建设大局开展专题协商。关注百年“汉阳造”品牌，加强黄鹤楼酒、健民药业等品牌培育推广，谋划对接8家区内重点企业入驻省级供销平台，助力提升“新汉阳造”产品的知名度和影响力。与武汉市人民政府市长协商对话，持续聚焦龟北、琴台片区规划建设，打造琴台中央文化艺术区，加快补齐产业、交通、服务等功能短板，推进大龟北片区建设。与武汉市政协联动，承接“武汉城市圈”协商课题，呼吁以汉阳站为节点，打造城市圈西南片区铁路枢纽，规划建设“汉阳站4.0示范新城”。协同督办武汉市政协关于治理城区交通拥堵的建议案，跟进落实解决晴川桥汉阳段、龙阳大道拥堵问题，推动提升全区交通通达效率。围绕产业振兴开展重点协商，提出打造医疗器械产业园、区块链赋能健康物流、发展特色中医药产业等20余条建议，推动引进瑞光康泰、聚成医疗等大健康产业项目。推动产业集聚，着眼楼宇经济转型，特邀高宗余院士和高校知名专家教授与区委主要领导协商座谈，为构建新型楼宇经济发展格局夯实智力支撑。致力优化产业地图，着眼“一街一品”街域经济发展，邀请湖北省、武汉市、汉阳区三级政协委员，帮助街道厘清发展思路、谋划产业特色，激发街域经济错位发展的内生动能。

【政协专题协商座谈会】 2022年，政协武汉市汉阳区第十六届委员会召开2次专题协商会议。5月6日，汉阳区政协围绕“借势龟北国际交往中心，做大做强汉阳文化产业”课题召开专题协商会，与会专家、委员提出以龟北国际交往中心建设为契机，充分利用龟北及月湖地区艺术、文博、非物质文化遗产等文化和旅游资源，推进汉阳文化创意产业发展等建议。会议特别邀请武汉市摄影家协会主席、汉商集团股份有限公司原总经理麻建雄参加会议并发言。相关职能部门主要负责人及部分委员参加会议。7月12日，汉阳区政协围绕“推进‘一街一品’街域经济高质量发展”召开专题协商会，与会专家、委员提出以街道产业基础和资源禀赋为依托，统筹各街道产业规划和招商引导，打造特色明显、条块结合、错位发展的街域经济新格局等建议。汉阳区人民政府领导率领相关职能单位和街道负责人到会，会议特邀湖北楚商智库首席专家王涛和部分武汉市政协

2022年7月12日，政协武汉市汉阳区委员会围绕“推进‘一街一品’街域经济高质量发展”召开专题协商会议
（汉阳区政协 供图）

委员参会建言。区政协主席会议成员出席会议，相关职能部门主要负责人及部分委员参加会议。

【政协街道联络委员会活动】2022年，汉阳区政协推进基层协商民主，晴川街道、永丰街道政协联络委员会聚焦破解小区停车难题、社区“惠民楼”建设开展协商，推动民生工程落地。建桥街道、龙阳街道联络委员会组织委员围绕重大项目、特色产业，为街域经济发展鼓劲建言。鹦鹉街道、洲头街道联络委员会打造履职阵地，推动一线协商提质增效。五里墩街道五春里社区“阳小驿协商议事之家”、江汉二桥街道玫西社区玫瑰街“商户协商联盟”，分别入选湖北省、武汉市“一线协商·共同缔造”优秀案例。琴断口街道、四新街道联络委员会共商“一刻钟便民生活圈”、共建口袋公园取得成效。江堤街道联络委员会“推动一线协商与中心工作深度融合”的基层协商经验在全市交流。

2022年1月25日，政协武汉市汉阳区委员会组织各街道联络委员会开展“基层协商日”活动 （汉阳区政协 供图）

【“一线协商·共同缔造”行动】2022年，汉阳区政协统筹推动驻汉阳区的全国和湖北省、武汉市、汉阳区四级政协委员进基层履职，全覆盖下沉118个街道社区，分别编入13个界别“政协委员之家”，挂点153个“阳小驿”基层驿站，创新将每月25日设立为“基层协商日”，探索建立“1+4+N”（“1”即是每月25日“基层协商日”，一月一主题组织协商活动；“4”即各街道、各界别全年按季度开展4次重点选题协商活动；“N”即结合基层实际，由街道社区、党派界别不定期召集下沉委员和界别委员，开展主题灵活、形式多样的履职活动）活动召集机制，一月一主题开展一线协商活动，推动政协工作嵌入全区党建引领基层治理“深根工程”。

表8　2022年政协武汉市汉阳区委员会“基层协商日”活动一览表

序号	活动内容	活动时间
1	组织11个街道联络委、政协委员之家开展1月“基层协商日”活动，全体政协委员带着10余万元的物资，上门慰问结对帮扶的困难群众，开展“送爱心、送文化、送义诊、送法律进社区”等活动	1月25日
2	汉阳区9名政协委员化身带“岗”主播，在武汉人力资源产业园（汉阳集聚区）直播室开展线上招聘，吸引2万人次观看。83家企业提供就业岗位4000余个，其中包括委员企业56家。直播活动设服务业、制造业、高新技术企业3个专场。当天企业收到求职简历10000余份，近2000人与用人单位达成初步就业意向	2月25日
3	联合共青团汉阳区委员会、四新街道组织开展“委员学先锋争当志愿者”活动。200余名“红马甲”在志愿一线忙碌奔波，开展志愿服务	3月25日
4	政协主席会议成员深入惠民苑社区、五墨里社区、龙清社区、华园社区、七里一村社区等基层，协助中共汉阳区委、汉阳区人民政府解决老百姓急难愁盼问题，让群众通过政协平台找到说话的窗口、尝到商量的实惠，疏通基层治理的“毛细管网”，形成“众人的事众人商量着办”的局面和氛围	4月25日
5	联合中共汉阳区委统战部成立“汉阳区政协委员、统战成员助企联盟”，215名政协委员和180名统战成员组建成“助企天团”，为中小微企业纾困解难。在汉阳万科未来中心召开“同心履职解忧，凝心聚力促发展”座谈会，与参会企业面对面收集、解决发展问题	5月25日

续表

序号	活动内容	活动时间
6	政协主席会议成员及专（工）委主任带领各街道联络委开展基层协商活动，收集环境整治、交通、教育等方面社情民意100余条，形成基层协商课题	6月24日
7	汉阳区政协委员下沉100余个“阳小驿”户外工作者服务驿站，捐赠防暑降温物资，提供专业志愿服务。在全区试点建设“阳小驿协商议事之家”11个	7月25日
8	开展“美好环境和幸福生活共同缔造”活动，区政协机关干部下沉永丰街道社区走访调研；在永丰街道惠民苑社区广场，与居民面对面解决问题；在街道联络委的协商现场，银行和委员企业对接，为企业量身定制“云税贷”服务方案。全区215名政协委员走访居民群众及户外工作者600余人次，帮助解决围墙修补、树枝修剪、健身地垫加装等问题30余个	8月25日
9	以“政务体验日”为主题，发动全体政协委员亲身体验政务服务流程，带着感受和问题参加基层协商活动，以“体验式协商”一线协商模式助力打造一流营商环境。各街道联络委组织驻点政协委员及企业、群众就营商环境相关问题开展一线协商活动，为职能部门优化办事流程、提升服务质量提供参考依据和改进方向	9月23日

民主监督

【概况】 2022年，汉阳区政协发挥民主监督职能，围绕民生类问题开展视察监督，推动工作落实，促进民生改善。在一线征集创新选题、在一线开展督办、在一线评议效果，提升提案工作质效，全年立案提案116件，办结率100%、满意率99%。选派12名政协委员担任湖北省、武汉市行风评议员、执法监督员、特邀检察员，发挥政协民主监督作用。

【委员实地监督】 2022年，汉阳区政协围绕中小学和幼儿园建设、社区养老服务升级、医疗资源均衡布局等15个课题，组织委员300余人次开展实地监督。重点开展营商环境监督暨同类提案集中督办活动。联合区人民政府督查室对11件涉及营商环境的同类提案，开展提案督办及成果验收。委员们实地视察区人民法院一楼“周二之约”执行事务中心，区政务中心服务窗口不动产登记、办税、联合验收窗口，以及洲头街道“协商议事之家”，并就提案办理提出意见和建议。

【“助企暖企”服务企业工作监督】 2022年，汉阳区政协围绕“助企暖企”服务企业工作开展民主监督，推进全区营商环境再优化，帮助市场主体重拾发展信心。组织委员探索成立中小微企业助企联盟，围绕企业资金链、产业链、供应链等问题开展协商12次，促推解决楼宇招商、企业融资、行政审批等难题78件。开展“直播送岗”活动，56家委员企业提供就业岗位3500余个，解决企业用工难题。引导企业家委员拓展内外市场、共享资源要素，推动区内企业合力畅通发展内循环。围绕优化企业发展“软环境”，把政协专题协商平台搬进区政务服务大厅，现场体验“高效办成一件事”“民生事项下放”等举措实效，助力优化企业办事流程。

提案与社情民意

【概况】 2022年，汉阳区政协委员、政协各参加单位和各专门委员会，认真学习贯彻中共二十大精神，聚焦汉阳区高质量发展中的热点、难点问

2022年2月25日，政协武汉市汉阳区委员、武汉天龙黄鹤楼酒业有限公司负责人在直播间向网友推荐企业岗位 （汉阳区政协 供图）

题，深入实际调查研究，运用提案建言献策，共提出提案原案196件。经审查，整理合并为153件，在本区立案116件，转化为武汉市政协社情民意或意见参考37件。立案提案中，大会建议案1件，重点提案6件，集体提案16件，委员个人和联名提案93件。提案均全部办理回复，其中，提案所提问题或意见建议已经解决或被采纳的101件，占提案数的87%；部分采纳或列入计划采纳的5件，占4%；因条件所限未能采纳或留作参考的10件，占比9%。办理优化四新片区人行通道、推进老旧小区燃气改造等提案。提案创新工作被湖北电视台经济频道“提案追踪”栏目专题报道。探索在委员企业、基层站所设立社情民意“直通车”，全年累计收集社情民意信息110余篇。

【打造楼宇经济升级版建议】 2022年，汉阳区政协将《打造楼宇经济升级版 点燃汉阳高质量发展新引擎》作为大会建议案，由中共汉阳区委书记徐丽领案办理。年内，出台《汉阳区楼宇经济发展工作意见（2020—2025）》，在全市率先成立楼宇经济促进会，上线运行楼宇招商信息平台，加快推进产业集聚、企业集群、功能集成的新型楼宇经济发展格局。至年末，全区甲级写字楼数量增至10栋，亿元税收楼宇达到4栋，汉阳楼宇总量超190万平方米、招商去化率达73%。

【推进数字经济发展建议】 2022年，汉阳区工商业联合会、汉阳区科学技术和经济信息化局关于抢抓“星火·链网”骨干节点落户契机、区政协委员高凯关于打造汉阳百亿地理信息产业、区政协委员查乾关于打造汉阳元宇宙时尚街区等建议，由区科学技术和经济信息化局主办，区发展和改革局、中共汉阳区委组织部、区财政局、区商务局等单位会办。2022年，汉阳区数字经济企业突破200家，其中，规模以上企业增加至34家，高新技术企业增加至43家。成功落户杭州趣链科技有限公司等独角兽企业。地理信息、元宇宙等新产业赛道不断拓展，“星火·链网”骨干节点（汉阳）上线运营，“北斗七星”引领地理信息产业突破发展，长江鲲鹏卫星应用实验室揭牌运行，武汉市元宇宙产业联盟在汉阳成立，数字经济竞争力持续提升。应用场景日趋丰富，“智慧国博”平台正式运行，供链融通等3个应用入选全省区块链十大优秀应用案例，智慧道路管养系统等16个项目被评为全市人工智能优秀应用场景。

位于汉阳区鹦鹉大道48号的5A级景观生态写字楼“天下·名企汇”

（汉阳区政协 供图）

视察与调研

【概况】 2022年，汉阳区政协常委会围绕“疫情要防住、经济要稳住、发展要安全”要求，开展视察4次、调研活动20次，参加委员3000余人次，着力在建言资政和凝聚共识上发力，为建设新时代宜居宜业新汉阳、开创高质量发展新局面作贡献。

【“推动‘一街一品’街域经济高质量发展”专题座谈调研】 2022年6月14日，汉阳区政协联合中共汉阳区委统战部，组织部分政协委员及各民主党派、工商联、无党派、新的社会阶层人士共30余人开展“推动‘一街一品’街域经济高质量发展”专题座谈调研。会议听取区发展和改革局对“一街一品”总体工作情况汇报，部分政协委员、统战成员与区发展和改革局、区财政局（区金融办）、区科学技术和经济信息化局、区商务局等部门进行深入研讨交流。座谈会结束后，调研组一行先后到港天国际汽车城、湖北青创产业园（汉阳）、武汉基金产业基地，实地调研龙阳街汽车后市场、四新街道“双创”生活圈、鹦鹉街道基金产业基地等重点产业发展和重大项目建设进展情况。通过调研掌握“一街一品”街域经济发展中存在的痛点、难点问题，形成一批有深度、有价值的建言材料，为党委和政府科学决策提供参考。

【视察优化营商环境先行区创建“执行一站式办理”项目】 2022年9月8日，汉阳区政协提案委员会、洲头街联络委员会部分委员及区相关部门分管负责人组成视察组，到汉阳区人民法院实地查看“周二之约”执行事务中心功能区域划分、硬件设施配备及运行情况，并了解“执行一站式办理”改革项目推进情况。汉阳区人民法院“执行一站式办理”被湖北省优化营商环境领导小组确定为“优化营商环境先行区创建”改革项目。汉阳区人民法院升级“周二之约”执行事务中心，探索“场景化”执行模式，共推出执行立案、速查速控、接待约谈、案款发放、终本管理、执行公开、信访接待7个“一站式”场景，方便当事人高效办成执行“一件事”，提升市场主体和群众司法获得感、满意度。

2022年6月，政协武汉市汉阳区委员会针对居民提议，实地走访调研
（汉阳区政协　供图）

政协专门委员会

【概况】 2022年，汉阳区政协共设有5个专门委员会、1个工作委员会，分别为经济科技委员会、提案委员会、文史教卫委员会、社会法制委员会、民宗与港澳台侨外事委员会、委员工作委员会。年内，政协各专门委员会围绕中共汉阳区委加快打造“三城一中心”（科技创新城、文化创意城、青年创业城和武汉西部消费中心），更好建设宜居宜业新汉阳的决策部署，发挥专门协商机构作用。

【经济和科技委员会建设】 2022年，汉阳区政协经济和科技委员会共有委员64名，全年围绕中心工作开展专题协商、视察调研，收集反映民情意见，为重点产业振兴、经济平稳健康有序发展献计出力。紧盯“一街一品”发展路径，组织委员进街区、进项目，帮助街道进一步理清发展思路、谋划特色产业。组织委员成立“中小微企业助企联盟”，围绕企业资金链、产业链、供应链等问题开展协商，促推解决楼宇招商、企业融资、行政审批等难题20件。畅通经济发展“内循环”，引导企业家政协委员联通内外市场、共享资源要素，推动区域内企业深度合作。助力基层治理凝聚共识，围绕区政协“政协委员进基层，知音圆桌在一线”特色品牌，动员委员广泛参与，60余名委员全覆盖下沉基层一线，结对帮扶困难家庭。按照武汉市、汉阳区政协“一线协商，共同缔造”要求，认真开展“一线协商”活动，联合五里墩街道围绕知音人才谷建设、老旧小区二次供水改造等课题咨政建言。

【社会和法制委员会建设】 2022年，汉阳区政协社会和法制委员会共有委员44名。年内，汉阳区政协社会和法制委员会组织委员参加区政协全体会议、专题议政性常委会会议、“基层协商日”等活动，先后围绕“打造楼宇经济升级版 点燃汉阳高质量发展新引擎”“推动‘一街一品’街域经济高质量发展”“特色发展大健康产业，擦亮‘健康生活·汉阳造’品牌”等开展专题协商。“基层协商日”期间，推动政协履职阵地向街道、企业延伸，帮助企业解决发展难题，走访武汉天感智能科技有限公司、上海华蓬商业管理有限公司武汉分公司等公司，开展调研活动，收集企业发展需求，宣传有关惠企稳企扶持政策，助力企业克服实际困难。

【文史教卫委员会建设】 2022年，汉阳区政协文史教卫委员会围绕推进汉阳区文旅事业发展开展专题协商、界别协商，一批意见建议被相关部门落实。以“借势龟北片国际交往中心，做大做强汉阳文化产业”为课题，调研考察龟北片，形成相关意见建议20余条。围绕推进学前教育普惠发展、打造特色妇幼专科、实现“文旅融合发展”等建言献策。持续开展文史资料征集等系列活动，以历届政协委员亲历、亲见、亲闻，讲述汉阳区发展历程。发挥政协文史资料的社会功能，系统整理挖掘汉阳区非物质文化遗产资源、知音文化内涵，助推城市内涵提升全域旅游发展。

（柘昆）

中共武汉市汉阳区纪律检查委员会·武汉市汉阳区监察委员会

综　述

2022 年，中共武汉市汉阳区纪律检查委员会、武汉市汉阳区监察委员会（以下简称汉阳区纪委监委）由区纪委监委机关和 6 个派出机构组成，共有干部 73 人。全区设街道纪工委 11 个，共有纪工委书记 11 人、专职纪检监察干部 22 人。年内，汉阳区纪委监委持续推进政治生态分析研判，建立联席会议制度，完善区管干部廉政档案，健全并落实“一把手”述责述廉、纪委监委班子成员同下级党组织“一把手”及街道纪工委书记廉政谈话制度，完成对全区 76 家单位“一把手”谈话全覆盖。持之以恒正风肃纪反腐，落实党风政风监督和执纪问责。全年共处置问题线索 202 件，立案 117 件，处分 71 人，留置 6 人，移送司法机关 7 人。常态化开展案件质量评查，“走读式”谈话安全管控工作经验被中共武汉市纪律检查委员会推介。发挥巡察作用，制定《中共汉阳区委员会巡察工作五年规划》，完成对 74 个党组织的巡察工作。推进“清廉汉阳”建设，14 个基层清廉建设示范点先后被中央和湖北省、武汉市纪委宣传 33 次，湖北电视台“荆楚廉政”栏目予以专题报道。

纪检监察体制改革　2022 年，汉阳区纪委监委持续深入推进纪检监察体制改革，深入推进纪律监督、监察监督、派驻监督、巡察监督统筹衔接，促进各类监督贯通融合。破解监督难题，18 名基层党组织负责人因履职不力被问责。建立健全“一把手”问题反馈机制，协助区委坚决压实各级党委党组管党治党的政治责任。组织区直单位党委（党组）书记在区纪委全会、区委常委会上述责述廉，推动主体责任和监督责任一体贯通。创新完善谈心谈话机制，完成对全区 76 家单位“一把手”谈话全覆盖。针对“一把手”谈话指出的问题，召开整改推进会 57 场，制定整改方案 76 个，完成任务清单 200 余项。推进政治生态分析研判，建立联席会议制度、构建责任体系、定期研究部署，完善 476 份区管干部廉政档案。

党风廉政宣传教育　2022 年，汉阳区纪委监委坚持“普纪思维、品牌理念、群众参与、长远谋划”原则，挖掘本地廉政文化资源，组织开展第五轮党风廉政宣传教育“模块化”活动，持续打造“知音廉风”品牌文化。发放清廉家风倡议书，拍摄《我们在您身边》等微视频宣传片，甄选 28 家单位的 41 件原创廉政作品制作成 20 幅廉政宣传素材模板，并分类编印成《2022 年汉阳区党风廉政宣传“模块化”宣传素材汇编》。聚焦讲

2022年8月25日，武汉市汉阳区洲头街道组织红建社区开展“创清廉洲头，扬实干之风”第五届“普纪宣传日”活动　　（汉阳区纪委监委　供图）

好“下基层、察民情、解民忧、暖民心”鲜活故事、勤廉典型先进故事、严管厚爱故事，强化实干担当典型宣传。在全区116个社区同步举行第五届“普纪宣传日”活动，11个街道各设1个主活动场地，其他社区设分会场，2万余人参与。通过中共汉阳区委书记讲廉政党课、邀请年轻区管干部列席中共汉阳区纪律检查委员会全会、中共汉阳区纪委书记党校授课等方式，引导全区年轻党员干部廉洁从政。开展警示教育，组织全区党员干部观看警示教育片《围猎陷阱》《多思贪欲害，常破心中贼》和阅读警示教育读本《忏悔实录》。以年轻干部警示及汉阳区查处的违纪违法典型案件当事人忏悔材料为主要内容，编印汉阳区警示教育手册《警示与忏悔》，要求全区党员干部开展学习讨论，撰写心得体会。组织党员干部参观警示教育基地，开展纪法知识及预防职务犯罪法律知识学习。全年全区党风廉政宣传教育有关特色工作在中央纪委网站、《人民日报》等中央级媒体上稿13篇，湖北省纪委监委网站、《湖北日报》等省级媒体上稿38篇，市级媒体上稿140篇。

纪检监察干部队伍建设　2022年，汉阳区纪委监委以政治建设为统领，带头加强自身建设，建立领导班子成员研学指导联席制度。落实中共汉阳区纪委监委领导党建工作“双领导”制度，通过领导班子带头讲党课、邀请先进模范作专题辅导报告等方式，深化党建与业务的双融合。探索“上下兼容”培训模式，采取向上推荐干部实战演练和向基层选拔干部跟班学习的方式，交流培训干部。利用夜学举办6期“铁军集训营”。落实纪委书记直接分管干部监督工作要求，开展“强作风 提效能”专项行动，完善内控机制，组织学习违纪违法典型案例，核查5条反映纪检监察干部的问题线索。全年交流培训干部5批次共13人，4名优秀干部因表现突出被选拔调入湖北省、武汉市纪委监委。年内，汉阳区纪检监察系统有1个集体、2名个人获中央、湖北省、武汉市表彰。

2022年4月12日，中共武汉市汉阳区纪律检查委员会、武汉市汉阳区监察委员会开展第一期“铁军集训营”专题培训活动　（汉阳区纪委监委　供图）

重要会议

【概况】　2022年，汉阳区纪委监委召开重要会议2次，分别是中共汉阳区第十三届纪律检查委员会第二次全体（扩大）会议、中共汉阳区第十三届纪律检查委员会第三次全体会议。

【中共汉阳区第十三届纪律检查委员会第二次全体（扩大）会议】　2022年1月29日，中共汉阳区第十三届纪律检查委员会第二次全体（扩大）会议召开。中共汉阳区委、汉阳区人大常委会、区人民政府、区政协领导班子成员，区人民法院院长、区人民检察院检察长，区纪委监委领导班子成员，区纪委委员，各街道（开发区）党工委主要负责人、纪（工）委书记，区直各部委办局、各人民团体、区直属各单位党委（党组）主要负责人员、分管纪检监察工作的负责人员，区委巡察办主任、副主任，区纪委监委各部室、派出纪检监察组负责人参加会议。会议传达学习十九届中央纪委六次全会精神，深入学习贯彻习近平总书记在全会上的重要讲话精神，学习贯彻落实湖北省纪委十一届六次全会和武汉市纪委十四届二次全会精神，部署2022年汉阳区党风廉政建设和反腐败工作，审议通过区纪委十三届二次全会工作报告。

【中共汉阳区第十三届纪律检查委员会第三次全体会议】　2022年11月11日，中共汉阳区第十三届纪律检查委员会第三次全体会议召开。全体区纪委委员、区监委委员参加会议。会议通报《中共汉阳区纪律检查委员会向区第十三次党的代表大会第二次会议的报告》起草情况，审议通过《中共汉阳区纪律检查委员会向区第十三次党的代表大会第二次会议的报告》。

【区纪委常委会议】　2022年，汉阳区纪委监委召开常委会议35次，学习传达习近平总书记重要讲话，以及中共中央政治局、中央纪委、湖北省纪委、武汉市纪委有关会议、文件精神，研究党风廉政建设宣传教育、反腐败、作风整治、案件办理等工作。

党风政风监督

【概况】　2022年，汉阳区纪委监委围绕中央、湖北省、武汉市、汉阳区重点工作任务落实开展专项监督，聚焦重点领域和重点人员具体落实日常监督。开展开发区建设、粮食购销领域、地方政府债务和国有融资平台等腐败问题专项整治，实施查处、问责、通报、整改等一系列措施。查处违反中央八项规定精神典型问题10个，问责10人。跟踪督导57项区级稳经济

表9　2022年中共武汉市汉阳区纪律检查委员会和武汉市汉阳区监察委员会常委会议一览表

序号	会议内容	会议时间
1	传达学习市委十四届一次全会和市纪委十四届一次全会精神；传达学习有关文件精神，研究贯彻落实意见；研究《区纪委监委科级及以下公务员2021年度考核民主测评情况报告》；研究有关案件工作	1月6日
2	学习有关警示教育片及相关通报精神；传达学习市纪委有关工作部署会精神，研究贯彻落实意见；研究《关于做好区委书记调研区纪委监委相关准备工作的汇报》；研究有关案件工作	1月13日
3	传达学习全省有关专项工作部署会精神，研究全区整治工作方案；研究《关于召开中共汉阳区第十三届纪律检查委员会第二次全体（扩大）会议方案（送审稿）》；研究《关于全国纪检监察系统检举举报平台建设成果总结暨深化应用工作会议精神及我区贯彻落实建议的汇报》；研究《汉阳区纪委监委2021年度区管领导干部考核情况通报》；研究有关干部工作	1月20日
4	传达学习十九届中央纪委六次全会、省纪委十一届六次全会精神，审议区纪委十三届二次全会工作报告；学习《领导干部报告个人有关事项学习辅导资料》；传达《关于学习贯彻习近平总书记重要讲话精神提高党史学习教育专题民主生活会质量的通知》；开展区纪委监委领导班子党史学习教育专题民主生活会集中研学	1月26日
5	研究有关案件工作	1月29日
6	研究《汉阳区纪委监委“室组地”联动监督工作实施办法》；研究《区纪委监委领导班子分工建议方案》；研究《调整晴川街道派出监察室副主任人员意见》；研究《区纪委监委领导班子党史学习教育专题民主生活会情况通报》；研究《关于清廉汉阳建设推进情况的汇报》；传达学习中央纪委和省纪委有关文件精神	2月18日
7	研究《关于构建亲清政商关系推动营商环境全面优化的工作举措》；传达学习省纪委监委《关于加强全省纪检监察干部队伍建设的意见》文件精神，研究贯彻落实意见并进行专题发言；研究有关案件工作	3月3日
8	传达市纪委监委有关监督工作专题会、区委有关工作调度会精神并研究区纪委监委贯彻落实意见	3月5日
9	研究《关于2022年开展政治生态分析研判工作的汇报》；学习河南郑州“7·20”特大暴雨灾害调查报告；研究有关干部工作	3月16日
10	审议《关于在全区纪检监察干部开展“强作风 提效能”专项行动的工作方案》；审议《关于2022年集中整治作风问题强化营商环境监督的工作方案》；传达省市纪委监委政治监督调度会议精神，研究贯彻落实意见；传达《关于2021年度工作考核优胜单位的通报》《2021年度汉阳区纪委监委履职尽责考核结果的通报》精神，研究《区纪委监委机关2022年履职尽责绩效目标调度会方案》；研究有关案件工作	4月8日
11	学习有关工作相关通报精神；研究区纪委监委有关工作自查工作情况的通报；传达学习《湖北省纪委监委案件评查考核办法》《关于建立审查双方共同对案件质量负责工作机制的意见》《2021年全省案件质量评查情况通报》精神，研究贯彻落实意见；研究《汉阳区纪委监委2022年培训工作计划》；研究审议《关于建立清廉汉阳建设协调推进机制的汇报》；研究《区纪委监委2020年度新录用公务员试用期满考核情况报告》；研究有关干部工作	4月21日
12	学习《反有组织犯罪法》重点条款；学习传达省纪委监委有关文件精神，研究贯彻落实意见；通报机关工会2022年活动方案；审议《汉阳区纪委监委负责人同下级“一把手”谈话的工作方案》；传达学习中央有关工作精神，研究部署督查督导工作	5月7日
13	传达全市加强和改进党风廉政建设工作切实提高群众满意度工作动员部署会精神，研究汉阳区贯彻落实意见；传达学习全省推动开展信访矛盾纠纷集中排查化解专项行动部署会精神，研究贯彻落实建议；研究有关经费工作和干部工作	5月20日

续表

序号	会议内容	会议时间
14	研究有关干部工作	5月27日
15	传达市纪委对汉阳区办案安全工作的通报，研究全区整改落实意见；研究《区纪委监委贯彻落实党员干部“下基层、察民情、解民忧、暖民心”实践活动的工作方案》；传达学习上级纪委监委有关领导讲话和市纪委监委1至5月履职尽责座谈会会议精神，研究贯彻落实意见	6月2日
16	传达学习习近平总书记6月28日在湖北武汉考察时的重要讲话精神；传达学习习近平总书记在中共中央政治局第四十次集体学习时重要讲话精神和中共湖北省第十二次党代会精神，研究汉阳区贯彻落实意见；传达全省有关会议精神，研究贯彻落实意见；传达学习《关于纪检监察机关适用〈信访工作条例〉若干问题的意见》；研究《关于区纪委监委“下基层、察民情、解民忧、暖民心”实践活动“三张清单”有关情况的汇报》；传达学习扶贫工作有关文件精神，研究关于更换驻村队员的报告	6月30日
17	研究《汉阳区纪委监委内部工作网站管理方案》；传达市纪委有关工作要求，研究贯彻落实意见；研究区纪委监委7月份党员干部“下基层、察民情、解民忧、暖民心”实践活动“三个清单”；研究有关案件工作和干部工作	7月22日
18	传达学习省、市党员干部下基层察民情解民忧暖民心实践活动有关会议精神；研究《关于修订区纪委监委有关全区全面从严治党目标考核细则的汇报》；研究《关于2022年全区党风廉政建设宣传教育月活动方案起草情况的汇报》	7月29日
19	研究有关案件工作	8月8日
20	研究有关案件工作和干部工作	8月10日
21	传达学习中纪委有关工作通知，研究贯彻落实意见；研究加强稳增长专项监督工作；研究履职尽责绩效有关工作	8月16日
22	研究《关于区纪委监委8月份党员干部“下基层、察民情、解民忧、暖民心”实践活动“三张清”单情况汇报》；研究有关案件工作、经费工作和干部工作	9月2日
23	传达学习全国纪检监察系统表彰大会精神；研究《关于做好2022年度全市纪检监察系统专项检查有关工作情况的汇报》；研究履职尽责绩效考核目标工作；传达学习有关文件精神，研究贯彻落实意见；研究《汉阳区监察委员会关于做好向区人大常委会报告专项工作的实施方案》；研究评选推荐全省纪检监察系统先进集体和先进工作者有关工作；研究有关案件工作	9月16日
24	开展上级纪委监委领导有关讲话精神专题研学；传达学习全区有关会议精神，研究贯彻落实意见；传达上级有关工作精神，研究贯彻落实意见；研究有关案件工作	10月14日
25	传达市纪委秘书长杨峰调研汉阳重点工作座谈会精神，研究履职尽责绩效工作；研究有关案件工作	10月20日
26	研究《关于加强汉阳区纪检监察系统廉政风险防控工作的意见》；研究有关督察督导工作；研究履职尽责绩效目标工作；研究《关于申请资产处置的报告》	11月5日
27	传达学习《中共中央纪委关于认真学习宣传贯彻党的二十大精神的通知》；研究《中共汉阳区纪律检查委员会向区第十三次代表大会第二次全体会议的报告（送审稿）》	11月9日
28	传达2022年度部分街道和区直单位“一把手”向区委常委会（扩大）会议述责述廉工作有关情况，研究责任分工；传达学习省市区关于政治生态分析研判相关文件和会议精神，研究责任分工；研究《关于开展全区工程建设和房地产领域腐败和作风问题专项整治的工作方案》；研究有关案件工作和干部工作	11月17日
29	传达学习省、市纪委监委有关会议精神；研究督导督查有关工作	11月19日
30	研究有关督导督查工作	11月24日

续表

序号	会议内容	会议时间
31	传达学习有关文件精神（中纪发〔2022〕12 号、中纪发〔2022〕14 号、中纪办发〔2022〕7 号、鄂纪阅〔2022〕30 号）；研究疫情防控有关工作；研究有关案件工作和干部工作	11月25日
32	传达学习武纪发〔2022〕15 号、《中共湖北省委办公厅关于印发〈湖北省容错纠错工作办法（试行）〉的通知》（鄂办发〔2022〕19 号）、《中共武汉市委办公厅关于贯彻落实〈湖北省容错纠错工作办法（试行）〉的通知》（武办文〔2022〕38 号）精神；研究有关干部工作	11月30日
33	学习习近平总书记在江泽民同志追悼大会上的悼词；研究有关案件工作和经费工作	12月8日
34	传达学习中共中央政治局会议精神；研究有关案件工作	12月12日
35	开展“学习贯彻党的二十大精神”专题研学；传达学习中纪委《关于做好2023年元旦春节期间正风肃纪工作的通知》精神；传达学习有关文件精神；研究有关干部工作	12月29日

举措落实情况，督促整改问题 20 个，问责 18 人。探索基层小微权力“一点通”平台试点，发布 47 个监督清单，落实群众监督。

【政治监督】 2022 年，汉阳区纪委监委围绕落实习近平总书记重要讲话和指示批示精神以及“疫情要防住、经济要稳住、发展要安全”的要求，强化政治监督。对学校、工地、商超等 3000 余个点位不间断开展常态化疫情防控督查，发现问题 500 余个，制发专报 16 期，问责 200 余人，其中党纪处分 5 人、诫勉 4 人。跟踪督导 57 项区级稳经济举措落实情况，督促整改问题 20 个，问责 18 人。

【重点工作任务专项监督】 2022 年，汉阳区纪委监委围绕中央和省、市、区重点工作任务落实开展专项监督。常态化开展扫黑除恶“打伞破网”，办理其他区公安分局副局长、看守所所长等徇私枉法窝案，党纪政务立案处级干部 5 人，对 2 人采取留置措施并移送司法。开展开发区建设、粮食购销领域、地方政府债务和国有融资平台等腐败问题专项整治，查处问题 2 个，问责 5 人，督促有关行业主管部门及时整改。开展楼堂馆所建设、农村乱占耕地建房、工程建设领域腐败问题等专项整治，对责任部门、关键环节开展“嵌入式”监督。围绕中小学食堂服务保障、食品安全、物业服务、养老保险等重点领域，查处典型问题 32 个，给予党纪政务处分 3 人，诫勉 1 人。

【作风问题专项监督】 2022 年，汉阳区纪委监委加强中央八项规定精神贯彻落实、“无会日”的执行、精简文件会议、规范督查考核等方面的监督，整治形式主义和官僚主义。重点查处贯彻落实搞变通、打折扣行为，全年查处典型问题 3 个，问责 3 人，党纪处分 1 人。在春节、端午节、中秋节等重要节点，通过群发短信、明察暗访、跟踪提醒等方式，开展节日纠风系列活动。从车辆管理、办公用房、违规吃喝旅游等方面入手，采取“室组地”联动监督（派驻纪检监察组监督发现党员、干部及监察对象涉嫌职务违法或职务犯罪问题时，在派出机关监督检查室统筹协调指导下，通过协商或报请指定管辖等方式，与地方纪委监委联合办案）、“飞行检查”等方式，查处典型问题 10 个，问责 10 人。贯彻“下基层、察民情、解民忧、暖民心”实践活动的部署要求，围绕“三张清单”（责任清单、任务清单、问题清单）制定、服务群众和市场主体消极应付以及落实“小区遍访”行动中的敷衍塞责等问题，建立监督清单 714 个，开展监督检查 249 次，发现并督促整改问题 16 个，问责 10 人。

【营商环境专项监督】 2022 年，汉阳区纪委监委建立营商环境问题动态清零机制，对 110 项重点任务跟进监督 517 次，发现并推动整改问题 95 个。就优化营商环境监督工作向区人大常务委员会提交专项报告。开展“新官不理旧账”问题治理，通过市（区）长热线、城市留言板等渠道，主动收集企业、群众反映强烈的热点问题。对“双评议”（武汉市机关中层处〈科〉室和基层站所评议“十优满意单位”“十差不满意单位”活动）中满意度较低的单位和部门“一把手”进行约谈，增强其主动靠前服务的意识。

审查执纪

【概况】 2022 年，汉阳区纪委监委共处置问题线索 202 件，立案 117 件，处分 71 人，留置 6 人，移送司法机关 7 人，挽回经济损失 1400 余万元，查处处级干部 16 人。先后办结 22 条上级指定交办线索，成功办理省、市管干部重要关联案件，选派 20 余名纪检监察干部参与上级纪委专案办理。常态化开展案件质量评查，严把案件质量关、证据关、程序关。严格执行办案安全规定，“走读式”谈话安全管控工作经验被武汉市纪委推介。

【以案促改促治工作】 2022 年，汉阳区纪委监委深化以案促改促治工作，将办案、整改、治理贯通起来，常态化推进处分决定宣布，对查处的典型案件落实“三书两报告”（《责任分工报告书》《牵头任务函告书》《落实责任制建议书》《牵头单位专项工作落实情况报告》《负责领导专项任务落实情况报告》）制度，督促案发单位开展“以案五说”（以案说害促醒、以案说纪促警、以案说法促学、以案说责促管、以案说改促建）、“五查五改”（查思想、查工作、查风险、查纪律、查作风，改认识、改方法、改思维、改态度、改形象）。全年共发放纪检监察建议书46份，责令13个基层组织说明情况、完善23项制度、整改54个问题。

信访举报

【概况】 2022年，汉阳区纪委监委对照“积极主动、精准深入、规范高效”的标准和要求，开展纪检监察信访举报件的接收、登记、办理和反馈工作。全年，接收信访举报996件，办理治庸问责信访件29件。其中，检举举报平台受理104件，比上年下降75.4%。推进重复信访举报的化解，对接属地、责任部门，实行“包案领导+承办单位+协助单位”联动攻坚模式，形成工作合力，受理的重复信访举报比上年下降63.2%。

【不实举报澄清正名】 2022年，汉阳区纪委监委明确澄清正名和打击诬告陷害的适用情形、工作程序及审批权限，并加强信访举报源头研判，在确保调查核实程序规范、事实清楚、证据确凿的前提下，开展澄清正名工作。坚持“一信双查”（在对有关信访举报问题开展调查的同时，依据有关规定对涉嫌诬告诬害的行为进行倒查），在调查核实信访举报内容的同时，对恶意诬告陷害的行为，按程序经审批后进行查处。年内，开展澄清正名153人次，查处诬告陷害5人次。

（刘亚飞）

巡察工作

【概况】 2022年，中共汉阳区委、区委巡察工作领导小组制定《中共汉阳区十三届委员会巡察工作规划》，将全区228个中共组织（包括74个区管中共组织和154个基层中共组织）纳入届内巡察范围，覆盖群团、社区、“城中村”集体经济组织。开展政治巡察监督和跟踪整改，将中国共产党第二十次代表大会精神贯彻落实、统筹发展和安全等纳入巡察监督重点。中共汉阳区委巡察工作领导小组办公室（以下简称汉阳区委巡察办）严肃党内政治生活，全年组织召开中共汉阳区委常委会2次，召开纪委书记专题会1次，中共汉阳区委巡察工作领导小组会1次。完成两轮常规巡察及一轮工程建设和房地产领域专项巡察，对武汉市汉阳市政建设集团有限公司、武汉市汉阳投资发展集团有限公司、武汉市汉阳控股集团有限公司、汉阳渔场、洲头街道、四新街道、汉阳区妇女联合会、汉阳区残疾人联合会、汉阳区总工会、琴断口街道、龙阳街道、五里墩街道、汉阳区建设局（区民防办公室）、汉阳区城市管理执法局（区交通运输局）、汉阳区住房保障和房屋管理局、武汉市自然资源和规划局汉阳分局16个区管中共组织及58个社区中共组织开展巡察，发现面上问题678个，问题线索12件。

【巡察问题整改落实】 2022年，汉阳区委巡察办坚持跟踪整改，推动十二届中共汉阳区委巡察整改实现问题清零，十二届中共汉阳区委第十三轮巡察反馈的58个面上问题及第十轮、第十一轮逾期未完成整改的3个面上问题均已销号，整改完成率100%，建立健全制度41项，组织处理14人（其中诫勉谈话1人、批评教育6人、提醒谈话7人）。统筹督促十三届中共汉阳区委第一轮巡察整改认定完毕，协调中共汉阳区纪委监委机关、中共汉阳区委组织部、中共汉阳区委宣传部3家日常督查督办单位对十三届中共汉阳区委第一轮巡察发现的342个面上问题进行日常监督。3家单位对反馈问题已全部认定完毕并向区委巡察办提交审核结果；向中共汉阳区纪委监委移交的6件问题线索已全部办结，给予党纪立案1人，组织处理10人，清退违规资金6.87万元。

【巡察工作规范化建设】 2022年，汉阳区明确区纪委领导班子成员担任汉阳区委巡察办主任，巡察办干部统一归口区纪委管理。修订《中共汉阳区委巡察工作人员抽调管理暂行办法》，更新区委巡察人才库。至年末，巡察人才库有128人。其中组长库35人、其他工作人员人才库93人，包括组织人事、纪检监察、财务审计、项目管理等各方面人才。梳理并完善巡察工作制度，制定《中共汉阳区委巡察期间信访件受理办理工作暂行办法》，规范巡察期间信访工作。加强信息化建设，同步完成面上问题、线索、谈话和信访等数据录入，做到纸质、电子数字化双备份。加强党建引领和培训赋能，全年共组织领导班子理论学习中心组学习12次，开展支部主题党日活动12次，并在每轮巡察中组建区委巡察组临时党支部。开展巡察前培训2次，受训干部51人次，提升巡察干部政治能力和业务素养。

（车飞宇）

民主党派

中国国民党革命委员会武汉市委员会汉阳区工作委员会

【概况】 2022 年，中国国民党革命委员会武汉市委员会汉阳区工作委员会（以下简称民革汉阳区工委）下设 6 个支部，分别为综合支部、社会法制支部、教育支部、科技支部、经济支部、武汉市第三中学支部，有党员 122 人。党员主要分布于教育界（25 人）、科技界（24 人）、社会法制界（14 人）、经济界（14 人）及其他界别（45 人）。年内，共召开主委会 3 次、全委会 3 次，举办其他各类会议和活动 19 次。发展新党员 1 名。上报社情民意 20 篇。开展第一次全体党员个人信息大排查，通过电话、微信、邮件、走访、信件等方式，组织全体党员重新填报个人信息登记表，核查失联人员。

【参政议政】 2022 年，民革汉阳区工委有民革武汉市委常委 1 名、民革湖北省委委员 1 名，汉阳区人大代表 2 名、汉阳区政协常委 1 名、汉阳区政协委员 8 名。全年提交提案议案、社情民意 20 余篇。其中《关于构建大调解工作格局中，创新推动矛盾纠纷多元化解》《关于汉阳区老旧小区物业管理融入社区治理创新工作的建议》2 件集体提案、16 件个人提案获区政协肯定。在区政协、中共汉阳区委统战部座谈会上作题为《党风廉政建设及反腐败工作建言》《高站位推进知音人才谷建设，实现汉阳中部崛起》《加快人才企业供需资源整合 促进汉阳经济发展弯道超车》的发言；在政协大会上作题为《关于推进志愿服务“四个转变”，擦亮“一城汉阳人，半城志愿者”品牌的建议》的发言。《关于落实新修订涉未成年人“两法”，切实保护未成年人健康成长》《关于进一步理顺汉阳区与经开区共建区管理关系的建议》2 个提案，《关于升级武汉战疫小程序的建议》《关于在相关平台规范民主党派成员身份信息表述的建议》《关于对社区流调电话进行豁免的建议》《关于及时修改相关防疫宣传信息的建议》4 个社情民意征集均获武汉市政协采纳。年内，民革界别人大代表、政协委员参加人大、政协组织的视察、座谈、培训等各类活动 14 次。民革汉阳区工委参加“共话街域经济高质量发展”“打造楼宇经济升级版”“发展大健康特色产业·擦亮健康生活汉阳造品牌活动”等协商讨论。

【学习教育活动】 2022 年，民革汉阳区工委利用“网上工作室”，开展

2022年12月2日，民革武汉市委员会汉阳区工作委员会在“民革党员之家”组织召开中共二十大精神学习研讨会 （民革汉阳区工委 供图）

学习19次，30余名青年党员参与党内活动60余次。开展学习教育活动，重点学习《中国国民党革命委员会章程》、《中国新型政党制度》白皮书、《中共中央关于党的百年奋斗重大成就和历史经验的决议》，学习中共二十大精神。组织召开工委全体工作会议，梳理工委会和支部建设问题，确立“以骨干带动全员”“以活动促进交流”工作方向。组织召开民革“青年人才”结对活动，通过1名骨干党员与1至2名青年党员结对，带领青年党员学习党派发展、参政议政、社会服务、政治交接主题教育，提升年轻党员活动参与度及参政议政能力。

2022年5月29日，民革武汉市委员会汉阳区工作委员会在五里墩街道五琴里社区开展“送法进社区，保护少年的你”宣讲活动 （民革汉阳区工委 供图）

【社会服务】 2022年，民革汉阳区工委借助“博爱·同心”律师服务团力量，打造民革中央“博爱·牵手”服务品牌，制作活动标识，开展“迎六一”“送法进社区”“普法进军营”等法律服务活动5场。联合医疗、就业咨询等服务资源，开展“健康进万家”等活动20场，为社区居民提供免费体检和眼部疾病检测，发放健康慰问大礼包。挂职社区居委会主任助理的党员带动结对的年轻党员开展文明城市创建、新型冠状病毒疫情防控、法律咨询服务、“阳小驿”服务站等活动60余场。利用社区居委会主任助理、监督员等社会职务，深入社区居民、社会一线，收集社情民意，帮助居民解决立遗嘱等生活问题。

（胡青雯）

中国民主同盟武汉市汉阳区工作委员会

【概况】 2022年，中国民主同盟武汉市汉阳区工作委员会（以下简称民盟汉阳区工委）下设16个支部，分别为科技支部、企业支部、新的社会阶层支部、法律支部、文化艺术支部、医卫支部、武汉市第三中学支部、武汉市第二十三中学支部、武汉市二桥中学支部、武汉市七里中学支部、武汉市建港中学支部、武汉市拦江堤中学支部、武汉市楚才中学支部、武汉市弘桥中学支部、武汉市艺术学校支部、武汉市第三职业教育中心支部，有盟员337人。民盟汉阳区第十届工委由16人组成。14名盟员入选民盟武汉市第十四届委员会各专门委员会。年内，召开主委会6次、全委会4次（含线上会议），举办其他各类会议和活动8次。新发展盟员6人。提交党派提案2件，上报社情民意6篇。盟员获省市区各类奖项51人次，严静带领学生参加2022年全国职业院校技能大赛获模特表演赛二等奖。民盟武汉市第三中学支部、武汉市第二十三中学支部、武汉市楚才中学支部、汉阳区科技支部被评为民盟武汉市委员会优秀支部；王旦等31名盟员被评为武汉市优秀盟员；民盟汉阳区工委被评为民盟武汉市委员会先进基层组织。

【参政议政】 2022年，民盟汉阳区工委有湖北省政协委员1人、汉阳区人大代表1人、汉阳区政协常委2人、汉阳区政协委员13人，民盟武汉市委常委1人、市委委员3人。年内，提交政协提案13件。参加中共汉阳区委、汉阳区人民政府各类会议、调研及协商议政活动28次。组织调研活动4次。提交《贯彻新发展理念引领汉阳“两型”社会建设》等调研文章和提案。参加建桥街道“一街一品”调研活动，提交《关于建桥街“一街一品”工作的建议》，撰写《加快构建全域创新格局推动城市突破发展》调研报告。围绕汉阳“一街一品”“楼宇经济”开展调研。在全区一季度党外人士座谈会上作题为《多措并举，增强党风廉政建设及反腐工作实效》的发言，在区政协关于龟北片文旅发展专门协商研讨会上作题为《借势龟北片人文景点，做大做强汉阳文旅产业》的发言，均获区领导重视。

【学习教育活动】 2022年，民盟汉阳区工委组织工委委员和全区盟员学习习近平新时代中国特色社会主义思想、中共二十大精神和中共党史，开展学习教育活动18次。盟员学习中共二十大精神心得体会被“武汉统战”“武汉民盟”等微信公众号刊发。5月，开展“矢志不渝跟党走 携手奋进新时代”政治交接主题教育活动。民盟武汉市楚才中学支部、汉阳区科技支部组织开展“学习二十大，永远跟党走”等主题学习活动。9月，民盟武汉市第三中学支部开展“喜迎二十大，奋进新征程”主题教育活动，并组织盟员到中共五大旧址、武昌中央农民运动讲习所、辛亥革命纪念馆参观学习。民盟武汉市第二十三中学支部召开以“交流研讨全面提升，不忘初心砥砺前行”为主题的教师节活动，围绕智慧教学展开交流。

【社会服务】 2022年，民盟汉阳区工委组织盟员参与基层社会治理创新，17名盟员挂职社区居委会主任助理，参与人民调解、文明城市创建等工作。法律支部盟员到社区举办反诈骗、《中华人民共和国民法典》等系列讲座，为居民提供免费法律咨询服务。6月，主任委员吴莉华带领武汉市汉阳区童创社会工作服务中心及武汉市汉阳区三悟泉茶叶经营部爱心盟员向建桥街道大桥社区“阳小驿”捐赠矿泉水、金银花露及防暑茶包等物资，并被“湖北日报”微信公众号报道。春节前夕，13名政协委员落实“深根工程”，慰问社区困难群众。

（吴莉华）

2022年6月13日，民盟武汉市汉阳区工作委员会组织盟员向“阳小驿”户外工作者驿站捐赠防暑物资

（民盟汉阳区工委　供图）

中国民主建国会武汉市委员会汉阳区工作委员会

【概况】 2022年，中国民主建国会武汉市委员会汉阳区工作委员会（以下简称民建汉阳区工委）下设财经综合支部、企业家支部、城建支部、科技支部、夕阳红支部5个支部，有会员240人。其中，大专以上学历会员215人，占会员总数的89.6%；中高级职称会员115人，占会员总数的47.9%。年内，共召开主委会5次、全委会3次，举办其他会议和活动8次。发展新会员5人。提交党派提案、建议案8件，上报社情民意10篇。组织宣传报道55篇，其中民建湖北省委员会刊载10篇。新设立综合协调专委会、组织建设专委会、建言献策专委会、宣传报道专委会、社会服务活动专委会5个专门委员会，区工委班子成员全部挂职各专委会担任主任。民建汉阳区工委被民建武汉市委员会评为“宣传报道”“参政议政”先进单位。民建汉阳区科技支部被民建武汉市委员会评为先进基层组织。民建汉阳区企业家支部、城建支部“民建会员之家”获民建武汉市委员会授牌。

【参政议政】 2022年，民建汉阳区工委有武汉市人大代表2人、武汉市政协委员2人；汉阳区人大代表8人，其中区人大常委会委员2人；汉阳区政协委员19人，其中区政协常委4人。全年提交政协提案18件。其中《丰富优质消费供给，激活经济发展动能》《关于丰富科普文化资源，提升市民科学素质的建议》《关于推进“双减”政策下的体教融合方案的建议》《关于切实做好中小微企业纾困帮扶的建议》《关于进一步优化汉阳区公园管理的建议》《大健康产业在汉阳的纵向与横向延伸》等13篇提案被汉阳区政协采用。《关于进一步发展大健康医药产业》《关于打造汉阳元宇宙时尚街区的建议》《关于构建汉阳数字经济安全屏障，守护线上绿水青山的建议》获评汉阳区政协优秀个人提案。全年提交人大议案和建议7件，其中《关于在社区开展美好环境和幸福生活共同缔造的建议》被汉阳区人大常委会定为大会建议案。组织申报民建武汉市委员会调研课题文章53篇。《关于健全学校家庭社会共同育人机制的建议》《关于加快推进武汉市养老产业发展的建议——以汉阳区为例》《传承、发展、创新武汉名优土特产品助推我市国际消费中心城市建设》《关于推进武汉市智慧交通技术路径的研究》等13篇获民建武汉市委员会约稿。全年提交社情民意10篇。其中《关于消除区域壁垒，早日实现全国统一大市场的建议》《关于对女职工较多的企业给予优惠补贴的建议》《关于进一步加强血防工作管理，确保〈长江保护法〉有效实施的建议》获民建武汉市委员会、民建湖北省委员会采用。全年组织参加中共汉阳区委、汉阳区人民政府各类会议、调研及协商议政活动12次。在政协大会上作题为《点亮四大商圈全面打造武汉西部消费中心》《加强数字楼宇建设推动楼宇经济与数字经济融合发展》的发言。在中共汉阳区委统战部“双优引荐”部署会上作题为《积极响应号召，主动招商招才，为汉阳经济加速发展贡献力量》的发言；在区委统战部组织的第一、二、三季度座谈会上先后作题为《深化反腐方式方法，加强党风廉政监督》的建言和《关于加快汉阳区“一街一品”街域经济发展的现状分析及意见建议》《聚力域内水环境生态保护，彰显汉阳水资源优势》的发言。

【学习教育活动】 2022年，民建汉阳区工委围绕思想建设、组织建设、参政议政、社会服务等方面，加强自身建设，提高参政议政水平。4月，组织召开班子成员会，传达民建武汉市委员会通知精神，部署“矢志不渝跟党走、携手奋进新时代”政治交接主题教育工作。7月，创作作品参加民建武汉市委员会“喜迎二十大，共筑同心圆”书画作品展。10月，组织全体会员观看中共二十大开幕会，并开展“热议”中共二十大活动，会员热议内容被《武汉统一战线》刊载。

【社会服务】 2022年，民建汉阳区工委组织开展“同心·同行向社区工作者致敬”活动，80余名会员参加活动。组织专班将捐赠物资转运至永丰街道20个社区。6月1日，组织开展政治交接主题教育活动——会员挂职社区居委会主任助理主题节日活动。民建汉阳区工委委员贺立军被评为湖北省民建社会服务先进个人。会员张晓被武汉市精神文明建设指导委员会办公室推选为“武汉市最美志愿者”，被中共武汉市委、武汉市人民政府授予“武汉市模范退役军人”称号，被湖北省精神文明建设指导委员会办公室推选为“湖北好人”。会员胡戎被湖北省妇女联合会推选为“湖北省百名优秀创业女性人才代表”。11月1日，会员李巍的作品《游鱼亭》在2022武汉国际创意设计大赛中获“创意街区公共设施设定设计”金奖。

（周潇）

中国民主促进会武汉市委员会汉阳区工作委员会

【概况】 2022年，中国民主促进会武汉市委员会汉阳区工作委员会（以下简称民进汉阳区工委）下设9个支部，分别为教育联合一支部、教育联合二支部、职业院校支部、小教支部、经济支部、退休支部、武汉市第三中学支部、武汉市第二十三中学支部、武汉市第三十二中学支部，有会员186人。其中，教育界158人，经济界15人，其他界别13人；高级职称114人，中级职称及以下72人，分别占会员总人数的61.3%和38.7%。发展会员5人。

【参政议政】 2022年，民进汉阳区工委有汉阳区政协委员11人，主任委员黄群芳为湖北省政协委员，武汉市政协委员，汉阳区政协常委，民进武汉市第十三届委员会委员、常委、副主任委员。有民进武汉市第十三届委员会委员2人。有汉阳区人大代表1人。民进汉阳区工委全年提交集体和个人提案13件，内容包括支持中小企业发展、打造“健康之家”、改善中小学生营养午餐、打造汉阳“网红”旅游景点及路线、推进老旧小区改造升级、提升社区养老服务、打造汉阳美好生活圈、发展“水经济”、创设小学良好放学环境、缓解学校拥堵路段、修建道路设施、优化政府数据治理等。完成民进武汉市委员会2022年市区联合参政议政调研课题——《推动“双减”软着陆，打造家校社育人生态圈》。在汉阳区委季度座谈会上作题为《以加强廉洁文化建设，营造崇廉尚廉社会氛围》的主题发言。在汉阳区第十六届人民代表大会第二次会议、政协汉阳区第十六届委员会第二次会议上作题为《建设“幸福食堂”助力营造幸福社区》的发言。集体提案《加强“数字政府”建设赋能“数字经济”发展》入选大会发言交流材料。主任委员黄群芳被评为2022年汉阳区“政协委员进基层”履职优秀委员，委员袁斌、陈宏伟、王申淼、周卉、王晶所提交的提案被评为2022年区政协优秀提案。

【学习教育活动】 2022年，民进汉阳区工委开展“矢志不渝跟党走，携手奋进新时代”政治交接主题教育活动。选派会员参加民进武汉市委员会征文活动，获二等奖；选派会员参加民进武汉市委员会演讲比赛，获一等奖。成立汉阳区“民进会员之家”。组织参政议政和反映社情民意工作的专题培训，并邀请老会员分享提案工作经验。

【社会服务】 2022年，民进汉阳区工委打造“‘家庭—学校—社会’一体化的教育共生体”汉阳方案。7月4日，在汉阳区德才小学举办“家庭教育指导成果展示暨汉阳区家庭教育指导手册《理解，走向成熟家长的第一步》（小学高段）”线下首发推介会活动，家庭教育专家现场指导，班主任、家长代表分享阅读体会。开展长江生态保护民主监督系列活动。组建8所中小学校“长江大保护基地”。5月26日，组织武汉市晴川初级中学，

2022年4月25日，民建武汉市委员会汉阳区工作委员会向永丰街道20个社区捐赠物资

（民建汉阳区工委 供图）

开展长江生态环境保护民主监督暨中小学教育实践活动，促进全民参与长江生态环境保护。开展困难家庭帮扶、“送清凉”活动。整合教育力量，组建“微团队”，协调解决社区困难问题，为居民提供咨询和服务。

（罗建平）

2022年7月4日，民进武汉市委员会汉阳区工作委员会在汉阳区德才小学举办《家庭教育指导手册（小学高段）》线下首发推介会（民进汉阳区工委　供图）

中国农工民主党武汉市汉阳区工作委员会

【概况】 2022 年，中国农工民主党武汉市汉阳区工作委员会（以下简称农工党汉阳区工委）下设 3 个支部，分别为综合支部、武汉市第五医院支部及汉阳医院支部，有党员 150 人。其中，处级干部 2 人，科级干部 19 人；博士 3 人，硕士 26 人；副高级以上职称 58 人。农工党汉阳区工委被农工党武汉市委员会授予 2020—2021 年度组织工作先进基层组织称号，2 名骨干党员被选入农工党湖北省专门委员会。

【参政议政】 2022 年，农工党汉阳区工委有汉阳区人大代表 1 人、区政协委员 8 人。开展关于规范过期药品回收和处置的对策及建议、关于推进武汉市“323”攻坚行动落实落地的建议、推进高端医疗器械和生物医药产业链高质量发展、汉阳区“323”项目糖尿病管理试点研究 4 个调研课题的研讨。在中共汉阳区委季度座谈会上作题为《关于进一步优化医疗机构“双评议”工作的建议》的发言获中共汉阳区纪律检查委员会点评，并上报中共武汉市委。《托起“一老一小”共创美好生活》获农工党湖北省委员会采用；撰写提交《关于在医疗领域实现碳达峰、碳中和的几点建议》《关于公共服务岗位职工体检增加心理体检项目的建议》《关于落实“323”攻坚行动方案，进一步加强精神卫生防控体系的建议》《关于制定适宜中药特性的多层级质量标准体系的建议》《后疫情时代，强化社区图书室建设的建议》《“双减”政策下学生课外活动时间应加强保障》《关于家庭过期药品回收处置的问题与建议》《整治网络暴力，共建网络文明》《关于加强营养健康管理，推广文明健康生活方式的建议》社情民意等 9 篇。其中《关于制定适宜中药特性的多层级质量标准体系的建议》《进一步加强精神卫生防控体系的建议》《关于公共服务岗位职工体检增加心理体检项目的建议》获农工党中央《信息专报》采用。

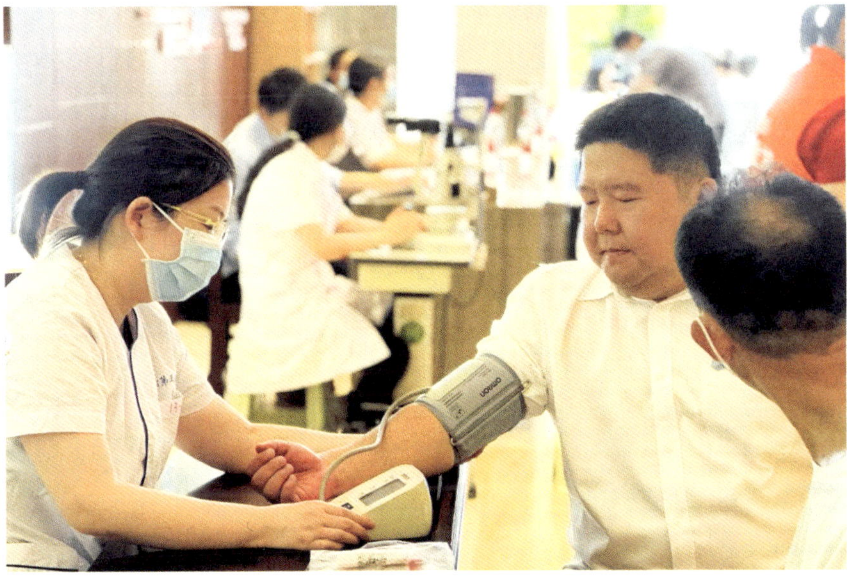

2022年7月25日，农工党武汉市汉阳区工作委员会联合武汉市第五医院开展义诊活动（农工党汉阳区工委　供图）

【学习教育活动】 2022 年，农工党汉阳区工委组织开展“农工健康行——思想教育”等活动，学习“矢志不渝跟党走，携手奋进新时代”文件精神，以习近平新时代中国特色社会主义思想为指导，落实《中国共产党统一战线工作条例》和参政党建设文件精神。组织综合支部党员参加农工党中央线上培训学习以及农工党中央对口上海市、江苏省长江生态环境保护民主监督工作推进暨培训视频会议。组织支部党员通过电视、互联网等平台学习中共二十大精神，线下组织党员交流学习中共二十大精神体会。

【社会服务】 2022年，农工党汉阳区工委开展“农工健康行，汉阳急救圈”活动，武汉市第五医院自筹自建免费急救服务车辆，通过印制发放急救名片，为已接收的失孤失独、孤寡老人开展档案信息建册，记录老人基本信息及既往病史，为200余名孤寡老人提供急救指导，完成急救服务30余次。开展“农工健康行——323攻坚行动”活动，在鹦鹉街道、琴断口街道7家社区卫生服务中心组织心脑血管疾病专题培训7场次、培训400余人次。组织20名医院专家到各社区卫生服务中心现场指导；组织武汉市第五医院专科医师下沉46个家庭医生团队，指导基层全科医师对各社区卫生服务中心2059位心脑血管病人进行筛查，发现患者200余人，全部纳入健康管理。组织支部社区主任助理在社区开展文明城市创建活动，践行“我为群众办实事”工作，指导居民使用二维码，维护现场排队秩序。走访慰问独居老人、残疾人士。

（魏龙艺）

中国致公党武汉市委员会汉阳区工作委员会

【概况】 2022年，中国致公党武汉市委员会汉阳区工作委员会（以下简称致公党汉阳区工委）下设综合支部、教育支部、医疗卫生支部、江汉大学支部、江汉大学文理学院支部5个支部，有党员94人，其中具有高级职称的党员31人。发展新党员4人。年内，召开主委会3次、全委会2次，举办其他各类会议和活动3次。

【参政议政】 2022年，致公党汉阳区工委有武汉市政协委员1名，汉阳区人大代表1名、汉阳区政协委员10名，其中汉阳区政协常委1名。参与调研和协商建言，提交提案、议案、建议10件。其中，政协提案10件，区政协重点提案1件，集体提案1件。参加汉阳区党外人士季度座谈会并撰稿发言。撰写《关于加强参政党建设调研报告》调研材料。4月26日，参加中共汉阳区委统战部党外人士第一季度座谈会，作题为《厚植廉洁文化，涵养清风正气》的发言。9月30日，参加政协汉阳区第十六届委员会第三次常委会会议作题为《通过会展促进汉阳区大健康产业发展的建议》《以中医药为优势特色，建设都市康养文旅胜地》的发言。全年报送致公党武汉市委员会社情民意文章4篇，采用4篇。其中，《放大会展业溢出效益，加快建设华中会展中心》等社情民意，被中共武汉市委采用1篇次，中共武汉市委统战部采用2篇次，武汉市政协采用2篇次。申报致公党武汉市委员会2022年度《关于新冠肺炎疫情背景下武汉高校毕业生就业问题的建议》课题；立项致公党武汉市委员会调研课题《关于完善中学教育配套措施的建议》并结题。

【学习教育活动】 2022年，致公党汉阳区工委组织党员参加致公党武汉市委员会、中共汉阳区委员会举办的各类学习教育活动。5月，组织致公党汉阳区工委班子成员参加全国政协第139期干部培训班暨加强和改进新时代市县政协工作专题研讨班学习。组织党员参加武汉统一战线第2期“同心大讲堂”学习活动。7月，组织党员参加致公党武汉市委会2022年“矢志不渝跟党走，携手奋进新时代”主题教育暨党员骨干培训班（苏州大学培训班）培训学习。8月，组织致公党汉阳区工委班子成员学习中央统战工作会议精神，并交流发言。9月，组织党员参加“海创论坛·2022”线上学习。10月，组织区工委全体班子成员学习中共二十大会议精神，并分享心得体会。吴学聪、廖兰、杨巍的作品入选致公党中央主办的“翰墨飘香——喜迎中共二十大”线上书画展。吴学聪国画作品受邀参加“庆祝中共二十大胜利召开”北京美术书法展。吴学聪参加同心书画作品评审会，江汉大学支部作品入选并被中华文化学院收藏。

【社会服务】 2022年，致公党汉阳区工委组织党员参与基层社会治理创新，10名党员挂职社区居委会主任助理。参加各类社会服务和社会公益活动，医疗卫生支部定期下沉社区开展义诊和医疗政策宣传活动，综合支部深入企业提供政策解答服务，教育支部、江汉大学支部、江汉大学文理学院支部深入中小学校开展爱心助学等活动。持续开展党派活动，建设教育展示基地，建成汉阳区“致公之家”，组织党员参加“政协委员之家”活动。派遣所属各街道政协委员参加“下基层，送清凉”活动。

（袁伟华）

2022年4月28日，致公党武汉市委员会汉阳区工作委员会组织看望困难群众，向四新街道墨南湖畔社区捐赠物资　　（致公党汉阳区工委 供图）

九三学社武汉市委员会汉阳区工作委员会

【概况】 2022 年，九三学社武汉市委员会汉阳区工作委员会（以下简称九三学社汉阳区工委）下设 5 个支社，分别为综合一支社、综合二支社、综合三支社、综合四支社和武汉船舶职业技术学院支社。有社员 138 人。其中，博士 3 人，硕士 43 人，硕士及以上学历占比 34.1%；大学本科 75 人，占比 54.3%。按界别分类，科技界 60 人，占比 43.5%；高等教育界 25 人，占比 18.1%；医疗卫生界 15人，占比10.9%。新增社员 6 人，转出社员 1 人。年内，召开全委会 2 次，举办其他各类会议和活动 1 次。提交党派提案 3 件，上报社情民意 34 篇。

【参政议政】 2022 年，九三学社汉阳区工委社员有湖北省政协委员 1 人、武汉市政协委员 2 人、汉阳区人大代表 2 人、汉阳区政协委员 8 人。提交党派提案 3 件。上报社情民意 34 篇。其中，九三学社湖北省委员会采用 5 篇，武汉市政协采用 3 篇，九三学社武汉市委员会采用 25 篇。《关于规范老年代步车管理的建议》《关于调整购房政策的四点建议》《关于加强基础研究领域人才队伍建设的几点建议》《关于做好人畜共患病预防工作的四点建议》《加强污水治理与管网改造，助推长江生态环境保护的建议》获九三学社湖北省委员会采用；《新冠肺炎疫情下保障快递行业良好运行的建议》《关于改善老旧小区中养老服务的建议》《关于“三无”小区综合整治工作的建议》获武汉市政协采用；《疫情下保障快递行业良好运行的建议》《关于提升居民购房意向，促进武汉市房地产业良性循环的建议》《关于改善老旧小区中养老服务的建议》《关于“三无”小区综合整治工作的建议》《关于严格落实“门前三包”责任制的建议》《关于厘清住宅室内装饰装修管理权限的建议》《关于做好人畜共患病预防工作的四点建议》《加强污水治理与管网改造，助推长江生态环境保护的建议》《关于新建工程项目现场实名制管理通道提档升级的建议》等文章被九三学社武汉市委员会采用。全年参加座谈会 5 场并发言。4 月 26 日，在中共汉阳区委第一季度党外人士座谈会上作题为《关于克服形式主义的几点建议》的发言。6 月 17 日，九三学社湖北省委员会分片区召开基层组织建设调研座谈会，九三学社汉阳区工委委员从思想建设、组织发展及参政履职方面与会交流。7 月 12 日，参加汉阳区政协组织召开的“推动‘一街一品’街域经济高质量发展”专题协商会议。8 月 23 日，中共汉阳区委召开党外人士座谈会，九三学社汉阳区工委主任委员围绕“加快我区‘一街一品’街域经济发展”主题提出意见建议。9 月 23 日，九三学社汉阳区工委委员和担任汉阳区政协委员的社员参加“基层协商日”主题活动，围绕营商环境优化、特色产业发展、疫后企业困难、“元宇宙与数字经济”等议题建言献策。

2022年4月26日，九三学社武汉市委员会汉阳区工作委员会慰问江堤街道江腾社区困难居民（九三学社汉阳区工委 供图）

【学习教育活动】 2022 年，九三学社汉阳区工委及各支社参与并开展学习活动 2 场。组织社员参加汉阳区统一战线学习贯彻中共十九届六中全会精神培训班、非公有制经济人士理想信念教育培训班、宗教政策法规培训班等培训活动 4 场。4 月 29 日，参加九三学社中央青年第四期骨干线上系列培训。8 月 20 日，组织各支社骨干社员到辛亥革命博物馆开展主题教育实践活动，推进“矢志不渝跟党走，携手奋进新时代”主题教育。

【社会服务】 2022 年，九三学社汉阳区工委 13 名社员下沉江堤街道社区担任主任助理，对接社区工作需求，推动基层治理精细化管理。1 月 25 日，参加“政协委员进基层，知音圆桌在一线”——江堤街道联络委政协委员虎年新春慰问活动，走访慰问困难家庭并发放慰问品。4 月 25 日，前往白鹤社区党群服务中心慰问社区基层防疫工作人员，并发放矿泉水等降温物资。4 月 26 日，慰问 10 户困难居民，发放生活必需品和饮用水。7 月 25 日，与汉博佳园社区工作者交流，向户外工作者传达建设“阳小驿”服务驿站的初衷及提供的便利服务。同日，到十里铺社区为户外工作者宣讲习近平总书记考察武汉重要讲话精神和中共湖北省第十二次党代会精神，宣传中共汉阳区委党建引领基层治理“深根工程”，并向“阳小驿”服务驿站捐赠防暑降温等物资。11 月 3 日，走访慰问工作人员，送去应急食品、防疫物资等慰问品。

（刘喆坤）

人民团体

武汉市汉阳区总工会

【概况】 2022年，武汉市汉阳区总工会新增工会委员会58家，其中非公有制企业工会51家。新增工会会员9572人。在全区开展“新就业形态建会入会集中攻坚行动”，通过“重点建、行业建、兜底建”，发展货车司机、网约车司机、快递员、外卖配送员“四大群体”为代表的新业态会员7782人。年末，全区有基层工会组织7021个，基层工会委员会2634个，区域性、行业性工会联合会113个，有工会会员137763人。年内，在汉阳区工会组织中，武汉苏泊尔炊具有限公司获湖北五一劳动奖，武汉市汉阳区人民法院立案庭被湖北省总工会评为2019—2021年度湖北省女职工建功立业标兵岗；武汉市汉阳区江堤街道工会联合会、武汉市汉阳区龙阳街道工会联合会、武汉市汉阳区晴川街道工会联合会、武汉市汉阳区四新街道工会联合会、武汉市汉阳区五里墩街道工会联合会被评为武汉市工会组建工作先进单位，武汉市公安局汉阳区分局工会女职工委员会获武汉市优秀女职工组织称号，武汉博宏建设集团有限公司、武汉优候普文化传播有限公司获武汉五一劳动奖，湖北悦熙健康管理有限公司运营中心、武汉市第三十二中学英语组、武汉市汉阳区人民检察院第二检察部、百威（武汉）啤酒有限公司包装集成设备维修团队、泰康同济（武汉）医院护理部、武汉建通股份有限公司工程事业部、湖北鑫祥商品混凝土有限公司调度室、中海兴业武汉房地产有限公司建桥项目开发团队获“武汉市工人先锋号”称号。汉阳区总工会获第三届全国应急管理普法知识竞赛活动优秀组织单位、全区绩效管理综合考评优秀单位、汉阳区2021年度投资及重大项目工作先进单位等称号和2022年武汉市职工“中国梦，劳动美——喜迎二十大，建功新时代”征文评选活动优秀组织奖。

【民主管理单位建设】 2022年，汉阳区开展厂务公开管理工作示范单位创建活动，推荐味好美（武汉）食品有限公司等4家单位申报湖北省厂务公开民主管理示范单位。对九州通医药集团有限公司工会委员会等4家全国模范职工之家（小家）开展复查，经复查全部合格。开展2022年度“聚合力，促发展”全省优秀职工代表提案征集活动，上报优秀职工代表提案3个。组织全区工会系统的287家单位开展企事业单位民主管理自查，健全完善以职工代表大会为基本形式的企事业单位民主管理制度，提升全区企事业民主管理工作质效。武汉市汉

2022年7月28日，武汉市汉阳区总工会在武汉蜗牛快跑汽车服务有限公司举办网约车司机新就业形态劳动者集中入会仪式　（汉阳区总工会　供图）

阳区市政维修工程一队工会委员会、百威（武汉）啤酒有限公司工会委员会、武汉乐福园美食有限责任公司工会委员会、武汉市第三中学工会委员会获2021—2022年度武汉市企事业单位职工民主管理五星级工会组织称号。

【职工思想政治引领】 2022年，汉阳区总工会以喜迎中共二十大和学习贯彻二十大精神为主线，开展多种形式的特色主题宣传教育活动。向各级工会组织印发《汉阳区劳模工匠先进事迹报告团风采录》，到社区、企业、机关开展劳模巡回宣讲活动13场。策划举办“中国梦•劳动美——喜迎二十大，奋进新征程”汉阳区职工摄影展览；在江欣园推出“同心同向同行，‘工’创美好生活”共同缔造主题宣传栏。组织参加武汉市总工会开展的“中国梦•劳动美——喜迎二十大 建功新时代”职工征文活动，共征集稿件100篇，投稿13篇，获二等奖一名、优秀奖一名，汉阳区总工会获优秀组织奖。以观看党史“微纪录片”、表演情景剧、研讨交流等形式，开展“学四史，知国情，跟党走”主题教育活动。组织全区工会学习贯彻党的二十大精神，开展领导干部宣讲、劳模工匠宣讲、线上“云”宣讲活动；各级工会通过举办读书交流活动等方式，对工会干部和职工代表进行培训。全年全区工会组织开展宣讲、职工讨论交流等活动20场次，参与宣讲、征文等群众性主题教育活动1700余人次。

【职工群众文化建设】 2022年，汉阳区总工会广泛开展群众性文化活动，以文铸魂、以文育人、以文塑形，打造“工”字系列职工文化的汉阳品牌。首创“汉阳工运，百年荣光”图文展，在区职工服务中心办事大厅展出，1000余名职工到访参观学习；全区建设“职工书屋”139家，其中黄金口小学获“全国职工书屋”称号；开展“中国梦•劳动美——喜迎二十大•奋进新征程”主题摄影比赛、职工征文比赛等群众性活动，征集各类作品100余件，获市二等奖一名，获优秀奖一名，区总工会获优秀组织奖。

2022年4月29日，武汉市汉阳区总工会组织开展“五一”慰问一线户外职工活动 （汉阳区总工会 供图）

【职工普惠服务】 2022年，汉阳区总工会建成户外职工“爱心驿站”27个，全年服务56177人次，助力11个商业网点及临街门面的“爱心驿站”成为旗舰站点。优选4.8万元扶贫物资，“五一”劳动节慰问11个街道“阳小驿”站点户外职工代表240余名。开展“健康义诊进社区 便民服务暖人心”义诊活动。举办网约车司机集中入会仪式，为新业态劳动者赠送价值470万元的医疗互助保险。开展“夏季送清凉”活动，慰问户外职工等一线人员1200余人。

【职工关爱服务】 2022年，汉阳区总工会筹措价值116.41万元的物资，慰问“三站一场”（武汉、武昌、汉口火车站，飞机场）等抗击新型冠状病毒疫情一线干部职工3389人。慰问临时困难职工55人次，提供生活救助15.96万元，发放助学金15.56万元。组织全区358家单位、38491名职工参加武汉市职工医疗互助活动；为6868人报销医疗互助金378.43万元，为111名重疾职工发放救助金、赔付金共计98.6万元。为全国、省部级、市级劳模申报荣誉津贴、低收入补助、春节慰问等资金85.22万元；组织全国、省、市、区劳模83人，参加各级疗养、休养活动。

【职工权益维护】 2022年，汉阳区总工会安排专人入驻区矛盾纠纷多元化解中心，在“枫桥经验”汉阳实践中创新“三调联动”（人民调解、行政调解、司法调解）工会路径，接待来电来访412人次，办结调解案件121件，其中，自立案件33件，法院委派案件88件，涉及案款216余万元。全年收到锦旗、感谢信15件。

【职工就业创业服务】 2022年，汉阳区总工会开展“春风送岗”活动，组织专场招聘9场，服务用人单位17家，达成聘用意向38人，其中农村脱贫劳动力11人、女性职工12人，发放宣传资料6092份。开展职业技能培训，帮助31名困难职工取得职业技能培训合格证书，27人取得武汉市市场监督管理局颁发的“特种设备安全管理和作业人员证”，推荐就业6人。开展购买农副产品专项行动，向辖区1000余家企业拨付80余万元，购买来凤县扶贫馆物资。

【劳动和技能竞赛】 2022年，汉阳区总工会围绕重点工程、技术创新、技能提升、安全生产、营商环境5个方面，优化区级劳动和技能竞赛方案，以赛代训，全面组织开展劳动竞赛。围绕“思想破冰引领突围发展”，联合汉阳区直机关工委等单位组织演讲技能竞赛；围绕“发展要安全”，在企业开展“安康杯”知识竞赛；围绕优化营商环境，区行政审批局开展“优化营商环境，争当服务先锋”岗位练兵型劳动竞赛，培育更多金牌“店小二”。区税务局开展财产和行为税科大比武竞赛，推进武汉税收治理体系和能力现代化；区纪律检查委员会、区监察委员会首次开展“岗位大练兵，技能大比武”，增强执纪执法监督业务能力。围绕平安汉阳建设，区法院开展“党建引领、执法办案、争先创优”劳动竞赛；区水务和湖泊局举行排渍应急比拼劳动竞赛；区公安分局开展“业务实战应用技能大比武”；围绕城市精细化管理，区城市管理执法局开展技术比武。围绕“1+6”产业发展，国药控股鑫烨（湖北）医药有限公司开展“业务尖兵”劳动竞赛。全年区工会组织在劳动竞赛中创市级示范创新工作室 1 家，培育大城工匠 1 人、市级带徒名师 4 人、市级优秀学习型职工 2 人。

2022年5月18日，武汉市汉阳区总工会举办汉阳区职工劳动和技能竞赛启动仪式暨劳模事迹宣讲团首场报告会　（汉阳区总工会　供图）

【工会服务阵地建设】 2022 年，汉阳区总工会集中优势资源，推动工会服务阵地建设，建成区级职工服务中心 1 家、心理加油站 53 家、母婴室 8 家。投入 59.84 万元，改造区职工服务中心，形成集工人运动历史宣传、医疗互助办理、劳动争议调解、心理健康辅导等多功能于一体的综合服务平台，全年接待基层工会 562 家，服务职工 14828 人。采取“方案共谋”的形式征集职工需求，在“爱心驿站”开展法律讲座、读书沙龙、观看电影、亲子活动等点单式特色服务 31 场，武汉电视台一套“武汉新闻”栏目专题报道。

【基层工会建设】 2022 年，汉阳区总工会坚持“党建带工建，工建服务党建”，给全区 11 个街道和 1 个省级开发区划分建会任务，全年新建会 35 家，发展会员 1000 人。联合区市场监督管理局、区行政审批局整理全区开展家政、养老、网约车服务等业务的企业台账，并发动各街道工会和社区力量。10 月，参加全市新就业形态建会入会集中攻坚行动部署会，结合全区新就业形态劳动者摸底情况，形成任务清单。每月上报建会入会月报表及新就业形态劳动者建会入会工作统计表，结合年初建会任务及新业态攻坚行动任务清单对未上报的街道、开发区进行提醒，督促其下月积极开展建会入会工作。全区新建工会委员会 58 家，其中，非公有制企业 51 家，100 人以上非公有制企业 3 家，新就业形态领域单位 9 家；共发展会员 9572 人，其中新就业形态劳动者会员 7782 人。

【“心灵护航·娘家人与您同在”职工心理关爱行动】 2022 年，汉阳区总工会推进职工关爱行动，区级心理健康辅导中心正式揭牌运营，开展各类活动 67 场。开设社区专场，为全区 1400 名社区干部提供量表测试、个案咨询、团体辅导等定制服务。为纪检干部提供《此心安处是吾乡，安心怡情有良方》《纪检干部压力管理与心理调适》等定制微课 10 余场。开设 3 条心理援助热线，24 小时守候区内居民、职工心理健康，缓解稳定压力。汉阳区总工会心理健康工作在全市工会系统作经验交流。

【“中国梦·劳动美——喜迎二十大，奋进新征程”宣讲活动】 2022 年 5 月 18 日，汉阳区总工会举办 2022 年汉阳区职工劳动竞赛启动仪式暨“中国梦·劳动美——喜迎二十大，奋进新征程”劳模先进事迹报告会，7 名来自不同行业战线的省市劳模讲述爱岗敬业故事，线上收看人数达 8.2 万人次。全年开展劳模巡回宣讲活动 13 场，激励职工学习先进模范，岗位建功，为宜居宜业新汉阳的高质量发展作贡献。

（肖诗雪）

中国共产主义青年团武汉市汉阳区委员会

【概况】 2022 年，共青团武汉市汉阳区委员会（以下简称汉阳团区委）有直属团（工）委 30 个、团支部 13 个。全区有团员 12241 名，青少年空间 116 所。开展各类青少年教育活动 87 场次，开办公益课程 120 余节，建立市级托管班 13 家，参与托管青少年 18057 人次。“五四”期间，进行区级“两红两优”（五四红旗团委、五四红旗团支部，优秀共青团员、优秀共青团干部）评选，评选出 12 个红旗团委、18 个红旗团支部、26 位优秀团干部、20 位优秀团员。

【基层团组织建设】 2022 年，汉阳团区委组织实施县域共青团基层组织改革试点，将团建工作纳入全区全面从严治党考核成绩单，以“党建带团建”考核指标为依据，推进基层团组织建设。团区委争取各街道（开发区）党工委领导支持，完善基层团组织团干部队伍建设。通过开展基层团组织书记述职等举措，促进基层团组织书记履职尽责。年内通过县域共青团基层组织改革试点终期验收评估。加强“两新”组织（新经济组织和新社会组织）、园区、楼宇团建，推动湖北青创园（汉阳）建立团组织，汉阳投资发展集团有限公司、武汉市汉阳城建集团有限公司、武汉和润合医院管理有限公司等满足条件的大型企业先后建立团组织。全年新增 435 家社会领域团组织。

【青少年思想引领】 2022 年，汉阳团区委举行“缅怀革命先烈，传承红色基因”革命传统教育周，开展祭扫凭吊、网上寄语、“听爷爷奶奶讲红色故事”、中华英才少年情景剧等主题教育活动 79 场次，深化青少年党史学习教育。在全区 3 个街道、14 个社区、1 个区级青少年活动中心和 3 个青少年校外活动场所建立中国少年先锋队全国工作委员会阵地，在向警予烈士陵园、武汉桥梁博物馆、武汉白求恩纪念馆开展“红领巾讲解员”实践活动 8 场。开展“学习二十大，永远跟党走，奋进新征程”教育实践活动 500 余场次。举行庆祝中国共青团成立 100 周年系列活动，召开区级座谈会，开展“青春风采·印象汉阳”摄影展活动，在“青春汉阳”官方视频号开设庆祝建团 100 周年专栏，发布系列视频 6 条，播放点击量累计 3 万余人次。通过“青春汉阳”公众号刊发宜居宜业新汉阳推介、青年优秀事迹、青少年自护教育等文章 251 篇，阅读量 10 万余人次。联合区委组织部、区委宣传部，开展“青年大学习”网上主题团课 31 期，累计学习 10 万余人次。新闻报道省级以上媒体采用 7 篇，“学习强国”学习平台采用 9 篇。联合区纪委监委、区委组织部等部门举办“年轻干部成长工程·汉阳青年大学堂”党风廉政主题党课，引导青年干部涵养清廉品格。

【青年先进典型选树】 2022 年，汉阳团区委推荐 9 个集体和个人获市级以上荣誉，其中，武汉天龙黄鹤楼酒业有限公司团委获“全国五四红旗团委”称号；健民药业集团股份有限公司团委获武汉市“红旗团委”称号，四新街道澜菲溪岸社区团支部、五里墩街道五春里社区团支部获“红旗团支部”称号，区教育团工委副书记刘亮获武汉市“优秀团干部”称号，武汉市第五医院护士袁曙光获武汉市“优秀团员”称号；湖北省交通规划设计院钱瑞获“湖北向上向善好青年”称号，中铁大桥局集团有限公司明轩昂获“武汉向上向善好青年”称号，湖北省交通规划设计院韩雄俊获“汉漾青年”称号。

【青少年权益维护】 2022 年，汉阳团区委定期开展青少年维权岗“四进”（进校园、进工地、进企业、进市场）活动。对学校学生、工地工人、企业职工、社区群众开展法治宣传活动 21 场。以不良行为青少年、服刑强戒人员未成年子女等对象的帮扶矫治为重点，开展重点青少年群体服务管理工作，覆盖青少年近万人次；江腾社区成功创建“双零社区”（青少年零犯罪、零受害社区）。全区有国家级青少年维权岗 3 个、省级青少年维权岗 9 个、市级青少年维权岗 12 个，全年开展“维权岗在行动”——“四进”系列活动 60 余场次。在汉阳区青少年活动中心打造“汉阳青年空间”孵化基地，引进 11 个创业团队 60 余名创业青年入驻，为全区有需要的儿童提供公益课程、公益活动等关爱帮扶帮教服务，受众 1000 余人次，资助资金 167.75 万元。联合区内优秀青年企业家帮扶巴东县、江夏等地贫困留守儿童，送出棉衣、棉鞋、保温杯等物资，募集捐助物资 18 万元。辖区“青年文明号”号长与 23 个贫困留守儿童结对，为其捐赠学习、文体用品。

【青少年服务阵地建设】 2022 年，汉阳团区委加强青少年阵地建设。星空大楼于 9 月 6 日正式启用，以“仰望星空、奔向未来”为主题，打造成为青少年友好全链条服务示范阵地。全区建成青少年空间 116 所，开展青少年空间寒暑假托管，设立市级托管室 13 家，参与托管青少年 18057 人次。在 10 个托管室开设 120 节特色课，利用节假日分别在澜菲溪岸社区、江欣苑社区招募青少年开展轮滑、醒狮课程。成立汉阳区青少年心理辅导彩虹计划总站，开展公益性心理团体辅导 12 场，服务家长、青少年 15000 余人次。

2022年7月1日，武汉市汉阳区红领巾讲解员在汉阳龟山向警予烈士生平展示厅向参观人员作讲解
（汉阳团区委 供图）

针对重点青少年群体开展“一对一”个案辅导服务4人，服务时长85小时。

【青年志愿服务】 2022年，汉阳团区委组织青年志愿者、青年突击队前往街道社区开展扫雪除冰等志愿服务，累计服务时长8万小时，联合区青年志愿者协会颁发志愿服务证书2194张。推荐11个公益项目参与武汉市“出彩青春”公益创投大赛，其中2个项目入选决赛前10名，获得市级创投项目资金扶持。龙阳街道陶园社区在2022年武汉市青年志愿服务“青春社区”竞赛中获得银奖。推荐芳草社区、梅林都汇社区等10家社区参加2022年湖北省青年志愿服务大赛。

2022年7月13日，武汉市汉阳区四新街道总港西岸社区青少年托管班在黄陂励志研学营地体验军营生活与战地生活 （汉阳团区委 供图）

【青年人才服务】 2022年，汉阳团区委受理“青创贷”（青年创业小额担保贷款）申请58笔，合计4247.8万元。组织专班对65家大学生创业项目进行实地走访，12个项目获得扶持资金共60万元。联合中共汉阳区委组织部开展“英雄城市学子行”活动2场，为华中科技大学、中国地质大学（武汉）学子提供企业对口实习实践机会。招募12名返乡社会实践大学生参与社会治理，帮助青年学生提升社会化能力。

【少先队工作】 2022年，汉阳青少年教育办公室打造14个社会化少先队阵地，组织少先队员在琴断口街道龙祥社区少先队活动室开展“我们的节日·感恩父爱”主题校外实践活动；在向警予烈士生平展示厅开展“武汉以我为荣”暨“红色家书叙党史，红色家风永流传”文明实践活动、汉阳区少先队“争做新时代好队员”“红色故事我传颂，烈士精神我传承”“舆论战场发先声，我是宣传小能手”“革命剧目我演绎，感悟伟人大事迹”等校外实践活动6场；在武汉桥梁博物馆开展汉阳区少先队“争做新时代好队员”及“古今中外话桥梁，我是小小建桥人”等校外实践活动。

2022年8月23日，武汉市汉阳区建桥街道琴台社区工作人员、志愿者和青少年一起开展义务清扫街道“学雷锋志愿服务”活动 （汉阳团区委 供图）

【青年发展型县域试点】 2022年，汉阳区青年发展型城区建设试点是湖北省首批八个试点区域之一，这是由中央宣传部、国家发展和改革委员会、共青团中央委员会等17个部门联合启动的青年发展型城市建设试点的一部分。该试点项目的主要目标是利用好青年人才这一“第一资源”，吸引青年创业立业，推动汉阳经济结构升级，实现高质量发展。汉阳区人民政府印发《汉阳区青年创业城发展规划（2023—2025）》。该规划以湖北青创园（汉阳）为核心打造青年创业阵地，提升产业、活跃创业、优化环境，到2025年基本建成全省标杆、全国一流的青年创业城，成为青年立业、逐梦、幸福之城。6月，被共青团湖北省委确定为全省青年发展型县域试点，中共汉阳区委出台《汉阳区青年发展型城区建设试点实施方案》；湖北青创园（汉阳）一期于五四青年节正式揭牌，开园即满园；开展“921就爱你·来汉阳创青春嘉年华”活动，二期正式揭牌，并发布《湖北青创园（汉阳）发展支持计划》。

【共青团武汉市汉阳区第十四次代表大会】 2022年，汉阳团区委完成换届工作。11月17日，共青团武汉市汉阳区第十四次代表大会召开，应到代表163名，实到代表118名。大会选举吕小波等27人为共青团武汉市汉阳区第十四届委员会委员，选举王华锦等9人为共青团武汉市汉阳区第十四届委员会候补委员，选举向军等13人为共青团武汉市汉阳区第十四届委员会常务委员会委员，选举何琼为共青团武汉市汉阳区第十四届委员会书记，焦冉、张婷、武蕾（挂职）、向军（兼职）、唐一月（挂职）5人为共青团武汉市汉阳区第十四届委员会副书记。大会审议题为《青春凌云志，奋斗正当时，为奋力开创新时代汉阳高质量发展新局面贡献青春力量》的工作报告，对后五年工作进行部署和展望。

（张晶晶）

武汉市汉阳区妇女联合会

【概况】 2022年，武汉市汉阳区妇女联合会（以下简称汉阳区妇联）新增非公有制企业妇联组织8个，新增团体会员妇联组织1个。汉阳区妇联下属街道妇联11个，社区妇联组织118个，非公有制企业妇联组织27个。年内，武汉四季永兴经贸有限公司党支部书记、董事长吴彩荣被评为“湖北省三八红旗手”“最美巾帼奋斗者”；汉阳区龙阳街道芳草社区党支部书记杜云被评为湖北省“最美妇联人”；武汉市汉阳市政建设集团有限公司工程部副部长罗惠敏、武汉东鑫酒店管理有限公司董事长杨汉荣被评为湖北省“巾帼建功标兵”；国家税务总局武汉市汉阳区税务局龙阳税务所被评为“湖北省巾帼文明岗”；汉阳区税务局纳税服务科、汉阳区政务中心红色帮办服务站点、汉阳区人民法院江堤人民法庭、汉阳区江堤街道墨水湖社区被评为“武汉市巾帼文明岗”；湖北恒信德龙实业有限公司武汉摩尔城管理分公司总经理王晶、武汉市承远市政工程设计有限公司副经理韩梅、武汉市公安局汉阳区分局永丰街派出所民警刘诚、汉阳区城市管理执法局洲头城管所党支部书记殷肖丽、武汉市二桥中学副校长汪李丹被评为“武汉市新时代巾帼英雄”；汉阳区江堤街道江欣苑社区妇女联合会执委、武汉汉绣艺术研究院工艺美术师严丽被评为“武汉市最美妇联人”；汉阳区楚才小学校长韦莉、汉阳区妇幼保健院孕产保健部主任许飒、汉阳区龙阳街道龙湖东岸社区网格长董畅、汉阳区人民检察院第一检察部检察官黄钰被评为“武汉市最美岗花”。汉阳区妇联特色亮点工作被《人民日报》《中国妇女报》《长江日报》和“学习强国”学习平台、武汉电视台等媒体报道。

【妇女儿童合法权益维护】 2022年，汉阳区妇联利用“3·8”维权周、“6·26”禁毒日、“11·25”反家暴宣传日、“12·4”宪法宣传日，开展《中华人民共和国民法典》《中华人民共和国家庭教育促进法》《中华人民共和国反家庭暴力法》等法律法规宣传活动15场。引进专业团队，开设24小时心理咨询热线，提供线上心理知识讲座10场，线下心理团辅10场，典型个案帮扶10个，受益群众近3000人。延伸基层组织维权网络，多元化解婚姻家庭纠纷，接待咨询、化解婚姻家庭矛盾纠纷325起，调解率85.5%，满意率100%。提档升级区、街、社区三级婚姻家庭辅导服务体系，建设“妇联干部+专业团队+社会组织+志愿者”四位一体的婚姻家庭辅导服务团队。开展基层妇联婚姻家庭矛盾纠纷大走访大排查大化解专项行动，建立基层周报月报制，对重点人群跟踪了解予以维权帮扶，全年排查出涉及妇女儿童及家庭风险隐患的事件15件，其中家庭纠纷6件、其他9件，均协调化解。开展“下基层、察民情、解民忧、暖民心”“我为姐妹办实事”活动，协调解决问题8个。开展“爱心妈妈”结对帮扶送温暖活动，元旦、春节、妇女节、儿童节等重要节日走访慰问帮扶困难妇女儿童和家庭120户，帮扶资金15万元。联合“爱心企业”慰问援沪医护人员家庭儿童33人。为全区1851名贫困妇女购买特定医疗安康保险，5名患病妇女获医疗理赔10.87万元；启动宫颈癌免费筛查服务。开展“平安家庭”创建活动，推荐区级平安家庭100户、市级平安家庭40户，金雅玲家庭、董昌红家庭、李植荣家庭、刘伟奋家庭、莫昭琼家庭、吴传运家庭被评为武汉市“最美平安家庭”。

【妇女创新创业扶持】 2022年，汉阳区妇联搭建女性就业创业平台。建立33名女科技工作者联盟人才库，组织女性招聘会、“巾帼巧娘”培训、“巾帼创业荟”等活动12场。举办“提升管理水平”“财富金三角”和“职场妆容”等“岗花训练营”活动6场。持续开展创建“巾帼文明岗”和寻找“最美岗花”活动，被评为武汉市“巾帼英雄”3人、市级“巾帼文明岗”5个，评选区级“巾帼文明岗”26个，寻找区级“最美岗花”34人，寻找“最美家政人”13人。联合市级“巾帼文明岗”龙阳税务所，到母婴护理中

2022年6月24日，武汉市汉阳区妇女联合会联合永丰街道郑家咀社区举办“认识情绪，释放情绪”婚姻家庭辅导心理团辅活动　（汉阳区妇联 供图）

心、学校开展专题政策宣传活动2场。组织参加第三届武汉家政技能大赛，3名选手进入决赛。为65户区内医护人员、科技工作者、特殊家庭开展入户指导服务。打造东风畅行“司享加”俱乐部、武汉天龙黄鹤楼酒业有限公司、宝妈部落母婴健康管理中心（汉阳店）、5.5医药健康创新园、中海企业集团武汉公司楼宇、永丰街道徐湾社区妇女工作创新示范站6个。

【巾帼志愿服务活动】 2022年，汉阳区妇联加强巾帼志愿者队伍规范化建设。成立徐湾社区新时代文明实践巾帼志愿阳光站，打造“玉兰花开助老护苗”巾帼志愿服务品牌，组建“四季常青爱心茶”“春兰报恩晚情”“夏莲呵苗护童”“秋菊贴心姊妹”“冬梅点亮星光”5支特色巾帼志愿服务队，针对老人、儿童等群体开展特色服务。成立十里景秀社区“巾帼志愿护湖队”，开展巡湖护湖活动6次。开展“全民战疫清洁家园”巾帼志愿服务活动，组建“心理团辅”巾帼志愿服务队、“十分钟管家”巾帼志愿服务队、“天使在身边”巾帼志愿服务队。围绕家庭教育，组建“翰墨”巾帼志愿服务队、“维权”巾帼志愿服务队。开展“巾帼红，幸福家”巾帼志愿服务活动，关爱老年人和青少年。开展“关爱自我，展示巾帼风采”活动，展现巾帼风采与魅力。

【家庭文明建设】 2022年，汉阳区妇联开展“家风家教社区行、企业行、校园行”“送法进万家、家教伴成长”等系列活动，常态化寻找“最美家庭”，选树“清廉”“平安”“书香”“绿色”等区级典型家庭200余户，沈爱莲家庭、宋晓红家庭、胡玉华家庭、柯丹家庭、郭一新家庭获武汉市“最美家庭”称号。开展“家庭教育公益大讲堂”165场，提供免费家庭教育指导。将“清廉”融入家庭家风家教工程，围绕“家庭文化节”及家风家教宣传月，征集清廉元素家规、书画、歌曲和文化节目30余个。推出“送法进万家，家教伴成长”家风家教系列宣传活动，组织巾帼志愿者自编自导自演群口快板《顶起清廉家教半边天》，传唱清廉家风原创歌曲《明月入怀》，举办“清廉家风润汉阳”诗乐品唱分享会。《汉阳区：五大主题活动助推清廉家庭建设》在市纪委监委网登载报道；《巾帼助“廉”展现新作为》在市纪委监委出版的《改革与党风》期刊中刊载。开展家风建设，举办“爱心伴读，筑梦，成长”家风家教大宣讲、“清廉家风润汉阳，我奋斗，家国美”宣讲报告会，组织反家暴法律知识线上专题宣讲。

2022年3月28日，武汉市汉阳区妇女联合会组织沿湖社区巾帼志愿护湖队在墨水湖边开展巡湖护湖活动 （汉阳区妇联 供图）

【“妇女之家”建设】 2022年，汉阳区妇联探索在网格、门栋建立妇联组织，在琴断口街道金龙花园社区芳草园小区、金龙花园小区、磨山社区磨山港湾小区等8个门栋成立妇女小组。根据妇女需求，建立服务清单，开展“红歌”演唱、心理辅导、环境整治等活动，引导妇女参与基层社会治理。在宝妈部落母婴健康管理中心（汉阳店）等8个条件成熟的新业态新就业群体领域建立妇女组织。宝妈部落母婴健康管理中心（汉阳店）、黄鹤楼酒业有限公司、东风畅行“司享加”“她车队”、江堤街道江宁社区获市级示范“妇女之家”。

【“巾帼大宣讲”活动】 2022年，汉阳区妇联开展“强国复兴有我，共筑英雄城市”系列主题巾帼大宣讲13场。举办“学习贯彻中共十九届六中全会精神”“学习贯彻习近平考察湖北武汉重要讲话精神，推进落实中共湖北省第十二次党代会决策部署”理论宣讲、“重温红色记忆，铭记初心使命”党史学习教育活动、汉阳区“喜迎二十大，建功英雄城”宣讲报告会。承办湖北省妇女联合会“喜迎二十大，荆彩‘她’奋斗”群众性主题宣传教育活动，举办“巾帼心向党，喜迎二十大”“我奋斗·家国美”巾帼红大宣讲，讲述基层“娘子军”的励志故事。运用线上线下讲好典型故事，中央和省、市级以上媒体宣传报道106篇。

（罗玲）

武汉市汉阳区科学技术协会

【概况】 2022年末，汉阳区科学技术协会（以下简称汉阳区科协）有各学会、协会和基层科协组织155个。其中，街道科协11个，社区科普站116个，企业科协28个。年内，区科协围绕全区经济社会发展大局，开展科普宣传，动员组织科协组织和科技工作者立足本职，开展技术创新、技术攻关、技术改造、技术推广、技术培训等。全区创建省级科普惠民社区1个，获批全国科普教育基地1家、市级科普教育基地2家和市级特色科普教育基地1家。汉阳区科技学苑科技志愿服务队被评为湖北省优秀科技志愿服务队，区科协被评为“湖北省全国科普日优秀组织单位”。

2022年6月29日，武汉市专家科创工作站授牌仪式在湖北省路桥集团有限公司举行 （汉阳区科协 供图）

【科技创新服务】 2022年，汉阳区科协协助相关企业申报2022年度武汉市科学技术协会“科技创新驱动助力计划”，武汉市汉阳市政集团有限公司“绿色建造”研究项目入选“武汉市第二批科技创新驱动助力计划”。协助中铁大桥局集团有限公司成功申报“院士工作站”，中国工程院院士、中铁大桥勘测设计院集团有限公司首席专家高宗余受聘入站，发挥院士科技资源优势，为弘扬桥梁文化、转化科技成果、培养高层次科技人才提供支撑。协助企业申报“专家科创工作站”。6月29日，湖北省路桥集团有限公司专家科创工作站揭牌成立，“全国最美科技工作者”徐恭义受聘为工作站专家。协助国家级专精特新“小巨人”企业武汉中交交通工程有限责任公司成立科学技术协会，助力企业科技创新和科技人才培养。组织协助区内科技工作者申报评选“武汉市最美科技工作者”“武汉楷模”。其中，中铁大桥局集团有限公司总工程师毛伟琦入选“武汉市最美科技工作者”，中交第二公路勘察设计研究院有限公司检测公司副经理付伟入选“武汉市最美科技工作者”和“武汉楷模”。5月21日，在中铁大桥局集团有限公司开展“走进科技，你我同行”科技周活动启动仪式。高宗余以《蕴藏在桥梁科技中的创新思维》作主题讲座。

【中铁大桥局集团有限公司院士工作站成立】 2022年7月20日，中铁大桥局集团有限公司院士工作站揭牌成立，中国工程院院士、中铁大桥勘测设计院集团有限公司首席专家、桥梁结构健康与安全国家重点实验室主任高宗余受聘为入站院士。高宗余为2021年度湖北省科学技术突出贡献奖获得者，先后获得茅以升铁道工程师奖、詹天佑成就奖、5项国家科技进步奖和1项国家优秀工程设计金奖。其团队在跨海大桥研究方面有前瞻性理论研究成果和丰富的工程实践经验，取得具有国际领先水平的研究成果，曾设计建造武汉长江二桥、武汉二七长江大桥、上海东海大桥、平潭海峡大桥等50余座桥梁。该院士工作站以工程设计建造为重点，致力于解决桥梁领域的关键技术问题，在重大项目开发、高层次人才培育、科技合作交流等方面推动桥梁工程技术进步和发展。

（龚成）

2022年5月19日，武汉中交交通工程有限责任公司科学技术协会成立大会在中交第二公路勘察设计研究院有限公司试验检测中心举行（汉阳区科协 供图）

【武汉中交交通工程有限责任公司科学技术协会成立】 2022年5月19日，汉阳区国家级专精特新“小巨人”企业——武汉中交交通工程有限责任公司科学技术协会成立大会在中交第二公路勘察设计研究院有限公司试验检测中心举行。会议宣读汉阳区科协《关于同意成立武汉中交交通工程有限责任公司科学技术协会的批复》，通过《武汉中交交通工程有限责任公司科学技术协会章程》，并选举产生武汉中交交通工程有限责任公司科协第一届领导班子，主席为闵泉，副主席为郭志杰，秘书长为王恩师。协会依靠武汉市科协和汉阳区科协的指导和帮助，组织企业科技人员参加市、区科协筹办的各项活动。

（李胜军）

武汉市汉阳区归国华侨联合会

【概况】 2022年，汉阳区归国华侨联合会（以下简称汉阳区侨联）领导班子及侨联委员共有15人，其中，侨联主席1人（侨资企业负责人、党外人士），副主席4人（处级党政干部1人、企业负责人3人），秘书长1人（侨务干部），委员9人（其中5人来自基层一线）。全区有归侨31人，侨眷24人，华侨华人116人，港澳同胞31人，台湾同胞56人；港澳企业8家，侨资企业2家。

【社会服务】 2022年，汉阳区侨联发挥自身优势，引领归侨、侨胞侨眷、华侨及港澳同胞，服务全区经济社会发展。区侨联主席、副主席先后下沉社区，担任社区居委会主任助理，参与基层社会治理创新。4月25日，区侨联副主席、湖北未来建筑装饰有限公司总经理程子林参加汉阳区永丰街道招商洽谈会，推进对非"一带一路"产业园、青年创业城等项目的落地，助力汉阳发展数字经济高端服务业。8月21日，区侨联副主席梁志顺组队到天河机场、武汉站、汉口站、武昌站，慰问在新型冠状病毒疫情防治一线的转运专班工作人员。

【为侨服务】 2022年，汉阳区侨联宣传贯彻归侨侨眷权益保护法，开展侨情调研，落实涉侨优惠政策，为侨界群众办实事。为1名归侨办理归侨证，为2名归侨办理住院慰问申报手续，为1名侨眷办理中考加分手续，为47名享受生活补助的老归国华侨办理年审手续，元旦、春节、中秋节等节日慰问侨界困难群众29人次、侨界代表人士3人次。积极搭建平台，引进侨界资金、先进技术，学习管理经验，主动对接宣传优势项目，将招商引资项目库上报"华侨华人创业发展洽谈会"网上平台，推荐武汉银合温控产业发展有限公司和武汉苏泊尔炊具有限公司2家企业代表参与第二十二届华侨华人创业发展洽谈会。

（王玮）

武汉市汉阳区工商业联合会

【概况】 2022年，武汉市汉阳区工商业联合会（以下简称汉阳区工商联）有会员企业1020个。下辖7个商会，即武汉市汉阳区江堤街道商会、武汉市汉阳区四新街道商会、武汉市汉阳区永丰街道商会、武汉玉环商会、武汉市汉阳区黄金口汽配城商会、武汉枝江商会、武汉市汉阳区非公经济年轻一代联谊会。汉阳区工商联被评为湖北省民营企业调查点和专项调研工作先进单位。武汉玉环商会、武汉枝江商会被评为武汉市"四好"（政治引领好、队伍建设好、服务发展好、自律规范好）商会。九州通医药集团股份有限公司、恒信汽车集团股份有限公司入选全国民营企业500强。九州通医药集团股份有限公司、恒信汽车集团股份有限公司、武汉建银华盛集团股份有限公司入围湖北省民营企业100强；九州通医药集团股份有限公司、恒信汽车集团股份有限公司入围湖北省民营企业服务业20强；武汉苏泊尔炊具有限公司、金牛世纪实业控股集团有限公司、健民药业集团股份有限公司入围湖北省民营制造业100强。九州通医药集团股份有限公司、恒信汽车集团股份有限公司、武汉建银华盛集团股份有限公司、武汉苏泊尔炊具有限公司、金牛世纪实业控股集团有限公司、健民药业集团股份有限公司、武汉信达丰贸易有限公司7家企业入选武汉市民营企业100强；武汉苏泊尔炊具有限公司、金牛世纪实业控股集团有限公司、健民药业集团股份有限公司、黄鹤楼酒业有限公司、武汉源锦商品混凝土有限公司5家企业入选武汉市制造业企业50强。

【参政议政】 2022年，汉阳区工商联深入企业调研走访，围绕经济发展、民生保障等工作开展建言献策5次。向武汉市工商业联合会报送《加快推动楼宇经济，提升服务业发展能级》文章1篇。在汉阳区政协季度座谈会围绕《优化营商环境，护航经济社会发展》《打造青年双创示范区、助力四新经济新突破》《增强节水意识、高效

2022年6月10日，武汉市汉阳区工商联工作人员到玫西社区结对帮扶了解民意

（汉阳区工商联 供图）

利用水资源》《关于中小微企业疫后重振的调查与思考》4个专题进行发言。其中《优化营商环境，护航经济社会发展》的发言获政协委员好评。12月，在区政协第十六届第二次大会上作题为《多措并举、纾困解难、重振民营企业发展活力》的发言。

【服务民营经济】 2022年，汉阳区工商联联合会员企业开展社区服务。协调九州通医药集团股份有限公司等企业参与“共同缔造”实践活动，对接江汉二桥街道玫西社区建设，为区内商户提供联盟培训，并赞助医疗检查设备。开展“双优引荐”（引荐优质项目、引荐优秀人才和研发团队）活动，强化异地商会建设，与武汉大学浙江校友会、浙江省湖北商会、浙江民营企业联合投资股份有限公司及杭州匠心商学会签订招商引资合作协议，建立联络机制，并成立湖北省武汉市汉阳区招商引资工作联络处，引导参与招商引资，宣传并推介汉阳。引导商会和会员企业以商招商，以商招才，吸纳各类人员就业535人。开展非公有制企业投诉服务平台“百日攻坚行动”，组织街道相关部门配合，提高平台注册率。完成1.5万余个企业、个体单位登记注册，受理投诉事项10件。8月17日，邀请区人民检察院以《清廉守法，远离犯罪》为题开展警示教育。利用QQ、微信群，传达经济发展政策，督促会员企业及时申报市长质量奖、省光彩之星等奖项，完成服务企业事项12件。

【商会建设】 2022年，汉阳区工商联贯彻落实《关于促进工商联所属商会改革和发展的实施意见》，按照汉阳区“1+6”（“数字经济+大健康”、工程设计与建造、汽车后市场、智能制造、金融商贸、会展文旅）产业结构，重点吸纳大健康、文化旅游、智能制造等领域的企业为商会会员。全区成立商会组织7个。指导所属商会按照“四好”商会建设标准加强组织建设。

【民营经济社会服务】 2022年，汉阳区工商联引导非公有制经济人士参与乡村振兴、捐资助学等社会公益活动。九州通医药集团股份有限公司向汉阳区楚才小学捐赠空调，价值26.52万元。健民药业集团股份有限公司向杭州余杭区捐赠龙牡壮骨颗粒1000盒，价值9.8万元。九州通医药集团股份有限公司、恒信汽车集团股份有限公司、武汉苏泊尔炊具有限公司、金牛世纪实业控股集团有限公司等单位参与新型冠状病毒疫情防控工作，公益捐赠36.32万元。

【民营经济法律服务】 2022年，汉阳区工商联研究制定法治宣传教育第八个五年规划，明确重点任务、工作对象和方法措施。两次组织法治宣传直播等活动，邀请专家律师专题讲解知识产权保护等企业关心事项，20多家企业参加观看。落实区人民检察院、区工商联服务民营企业联席会议制度，开展涉案企业合规教育宣传，引导企业遵纪守法。4月13日，开展企业合规改革培训活动，邀请北京市京师（武汉）律师事务所3名律师进行现场授课。7月13日，汉阳区工商联联合汉阳区人民检察院、区企业家协会，围绕企业的期盼是什么、企业发展过程中会遇到哪些法律风险、需要什么样的法治保障、如何运用法律武器让汉阳区营商环境更暖更优等问题，召开汉阳区企业家座谈会，听取企业家意见和建议。

【民营经济调查研究】 2022年，汉阳区工商联通过实地走访、座谈会、问卷调查、数据分析等方式开展民营经济调查，了解民营企业经营情况、产品特色、市场开拓、困难和需求等信息，为企业排忧解难。通过与企业家面对面交流，为企业提供更有针对性的服务。利用座谈会，让不同行业的民营企业家共同探讨行业发展态势、市场变化趋势等问题。12月，汉阳区工商联被评为2022年度全市民营企业调查点工作先进单位。

【非公有制企业中共组织建设】 2022年，中共汉阳区委非公有制经济工作委员会推荐黄鹤楼酒业有限公司党工团采购党支部、健民药业集团总部党支部、湖北和润联投资管理有限公司第二党支部、武汉市中南轧辊工贸有限公司第五党支部、华震集团党支部、乐福园酒楼党支部、武汉东鑫酒店管理有限公司党支部申报先进典型基层支部。组织中共健民药业集团股份有限公司委员会、中共健民药业集团股份有限公司纪律检查委员会换届选举，组建非公有制企业党支部（中共世联企业服务集团有限公司支部）1个。

2022年4月13日，武汉市汉阳区工商业联合会开展企业合规改革培训活动

（汉阳区工商联 供图）

春节、“七一”期间组织慰问先进模范、困难党员9人次。指导九州通医药集团股份有限公司等会员企业发展党员20人。

【民营经济人士培训教育】 2022年，汉阳区工商联指导企业围绕学习贯彻习近平总书记系列重要讲话精神、党史学习教育等内容开展宣讲活动。5月30日，邀请中共武汉市委党校教师讲述《从筚路蓝缕到星辰大海——中国共产党的百年奋进历程与初心诠释》，组织45人参加理想信念教育培训。8月17日，邀请中共汉阳区委党校教师开展《喜迎二十大，建功英雄城——学习贯彻习近平总书记考察湖北武汉重要讲话精神，推动落实省第十二次党代会精神》专题宣讲，并开展研讨交流。组织处级领导干部20余人次，到九州通医药集团股份有限公司、健民药业集团股份有限公司、武汉福达食用油调料有限公司等会员企业，传达学习习近平总书记系列重要讲话精神、全国“两会”精神、营商环境政策措施。

【汉阳区工商联（总商会）第十四次会员代表大会】 2022年3月29日，武汉市汉阳区工商业联合会（总商会）第十四次会员代表大会召开，听取并审议汉阳区工商联第十三届执行委员会所作的工作报告，选举产生由66人组成的汉阳区工商业联合会第十四届执行委员会。会上，九州通医药集团股份有限公司董事长刘长云代表全区民营企业家作题为《积极响应号召，主动招商引资，为汉阳经济加速发展贡献力量》的发言，提出“坚定信念，听党话跟党走”“抢抓机遇，扎根汉阳发展”“宣传汉阳，传播知音文化”“牵线搭桥，实现以商招商”“义利兼顾，投身光彩事业”5点主张。会议强调，要深入学习贯彻习近平总书记在民营企业座谈会上的重要讲话精神，努力践行“新发展理念”，以促进民营经济高质量发展、民营经济人士高素质成长为工作的出发点和落脚点，建立“亲”“清”新型政商关系，深入开展调查研究，坚持服务立会，强化服务职能，活跃会务工作，努力开创工商联各项工作新局面。

2022年3月29日，武汉市汉阳区工商联（总商会）第十四次会员代表大会暨执委会第一次会议在汉阳区政府会议中心召开 （汉阳区工商联 供图）

【汉阳区工商联（总商会）第十四届执委会第一次会议】 2022年3月29日，武汉市汉阳区工商业联合会（总商会）第十四届执行委员会第一次会议召开，选举产生第十四届汉阳区工商联主席（会长）、副主席、副会长、常委、秘书长。张燕婷为武汉市汉阳区工商业联合会主席、武汉市汉阳区总商会会长；黄天来为武汉市汉阳区工商业联合会常务副主席、武汉市汉阳区总商会副会长；王莉为武汉市汉阳区工商业联合会专职副主席、武汉市汉阳区总商会副会长；刘长云、许鹏、肖骏等8人为武汉市汉阳区工商业联合会民营经济代表人士副主席；王巍、刘爱国、李敏等12人为武汉市汉阳区总商会副会长、武汉市汉阳区工商业联合会常委；刘同春为武汉市汉阳区工商业联合会秘书长。

（刘同春）

法 治

政法委与综治

【概况】 2022年，中共武汉市汉阳区委员会政法委员会（以下简称汉阳区委政法委）推进市域社会治理现代化试点工作，创新实施党建引领基层社会治理“深根工程”，实现党建体系与综治体系深度融合。常态化开展扫黑除恶斗争，推进四大行业（信息网络、自然资源、交通运输、工程建设）领域专项整治，开展“无盗小区”创建活动，加强重点区域、时段社会面巡防巡控，全区社会治安持续平稳。全年刑事有效警情比上年下降16%，其中入室盗窃、盗窃电动车、电信诈骗、扒窃警情分别下降8.2%、10%、15%、30%。年内，汉阳区被授予“2021—2022年度平安湖北建设示范区”称号，连续16年被评为武汉市平安建设优胜单位，汉阳区综治中心被授予“湖北省党的二十大安保工作先进集体”称号。

【平安建设】 2022年，汉阳区委政法委夯实平安建设基层基础。重点打造“共同缔造”社区样板点2个，提档升级晴川街道华园社区综治中心，在四新街道老关新城小区安装100个高空抛物监控探头。开展党建强网、环境提升、关爱服务、素质提升“惠民工程四大行动”，一体推进32个老旧小区道路修缮、绿化提档、安防升级。实施“1、3、5分钟”快速反应（主城区1分钟快速反应，重点区域3分钟赶到现场，人员密集场所5分钟快速处置）。开展“无盗小区”创建活动，重点防范居民小区入室盗窃案件，全区“无盗小区”占比82.4%。推进“鼎星平安社区”创建，打造五星级平安社区11个、四星级平安社区11个、三星级平安社区18个。印发《关于深入开展行业平安创建活动的实施方案》，细化完善校园、医院、企业、交通、景区、家庭六大行业平安创建实施细则，定期组织各部门开展行业平安创建活动，实现“四个不发生”（不发生严重危害国家安全犯罪案件、不发生重大刑事案件、不发生重大安全事故、不发生重大群体性事件）。2022年，全区获批市级平安校园26所、市级平安家庭40户（其中“最美平安家庭”6户）、市级平安企业3家、市级平安医院1所、市级平安景区6个（其中示范景区3个）。

【基层社会治理体系建设】 2022年，汉阳区升级打造区级社会治理综合指挥中心（平安大楼），集社会治安综合治理、信访接待、矛盾调处、行政复议、公共法律服务、社区矫正六大中心于一体，与公安、检察、法院、司法

2022年1月11日，中共武汉市汉阳区委政法委工作人员到晴川街道督导街道平安稳定工作并听取平安建设建议　　（汉阳区委政法委　供图）

等部门、11个街道、118个社区综治中心联动，实现多功能聚合、多场景服务、协同指挥调度。依托“区—街—社区—小区（网格）—楼栋—党员中心户”六级党组织架构建立基层治理组织体系，591名社区网格员升级为“网格长”，统筹小区党员、志愿者、物业人员等各类力量，组建600余支矛盾调处、治安巡防志愿队，群策群力促进社区综合治理。推出湖北省首个政府引导、市场运作、律师事务所协作的律师大楼，下沉资源力量，设立专业法庭、巡回审判点、检察服务站或驻企业检察官工作室12个，拓展政法服务覆盖面。建成小区“红色驿站”378个，“家门口服务”实现全覆盖。创新打造户外工作者服务驿站“阳小驿”143个，吸引近万名户外工作者参与基层社会治理。

2022年，武汉市汉阳区社会治理综合指挥中心（平安大楼）可实现多部门远程协同、现场指挥调度 （汉阳区融媒体中心 供图）

【“枫桥经验”汉阳实践】 2022年，汉阳区委政法委完善“区级大联盟—街道指挥部—社区作战室—小区桥头堡—楼栋前哨岗”五级多元解纷体系，探索新时代“枫桥经验”的汉阳实践。小区、楼栋层面突出源头防范、就地处置，吸纳网格长、小区党支部书记、楼栋党小组长、物业工作人员等一线力量，建立民情收集、快速处理、持续跟踪等机制，日均化解矛盾隐患20余起。街道、社区层面突出应急处理、积案化解，以街道、社区综治中心为主体，整合派出所、司法所、人民法庭等工作力量，推行“社区圆桌”对话沟通机制，化解各类纠纷6484件。区级层面突出风险预警、联动处置，整合法官、律师、特邀调解员、专业调解委员会等专业力量，推动“调、诉、访”人员联动，全年共调解处理矛盾纠纷1846件。

【社会稳定风险防范化解】 2022年，《汉阳区加强新形势下重大决策社会稳定风险评估工作实施细则（试行）》印发，明确重大决策社会稳定风险评估的程序、方式、结果运用等内容。年内，汉阳区开展矛盾纠纷风险隐患大走访、大排查、大化解专项行动，排查矛盾纠纷6219起，化解率97.8%。重要节日和会议前，提前梳理突出问题53个，化解聚集讨薪问题24起。建立重大风险“一事一报、双线下发、督导化解”的闭环处置体系，处置预警信息400余条，协调处置风险问题300余起。

2022年10月，武汉市汉阳区江堤街道江欣苑社区保和墨水湾小区“红色驿站”工作人员帮助居民办理个人社保业务 （汉阳区委政法委 供图）

【法治化营商环境建设】 2022年，汉阳区提高各单位对优化法治化营商环境的认识，督促承担优化营商环境任务的单位制定普法责任清单，落实普法责任。组织各单位深入社区、商圈开展法治宣传活动，普及《中华人民共和国民法典》等相关法律知识。并利用“汉阳普法”“汉阳微邻里”等微信公众号，定期推送优化法治化营商环境相关的法律知识、工作动态和典型案例。加强对涉及企业的重大行政决策合法性审查，建立健全决策承办单位与司法行政部门双重审核制度。严格规范涉及企业的执法，指导各执法单位落实涉及企业的行政处罚“三张清单”（权力清单、责任清单、负面清单），制定证明事项和涉及企业的经营许可事项告知承诺制目录清单。开展涉及企业的行政执法突出问题专项整治，指导各执法部门集中排查整治2018年以来的突出问题。妥善处理涉及企业的争议，针对全区涉及企业的行政复议应诉案件，加强与相关职能部门对接，组织专家研讨，分析研究企业的合法权益，并走访涉及诉讼的企业，听取企业在发展过程中存在的法律问题、经营难题及司法服务需求。严厉打击涉及企业及其从业人员诈骗、合同诈骗、盗抢骗等犯罪，批捕8件、12人，起诉37件、56人，先后破获各类涉及企业的刑事、经济案件30余起，为企业挽回经济损失500余万元。

【政法队伍建设】 2022年，汉阳区组建“平安护航党建联盟”，整合政法机关干部、警官、法官、检察官、民调员力量，组建治安巡防、矛盾调处志愿队600余支，推动矛盾纠纷化解。会同政法单位成立4个包联工作组，每周至少下社区2次。开展政法单位党员干部“下基层、察民情、解民忧、暖民心”实践活动和“解难题、稳增长、促发展”企业帮扶活动，办理办结企业和群众反馈问题346个。组织6支政法先锋队，下沉新洲区、蔡甸区等地基础相对薄弱的村湾，助力乡村治理。组织全区政法单位开展政治轮训，以5堂专题辅导和观看警示教育片相结合的方式，对政法干部进行思想政治教育。出台汉阳区《关于巩固政法队伍教育整顿成果推进全面从严管党治警的实施方案》，完善26项重大事项请示报告等工作制度，协同汉阳区纪委监委对政法单位开展作风督导巡查20余次，办结上级交办问题线索3件。

（周亚平　王天然）

法治政府建设

【概况】 2022年，汉阳区全面推进依法治区、依法执政、依法行政，创新成立法治政府研究院；在全市率先开展“一体四化”（执法协调监督工作体系和执法队伍专业化、执法行为规范化、执法监督常态化、执法考核精细化）行政执法协调监督体系试点工作，并通过省级营商环境创新示范项目评选。探索打造街道综合执法“汉阳五里新模式”（执法管理扁平化、执法现场化、处置及时化），推广街道综合执法“全科执法、吹哨报到、研判派勤”等创新举措。谋划法治政府建设五年实施方案，将法治政府建设工作纳入中共汉阳区第十三次代表大会第二次会议报告及区人民政府工作报告，与经济社会发展同部署、同推进、同考核。制定《2022年度全面依法治国（法治建设）考评实施细则》，细化法治政府建设工作考评指标，提升法治建设工作考评分值和比重；将党政领导干部履行推进法治建设职责情况纳入政绩考核指标体系，将述法情况和法治素养作为领导班子和领导干部业绩评定、考核任用的重要依据。

【行政执法监督】 2022年，汉阳区创新推进“一体四化”行政执法协调监督工作体系建设试点工作，启用汉阳区行政执法监督专用章，首聘行政执法义务监督员；开展“双评议”（评议“十优满意单位”和“十差不满意单位”）和群众满意度测评，促进执法部门改进工作作风、提升服务效能。接受人大法律监督、政协民主监督、社会舆论监督，办理人大议案1件、建议185件，政协建议案1件、提案115件，各类议提案办结率、满意率100%。

全流程监督　制定《汉阳区重大重要决策事项合法性审查操作指引》《武汉市汉阳区人民政府常务会议议事和决策规则》，坚持“逢文必审”，政府常务会议“会前必审”，实现执法争议提前会商。依托“互联网+监管”系统、执法办案“云平台”和市场监管“双随机、一公开”（在监管过程中随机抽取检查对象，随机选派执法检查人员，抽查情况及查处结果及时向社会公开）平台，建立行政执法“网上巡查+跟踪反馈”的监督模式。发挥行政复议监督纠错功能，对执法案件办理有瑕疵或工作不力的行政单位负责人和办案人员，以《关于行政复议工作发现问题线索的意见》给予警示。

全覆盖监督　采取“单位自查+全面督察”和“书面查+实地看”的方式，检查各行政执法部门行政执法3项制度（行政执法公示制度、执法全过程记录制度、重大执法决定法制审核制度）、涉及企业行政执法案件情况，梳理涉及企业行政执法突出问题6项，督促行政执法部门“对症下药”解决问题。聚焦优化营商环境，开展涉及企业行政执法案卷评查，随机抽查全区11家行政执法单位一年内办结的涉及企业的行政处罚和行政强制案卷35件，梳理形成共性和个性问题清单，发出执法案卷问题反馈表8份。并通过监督检查，推动行政执法部门对标对表整改到位。以个案为切入口，监督行政执法行为合法性和合理性。建立案件承办人、科室负责人和部门负责人三级审批制度和案件专题研判

2022年9月9日，湖北省首个政府引导、市场运作、律所协作的法律服务产业化特色楼宇——知音·律所大楼投用　（汉阳区司法局　供图）

制度，开展执法个案监督2起，查阅研判信访材料、执法案卷、现场视频、双方笔录等资料，作出不予立案决定书1份，发出执法监督建议书1份。

全方位监督　探索执法案卷“交互式”评查新模式，抽调执法业务骨干，交叉评查执法案卷，实现执法部门与执法监督部门、执法部门之间的双向互动。稳固政府与法院的联动协作机制，持续9年发布《行政审判白皮书》，通过司法审判促进行政执法规范化。建立政府与检察机关的联动监督方式，建立健全行政违法行为线索移送、案件办理衔接机制。建立司法行政机关与纪委监察机关行政执法监督线索移送机制，及时移送行政执法案件中涉及刑事犯罪和行政执法监督中涉及职务违法犯罪的线索。

（梁青逸）

【行政合法性审查体系建设】　2022年，汉阳区强化区人民政府常务会议议题合法性审查；成立法制科（法制审核小组），开展重大执法决定法制审核。采取政府购买服务方式，聘请法律顾问对行政处罚、行政强制、行政复议应诉等方面事项，提出合法性审核意见。制定《汉阳区人民政府常务会议议事和决策规则》，将合法性审查作为行政决策的必经程序，在政府常务会议审批单上设立合法性审核专栏，明确“全审双不”原则（常务会议所有议题均要进行合法合规性审查，未经合法合规性审查的议题不予讨论，未经合法性审查的规范性文件不予颁布施行）。创新政府法律顾问聘请方式，组建汉阳区合法性审查专家库，优化审查流程，建立动态考核机制。坚持重大行政决策由决策承办单位和区级司法行政部门双重审查制度，规范行政规范性文件。制定并实施《汉阳区行政规范性文件合法性审查操作指引》，严格审核规范性文件制发过程中的公开征求意见、风险评估、制度廉洁性评估、公平竞争审查等法定程序。落实规范性文件备案登记和审查制度，接受上级和区人大常委会审查监督。全年开展行政合法性审查465件，检查8个行政执法单位行政处罚案卷35份。

【行政执法清单公示制度建设】　2022年，汉阳区各执法部门建立健全重大执法决定法制审核目录清单，明确审核主体、审核范围、审核内容及审核责任。事前公示透明，按照“谁执法、谁公开”的原则，建立健全行政执法公示信息录入、审核及管理制度。编制《汉阳区行政执法工作指引》，梳理23家区直执法部门执法事项3000余项。印发《武汉市汉阳区街道职权清单》《武汉市汉阳区街道行政执法事项目录》，在汉阳区人民政府门户网站上公布街道赋权执法事项146项，实现区、街道两级行政执法部门执法权责清单全覆盖，厘清办案权限。事中公示规范，落实行政执法人员身份、服务窗口岗位信息、当事人权利义务告知等重要信息公示制度。事后公示可溯，在汉阳区人民政府门户网站开设依法行政专栏，组织督促27家行政执法部门公示2022年度行政执法统计年报。

【行政执法文书网络平台建设】　2022年，汉阳区建立以文字记录为基本方式、以音像记录为辅助方式的行政执法全过程记录制度。立案、现场调查取证、执法过程等均有纸质文书材料跟踪记录留档，并为执法人员配备行政执法记录仪，全程记录办案过程及证据。推进全区执法单位运用信息化技术开展网上办案，依托执法“云平台”，实时开展执法活动，落实全程留痕和可回溯管理。

【行政复议】　2022年，汉阳区畅通行政复议申请渠道，升级改造“一站式”行政复议中心，设置“3区6室”（接待区、审理区、办公区，立案室、审理室、阅卷室〈档案室〉、调解室、复议咨询委员会研判室、听证室），规范行政复议案件办理。全年收到行政复议申请135件，受理123件，受理数量比上年增长129.5%；办结案件112件。实行执法单位、信访、街道等部门联动，引入行业专业调解、行政调解、司法调解，将“三调联动”化解工作贯穿行政复议全过程。推进涉企业、房屋征收等31起案件实质化解。行政复议诉讼审前、审中、审后实质性化解率达60%。年内，汉阳区司法局获司法部“复议为民促和谐”专项行动先进单位称号，是湖北省唯一受表彰单位。

【行政应诉】　2022年，汉阳区落实行政负责人出庭应诉制度，全区行政机关涉诉案件出庭应诉73件，行政机关负责人出庭应诉率100%，行政

2022年1月20日，武汉市汉阳区司法局联合汉阳区建设局开展行政诉讼出庭、旁听、讲评“三合一”活动
（汉阳区司法局　供图）

正职出庭率23%。连续9年发布《行政审判白皮书》，剖析行政诉讼中存在的问题。开展4场行政诉讼“三合一”（出庭、旁听、讲评）庭审观摩活动，110余名执法人员现场旁听。

【法治化政务服务】 2022年，汉阳区提升法治化政务服务水平，适应政务服务“定制化”需求，对企业和项目提供一对一落户服务。推进民生事项下放工作，建成基层政务网点436个；73项民生类事项下放街道社区，21个事项“免申不用办”，相关经验在湖北省推广。创新推出“阳小税‘精简达’”项目（汉阳区税务局打造的高效退税审批模式，“精”准识别推送、“简”化资料流程、稳妥直“达”快享，给市场主体带来更优退税体验，让资金尽早落到市场主体账上），增值税留抵退税时间压缩到2个工作日，非金属制品行业增值税留抵退税0.5天到账；聚焦小微企业、个体工商户需求，开展“再担园区贷”（湖北省再担保集团针对中小微企业、个体工商户等市场主体发起的一款金融产品）、“汉融通”（武汉市企业融资对接服务平台）等产品服务，持续组织银企对接会，破解企业融资难题。打造湖北省首个“律所超市”——知音·律所大楼，为企业和百姓提供“一站式”法律供给服务。区人民检察院推动成立全区涉案企业合规改革领导小组，推进涉案企业合规改革。区人民法院探索“场景化”执行服务模式，推进执行“一件事”一站式集成办理，简化执行环节，提高执行效率，“执行一站式办理”等改革项目获湖北省优化营商环境领导小组发布的《关于2022年全省优化营商环境改革先行区的通报》表彰。

【行政执法队伍建设】 2022年，汉阳区明确执法主体资格，加强相关行政执法主体的清理、审核、确认工作，在汉阳区人民政府门户网站公布汉阳区行政执法主体（第一批）。强化执法人员资格管理，开展当年行政执法监督证换发和新增执法人员执法证办理工作，全区95人参考，合格率98%。坚持执法人员持证上岗，亮证执法。聚焦执法通用法律知识、行政执法三项制度、赋权执法事项等专题，对行政执法人员按类别进行培训。在一线举办培训课堂，联系实际现场指导，开展案例分析并当面答疑。全年开展区级行政执法专题培训4场次，培训执法人员125人次。

（乐婷）

2022年11月6日，武汉市汉阳区司法局开展群众满意度测评宣传工作

（汉阳区司法局 供图）

公 安

【概况】 2022年，武汉市公安局汉阳区分局（以下简称汉阳区公安分局）依法行政拘留违法人员2177人，刑事拘留犯罪嫌疑人1551人；破获现发命案3起、涉枪案件8起，命案连续十年全破，全区未发生个人极端案事件。完成全年大型活动安保及警卫任务，继续保持全区大型活动安全无事故纪录。破获各类经济案件52起，刑事拘留89人，为企业挽回损失1800余万元。打击新型网络违法犯罪，破获电信网络诈骗案件208起，刑事拘留416人。年内，汉阳区公安分局获“湖北五一劳动奖状”，有10个集体、251人被省、市、区级记功、嘉奖，其中晴川街派出所教导员廖宗安被授予“全国特级优秀人民警察”称号。

【社会治安管理】 2022年，汉阳区公安分局强化社会治安整体防控管理。持续创建“全国社会治安防控体系建设示范城市”，抓获各类逃犯275人、各类违法犯罪现行犯550人，刑事有效警情比上年下降15.6%。打击“黄赌”违法犯罪，全年打掉“黄赌”犯罪团伙11个，破获“黄赌”刑事案件54起、治安案件422起，刑事拘留128人、治安拘留1054人。挖掘涉跨境赌博违法犯罪情报线索，破获1起湖北省公安厅督办的跨境赌博案件，依法刑事拘留31人。清查治安隐患，收缴非法枪支和管制刀具。

【刑事案件侦查】 2022年，汉阳区公安分局开展电信诈骗、跨境赌博、养老诈骗等19个专项打击行动，全年刑事拘留1551人，破获现发命案3起、涉枪案件8起。打掉1个“售卖虚假保健品”的养老诈骗团伙，刑事拘留19人，中央广播电视总台3次予以报道。

【经济案件侦查】 2022年，汉阳区公安分局紧盯食品、药品、环境、涉企业等重点案件，及时立案调查、破案抓人、追赃挽损。全年，破获经济案件52起，刑事拘留89人，捣毁涉食品、药品、烟酒等领域制假售假窝点

14个，为企业挽回经济损失1800余万元。

【禁毒基础工作】 2022年，汉阳区吸毒人员总数、涉毒品高危人员外流犯罪、毒品千人消费量比上年大幅下降，全区“110”涉毒品警情比上年下降19.6%，黄金口片区从全市高危涉毒品重点地区中退位。年内，鹦鹉街道被授予武汉市禁毒“示范街道”称号，洲头街道怡畅园社区被授予武汉市“无毒社区”称号。

2022年6月22日，武汉市公安局汉阳区分局开展禁毒宣传活动
（汉阳区公安分局 供图）

【公安政务服务】 2022年，汉阳区公安分局深化“放管服”（简政放权、放管结合、优化服务）改革，13个派出所公安户政窗口进驻各街道政务中心。落实落户、就业、住房等优惠举措，办理大学生、高级专业技术人才落户手续6670人。拓展完善“知音航班”政务服务平台，融合政务服务和反诈骗禁毒等公安宣传内容的“知音航班+政务服务+公安宣传”服务体系，探索网上网下、现场办理、主动上门等多种模式的“云端+网上+现场+窗口”服务，为企业、单位、院校提供“定制式”政务服务210余场次，被《人民公安报》关注报道。

【户政管理】 2022年，汉阳区公安分局开展“一标三实”（指标准地址、实有人口、实有房屋和实有单位）信息采集核查，实有人口核录率、登记率、巡查率、整改率均为100%。落实户籍业务就近办理要求，13个派出所户籍室窗口全部进驻街道政务服务中心。借助信息化手段，推动服务从线下转到线上，办理高级专业技术人才落户、“四上”企业（规模以上工业企业，有资质的建筑业企业及有开发经营活动的全部房地产开发企业，限额以上批发和零售业、限额以上住宿和餐饮业企业，规模以上服务业企业）高管人员落户、大学生落户、购房落户等政务服务240余件。开展出租屋行业管理专项整治，推广智慧出租屋系统，实现“收集信息不见面、审核身份当场验、管理服务全在线”功能。全年全区登记流动人口总数为285327人，其中新登记53710人。新登记实有人口72029人，注销60416人。加强涉外单位管理与服务，新增涉外单位6家，注销7家，拒绝不符合条件的涉外单位报备1家。年末全区有涉外单位46家。

2022年7月8日，武汉市公安局汉阳区分局民警在商圈巡逻
（汉阳区公安分局 供图）

【重点单位安全保卫】 2022年，汉阳区公安分局紧盯重点行业单位，开展重点整治。强化“三电”（电力、电信和广播电视）设施安全保护，严控成品油销售市场秩序，整治快递物流业，加强人员密集场所安全管控，强化金融行业管控。加强医疗机构安全保卫，化解9起医疗纠纷，医疗机构没有发生群体事件、个人极端事件。完成10次警卫和武汉市“两会”主场安保任务，大健康博览会、华中车展、“渡江节”、“啤酒节”等214场次大型活动安全有序，清明节、劳动节、国庆节以及中考、高考等重大节点平稳度过。

【监所管理】 2022年，汉阳区看守所利用远程视频开展提讯提审、会见、开庭等工作，保障在押人员诉讼权利。规范管理，强化管控，针对涉黑涉恶案件在押人员，采取有效措施，预防发生自伤、自残、串供等行为。坚持每月在监区开展“大排查、大清监”活动，对基础设施和安防设备进行检查，对病患在押人员进行摸底排查。加强帮教指导，保障未成年人合法权益；在汉阳区人民检察院“知音·雨露工作室”的指导下，改进工作方法，教育感化一批涉嫌违法犯罪的未成年人。在驻所检察室的指导下，加强对在押人员的教育管理，妥善处置各类突发事件，实现连续27年安全无事故。

2022年9月13日，武汉市公安局汉阳区分局民警向武汉船舶职业技术学院报到新生开展防电信诈骗宣传（汉阳区公安分局 供图）

【警务督察】 2022年，汉阳区公安分局开展疫情防控、公务用枪等专项督察11项，组织各类现场督察46项、184场次，出动警力268人次。全年制发专项督察通报100期，累计督查整改各类问题隐患276起，问责党员领导干部6人、民警68人、辅警及安保人员94人。强化重点线索处置，先后接收公安部、湖北省公安厅、武汉市公安局下发问题、通报、清单总计97期（件），问题总数167个，全部按期回复核查整改完毕。开展错误信息录入清查整治，清查25461人次的违法犯罪信息，对发现的25条问题全部实施项目清单化整改。中共二十大安保期间，组织开展专项督察46次，促进全局安保维稳工作落实、风险隐患排查及问题整改工作。

【网络安全治理】 2022年，汉阳区公安分局破获电信网络诈骗案件211起，刑事拘留电信网络诈骗犯罪嫌疑人416人，比上年增长35.2%，全区电信诈骗警情下降15.1%。打掉“两卡”（银行卡、电话卡）电信诈骗犯罪团伙28个，刑事拘留136人，抓获1名公安部督捕“拔钉”行动目标逃犯，破获1起公安部督办的国家二级建造师资格考试网络泄题案件，抓获潜逃18年的省级督办案件逃犯。打击各类网络造谣破坏活动，全年通报35起，行政拘留涉造谣人员1人。加强网站管理，全年完成网站备案审核94家。实地检查区内政府门户网站、大型互联网企业、重点企事业单位网站17个，整改5起。对上级通报存在问题的网站依法处置。全年完成违法信息处置16起。

【危爆物品管控】 2022年，汉阳区公安分局对34家剧毒、易制爆、危险化学品单位开展安全检查1100余次，发现并督促整改安全隐患29处。清缴社会面危险物品，依法收缴各类非法枪支、管制刀具和各类子弹，破获涉枪弹刑事案件6起，连续21年实现全区危险品不炸响、不打响、不流失。

【110接处警】 2022年，汉阳区110接处警制订“110接处警规范”，根据“一级处警”和就近处警分类处警相结合调派警力。全年接处警群众满意度为99.3%。

【公安信访工作】 2022年，汉阳区公安分局受理上级转件、群众信访投诉282件，办结272起，实名举报回访回告率100%。对发现信访问题，落实“一事一专班”，采取涉事单位主要领导包案、约见信访人等方式主动协调、化解矛盾，及时协调市、区治庸问责领导小组办公室与武汉市公安局机关党委，核查、核销不满意件19件。汉阳区公安分局“武汉评议平台”群众满意率为99.97%。维护民警正当执法权威，开展2起失实检举控告查处及澄清正名工作；办理侵犯民警合法权益案件30件，开展民警、辅警抚慰工作38人次，29名侵权行为人受到依法处理。

【公安科技信息化建设】 2022年，汉阳区公安分局开发应用“出租房人员管理智能监测预警系统”，“警务通消防安全检查App”系统安装数、应用率、执法量排名居武汉市各区前列。完成城市视频监控一期1479路、二期421路、三期653路、四期1928路视频监控前端设备维护，后台系统及中心机房的运维以及通信管网租赁。拓展完善“知音航班”政务服务平台。

（潘少科）

【道路交通安全管理】 2022年，武汉市公安局交通管理局汉阳区交通大队查处各类交通违法行为53万起，接处交通事故警情5.86万起。区内发生一般以上道路交通事故149起，死亡15人，伤142人，直接经济损失20.9万余元。全年接处交通拥堵报警4506起，比上年下降13.6%，汉阳区道路畅通率在武汉市中心城区排第一位。年内，武汉市公安局交通管理局汉阳区交通大队有11人获个人三等功，1人被湖北省公安厅通报表扬，52名民警被武汉市公安局通令嘉奖，13名交通辅警被授予武汉市公安局三等荣誉奖章，1名交通辅警被授予“新时代马天民式最美辅警”称号。

精致路口建设 优化路口、路段交通组织，在汉阳大道建园路至区界推进精致路段建设，提高龙阳大道玫瑰街等7个路口的道路通行能力；推进龙阳大道人信汇、江城大道月湖桥等路段交通拥堵治理，畅通主要干道。优化调整洲头片区交通组织方案，推行单行交通，施划临时停车泊位，深挖小区里巷道路交通潜能，便捷老旧小区居民交通出行。全面排查全区45所临街中小学校周边交通设施，维护更新交通标牌23处，复线交通标线22处，常态设置45所临街中小学校“警校家”护学岗。与街道、社区共同推进城市综合管理共管共治工作，在芳草东路、芳草五街安装500余米隔离护栏，实现道路“机非隔离”“道路分向”通行管理，治理居民反映强烈的小区出行不畅问题；优化南国明珠东岸小区门前过街交通组织，方便居民安全、便捷出行；实地调研汉阳医院周边停车秩序，治理医院门前乱停车问题。

交通安全攻坚战 开展“雷火2022”“百日行动”等交通安全攻坚战。缓解区域性停车难矛盾，全年施划道路临时停车泊位4000余个；推进“10分钟违停免罚”管理模式；加强主次干道、“三圈”（商圈、医圈、校圈）和群众反映强烈的突出路段管控，依法严管违停违法38.1万起。加强道路慢行交通体系建设，常态化开展电动自行车综合治理，查处电动自行车交通违法13.9万余起。查处酒醉驾驶1057起、涉牌涉证交通违法428起。

交通隐患源头治理 开展事故预防“减量控大”（消减交通事故总量及控制特大交通事故发生）暨常态化“找堵防”（找窟窿、堵窟窿、防透风）专项行动。全年发生简易交通事故9916起，比上年下降18%；一般交通事故、伤人数、亡人数分别下降41%、44%和21%。常态化组织开展“千名交警进企业”活动，约谈重点企业319次，下达《责令限期消除交通安全隐患通知书》131份。组织专业队伍抢修信号灯1400余次、优化信号灯配时91次；维护护栏、标牌等交通设施3000余起；整治路口交通安全隐患16处、年度区级危险路段6处。在11个街道118个社区发放文明交通宣传资料，到246家企业和学校开展交通安全宣传教育；以3个示范路口为阵地，推进“一盔一带”（骑摩托车、电动车时要戴头盔，开车时要系安全带）交通安全宣传活动，正面交通宣传报道319篇。

2022年5月24日，武汉市公安局交通管理局汉阳区交通大队民警在群建路小学开讲交通安全课

（汉阳区交通大队 供图）

交通安全管理便民服务 贯彻落实公安交通管理战线12项便民措施，在车管服务大厅为老年人开辟绿色通道；推行机动车检验无纸化凭证，提高窗口工作效率；窗口开展周六延时服务，方便群众办事。全年受理市长专线、城市留言板、“民意云”平台信访5877件，接收上级部门督办件238件。

（陈毅松）

检 察

【概况】 2022年，武汉市汉阳区人民检察院（以下简称汉阳区检察院）办理各类审查逮捕案件754件、1118人，审查起诉案件993件、1267人；办理民事行政监督案件30件，对审判、执行程序违法发出检察建议9件，提请抗诉1件；立案办理公益诉讼案件66件。1件案件入选最高人民检察院“行政检察公开听证推进行政机关依法履职典型案例”；3人获市级以上荣誉称号；汉阳区人民检察院被检察日报社授予全国检察宣传先进单位称号，被最高人民检察院办公厅评为全国检察门户网站规范化管理自查活动优秀网站单位；汉阳区人民检察院第六检察部被中共武汉市委平安武汉建设领导小组授予“平安武汉建设优秀单位”称号。

【刑事检察】 2022年，汉阳区检察院办理审结各类审查逮捕案件754件、1118人，审查起诉案件993件、1267人。深化严打暴力恐怖专项行动和反邪教斗争，依法处罚犯罪11人。常态化开展扫黑除恶斗争，参与办理全国扫黑除恶斗争领导小组办公室和最高人民检察院督办的“8·5”专案，依法公诉杨某某等12人。惩治严重影响人民群众安全的犯罪，依法起诉涉枪爆犯罪5人，“盗抢骗”“黄赌毒”犯罪416人。推进反腐败斗争，完善监察执法与刑事司法沟通衔接、配合制约机制。受理汉阳区监察委员会移送职务犯罪14人，提起公诉9人。坚持受贿行贿一起查，依法办理行贿案件 3 件。维护社会经济金融安全，依法打击非法吸收公众存款、金融诈骗等犯罪，起诉 28 人，检察环节追赃挽损 393 万元。推进网络依法治理，起诉利用网络实施诈骗、赌博、侵犯公民个人信息等犯罪 69 人。推进政法业务协同办案平台建设与推广应用，实现 20 类刑事案件跨单位协同办理。通过完善繁简分流办案机制，推动简案快办、繁案精办。联合琴台公证处，在全市率先建立涉人身伤害轻微刑事案件赔偿保证金提存制度。探索开展不起诉后的反向衔接，督促有关主管机关对被不起诉人给予行政处罚，实现反向衔接全覆盖。

【刑事诉讼监督】 2022 年，汉阳区检察院联合区公安分局设立侦查监督与协作配合办公室，开展同步监督、提前介入、引导侦查等工作，提升刑事诉讼监督质效。全年提前介入引导侦查 19 件，监督公安机关立案 19 件、撤案 17 件，依法追捕 12 人、追诉 25 人。针对“立后未侦”“侦后未诉”等情形，定期开展专项监督，依法监督撤销“挂案”6 件。强化审判监督职责，检察长列席法院审判委员会 4 次，对认为确有错误的刑事裁判提出抗诉 2 件、提请抗诉 1 件，获改判 2 件。

【刑事执行检察】 2022 年，汉阳区检察院加强刑事执行监督，开展派驻检察与交叉巡回检察，监督纠正监管场所、财产刑执行、社区矫正中的违法情形 62 件。实施非羁押强制措施电子监管试点工作，联合公安机关对取保候审犯罪嫌疑人实行“云监管”。

【民事行政检察】 2022 年，汉阳区检察院办理民事行政监督案件 30 件，对认为确有错误的民事行政裁判提请抗诉 1 件，对审判、执行程序违法发出检察建议 9 件；对裁判正确、依法不支持监督申请的 30 名申诉人，主动做好释法说理、服判息诉工作。规范民事执行网拍活动流程及办案方式的检察建议入选全市优秀检察建议。“周某某与湖北省武汉市某区行政审批局撤销公司登记检察监督案”入选最高人民检察院“行政检察公开听证推进行政机关依法履职典型案例”。

【公益诉讼检察】 2022 年，汉阳区检察院拓展公益诉讼案件范围，立案办理公益诉讼案件 66 件，向汉阳区人民法院提起刑事附带民事公益诉讼 1 件。其中，98% 以上案件通过磋商、检察建议等方式在诉前解决公益受损问题。贯彻落实《中华人民共和国湿地保护法》，参与“碧水保卫战”专项行动，立案办理生态环境资源保护公益诉讼案件 25 件。与区级河湖长制领导小组办公室建立“河湖长+检察长”协作机制，推动治理污染损毁土地和水域面积 8000.04 平方米，追缴水土保持补偿款 4.29 万元。办理安全生产、个人信息保护等新领域案件 25 件。关注违规拼装或改装电动自行车、废铅蓄电池处置等问题，推动行政机关开展专项整治。聘请 6 名行政机关专业人士兼任特邀检察官助理、26 名社区网格员担任公益诉讼观察员，构建检察机关与行政机关、社会公众等共同保护公益的格局。

【营商环境优化专项检察】 2022 年，汉阳区检察院深化“助力打造一流营商环境”专项检察活动。实行专门标注、快速办理 495 件涉营商环境案件，加强监督超权限、超范围、超标的、超时限查封、扣押、冻结企业财产问题。起诉侵犯市场主体权益犯罪 113 人，帮助民营企业挽回经济损失 1200 余万元。开展办案影响及风险评估，对企业人员涉经营类犯罪依法不批捕 18 人、不起诉 21 人，建议变更羁押强制措施 13 人，防止企业因案陷入困境。全面推行涉案企业合规改革，推动成立全区涉案企业合规改革领导小组，办理企业合规案件 4 件，帮助企业建立合规体系。会同汉阳区工商业联合会、汉阳区企业家协会搭建检察机关与企业协商平台，向企业推送法律服务手册、法律风险防控手册等“法治大礼包”，点对点了解市场主体法治需求。依托驻企业检察官工作室，到湖北青创园（汉阳）、恒信汽车集团股份有限公司、黄鹤楼酒业有限公司等企业，提供“一站式”“定制化”法治服务 20 余场。

【未成年人保护检察】 2022 年，汉阳区检察院从严惩治侵害未成年人犯罪 21 人，制发督促监护令 27 份。联合民政、妇联、教育等部门推动落实强制报告制度，建立家庭教育指导站，延伸共建“心港湾”未成年人社区观护站，深化“法治进校园”活动，助力全国未成年人保护示范区创建。年内，2 名涉罪未成年人经帮教考上大学，8 名被附条件不起诉未成年人回归正途。

2022年3月4日，武汉市汉阳区人民检察院与汉阳区河湖长制办公室签订《关于建立“河湖长+检察长”协作机制的意见》（汉阳区检察院 供图）

【少捕慎诉慎押刑事司法政策落实】2022 年，汉阳区检察院统筹落实少捕慎诉慎押刑事司法政策，适应刑事犯罪结构变化，严惩严重刑事犯罪，依法从宽处理较轻犯罪、初犯偶犯等，审慎适用逮捕、起诉和羁押等措施。出台办理无社会危险性不批准逮捕案件、相对不起诉案件办案指引，依法不批捕 553 人、不起诉 448 人，不捕率和不起诉率分别比上年增长 21.1% 和 22.6%。争取中共汉阳区委全面依法治区委员会支持，建立落实少捕慎诉慎押刑事司法政策的衔接协调机制。

2022年2月18日，武汉市汉阳区人民检察院第六检察部开展“以政治说办案、讲工作”活动，课上讲授业务知识　（汉阳区检察院　供图）

【检察环节社会治理】 2022 年，汉阳区检察院开展诉源治理，实施个案办理向类案监督、专项治理延伸，结合办案制发检察建议 24 份，向有关部门和单位报送涉毒品、涉醉酒驾驶等专题报告 8 份，实现案件办理和社会治理同步推进。落实检察建议，督促相关主管部门开展寄递物流、工程项目、自建房等重点领域的风险隐患排查整治，推动安全问题的源头治理、系统治理。落实群众信访“件件有回复”、领导接访包案等工作，化解重复信访 6 件，收到的 285 件信访件于 7 日内程序性回复、3 个月内办理过程或结果答复达 100%。组建首届听证员库，组织检察听证 248 件，推行释法说理，促进定分止争、案结事了。全年汉阳区检察院共办理案件 959 件、1196 人，适用率 94.9%，一审服判率 99.7%。开展打击整治养老诈骗专项活动，从严惩治欺骗老年人的罪犯 36 人。开展“民事支持起诉为民办实事”专项活动，办理追索劳动报酬、未成年人合法权益保护等领域支持起诉案件 3 件。落实食品药品安全要求，办理食药安全领域公益诉讼案件 13 件。开展司法救助 23 人，发放救助金共计 17.8 万元。

【检务监督】 2022 年，汉阳区检察院自觉接受人大监督、政协民主监督，主动报告工作，配合执法检查和专项调研，落实审议意见，整改存在的问题。定期上门走访“听需问计”，邀请人大代表、政协委员和人民监督员参与检察听证、案件评查等办案活动 300 余次。人民监督员监督拟不起诉案件公开听证案例入选最高人民检察院典型案例。

【检察队伍建设】 2022 年，汉阳区检察院落实全面从严治党主体责任，开展主题为“强作风、重落实、提效能，全面提升新时代汉阳检察工作质效”的政治轮训，组织晋级晋升干部集中廉政谈话。开展巡视“回头看”整改，强化落实“三个规定”（《领导干部干预司法活动、插手具体案件处理的记录、通报和责任追究规定》《司法机关内部人员过问案件的记录和责任追究规定》《关于进一步规范司法人员与当事人、律师、特殊关系人、中介组织接触交往行为的若干规定》），推进清廉机关建设。常态化开展“以政治说办案、讲工作”活动 13 场次。实施“核心素质提升工程”，打造“阳检有‘曰’”教育培训品牌，推进“教学练战”一体化，常态化开展理论研究、同堂培训、案例研讨、辩论答辩、文书评选等。发挥武汉市法学会刑事司法改革专业委员会等理论基地作用，深化检察理论研究，全年干警公开发表论文 20 余篇。探索建立考核“四清单”（权限清单、履职清单、亲历清单、追责清单），推进检察人员全员、全面、全时考核。

（陈弘儒）

法　院

【概况】 2022 年，武汉市汉阳区人民法院（以下简称汉阳区法院）受理各类案件 3.33 万件，比上年增长 34.7%；审、执结 2.98 万件，增长 44.6%。年内，汉阳区人民法院被最高人民法院授予“全国优秀法院”称号，法治化营商环境工作排名居全省基层法院第一位，综合绩效居全市基层法院第一位；4 个部门先后被湖北省高级人民法院授予“我为群众办实事”先进集体、“湖北省女职工建功立业标兵岗”、武汉市“巾帼文明岗”称号和全市法院系统集体三等功，10 名干警获市级以上奖项。

【刑事审判】 2022 年，汉阳区法院审结各类刑事案件 587 件，比上年下降 35.8%；判处罪犯 720 人，下降 39.5%。审判故意伤害、“两抢一盗”（抢劫、抢夺、盗窃）、毒品犯罪案件 262 件 304 人。其中，判处五年以上有期徒刑 26 人。审结消费信贷、电信网络诈骗犯罪案件 49 件，追缴人民币 670 万元。坚持扫黑除恶常态化，持续“打伞破网”（打掉黑恶势力的保护伞，摧毁其关系网），健全涉黑恶线索发现及报告制度。强力“打财断血”（破坏黑恶势力的财路，断绝他们的新生补充血液，让黑恶势力无以为继），深挖彻查“黑财”，防止黑恶势力死灰复燃。开展整治养老诈骗犯罪专项行动，审结全区首件涉70名老年人的“养老公寓”诈骗案，判处被告人有期徒刑11年。坚持罪刑法定，依法不予认定检察机关指控的1个罪名。坚持宽严相济，对罪行严重的10人判处10年以上有期徒刑，对自愿认罪认罚的74人判处非监禁刑。

【民商事审判】 2022年，汉阳区法院登记受理各类民商事案件2.09万件，比上年增长40.6%；审结2.07万件，增长68.3%。审结装饰装修、加工承揽、买卖合同纠纷案件1638件；审结金融借款、信用卡纠纷案件7347件，助力金融机构化解不良贷款8.3亿元；审结股东权益、股权转让、股东资格确认纠纷案件82件；审结物业纠纷案件2600件；审结产品质量责任纠纷案件623件，对制假售假、虚假宣传食品药品的判处十倍赔偿。审结婚姻继承、抚养赡养纠纷案件788件。参与“全国未成年人保护示范区”创建活动，发出汉阳区人民法院首份《家庭教育令》。全市首例非法占用农用地案7.5万元复垦费全部执行到位，该案入选“湖北法院环境公益诉讼十大典型案例”。

【行政审判】 2022年，汉阳区法院审结行政诉讼案件96件，比上年下降16.5%。审查非诉行政执行案件1512件，增长60.5%。依法办理行政许可、登记、处罚及信息公开案件43件。推进行政争议实质性化解，行政机关负责人出庭应诉率100%。协调行政机关主动纠正执法瑕疵，促成30%的行政争议案件和解、撤诉。加强司法与行政互动，连续9年联合区人民政府发布《行政审判白皮书》，针对办案中发现的行政执法程序不规范等问题，提出意见建议24条。

【案件执行】 2022年，汉阳区法院执结案件6728件，比上年增长50.5%；执行到位金额7.33亿元，增长46.6%。完善司法查控网，破解找人查物难问题，查询被执行人房产、车辆、证券、存款等财产3.67万次，查控金额13.36亿元。推行“网格+执行”模式，建立网格员协助执行名单库，推送协助执行、悬赏举报信息200份。限制高消费、纳入失信名单3764人。完善网络司法拍卖流程，推行拍卖财产网络询价、协商议价，提升执行效率，拍卖成交87件，计1.47亿元，成交率69.5%。开展执行攻坚，集中搜查、腾退房屋9场次，建筑面积3000平方米。贯彻善意文明执行理念，为自动履行义务的50名被执行人修复信用。规范执行行为，开展“规范执行提质增效”活动，完善财产处置、终本管理（对“执行不能”的案件，法院通过严格审查后终结本次执行程序，纳入“终本案件库”管理，定期依职权调查，一旦发现有财产及时恢复执行）等7项措施。有财产可供执行案件法定期限内执结率100%。

【审判制度改革】 2022年，汉阳区法院深化审判责任制及综合配套改革。修订“四类案件”（涉及群体性纠纷，可能影响社会稳定的案件；疑难、复杂且在社会上有重大影响的案件；与本院或者上级法院的类案判决可能发生冲突的案件；有关单位或者个人反映法官有违法审判行为的案件）7项监督管理规定，将标的额3000万元以上等9类案件纳入监管范围。采取立案风险标识、法官报请监管、院庭长跟踪指导等13项措施，严把重大敏感案件质量关。完善专业法官会议议事规则，实行类案与关联案件强制检索，实现“类案检索初步过滤、专业法官会议研究咨询、审判委员会讨论决定”常态化，确保“同案同判”。修订案件质量评查工作规定，加强日常评查，重点评查一年以上长期未结、改判发回和涉企业案件，评查案件1394件。开展案件质量讲评，院庭长开展劳动争议、民间借贷案件等专题讲评8场、260件案件，促进案件质量提高。强化司法责任追究，依规追责法官9人次。

【案件繁简分流机制创新】 2022年，汉阳区法院创新办案机制，完善案件繁简分流机制，破解“案多人少”矛盾。优化办案力量资源配置，在审判、执行环节分别设置简案快办组，专门负责快审速裁、快速执行，构建“简案快办、类案专审、繁案精办”新模式。优化简案快办审判方式，简单案件适用“小额诉讼+简易程序”，系列纠纷实行“示范诉讼+参照调解”。推行“要素式”庭审提纲、“格式化”文书模板，91%的案件在简案“快车道”上办结。优化繁案精审的工作机制，坚持院庭长带头办理疑难复杂、发回重审案件，发挥示范引领作用。邀请专家学者参与案例研讨，为新型案件办理提供咨询意见。完善

2022年8月29日，武汉市汉阳区人民法院十里铺法庭法官在永丰街道徐湾社区巡回审判点调解企业间买卖合同纠纷 （汉阳区法院 供图）

精品案件培育机制，建立“种子案例”库，加强跟踪指导。年内，2 个案例入选“中国法院 2022 年度案例”，案件繁简分流工作经验在湖北省法院司法改革推进会上交流。

2022年9月20日，“周二之约”发起人李冲（左）应邀做客《长江日报》“周二之约”直播间，为网友解答法律问题　（汉阳区法院　供图）

【审判管理】 2022 年，汉阳区法院开展“全面提升审判执行效率”专项活动，加强执法办案全流程管理。设置各类案件权重指数，核定部门、法官个人工作量，科学设置“人案配比”系数，实现法官人均办案动态均衡。制定案件审理执行期限管理规定，严控案件审限。完善民事、执行案件规范办案流程，明确 17 个重要节点流程标准。每周通报审判执行质效指标，提升办案效率。法官人均结案 541 件，民事案件平均用时 62 天。升级审判流程，执行电子卷宗管理系统，实现办案流程、审判质效网上追踪监管。加强部门协同，运用政法协同办案平台，与公安、检察机关实现刑事案件流程互联互通、数据同步共享。

【诉讼服务】 2022 年，汉阳区法院落实武汉法院“诉讼服务十项便民举措”（网上立案，收到申请后 2 个工作日内办结。网上立案无须另行提交纸质材料。统一全市法院立案标准和必备材料清单。法官接到“12368”诉讼服务热线转办事项后，2 个工作日内回复。诉讼交、退费全流程网上办理。通过短信、公众号、诉讼服务大厅等渠道公布办案团队联系方式。当事人提起上诉的，一审法院应当在最后一名当事人答辩期满后 5 日内完成卷宗的移送〈公告送达、涉外送达除外〉。申请执行案件立案不要求申请人提供法律文书生效证明。设立执行事务窗口，提供执行立案、文书送达、案款发还、执行接待等“一站式”服务。执行案款到账后，应当在 7 个工作日内发还，当事人无须提供收款凭证），为群众提供优质高效的诉讼服务。推广应用“人民法院在线服务”“武汉法院诉讼服务网”，提供网上立案、电子送达、诉讼费在线缴退等服务，网上立案率 99.5%，电子送达 52 万次。增设在线调解室、互联网法庭，开展在线调解、云庭审，让群众打官司实现掌上办理。新建“周二之约”执行事务中心（源于汉阳区法院“全国模范法官”李冲首创的“周二之约”执行工作模式，曾获湖北省“文明行业创建十大品牌”），设置接待约谈、自助服务等 7 个功能区，细化流程规范、统一服务的标准。加强司法救助，为生活困难的 7 名当事人发放司法救助金。

【审判工作监督】 2022 年，汉阳区法院自觉接受汉阳区人民代表大会监督，落实区人大各项决议，专题向区人大常委会报告办案质量检查工作情况，逐项落实审议意见。接受政协民主监督，听取意见建议，改进工作。加强人大代表、政协委员联络工作，邀请代表委员视察法院、旁听庭审、见证执行 80 人次。依法接受检察监督，联合汉阳区人民检察院出台民事、行政诉讼及执行活动法律监督实施办法 17 条。邀请检察长列席审判委员会，办理检察建议 9 件。发挥人民陪审员参与司法的作用，人民陪审员参审案件 1600 件。深化司法公开，在互联网公开裁判文书 9100 份，邀请群众、企业代表参加“法院开放日”活动。

【法官队伍建设】 2022 年，汉阳区法院实施“法润知音”文化人工程，设立“法润知音”文化中心，开展“党课月”“读书会”“大讲堂”等系列活动，邀请专家授课 3 场，参加上级法院组织的审判业务、法律法规培训 66 场，组织青年干警“读书会”3 场，在微信公众号推出“阳法青年说”“我的办案故事”23 期，评选“办案之星”32 人次，引领干警练内功、致良知、正身心。开展党员干部“下基层、察民情、解民忧、暖民心”实践活动，推出为民服务清单 32 项。组织全院 12 个党支部结对下沉社区、遍访小区。发挥“政法先锋”模范引领作用，带领 60 名先锋队员进村湾 400 人次。年内 6 名干警被授予“武汉政法先锋”称号。建设清廉法院，开展司法作风突出问题集中整治、常态化顽瘴痼疾排查整治活动，完善规范司法行为、优化司法作风监督管理机制的措施 18 条。聚焦队伍管理、能力建设、干部培养等方面立行立改问题 18 个，建立长效机制 12 项。加强廉政风险防控，重点环节、重点岗位干部轮岗交流 17 人次。记录报告外部人员干预办案信息 20 条。坚持司法腐败零容忍，开展审务督察 34 次。

（王秀秀）

司法行政

【概况】 2022年，武汉市汉阳区全面开展法治宣传教育、公共法律服务、人民调解、社区矫正管理等司法行政工作. 共开展法律"六进""法律进机关、进乡村、进社区、进学校、进企业、进单位"活动2000余场，全区各级人民调解组织共调解纠纷5030件，成功率为100%。开展法律援助专项宣传活动7场，办理法律援助案件1903件。创新打造湖北、武汉首个政府引导、市场运作、律所协作的法律服务产业化特色楼宇——汉阳区知音·律所大楼，引进律师事务所6家。推进落实优化营商环境全省先进示范区创建工作，组织开展"知识产权周"公益服务、企业合规普法、"法律服务帮帮团"等活动38场，服务企业115家，参与6592人。11月，汉阳区被评为全省优化营商环境改革先行区。

【法治宣传】 2022年，汉阳区制发《区委宣传部、区司法局关于开展法治宣传教育的第八个五年规划（2021—2025年）》，明确工作目标及重点任务，强化"谁执法谁普法"普法责任制。采取"日常督查+年底评估"评定制度，动态考评普法工作情况，逐步形成跟踪提示、督促指导的管理模式。分类提升法治素养，组织国家工作人员学法用法，参与武汉市创建法治政府建设示范城市考试，参考率100%。实施社区"法律明白人"培养工程，制发《关于开展社区"法律明白人"培养工程的实施方案的通知》，以社区"两委"（社区党支部委员会以及社区居民委员会所有成员）班子成员、人民调解员、网格长、社区律师、志愿者为骨干，选拔培育363人"法律明白人"队伍，实现118个社区全覆盖。联合"武汉市文旅普法轻骑兵"开展"美好生活·民法典相伴"大型宣传活动2场，受众800余人次。开展"防范非法集资月""安全生产月""禁毒宣传月""妇女权益保护周""知识产权周""中国水周"等系列法治宣传活动；开展"主题宣传进社区、进企业、进网络、进地铁"活动100余场，受众2万余人次。

【人民调解】 2022年，汉阳区加强人民调解组织建设，建立"区人民调解指导中心—街道人民调解委员会—社区人民调解委员会—红色驿站调解服务站—楼栋调解服务队"人民调解5级组织架构，提供"家门口"调解服务。制作"调解在身边"快闪视频，发放调解宣传页10万份。加强隐患排查，制发《汉阳区"调解促稳定，喜迎二十大"矛盾纠纷排查化解专项行动方案》《关于持续深入开展矛盾纠纷大走访大排查大化解专项行动的工作方案》《刑满释放人员"大排查、大走访"专项行动实施方案》及《工作指引》，开展"调解促稳定，喜迎二十大"矛盾纠纷大走访大排查大化解专项行动。全年开展矛盾纠纷隐患排查5710次，排查化解矛盾纠纷1194件。开展人民调解进机关、进社区、进企业、进网络的"四进"活动，调解矛盾纠纷5030件。全年民间调解成功率100%。

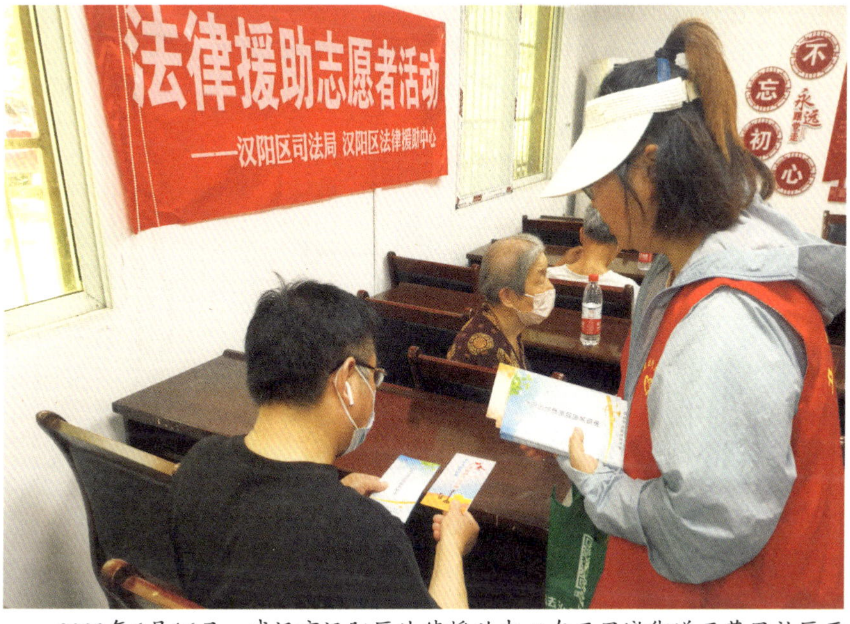

2022年6月16日，武汉市汉阳区法律援助中心在五里墩街道五荣里社区开展老年人防诈骗法律援助志愿者活动 （汉阳区司法局 供图）

【社区矫正与安置帮教】 2022年，汉阳区强化社区矫正对象日常管理。成立汉阳区、街道两级社区矫正委员会，推进"智慧社区"矫正中心建设，坚持规范化管理和差异化矫正，落实公益活动、走访调查、考核奖惩等措施。梳理排查在册人员，根据案件性质、犯罪罪名、日常表现、家庭状况甄别重点对象28人，均建立包保小组。开展刑满释放人员安置帮教，制发《安置帮教工作指引》，指导司法所实行分类衔接，建立监狱、看守所、司法局、公安分局、街道社区之间的刑满释放人员信息核查、衔接机制，刑释人员建档率实现100%。借助社会力量，开展"拨开迷雾，迎美好明天"项目和"蒲公英回家"活动。组织矫正对象参加"周四有约"线上教育10期，参与率98%。开展危险驾驶、诈骗类犯罪等警示教育活动11场次，受众4000余人次；开展"弘扬中华美德，传承良好家风"主题教育活动12场次。摸排特殊人群生活状况和创业就业需求，开展空调清洗、皮具养护等职业技能培训4场次，生活帮扶特殊人群105人次。制发《帮扶回归指南》，加强刑满释放人员临时救助、就业帮扶、临时性救助及低保等政策宣传和落实。开展特殊人群心理团体辅导6场次，专业心理咨询和介入6人次，心理测评率100%。全年开展刑满释放人员心理疏导59人次，帮扶刑满释放人员102人次，为49人落实低保政策，为53人提供临时性救助。

2022年6月25日，武汉市汉阳区法律援助中心在汉阳区玫瑰第二幼儿园开展“法援惠民生，关爱未成年”法律援助宣传活动　（汉阳区司法局　供图）

【公共法律服务】 2022年，汉阳区加强公共法律服务体系建设。全区有律师事务所37个，比上年增长12%；执业律师390人，增长14.3%。创新打造汉阳区知音·律所大楼，吸引8家优质律师事务所落户汉阳区。探索研究汉阳区律师行业扶持政策，从律师事务所落户奖励、集聚租金补贴、经营贡献奖励、人才奖励、经营支持等方面给予扶助。融合法律服务资源，搭建知音·律所大楼与汉阳法治政府研究院、企业法律顾问协会、汉阳区法学会会员之家、武汉市律师协会城区律师工作委员会汉阳工作组、汉阳区律师行业党委、行业工会联合会等平台，实现律师事业与汉阳中心工作同频共振。开展“万所联万会”活动，推动律师事务所与9家商会对接，签订公益法律服务合作协议。开展“知识产权周”公益服务、企业合规普法、“法律服务帮帮团”等活动38次，服务企业115家，参与市民6592人。推进“律师进校园”活动，为全区89家中小学和幼儿园提供一对一法律服务110余次。

【法律援助】 2022年，汉阳区司法局推进法律援助惠民生活动。全年办理申请类法律援助案件362件。其中，免于审查及经济状况案件346件，承诺制替代案件16件。拓宽法律援助便民渠道，看守所、法院、人力资源局和退役军人事务局均建有法律援助工作站。全年办理各类法律援助案件1903件，接待咨询2006起，受理农民工讨薪法律援助案件330件，挽回经济损失约468万元。开展法律援助宣传，先后开展“法援进园区进企业直播”“法援惠民生，关爱未成年”等专项宣传活动7场。

【社区律师专项计划】 2022年，汉阳区制定《汉阳区社区法律顾问工作细则（试行）》，加强社区律师工作指导和日常管理。推进律师进社区“我为群众办实事”项目，开展防范养老诈骗、“江城蜂巢”新就业群体等普法主题宣传。落实汉阳区社区律师周四社区值班服务和“法指针”线上法律服务，开展法治讲座290场，助力社区“红色驿站”化解社区居民矛盾纠纷。累计接待线上调解101件，开展线下调解660次，服务群众1550人次。全年提供法律咨询、法律建议、参与矛盾纠纷化解、法治宣讲、法律援助等法律服务2.55万人次。湖北泓峰律师事务所被授予武汉市“2022年村（居）法律顾问十佳律师事务所”称号，12名律师被授予武汉市“百名优秀村（居）法律顾问”称号，64名律师被授予武汉市“千名村（居）满意法律顾问”称号。

（邓婧）

军事

武汉市汉阳区人民武装部

【概况】 2022年，中国人民解放军湖北省武汉市汉阳区人民武装部（以下简称汉阳区人武部）统筹推进常态化疫情防控和年度各项工作，组织开展战备值班、拉动演练、常态备勤，加强基干民兵队伍建设。开展湖北省军区新时代基层民兵建设试点工作，完成兵员征集和国防动员潜力调查，上报数据准确率95.1%。被中央军事委员会国防动员部授予“正规化管理先进单位”称号。

【战备训练】 2022年，汉阳区人武部组织龙阳街道民兵应急分队开展拉动演练，锻造快速集结和出动能力。规范日常战备秩序，开展两级战备值班和民兵应急分队常态备勤，完成元旦、春节、劳动节、国庆节战备值班执勤和神舟十四、十五号飞船应急搜救备勤等任务。组织区属应急连和支援保障分队共150人，全员全装接受武汉警备区的拉动点验。组织专职人民武装干部以会代训12期共220人次，选送民兵骨干参加全市冲锋舟操舟手集训，分5期完成年度基干民兵训练和实弹射击任务。

【民兵组织整顿】 2022年，汉阳区人武部编实建强“应急”“支援”两类队伍，完成年度基干民兵队伍编建任务。开展基干民兵全员体检和政治考核，预征预储装备器材。专职人民武装干部、民兵档案电子化率100%，基干民兵中，中共党员、退伍军人、新质力量的比例分别为41.1%、37.1%和30.3%。

【征兵工作】 2022年，汉阳区人武部完成兵役登记，登记率100%。落实“一年两次征兵”要求，大学毕业生征集比率为91.6%，征兵“五率”（报名率、上站率、合格率、择优率、退兵率）综合排名全市第二。完成报考军校高中毕业生和定向直招士官政治考核、档案移交工作，无责任退兵、不廉洁征兵等问题。开展湖北省精准征兵试点，在7所高校建立军事类社团，在武汉技师学院试点建立备战急需专业储备兵员基地，并储备部队急需后备兵员。投入35万元，开展7所高校征兵工作服务站达标建设。其中，武汉船舶职业技术学院征兵工作服务站被湖北省征兵办公室、湖北省教育厅评为“省级示范高校征兵工作站”。

【后勤装备保障】 2022年，汉阳区人武部坚持聚焦主业，强化后勤装备保障。修缮办公楼，整修民兵装备

2022年1月4日，武汉市汉阳区龙阳街道基干民兵开展应急拉练

（汉阳区人武部　供图）

库。协调区规划、房管、建设、税务等部门，推进汉阳区驻军经济适用房建设进程，确保“三年移交”任务按时、保质保量完成。完成汉阳区人武部兵器室正规化改造。及时足额发放民兵训练误工补助费和征兵奖励金。

【新时代基层民兵建设试点】 2022年，汉阳区人武部开展湖北省军区新时代基层民兵建设试点。选取琴断口街道七里一村社区、永丰街道徐湾社区、江堤街道江欣苑社区和龙阳街道龙阳湖社区4个社区，将民兵建设融入中共汉阳区委党建引领“深根工程”（在做强小区党组织基础上，将治理末梢向楼栋延伸，推动组织深根、队伍深根、服务深根、阵地深根，密切党群干群联系，提升党建引领基层治理和服务群众的能力），开展“增强基层党组织对民兵的领导力、增强民兵对基层党组织的支撑力”建设试点，探索新时代基层民兵建设的方法和路径，形成基层民兵组织建设的工作标准和民兵深度参与基层治理的经验，受到中央军事委员会国防动员部肯定。

（喻坤鹏）

2022年5月21日，武汉市汉阳区建设局（汉阳区人民防空办公室）邀请《长江日报》楚才小记者团参观防空洞 （汉阳区建设局 供图）

人民防空

【概况】 2022年，汉阳区加强人防工程和指挥通信建设，强化人防教育演练，保障人防安全，人防工程利用率100%，设备完好率100%，人防工程标识牌安装率100%，竣工人防工程资料齐全入档。检查防空警报器38台，完好率100%，完成“10·25”警报试鸣工作。

【人防工程建设与管理】 2022年，汉阳区人民防空办公室（以下简称汉阳区人防办）办理人防行政审批项目21件。落实安全生产责任制，逐一检查全区人防工程，发现安全隐患418处，整改率100%。做好人防工程维护管理，日常维修人防工程17次，完成维修产值220余万元。

【人防教育与演练】 2022年，汉阳区人防办组织开展“人防知识进学校”宣传活动，向14所中学免费发放人防应急包6074个。5月，邀请《长江日报》楚才小记者团参观防空洞，开展以“在防空洞里聆听城市历史的回音”为主题的人防知识和爱国主义研学活动。9月，配合开展武汉“人防地图”全民线上打卡活动，汉阳区居民线上打卡量位列全市第一。

【人防通信指挥】2022年，汉阳区人防办落实年度训练计划，组织防空指挥部室内推演1次，参加湖北省、武汉市人民防空办公室组织的“三楚”（“楚天”“楚越”“楚竞”）系列训练演练。完成人防专业队整组，包括医疗救护、防化防疫、交通运输、抢险抢修、通信、消防、治安、心理防护8支专业队伍。

【人防信息化建设】 2022年，汉阳区人防办加强战备通信光缆使用和维护管理。完成与市级战备通信光缆连通，实现市、区信息化互联互通。向武汉市人民防空办公室申请改造小型机动指挥、信息处理系统。8月，湖北省人民防空办公室对汉阳区机动指挥系统的可研报告和总体设计进行专家评审并提出整改意见，整改后正式批复同意。

【防空警报系统建设】 2022年，汉阳区人防办加强防空警报建设与管理，做好防空警报社会化维护管理“六有”（有职责制度、有专人管理、有管理协议、有登记记录、有档案资料、有经费保障）达标，更新防空警报设置。组织专业人员和工作人员对防空警报设施设备逐台进行安全检查与维护保养4次，对防空警报设置单位档案、人员信息、电源线路、警报机座进行摸底排查和维护保养，区内单位固定式防空警报设施设备运行情况良好。依法组织“10·25”防空警报试鸣，防空警报鸣响率、覆盖率100%。

（郑雅斯）

退役军人事务

【概况】 2022年，汉阳区退役军人和重点优抚对象各项优抚资金发放率、立功受奖现役官兵家庭送喜报工作完成率、义务兵家庭优待金发放率、符合政府安置政策退役士兵和军转干部（随调家属）安置率、退役军人接收率、自主就业退役士兵一次性经济补助发放率、意愿参加专业培训的退役军人培训率均为100%。年内，汉阳区推进全区11个街道和118个社区退役军人服务站的建档立卡工作，录入率达100%。

【退役军人接收安置】 2022年，汉阳区开展军转干部、随调家属、退伍士兵接收安置工作，发放待安置期间生活费，并缴纳医保和社保。接收退役士兵，向自主就业的退役士兵发放一次性经济补助共计127.08万元，向自谋职业的退役士兵发放一次性经济补助共计16.96万元。

【退役军人就业创业】 2022年，汉阳区组织开展退役军人专场招聘会4场，联系360余家企业，为退役军人提供岗位1.5万个。组织适应性培训1场；组织技能培训1场。开展14个专业的技能培训，发放退役士兵培训期间生活补助费共计35.5万元。

【优抚工作】 2022年，汉阳区及时向退役军人、重点优抚对象发放各项优抚资金，共计9656人次，总额达1628.43万元。春节、建军节慰问军属、烈属2733人次；发放义务兵家庭优待金547人次，发放一次性入伍奖励金共计275万元。为22名符合条件的企业军转干部发放在岗、再就业生活困难补助和调标补差费。救助企业军转干部170人次。为847名企业退休军转干部落实节日慰问金政策。帮扶医疗困难企业军转干部8人次、特殊困难企业军转干部10人次。节假日走访慰问军转干部。组织重点群体代表座谈会7场，参会77人。建立重点优抚对象联系网络，确定首批常态化联系对象321人。化解上级交办的重复信访件7件，信访接待2630人次，处理各类信访件223件。

2022年4月13日，武汉市汉阳区退役军人事务局开展军民共建“双拥林”活动
（汉阳区退役军人事务局 供图）

【双拥工作】 2022年，汉阳区“四大家”（党委、人大、政府、政协）领导和11个街道干部走访慰问驻区部队，赠送价值84.3万元的慰问物资。春节期间上门走访慰问陆军驻新疆某部干部家庭，建军节看望慰问驻区部队患病住院官兵和生活困难现役军人家庭。为驻区部队转业干部及秋冬季退役士兵赠送定制纪念品497份。制发《汉阳区2022年度为驻区部队办实事工作方案》，帮助95028部队教导大队整修营区路面，投入资金80万元。为区内现役军人送三等功喜报17份、“双争”（争创先进连队、争当优秀士兵）喜报31份、奖励金共计3.4万元。为2名现役军人的家庭提供法律援助，解决现役军人子女入学入托事项17人次。4月13日，市、区军地领导和干部群众80余人参加“军民共建‘双拥林’”活动，中央广播电视总台国防军事频道予以报道。8月，开展“‘法援惠民生、关爱军人军属’送法律服务进军营活动”。

【褒扬纪念工作】 2022年，汉阳区举行“7·1”向警予烈士生平展示厅揭牌仪式，展厅正式面向社会开放。举办“9·30”烈士公祭日活动，区“四大家”领导、各单位党政负责人、社会各界代表以及驻区部队官兵共200余人参加。开展县级及以下烈士纪念设施管理保护专项行动，对扁担山公墓内的辛亥铁血将士公墓和19座零散烈士墓进行管护，修葺碑体、描金碑文、清理环境，设置管护标识牌。

（黄澄）

经济管理

宏观经济管理

【概况】 2022年，武汉市汉阳区持续推进经济社会发展恢复重振进程。全年完成地区生产总值801.86亿元，比上年增长2.6%。其中，第二产业增加值150.41亿元，增长10.3%；第三产业增加值651.45亿元，增长0.8%。第二、第三产业结构由上年的21.4∶78.6调整为18.8∶81.2。

【重点项目建设】 2022年，汉阳区安排重点项目131项。其中，A类前期推进项目34项，B类在建项目73项，C类策划储备项目24项。全区73个在建重点项目（B类）完成投资224.9亿元，比上年下降55.7%。全年完工项目10项，占B类项目的4.1%。建设的工业项目14个，完成投资2.6亿元。建设的重点服务业项目46个，完成投资156亿元。建设的总部经济项目5个，完成投资9亿元。建设的基础设施重大项目17个，完成投资29亿元。全区有市级重大项目18个（在建项目15个，新开工项目3个），年度计划投资108亿元，市级前期项目1个。全年完成投资124.8亿元，达年度目标计划115.6%。其中，15个续建项目完成投资108.6亿元，为年度目标的116.7%；武汉冷冻机厂地块、武汉新城国博会展配套工程、黄金口停车场3个新开工项目完成投资16.2亿元。前期项目武汉船舶职业技术学院地块开工建设。

【经济运行管理】 2022年，汉阳区发展和改革局分解全年任务指标，定期召开地区生产总值（GDP）联席会议，优化经济运行监测调度机制，关注重点区域、重点行业、重点企业、重点项目，建立“谋划、落实、督办、问效”工作机制，加强监测分析和预警。制发《汉阳区加快推进现代化产业体系提升“1654”行动计划（2022—2024年）的通知》《汉阳区新能源汽车销售长廊奖励扶持政策（试行）》，明确产业发展目标及路径，助推特色主导产业强链延链补链。发展总部经济，为恒信汽车集团股份有限公司、九州通医药集团股份有限公司兑现市级奖励890万元。发展线上经济，为琴台大剧院管理有限公司争取5万元线上经济资金支持。争取2021年湖北省服务业发展引导资金200万元，用于支持服务业“五个一百”（即推进100个服务业重大项目建设；扶持100家服务业重点企业；打造100个服务业重点品牌；培养100名现代服务业领军人才；创建100个现代服务业发展示范区）工程重大项目建设。引育优质增量，关注新注册、转

2022年1月15日，2022年第一季度武汉市重大项目集中开工汉阳区分会场活动现场
（汉阳区发改局 供图）

表10　　2022年武汉市汉阳区工业项目一览表

单位：万元

序号	项目名称	计划总投资	完成投资
1	武汉金牛经济发展有限公司	50000	6360
2	湖北中烟卷烟材料厂	29989	460
3	百威（武汉）啤酒有限公司	16500	5189
4	琀市盛璟阳环保材料有限公司	9950	777
5	武汉孚安特科技有限公司	8000	3835
6	健民药业集团股份有限公司	6070	1708
7	武汉茗良报废汽车回收有限公司	5000	2196
8	健民药业集团股份有限公司	4828	84
9	武汉苏泊尔炊具有限公司	4000	3334
10	味好美（武汉）食品有限公司	2200	1074
11	武汉屈臣氏个人用品商店有限公司	1937	—
12	湖北鑫祥商品混凝土有限公司	1200	1031
13	武汉阿迪克电子股份有限公司	1000	411
14	黄鹤楼酒业有限公司	600	121

表11　　2022年武汉市汉阳区重点服务业项目一览表

单位：万元

序号	项目名称	计划总投资	完成投资
1	武汉国际文化商业中心A区	6490000	18227
2	武汉市杨泗港新港长江城	2304090	37394
3	归元项目B包	2050000	63890
4	归元项目A包	1950000	32850
5	中海建桥项目B包	1600000	19603
6	世茂锦绣长江	1600000	27652
7	中海建桥项目A包	1400000	42422
8	新建居住商业服务业设施文化设施中小项目（融创32号地）	990000	54075
9	武汉国际博览中心片区E4和E5地块项目	900000	55247
10	武汉1890	835921	49931
11	四新方岛地区A1至A7地块	791358	75954
12	兰亭大境	730000	90686
13	万科金域国际	563693	10673
14	新建居住、绿地与广场项目（四新方岛地区A8至A11地块）	532000	55522
15	远洋东方境世界观二期	520000	25583
16	电建地产洺悦江湾	509260	63682
17	万科新世纪翡翠滨江（汉江村“城中村”改造K3地块）	490000	21353
18	汉江新世界	400000	57604
19	黄金口产业园商业设施居住公园绿地建设项目	400000	21649

续表

序号	项目名称	计划总投资	完成投资
20	新建商业服务业设施及居住项目（B1、B2地块）	370000	26040
21	新建居住用地项目（国博E6地块）	366169	69388
22	中国（武汉）文化消费体验区	350000	44600
23	中南科研设计中心	350000	32343
24	钢丝绳厂A地块（卓越博译大江项目一期）	349771	46603
25	武汉新城国博会展配套工程	326200	38769
26	黄金口停车场开发项目	302323	31417
27	尚城国际	250000	20377
28	居住商业项目B9地块	246462	11447
29	新港临江汇	242000	25796
30	电建泷悦长安	238800	50693
31	燎原村“城中村”改造K8地块	231730	32185
32	新建居住及商业服务业设施项目（琴台天地）	221178	26930
33	武汉国博新城D区D10地块	207163	10399
34	福星惠誉汉阳城ABC地块建设项目	202991	39385
35	湖北交投实业总部	200000	14771
36	四新04C4地块	192903	14971
37	商务用地和居住用地（鹦鹉大道与二环线交叉东北角）	170799	12124
38	汉桥村“城中村”改造K5地块	170000	23265
39	武汉国博新城D区D13地块	158827	11475
40	武汉国博新城D区14地块	150000	18437
41	燎原村“城中村”改造K14地块	149994	18890
42	领地银保城	125000	23298
43	仙山村“城中村”改造项目K7—2地块	109517	20154
44	东投汉阳城	100000	34897
45	汉阳市政建设大厦	96000	17232
46	居住、商业项目（芳草西路以东、芳草二街以北的O4A13地块）	55000	24565

表12　2022年武汉市汉阳区总部经济项目一览表

单位：万元

序号	项目名称	计划总投资	完成投资
1	万科金域国际	563693	10673
2	中南科研设计中心	350000	32343
3	湖北交投实业总部	200000	14771
4	四新04C4地块	192903	14971
5	汉阳市政建设大厦	96000	17232

表13　　2022年武汉市汉阳区基础设施重大项目一览表

单位：万元

序号	项目名称	计划总投资	完成投资
1	武汉新区四新片区基础设施和环境治理项目	3450000	34013
2	汉江南岸综合治理工程EPC	383331	57651
3	龙阳湖岸线整治及景观提升工程	288966	47949
4	世界一流城市电网电力通道（土建部分）项目EPC	182219	8865
5	琴台大道（三环线至二环线）工程	109086	40269
6	钟家村片区老旧小区改造项目	69744	7436
7	市政管网混错接改造及缺陷修复工程（EPC)	52278	3802
8	杨泗港都市T台（杨泗港国际集装箱码头段）连通及景观工程	35545	25037
9	新五里后堤（洲头南路至锦绣路）道路排水工程	34286	8392
10	墨水湖生态治理工程（三期）	26518	15179
11	莲花公园工程	23515	4198
12	国博公园工程	19466	6645
13	老旧小区改造工程（三期）EPC	16218	13066
14	龙阳湖水体提质及生态修复工程（一期）	14507	10195
15	港渠生态修复及岸线整治工程	14062	9683
16	桥机路及桥机横路改造工程、芳卉园小区海绵化改造工程	3623	3131
17	源头海绵改造工程	3284	2483

注册企业，定期汇总区行政审批局、税务局新注册企业数据，建立企业培育库，构建“月初派单—月中跟踪—月末反馈”工作流程。关注“一街一品”工程对潜力企业挖掘情况，确保达标即入统。全年服务业进规企业58家，创服务业入库历史新高。聚力企业帮扶，落实国务院稳住经济一揽子政策措施和湖北省133项工作举措，细化汉阳区贯彻落实清单，做好一揽子政策对接和兑现工作。推动“解难题、稳增长、促发展”企业帮扶，摸排走访全区项目、园区和企业508家（不含省、市级包保包联企业134家），梳理企业反馈问题364个，实现问题解决（销号）率100%。

【固定资产投资】 2022年，汉阳区完成全社会固定资产投资220.3亿元，比上年下降55.7%。其中，第二产业投资下降29.8%，第三产业投资下降56%，城镇投资下降39%，房地产开发投资下降59.5%。

【营商环境优化】 2022年，汉阳区完善实施“金牌管家助企工程”，开展“知音帮帮团”服务，强化优质制度和服务供给，在2022年武汉市考核、湖北省评价中排名均为第一。出台《2022年优化营商环境工作要点》，制定改革事项清单110项，组织全区54个部门、3000余名党员干部参与“知音帮帮团”，向508家企业推送《惠企政策一本清》，兑现惠企政策承诺。全年为2439户次纳税人办理退税金额15.03亿元；为587户小微企业、个体户担保金额5.57亿元；为1251户次企业发放银税互贷贷款金额10.56亿元；为1443户市场主体拨付纾困贷款贴息资金0.43亿元。开展人力资源对接，组织多种形式招聘会，助推企业稳岗稳工。“阳小税‘精简达’”创新项目获湖北省人民政府签批表扬；“复议为民促和谐”专项行动受司法部通报表扬；“四有”（有温度、有速度、有力度、有深度）服务赋能市场主体发展、“用心用情温暖新就业群体”、不动产“流动办证服务队”等创新举措被国家级权威媒体推介；政务服务“深耕工程”被湖北省人民政府职能转变和“放管服”改革办推广。《政策》《武汉宣传》专版报道汉阳经验，推动以营商促发展长效机制。

政务服务　提升市场准入便利度，打造企业开办“1050”（企业开办涉及的多个事项1次申报，0.5个工作日内办结，0费用）升级版，推行“企业开办+银行开户”一体化服务新模式，深化“证照分离”改革，实行“住所承诺制”。全年新增市场主体14622户。在19个行业推行“一业一证”，办证309件。加快政务服务标准化、信息化建设。区政务中心实现35个区级部门全入驻、1661项政务服务事项“一窗通办”，40个事项“一事联办”。探索工程建设“一口受理、并联审批”，推行“拿地即开工”五证同发，优化工程项目联合验收。推进网上政务服务能力建设，加快建设政务“一张网”，完善“一网统管”，实现28个系统与武汉市统一受理平台对接。推进“一网通办”，区级“网上办”比率达98.8%。

营商环境法治保障　推进全区社会信用体系建设，营造阳光安心市场环境。规范信用信息归集和报送，上报信用信息41万条，完成4个区级平台与市信用平台信息互通调用。制发《汉阳区法治政府建设实施方案》，依法平等保护市场主体合法权益。区人民政府联合区人民法院发布《行政审判白皮书》，“执行一站式办理”试点举措在湖北省推广。

（魏丹枫）

2022年8月5日，武汉市汉阳区发展和改革局工作人员走访中交试验检测加固工程有限责任公司，为企业送去《惠企政策一本清》（汉阳区发改局　供图）

【招商引资】　2022年，汉阳区围绕产业布局和产业链精准招商。聚焦“1+6”产业（“1”指数字经济，“6”指大健康产业、工程设计与建造产业、汽车后市场产业、智能制造产业、金融商贸产业、会展文旅产业）发展方向，“四区两带”（“四区”指钟家村古城商贸区、琴台中央文化艺术区、四新新城总部区、高铁产城融合区，“两带”指长江会展商旅带和沿汉江艺术文旅带）空间格局，绘制更新《汉阳区产业招商地图》。签约落户容百集团华中总部及新能源技术研究院项目；注册落户中国电建集团华中区域总部、湖北永辉彩食鲜供应链有限公司总部、美的集团湖北总部等500强总部；签约国家电投湖北绿动新能源总部、汉龙新能源科技股份有限公司华中总部、中城绿脉科技有限公司总部等上市及准上市企业总部。突破性发展数字经济，对接洽谈杭州数字经济领域高成长性企业30余家，落户趣链科技有限公司华中区域总部、数澜科技有限公司等企业。招引瑞光康泰科技有限公司生产基地项目落户，吸引聚成医疗器械有限公司生产基地落户；以“北斗七星”招引计划引领汉阳地理信息产业发展，签约中煤地下空间科技发展有限公司、天际航信息科技股份有限公司总部、兆格信息技术有限公司总部等企业。围绕建设“区域金融中心”契机，招引落户湖北省铁路建设投资集团有限责任公司1000亿元基金、太保长航股权投资基金（武汉）合伙企业（有限合伙）200亿元母权基金等项目，签约50亿元容百新能源电池三角基金。利用武汉基金产业基地各类产业基金，通过基金招商引入滴水科技有限公司、天际航信息科技股份有限公司等“独角兽”企业，通过股权投资，投资凯德维斯生物技术有限公司、灵汐科技有限公司、欧派国际集团奢批总部等项目。全年产业项目到位资金完成180.37亿元；外商直接投资（FDI）完成2040万美元。纳入省级1亿元以上项目签约库41个。招商引资项目开工9个。全年接待知名投资商考察300余批次，引进市外国内资金470.44亿元，比上年下降26.7%，招商签约落户中国电建集团华中区域总部、中城绿脉湖北检测有限公司等项目50个。招商引进1亿元以上项目45个，其中10亿元以上服务业项目18个。引进战略性新兴产业项目1个，即深圳北斗院汉阳项目；引进投资30亿元以上现代服务业项目2个，即中国电建集团华中区域总部项目、容百华中区域总部项目；引进世界500强投资项目2个，即中国电建集团华中区域总部项目、中城绿脉特种设备检测中心项目；引进企业总部或区域总部2个，即中国电建

2022年4月27日，武汉市汉阳投资发展集团有限公司与凯德维斯生物技术有限公司正式签订股权投资协议　（汉阳区商务局　供图）

集团华中区域总部项目、中城绿脉特种设备检测中心项目；引进外向型产业项目5个，即优合食品进出口项目、拓戎贸易有限公司项目、裕阳贸易有限公司项目、枫拓贸易有限公司项目、武汉华屹国际电子商务有限公司项目。全年实际利用外资3.02亿美元，比上年下降65.4%。

（吴桐）

国有资产监管

【概况】 2022年，武汉市汉阳区人民政府国有资产监督管理局（以下简称汉阳区国资局）加强国有企业监管，推进国有企业改革，“城中村”改制公司监督管理，行政事业单位资产管理，稳步推进各项任务完成。央企合作项目完成投资额28.41亿元。全区国有企业资产总额690.7亿元，营业收入140.2亿元，利润总额6.2亿元，上缴税费5亿元。全年实现国有资本经营收入5838.5万元，比上年增长6.9%。减免承租国有资产类经营用房中小微企业房屋租金755.57万元。

【国有企业监管】 2022年，汉阳区优化国有资本布局，提升监管效能。制发《关于区出资企业强化营运管控提升主业质效的通知》，指导区属国有企业完成主业核定，构建业务有进有退、企业优胜劣汰、板块专业化经营、管控精干高效发展格局。探索金融赋能企业发展，会同证券机构系统谋划“国资公司”整合，开创汉阳国企改革发展新局面。运用纪检监察监督、巡察监督、审计监督结果，统筹衔接国资监管。推动建立区属国企会商工作机制，多部门贯通融合，形成监督合力，释放监督治理效能。聚焦重点领域和关键环节，加强研判，精准施策。出台《区属国有企业违规经营投资责任追究实施办法（试行）》等制度20余项，推动企业改革发展政策保障网。强化企业投资、经营、财务、法律和安全生产等各类风险隐患防控。开展季度专项审计检查并督促企业整改落实，助力企业科学管理规范运营。强化安全监管，采用线上线下结合方式组织区属国有企业安全生产培训2次。组织汉阳区属国有企业2022年应急救援演练比赛，联合企业开展“安全生产排查整治”行动5次。深化清廉国企建设，制发《汉阳区清廉国企建设考核实施方案》《汉阳区清廉国企建设考评细则（2022年）》，汉阳区国资局联合汉阳区纪委监委做好清廉国企考评，通过武汉市人民政府国有资产监督管理委员会开展清廉国企建设检查。分类实施绩效考核，根据企业特点和发展阶段，实行“一类一策”和“一企一策”相结合、年度考核和任期考核相衔接、结果考核与过程评价相统一、考核结果与奖惩任免相挂钩考核制度，科学设置考核指标，聚焦考核重点，对标对表，完成年度考核工作。支持企业发展，编制执行国有资本经营预算，落实项目经费拨付，加强资本布局整体调控，全年增加企业注册资本金5亿元。加强企业人才梯队建设，研究制订《汉阳区区属国有企业领导人员管理暂行办法》《汉阳区区属国有企业管培生管理办法（试行）》，建立国有企业领导人员管理机制，储备国有企业领导人后备干部队伍。

【国有企业改革】 2022年，汉阳区完成国企改革三年行动。制发《汉阳区国企改革专项行动实施方案》，统筹规划国企改革重点任务。配套颁发制度文件20余项，组织国企改革专题培训会2次、国企改革观摩学习会4次、国企改革工作专题推进会5次、公司制改革调度会5次。提升国有企业治理效能，完善党委会、董事会、专委会建设，形成权责法定、权责明晰、协调运转、有效制衡公司治理机制。完善企业经营机制，推进经理层成员任期制契约化管理和职业经理人制度，完善董事会向经理层授权管理机制。按照“政企分开、事企分开，激发活力、规范监管”原则，完成汉阳渔场公司制改革，成立武汉市两江生态科技发展有限公司。全年国有企业改革专项行动六大方面75项重点任务完成率超过97%，在武汉市国有资产监督管理委员会的考核评价中，汉阳区综合考核名列第一名。

【行政事业单位资产管理】 2022年，汉阳区细化行资监管，激活全区国有资产“一盘棋”。调拨行政事业单位国有资产1.35亿元，处置资产6598.88万元。落实武汉市第五医院西院建设；落实知音站台拆迁、平安大楼、人力资源产业园、青创园等楼宇、园区建设及资产调配，助力打造汉阳区特色楼宇和产业集聚。落实国务院《行

2022年10月10日，武汉市汉阳区人民政府国有资产监督管理局举办国企改革专项行动专题培训会 （汉阳区国资局 供图）

政事业性国有资产管理条例》等文件要求，出台《关于进一步加强全区行政事业性国有资产管理工作的通知》，促进行政事业性国有资产管理法治化、规范化、程序化。开展资产管理专题培训3次，涉及全区198家行政事业单位分管领导和工作人员，参与培训500余人，提升业务人员专业技能。

【“城中村”改制公司监督管理】 2022年，汉阳区推进“城中村”改制公司深化改革，强化监管促规范。摸底调研全区8个街道所属14家“城中村”改制企业，倾听企业诉求，破解发展难题。总结“三资”（农村集体资金、农村集体资产和农村集体资源）改革试点经验、谋划“城中村”改制企业发展路径。落实2022年度36家“城中村”改制企业日常巡查和年度专项审计，实现实地巡检率100%，三年完成“城中村”改制公司审计36家。通过全方位、全过程、全覆盖检查、审计、整改，规范“三资”企业运行。

【企业改制遗留问题化解】 2022年，汉阳区落实企业改制历史遗留问题稳定和政策宣传解释。推进国企职教幼教统筹协调，测算661名教师退休待遇，按时发放资金1300余万元。拨付困难企业社保费及事转企改制人员生活补贴约900人、资金720万元。汉阳区国资局阳光信访平台、市民热线、城市留言板等结案率100%，机关基层站所“双评议”（评价主体通过对评价对象工作质量、效率、态度等进行满意度评价，从而汇总排序产生“十优满意单位”和“十差不满意单位”的考核评议制度）满意度100%。

（吴健）

财　政

【财政收入】 2022年，汉阳区完成一般公共预算总收入121.51亿元，比上年增长2%。其中，完成地方一般公共预算收入88.48亿元，增长0.7%；完成上划中央收入33.02亿元，增长4.2%。在地方一般公共预算收入中，税收收入79.39亿元，增长0.1%，其中，增值税17.41亿元，增长7.6%；企业所得税15.89亿元，下降2.3%；个人所得税3.13亿元，增长3.5%；城建税4.18亿元，下降0.7%；房产税2.46亿元，下降22%；印花税1.99亿元，增长30.4%；城镇土地使用税6850万元，下降3.1%；土地增值税20.38亿元，增长3.6%；车船使用和牌照税2.58亿元，增长1.8%；耕地占用税1970万元，下降13.6%；契税10.48亿元，下降18.7%；环保税98万元，增长292%；其他税收收入173万元。非税收入9.09亿元，增长7.8%。其中，国有资源（资产）有偿使用收入5.8亿元，增长17%；行政性收费收入5296万元，增长0.3%；罚没收入5274万元，下降29%；教育费附加收入1.78亿元，下降0.6%；残疾人就业保障金收入2786万元，增长13%；政府住房基金收入1802万元，增长44.4%。

【财政支出】 2022年，汉阳区财政总支出75.01亿元，比上年下降0.9%。其中，一般公共服务支出9.11亿元，下降2.5%；公共安全支出5.44亿元，下降9.1%；教育支出17.48亿元，增长0.1%；科学技术支出2018万元，下降68.6%；文化体育与传媒支出2722万元，下降19.7%；社会保障和就业支出10.8亿元，下降6.5%；卫生健康支出8.41亿元，增长46%；节能环保支出1314万元，下降16.2%；城乡社区事务支出11.49亿元，下降15%；农林水事务支出1.83亿元，下降3.3%；交通运输支出244万元；金融监管等事务支出1445万元，增长80.2%；资源勘探工业信息等事务支出5.56亿元，下降3.8%；商业服务业等事务支出3270万元，增长93%；住房保障支出2.11亿元，增长15.6%；政府债务还本付息支出8336万元，增长19.8%。基金预算支出85.14亿元，增长39%。

【财政预算和决算管理】 2022年，汉阳区推进区级预算、部门预算和“三公”经费（政府部门因公出国〈境〉、公务用车购置及运行、公务接待所产生的费用）等预算公开，主要公开2021年区级预算执行和2022年区级预算草案的报告，2022年一般公共预算、政府性基金预算、国有资本经营预算收支预算表、区级“三公”经费财政拨款预算表、政府性债务情况表以及2022年度财政预算调整的报告。除涉密部门外，其他区直部门全部按统一格式公开预算说明和附表，“三公”经费说明和附表，以及其他按规定需要公开的相关表格，公开率100%。完成2021年度财政总决算和部门决算编制工作。探索决算管理日常化，利用一体化全流程贯通特性，推动决算管理向预算编制、预算执行、会计核算等日常管理延伸。

【财政监督】 2022年，汉阳区规范财政资金管理，全面启动行政事业单位年度内部控制报告编报。开展代理记账行业违法违规行为专项整治，依规清理“楼堂馆所”“三公”经费。开展工资津贴补贴检查，建立区公务员工资津贴补贴联席会议制度，核查全区工资津贴补贴发放标准和政策论据，维护工资津贴补贴政策的统一性和严肃性。推进预算绩效目标管理，实现年度区直预算部门整体支出绩效目标以及项目支出绩效目标编报全覆盖。多层次实施绩效评价，组织全区预算单位自评预算项目支出和部门整体支出绩效，自评率100%，并对72家一级预算单位绩效自评情况、预算执行情况、绩效目标完成情况实施再评价。接受人大监督，督促评审发现问题的相关单位加强整改，提升工作质效。聚焦惠民惠农财政补贴政策，开展惠民惠农“一卡通”治理工作回头看。深入全区118个社区，发放2000多份“一卡通”专项整治宣传手册，上门入户核实掌握各项政策落实、资金到位情况，解答群众的疑问，核查17类涉及4万多名群众、资金达1.37亿元的惠民惠农财政补贴项目执行情况，消除政策落地中的“中梗阻”，确保补贴资金及时足额到户、到人。

【政府采购管理】 2022年，汉阳区落实采购领域优化营商环境措施。减轻供应商资金压力，默认设置“湖北省政府采购网”招标文件零费用，降低交易成本。加大政府采购合同融资投放金额度，全年完成政府采购融资合同金额超过1200万元。缩短政府采购合同约定满足支付条件时间，增加监督管理系统“提醒预警”功能，保证款项5日内及时到达。强化电子采购平台“四方信用评价”功能，实现采购人、采购代理机构、供应商、评审专家全程参与政府采购项目互评监督。

【会计工作管理】 2022年，汉阳区加强代理记账机构管理。根据《省财政厅关于加强全省代理记账行业管理的通知》精神，完成全区范围内97家代理记账机构2021年度备案。开展全区代理记账行业违法违规行为专项整治，按照武汉市财政局核查名单，逐一下达整治通知书，核查125家“无证经营”企业和41家“虚假承诺”企业，督促企业完成问题整改。全面启动行政事业单位2021年度内部控制报告编报，186家单位完成年度内部控制报告编报，报送率100%。

【增收节支】 2022年，汉阳区围绕财政收入目标，对标对表强化责任，建立“一街一档”工作台账，制定《武汉市汉阳区关于加强房地产行业税源管理的工作方案》，加强房地产行业税收征管，追缴欠税近3亿元，应收尽收，及时入库。加大财政存量资金盘活力度。及时清理收回财政存量资金，收回财政结余资金和结转两年未使用资金1.14亿元，调整用于各项民生及重点项目支出，提高财政资金使用效率。压减一般性支出，落实过“紧日子”要求，优化支出结构，按20%比例压减项目支出，全年压减非急需、非刚性支出1.05亿元，全部收回总预算统筹。

【地方政府债务管理】 2022年，汉阳区规范和加强地方政府债务管理，优化债券资金投向，缓解财政资金支出压力。加强政府债务限额和预算管理，全年新增地方政府债券79.33亿元，支持教育、医疗、交通、城市环境、城市基础设施等重点领域。加强政府债券资金绩效管理。研究探索专项债券项目资金纳入绩效管理，紧盯资金流向，加快债券使用进度，提高资金使用效益。严防政府债务风险。逐笔落实化债资金来源，足额保障到期政府债务还本付息，全年偿还到期政府债券本息9.81亿元（含市列区用债务付息1.73亿元），本息偿还率100%。推进落实政府偿债备付金制度，提升防范政府债务风险的能力。

2022年6月6日，武汉市汉阳区财政局预算科、国库科走访企业，现场了解企业经营情况及困难，宣传惠企政策 （汉阳区财政局 供图）

【民生保障投入】 2022年，汉阳区保持超70%财政支出用于民生事业发展。落实困难群众扶持政策，推进卫生健康事业发展，促进稳岗就业保民生，全年“三保”（指保基本民生、保工资、保运转支出）支出投入49.77亿元。坚持教育优先保障，推进教育项目建设，优化教育支出结构，全年投入教育资金17.48亿元。落实疫情防控工作，统筹划拨3.97亿元。落实财政资金直达机制，强化民生保障，管好用好中央直达资金8.76亿元。

【财政政策落实】 2022年，汉阳区落实营商留商等优惠政策，促进人才产业园、青创园、星链等园区建设，拨付武汉合亚久贸易有限公司、中铁大桥局集团有限公司、九州通医药集团股份有限公司等企业各类奖励或补贴资金0.98亿元。会同税务等部门及时建立工作机制，积极调拨库款，全年落实增值税留抵退税政策49.48亿元，落实行政事业单位租金减免政策0.07亿元，涉及地方收入减收15.15亿元。及时兑现再贷款贴息、创业担保贷款贴息政策。纾困贴息的中小微企业及个体工商户共447家，贴息贷款规模14.09亿元，拨付纾困贷款贴息资金0.17亿元，缓解中小企业“融资难、融资贵”问题。落实重大决策部署，拨付2.09亿元支持基金产业基地、人力资源产业园等重大项目建设，壮大支柱产业。

（黄云）

税 务

【概况】 2022年，汉阳区增值税留抵退税还原后，公共财政预算收入163.45亿元，比上年增长0.9%。其中，中央级收入66.04亿元，增长2.2%；省级收入3480万元，增长2.7%；市级收入8120万元，增长2.7%；区级收入96.25亿元，增长0.1%。推行增值税留抵退税“精简达”（通过“精”准识别推送办税信息、“简”化申报资料流程、退税资金直“达”纳税人账户）纳税服务新模式，列入湖北省优化营商环境改革先行区名单。推行简易处罚智能管控试点，经验做法在武汉市推广。

【税收收入】 2022年，汉阳区增值税留抵退税还原后，完成税收收入162.8亿元，比上年增长1.8%。其中，企业所得税41.72亿元，下降1.7%；完成个人所得税7.91亿元，增长3.8%；完成城镇土地使用税6850万元，下降3.1%；完成城市维护建设税4.18亿元，下降0.7%；完成印花税1.99亿元，增长30.4%；完成土地增值税20.38亿元，增长3.6%；房产税2.46亿元，下降22%；完成车船使用和牌照税2.58亿元，增长1.8%；完成耕地占用税1970万元，下降13.6%；完成契税10.48亿元，下降18.7%。全年全区完成社会保险费收入37.14亿元，比上年增加5.53亿元，比上年增长17.5%。企业职工基本养老保险费收入2.1亿元，增加3.52亿元，增长20.2%；职工基本医疗保险费收入12.54亿元，增加1.6亿元，增长14.6%；失业保险费收入1.02亿元，增加1322.14万元，增长15%；工伤保险费收入3511.58万元，减少352.07万元，下降9.1%。

【税收征管】 2022年，汉阳区设立税务登记1.37万户，变更登记51.17万户次。至年底，有开业状态税务登记户5.3万户。其中，增值税一般纳税人1.03万户，占总户数的19.5%；小规模纳税人4.23万户，占总户数的80.5%；个体工商户2.05万户，占总户数的38.7%。增值税留抵退税还原后，全年组织入库增值税64.97亿元，比上年增长7.6%；入库消费税5.2亿元，增长14.4%。新增增值税一般纳税人1488户，增长2.4%。重点行业增值税实现销售收入、应纳税额、应纳税负同步增长目标，汽车经销行业、医药经销行业、钢材经销行业、大型商业企业、商品砼销售企业、工业园小型企业累计实现入库增值税8.93亿元，比上年增加12.11亿元，增长15.7%。全年入库税款1000万元以上重点纳税大户144户，比上年减少7户；入库税款114.03亿元，下降1.97%。武汉二零四九保利房地产开发有限公司等73家企业纳税额在3000万元以上。全年完成8177户企业所得税汇算清缴，有税面28.4%。通过年度申报审核、行业检查、纳税评估，调整补税约1.11亿元。征收非居民税收收入1.38亿元，比上年增加808.8万元，增长6.2%，实现反避税补税777.86万元。全年区内纳税前50名企业缴纳税金91.81亿元，占全区纳税户纳税总额的56.4%。其中纳税超过1亿元的企业29个。

【纳税服务】 2022年，汉阳区落实《国家税务总局武汉市税务局2022年度优化税收营商环境工作方案》30条举措，升级“金牌管家”，对接企业发展需求，推出系列减税降费“硬举措”。利用税收大数据，为企业量身定做“一户式减税降费政策大礼包”。增值税留抵退税“精简达+”项目进入湖北省优化营商环境改革先行区名单；“年度纳税缴费账单”入选湖北省税务系统“我为群众办实事”优秀案例；4篇简报在省、市政府营商办公室采用，其中3篇专报分别获省、市级领导签批。开展纳税服务“春风行动”，细化分工五大类20项126条便民办税春风服务措施，按图对表逐项落实到位；开展纳税人、缴费人问需走访，凝聚合力助企纾困解难，走访企业3.18万户。规范涉税中介服务行为，发挥涉税专业服务机构纳税服务引领作用。

【税收风险防控】 2022年，汉阳区聚焦全税种全环节的风险防控，通过金税三期风险管理平台累计应对各类高、中、低类风险173批任务、2449户次，补缴税款5.4亿元，加收滞纳金1252.45万元，调减留抵3165.34万元，企业所得税调整应纳税额1578.79万元，企业所得税调整应纳税所得额9.57亿元。查补税款及加收滞纳金，比上年分别增长540.2%、114.6%。结合增值税留抵退税风险特点，加强任务全程跟踪管理，关注风险分析应对进程，逐一审核风险任务反馈结果，分类建立应对结果反馈问题清单台账。全年对385户下发留抵退税应对任务，开展事后风险疑点排查，对其中存在问题的293户企业，督促回缴税款4726.72万元。开展自行对留抵退税企业后续申报情况分析比对，回缴金额1416.32万元。关注“城中村”改造征管风险，加强政策宣传，严格执行政策，对6户“城中村”企业开展纳税评估，合计查补税款8936.58万元，加收滞纳金150.3万元，调整

2022年4月1日，武汉市汉阳区税务局开展“春风享税惠”税企游园会活动

（汉阳区税务局 供图）

表14　　2022年武汉市汉阳区纳税50强企业一览表

单位：万元

序号	企业名称	所属行业	纳税金额
1	武汉二零四九保利房地产开发有限公司	房地产开发经营	85249
2	武汉誉天兴业置地有限公司	房地产开发经营	68771
3	百威（中国）销售有限公司	批发零售业	58701
4	武汉新得房地产开发有限公司	房地产开发经营	40420
5	九州通医药集团股份有限公司	批发零售业	39599
6	武汉屈臣氏个人用品商店有限公司	批发零售业	34518
7	湖北楚天智能交通股份有限公司	服务业	31667
8	湖北中烟工业有限责任公司	制造业	30644
9	百威英博（武汉）啤酒有限公司	制造业	28421
10	武汉新城国际博览中心有限公司	房地产开发经营	26437
11	湖北交投物流集团有限公司	建材批发业	25702
12	武汉广申房地产开发有限公司	房地产开发经营	24368
13	武汉安和盛泰房地产开发有限公司	房地产开发经营	22206
14	湖北省烟草公司武汉市公司汉阳营销部	批发零售业	19539
15	中国人民财产保险股份有限公司湖北省分公司	金融业	18876
16	武汉卧龙墨水湖置业有限公司	房地产开发经营	18437
17	味好美（武汉）食品有限公司	制造业	17520
18	湖北中烟卷烟材料厂	制造业	17307
19	武汉威子博房地产开发有限公司	房地产开发经营	17247
20	健民药业集团股份有限公司	制造业	15953
21	武汉苏泊尔炊具有限公司	制造业	14502
22	武汉市汉阳市政建设集团有限公司	建安业	14466
23	中铁大桥局集团武汉置业发展有限公司	房地产开发经营	13888
24	湖北汉江新世纪投资有限公司	房地产开发经营	13391
25	中国平安财产保险股份有限公司武汉市汉阳支公司	金融业	12472
26	名流置业武汉有限公司	房地产开发经营	11674
27	武汉市城市建设投资开发集团有限公司	房地产开发经营	10804
28	武汉融景臻远房地产开发有限公司	房地产开发经营	10546
29	武汉广电新城房地产开发有限公司	房地产开发经营	10465
30	武汉洺悦领江房地产有限公司	房地产开发经营	9781
31	湖北省交通投资集团有限公司	公路管理与养护	9737
32	湖北省交通规划设计院股份有限公司	服务业	9722
33	武汉煜茂置业有限公司	房地产开发经营	9258
34	中国人民财产保险股份有限公司武汉市分公司车商营业部	金融业	8626
35	黄鹤楼酒业有限公司	制造业	8273
36	中国人民财产保险股份有限公司武汉市车商营销服务部	金融业	8162
37	湖北省高速公路实业开发有限公司	公路管理与养护	7976
38	金牛世纪实业控股集团有限公司	制造业	7943

续表

序号	企业名称	所属行业	纳税金额
39	武汉庭瑞信置业有限公司	房地产开发经营	7792
40	武汉新天澜置业投资开发有限公司	房地产开发经营	7719
41	湖北交投集团财务有限公司	服务业	7659
42	武汉惠誉华天置业有限公司	房地产开发经营	7599
43	武汉弘盛永泰置业有限公司	房地产开发经营	7569
44	武汉世纪金牛管件技术有限公司	制造业	7351
45	武汉元慧置业有限公司	房地产开发经营	7199
46	武汉睿茂置业有限公司	房地产开发经营	6866
47	中铁大桥勘测设计院集团有限公司	服务业	6523
48	武汉庭瑞忠置业有限公司	房地产开发经营	6337
49	武汉博宏建设集团有限公司	建安业	6328
50	武汉金牛经济发展有限公司	制造业	5914

应纳税所得额 4500 万元，弥补亏损 916 万元。及时展开风险应对复核，督促各应对机关及时整改。编写综合类及政策执行类《风险应对指引及规范》，并在武汉市税务系统推广。编写《自然人电子税务局网上更正指南》，减少扣缴义务人到办税服务大厅更正个税扣缴申报信息的次数，同步减轻办税工作人员的工作负担。开展多部门联动分析小汽车涉税风险，多次召开专题会现场解决小汽车“高买低卖”和“手机变票”等疑难杂症。专项应对工作涉及纳税人 21 户，确认 13 户存在风险，补缴税款 89.36 万元。其中，增值税 67.03 万元，企业所得税 2.92 万元，个人所得税 12.42 万元，其他税费 6.98 万元，调减增值税留抵税额 11.33 万元，调减以前年度亏损金额 192.92 万元，加收滞纳金 3.1 万元。查找商品砼、土地使用权转让、增值税留抵退税涉及部分重点疑点企业风险点，并与武汉市税务局对接外部和后台数据，展开税收风险分析。自发起风险任务 6 户，命中率 100%，查补入库税款 7272.61 万元，加收滞纳金 37.45 万元。

【税收优惠政策落实】 2022 年，汉阳区执行税收优惠政策，利用短信平台向 1.4 万户纳税人及时推送应对疫情部分税费优惠政策、小规模纳税人征收率调整及免征增值税税收优惠等最新政策，提高政策知晓度和覆盖面。设专人及时回答税源管理部门和纳税人的政策咨询。加强办税服务厅以及税源管理所人员培训，帮助一线工作人员准确掌握税收优惠政策，提供优质服务。强化部门协同，在发现纳税人应享受未享受税收优惠政策后，及时推送给税务所应对处理；协调办税服务厅和收入核算部门，辅导纳税人更正申报以及办理退抵税，精简税收优惠享受流程。指定专人运用减税“减免清”系统，将小规模纳税人和一般纳税人预警数据，及时发放各税务所跟进处理。全年有 8.76 万户次小规模纳税人享受小微企业优惠政策，免征增值税税额 6.2 亿元。4865 户小微企业减免企业所得税 2.94 亿元；59 户企业享受加速折旧政策，优惠金额 1.9 亿元，税收优惠政策享受面 100%。

【简易处罚智能管控试点】 2022 年，汉阳区推行简易处罚智能管控试点。将逾期未申报的违法事项和原需线下办理又无争议简易处罚事项，转移至

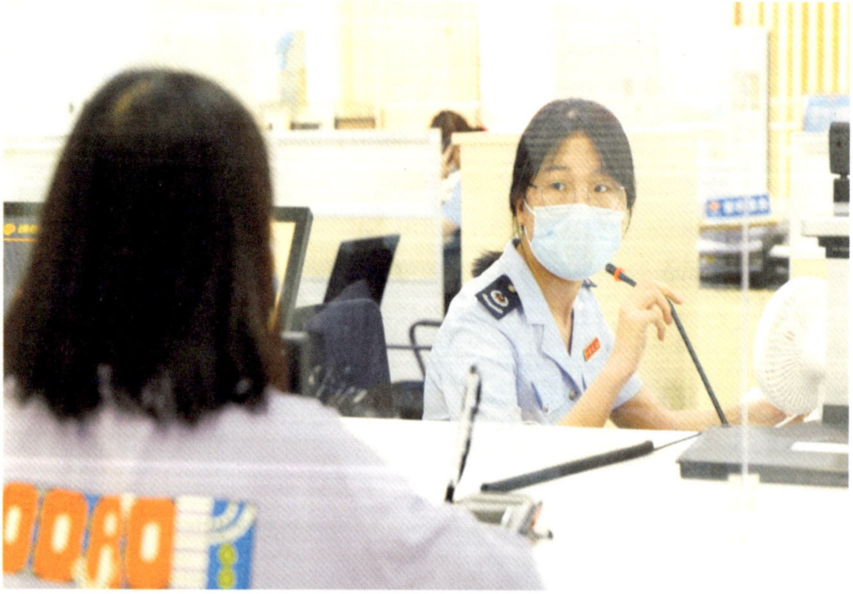

2022年7月，武汉市汉阳区税务局工作人员向纳税人讲解办税流程
（汉阳区税务局 供图）

线上电子税务局办理，纳税人通过网上点鼠标实现简易处罚“马上办”。武汉市汉阳区税务局成立专项试点领导小组，建立联络员制度，实行“一把手负全责，指定专人联办”的责任机制。结合实际制定试点方案，对试点工作目标、任务、实施步骤等进行全面安排部署。省、市、区税务局多次召开调研会，开展多次论证，结合申报过程与行政处罚流程，实现简易处罚的简易化、精准化和智能化。建立规范流程，开展预生产环境测试。对当月逾期、多月份逾期、手工催报、自动催报超期、未超期等 10 余个大类近 400 次组合式测试，收集不同情况测试数据 70 余种，改进和打通多个智能监测和智能控制环节。联网湖北省“金税三期”系统，在湖北省率先实现逾期未申报简易处罚“智能提醒、智能判断、智能处罚、智能管控”全智能服务，纳税人“一次登录、一次办结”试点经验在武汉市推广，《中国税务报》《湖北日报》和“学习强国”等媒体平台给予报道。

（杨洁）

金融监管

【概况】 2022 年，武汉市汉阳区开展精细化金融管理与服务，以建设武汉基金产业基地为着力点，拓宽金融业发展赛道，助力市场主体，提升金融服务实体经济能力。全年金融业完成生产总值 63.89 亿元，比上年下降 1.5%。

【金融组织监管】 2022 年，汉阳区加强地方金融组织监管。强化日常监督管理，落实小额贷款公司、融资租赁公司、融资担保公司报表数据审核校验和报送。开展年审评级，配合湖北省、武汉市金融主管部门，通过实地走访、审计营业资料、网上监管等方式加大监管力度。开展金融风险排查，防范机构经营风险，促进类金融机构合规经营、稳健发展。至年底，全区有类金融机构 13 家，其中小额贷款公司 5 家。

【金融风险隐患治理】 2022 年，汉阳区维护地方金融稳定发展。做好涉金融信访维稳。处理市长热线、城市留言板等涉金融投诉 143 件，案件处理满意度 87%；排查矛盾纠纷隐患 1 条，协助做好“爱晚系”“光彩玖玖”等全市一批重大信访案件处置，未发生严重涉稳事件。开展涉金融领域企业风险排查与处置。对 34 家养老企业展开金融风险排查，发现风险隐患线索 1 条，企业已完成整改。

【普惠金融引导】 2022 年，汉阳区落实纾困贷款贴息政策，推广“汉融通”平台，拨付 2021 年第一批次中小微企业及个体工商户纾困贷款贴息资金 1734.24 万元。其中，贴息贷款笔数 802 笔，涉及中小微企业及个体工商户 447 家，第二批次进入拨付前期准备阶段。发挥政府性担保机构增信作用，加快推进新型政银担合作体系下的创业担保贷款合作，形成创业担保和武汉市融资担保有限公司共同运作格局，全年创业担保贷款结余 66 笔，贷款余额 4144 万元。落实创业担保贷款贴息工作，简化创业担保贷款贴息工作流程，年内拨付前三季度贴息资金 89.84 万元。开展信用培植工程，帮助融资难、融资贵企业正常融资或者通过信用培植达到融资条件，帮助 32 家企业申报信用培植工程，其中，20 家企业获贷款。

（周易炜）

审　计

【概况】 2022 年，汉阳区审计局完成审计项目 41 个，查出主要问题金额 15 亿元，提出审计建议 125 条，向中共汉阳区委、汉阳区人民政府报送审计专报 4 篇，向主管部门移送处理事项 4 件。其中，1 个审计项目获湖北省优秀审计项目三等奖，1 个审计项目获武汉市精品审计成果建设类三等奖。《采纳审计建议促进财政资金管理质效提升》等 31 篇稿件在省、市级审计媒介刊发。汉阳区审计局被列为“全省内部审计高质量建设试点单位”。

【重大政策跟踪审计】 2022 年，汉阳区审计局配合武汉市审计局完成武汉市河湖长制政策落实情况专项审计，对全区 3 条河流、4 个湖泊和 3 个港渠开展调查。从河湖长制体制机制建立和责任落实情况、水资源保护情况、水污染防治情况、水环境治理和水生态修复情况、执法和监管情况等方面，揭示汉阳区存在的河湖管护问题，督促落实河湖管理保护工作，促进河湖长制目标全面实现。

【财政预算执行审计】 2022 年，汉阳区审计局聚焦一般性支出压减、项目预算执行绩效、国有资产管理及部门决报编制等重点事项，完成 10 个部门预算执行审计，查出六大类 43 个问题，审计促进整改金额 1056.46 万元。加强预算资金管理，规范资金支付程序，针对往来资金未纳入预算管理、股权投资管理不到位、债券资金使用不规范等问题，向区人民政府作专题汇报。将用工及购买服务工作纳入审计，采取大数据审计方式，查出设置不合理招标条件、购买服务效率不高、部分预算单位用工不规范等问题，追回财政资金 7 万元；移送涉嫌“吃空饷”问题线索 4 起。借助科技手段，助推区级预算执行和财政决算草案审计项目提质增效。采集全区 176 家单位财务数据和 5.4G 财政收支数据，开展 252 个财务账套和财政指标管理系统、国库集中支付系统的标准化整理。自主搭建未按要求压减一般性支出、部门内转岗或部门间借调领取解聘补偿等七类数据疑点分析模型，对 63 家单位下发数据疑点取证函 192 份。拓展审计监督广度，全年审计督促整改金额 7.18 亿元。

【经济责任审计】 2022 年，汉阳区审计局重点开展领导干部经济责任审计。围绕推动权力规范运行和促进领导干部履职尽责，对行政审批局等 22 个单位的 27 位党政领导干部开展经济责任审计，查出问题类型涵盖财务管理、内控制度、建设项目管理和部门事业发展等多领域，查处主要问题金额 6.11 亿元，提出审计意见和建议 76 条。

【政府投资项目审计】 2022年，汉阳区创新政府投资项目审计模式。坚持调查先行，以研究型审计为导向，开展3个投资审计项目，针对性编制详细审计工作方案，重点关注项目招投标情况、基本建设程序履行情况、成本控制情况、建设过程管理情况4个方面内容，查出项目开工前未取得初设批复和施工许可证、施工图未经审查擅自施工、专项债使用不规范等问题，督促被审计单位建章立制，完善相关手续。开展龙阳湖截污及清淤PPP工程审计，查出社会资本合作方实际资本金未出资、转移建设项目资金、政府付费不充分等问题，召开专题会议研究整改落实，避免国有资产流失。

2022年6月2日，武汉市汉阳区审计局工作人员走访湖北新方向医药有限公司，了解企业情况 （汉阳区审计局　供图）

【专项资金审计调查】 2022年，汉阳区审计局加强专项资金科学规范使用。开展城建资金分配、管理和使用情况专项审计，汉阳区城建资金收支情况专项审计调查，审计总金额254.02亿元，查出资金使用不够规范、未及时制定城建计划相关管理制度等问题，提出审计意见和建议2条。推进被审计单位建立健全规范建设程序、工程管理、资金管理制度，以制度促管理，巩固项目成果，提升审计成效。

【自然资源资产离任审计】 2022年，汉阳区审计局开展河湖长制政策落实情况审计调查。对2位党政领导干部进行自然资源资产离任审计，揭示未向社会公示河流管护工作考核结果、街道级和社区级河湖长履职不到位、水质不达标、湖泊管护工作考核不到位和后官湖退垸还湖工程未按时完工等问题，提出审计意见和建议2条。

（张璐）

统　计

【概况】 2022年，汉阳区夯实统计基础、强化统计监督，紧盯重点行业、重点投资项目、影响带动和支撑GDP关键指标重点企业，第一时间监测态势、研判走势、反映成果、预警问题、提出建议，为全区经济社会高质量发展提供统计保障。完成城乡一体化居民收支调查、规模以下工业调查、规模以下服务业调查、规模以下建筑业调查、1‰人口抽样调查、劳动力调查、固定资产投资价格调查、工价调查、小微企业调查、农民工调查等专项调查。完成各类经济社会发展统计调查100余项，撰写专业分析和综合分析15篇，制发《统计月刊》12期，编写《每日一报》80余篇，实现全区655家“四上”企业（规模以上工业企业，有资质的建筑业企业及有开发经营活动的全部房地产开发企业，限额以上批发和零售业、限额以上住宿和餐饮业企业，规模以上服务业企业）“一套表”网上直报，上报率、直报率100%，重点统计指标误差率≤1%，未出现重大统计数据质量问题。

【统计监测与服务】 2022年，汉阳区实施全区企业“一套表”联网直报，完成统计数据生产任务100余项。实地核查，了解企业生产经营情况，督促企业建立完善统计台账，全年完成企业数据核查110家。开展行业10强企业动态监测，挖掘数据背后成因，把握行业、重点项目及主要经济指标发展趋势和波动情况。开展数据研判，提高经济运行分析频次和深度，全年撰写专业分析和综合分析15篇，网报期间编发《每日一报》80余篇。结合经济社会发展形势和社会公众对统计数据需求，探索创新，更新改版编发《统计月刊》12期，完成2021年度《国民经济和社会发展统计公报》《统计年鉴》《十年逐梦路精彩看汉阳——党的十八大以来汉阳经济社会发展纪实》等统计产品。推进第七次全国人口普查资料开发，解析普查数据资料，落实人口普查数据分析、课题研究和年鉴编印。

【统计执法与普法】 2022年，汉阳区开展2022年度统计执法检查，重点检查2021年年报、2022年1至3季度报表、统计基础建设情况及企业“一套表”网报情况。制定《2022年度汉阳区统计局统计执法检查工作计划》，确定被执法检查单位名单40家（含“双随机、一公开”部门联合抽查单位8家）。其中，规模以上工业2家，固定资产投资2家，商贸业21家，建筑业3家，房地产业2家，规模以上服务业5家，能源业1家，劳动工资3家，企业研发1家。检查中未发现被检查企业存在统计违法违规行为，部门联合抽查完成率100%。在政府常务会议、党校培训、派员上门向全区领导干部和相关部门、街道宣介统计法律法规和统计制度方法。组织街道统计业务骨干和“四上”企业统计人员600余人，开展统计法律知识培训会20余场。在七里一村社区举办以“数说新时代，奋进新征程”为主题的“9·20”统计开放日活动。

【统计名录库管理与维护】 2022年，汉阳区统计局建立与汉阳投资发展集团有限公司动态对接工作机制，利用行政审批、税务等部门行政许可事项，组织各街道（开发区）摸排市场主体“准四上企业”27618家，建立各门类达到或接近入统标准企业名录。落实全区统计调查单位“进规纳限”（市场主体升级为规模以上、限额以上的企业，并纳入政府的相关考察体系内），全年新增入库“四上”企业123家。其中，工业企业7家，建筑企业3家，批发企业24家，零售企业12家，住宿企业4家，餐饮企业7家，房地产开发企业9家，服务企业57家。

【统计调查】 2022年，汉阳区按时深入企业和调查户家中开展调查走访，完成160户劳动力调查、100户住户调查、60户农民工调查、280户人口变动调查、11家企业服务零售结构调查、6家企业固定资产价格调查、6家企业新设立小微企业和个体户跟踪调查、4家企业规模以下工业调查、28家企业规模以下服务业调查、16家企业工业生产者出厂价格和购进价格调查、9家企业采购经理调查等调查月报、季报、年报任务及各项临时快速调查任务。提升基层统计人员的统计调查业务能力和统计法治意识，全年举办统计调查培训会7场，培训基层统计人员和调查员123人次。

（张玮）

2022年9月20日，武汉市汉阳区统计局在琴断口街道七里一村社区举办第十三届“中国统计开放日”活动 （汉阳区统计局 供图）

市场监督管理

【概况】 2022年，汉阳区登记企业8694个，其中，国有、集体及其控股企业123个，私营企业8571个。登记个体工商户1.24万个，农民专业合作社1个。年末，全区有登记注册的市场主体11.27万个，其中，企业4.16万个，个体工商户7.11万个，农民专业合作社16个。有注册商标2.33万件，其中中国驰名商标10件。有市级“重合同守信用”企业98个，比上年增加20个。年内，汉阳区加强市场主体监管，保护知识产权和消费者合法权益，维护市场秩序，强化市场监管执法，保障市场供应。监督检查经营主体7377家次、保健品和化妆品经营企业850户次，办理案件65件。其中，警告20件，一般程序45件（食品44件，化妆品1件），罚款10.4万元（食品9.4万元，化妆品1万元）。《人民日报》报道武汉市汉阳区市场监督管理局（以下简称汉阳区市场监管局）服务企业2次，湖北电视综合频道“药监聚焦”栏目报道汉阳区药品监管工作。汉阳区市场监管局获武汉市药品不良反应监测评价工作表现突出单位、武汉市“七五”普法表现突出单位、汉阳区高质量发展先进集体。全年未发生食品、药品、特种设备、产品质量等重大安全事故。

【市场主体监管】 2022年，汉阳区落实市场监管部门“四办”（极简办、智能办、马上办、满意办）和“互联网+监管”，落实监管事项清理认领、监管数据报送、监管系统对接、联合监管、风险预警处理等任务。认领“互联网+监管”事项主项182项、子项756项，报送监管数据25.37万个。推行“信用风险分类+双随机”监管模式，全年推动市场监管、教育、城管、文旅、房管等14个部门，运用信用风险分类结果发起部门联合抽查任务19个，检查主体41户。结合投诉热点行业，利用信用风险分类结果合理确定ABCD类抽查比例，发起2022年度汉阳区对侵害消费者权益行为“双随机”抽查。实施差异化、精准化监管，合理配置监管资源，维护消费者合法权益，营造放心消费环境。开展市场监管领域内“双随机”任务38个，抽取企业1625户，企业抽查比例3.7%，随机匹配执法人员322人次，抽查事项覆盖率100%，抽查检查率100%，抽查结果公示率100%。区内企业年报率92%，个体年报率91.1%，农民专业合作社年报率100%。列入经营异常名录企业1138户，移出经营异常名录企业842户，列入严重违法失信名单6件，指导市场监管领域外修复行政处罚信息2条。完成跨部门联合抽查任务39个。其中，区级发起跨部门联合抽查任务33个，承接市级下派跨部门联合抽查任务6个，部门联合抽查占比54.9%，超过湖北省平均水平。通过联合抽查对象193户，抽查事项覆盖率100%，检查结果公示率100%。

【广告行业监管】 2022年，汉阳区督导督办涉嫌违法广告案件线索61

条。开展系列广告行业专项整治，专项治理借重大活动从事违法违规商业广告宣传、广告监管重点领域、儿童青少年近视防控产品违法违规商业营销宣传。专项检查户外公益广告。加强疫情防控期间、暑假教育培训领域、防范金融风险广告监管。开展校外培训广告集中整治，拆除不符合要求的校外培训广告 216 块。指导区内 52 户广告企业完成 2021—2022 年度全国广告业统计填报。

2022年11月15日，武汉市汉阳区市场监督管理局对车检机构开展联合检查
（汉阳区市场监管局　供图）

【经济合同管理】　2022 年，汉阳区完成 2020—2021 年守合同重信用企业申报，有武汉市“守合同重信用”企业 98 户，比上年增长 26.9%；湖北省“守合同重信用”企业 58 家，增长 31.8%。开展 2022 年合同格式条款专项整治，重点针对消费者反映强烈的房屋租赁合同、房屋物业服务合同、汽车买卖合同（含汽车购销合同、汽车消费抵押贷款合同）、电子商务合同、校外培训服务合同中典型不公平格式条款，开展集中规范整治。

【农贸市场管理】　2022 年，汉阳区市场监管局对农贸市场实行常态化智慧监管。全面升级农贸市场视频监控系统，常态化实时调度和监督农贸市场日常管理和疫情防控，以智慧化监控为基本手段，实现市场管理模式转型。结合全国文明典范城市创建和疫情防控常态化要求，对标开展大排查、大整治，出动 1500 余人次，普查底本农贸市场 29 家，检查市场经营户 1700 余户，整改农贸市场 90 个次，各类问题 500 余个，约谈问题较多市场业主 7 家。发放、张贴各种海报和资料 2000 余份，音频宣传 22 处。

【商标管理】　2022 年，汉阳区新增注册商标 2729 件。至年底，全区有有效注册商标 2.33 万件，其中中国驰名商标 10 件。新建商标品牌指导站 3 个，对接市场主体商标服务需求。支持武汉天龙黄鹤楼酒业有限公司立项 2022 年荆楚品牌培育工程。武汉天龙黄鹤楼酒业有限公司、九州通医药集团股份有限公司、武汉市银莱制衣有限公司、武汉市恒星防水材料有限公司获首届武汉市商标品牌故事荟评比一等奖和二等奖。武汉天龙黄鹤楼酒业有限公司获 2022 年“我喜爱的湖北品牌”电视大赛金奖。支持九州通医药集团股份有限公司申报 2023 年湖北省荆楚品牌培育工程。

【知识产权保护】　2022 年，汉阳区新设立省级知识产权保护工作站 1 个、区级工作站 4 个。汉阳区市场监督管理局联合汉阳区版权局、汉阳区司法局、中共汉阳区委政法委与武汉

表15　2022年武汉市汉阳区中国驰名商标品牌一览表

序号	公司名称	商标名称	认定时间	认定商品/服务
1	健民药业集团股份有限公司	健民及图	1999年	药品
2	健民药业集团股份有限公司	龙牧	2007年	中成药
3	武汉金牛紧急发展有限公司	金牛角及图	2009年	塑料管
4	武汉天鸣集团有限公司	天鸣及图	2012年	防事故、防辐射和防火服装
5	武汉福达食用油调料有限公司	福达坊FUDAFANG及图	2012年	芝麻油
6	味好美（武汉）食品有限公司	大桥及图	2012年	鸡精（调味品）
7	武汉理想新世纪工贸发展有限公司	理想及图	2014年	木材加工机
8	武汉武立涂料有限公司	武立	2014年	油漆、防火油漆、防火粉（涂料）
9	九州通医药集团股份有限公司	九州通	2014年	商业管理咨询、进出口代理、推销
10	黄鹤楼酒业有限公司	黄鹤楼	2017年	酒（饮料）

经济技术开发区人民法院、武汉琴台公证处签订《关于知识产权纠纷多元化解工作合作备忘录》，建立人民调解、行政调解、司法调解三调联动和诉调对接的多元解纷机制。开展跨区域协同保护合作，与山东省多地（滨州市沾化区市场监督管理局、济南市历城区市场监督管理局、威海市环翠区市场监督管理局、淄博市临淄区市场监督管理局、乐陵市市场监督管理局）市场监管部门签订《关于建立跨区域知识产权联合执法保护机制合作备忘录》。重点在农产品加工、酒业、医药业等领域建立知识产权跨区域联合执法保护机制。在武汉市区级市场监管局部门中首先受理发明专利侵权纠纷行政裁决案件，首用技术调查官制度，办理发明专利侵权纠纷行政裁决 3 件。探索知识产权纠纷快速处理机制，在白酒商标侵权案件中试行“繁简分流”快速处理，办理商标侵权案件 2 件，处理时间分别为 17 天和 29 天。其中 1 件被武汉市市场监督管理局推荐为全国知识产权纠纷快速处理典型案例，上报国家知识产权局。开展 2022 年世界大健康博览会、第二十二届武汉华夏家博会、首届全国吃货节暨武汉商品交易会展会执法维权活动。完成 4 批非正常专利申请核查整改，督促撤回申请 527 件。开展冬季奥林匹克运动会、冬季残疾人奥林匹克运动会标识知识产权保护、商标代理机构监管专项执法检查，约谈涉嫌恶意注册涉及冬季奥林匹克运动会商标代理机构 1 家。全年查办侵犯注册商标专用权案件 22 件。开展 2022 年知识产权宣传周系列活动，举办专利申请、海外维权培训座谈、贯标认证知识讲座。开展知识产权质押融资入园惠企行动，与中国建设银行、中国银行、武汉市融资担保公司等金融机构合作。举办知识产权质押融资专场政银企保对接会，单场达成融资意向 3.33 亿元。全年知识产权质押融资额首次突破亿元，达 1.38 亿元。支持企业购买知识产权保险，知识产权保险保费“破零”。中铁大桥勘测设计院集团有限公司专利技术获第二十三届中国专利奖优秀奖，中铁大桥局集团有限公司 5 项专利进入第三届湖北省高价值专利大赛拟获奖项目公示，健民药业集团股份有限公司通过 2022 年湖北省高价值专利组合培育项目立项，武汉齐达康环保科技股份有限公司、武汉武泵泵业制造有限公司、武汉源锦商品混凝土有限公司、健民药业集团股份有限公司被评为湖北省知识产权示范建设企业，武汉苏泊尔炊具有限公司、中铁大桥局集团有限公司通过国家知识产权示范企业复核，武汉市晴川初级中学被评为湖北省第七批知识产权教育试点学校。

2022年4月25日，武汉市汉阳区市场监督管理局举行进出口企业知识产权海外维权座谈会（汉阳区市场监管局 供图）

【价格管理】 2022 年，汉阳区加强价格监测力度，启动应急监测和市场巡查，对十类重要民生商品以及口罩等防疫物资价格实行监测，为全区启动社会应急救助和保障标准与物价上涨挂钩联动机制提供数据支撑。落实粮食供应动态平衡管理，督查协调粮食企业增加成品粮油备货和稳定供应。全区价格监测数据准确、及时，价格认定完成率 100%；价格认定协助受理率 100%，办结率 100%。全区明码标价率旅游景点 100%、商品房销售 100%；“农改超”市场 80%。价格（收费）投诉和案件举报查处率 100%，回告率 100%；专项价格检查完成率 100%。开展转供电环节加价问题专项整治，对全区 313 家转供电主体开展“回头看”，未发现价格违法行为。开展停车收费微腐败问题专项治理，检查全区停车 30 分钟免费落实情况及公示收费标准，出动执法人员 1000 余人次，检查收费单位 213 个次。其中，公共资源停车场 37 个次，均实行电子收费，公示收费标准，均按政府定价执行，未发现有价格违法行为；检查其他类型停车场 176 个次，均有收费标准公示，未发现价格违法行为。开展民办幼儿园教育收费专项检查，检查全区民办幼儿园 112 家，收费价格、收费标准、收费项目、收费方式均有公示，未发现有擅自增加收费项目、超标准收费等违法行为。开展义务教育阶段培训收费专项检查，出动执法人员 531 人次，检查各类培训机构 166 家，其中，义务阶段中小学校 41 家，义务教育阶段学科类校外教育培训机构 65 家，非学科类校外教育培训机构 33 家，3 岁至 6 岁学龄前儿童校外培训机构 23 家，普通高中学生校外培训机构 4 家。各教育机构均公示核定项目及收费标准，无乱收费现象。全年办理涉案财物及交通车损价格鉴定刑事案件 148 件，涉案金额 241 万元。全年价格认定无重大差错案件，无复核裁定重大变更案件。

（陈晓雨 李晓青 魏丹枫）

表16　2022年武汉市汉阳区监测重要商品价格涨跌情况一览表

单位：元/500克

监测品种		月均价格												2022年年均价格	2021年年均价格	2022年比2021年年均涨跌（%）
		1月	2月	3月	4月	5月	6月	7月	8月	9月	10月	11月	12月			
粮食	早籼米	2.33	2.33	2.33	2.33	2.33	2.33	2.33	2.33	2.38	2.37	2.37	2.37	2.34	2.33	0.43
	晚粳米	2.60	2.60	2.60	2.60	2.60	2.60	2.60	2.60	2.52	2.53	2.52	2.50	2.57	2.61	-1.53
	中籼米	2.57	2.57	2.57	2.57	2.57	2.57	2.57	2.57	2.54	2.53	2.53	2.53	2.56	2.52	1.59
	晚籼米	—	—	—	—	—	—	—	—	—	—	—	—	—	—	—
面粉	特一粉	2.50	2.50	2.50	2.50	2.50	2.50	2.50	2.50	2.67	2.67	2.67	2.67	2.56	2.50	2.40
	标准粉	—	—	—	—	—	—	—	—	—	—	—	—	—	—	—
食用油	大豆油	55.03	55.33	55.85	56.39	56.67	59.80	64.33	59.80	64.30	64.33	64.33	64.33	60.04	50.09	19.86
	调和油	65.49	66.90	67.29	67.72	68.00	68.70	70.02	68.70	72.85	72.67	73.00	73.33	69.56	63.76	9.09
猪肉类	猪腿夹肉	15.05	14.23	12.79	12.43	12.76	12.80	17.87	12.80	18.48	19.82	21.70	19.07	15.82	17.83	-11.27
	猪排骨	24.97	26.22	22.27	21.56	22.68	22.47	27.43	27.43	30.80	31.74	31.92	27.87	26.45	28.11	-5.91
	猪精瘦肉	18.88	18.32	17.16	16.07	16.30	16.50	22.46	16.50	22.99	24.27	24.93	23.40	19.81	23.58	-15.99
禽蛋类	鸡蛋	6.07	6.03	5.79	6.07	6.33	6.06	5.97	6.07	6.93	6.92	7.01	7.00	6.35	5.99	6.01
	白条鸡	12.36	12.65	12.67	12.67	12.48	12.33	12.33	12.52	12.86	12.72	12.60	12.67	12.57	11.83	6.26
	白条鸭	13.84	14.58	14.95	14.83	14.48	14.33	14.33	14.45	13.85	13.87	13.91	14.00	14.28	13.34	7.05
水产品	胖头鱼	9.45	10.43	11.21	11.38	11.62	11.12	11.03	11.17	10.61	10.20	9.73	9.08	10.59	10.50	0.86
	草鱼	8.81	9.39	8.63	8.76	8.67	8.64	8.78	9.01	8.46	8.13	8.38	8.30	8.66	9.66	-10.35
	鲫鱼	10.43	11.63	11.37	11.44	12.11	11.71	12.17	12.37	12.51	11.78	10.98	10.10	11.55	12.61	-8.41
	鳊鱼	9.39	9.53	8.73	8.93	8.99	8.47	8.51	9.23	9.70	9.03	8.69	8.64	8.99	9.9	-9.19

续表

监测品种		月均价格												2022年年均价格	2021年年均价格	2022年比2021年年均涨跌（%）
		1月	2月	3月	4月	5月	6月	7月	8月	9月	10月	11月	12月			
蔬菜类	小白菜	3.19	3.95	3.99	4.22	3.79	3.25	4.30	4.83	5.00	4.51	3.97	3.45	4.04	4.06	−0.49
	包菜	2.69	2.63	2.55	2.83	2.59	2.45	2.33	2.53	2.84	2.67	2.64	2.13	2.57	2.57	0
	土豆	2.48	2.75	2.63	2.84	2.85	2.83	2.83	2.85	2.80	2.76	2.85	2.79	2.77	2.55	8.63
	白萝卜	1.85	2.04	1.87	1.95	1.93	1.89	1.98	2.04	2.25	2.06	2.02	1.77	1.97	1.98	−0.51
	青椒	5.20	5.76	6.01	6.17	4.77	3.27	5.20	4.74	6.05	5.65	4.80	3.70	5.11	4.54	12.56
	大白菜	1.86	2.08	2.06	2.46	2.50	2.21	2.24	2.41	2.78	2.41	2.36	1.70	2.26	2.11	7.11
	茄子	5.63	5.90	5.67	5.78	4.93	3.88	4.13	4.49	5.25	4.66	4.71	4.67	4.97	4.79	3.76
	黄瓜	5.47	6.43	5.28	4.94	3.83	3.14	3.92	4.84	5.22	4.35	4.04	4.64	4.67	4.22	10.66
	莲藕	5.07	6.13	5.11	4.76	4.90	7.27	8.27	6.58	5.21	5.17	4.87	4.59	5.66	5.85	−3.25
	西红柿	5.31	6.01	5.71	5.04	4.86	3.80	3.60	4.09	4.35	4.47	4.99	4.69	4.74	3.92	20.92
豆制品	豆腐	4.00	4.03	4.00	4.00	4.01	4.00	4.00	4.01	4.00	4.00	4.00	4.00	4.00	4.11	−2.68
	干子	5.00	5.00	5.00	5.00	5.00	5.00	5.00	5.00	5.00	5.00	5.00	5.00	5.00	4.89	2.25
	千张	6.17	6.08	6.15	6.03	6.17	6.17	6.09	6.00	6.00	6.00	6.00	6.00	6.07	5.92	2.53
成品油	0号柴油	7.32	7.49	8.33	8.14	8.71	8.76	8.22	7.94	7.85	8.01	7.99	7.23	8.00	6.52	22.70
	92号汽油	7.68	7.85	8.66	8.48	9.03	9.08	8.55	8.28	8.20	8.35	8.33	7.59	8.34	6.91	20.69
	95号汽油	8.22	8.40	9.27	9.07	9.66	9.72	9.15	8.87	8.78	8.94	8.92	8.13	8.93	7.39	20.84
	98号汽油	9.20	9.39	9.98	9.95	10.49	10.60	10.08	9.78	9.76	9.93	9.91	9.12	9.85	8.31	18.53

注：1.监测汉阳汉桥、玫瑰园、西大集贸市场散装标准粉缺货；
2.大豆油、调和油包装单位：元/5升；成品油单位：元/升；
3.92号、95号汽油为国VIA标准，0号柴油为国VI标准。

【消费者合法权益保护】 2022年，汉阳区建立消费者维权服务站33个、维权直通车7个。全年受理消费咨询、申诉、举报2.28万件，调解纠纷1.83万件，处理信访督办件73件，为消费者挽回经济损失391.2万元。汉阳区市场监管局、汉阳区消费者协会围绕“3·15”国际消费者权益日“共促消费公平”主题，在汉阳万达广场户外大屏投放“3·15”公益宣传。组织万达广场楼层餐饮商户以店铺为单位线上开展《餐饮服务食品安全操作规范》学习，现场派发“3·15”相关资料，开设消费权益服务站，为广大消费者受理、处理各类咨询提供便利，提高广场内商品质量及服务质量。

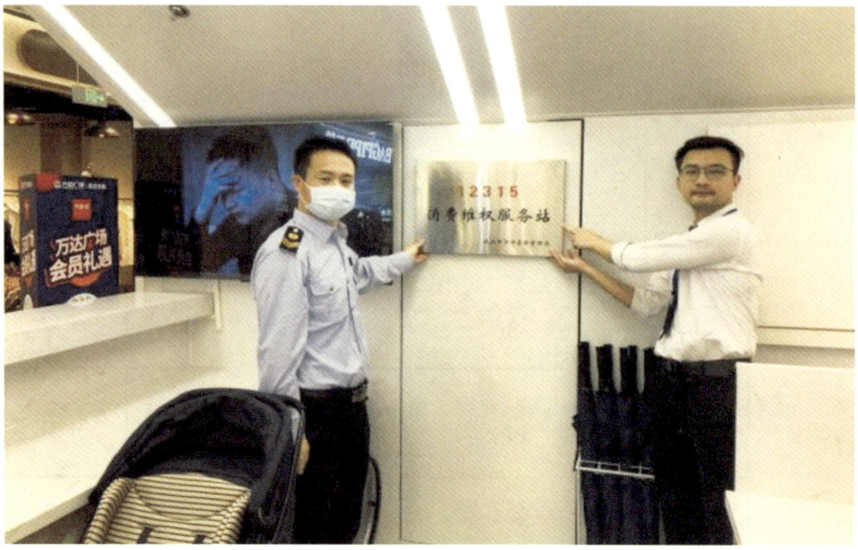

2022年3月15日，武汉市汉阳区市场监督管理局在汉阳万达广场服务台开设消费权益服务站 （汉阳区市场监管局 供图）

【计量监督与管理】 2022年，汉阳区保障民生，聚焦重点行业监管。开展眼镜制配场所、电子计价秤、加油（气）机、能效与水效标识、两节期间计量、计量标准、超限超载等计量专项检查7次。全覆盖检查全区5家可燃气体报警器销售单位，查封并行政处罚未取得型式批准证书产品1项。世界计量日宣传活动期间，检查农贸市场29家、加油站17家，完成电子秤定期强检和封签82台。开展计量宣传与培训，联合武汉市建筑业协会、武汉市汉阳市政集团有限公司举办“共享数字时代的计量赋能城市建设绿色发展”主题宣讲报告会，线上线下同步授课，在线观看727人次；开展“计量服务中小企业行”，帮扶中小企业11家，减免计量检定校准费用19.18万元；开展计量培训57人次，组成计量技术服务队1个，提供能源计量和碳计量服务1次，发放宣传材料1474份。开展充电桩计量性能评价技术规范及监督管理实施规范试点。清查区内充电桩运营企业3家，公用充电桩711台。现场调研特来电新能源股份有限公司、万爱新能源科技有限公司，收集企业反馈意见和建议，提出建设性意见和合理化建议。

2022年1月9日，武汉市汉阳区市场监督管理局工作人员检查加油站 （汉阳区市场监管局 供图）

【标准化工作】 2022年，汉阳区制定标准化工作方案，开展标准化知识线上培训、标准化工作创新、特色标准化活动以及标准化宣传。组织6家企业七类产品完成企业对标达标提升行动。引导帮助汉阳社会福利院、湖北省交通规划设计院股份有限公司完成2022年湖北省标准化试点示范项目申报。开展2022年度汉阳区市场类标准联合抽查，引用信用风险分级分类指标，抽查全区已在全国团体标准信息平台和企业标准信息公共服务平台自我声明企业83家，检查3家企业分属ABC类，现行有效企业标准74个。委托武汉质量与认证认可协会审核企业标准，出具评价报告，3家企业收到评价报告并完成整改。

【特种设备安全监察】 2022年，汉阳区管辖在用特种设备15455台。其中，电梯11428台、起重机械2029台、厂内车辆622辆、游乐设施4台、锅炉125台、压力容器1247台。全年组织各类检查377次，出动人员1040人，检查特种设备3120台（套），下达监察指令76份，落实整改隐患76起。监督检查重点使用单位137家，维护保养单位44家。受理特种设备投诉举报83起，办结率100%。收到检验机构工作联络单194份。办理特种设备开工告知291份。立案查办违法案件 10 起，罚没款 14.5 万元。

【电梯维保质量监管】 2022 年，汉阳区保障节假期间和大型活动现场特种设备运行安全，重点排查商场、超市、地铁、游乐园等场所特种设备。检查使用单位 137 家，检查各类特种设备 700 余台，排查安全隐患 14 起，下达监察指令书 14 份，监察问题实行闭环管理，立案查处 10 起作业不规范维保单位。委托第三方单位对老旧小区和投诉率较高小区电梯开展抽检，抽检评估电梯 860 部，发现大小隐患 3600 个，完成现场和限期整改。开展既有住宅加装电梯指导和监管，全年指导加装电梯 10 台，依法查处负责加装电梯未履行维保职责单位 1 家。现场勘察、停梯、限期整改 2 家新建小区电梯井坑渗水漏水问题。开展日常安全检查单位 298 家，下达监察指令书 76 份，落实整改 76 家，约谈使用单位和维保单位 16 家，向所属街道及区房管部门下达隐患整改联系函 10 份。

【产品质量监管】 2022 年，汉阳区开展电动自行车、电线电缆、混凝土砖及制品、危险化学品及包装物、塑料污染治理、儿童和学生用品等专项整治。加强工业产品生产许可获证企业证后监管，全覆盖监管全区 7 家工业产品（含食品相关产品）生产许可获证企业。督促企业履行主体责任，落实原料进货查验和产品出厂检验制度，保持获证具备条件。检查重点企业 87 家次，督促 2 家工业产品生产许可获证企业到期换证。开展检测机构自我声明现场核查 24 家次，车辆检测机构例行检查 26 家次。对自愿性认证活动开展现场见证检查 19 家次。查办质量案件 4 件，罚没款 3.92 万元。不合格产（商）品市场主体处置率 100%，工业产品生产许可证获证企业日常监督检查覆盖率和建档率 100%。全年未发生产品质量安全事故。

【名牌产品培育】 2022 年，汉阳区加强名牌产品培育。武汉泽塔云科技股份有限公司“泽塔云超融合 GPU 云计算服务”、武汉琴台大剧院管理有限公司“琴台大剧院演出服务”、武汉天鸣集团有限公司“天鸣阻燃防静电工作服”入选武汉名品，4 家企业、3 名个人入围第八届武汉市市长质量奖现场评审，1 家作为样板企业迎接首评。至年底，汉阳区获认定“武汉名品”9 个，有“中国质量奖”等各级政府质量奖获奖企业 7 家，进入政府质量奖培育库单位 24 家、个人 16 人。建成知识产权保护工作站、商标品牌指导站、质量服务站等集成服务站 11 个。

2022年11月15日，武汉市汉阳区市场监督管理局对车检机构进行检查

（汉阳区市场监管局 供图）

【食品安全监管】 2022 年，汉阳区有餐饮单位 4644 个，其中，特大型餐馆 7 个，大型餐馆 106 个，中型餐馆 417 个，小型餐馆 1293 个，快餐店 157 个，小吃店 1907 个，饮品店 135 个，学校食堂 72 个，托幼机构食堂 134 个，机关企事业单位食堂 97 个，建筑工地食堂 15 个，其他餐饮单位 304 个。年内，汉阳区成立落实食品安全“两个责任”（指食品安全属地管理责任、食品生产经营单位主体责任）工作领导小组，印发《汉阳区落实食品安全属地管理责任实施分层分级主体包保工作方案》，推进食品安全属地管理责任和企业主体责任落实，完成企业分级，划分包保层级，签订包保承诺，开展包保督导。开展“守底线、查隐患、保安全”专项行动，排查各类食品生产经营主体，整体推进率 100%，发现问题整改完成率 100%。推动农贸市场落实快检，开展快检 91680 批次，快检结果每日公示，检测批次量和合格率提升。落实疫情防控政策，做好进口冷链食品疫情防控，检查冷链食品生产经营单位 1328 户次。落实重大活动餐饮服务食品安全监管。开展重点领域食品安全专项整治，加强食品安全监督抽检和执法力度，完成食品抽样检验 2908 批次，完成率 100%。全区“守底线、查隐患、保安全”专项整治排查完成率 100%，“鄂食安”平台食品安全监督检查问题整改率 100%。全年依法查处食品安全案件 44 件，罚没款 9.4 万元。打击食品安全违法行为，完成重大活动食品安全保障任务 14 个。全年未发生重大食品安全事故。开展校园周边和网络餐饮食品安全整治，全区 215 所中小学校园划定道路两侧食品摊贩禁售区域范围，明确学校门口食品摊贩禁售区域管理单位和责任人员。检查校园周边食品生产经营者 3308 户次，排查入

网餐饮经营者 2198 家次，发现问题处置完成率 100%。

【药品及医疗器械安全监管】 2022 年，汉阳区有一类医疗器械生产企业 17 家、零售药店 463 个、器械零售店 440 个（含单店 42 个）。有器械批发企业 595 个，其中药品器械兼营批发企业 44 个。有医疗机构 325 个，涉药单位 325 个。年内，汉阳区加强药械重点环节及重点品种风险隐患专项监督检查力度。开展疫苗质量安全、医用口罩、医疗器械风险排查等专项整治，督促区内 463 家药店从业人员强化药店作用，落实常态化疫情防控政策。清理整治未经注册或未备案等存在质量安全风险的化妆品，全项目检查新增一类产品备案的医疗器械生产企业，完成药品网络销售违法违规行为专项整治，每季度全覆盖检查区内 18 家医疗机构治疗产品。发挥药店作用，加强哨点医院上报督导，提升药械化安全性监测。药械化不良反应上报 1517 例，完成全年计划 125%。

【长江禁捕】 2022 年，汉阳区落实长江“禁渔令”，实施网格化管理，印发网格化管理实施办法、执法协作机制方案，将全区 7 个沿江街道划分为 18 个禁捕网格开展日常巡查。坚持人防技防相结合，利用无人机和渔政智能预警平台全天候监控，根据平台预警，组织多部门多次开展夜间执法行动，遏制违法锚鱼和违规垂钓。与 6 户渔民签订退捕协议，发放宣传资料 11580 份，悬挂横幅 170 余条，网络媒体宣传 689 次，各级电视、报纸等主流媒体报道 50 次。出动执法力量 5320 人次、车辆 1364 车次、劝离垂钓人员 764 人次。查获锚鱼案件 3 起，查获 5 人并移交公安机关处理，受理相关投诉和武汉市长江流域重点水域禁捕退捕工作领导小组办公室转办举报投诉 70 起，按时处理回复率、群众满意率 100%。

2022年8月5日，武汉市汉阳区市场监督管理局工作人员在生鲜市场检查食品安全
（汉阳区市场监管局　供图）

【市场综合执法】 2022 年，汉阳区市场监督管理局查处各类违法案件 210 件，案值 23.48 万元，罚没款入库 85.95 万元，依法查处率 100%，行政处罚公示率 100%。加大打击侵权、假冒伪劣商品行为力度，开展“白云边”“洋河”“贵州茅台”“五粮液”及汽车配件、装修建材等各类打假维权行动 30 余次，立案查处商标侵权案件 24 件，罚没款 39.91 万元。整治传销，依法打击各类传销违法犯罪活动，区内“无传销社区”创建覆盖率 95% 以上；“无传销网络平台”创建率 100%。

（陈晓雨　李晓青）

数字经济

数字产业发展

【概况】 2022年，武汉市汉阳区数字经济核心产业“四上”企业（规模以上工业企业，有资质的建筑业企业及有开发经营活动的全部房地产开发企业，限额以上批发和零售业、限额以上住宿和餐饮业企业，规模以上服务业企业）达70家，数字经济规模达63.85亿元。布局数字新基建，实现5G网络全域覆盖，三大区域性数字基础设施布局汉阳。

【数字经济质态】 2022年，汉阳区以《汉阳区突破性发展数字经济实施方案（试行）》为引领，推动数字产业化和产业数字化，吸引数字领域优质企业落户，数字经济楼宇（园区）初具雏形，数字应用场景日渐丰富，带动区域经济结构转型。紧盯细分赛道，靶向定制地理信息、区块链等领域产业扶持政策，数字经济企业突破200家。其中，规模以上数字经济企业34家，数字经济高新企业43家，3家企业入选武汉上市后备“金银种子”企业。结合楼宇经济发展，建成武汉智慧地理信息产业园、武汉星火数字产业园（武汉星火数字产业大楼）、万科数字经济特色楼宇等数字园区，依托武汉泽塔云科技股份有限公司、云天励飞科技股份有限公司、武汉安恒信息科技有限公司等领军企业，吸引“独角兽”企业武汉趣链数字科技有限公司、浙江信网真科技股份有限公司、湖北锐捷信息集成有限公司、武汉蓬域区块链科技有限公司等40余家上下游关联企业入驻集聚。成立武汉市元宇宙产业联盟，规划建设元宇宙数字产业基地。9月30日，武汉元宇宙数字产业基地启动建设。湖北交投智能检测股份有限公司、星云海数字科技股份有限公司等6家公司的7个场景项目入选武汉市首批数字经济应用场景发布项目清单。武汉泽塔云科技股份有限公司与武汉安恒信息科技有限公司入选2022年武汉市首批企业数字化转型服务资源池。供链融通、基于区块链技术的大数据法律监督平台、食品溯源平台3个区块链应用案例被评为2022年湖北省区块链十大优秀应用案例。

【数字人才培养】 2022年，汉阳区加强数字人才培养，提供数字产业发展智力支持。推进人才工程申报评选，指导6名数字经济人才申报2022年度“武汉英才”，对2名入选2021年度“武汉英才”的数字经济人才拨

2022年9月30日，武汉市元宇宙产业联盟揭牌暨武汉元宇宙数字产业基地建设启动仪式在汉阳区举行

（汉阳区科经局　供图）

付奖励资助金共计 70 万元。开展校企对接，组织开展“线上+线下”校园招聘、“学子游汉阳”等活动 20 余场次，推动企业岗位与高校人才深入对接，吸引数字人才流入汉阳。提供人才安居服务，推进数字经济产业集聚区人才公寓建设，建成数字经济产业专属人才公寓 326 套（万科·金域国际项目）。建成武汉人力资源服务产业园（汉阳集聚区）、湖北青创园（汉阳站），服务企业对接高端人才、青年人才。提升干部队伍专业化素养，举办数字化思维视野系统等系列数字经济专题培训班，组织全区“80后”处级干部和经济部门干部开展全员轮训。

2022年4月15日，武汉理工大学与汉阳区校企合作对接交流座谈会在华发未来荟科技成果转化中心举行　（汉阳区科经局　供图）

【数字经济生态培育】 2022 年，汉阳区先后出台《汉阳区促进区块链产业发展若干政策（试行）》《加快培育汉阳地理信息产业发展的若干扶持政策》《湖北青创园（汉阳）发展支持计划》等政策，确定每年预算安排数百万元经费支持企业创新发展。组织实施由区人大常委会主任担任数字经济产业链链长的工作机制，强化数字经济要素支撑。发挥武汉基金产业基地的金融支持作用，依托汉阳投资发展集团有限公司举办“知音创投”大赛，通过股权投资、基金投资等形式整合上下游企业，先后引入灵汐科技有限公司、安领可信网络科技有限公司等数十家数字经济企业，3 家被投企业入选武汉上市后备“金银种子”企业，形成互利共赢的产业生态。加强高等院校、企业、地方政府三方合作，与武汉大学、武汉理工大学、中国地质大学、湖北交通投资集团有限公司、华为技术有限公司等，合作共建智慧交通（城市）研究院、工业研究院，数字经济研究中心、新能源汽车服务研究中心、科技成果转化中心、大学生创新创业中心、保险科技研究院、GPU 云算力联合实验室、长江鲲鹏卫星应用技术联合实验室等创新平台，加强“基于 AR 技术的桥梁裂缝识别系统的开发项目”“武汉大学地球空间信息工程重点实验室贴近摄影测量技术应用”等系列校企合作项目，加速数字技术转化应用。促进企业合作，成立汉阳区数字经济企业家俱乐部，加强企业沟通交流，俱乐部内 6 家企业已形成 3 个项目的签约合作。巩固提升数字经济骨干企业的市场竞争地位，武汉邻盛在线科技有限公司、武汉泽塔云科技股份有限公司等企业通过政府支持实现翻倍式发展，并招引武汉易米景科技有限公司、湖北锐捷信息集成有限公司等关联企业。宣传市、区扶持政策，“一对一”上门提供专精特新申报专项指导，鼓励湖北纸贵科技有限公司、中铁大桥局集团有限公司申报 2022 年数字经济应用场景“揭榜挂帅”项目。推动数字应用场景开放，“汉阳区楼宇招商信息平台”“企业信用平台”“环卫工人进网格”等项目正式运行。组织数字企业参加“工行科创中心与汉阳区科创企业对接会”、专精特新“小巨人”企业金融服务政银企对接会、企业家浙江大学培训班等活动。

【数字产业招商引资】 2022 年，汉阳区加快招商引资，打造特色楼宇和产业园区。5 月 24 日，“汉阳区楼宇招商信息平台”上线运行，全链条服务楼宇经济发展，促进企业与汉阳楼宇资源实现匹配。发挥万科未来中心区位优势，打造数字经济特色楼宇，提供全资源导入、全过程服务，云天励飞科技股份有限公司、武汉安恒信息科技有限公司、武汉趣链数字科技有限公司等 16 家数字经济企业签约落户。依托“星火·链网”骨干节点打造星火数字产业大楼，制订出台《汉阳区促进区块链产业发展若干政策（试行）》，引导区块链企业集聚。湖北纸贵科技有限公司、湖北丹玛斯互联网科技发展有限公司、湖北楚链科技有限公司、湖北星火链科技有限公司、武汉蓬域区块链科技有限公司等 8 家企业注册落户。依托自然资源湖北省卫星应用技术中心社会化应用节点项目和国家超级计算长江分中心项目，打造武汉智慧地理信息产业大厦。泽塔云科技股份有限公司、武汉易米景科技有限公司、湖北锐捷信息集成有限公司、北京威特空间科技有限公司等 8 家企业落户楼内。6 月 23 日，发布汉阳区《加快培育汉阳地理信息产业发展的若干政策》。7 月 5 日，举办武汉智慧地理信息产业园开园暨湖北省卫星中心社会化应用节点建设启动仪式活动。嘉盛数字产业园以打造数字化钢贸平台为主要抓手带动园区产业数字化转型，依托“钢银网”“找钢网”等电商构筑线上交易平台，整合周边诚通库、商汇库等资源，构筑仓储物流平台。

【促进区块链产业发展若干政策（试行）发布】 2022年3月15日，汉阳区人民政府印发《促进区块链产业发展若干政策（试行）》，主要围绕政策支持对象、遵循原则以及政策具体条款的奖励条件、奖励标准进行明确规范。对被评为省级及以上区块链创新应用试点项目，按国家、省级标准分别奖励30万元、15万元。对新获批的国家级、省级、市级相关平台，分别奖励100万元、50万元、20万元。对区块链技术核心专业高层次人才，重点考虑推荐参加“武汉英才”“知音英才”等省、市、区人才工程评选，并提供人才公寓。

2022年9月28日，武汉市元宇宙产业联盟在汉阳区成立

（汉阳区科经局　供图）

【加快培育汉阳地理信息产业发展的若干扶持政策发布】 2022年6月23日，汉阳区人民政府印发《关于加快培育汉阳地理信息产业发展的若干扶持政策》，明确符合申请地理信息产业政策的企业条件、范围、标准和可以享受的政策奖励等内容。对入驻武汉智慧地理信息产业大厦的企业，自落户之日起算，三年期满后向入驻企业一次性全额返还前三年企业生产经营产生的区级实际贡献。对当年营业收入规模达到1亿元及以上、3亿元及以上、5亿元及以上的企业，分别参考其较上年增长幅度，以企业当年新增区级实际贡献的50%，分别给予不超过100万元、150万元、200万元的一次性奖励。

【武汉市元宇宙产业联盟在汉阳区成立】 2022年9月28日，武汉市元宇宙产业联盟在汉阳区成立。9月30日，武汉市元宇宙产业联盟揭牌暨武汉元宇宙数字产业基地建设启动仪式在汉阳举行。该联盟由武汉泽塔云科技股份有限公司、武汉清元时空智能科技有限公司、安恒信息科技股份有限公司等59家数字产业关联企业联合成立，将聚焦打造元宇宙垂直场景和行业应用落地，推动元宇宙算力基础设施和虚拟数字人、3D建模引擎、环境渲染等技术创新，赋能实体经济。59家武汉元宇宙联盟成员中有11家汉阳区企业。武汉元宇宙数字产业基地位于汉阳区绿地国博财富广场，总规划面积15000平方米，一期开发约6000平方米，包括元宇宙数字文化展厅、元宇宙时空广场、企业办公区，智慧工坊、动捕空间、共享办公区等办公空间和公共配套。

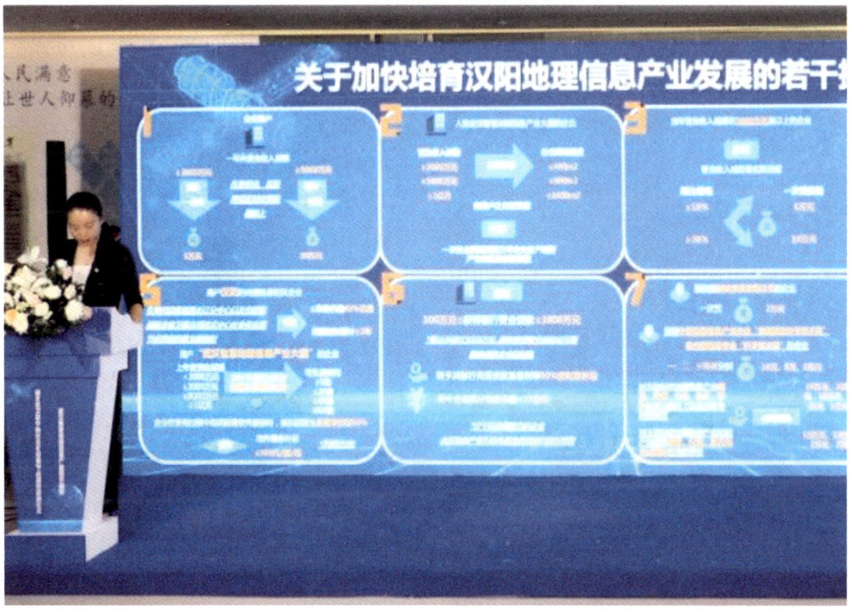

2022年6月23日，武汉市汉阳区发布《关于加快培育汉阳地理信息产业发展的若干扶持政策》

（汉阳区科经局　供图）

数字基础设施建设

【概况】 2022年，汉阳区建成5G基站1095个，实现全域覆盖。实现三大区域性数字基础设施布局。1月21日，华中首个“星火·链网”骨干节点建成上线并对接超级节点，成为汉阳突破发展区块链产业的重要支撑。5月12日，汉阳区举行科技创新暨数字经济大会，“自然资源湖北省卫星应用技术中心社会化应用节点”“武汉智慧地理信息产业大厦”获授牌。自然资源湖北省卫星应用技术中心社会化应用节点项目落户汉阳，成为湖北省1+8省级卫星中心建设模式重要支撑。该中心汇聚全省全域的卫星数据，承担省级卫星遥感智能场景

应用开发、增值服务和社会化产业化应用，已全面启动相关建设。5月15日，华中首个基于“星火·链网”构建的数字藏品平台——“知音数藏”在汉阳发布。8月20日，“工业品追溯与防伪”（安琪酵母）等多个应用场景上线，上链数据全年突破100万条。8月26日，由自然资源湖北省卫星应用技术中心社会化应用节点和长江鲲鹏生态创新中心牵头成立的“长江鲲鹏卫星应用联合实验室”在武汉智慧地信产业园揭牌。9月，食品溯源场景被评为2022年武汉市人工智能优秀应用场景。稻花香酒溯源场景、农业元宇宙场景、幼教元宇宙等应用场景正在开发上链。年内，国家超级计算长江分中心启动运营，构建算力一流的生产平台。该分中心由汉阳区人民政府、国家超级计算广州中心、武汉泽塔云科技股份有限公司联合成立，与“天河二号”相连，重点布局卫星遥感测绘、元宇宙、工业仿真等领域，为“2022年中国国际大学生时装周”提供从数字制版、设计、3D建模等全流程柔性供应链云计算服务支撑。

2022年，武汉智慧地理信息产业园展厅

（汉阳区科经局　供图）

【武汉智慧地理信息产业园建设】 2022年7月5日，武汉智慧地理信息产业园在华发国际企业大厦开园，明确数字经济细分领域地理信息产业作为园区主导产业。汉阳区深耕地理信息产业细分赛道，推进自然资源湖北省卫星应用技术中心社会化应用节点项目和国家超级计算长江分中心项目落户，制定发布汉阳区《加快培育汉阳地理信息产业发展的若干扶持政策》《汉阳区地理信息产业发展规划（2022—2026年）》，建立地理信息智慧工坊，打造地理信息产业链。园区入驻武汉泽塔云科技股份有限公司、武汉易米景科技有限公司、湖北威特空间信息科技有限公司、湖北锐捷信息集成有限公司、武汉汇科智创科技有限公司、武汉追月信息技术有限公司、武汉兆格信息技术有限公司、湖北省泛星信息技术有限公司8家产业链相关企业。其中，高新技术企业4家，甲级测绘资质企业3家。

2022年7月5日，武汉智慧地理信息产业园开园暨湖北省卫星中心社会化应用节点建设启动仪式在汉阳区华发国际企业大厦举行　（汉阳区科经局　供图）

【“星火·链网”骨干节点上线暨武汉星火数字产业大楼揭牌】 2022年1月21日，“星火·链网”骨干节点（汉阳）上线暨武汉星火数字产业大楼揭牌仪式在武汉市汉阳区举行。“星火·链网”骨干节点（汉阳）作为“星火·链网”在华中地区的首个骨干节点落地项目，在中国信通院和汉阳区人民政府的共同指导下，由汉阳投资发展集团有限公司联合湖北纸贵科技有限公司，立足汉阳数字经济发展目标设计建设。重点围绕汉阳“1+6”现代产业体系，致力于打造区块链赋能实体经济产业应用的全新业态，促进工业互联网等广泛典型应用场景的全要素、全产业链、全价值链互联互通。仪式上，湖北纸贵科技有限公司、湖北丹玛斯互联网科技发展有限公司、武汉蓬域区块链科技有限公司3家企业宣布签约落户。“5G智慧产业园”“中小企业金融平台”“工业产品溯源平台”3个数字经济场景合作项目在汉阳区落地。“新型柔性悬浮填料的研发”“BIM建模服务项目”“基于AR技术的桥梁裂缝识别系统的开发项目”“作物基因组测数据分析项目”“硫代硫酸盐生产应用技术研发项目”“一种石墨烯-γ-钼酸铋纳米复合材料及其制备方法项

2022年1月21日，“星火·链网”骨干节点（汉阳）上线暨武汉星火数字产业大楼揭牌仪式在汉阳区举行
（汉阳区科经局　供图）

目”等6个数字化科技成果转化项目，也分别与武汉大学、湖北工业大学、华中科技大学、华中农业大学、武汉轻工大学、武汉理工大学、武汉工程大学等科研团队达成合作意向。活动现场发布《汉阳区促进区块链产业发展的若干政策（试行）（征求意见稿）》，从企业落户、人才引进、众创孵化、场景应用等方面，为入驻武汉星火数字产业大楼的区块链企业呈上全方位的支持。“星火•链网”是面向未来的国家级区块链新型融合基础设施，以工业互联网为主要应用场景，以网络标识这一数字化关键资源为切入点，以区块链技术作为自主创新的核心突破口，与芯片技术、人工智能结合发展，面向全球服务，推进产业数字化转型，数字资源资产化。2020年8月30日，中国信息通信研究院牵头的“星火•链网”正式启动。2021年8月3日，中国信通院正式发布“星火•链网”底层区块链系统（BIF-Core），标志“星火•链网”主链正式启动运行并开始向全球服务。2021年8月26日，“星火•链网”骨干节点（武汉）建设方案获得评审通过，11月21日，在2021中国5G+工业互联网大会“工业互联网标识专题论坛”上，“星火•链网”骨干节点（汉阳）正式启动建设。“星火•链网”骨干节点是整个“星火•链网”双层体系架构中锚定对接超级节点主链与行业/区域链的一类关键角色，目前采用产业力量主导的“开放生态建设”原则和发展模式。湖北纸贵科技有限公司成立于2016年，是一家专注于以区块链赋能实体经济的技术驱动型企业，为政府、金融机构、企业等搭建区块链底层技术设施并提供垂直行业解决方案。其自主研发的底层区块链产品和区块链云服务平台已完成专利申请、软件著作申请超过300项，在新基建、智慧城市、金融科技、数据治理、产品溯源、司法存证等领域已落地众多场景。

2022年，武汉星火数字产业大楼内，区块链场景应用项目加速开发
（汉阳区科经局　供图）

数字化应用

【概况】 2022年，汉阳区持续推进数字化应用，产业数字化取得成效。全区获评的26家专精特新企业中，数字类企业占比达35%。武汉孚安特科技有限公司、武汉西高电器有限公司、武汉中交交通工程有限责任公司被评为国家级专精特新企业，武汉阿迪克电子股份有限公司、星云海数字科技股份有限公司、武汉泽塔云科技股份有限公司入选省级专精特新“小巨人”企业。43家数字经济企业进入高新技术企业行列，武汉泽塔云科技股份有限公司进入上市后备“银种子”企业。组织实施智慧城市建设，推进社区治理信息平台试点，成为湖北省城市信息模型（CIM）平台建设试点城区。

【产业数字化】 2022年，汉阳区产业数字化加速转换，推进制造业数字化改造、建筑业数字化赋能、服务业数字化提升。制造业数字化应用方面，2021年至2022年企业投资17个技改项目，其中百威（武汉）啤酒有限公司、健民药业集团股份有限公司、黄鹤楼酒业有限公司3家企业项目列为市级工业智能化改造提升现场会示范项目。武汉天鸣集团有限公司等11家企业获得两化融合贯标。工程设计建造产业数字化应用方面，中铁大桥局集团有限公司“基于BIM技术的桥梁工程建造数字化管控能力”项目获批工业和信息化部制造业与互联网融合发展试点示范，“基于物联网的智慧桥梁解决方案”入选工信部物联网示范项目（融合应用创新类）。大健康产业数字化应用方面，引入威高医疗器械有限公司和特蒙生物科技(武汉)有限公司增材打印项目，带动高性能创新数字医疗器械发展，以九州云仓系统为代表的九州通医药集团股份有限公司，对外输出数字技术服务。金融商贸业数字化应用方面，太保科技服务（武汉）有限公司自主研发的“猫”系列自动化测试平台，入选国务院国资委“十大国有企业数字转型成果”、获中国人民银行“金融科技发展奖”。文旅会展业数字化应用方面，推进国博高速智能信息网络建设，“智慧国博”项目正式运行。推出“一机游汉阳”智慧文旅系统，完成城区双生虚拟人代言人IP创造项目。“清元时空智能项目”、元宇宙音乐节等数字文旅项目达成签约意向，“泽塔云杯·第一届中国元宇宙服装设计大赛”年内在汉阳开幕启动赛事。

2022年10月20日，武汉市汉阳区举行算立方数字时尚艺术展暨泽塔云杯·首届中国元宇宙服装设计大赛开幕式暨赞助合作签约仪式（汉阳区科经局　供图）

【智慧城市建设】 2022年，汉阳区建设物联感知体系，推进城市智慧治理。构建全区统一的电子网络安全接入平台，重点把控街道和社区终端电脑网络安全，建立实时态势感知管理体系，为全区推进IPv6规模部署，构建下一代互联网建设工作提供支撑。搭建汉阳区大数据共享交换平台，汇聚市、区两级相关数据2.28亿条，包括横向录入的43个区级部门和11个街道1299项资源目录，纵向联通的市级城市大脑等系统的相关数据，服务于信用汉阳、楼宇招商平台、智慧城管（燃气管理）、市社区工作平台、遍访行动线上日志、政企云沟通畅联、大数据法律监督等应用系统专项工作。完成汉阳区视频汇聚共享平台建设，并接入政法、教育、公安分局等部门自建的1.4万路视频监控探头，同步完成与市级视频汇聚共享平台对接，融入全市视频监控联网系统。推进全区政务服务“一网通办、一网统管”，自主研发免费“云刻章”、远程“云勘查”、快速“云填单”、便捷“云开户”等“云政务”系列服务小程序，打造“互联网+云政务”模式。将新型冠状病毒疫情造成的不利影响转化为探索信息技术与教学深度融合的契机，初步形成基于大数据的可感知、可诊断、可分析的智慧教育生态，汉阳区教育云应用指数连续两年排名全市第一。汉阳区成为湖北省三个城市信息模型（CIM）平台建设试点城区之一，全市社区智慧治理信息平台唯一试点城区。

【数据合规管理】 2022年，汉阳区强化数字产业安全保障。以《武汉市公共数据资源管理实施办法》为基础，起草公共数据资源管理实施细则，厘清各单位职责分工，明确数据资料目录编制标准，数据采集汇聚要求，共享和公开流程，强调数据安全管理。邀请律师事务所、检察院从企业合规基本概念、数据合规基本内容、常见合规案例问题三个方面，以案说法进行授课讲解，帮助企业深入了解企业数据合规知识，提高企业及其员工对企业数据合规的认识。

（刘璋）

工业·建筑业

工　业

【概况】 2022年，武汉市汉阳区完成规模以上工业总产值166.64亿元，比上年下降14.4%。实现规模以上工业增加值42.29亿元，下降16.2%（不变价），工业增加值占全区地区生产总值（GDP）的7.9%。完成规模以上工业销售产值164.74亿元，下降11.6%。完成工业投资3.68亿元，下降19.5%。全年新增规模以上工业企业6家，规模以上工业企业达到50家，其中产值过1亿元工业企业24家。全区工业企业实施重大技术改造升级项目13项，工业技术改造投资2.66亿元。全区工业企业主要集聚在汉阳经济开发区、永丰街道等地。

【工业经济效益】 2022年，汉阳区规模以上工业产品销售产值164.74亿元，规模以上工业产品销售率为98.9%；规模以上工业营业收入166.63亿元，比上年下降11.7%；实现利润总额15.85亿元，下降20.2%。

【主要工业品】 2022年，汉阳区主要工业产品有食品饮料、服装、中成药、塑料玻璃制品、建筑材料、电器电料等，产量波动较大。全年全区精制食用植物油产量1.19万吨，比上年下降23.7%；味精（谷氨酸钠）产量9165吨，下降1.1%。饮料和酒产量4.09亿升，下降13%，其中，白酒279.79万升、增长27.2%，啤酒4.06亿升、下降13.2%。服装产量85.54万件，下降15.3%。中成药产量3700.23万吨，增长44%。塑料制品产量5.32万吨，下降35.8%。日用玻璃制品产量6374吨，下降30.1%。商品混凝土581.92亿立方米，下降22.6%。沥青和改性沥青防水卷材产量2.24万平方米，下降4.7%。高压开关设备（11万伏以上）产量1029台，增长9.9%。原电池及原电池组（非扣式）产量5223万只，增长51.3%。电工仪器仪表产量27.1万台，下降8.2%。

【支柱产值】 2022年，汉阳区规模以上工业企业中，十大工业行业完成总产值152.64亿元，占规模以上工业的91.6%。其中，金属制造业35.82亿元，比上年下降12.6%；非金属矿物制品业27.26亿元，下降25.2%；橡胶和塑料制品业12.49亿元，下降41.5%；酒、饮料和精制茶制造业18.94亿元，下降7%；烟草制造业13.27亿元，下降24.7%；食品制造业12.11亿元，下降16.5%；医药制造业13.79亿元，下降0.8%；废弃资源综合利用业8.28亿元，增长2.4%；电气机械和器材制造业6.97亿元，增长32.8%；农副食品加工业3.71亿元，

2022年，位于武汉市汉阳经济开发区的武汉金牛经济发展有限公司生产线
（汉阳经济开发区　供图）

增长 18.4%。

【工业项目建设】 2022 年，汉阳区引进投资超 10 亿元的容百新能源技术研究院。年内建成投产项目 10 个，累计投资 6.64 亿元。其中，续建项目 7 个，投资合计 6.17 亿元；新开工项目 3 个，投资合计 0.48 亿元。计划开工项目 6 个，投资合计 11.78 亿元。

【工业园区建设】 2022 年，汉阳区根据《武汉市工业提升三年行动方案》明确“两个一百平方公里”工业园区建设要求，确定全区工业园区优化提升区域为 2.8 平方千米。其中，黄金口都市工业园西北片、东南片和东北片 2.43 平方千米，永丰街道 0.37 平方千米。汉阳区科学技术和经济信息化局拟制汉阳区“两个一百平方公里”工业园区建设工作方案，结合《汉阳区工业提升三年行动计划》，拟制《汉阳西部三村片区产业与发展模式研究报告》，策划“汉阳智造港”项目，加快汉阳区西部三村（黄金口村、米粮村、四台村）产业与发展规划，盘活低效产业空间。推进武汉显捷电子有限公司购置生产厂房，为企业转型发展和扩大生产规模提供更好发展环境。汉阳经济开发区针对黄金口都市工业园土地现状、能耗、产值等情况开展调研，组织开展园区标准工业厂房摸底及填报园区工作任务、目标清单、土地利用和项目建设计划“四张清单”，推进制定园区优化提升规划方案。永丰街道探索“城中村”产业用地新路径，统筹整合土地、管理、资金等资源，加快释放三村统征储备的工业用地。黄金口都市工业园围绕汉阳区产业布局，引进湖北省首个星火链网骨干节点落户，首个基于“星火·链网”构建的数字藏品平台——“知音数藏”发布上线。

表17　　2022年武汉市汉阳区年产值亿元以上工业企业一览表

序号	企业名称	2022年产值（万元）	2021年产值（万元）	2022年比2021年增减幅（%）
1	武汉苏泊尔炊具有限公司	354118	404842	−12.53
2	百威（武汉）啤酒有限公司	160554	181745	−11.66
3	湖北中烟卷烟材料厂	129584	173598	−25.35
4	健民药业股份有限公司	127022	128735	−1.33
5	味好美（武汉）食品有限公司	121081	144934	−16.46
6	金牛经济发展有限公司	116693	203541	−42.67
7	武汉源锦商品混凝土有限公司	86723	138717	−37.48
8	武汉市宏昌炉料有限公司	82815	80884	2.39
9	武汉中村砼制品有限公司	59329	74275	−20.12
10	武汉孚安特科技发展有限公司	33340	23688	40.75
11	黄鹤楼酒业有限公司	28804	21822	32.00
12	宏奕众拓建筑材料有限公司	26293	32155	−18.23
13	武汉显捷电子有限公司	23811	21788	9.28
14	博磊商品砼有限公司	23048	25154	−8.37
15	武汉新中环环保	21943	27403	−19.92
16	武汉西高电器	21162	19173	10.37
17	武汉金安格印刷技术有限公司	20987	20107	4.38
18	武汉建工鑫祥科技发展有限公司	20945	17327	20.88
19	武汉中鹏油脂工业有限公司	19388	10310	88.05
20	武汉福达食用油有限公司	17762	21067	−15.69
21	武汉武桥交通装备技术有限公司	14587	14444	0.99
22	诚坤江城商砼有限公司	12347	21546	−42.69
23	武汉金瑞达医疗用品	10847	10194	6.41
24	武汉市武公被服有限责任公司	10807	11768	−8.17

引进12家数字经济关联企业，逐步形成数字经济产业集聚。联东U谷·汉阳科技总部港项目招引武汉德诚义肢矫型康复器材有限公司、武汉凯普医学检验实验室有限公司等大健康领域企业16家。加华科技产业园招引武汉聚成医疗科技有限公司、武汉脉搏波医疗器械有限公司等大健康领域企业7家。未来工业园引入落户中城绿脉（湖北）检测有限公司，建设中城绿脉特种设备检测中心，打造大健康产业“健康智能制造区”。以武汉誉城千里建工有限公司、武汉银合温控产业发展有限公司、武汉市汉阳市政建设集团有限公司5G项目为突破点，引入项目上下游相关企业，打造新材料、智能检测等园区产业新业态。

【工业企业培育】 2022年，汉阳区发挥工业龙头企业的带动效应，通过“以大带小、整零协同”发展，打造各级企业齐头并进的态势。建立完善专精特新“小巨人”企业、“小进规”企业、高新技术企业等培育数据库，实行分类培育、阶梯培育。实时动态监测企业产值、税收、用电等指标，引导企业“进规”。全年新增规模以上工业企业6家，累计培育规模以上工业企业50家，省级专精特新“小巨人”企业25家，国家级专精特新“小巨人”企业4家。

2022年，联东U谷·汉阳科技总部港

（汉阳经济开发区 供图）

【工业投资项目跟踪服务】 2022年，汉阳区建立“结转—新增—开工”工业项目库，跟踪项目进展情况，指导企业开展技术改造，联合第三方专业机构为新进规模以上、专精特新企业开展智能化咨询诊断服务。为武汉金牛经济发展有限公司、武汉苏泊尔炊具有限公司、百威（武汉）啤酒有限公司等13家企业的技改项目提供贴身服务。汉阳区西部政务中心服务提速，实现3宗工业用地挂牌成交，服务3个亿元以上项目落地。武汉苏泊尔炊具有限公司生产线改造、湖北鑫祥商品混凝土有限公司智能化改造、武汉金牛经济发展有限公司管件等企业的新增项目入库投产，形成有效投资。武汉誉城千里建工有限公司、武汉银合温控产业发展有限公司等企业项目开工建设。

【惠企政策落实】 2022年，汉阳区密切联系区内规模以上工业企业，为企业纾困解难。推荐5家专精特新“小巨人”企业在专场政银企对接会上签约，授信金额2.24亿元。协助解决3笔132.8万元中小企业拖欠账款。

表18　　2022年武汉市汉阳区工业投资投产项目一览表

序号	企业名称	项目名称	项目类型	累计完成投资（亿元）	备注
1	百威（武汉）啤酒有限公司	啤酒生产线智能改造项目	改建及其他	1.65	续建项目
2	武汉茗良报废汽车回收有限公司	3万辆报废机动车回收拆解项目	改建及其他	0.42	续建项目
3	味好美（武汉）食品有限公司	新建液体香精车间、新建加工车间	改建及其他	0.22	续建项目
4	湖北中烟卷烟材料厂	中烟工业投资和智能化改造项目	改建及其他	2.27	续建项目
5	武汉孚安特科技有限公司	年产1.5亿只一次性锂电池智能化生产线项目建设	改建及其他	0.80	续建项目
6	武汉市盛璟阳环保材料有限公司	再生建材材料生产项目	改建及其他	0.40	续建项目
7	健民药业集团股份有限公司	颗粒生产配套升级项目	技改项目	0.41	续建项目
8	武汉苏泊尔炊具有限公司	苏泊尔厂区生产线改造升级	技改项目	0.33	新开工
9	湖北鑫祥商品混凝土有限公司	生产设备技术改造	技改项目	0.10	新开工
10	阿迪克数字化产线	武汉阿迪克电子股份有限公司	技改项目	0.04	新开工

兑现专精特新“小巨人”企业、工业企业“小进规”、工业投资补贴、省级制造业高质量发展等奖励 696 万元。开展年度省级制造业高质量发展专项申报，百威（武汉）啤酒有限公司、味好美武汉食品有限公司 2 家企业获得补助资金。组织年度市级工业投资和技术改造专项申报，武汉孚安特科技发展有限公司、健民药业集团股份有限公司、武汉苏泊尔炊具有限公司、湖北鑫祥商品混凝土有限公司 4 家企业获得补助资金。

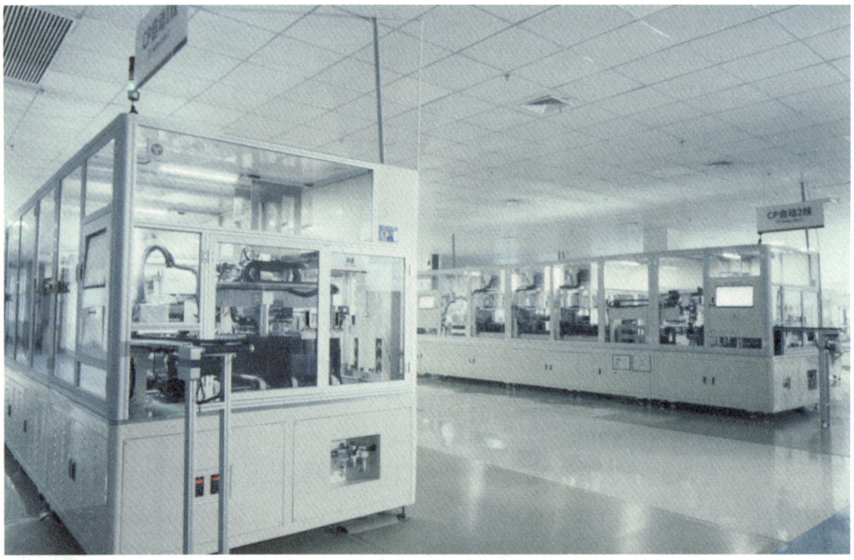

2022年，位于汉阳加华科技产业园的武汉孚安特科技有限公司生产车间
（汉阳经济开发区　供图）

【智能制造产业】 2022 年，汉阳区智能制造产业企业覆盖食品制造、纺织服饰、纸制造和印刷、医药制造、橡胶和塑料制品、非金属矿物和金属制品、设备和电子机械器材制造、汽车零部件制造、废弃资源综合利用、电子热力生产和供应、烟草制造 11 个行业类别。聚集形成日用轻工业、食品医药业、建筑建材制造业、通用设备制造业、资源利用业 5 个产业集群。全区产值 10 亿元以上重点企业 7 家，1 亿元以上企业 24 家。其中，武汉孚安特科技发展有限公司、武汉武桥交通装备技术有限公司、武汉西高电器有限公司、武汉天鸣集团有限公司 4 家企业获得国家级专精特新“小巨人”企业称号；健民药业集团股份有限公司上榜工业和信息化部 2022 年智能制造优秀场景公式名单；武汉源锦商品混凝土有限公司、武汉孚安特科技发展有限公司等 4 家企业被评为湖北制造业单项冠军企业。全区智能制造产业领域有国家级研发平台 3 个、省级研发平台 7 个、市级研发平台 8 个。武汉金牛经济发展有限公司创建国家认可实验室、湖北省塑料管道制造与应用工程技术研究中心和院士工作室。百威（武汉）啤酒有限公司设有集团亚太地区研发中心和饮料科学及啤酒工程中心，年内新成立研发中心测试酒厂和实验室中试平台。健民药业集团股份有限公司成立湖北省中药现代化工程技术研究中心，开展面向全国的新药成果转化中试研究服务。武汉天龙黄鹤楼酒业有限公司与湖北工业大学联合建设武汉大清香固态发酵企校联合创新中心，促进产品品质升级和新品开发。

【容百集团湖北新能源技术研究院及华中区域总部项目落户汉阳】 2022 年 12 月 28 日，汉阳区与宁波容百新能源科技股份有限公司完成新一体化合作云签约，在汉阳落地建设容百湖北新能源技术研究院及华中区域总部项目。宁波容百新能源科技股份有限公司是国内首家实现高镍正极大规划量产的高科技新能源材料和全国首批科创板上市公司，主营产品供应宁德时代、孚能科技等电池行业龙头企业。在汉阳区建设的容百湖北新能源技术研究院主要从事产品开发、机理研究、前沿技术研究、电池化学体系研究、新事业推进及产业孵化、工程装备开发等业务；配套建设华中区域总部，主要从事正极事业部、工程事业部以及相关总站职能管理。项目计划选址在汉阳黄金口，项目总体规划面积 9.33 公顷，一期固定资产投资约 18 亿元。容百电池三角基地项目同步落地汉阳区，基金一期拟募资规划 50 亿元，重点投资新能源新材料相关产业上下游的项目。

（刘璋）

【健民药业集团股份有限公司】 健民药业集团股份有限公司始创于明崇祯十年（1637），原名“叶开泰”，中华人民共和国成立前即享有“初清三杰”“中国四大药号”的美誉。1953 年，叶开泰号制药部分被改造为“武汉市健民制药厂”，1997 年被认定为“高新技术企业”，2004 年在上海证券交易所上市（A 股代码 600976），2011 年，“武汉健民”被评为中华老字号企业。公司主营业务为医药工业和医药商业。其中，医药工业板块按照药品流通的渠道分为 OTC 产品线和 Rx 产品线，龙牡壮骨颗粒是公司 OTC 产品线第一大单品；医药商业板块主要为药品的批发和零售。公司以发展中医药为核心，以儿科产品为特色，已成为全国重点中药企业和小儿用药生产基地，并设有国家企业技术中心、企业博士后科研工作站和儿童药物研究院，具备完善的自主研发能力。2018 年，公司探索发展中医诊疗服务。2022 年，成立健民国医投资（武汉）有限公司，作为公司中医诊疗服务产业的管理与投资平台；成立杭州华方医院有限公司，按照二级标准建立综合医院，开展医疗业务。健民药业集团股份有限公司全年实现营业收入 36.41 亿元，比上年增长 10.4%。其中，医药工业收入 18.8 亿元，增长 11.7%；医药商业收入 17.23 亿元，增长 8.5%；实现归属于上市公司股东的净利润 4.08 亿元，增长 33.5%。

经营管理　健民药业集团股份有限公司加大信息化技术应用，完成供应链、物流部、龙牡车间等的信息化上线。完成龙牡自动生产线改造，实现从配料、制粒、总混、内包至成品入库全面自动化。启动叶开泰新智能制造车间扩产项目，提取产能在原有的基础上提升30%以上。投资2.8亿元新建综合制剂车间、投资5693万元新建原辅包材仓库等，提高生产能力。公司制造中心一车间被中华全国总工会授予“工人先锋号”称号，五车间入选工业和信息化部2022年度智能制造优秀场景。在全国工商联医药商会“2021年度中国医药制造业百强”排第65位、“2021年度中国中药企业百强”排第46位，被评为“2021年度中国医药自主创新先锋企业”、湖北省科学技术厅“2021年度百强高新技术企业”、武汉企业信用管理服务中心“2022年企业信用评价AAA级信用企业”；入选2022武汉民营企业100强、武汉民营制造企业50强、湖北民营企业制造业100强企业榜单。

产品研发 健民药业集团股份有限公司以新产品研发与老产品二次开发并举，加大研发投入，加快研发进程，全年获得药物临床试验批准通知书1个、提交上市许可申请5个，新申请专利7项。全年开展新药研发项目26项，其中新立项儿科新制剂3项。中药1类新药通降颗粒取得药物临床试验批准通知书，小儿紫贝止咳糖浆提交NDA，获得受理通知书；牛黄小儿退热贴Ⅲ期临床研究病例入组即将完成；4项儿童制剂项目提交ANDA，获得受理通知书；4项儿童制剂项目完成中试研究。在老产品二次开发方面，围绕质量及工艺技术改进开展系列研究，8个二次开发项目按计划进展顺利。其中，安眠补脑糖浆变更内包材；补肾健骨胶囊工艺变更；小儿益麻颗粒规格变更均通过审评，取得备案证；安眠补脑口服液质量标准修订取得标准颁布件。

（健民药业集团）

建筑业

【概况】 2022年，汉阳区资质以上建筑业完成总产值749.7亿元，比上年增长13%；实现建筑业增加值86.74亿元，增长10.2%；实现营业利润30.9亿元，增长62.3%；实现利润总额30.1亿元，增长58.9%。年末全区实有总承包和专业承包资质的建筑业法人单位58家。年内新开工房屋建筑工程35项，总建筑面积396.99万平方米，工程总造价145.05亿元，完成竣工验收备案150个单体，建筑面积388.44万平方米。在建房屋建筑工程411个单体，建筑面积1105.49万平方米。全年开展建筑企业施工资质审查150家，全区累计有资质等级建筑企业434家，其中特级资质2家、一级资质10家、二级资质29家、三级资质393家。建筑业统计到位率100%，监测目标到位率100%；受监工程项目建设平稳有序，未发生影响较大安全事故和重大质量责任事故。新建居住项目（五里墩B1、B2地块）1、6、7号楼及地下室获“湖北省优质工程奖”（楚天杯）；新建居住、商业服务业设施项目（调整）中国中铁·金桥璟园（一标段）2号楼获“武汉市建设工程黄鹤奖”银奖；武汉市汉阳区中小学新建PPP项目——永安堂小学被评为湖北省优良建筑装饰工程；武汉杨泗港长江大桥（鹦鹉堤至八铺街堤）正桥工程获“鲁班奖”。14个项目获武汉市建设工程安全文明施工示范项目“黄鹤杯”奖，15个项目获湖北省建设工程安全文明施工示范项目“楚天杯”奖；市政基础设施项目获国家优质工程1项，获湖北省市政工程金奖2项。

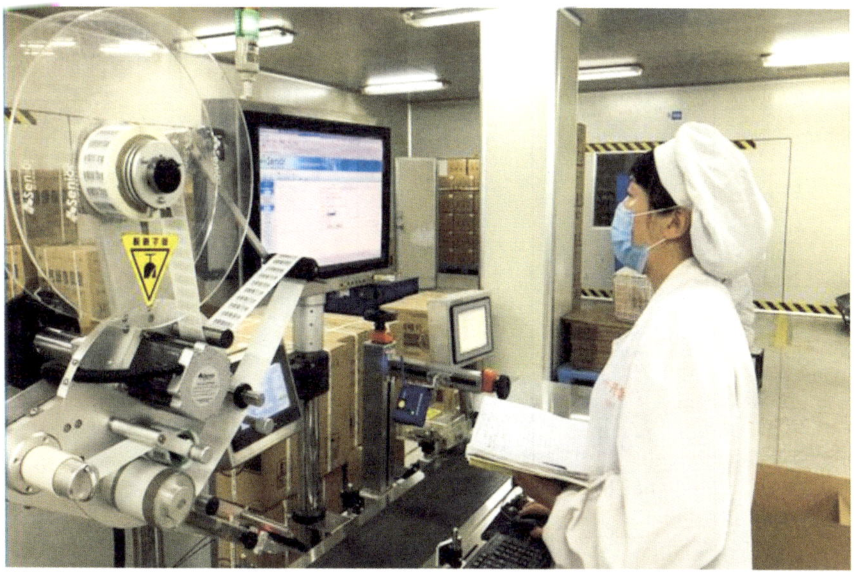

2022年，健民药业集团股份有限公司生产车间

（健民药业集团 供图）

【工程设计与建造产业促进】 2022年，汉阳区加快打造工程设计与建造产业“1+6”现代产业体系步伐，重点打造四新地区路桥设计建造集聚区，全年路桥设计总部集聚区完成产值505亿元，比上年增长9.78%。印发《汉阳区工程设计与建造产业发展“十四五”规划》《汉阳区促进工程设计与建造产业发展工作方案》，区领导担任产业链链长，多次走访中铁大桥局集团有限公司、中铁十一局集团有限公司等企业。武汉市汉阳市政建设集团有限公司总部落户四新，中南科研中心项目主体完工。引进湖北楚天高速数字科技有限公司、蓝保盾（湖北）环境科技有限公司等企业。

【智慧工地建设】 2022年，汉阳区智慧工地监管大数据平台以区内在建工程项目基础信息为单元，将工程项目参建各方纳入平台进行统一管理，实现智慧化监管。平台已累计录入项目工程信息306个，其中在建项目82个。在建项目视频监控接入71个，环境监测接入65个，平台累计下发巡检单2.25万份。工地前端安全文明施工重点区域安装高清摄像头纳入平台管理，通过手机端或电脑端的云台缩放、转动可实时查看现场监控画面，监管施工行为。平台与工地前端安装的环境监测设备进行接口对接，获取工程范围内实时的细颗粒物、可吸入颗粒物、噪声等多种环境数据。同时，实时抓取汉阳区月湖监测站环境数据，实现环境数据动态对比分析、超标预警。监管部门可实时了解工地扬尘、噪声的指标，对于环境超标项目及时发现、督促改正，对不整改的违规行为采取执法措施。平台具备手机App及电脑端线上巡检功能，平台上视频巡检发现的问题可在电脑端下发巡检单。平台将监管方及参建各方纳入统一管理，实现巡检单下发、整改、复核均可在线上进行，提高监管效率。平台将项目的考核评分机制纳入系统进行管理，通过每月对在建项目的视频监控在线率、环境监测超标情况以及线上安全、文明巡检问题的整改效果和响应速度等指标，综合考核评分、评级，形成排名考核机制，实行月度通报。

【建筑工程质量监管】 2022年，汉阳区建筑管理站通过日常监督抽查及各类巡查、检查，对建筑工程下达质量整改通知单16份及停工整改单5份，均督促相关单位整改落实到位。做好汉阳智慧监管平台与武汉市工程质量监督系统对接。通过信息化监管手段，结合第三方质量巡检、质量监督抽测等方式，对住宅项目的“渗、漏、裂”质量通病、使用功能、公建项目的结构安全、机电安装以及工程技术资料等方面进行针对性检查，在项目施工过程中把控工程质量。组织在中南科研设计中心、中海地产归元片二期A包7号地块等多个项目开展线下观摩交流活动，介绍超高层钢框架结构装配式外墙板技术应用、钢结构安装质量，主体结构施工、砌筑施工、外立面穿插施工、机电管综施工，钻孔灌注桩标准化工艺流程等，推广新工艺新工法。

【建筑施工安全监管】 2022年，汉阳区利用大数据平台，督促参建各方落实主体责任。以强化建设单位安全生产首要责任为突破口，加大参建单位安全生产责任意识。利用大数据监管平台实行差异化管理，及时掌握各类重大安全隐患源问题，将不履职尽责的项目作为重点监管对象，加大查处力度。查处工地安全隐患，采取委托第三方检查方式，对安全大数据监管平台排名靠后项目进行抽查检查，并依据第三方检查结果，对项目进行处置。利用购买服务，补强监管技术短板。针对建筑起重机械检验检测专业性较强的特点，采取第三方专业技术检查服务方式对所管辖工地建筑起重机械及附着式升降脚手架实体安全状况进行专项检查。主要检查起重机械设备专项方案审核审批、人员交底培训、人员证件、日常维修保养、设备实体安全状况等，督促整改消除起重设备安全隐患。利用信息化监管平台，对项目进行差异化管理，通过“汉阳建管云”视频监控实施动态监

表19　　2022年武汉市汉阳区建筑业情况一览表

项目	建筑企业数（个）	建筑业总产值（亿元）	建筑工程产值（亿元）	安装工程产值（亿元）	其他产值（亿元）
总计	58	749.70	733.29	14.87	1.54
其中：国有及国有控股企业	14	707.40	700.70	6.55	0.15
一、按注册登记类型分组					
内资企业	58	749.70	733.29	14.87	1.54
国有企业	4	11.70	11.22	0.67	
国有联营企业	1	3.37	3.37		
国有独资公司	6	228.73	222.70	5.88	0.15
其他有限责任公司	13	474.96	472.13	2.47	0.36
股份有限公司	3	3.52	3.52		
私营有限责任公司	31	27.23	20.36	5.85	1.02
二、按国民经济行业分组					
房屋建筑业	15	20.59	18.78	1.35	0.45
土木工程建筑业	24	683.07	676.91	5.26	0.89
建筑安装业	8	22.61	15.56	7.01	0.04
建筑装饰、装修和其他建筑业	11	23.44	22.04	1.25	0.15

管，对发现的问题在平台发起整改单，督促项目完成整改。每月综合日常监管、信息化平台动态监管、各级各部门的督查反馈等方面情况，对项目文明施工管理情况进行排名打分，评选星级工地，并对工地进行奖惩。通过星级评定方式，倒逼企业履行项目安全文明施工管理主体责任，提升工地文明施工管理水平。

2022年12月18日，武汉市汉阳区建筑管理站在武汉市公安局交通管理局王家湾综合业务用房建设项目部开展安全检查　　（汉阳区建管站　供图）

【建筑工程招投标监管】 2022年，汉阳区建设工程有各类招标项目89项。其中，施工招标45项、服务招标44项，建筑总面积131.22万平方米，总造价71.14亿元，招标文件审查率100%。全区全部项目实现全流程电子化招标，86%项目自主选择远程不见面开标。推行“容缺受理”，16个项目取得核准备案手续，资金来源已落实、满足招标所需技术条件，其他条件暂缺的，先行开展招标活动。创新监管模式，引导2个项目实施招标计划公告提前发布试点，向武汉市城乡建设局争取2个项目试点“评定分离”。推行“全过程咨询”和“工程总承包”招标，引导2个项目实施全过程咨询招标，34个项目实施工程总承包模式招标。探索合并招标方式，针对同一招标人在同一时段实施多个同类型同规模的2个小型建设项目，采取合并招标方式进行招标，节约招标人的时间成本和建设周期，减轻投标人的投标资金负担，年内减免投标保证金5500万元。加大代理机构监管力度，严格按照武汉市建设工程招标代理机构信用评价办法对代理企业实施信用管理。严格事中事后监管，运用“双随机”检查、交易平台系统排查、改善营商环境线索征集渠道等手段查处围标串标行为。年内运用“双随机”排查项目10个，利用事中事后抽查发现纠正不规范招投标行为20余次。对4个疑似围标、串标线索依法依规进行处理。依托公共交易平台、区政务服务网平台，加大招投标信息公开力度及信息获取渠道，试点招标计划提前发布，便利招投标单位及时了解信息。对42个评标专家的违规行为进行信用公示，对3家企业的违规行为运用警示教育函，指导约谈等方式责令其自行纠错并整改。提供法规政策和操作流程业务指导咨询服务，为区内主要的4家招投标平台企业上门送政策咨询服务6次，提供法规政策业务指导培训30余次。

【建筑市场行政执法】 2022年，汉阳区加大建筑市场巡查检查工作力度，强化动态管理，打击建设领域违规建设、无证施工、违法分包、转包挂靠、压缩合理工期等违法违规行为。全年执行行政处罚案件43件，处罚金额43万元。

（向云松）

【中铁大桥局集团有限公司】 中铁大桥局集团有限公司（以下简称中铁大桥局）位于武汉市汉阳区四新大道6号，是中国中铁股份有限公司旗下全资子公司，是中国唯一一家集桥梁科学研究、工程设计、土建施工、装备研发四位一体的承包商兼投资商。2022年，中铁大桥局设置行政部门12个、党群部门6个，事业部单位4个；有全资子公司15个，控股子公司2个。公司有员工1.3万人。其中，院士2人，全国工程勘察设计大师4人，国家有突出贡献专家2人，享受国务院政府特殊津贴专家28人，省部级各类专家140人次，正高级工程师187人，高级职称人员1700余人，各类专业技术人员8000余人。公司全年实现新签合同额3.03万亿元，比上年增长11.1%；营业总收入1.15万亿元，增长7.56%；净利润349.72亿元，增长14.78%。实现经营规模、效益、质量连年迈上新台阶，连续17年进入世界企业500强；位列《财富》世界500强第34位、《财富》中国500强第5位；位列《工程新闻纪录ENR》最大250家全球承包商第2位。

工程项目　中铁大桥局完成东莞滨海湾大桥、温州北口大桥、绿枝江大桥、坦桑尼亚坦桑蓝跨海大桥、武汉地铁16号线二期等建设项目61个；孟加拉国帕德玛大桥建成通车；铁路项目线路开通运营5条，推进CZ大渡河、G3铜陵、常泰、巢马等重点工程。参与建设桥梁工程入选“中国新时代100大建筑”荣誉榜14项；获中国建设工程“鲁班奖”4项（重庆两江桥隧连接线、新建福州至平潭铁路平潭海峡公铁大桥、延庆至崇礼高速公路河北段、新建连云港至镇江铁路五峰山长江特大桥）；获国家优质工程奖5项（怀来县城市道路工程〈沙城至东花园〉跨官厅水库特大桥工程，江汉七桥〈解放大道至汉阳大道〉工程，九洲高架二期延伸工程〈洪都大道快速化改造工程〉，武汉市轨道交通 8 号线二期、三期工程，新建武汉至十堰铁路孝感至十堰段综合工程)。

荣誉奖项　4 月，北京茅以升科技教育基金会发布《2021年度茅以升科学技术奖获奖通知》，中铁大桥局副总经理查道宏，副总工程师李军堂、周功建 3 人获建造师奖；中铁大桥局副总工程师蒋本俊、桥科院新技术研究所所长王翔 2 人获铁道工程师奖。同月，中铁大桥局新能源工程指挥部（大企业事业部）常务副指挥长肖世波获 2022 年全国五一劳动奖章。6 月 25 日，中国工程院院士、全国工程勘察设计大师、中铁大桥勘测设计院首席专家高宗余获湖北省科学技术突出贡献奖。8 月，2022 年第十六届中国品牌节年会金谱奖榜单揭晓，“中国中铁大桥局”获“桥梁建设行业领导品牌”。9 月 22 日，第十六届詹天佑铁道科学技术奖颁奖大会暨首届詹天佑科学技术发展论坛，中铁大桥局“高速铁路大跨度桥梁创新团队”获詹天佑科学技术创新团队奖。11 月 17 日，湖北省第一届职业技能大赛开幕式暨第三届“湖北工匠”表彰大会，中铁大桥局六公司工匠技师刘琴梅获“湖北工匠”称号；中铁大桥局七公司测量特级技师杜操获“湖北省技术能手”称号。

（孙晨）

2022年，由中铁大桥局集团有限公司参与施工的重庆两江桥隧连接线工程获中国建设工程“鲁班奖”

（中铁大桥局　供图）

【中交第二公路勘察设计研究院有限公司】　中交第二公路勘察设计研究院有限公司（以下简称中交二公院）为中国交通建设股份有限公司全资子公司，具有工程设计综合甲级、工程勘察综合甲级等 20 多项国家甲级资质。2022 年，中交二公院下设子公司 8 个、分公司 23 个。有院士专家工作站、博士后科研工作站、湖北省隧道与地下空间研发中心、中国交建隧道与地下空间研发中心及 BIM 技术应用研发中心等高端创新平台。2022 年，公司有员工 1700 余人。其中，本科及以上学历人员占比 92.6%，各类专业技术人员占比 98.1%，正高级以上职称 251 人、高级职称 615 人。全年新签合同额 63.94 亿元，比上年增长 33%；营业收入 42.05 亿元，增长 18%。位列 ENR 中国工程设计企业 60 强第 23 位，获湖北省企业技术中心认定、湖北省高新技术企业百强、交通运输部全国公路市场信用评价 AA 级、中国车谷创新发展优秀企业等称号。西藏公路项目测设“梦之队”获交通运输部、中华全国总工会“2021 年感动交通十大年度人物”称号。

2022年12月14日，中交第二公路勘察设计研究院有限公司举办“大师点评”活动

（中交二公院　供图）

路桥勘察设计　全年承接并实施相关项目 257 个。中标现汇非施工项目 30.37 亿元，比上年增长 22.4%。其中，1 亿元以上项目 10 个，包括陡山沱过江通道、沈海线泉厦段扩容工程（轻型智慧高速公路）、襄阳至宜昌高速公路宜昌段、武汉都市区环线黄陂至新洲段（北段）、武汉至天门高速公路、武汉至汉川段等勘察设计项目。设计咨询新签合同额 42.76 亿元，投资新签合同额 9.58 亿元，项目管理新签合同额 10.9 亿元。参与央企首单高速公路公募基金 REITs 上市，实现“投融建管退”良性循环。海外业绩企稳回升，获商务部援外成套项目管理（公路、市政行业）资格。勘察设计新疆天山胜利隧道、湖北燕矶长江大桥及观音寺长江大桥等品牌桥隧受到行业内外关注。创新实践生态环境导向城市开发（EOD）模式、高

速“服务区+”模式；狮子洋通道工程初步设计成果获初设阶段勘察设计服务评比特等奖；交通强国试点项目泉厦扩容工程探索“原位扩容+智慧提升”新模式。

结构布局调整　完成五大重点领域、24项改革三年行动，入选集团国企改革三年行动示范模式创建单位，被评为集团2021年度三项制度改革A类单位。推动子公司专业化发展，入选湖北省专精特新“小巨人”企业4家。培育遥感测绘、BIM、试验测、水环境治理等“三新”业务。优化市场布局，修订分支机构管理办法，落实“1+5+N”（1：总部经营生产管理部；5：华东经营中心、华南经营中心、华中经营中心、北方经营中心、西南经营中心；N：五大经营中心下设N个经营分中心）及海外市场属地化、实体化布局。发布《海外优先实施方案》，完善海外优先工作机制。新设绿色低碳技术研发中心，布局低碳化、绿色化研究。改革中交集团隧道与地下空间研发中心管理模式，设立大师办公室，提升高端创新引领能力。

人才引进和培养方式创新　海外高端人才引进取得新突破并获集团认可，搭建校企人才培养合作平台，与6所高校签署合作协议。增设科研、市场开发职级序列，首次开展海外人才岗位交流。完善多层级师带徒培养机制和内训师管理机制。开展首期16人高层次青年人才导师制培养活动。投入培训经费305万元，举办各类培训班285期，全员刚性学时完成率95.4%。

（李胜军）

【湖北省交通规划设计院股份有限公司】　湖北省交通规划设计院股份有限公司（以下简称湖北省交规院）位于武汉市汉阳区龙阳大道7号，为全国甲等综合性交通科技型企业、湖北省高新技术企业。2022年，湖北省交规院设职能部门9个、中心2个、生产单位13个、子公司3个、区域中心5个及驻外分院若干。

中标承接项目　全年新签合同699个，签订合同额24.55亿元，比上年增长23.1%；实现营业收入10.55亿元，增长16%；利润总额1.27亿元，增长13.2%。省内高速公路项目中标率74.1%，中标金额15.4亿元。福银高速公路谷城至柳陂段改扩建工程勘察设计合同额1.45亿元，是湖北省交规院“十四五”重点高速公路改扩建项目；十宜高速兴山至长阳段勘察设计合同额2.26亿元，是湖北省交规院在省内独立承担单体金额最大勘察设计项目。总包业务中标鄂黄长江公路大桥、军山长江大桥等6座桥梁防撞加固设计、采购施工总承包（EPC）项目工程，合同额近1亿元。水运板块业务新签合同额1.2亿元；承接汉江丹江口至襄阳不衔接阶段航道整治工程，王甫洲枢纽二线船闸，麻城举水航运开发，内荆河、浰河、中电建浠水绿色产业园码头等水运标志性项目。桥梁板块承接武汉都市圈环线汉南长江大桥、新港高速双柳长江大桥、十堰至宜昌高速沙镇溪长江大桥勘察设计。

2022年11月4日，湖北省交通规划设计院有限公司承担设计的宜都至来凤高速公路宜昌段茅坪隧道右洞顺利贯通　（湖北省交规院　供图）

项目设计与建设　全年承担各类生产项目588个，其中重点项目147个。1月15日，汉江雅口航运枢纽工程首台机组并网发电。8月，316河谷汉江公路大桥、丹江口水库特大桥合龙。11月4日，宜来高速宜昌段茅坪隧道右洞贯通。监利至江陵高速公路东延段、215线马鬃山至桥湾公路工程通过验收。推进沪渝高速公路改扩建工程宜昌段，房县至五峰高速公路神农架段，十堰经镇坪至巫溪高速公路溢水至镇坪段，咸宁桂花至汀泗高速公路（咸宁南外环），新港高速双柳长江大桥，宜来高速宜昌段柴埠溪特大桥，汉江兴隆枢纽2000吨级二线船闸工程，襄阳市唐白河（唐河）航运开发工程，荆州港监利港区白螺作业区白螺物流港（一期）建设工程，武鄂黄黄、襄阳、宜荆荆都市圈综合交通规划，湖北省省道网规划，省“十四五”综合交通规划中期调整等重点项目。完成十堰经镇坪至巫溪高速公路郧西至鲍峡段、利川至咸丰高速公路、京港澳高速公路湖北省豫鄂界至军山段改扩建工程、武汉至重庆高速公路汉川至天门段、汉北河南垸至新沟段航道工程、丹江口水库特大桥、武穴长江公路大桥等项目后期服务。

科技人才培养　推进“领航”“高潜”“春苗”等六大人才培养计划，赋能湖北省交规院高质量发展。落实三期领航计划，培训中层管理人才107人，提升行政思维和管理能力。实施一期高潜人才计划，培训后备管理人才40人。全年新增湖北省科学技术厅专家1人、正高级工程师11人、高级工程师31人、工程师65人；入选省部级各类专家库20余人。

（柳霞）

【武汉市汉阳市政建设集团有限公司】2022年，武汉市汉阳市政建设集团有限公司下设分公司34个，全资子公司25个。现有职工2800余人。其中，本科及以上学历2319人，正高职称16人，高级职称256人。公司注册资金12.8亿元，年施工能力超过300亿元。设有省级企业技术中心1个，武汉市研究开发中心1个，国家级高新技术企业10个。累计完成验收项目163个，移交项目215个，结算审计项目221个，超额完成指标。全年实现经营产值151.2亿元，上缴税收4.5亿元。集团被评为中国施工企业管理协会“典型诚信企业”，总经理王智高被中国施工企业管理协会评为“诚信企业家”，高新三路项目部获“武汉工人先锋号”称号。公司综合实力位列武汉市百强企业第47位，湖北省百强企业第58位。

经营布局　依托在建项目持续深耕本地市场，在东湖高新区中标高新三路南北衔接工程，在东西湖区形成稳定产值输出。加大对外地市场开发力度，省内市场中标范围扩大，荆州、恩施市场实现零的突破；鄂州、随州、宜昌市场新签合同额增长均创新高；四川遂宁、宜宾市场主营产值突破2亿元；广东、安徽地区形成稳定产值输出。全年武汉市外市场中标产值29.6亿元，刷新历史高值，经营总产值占比20%。海外市场延续中标，与新加坡CPG集团签约全球战略合作谅解备忘录，提升公司海外影响。稳步深化“市政—房建—公路—环保四轮驱动”业务结构，传统市政稳固，中标金额占比51.7%。房建产业借助区内投资带动，业务布局更为均衡。公路市场持续开拓，成功进驻襄阳，中标鄂北水资源配置老河口市生态旅游公路项目。环保专业加大资源投入，首次在鄂州、襄阳等地实现项目落地。全产业链经营优势继续布局，设计业务实现全过程咨询项目零的突破，区外经营产值首次突破亿元。检测业务实现襄阳、宜昌中标零突破。建材板块建成投产绿色建材产业汉阳基地三期，新增商品混凝土及环保再生砖两种产品生产线，斩获绿色建材、绿色生产“双三星”资质。在仙桃、汉川、随州推进新型建材产业园事宜。文化运营、信息化、资产运营业务延伸，主业与相关多元业务相互拱卫促进效应逐步显现。全年施工板块主营中标144.7亿元，非施工板块主营中标6.5亿元。

城市综合服务　高标准养护服务塑形象，依托城市CIM平台，构建“巡查、指派、施工、验收”全过程闭环运维管理体系。全年累计维护道路3142.5万平方米，桥梁155座，通道35座，处理船舶垃圾1021吨，处理“110”联动案件2.8万起。武汉市中心城区市政道路维护排名中，汉阳区稳居第一名，市级桥梁及通道养护年度综合排名位列前三。市场化资产运营释放动能，组建悦怿资产集团，完成固定资产投资1.5亿元，总运营体量82.1万平方米。信息化建设迈上新台阶，成功中标湖北省首个公开招标的CIM平台试点项目，入围“楚治——2022‘荆楚杯’社会治理创新十大案例评选”。全年新签合同额突破亿元，生产产值完成率达135.5%。文化运营迈出新步伐，承接湖北省农业博览会会务、武汉市商务局2022跨年消费季活动策划等项目，经营及服务半径拓展至区外。全年承接项目153个，市、省及国家级项目接连落地，经营成果扩增。

2022年12月，武汉市汉阳市政建设集团有限公司参与建设的武汉市仙女山路获“国家优质工程奖”　（汉阳市政公司　供图）

质量安全　优化管理方式，形成“1”套流程文件、“1”项奖惩清单、“3”个考评机制、“6”本指导手册的质量安全“113N”管理体系。首次承办市级“质量月观摩会”，武昌生态文化长廊项目和中南科研中心项目作为省级观摩工地迎检。江汉七桥（解放大道至汉阳大道）、武汉市仙女山路（墨水湖北路至四新南路）、黄梅菩提小镇、8号线二期三期工程被评为“国家优质工程奖”，琴台大道（三环线至二环线）工程、中南科研设计中心被评为“国家安全文明AAA工地”。全年获湖北省、武汉市级质量安全奖项69项。

科技创新　技术中心作为企业科技创新“孵化地”，形成以技术研发与咨询服务为依托的业务模式。3家子公司获批高新技术企业。成功申报汉阳区建筑行业质量服务工作站和汉阳区建筑行业知识产权工作站，搭建面向行业的两大服务型平台。紧扣绿色节能环保、数字智能建造两大方向，开展部级、省、市级外部研发项目9项，内部研发项目16项。1项科技成果获中施企协科技进步二等奖、1项成果获“工程建设微创新技术大赛”特等奖。2项地标被评为湖北省优质地方标准，立项地方标准4项，授权专利86项。获省级以上质量控制成果奖75项，3个班组获国家级“质量信得过班组”称号。

（陈晓玉）

商贸服务业

商业贸易

【概况】 2022 年，武汉市汉阳区完成社会消费品零售总额 552.01 亿元，比上年下降 2%。全年新增入库企业 51 家。其中，零售企业 12 家，年零售额 1 亿元以上企业 7 家。至年末，全区有限额以上商贸企业 344 家。

【商贸企业扶持】 2022 年，汉阳区落实稳住经济一揽子政策和接续政策，及时兑现各类补贴奖励资金。根据 2021 年《武汉市激发消费潜力促进消费升级若干措施》的文件精神，兑现 47 家企业促进消费升级奖励资金 832.14 万元；兑现 2021 年 37 家“小进限”企业奖励 111 万元；兑现 2021 年度武汉市便利店行业发展专项资金 19.5 万元。开展“下基层、察民情、解民忧、暖民心”实践活动。推进“解难题、稳增长、促发展”企业帮扶活动。25 家区直单位包联 203 家商贸企业，走访企业 616 次，收集问题 70 个并全部销号解决。支持“老字号”品牌壮大。加强对健民集团叶开泰健康产业武汉有限公司、武汉天龙黄鹤楼酒业有限公司、汉商集团股份有限公司等“老字号”企业的扶持；协助武汉天龙黄鹤楼酒业有限公司申报湖北省商务厅 2022 年市场体系建设“支持湖北老字号创新发展”项目；支持汉商集团股份有限公司申报“老字号”认定“免申即享”奖励资金 10 万元。

【消费促进】 2022 年，汉阳区制定《打造武汉西部区域消费中心暨汉阳区 2022 年促进消费工作方案》，联合武汉经济技术开发区、蔡甸区签署《打造武汉西部消费中心三方合作协议》，以知音文化、汽车制造等区域特色优势为载体，打造武汉西部消费中心。举办消费促进活动。围绕商圈消费、旅游消费、假日消费等领域，在元旦、春节、五一、十一等传统节庆，举办“汉阳喊你来打卡，汉阳请你来过节”系列活动。释放节庆市场消费活力，擦亮“全民抢购汉阳造、全城引爆汉阳 mall、全域畅享汉阳游”活动品牌。举办“2022 武汉国际消费季启动仪式暨嗨啤嘉年华”和“2022 百威啤酒节”两大消费促进活动，联动大汉阳片区 100 余家商业综合体、餐饮、酒店，采取线上线下多种方式，整合夜间游玩、购物、娱乐各方资源打造由“政府引导、市场主导、全民乐享”的盛夏消费季。落实消费促进政策，组织企业开展对应专项资金或全市消费促进活动申报。17

2022年，位于王家湾商圈的武汉摩尔城

（汉阳区商务局 供图）

家限额以上商贸企业申报2022年度武汉市消费促进活动专项资金718.96万元；3家企业申报2022年度全市便利店行业发展专项资金80万元；九州通医药集团股份有限公司申报全国供应链创新与应用示范企业专项资金100万元。武汉摩尔城被评为2022年湖北省夜间消费集聚区。开展汽车以旧换新专项行动和新能源汽车充电大礼包工作，完成第一批以旧换新161辆新车购车合同审查。在“湖北银联购车补贴平台”线上审核新能源车企申报资料，第一批武汉安奇汽车销售有限公司申报0.9万元通过武汉市商务局审核和公示。

（吴桐）

【“汉阳造进社区”系列活动】 2022年，汉阳区立足推广“汉阳造”品牌，以惠民为宗旨，汇集武汉天龙黄鹤楼酒业有限公司、百威（武汉）啤酒有限公司、味好美武汉食品有限公司、健民集团叶开泰健康产业武汉有限公司等“汉阳造”企业和王府井酒店、东鑫酒店等餐饮企业，在社区广场、街区公园、商业体等地开展消费促进类活动。全年开展“汉阳造进社区”系列活动13场次，为企业扩宽销售渠道，为市民群众带来实惠。1月29日至30日，以“迎新春·惠民嗨购”为题，组织武汉天龙黄鹤楼酒业有限公司、汉商集团股份有限公司、乐福园酒店、艳阳天酒店、王府井酒店等企业，分别在琴断口街道七里一村社区、金龙花园社区、四新街道太子观澜社区等场地开展3场“汉阳造进社区”活动。2月13日，以“喜迎元宵·惠民玩购游园会”为题，组织味好美武汉食品有限公司、健民集团叶开泰健康产业武汉有限公司、武汉苏泊尔炊具有限公司、王府井酒店等企业，分别在金地·澜菲溪岸、汉桥城中花园D区开展2场“汉阳造进社区”活动。5月28日，以“喜迎双节·惠民乐购市集”为主题，组织辖区内名品名企在张之洞体育公园开展1场“汉阳造进社区”活动。6月16日至19日，以“喜迎盛夏·惠民嗨购”为题，组织武汉天龙黄鹤楼酒业有限公司、百威（武汉）啤酒有限公司、味好美武汉食品有限公司、健民集团叶开泰健康产业武汉有限公司、王府井酒店、东鑫酒店、汉阳爱尔眼科医院等企业，分别在万科未来中心VFC、汉商银座购物中心开展2场“汉阳造进社区”活动。10月1日至5日，以“活力金秋·国庆嗨购”为题，组织“汉阳造”名企名品分别在万达广场外广场、张之洞体育公园内广场、汉商银座简食街北口、鲤鱼洲社区广场、铁桥广场开展5场“汉阳造进社区”活动。

2022年2月13日，“汉阳造进社区”元宵游园会活动在金地·澜菲溪岸小区举办

（汉阳区会展业发展服务中心 供图）

【“汉阳造物”城市伴手礼打造】 2022年，汉阳区以“政府引导、市场运作、打造品牌、扩大销量”为原则，打造集文化创意、地域特色、产品特点为一体的伴手礼品牌。“汉阳造物”宣传片在“2022百威啤酒节”开幕式上发布首秀，并在“汉阳知音”等融媒体平台同步上线；品牌商标注册相关材料提交至国家知识产权局；对接百威（武汉）啤酒有限公司、武汉天龙黄鹤楼酒业有限公司、健民叶开泰等“汉阳造”代表品牌，共设计大、中、小三款礼盒样式；线下实体门店建设完成，相关商品展陈铺设完毕。

（陈庚祥）

【九州通集团医药经销转型升级】 九州通医药集团股份有限公司是中国最大的民营医药商业企业。在行业内率先实施由传统的医药分销业务向数字化、平台化和互联网化的转型升级，推行“医药分销+物流配送+产品推广”的综合服务模式。2022年，公司推进好药师“万店加盟”计划，加速打造“药九九”终端平台、“幂健康”平台，重点实施“Bb/BC仓配一体化”、AI智能采购、客服平台升级等战略性项目，均超预期达成各项考核指标，加速经营模式的转型升级。全年实现营业收入1402.82亿元、主营业务毛利109.06亿元、归母公司净利润20.85亿元，分别比上年增长14.72%、11.27%、-14.84%；扣非归母公司净利润17.34亿元，增长23.56%。公司营业收入和扣非归母公司净利润双增长的主要原因是公司在保持医药分销业务稳健增长（15.57%）的基础上，实现总代品牌推广、医药工业自产及OEM、医药新零售与加盟、三方物流等新兴业务的快速增长。其中，总代品牌推广业务毛利增长31.80%，医药工业自产及OEM业务营业收入增长23.48%，医药零售业务营业收入增长37.89%，均高于公司整体增速。医药工业自产及OEM业务已形成自有品种的集群式发展，实现销售收入24.1亿元，增长23.48%。好药师“万店加盟”取得实质性进

表20　　2022年九州通医药集团股份有限公司经营情况一览表

单位：亿元

类别	营业收入	收入同比增加（%）	毛利	毛利同比增长（%）
数字化医药分销与供应链业务	1210.56	15.57	78.43	5.94
总代品牌推广业务	134.13	3.1	18.29	31.8
其中：药品总代牌推广业务	66.51	34.9	14.64	76.51
医药工业自产及OEM业务	24.1	23.48	5.59	8.31
医药新零售业务	25.37	37.89	4.69	49.19
医疗健康与技术增值服务	2.05	-25.5	0.71	-22.90
数字物流技术与供应链解决方案	6.61	24.43	1.35	54.5
主营业合计	1402.82	14.65	109.06	11.27

展，直营和加盟门店数突破1.3万家。好药师B2C（Business To Customer，企业通过互联网直接面向C端消费者销售产品和服务的销售模式）电商总代总销业务全年销售收入9.58亿元，增长59%，为药械企业提供线上一站式、全网化服务，积累2700万个线上C端用户。“幂健康”服务平台全场景赋能C端用户，付费用户超40万人，处方流转订单数突破63万单，商保履约金额达2.5亿元。互联网医疗业务，深度推进新服务模式。物流Bb/BC仓配一体化全力打造面向多端的高效供应链物流服务体系，实现客户“零库存”及10万个品规资源共享。

（九州通医药集团股份有限公司）

2022年，九州通医药集团股份有限公司云智团队提供技术服务输出场景

（九州通集团　供图）

【汉商集团股份有限公司】 2022年，汉商集团股份有限公司加快转型发展，推进“大健康+大商业”双主业发展战略，完成大健康产业从战略布局到战略深化的转变，扩展中药、生物医用材料、辅助生殖业务，推进自有物业调整和产业协同，增强商业会展业务市场竞争能力。在商业会展板块，通过传统商业提档升级等一系列经营举措促进经营改革，释放经营活力。公司各购物中心及武汉婚纱照材城以能级提升和调改升级等方式应对消费新趋势，进行体验式营销改革，获取增长新动能。加快会展业务转型。武汉国际会展中心依托品牌和区位优势，整合资源，在稳定会展业务的同时，推进经营转型及延伸，形成以“比亚迪”品牌为首的新能源汽车产业聚集地。全年实现营业收入13.87亿元，比上年减少8827.42万元，下降5.98%。药品类业务实现营业收入10.38亿元，下降1.7%；医疗器械业务实现营业收入7161.86万元，下降9.75%，商业运营业务实现营业收入2.03亿元，下降15.01%；会展业务实现营业收入3816.32万元，下降48.97%，实现归属于上市公司股东净利润8848.49万元，比上年同期增加280.58万元，增长3.27%。

（汉商集团股份有限公司）

对外贸易

【概况】 2022年，汉阳区推进大健康产业和跨境贸易融合发展，推动5.5医药健康产业园二次招商，引进一批跨境电商龙头企业区域总部项目、跨境贸易及电商企业、数字贸易服务企业，促进区域产业转型升级。受国外对医疗器械需求缩窄和基建项目资金缺乏影响，全年完成外贸出口17.8亿元，比上年下降38.8%。

【外贸惠企政策落实】 2022年，汉阳区组织外贸、外资企业申报中央级、省级、市级外经贸发展专项奖励项目

70个，兑付240万元。其中，市级外经贸发展专项奖励资金53万元，采取“免申即享”的方式拨付；组织两批次10个企业申报跨境电商资金支持项目，全部兑现完毕。邀请中国出口信用保险公司湖北分公司在线宣传跨境电商企业建设和运营海外仓等项目的海外投资保险支持政策，免费举办外贸风险应对线上培训。52家企业投保，投保覆盖率91.23%。

【外贸企业服务】 2022年，汉阳区组织内外贸企业参加中国国际投资贸易洽谈会、中国国际进出口博览会、中国国际服务贸易交易会、中国国际服务外包交易博览会、上海环球食品展等各种线上线下展会10余批次。指导企业进行2022年上海第五届中国国际进出口博览会线上交易。开展外贸政策知识培训。组织线上《区域全面经济伙伴关系协定》（RCEP）系列专题培训、“楚贸安”系统业务培训，帮助企业尽快对接新规则。提升服务能力。对重点外贸企业实施“一对一”专人服务，及时解决企业所需。为更好完善服务功能，提升服务质量，扩大服务范围，汉阳区外贸综合服务中心承办企业更换为武汉加华科技有限公司。

（吴桐）

商圈建设

【概况】 2022年，汉阳区完善商业网点道路交通基础设施配套，促进大型商业设施与市政交通互联互通。实施智慧商圈建设与城市智能化治理并举，通过环卫智能化管理平台、路政管理平台和城市视频共享平台，利用智能互联，打造智慧城管协同作战模式。提升钟家村商圈消费能级。推进远洋里商业街建设，引进开心麻花剧场、时尚家居买手店Norhor北欧表情、覓书店等3家华中首店。百年老店祁万顺的祁遇“三镇之眼”裸眼3D大屏投用，“祁遇”项目吸引欧派亿奢汇、上海剧能吃、蔡林记中国旗舰店等品牌门店入驻。推动王家湾商圈消费特色发展。欧亚达汉阳奥特莱斯商场调整转型建设新能源汽车项目，举办“智引未来悦享生活”欧亚达·千礼之行首届新能源汽车展览会，比亚迪、特斯拉、小鹏、蔚来等一线品牌汇集，助力新能源汽车消费，推动龙阳大道新能源汽车长廊建设。

【商业设施改造提升】 2022年，汉阳区加强商圈消费场所建设。升级鹦鹉巷子夜间经济集聚区，完成基础改造，引进优质商户，门面出租率达90%。远洋里街区基础建设有序进行，完成招引500个品牌计划的76%，其中包含华中首店3家。推进龙阳新能源汽车特色商业街区建设，入驻车企品牌50余家，包括新能源汽车品牌15家。谋划区域商业发展。围绕王家湾商圈、钟家村商圈、汉阳江滩、古琴台—月湖公园—“汉阳造”文化创意产业园、武汉国际博览中心五大片区的商业发展规划、项目建设、招商运营、品牌建设、政策支持、存在问题等方面，组织武汉地铁集团有限公司、武汉城市建设集团有限公司、中海企业发展集团有限公司、武汉城市建设集团有限公司、远洋集团控股有限公司等18家企业进行座谈。汉阳区商务局联合专业咨询机构戴德梁行，强化消费品牌打造，谋划全区各大片区产业布局。

【“一刻钟便民生活圈”试点】 2022年，汉阳区金龙花园社区、百灵社区等6个社区申报省级“一刻钟便民生活圈”试点。加强顶层设计，将完善社区便民网点、构建便民消费生活圈相关工作纳入《汉阳区商贸发展“十四五”规划》；成立汉阳区“一刻钟便民生活圈”建设工作领导小组，制定《汉阳区一刻钟便民生活圈建设实施方案》。强化政策保障，通过商务部等12部委考核验收的“一刻钟便民生活圈”试点，除按规定上级对每个生活圈给予100万元奖励外，区级再配套奖励25万元；通过湖北省商务厅等12部门考核验收的省级“一刻钟便民生活圈”试点，除按规定上级对每个生活圈给予50万元奖励外，区级再配套奖励15万元。摸清商业底本，开展业态需求调查和便民生活圈满意度调查，重点摸清相关社区商业网点底数、人口结构、收入水平、消费习惯、食品安全需求等情况，形成全区城市便民生活圈建设试点情况汇总表。配齐基本保障，通过政府引导、企业经营、市场化运作等手段，按照“缺什么补什么”的原则，推动便民生活圈配齐便利店、综合超市、菜市场、早餐店等基本保障类业态，保障社区居民的生活必需；鼓励将照相文印、维修、快递等服务项目叠加到社区便利店、超市，扩充现有网点

2022年，位于汉阳区钟家村商圈的汉商银座购物中心

（汉商集团　供图）

功能，实现一点多用；6个试点社区均配齐12种基本保障类业态，其中品牌连锁店占比40%。因地制宜发展生活品质提升类业态，优先发展老年人康护、特色餐饮、运动健身、新式书店、幼儿托管等居民最迫切需要的业态，满足居民个性化、多样化、特色化消费需求，6个试点社区都已配置3种以上品质提升类业态，均达到10种以上水平，其中品牌连锁店占比30%。强化核心建设，将社区党群服务中心作为便民生活圈服务一体化建设的核心，推进社区服务机制和资源共享机制创新，促进政务服务、便民服务、公益服务相结合，6个试点社区均实现社区党群、民政、文化、办事、生活等服务集成共享。开展宣传引导，进行居民满意度问卷调查，收集民情，倾听群众呼声；通过举办现场会、媒体宣传等方式，宣传先进试点社区，以点带面推进全区“一刻钟便民生活圈”建设。年内，汉阳区江腾社区、金龙花园社区、百灵社区、郭茨口社区、汉沙社区、总港西岸社区入选全市“一刻钟便民生活圈”试点建设名单；至年底，江腾社区、金龙花园社区、百灵社区和郭茨口社区“一刻钟便民生活圈”试点已基本建成，成为全市首批15个“一刻钟便民生活圈”。新华社刊登《武汉：推进“15分钟便民生活圈”建设》文章，介绍郭茨口社区便民生活圈建设成果。

【鹦鹉巷子改造】 2022年，鹦鹉巷子完成改造升级，被评为湖北省第二批省级特色商业街区。升级改造后的鹦鹉巷子以“鹦鹉洲”文化为主题，融合民国风+新古典主义+现代元素，打造兼具啤酒文化和国潮元素的鹦鹉大道门头、腰路堤门头和文化背景墙。搭建立体停车楼，增加车位90个。统一对街区外立面提档升级，布设亮化装饰条。对街区内车行道路及人行通道进行升级改造，梳理街区发展主轴与支线，优化步行、车行动线节点，优化鹦鹉巷子空间结构布局。完成房屋防水改造、给排水管道改造工程。引进优质商户进驻街区，门面出租率90%。举办“虎虎生威一起红”鹦鹉巷子2022跨年活动、鹦鹉巷子“5·17”吃货节、鹦鹉巷子夏夜狂欢派对等系列活动。

2022年，市民在改造后的鹦鹉巷子品尝特色美食
（汉阳区融媒体中心　供图）

【远洋里商业街区建设】 武汉远洋里CITYLANE以开放式商业街区为核心，集甲级写字楼、奢华五星酒店、设计师酒店、精品公寓、高端住宅于一体，实现居住、商务、购物、休闲、文化体验五大功能。2022年，远洋里商业街区建成开放圣母堂广场，4号地公寓交付，所有独栋商业楼均结构封顶，推进外立面、地下室、消防工程施工建设；6号地公寓正在进行地下室施工，23栋独立商业楼70%主体结构封顶；7a地块酒店及商业楼均已结构封顶，推进外立面工程；7b地块写字楼、公寓和底商均结构封顶，推进外立面、消防、地下室、景观工程施工。街区以“冲击华中首店、争取武汉首家、力保汉阳首进”为总体品牌拓展策略，完成与引进的影院、健身房、剧场、书店、儿童乐园、超市、儿童娱乐、教育、时尚家居及部分餐饮品牌的签约。2022年4月，新发布四大主力店NORHOR华中旗舰店、觅书店华中旗舰店、星聚会直营黑金店、百丽宫影城2.0版旗舰店。

（吴桐）

批发零售业与住宿餐饮业

【概况】 2022年，汉阳区有限额以上批发和零售企业286个（批发企业195个、零售企业91个），限额以上饮食服务业企业23家。限额以上批发零售和住宿餐饮业完成零售总额412.19亿元，比上年下降5.9%。其中，限额以上批发零售业完成零售总额404.63亿元，下降6.3%；限额以上住宿餐饮业完成零售总额7.56亿元，增长22.9%。限额以下批发零售和住宿餐饮业完成零售总额139.82亿元，增长11.9%。限额以上批发零售业完成销售额1588.48亿元，下降4.3%；限额以上住宿餐饮业完成营业额8.94亿元，增长23.5%。

【商品零售业】 2022年，汉阳区限额以上商品零售额中，日用品类销售74.25亿元，比上年下降3.3%；化妆品类87.14亿元，下降20.5%；汽车类164.01亿元，下降4.3%；粮油、食品类35.81亿元，增长12.3%；服装、鞋帽、针织品类6.87亿元，下降27.4%；石油及制品类8.93亿元，增长6.4%；中西药品类销售10.98亿元，增长23.1%；烟酒类5.68亿元，增长10%；金银珠宝类2.81亿元，增长12.3%；家用电器、音像器材类1.97亿元，增长36.5%；饮料类2.77亿元，增长3.1%；体育、娱乐用品类为0.25亿元，下降21%。

表21　　2022年武汉市汉阳区限额以上住宿和餐饮业法人企业经营情况一览表

类别	法人企业数（个）	营业收入（元）	其中：主营业务收入（元）	营业利润（元）	营业额（元）	其中：客房收入（元）	其中：餐费收入（元）	从业人数（人）
总计	54	92524.3	87957.0	912.0	96885.0	18422.3	68776.2	3205
一、住宿业	25	19801.3	16695.3	-3610.0	20249.9	17452.3	2066.8	773
旅游饭店	4	5501.1	2629.5	-1594.5	5628.4	4604.1	866.2	257
旅游饭店	4	5501.1	2629.5	-1594.5	5628.4	4604.1	866.2	257
一般旅馆	20	13805.9	13571.5	-1594.4	14127.2	12353.9	1200.6	501
经济型连锁酒店	11	7187.4	6995.2	-1248.3	7200.2	6465.7	492.1	282
其他一般旅馆	9	6618.5	6576.3	-346.1	6927.0	5888.2	708.5	219
民宿服务	1	494.3	494.3	-421.1	494.3	494.3	—	15
民宿服务	1	494.3	494.3	-421.1	494.3	494.3	—	15
独立门店	12	11914.9	8862.5	-1770.1	12167.3	10190.2	1559.1	443
连锁直营店	1	364.9	364.9	-517.5	388.3	223.8	108.5	15
连锁加盟店	9	4995.4	4941.8	-1262.7	5168.2	4816.1	189.6	249
其他	3	2526.1	2526.1	-59.7	2526.1	2222.2	209.6	66
中型	1	2849.8	—	-1987.5	2849.8	1906.1	792.2	176
小型	21	15822.8	15717.6	-1528.6	16258.8	14539.7	1206.8	582
微型	3	1128.	977.7	-93.9	1141.3	1006.5	67.8	15
四星	2	4630.4	1780.6	-1797.0	4754.2	3750.1	852.6	220
其他	23	15170.9	14914.7	-1813.0	15495.7	13702.2	1214.2	553
二、餐饮业	29	72723.0	71261.7	4522.0	76635.1	970.0	66709.4	2432
正餐服务	26	20822.6	19361.3	-462.8	21577.6	970.0	19157.2	1021
快餐服务	1	393.5	393.5	135.8	403.2	—	403.2	10
饮料及冷饮服务	1	38930.2	38930.2	4920.1	41323.3	—	39150.2	584
咖啡馆服务	1	38930.2	38930.2	4920.1	41323.3	—	39150.2	584
餐饮配送及外卖送餐服务	1	12576.7	12576.7	-71.1	13331.0	—	7998.8	817
餐饮配送服务	1	12576.7	12576.7	-71.1	13331.0	—	7998.8	817
独立门店	27	28635.6	27219.1	-606.4	29881.3	970.0	22545.7	1686
连锁总店（总部）	2	44087.4	44042.6	5128.4	46753.8	—	44163.7	746
大型	2	51506.9	51506.9	4849.0	54654.3	—	47149.0	1401
中型	2	7423.5	7378.7	145.5	7696.8	—	6769.5	364
小型	21	12642.0	11859.8	-88.4	13101.4	970.0	11805.0	654
微型	4	1150.6	516.3	-384.1	1182.6	—	985.9	13

【住宿餐饮业】 2022年1月至9月，汉阳区累计完成住宿业营业额3.78亿元，比上年增长6.5%；餐饮业营业额32.31亿元，增长6.6%。疫情导致全国范围堂食类餐饮消费受限，啤酒需求不足，百威（武汉）啤酒有限公司1月至9月累计销售额213.32亿元，增长0.21%。会展活动受限，酒店客房入住率低，少数酒店存在停业情况。年末，汉阳区有限额以上住宿业企业25个。其中，旅游饭店企业4个，一般旅馆企业20个，民宿服务企业1个。限额以上住宿业企业营业额2.02亿元。有客房3955间，收入1.74亿元。完成营业收入1.98亿元，主营业务收入1.67亿元，完成税金及附加83.2万元。全区有限额以上餐饮业企业29个。其中，正餐服务企业26个，快餐服务企业1个，饮料及冷饮服务企业1个，餐饮配送及外卖送餐服务企业1个。营业额7.67亿元，其中，餐费收入6.67亿元。餐饮营业面积6万平方米。完成营业收入7.27亿元，包含主营业务收入7.13亿元，完成税金及附加47.8万元。

2022年，位于汉阳区龙阳大道的“汽车销售长廊”
（汉阳区融媒体中心　供图）

【汽车零售业】 2022年，汉阳区零售重点板块的汽车经销商均以销售传统燃油车型为主，经济下行、疫情反复导致消费信心不足，购车热情降低，4S店客流和售后进厂减少。国家政策导向、新能源车销量快速增长，市占率大幅提升，严重挤占传统燃油车市场，部分以传统燃油车为主的汽车品牌厂家下调全年生产计划，使得部分相对畅销的传统燃油车型常出现缺货现象。汽车行业1月至9月累计销售额135.17亿元、累计增速-2.14%。75家汽车行业销售企业中仍有47家呈累计负增长，37家呈两位数下滑，尤其是武汉恒信汉迪汽车销售服务有限公司（累计增速-17.91%）、武汉汉德宝汽车销售服务有限公司（累计增速-18.47%）、武汉恒信雷克萨斯汽车销售服务有限公司（累计增速-23.5%）、武汉安奇汽车销售有限公司（累计增速-22.9%）等重点4S店销售额大幅下滑。

【汽车以旧换新补贴政策落实】 2022年，汉阳区根据《关于做好汉阳区2022年汽车以旧换新专项行动有关工作的通知》，完成第一批以旧换新161辆车的新车购车合同审查工作。推进新能源汽车购车大礼包工作。8月11日，上线“湖北银联购车补贴平台”，采取经销商线上申报。汉阳区商务局线上核准并报武汉市商务局的形式，为经销商和顾客提供申报便利。汉阳辖区符合补贴条件新能源车企业7户，在线申报11人。

【武钢云谷·琴台钢贸园】 2022年，武钢云谷·琴台钢贸园新增1.59万平方米运营面积，招商引入68家商户。开展定制服务，满足入驻企业个性化需求，为商户快速完成配电增容项目，落实相关政策推进租金减免，建设法律援助站。开展安全专项检查和消防演练，新增火灾报警系统和烟感报警装置，配有特种设备安装维修。园区入驻企业700余家，交易钢材超600万吨，交易额300亿元，全年税收突破1.2亿元。武钢云谷·琴台钢贸园由琴台钢材市场转型而来。1999年9月，汉阳钢厂在月湖之畔创办琴台钢材市场。2020年4月，市场启动外迁。宝武武钢集团江北公司在汉阳嘉盛数字经济产业园租赁5.6万平方米毛坯写字楼进行改造。2020年底，琴台钢材市场关闭，483家生产、贸易及物流企业迁入写字楼。

（吴桐）

电子商务

【概况】 2022年，汉阳区有电子商务企业25个，完成电子商务交易额1.5亿元。紧抓跨境电商风口，推动5.5医药健康产业园二次招商，引进一批跨境电商龙头企业区域总部项目、跨境贸易及电商企业、数字贸易服务企业，签约入驻武汉市初世沫贸易有限公司、药京灵药业（湖北）有限公司、武汉赛尔朗灵科技有限公司等。

【电商新业态培育】 2022年，汉阳区电子商务发展基础薄弱，电商示范基地、示范企业与先进城区相比存在差距。汉阳区加大引进和培育社交电商、即时零售、线上服务等消费新业态的力度。全力支持直播电商经营，打造市级直播电商集聚区，培育线上经济新增长点，指导5.5医药健康创新园直播电商基地申报市级电商集聚区。加大对龙头电商企业及其项目的招商引资，重点吸引电子商务平台企业，及直播电商、社区电商、生鲜电商等新电商企业落户汉阳。

【5.5医药健康创新园入选首批武汉直播电商集聚区】 2022年，武汉市组织评选首批11家直播电商企业、电商基地入选武汉市直播电商集聚区，

5.5 医药健康创新园入选。该园抢抓跨境风口转型升级，创新导入跨境电商产业，扩大海外市场，聚集直播电商企业 25 家，全年直播电商交易额 5648 万元。5.5 医药健康产业园建筑总面积 1.95 万平方米，建有众创空间、孵化器、加速器和商务配套区。自 2016 年 10 月正式运营起，先后获国家级众创空间、国家小微双创示范基地园区等称号。年末，园区有生物医药、医疗器械、互联网科技等科创企业 170 余家，主导产业聚集度达 80%。

【九州通集团电子商务】 2022 年，九州通集团有限公司围绕括数字化医药分销与供应链服务、总代品牌推广业务、医药工业自产及 OEM 业务、新零售与万店加盟业务（C 端）、医疗健康（C 端）与技术增值服务、数字物流技术与供应链解决方案等六大主营业务，加快建设数字化、平台化和互联网化服务能力。药九九 B2B（Business To Business，是指企业与企业之间通过专用网络或 Internet，进行数据信息的交换、传递，开展交易活动的商业模式）电商平台全链服务单体药店、诊所等终端客户。年收入 116.42 亿元，比上年增长 11.2%。总代品牌推广业务共代理品种 1371 个，实现销售收入 134.13 亿元，毛利达到 18.29 亿元，增长 31.8%。零售电商服务平台全网化服务京东、阿里等大型医药零售电商平台，年收入 54.59 亿元，增长 36.46%。

（吴桐）

粮食与物资储备

【概况】 2022 年，汉阳区有食用油脂加工公司 2 家（武汉福达食用油调料有限公司、武汉中鹏油脂工业有限公司）、粮食转化企业 2 家（百威〈武汉〉啤酒有限公司、武汉天龙黄鹤楼酒业有限公司）。全年粮食加工企业购进原粮 1.8 万吨，生产销售原粮 1.78 万吨，年末库存粮食 0.41 万吨。城镇居民年粮食消费需求量 68.94 万吨，转化企业用粮 1.78 万吨。

【粮食安全应急保障机制建设】 2022 年，汉阳区制定粮食安全应急预案，从适用范围、等级划分、组织机构、工作职责、响应状态、保障措施、预案终止、后期处置等方面，对各类突发事件或其他原因影响全区粮食市场异常波动等情况进行应对规定。全面清理排查粮食应急保供网点，动态管理规范名录单位信息，及时更新应急保供档案台账，全区实有 38 家粮食应急保供网点。开展粮食安全应急巡查，采取区街联动的方式组建粮食应急工作巡查队伍，每月开展不少于一次的粮食应急专项巡查，及时掌握粮食市场主体行为、粮食储备和价格波动情况。

【粮食安全管理】 2022 年，汉阳区完成 2908 批次粮油食品监督抽检，办理行政处罚案件 9 件，罚没款 5.3 万元。健全粮食统计工作机制，制定《汉阳区发改局粮食统计工作和数据质量问责机制》《汉阳区发改局粮食统计工作责任清单》，规范统计报表上报，定期分析统计数据，加强监督检查。开展粮食宣传，10 月 10 日至 16 日，开展 2022 年世界粮食日和粮食安全宣传周活动，向公众宣讲节粮减损、粮油营养健康等科普知识。

【粮食市场管理】 2022 年，汉阳区以实施“中国好粮油”“荆楚好粮油”行动计划为抓手，引导企业增品种、提品质、创品牌，为市场提供绿色、优质、高端及精深加工粮油产品，兑现福达坊荆楚粮油进超市项目 1 万元奖励，完成 2019 年优质粮食工程“中国好粮油”示范特色企业项目补助资金 360 万元的绩效评价工作。加强粮食企业诚信体系建设，将 5 家粮油加工企业全部纳入“信用中国”诚信系统管理，提升粮食工作领域大数据管理应用水平，提升动态管理服务能力。

【疫情防控期间物资保障】 2022 年，汉阳区制定《汉阳区物资保障专班生活必需品市场应急保供预案》，明确在新型冠状病毒疫情防控期间，21 家大型商超物资保障包保全区 11 条街道。沃尔玛超市 24 小时不间断补充货源，根据消费者需求随时添加，上货频率由原来每天二、三次增加到四、五次，并严把货源质量关，超市正常供应。各大商超各类民生物资储备充足，其中猪肉约 7.5 吨、大米约 104 吨、鸡蛋约 5.7 吨、食用盐 6 万余袋、食用油约 62 吨、蔬菜约 32 吨。保证蔬菜和肉类食品可供应 3 天，其他商品平均可供应至少 5 天。全区 39 家加油站全部正常营业，日均销售汽油 350 吨、柴油 90 吨，库存汽油 900 吨、柴油 400 吨，每日保持动态平衡，保障成品油市场稳定。疫情防控期间，汉阳区人民政府认真组织开

2022年11月10日，武汉市汉阳区发展和改革局开展“粮食宣传周”活动

（汉阳区发改局　供图）

展商贸领域疫情防控及应急保供相关工作，全区大型商超、加油站市场保供秩序良好，消费者权益保护到位。

（魏丹枫）

快递业与商贸物流业

【快递业】 2022年，汉阳区有邮政营业网点14个，快递营业网点404个（16个许可企业，16个分支机构，372个末端网点），智能快件箱746组。主要品牌网点包括：中通94个，韵达38个，顺丰21个，圆通19个，京东15个，极兔14个，德邦10个，申通7个，跨越2个。全年快递业务量2713.5万件，实现快递业务收入1.52亿元。

（武汉市邮政管理局）

【商贸物流企业提档升级】 2022年，汉阳区加强与武汉市物流行业主管部门对接，把握A级物流企业提档升级基本要求，逐一摸排全区14家物流企业发展现状，督促重点样本企业完成月报、季报数据统计上报，掌握物流业规模以上企业经营情况。突出重点培育对象，多次上门宣传引导，帮助企业增强对提档升级工作重要性的认识，落实新增2家A级物流企业获得市级物流业专项扶持资金30万元。服务1家A级物流企业扩大办公选址。全年商贸物流业企业营业收入达30.68亿元，比上年下降8.8%；净服务收入15.32亿元，下降8.2%；利润总额450.9亿元，下降7.7%。

【湖北交投物流集团有限公司】 2022年，湖北交投物流集团有限公司聚焦资源整合与优化，打造线上线下平台，依托交通资源，促进产业链供应链融合发展。秉承“保质、保量、保供、优质”的服务理念，构建以集中化采购为核心、以标准化管理为手段、以信息化建设为支撑的大宗商品供应链服务体系。以市场为导向，聚焦专业道路沥青、沥青混合料、防水卷材、桥梁设备等路衍材料，多维度建设交通新材料产业科技园。形成“一园多区”产业格局，打通“研—产—销”全产业链条，保障交通新材料产业链稳链强链。立足国内国际双循环，聚焦建材、煤炭、能源化工、农产品等领域，打造专业供应链物流服务体系；以数字化、智能化赋能，提供集商流、物流、资金流、信息流四流合一的供应链集成解决方案。搭建运营“楚道智运”网络货运平台，整合物流资源，为客户提供高效率、低成本的物流解决方案；开展以“捷龙快车”为龙头品牌的多元化跨区域的城市综合出行服务。以产业集聚、产业生态为目标，运营汉口北国际多式联运物流港、荆楚物流园、长江物流园等园区，部署“智慧云仓”仓储管理系统，构建全省物流基础设施网络，提供供应链物流基础保障。全年物流业务收入达131.01亿元，资产总额93.8亿元。被评为国家5A级物流企业，入围2022年中国物流企业50强，获2022年度全国先进物流企业称号和2022年度全国先进物流企业创新成长奖。

（陈庚祥）

烟草专卖

【概况】 2022年，湖北省烟草公司武汉市公司汉阳区营销部共有在岗员工64人，内设综合办公室、党建工作办公室、财务管理办公室（与企业管理办公室合署办公）、专卖监督管理办公室（与内部专卖管理监督办公室、稽查大队合署办公）、卷烟客户服务部5个部门，下设知音管理所（市场部）、琴台管理所（市场部）和鹦鹉管理所（市场部）3个管理所（市场部）。全年销售卷烟2.9万箱，比上年增长1.85%。实现销售收入11.34

表22　　2022年武汉市汉阳区重点物流企业经营指标情况一览表

单位：万元

企业名称	物流业务收入		营业利润		资产总计	
	2022年	2021年	2022年	2021年	2022年	2021年
湖北长城物流有限公司	6370.87	6467.04	1079.68	643.18	12870.46	13761.35
武汉振宏集团控股有限公司	7257.00	7814.00	574.00	1085.00	16028.00	16477.00
武汉顺安通达物流有限公司	1850.00	1018.00	19.00	13.00	235.00	446.00
湖北交投物流集团有限公司	1310074.00	1029052.44	36332.00	33616.98	937968.00	692913.72
武汉市黄蚂蚁搬家有限公司	1183.14	1235.22	-1.78	-16.62	945.53	926.08
武汉招商滚装运输有限公司	29857.88	31179.00	-1429.47	-955.41	36580.95	37062.41
湖北经纬国际货运有限公司	12638.00	11896.00	96.00	146.00	4007.00	4404.00
湖北东方物流服务有限公司	10437.00	13201.00	9.00	11.00	6825.00	8704.00
武汉威伟机械设备实业有限公司	2300.00	2200.00	34.00	52.00	3500.00	3000.00
湖北费尔德物流有限公司	348.30	485.60	8.30	-20.10	—	—

亿元，增长 7.1%；实现利税 3.4 亿元，增长 9.85%。

【烟草市场运行】 2022 年，湖北省烟草公司武汉市公司汉阳区营销部构建精细化销售跟踪机制，有效匹配市场供需，推动智能投放，促进市场更高水平动态平衡，需求满足率达到 76.8%，社会存销比运行在 0.58 之间。以“加盟终端”主力突破、“优质终端”蓄容发展为重点，促进卷烟流通品牌体系建设，3 户加盟终端通过验收，10 户优质现代终端获授标识牌，完成现代终端验收复核 467 户次。

【烟草市场监管】 2022 年，湖北省烟草公司武汉市公司汉阳区营销部加强集成作战，深化执法协作，提升烟草市场治理水平。与公安、市场监管等部门多方协作，强化专警联动，彻查重点涉烟案件。以分级分类管控为抓手，常态化组织开展“楚天卷烟市场净化”专项行动，实行“黑灰白红”四类对象标签化管理，查处零售市场案件 247 件。紧盯外流控制线，制定专项管控办法，开展防控真烟异常流动劳动竞赛，加强专销互动、紧盯源头治理、落实重点打击。全年办理行政许可申请事项 1908 件，申请事项网办率、好差评满意率、五日办结率均达100%。“双评议”累计评价 3298 条，满意率达 100%；法制宣传进小组 612 组次，进店铺 3513 户次。

【烟草企业管理】 2022 年，湖北省烟草公司武汉市公司汉阳区营销部以创新驱动发展，构建全员安全责任体系，综合对标排名全市第五，3 项指标（行政许可依申请事项网办率、客户服务质量、高质量诚信互助小组运行合格率）位于全市标杆，8 项指标（党建工作评价、主渠道市场控制率、零售市场案件查处率、人均查获非法卷烟数、大要案查办质量、真烟外流数量控制线超过率、安全工作评价、零售客户满意度）高于全市平均水平。成立“知音”创新工作室，建立创新课题闭环管理新模式。全年开展群众性创新活动 2个、QC 小组活动 1 个和创新成果转化应用 1 个。1 个创新成果在全市范围内推广应用；《雪来好风景，茄出新天地——雪茄烟六个一体系建设》获得“优秀群众性创新活动”三等奖；征集精益管理合理化建议 32 条，上报优选 17 条“金点子”。推进安全生产专项整治三年行动和双重预防机制建设，实现全年安全生产责任零事故。

（烟草公司汉阳营销部）

中介服务

【房产中介】 2022 年，汉阳区实际从事房地产经纪业务的机构（包括分支机构）754 家；新增房地产经纪机构备案 68 家，备案机构和分支机构总数达 704 家；完成房屋居间合同交易 3981 套。住房租赁企业 22 家，经营和代理出租房源 3500 余套（间）；完成房屋租赁合同登记备案 5133 起。下达非住宅存量用房改造租赁住房认定项目两个，辅导区内企业申请获批住房租赁市场发展专项补贴资金 1583 万元。年内，汉阳区推进住房租赁属地化、网格化管理体制实施，出台《汉阳区规范住房租赁市场管理的实施方案》，建立住房租赁市场多部门联合、街道网格化管理的监管模式。将违反房屋出租管理规定行为的管理权限赋权街道，具体包括：对法律法规规定禁止出租房屋行为的处罚；对降低当地人民政府规定最低标准的住房出租的处罚（包含对出租“胶囊房”的行政处罚）。启动住房租赁交易监管，90% 以上住房租赁企业按要求完成资金监管账户开设。强化行业监管，办理群众投诉 1350 余起，巡查、检查房地产经纪和租赁市场 145 家次，下达整改通知 20 起，约谈企业 6 家次，信用扣分 5 家次；实施平台服务功能禁用 3 人次。

【劳务中介】 2022 年，汉阳区有人力资源中介服务企业 190 家，全年产值超 28 亿元。武汉人力资源服务产业园（汉阳集聚区）入驻企业 41 家，全年实现营业收入 20.4 亿元，税收 2473 万元。年内，汉阳区推进人力资源市场诚信建设，完成人力资源许可证 181 家、劳务派遣证 177 家的核验和公示工作。武汉天翔人力资源有限公司、武汉起晨人力资源管理有限公司、武汉神舟人力资源开发服务有限公司、武汉扶摇城市服务有限公司、湖北东方俊才人力资源有限公司、武汉金航标劳务服务有限责任公司、中科永为（武汉）科技有限公司、湖北中企世联人力资源有限公司、武汉市广德天下人力资源有限公司、武汉时代桥人力资源服务有限公司、武汉晨星人力资源服务有限责任公司、湖北通街人才服务有限公司 12 家公司获

中国武汉人力资源服务产业园（汉阳集聚区）

（汉阳区人资局 供图）

得“2022年度武汉市人力资源服务诚信示范机构”称号；武汉神舟人力资源开发服务有限公司、武汉金航标劳务服务有限责任公司、武汉天翔人力资源有限公司、武汉市广德天下人力资源有限公司、武汉扶摇城市服务有限公司、湖北通衢人才服务有限公司6家企业获“2022年度湖北省人力资源服务诚信示范机构”称号。

（樊酌汝）

【公证服务】 武汉市琴台公证处地处汉阳王家湾中央生活区，是武汉市首家由行政体制改为自收自支事业体制公证处，于2007年底正式挂牌成立，为武汉市司法局直属正处级事业单位。琴台公证处可办理各类国内公证业务和涉外、涉港澳台公证事务，所出具的公证书发往180多个国家和地区。2022年，琴台公证处有工作人员41名，其中一级公证员1名、二级公证员2名。全年业务收费及国内办证件数，列全市第一，群众服务满意率100%。年内，武汉市琴台公证处发挥公证职能作用。为数千家小微企业的融资借款活动提供金融合同公证服务，“周黑鸭”“巴厘龙虾”“森马”等知名企业商标侵权维权提供证据保全公证，为中铁大桥局集团有限公司、中铁武汉电气化局集团有限公司等本土企业参与“一带一路”建设提供涉外公证等，为企业减免公证费用40余万元。护航知识产权保护，多渠道搭建工作平台，与武汉经济技术开发区人民法院知识产权审判庭、武汉经济技术开发区人民检察院知识产权检察部、汉阳区市场监督管理局等建立战略合作，参加汉阳区进出口企业知识产权海外维权座谈会，快速响应知识产权保护与维权需要，全年累计办理知识产权案件近1000件。开展司法辅助工作，参与武汉市中级人民法院、武汉市汉阳区人民法院司法辅助事务，形成较成熟的工作模式。4月，与两家区人民检察院签约，在赔偿保证金提存、认罪认罚刑事调解等方面开展开创性的协作机制服务，全年办理赔偿保证金提存公证23件，调解刑事案件10件。9月，入驻汉阳区社会治理综合指挥中心，扩大公证参与多元解纷工作的力度。

（琴台公证处）

2022年8月11日，武汉市汉阳区妇女联合会在琴断口街道七里一村社区举办线上线下相结合的“巾帼巧娘培训”育婴护理班 （汉阳区妇联 供图）

家政服务

【家政行业公约】 2022年，汉阳区家庭服务业协会根据《武汉市汉阳区家庭服务业协会章程》和有关法律法规，制定《汉阳区家庭服务业行业公约》。公约要求严格遵守国家法律法规，依法经营；自觉遵守行业道德，信守商业信誉，文明服务；坚持公平竞争原则，维护市场秩序，反对不正当竞争；严格遵守价格管理规定，明码标价，杜绝价格欺诈行为；保证服务质量，履行服务承诺，提高客户满意度。保障员工权益，规范用工行为，构建和谐劳动关系。积极参与行业交流和培训，提高从业人员素质和服务水平。主动接受社会监督和行业协会指导，认真整改违规行为。

【武汉市家政服务行业工会联合会成立】 2022年4月4日，武汉市家政服务行业工会联合会成立，包括汉阳地区众多家政服务机构在内的35家拥有较大规模和影响力的公立养老机构、龙头企业和社会组织加入武汉市家政服务行业工会。工会设有会长1人、副会长3人、秘书长1人、理事4人、监事1人，从业人员近13万人，主要开展教育培训、维权服务、心理疏导、吸纳职工入会等工作。

【参加“武汉工匠杯”职业技能大赛——武汉市家庭服务（整理收纳）职业技能竞赛】 2022年3月14日，武汉市汉阳区家庭服务业协会举行赛前集训。竞赛秉持“以赛促训、以训提质”的理念，采取理论考试集中、实操竞赛分点等方式，组织Polo衫整理收纳、内裤袜子整理收纳、办公文件框整理收纳等实操比赛。3月16日，经过比拼，学员范彬获“武汉工匠杯”职业技能大赛武汉市家庭服务（整理收纳）职业技能竞赛优胜奖。

【“巾帼巧娘培训”育婴护理班】 2022年8月11日至12日，汉阳区妇女联合会在琴断口街道七里一村社区举办线上线下相结合的“巾帼巧娘培训”育婴护理班。汉阳区近40名年满16岁以上，有意愿且有能力从事家政服务的妇女参加培训。在为期两天的培训班上，爱婴366母婴服务中心的专业教师采用理论学习和实际操作相结合的教学方式，就新生儿保健、新生儿抱姿、被动操、抚触操、纸尿裤穿脱等育婴相关知识对学员们进行培训。

（汉阳区家庭服务业协会）

会展业

会展产业

【概况】 2022 年，武汉市汉阳区共有会展中心 1 个（武汉国际博览中心），会展企业 46 家，总注册资本 2.86 亿元。受新型冠状病毒疫情影响，武汉国际博览中心仅于 7 月初至 8 月上旬开放，共举办国内外品牌展会 10 场。其中，展会面积单次超 8 万平方米的有 2 场，分别是良之隆·2022 第十届中国食材电商节、第二十三届全国医院建设大会；全国影响力的大型展会有第二十九届生活用纸国际科技展览会、2022 世界大健康博览会、第二十届华中国际车展等 5 场，展览总面积 54.68 万平方米。

【会展产业链延伸完善】 2022 年，汉阳区推进会展产业链现代化、会展服务体系化、会展与重点产业互动长效化，研究起草《汉阳区会展产业链工作实施方案》，成立会展产业链工作专班，明确会展业发展思路。建设国博会展功能区和沿长江会展商旅带，推动会展业向品牌化、专业化、智慧化、国际化方向发展。构建以国博会展为核心、以会议型酒店为依托的“1+N”会展产业布局，推动“会展+”产业深度融合。提升会展核心竞争力。重点支持与汉阳区重点产业相适应的 2022 世界大健康博览会、工业设计展、华中国际车展，以及与促进消费相关的武汉家居博览会、生活用纸展等会展项目在国博举办。整合推广全区餐饮住宿行业等特色项目资源，设计制作汉阳区全域会展服务推荐手册及 PPT，重点投放至会展场馆、酒店，并向会展主办方推介。精选一批区内住宿企业为展会客商提供服务，延长会展产业链。

【会展企业引进】 2022 年，汉阳区引进会展企业 2 家，分别是世界大健康（湖北）会展有限公司和武汉宠视界会展有限公司。5 月 11 日，世界大健康（湖北）会展有限公司注册成立，注册资本 1000 万元，落户永丰街道金龙南路与隆祥街交会处悦城街区 12 号楼 15 层 1503 室，该公司是湖北省楚商联合会为做好世界大健康博览会而在武汉创办成立的投资子公司。5 月 26 日，武汉宠视界会展有限公司注册成立，注册资本 100 万元，落户武汉国际博览中心一层内环商业区 B1-2，公司主营项目为“泛宠业生态（国际）潮流创新会展”，围绕“链接宠业新生态，引领产业新潮流”的办展理念，旨在打通宠物产业链条，为行业建立生态展会平台。

2022年7月14日至18日，第二十届华中国际车展在武汉国际博览中心举办
（汉阳区会展业发展服务中心　供图）

【会展基础设施提升】 2022年，汉阳区推动武汉国际博览中心智慧化场馆建设，提升硬件水平，完成智能导航项目硬件布设和联调联试，于良之隆·2022第十届中国食材电商节期间对外推出使用，通过微信小程序，便捷场馆定位导航。推进国博亮点片区环境综合整治，加快武汉国际博览中心周边道路、基础设施建设。发挥绿地国博广场紧邻武汉国际博览中心的优势，支持工业品华中国际博览商场加快建设，打造新型展会。

展会活动

【良之隆·2022第十届中国食材电商节】 2022年7月6日至8日，良之隆·2022第十届中国食材电商节在武汉国际博览中心举办，展览面积达16万平方米，汇集全国九大区、21个省、4个自治区、4个直辖市上游原料供应商、中游专业预制菜生产商以及下游供应链电商平台和餐饮品牌等4936家食材品牌厂商，展品数量5万余种，23.5万人参加展会，预签单金额超过72亿元。展会期间，还举办2022第五届中越巴沙鱼产业峰会暨第二届黑鱼供应链峰会、首届斑点叉尾鮰市场峰会、2022预制菜新电商高峰论坛、中华美食帅门论坛、2022新菜品鉴交流大会等行业论坛活动。

【2022年世界大健康博览会】 2022年8月5日至7日，由湖北省人民政府、国家卫生健康委员会、武汉市人民政府共同主办的第四届世界大健康博览会在武汉国际博览中心举行。此次博览会包括医疗器械、防护物资、中医中药、生化药品、健康管理、健康生活等领域，总规模12万平方米。超1000家国内外企业参展，来自15个国家的政、产、学、研、用各方面代表与会，24个优选项目现场签约，总金额443.75亿元。

2022年7月6日至8日，良之隆·2022第十届中国食材电商节在武汉国际博览中心举办
（汉阳区会展业发展服务中心　供图）

【第二十届华中国际汽车展览会】 2022年7月14日至18日，由商务部外贸发展事务局、武汉尚格会展股份有限公司共同主办的2022第二十届华中国际车展在武汉国际博览中心举行。该展会以“车展玩不够”为主题，启用武汉国际博览中心9个展馆，展览展示面积近10万平方米，包括新能源展区、房车露营展区、超豪华展区、机车展区、潮玩娱乐活动五大展区，吸引中外约80个汽车品牌参展。展会不仅有高新智能网联技术展示，还有超豪华车、主流乘用车、新能源车、商用车、房车等1000款车型集中展示，入驻新能源品牌20个，众多新车在华中地区首发亮相。

【第二十三届全国医院建设大会】 2022年7月23日至25日，由筑医台、国药励展展览有限责任公司、中国医学装备协会医院建筑与装备分会、北京筑而瑞科技有限公司联合多家权威机构举办的第二十三届全国医院建设大会暨国际医院建设、装备及管理展览会（CHCC2022）在武汉国际博览中心举行。大会以“高维认知，创建美好医院”为主题，召开专题论坛130场，涉及1200名专家、1万余名参会代表，围绕美好医院建设的理念创新和方法路径进行探讨。展览集中展示医院建设全产业链的新产品、新技术、新设备、新方案，展览规模达13万平方米，设16个展区，吸引800家展商、6万专业观众参展。

【第二十九届生活用纸国际科技展览会】 2022年7月29日至31日，由中国制浆造纸研究院有限公司主办的第二十九届生活用纸国际科技展览会在武汉国际博览中心举办。展会启用武汉国际博览中心10个展馆，展会面积10万平方米，设生活用纸、卫生用品、原辅材料、设备器材四大主展区，覆盖生活用纸、卫生用品行业上下游全产业链，吸引800余家企业参展。中央广播电视总台网站“央视网”对展会现场“纸”“卫”亮点进行全程直播，腾讯网、人民网等媒体对展会进行报道。

（陈庚祥）

金融业

银行业

【概况】 2022年，武汉市汉阳区有银行机构18个，网点109家（一级网点24家，二级网点85家）。推动银行业快速稳定发展，保持存贷规模稳定增长，实现金融机构本外币存款比上年增长13%，本外币贷款增长14%。

（周易炜）

【中国工商银行汉阳支行】 2022年，中国工商银行汉阳支行金融资产与存款余额、时点净增、日均净增均创近5年新高，且3次实现增量同业第一。推进公司业务转型，促进传统信贷与战略性新型信贷领域双轮驱动，实现中国工商银行武汉分行首笔科技创新再贷款1亿元。拓展普惠业务，新增普惠贷款客户200户。新开办银校通（工商银行为各类学校、教育培训等机构提供的高效收费管理服务平台）业务21户。

（赵婉婷）

【中国农业银行汉阳支行】 2022年，中国农业银行汉阳支行完成对公、个人存款计划。总存款余额近100亿元；对公存款收官执行力计划完成率排名全市第一；个人存款年末时点净增近10亿元，增幅排名中国农业银行股份有限公司湖北省分行第三，网均时点增量成功破亿，日均增量计划完成率排名分行第四。新审批营销新项目近30亿元，主要包括中央企业房地产项目、部分省级国有企业、优质科技型企业等。完成全市农业银行首笔专精特新“小巨人贷”投放。

（程银奎）

【中国银行汉阳支行】 2022年，中国银行汉阳支行实现营业收入7.04亿元，比上年新增5030万元，增长7.7%；实现拨备前利润6.03亿元，增长8.6%。本外币日均存款余额138.87亿元，较年初新增12.88亿元，增长10.2%。本外币贷款余额260.01亿元。服务实体经济，持续为九州通医药集团股份有限公司、武汉市汉阳市政建设集团有限公司等区域重点企业提供授信支持。承接专项债63.92亿元，实现公私联动拆迁代发5.57亿元，储备代发8.5亿元。通过票据、保函等产品沉淀资金2.7亿元，托管基金规模18.38亿元的湖北铁路发展基金子基金并沉淀首笔资金3亿元。做好普惠金融。累计为15家专精特新普惠小微企业发放贷款1.02亿元；普惠贷款余额17.26亿元，普惠线上贷款余额4.88亿元，较年初新增3.14亿元。

（杨林蔚）

2022年，中国农业银行汉阳支行营业大厅

（中国农业银行汉阳支行 供图）

表23　　2022年武汉市汉阳区银行机构一览表

序号	银行	一级网点	地址	二级网点	地址
1	中国工商银行	中国工商银行汉阳支行	鹦鹉大道35号	中国工商银行五里支行	汉阳大道310号
				中国工商银行鹦鹉洲支行	鹦鹉大道504号
				中国工商银行江汉二桥支行	龙阳大道18号
				中国工商银行西大街支行	拦江路193号
				中国工商银行芳草路支行	芳草路59号
				中国工商银行升官渡支行	东风大道11号
				中国工商银行马沧湖支行	马沧湖路59号
				中国工商银行国信新城支行	琴台路505号
				中国工商银行麒麟路支行	汉桥村112-4-5号
				中国工商银行拦江路支行	鹦鹉大道222号
				中国工商银行王家湾支行	汉阳大道744号
				中国工商银行四新南路支行	芳草六街D-7-9
2	中国农业银行	中国农业银行汉阳支行	汉阳大道184号	中国农业银行武汉江汉二桥支行	龙阳大道12号
				中国农业银行武汉十里支行	十升路2号
				中国农业银行武汉动物园支行	动物园路68号附28号
				中国农业银行武汉鹦鹉大道支行	鹦鹉大道243号
				中国农业银行武汉汉阳大道支行	汉阳大道658号附9号
				中国农业银行武汉芳草路支行	墨水湖北路452号
				中国农业银行武汉马鹦路支行	马鹦路189号附4号
				中国农业银行武汉国博支行	鄂渚路10号附93-97号
3	中国银行	中国银行汉阳支行	汉阳大道182号	中国银行武汉显正支行	阳新路3号
				中国银行武汉鹦鹉大道支行	世贸锦绣长江三期9号
				中国银行武汉铁桥村支行	汉阳大道642号
				中国银行武汉龙阳支行	芳草路38号
				中国银行武汉琴台支行	琴台大道820号
				中国银行武汉墨水湖支行	马沧湖路79号
4	中国建设银行	中国建设银行武汉经济技术开发区支行	创业路10号	中国建设银行武汉汉阳支行	鹦鹉大道192号
				中国建设银行武汉大桥支行	中铁世纪金桥二期
				中国建设银行武汉高龙支行	江堤中路6号
				中国建设银行锦绣长江支行	鹦鹉大道271号附1号
				中国建设银行玫瑰苑支行	汉阳大道778号
				中国建设银行武汉新村支行	汉阳大道423号
				中国建设银行江城大道支行	四新南路和昌中心
				中国建设银行武汉郭茨口支行	郭茨口玫瑰园特1号
				中国建设银行武汉铁桥支行	七里晴川605栋2-5号
				中国建设银行武汉龙阳支行	龙阳大道85号附6号
5	交通银行	交通银行汉阳支行	汉阳大道140号	交通银行七里支行	七里晴川1附120号
				交通银行二桥支行	琴台大道505号

续表

序号	银行	一级网点	地址	二级网点	地址
6	中信银行	中国中信银行汉阳支行	汉阳大道139号		
		中信银行王家湾支行	龙阳大道42号		
7	光大银行	中国光大银行钟家村支行	拦江路219号	中国光大银行金桥港湾社区支行	鹦鹉大道446号
				中国光大银行星光国际社区支行	江城大道356号
		中国光大银行汉阳支行	芳草路18号	中国光大银行武汉玫瑰苑社区支行	玫瑰街331号
				中国光大银行武汉招商公园社区支行	江城大道288号
8	广发银行	广发银行汉阳支行	鹦鹉大道188号		
9	兴业银行	兴业银行汉阳支行	隆祥东街世纪龙城5号		
		兴业银行鹦鹉洲支行	滨江大道188号		
10	招商银行	招商银行王家湾支行	十升路特1号	招商银行汉阳支行	鹦鹉大道27号1层
				招商银行武汉鹦鹉花园社区支行	拦江路139-6号
				招商银行芳草路社区支行	芳草路59号
11	汉口银行	汉口银行汉阳支行	翠微路1号	汉口银行鹦鹉大道支行	鹦鹉大道498号附46号
				汉口银行汉阳大道支行	汉阳大道626号
				汉口银行龙阳大道支行	龙阳大道特8号
				汉口银行江汉二桥支行	汉阳大道582号
				汉口银行四新北路社区支行	江城大道356号
				汉口银行动物园路支行	五里新村龙江庭院
				汉口银行芳草路支行	芳草路88号
12	武汉农村商业银行	武汉农村商业银行汉阳支行	鹦鹉大道271号	武汉农村商业银行快活岭支行	董家店村时尚街1-6号
				武汉农村商业银行王家湾支行	王家湾十升路特1号
				武汉农村商业银行江堤中路支行	江堤中路15号
				武汉农村商业银行芳草支行	芳草路汉阳区政府1楼
				武汉农村商业银行马鹦路支行	马鹦路特1号
				武汉农村商业银行墨水湖支行	马沧湖路64号
				武汉农村商业银行五里墩支行	警苑小区1楼
				武汉农村商业银行黄金口支行	米粮村综合大厦1层
				武汉农村商业银行龙阳支行	龙阳大道57号
				武汉农村商业银行十里支行	芳草路十里景秀16号
				武汉农村商业银行四新北路支行	鲤鱼洲家园小区23号
				武汉农村商业银行玉龙路支行	汉阳大道697号
				武汉农村商业银行江城明珠支行	四新南路191号5-01
13	中国邮政储蓄银行	中国邮政储蓄银行武汉市开发区支行	墨水湖北路特5号	中国邮政储蓄银行马沧湖支行	马沧湖路59号
				中国邮政储蓄银行龙阳支行	龙阳大道特18号
		中国邮政储蓄银行汉阳区分公司	沌阳大道402号	中国邮政储蓄银行七里庙支行	七里二村123号
				中国邮政储蓄银行钟家村营业所	拦江路217号
				中国邮政储蓄银行五里墩营业所	马鹦路江腾苑A1-1号

续表

序号	银行	一级网点	地址	二级网点	地址
13	中国邮政储蓄银行			中国邮政储蓄银行建港营业所 中国邮政储蓄银行金桥港湾营业所 中国邮政储蓄银行十里铺营业所 中国邮政储蓄银行二桥营业所 中国邮政储蓄银行芳草路营业所	鹦鹉大道560号 鹦鹉大道265号 星火路36号附4号 二桥路5号 芳草路61号
14	湖北银行	湖北银行武汉汉阳支行	芳草路18号	湖北银行十里铺社区支行 湖北银行马沧湖社区支行 湖北银行陶家岭社区支行	汉阳大道654号 马沧湖路51-55号 康达街10号
15	民生银行	民生银行汉阳支行 民生银行龙阳支行	汉阳大道491号 龙阳大道19号	中国民生银行江腾苑社区支行 中国民生银行金桥港湾社区支行 中国民生银行玫瑰苑社区支行 中国民生银行四新社区支行 中国民生银行琴台社区支行	马鹦路A区56号 鹦鹉大道281号附5号 水仙里229号1-101号 芳草路97号 琴台大道汀澜公馆103号
16	平安银行	平安银行王家湾支行 平安银行汉阳支行	龙兴东街1号 毛家堤小区15栋		
17	华夏银行	华夏银行汉阳支行	芳草路58号	华夏银行龙阳湖小微支行 华夏银行都市兰亭社区支行	金龙南路和隆祥街交会处 汉阳大道121号
18	浦发银行	浦发银行汉阳支行	拦江路186号		

【中国建设银行武汉经济技术开发区支行】 2022年，中国建设银行武汉经济技术开发区支行实现账面利润3.12亿元，在汉阳区纳税金额2576.92万元。开拓对公业务，年末对公日均存款余额46.03亿元，较年初新增3.64亿元。被评为中国建设银行股份有限公司湖北省分行2022年度对公业务先进单位。全年累计投放贷款金额58.31亿元，年末贷款时点余额76.87亿元，较年初新增14.06亿元。对公中收（银行中间业务收入）余额3227万元，国际业务中收比上年增长41.3%。服务实体经济。全年大中型客户信贷储备项目达51.35亿元；制造业贷款较年初新增9.46亿元；绿色信贷、战略性新兴产业贷款占比分别较上年增长近6%和3%。提升零售精品业务效能。个人全量客户43.3万户，较年初新增0.86万户；全年信用卡新增客户0.47万户，新增活跃客户2372户；实现新拓商户1241户；个人存款年终收官新增金额11.12亿元；日均存款新增7.48亿元，比上年增长56.9%，占全行存款新增的67.3%。增强风险管控能力。全年累计实现不良处置1.47亿元，表内外现金回收0.74亿元。

（邱晨）

【汉口银行汉阳支行】 2022年末，汉口银行汉阳支行各项存款余额162.38亿元，较年初增长20.53亿元，增幅14.47%。其中，对公存款余额55.1亿元，减少2.39亿元；储蓄存款余额107.28亿元，增加22.92亿元。各项

2022年5月25日，汉口银行汉阳支行参加汉阳区专精特新“小巨人”企业全融服务政银企对接会，作为金融机构代表发言　　（汉口银行汉阳支行　供图）

贷款余额 66.35 亿元，增长 9.93 亿元，增幅 17.6%。其中，对公表内外贷款余额 52.06 亿元，增长 9.2 亿元；个人消费信贷余额 14.29 亿元，增长 0.73 亿元。新增逾期贷款 3.28 亿元，新增欠息贷款0. 19 亿元，新增不良贷款 0.16 亿元。公司不良贷款率 6.32%，下降 0.27%；小微不良贷款率 1.31%，下降 0.07%；个人消费贷款不良率 0.16%，下降 0.05%。

（何洁）

【中国邮政储蓄银行武汉市开发区支行】 2022 年，中国邮政储蓄银行武汉市开发区支行个人金融账户余额达 20.9 亿元，比上年增加 1.79 亿元；全行有效客户 10.47 万户。至年底，消费贷累计规模 44.64 亿元。全年放款 2548 笔、6.22 亿元，比上年增加 0.32 亿元；小额贷款累计规模 2.04 亿元，全年放款 562 笔、2.63 亿元，增加 0.59 亿元。存款到达余额 2.25 亿元，贷款累计规模 9.13 亿元。

（杨倩倩）

【浦发银行汉阳支行】 2022 年 4 月，浦发银行汉阳支行开业，有员工 15 人。支行主动对接地方发展规划和融资需求，加大对工程设计建造、文旅等领域的支持力度，为公路建设行业企业、文旅行业企业提供融资需求。创新金融服务。依托人工智能、大数据等前沿科技，聚焦普惠金融，优化创新金融服务产品，从传统的线下金融产品逐步向线上化转型，解决中小微企业、个体工商户融资难问题。推出“浦银快贷”“银税贷”“科创快贷”等品牌服务，综合运用征信、司法、纳税等互联网大数据等金融科技手段开展线上经营性、流动性资金贷款业务，向小微企业及个人客户提供非接触式金融服务。发展普惠业务。与武汉市经济和信息化局中小企业中心签订业务合作协议，与武汉市融资担保有限公司签订战略合作协议，加大对中小企业客户的支持力度。开创零售业务新局面，构建“人才培养、场景化获客、公私联动、信用卡业务联动营销”四位一体的业务布局。年末，信用卡客户新增额排名全行第二；零售中高端客户新增额排名全行第一。

（夏彦）

2022年，浦东发展银行汉阳支行工作人员在汉阳区建桥街道大桥社区开展普及金融知识宣传活动　（浦发银行汉阳支行　供图）

保险业

【概况】 2022 年，汉阳区有保险机构 31 家。其中，中国人民财产保险股份有限公司武汉市分公司实现保费收入 206.4 亿元。

（周易炜）

【中国人民财产保险股份有限公司武汉市分公司】 2022 年，中国人民财

表24　2022年武汉市汉阳区保险企业一览表

序号	企业名称	地址
1	中国人民财产保险股份有限公司湖北省分公司	芳草路58号
2	中国人民财产保险股份有限公司武汉市分公司	芳草路58号
3	中国人民财产保险股份有限公司武汉市汉阳支公司	芳草路58号
4	中国人民财产保险股份有限公司武汉市分公司车商营业部	芳草路58号
5	中国人民财产保险股份有限公司武汉市车商营销服务部	芳草路58号
6	中国人民财产保险股份有限公司武汉市分公司电子商务营业部	芳草路58号
7	中国人民财产保险股份有限公司武汉市分公司个人贷款保证保险业务部	芳草路58号
8	中国人民财产保险股份有限公司武汉市分公司直属非车险业务部	芳草路58号
9	中国人民财产保险股份有限公司武汉市社会医疗保险服务中心服务部	芳草路58号
10	中国平安财产保险股份有限公司武汉市汉阳支公司	芳草路58号

续表

序号	企业名称	地址
11	中国太平洋财产保险股份有限公司武汉市汉阳支公司	汉阳大道630号
12	中国人寿财产保险股份有限公司武汉市汉阳区支公司	琴台路505号
13	中华联合财产保险股份有限公司汉阳支公司	汉阳大道630号
14	华安财产保险股份有限公司汉阳中心支公司	龙阳大道98号
15	英大泰和财产保险股份有限公司汉阳支公司	汉阳大道140号
16	中国人寿保险股份有限公司武汉市汉阳区支公司	汉阳大道140号
17	鼎和财产保险股份有限公司汉阳营销服务部	汉阳大道140号
18	永安财产保险股份有限公司汉阳支公司	龙阳大道58号
19	大家财产保险有限责任公司汉阳中心支公司	汉阳大道140号
20	天安财产保险股份有限公司湖北省分公司汉阳支公司	汉阳大道630号
21	中国人民人寿保险股份有限公司武汉市汉阳支公司	百灵路2号
22	中国人寿保险股份有限公司武汉市分公司营业部	鹦鹉大道99号
23	阳光财产保险股份有限公司武汉中心支公司汉阳营销服务部	百灵路22附57-58号
24	中国太平洋人寿保险股份有限公司汉阳中心支公司	人信汇B地块9楼号
25	中国平安人寿保险股份有限公司长江支公司	鹦鹉大道48号
26	中信保诚人寿保险有限公司湖北省分公司汉阳营销服务部	人信汇B地块9号楼17层
27	中英人寿汉阳营销服务部	闽东国际城3A-2302
28	恒信汽车保险销售服务有限公司	龙阳三路1号
29	名阳保险销售有限责任公司湖北分公司	青年路369号
30	安邦财产保险股份有限公司汉阳中心支公司	龙阳大道58号
31	平安创展保险销售服务有限公司武汉分公司	芳草路58号

产保险股份有限公司武汉市分公司保费收入206.4亿元，保费增速11.9%，保费规模居全国第八，增速居全国第四，保费规模实现200亿元的历史性跨越。个人板块、政府板块、法人板块保费收入均实现增长。与上年相比，在承担农业保险旱灾损失的基础上，公司实现报表利润总额综合费用率下降，百元保费现金流增加，保费费用率下降，实现盈利能力提升。助力湖北加快建设全国构建新发展格局先行区，全年累计承担保险责任、支付赔款、上缴各类税收、累计服务个人客户、服务法人客户均比上年增长。优化客户服务体验，监管亿元保费投诉量比上年下降，监管万张保单投诉量全国排名第五。全省NPS净推荐值提升，全国排名第六。全省家庭自用车客户自助理赔办理率较年初提升18%。工程质量潜在缺陷保险在武汉、十堰、恩施、黄石等地实现突破。牵头东湖科技保险创新发展促进中心建设，推动科技保险发展。正式入驻湖北省公共资源交易电子保函服务平台。推广上线总部销售基本法系统、"耘智保"App、人保e助手等管理工具，整合数据门户。上线统一调度平台、客户资源管理系统、续保团队话务智能质检、保险顾问、风险灾害舆情监测、无纸化会议等系统。在车险核保、数据通报、IT运维领域应用流程自动化机器人，降低运营成本。

证券业

【概况】 2022年，汉阳区有证券企业10家，证券业运行平稳。其中，长江证券股份有限公司武汉鹦鹉大道营业部客户资产规模67.3亿元。区内企业上市融资态势有所好转，有省、市级"金、银种子"企业9家。

（周易炜）

【长江证券股份有限公司武汉鹦鹉大道证券营业部】 2022年，长江证券股份有限公司武汉鹦鹉大道营业部客户资产规模67.3亿元。其中，交易资产22.3亿元，主板上市公司托管资产42亿元，股转市值3亿元。有客户3.54万户，其中高净值客户1173户。在长江证券分支机构分类评定综合份额排名全国第52名，B类营业部第二名。

（李莹）

【华福证券有限责任公司武汉滨江大道证券营业部】 2022年，华福证券有限责任公司武汉滨江大道证券营业部服务资产规模5.3亿元，年内新增

表25　　2022年武汉市汉阳区证券企业一览表

序号	企业名称	地址
1	长江证券股份有限公司武汉鹦鹉大道证券营业部	翠微路特1号
2	中国银河证券股份有限公司武汉汉阳证券营业部	鹦鹉大道103号
3	中国银河证券股份有限公司武汉龙阳大道证券营业部	龙阳大道56号
4	英大证券有限责任公司武汉汉阳大道证券营业部	汉阳大道140号
5	广发证券股份有限公司武汉鹦鹉大道证券营业部	鹦鹉大道271号
6	国泰君安证券股份有限公司武汉马鹦路证券营业部	马鹦路9号
7	兴业证券股份有限公司武汉芳草路证券营业部	世纪龙城3栋15-16号
8	长江证券股份有限公司武汉龙阳大道证券营业部	龙阳大道18号
9	中泰证券股份有限公司武汉汉阳大道证券营业部	二桥路28号
10	华福证券有限责任公司武汉滨江大道证券营业部	滨江大道192号

核心客户158户，新增开户1708户，新增有效户375户。新开“两融”（融资、融券）户38户，新增“两融”日均融资规模911万元，“两融”规模4070万元。重点产品销售累计9705万元，全口径产品保有量3811万元。机构业务完成12户。资管产品日均规模5040万元。全年收入209万元，净利润扭亏为盈。

（张林）

【武汉基金产业基地运营】 2022年，汉阳区对标全国一流运营武汉基金产业基地，落实基金公司入驻配套政策，发挥基金虹吸效应和内生孵化力量，初步形成汇集大型国有企业股权及债权投资基金、优质民营企业产业投资基金、全国知名私募基金、股票二级市场私募基金等多层次、多主体基金体系结构。8月，湖北省铁路发展基金有限责任公司正式入驻武汉基金产业基地，注册资本300亿元，为湖北省首次设立的铁路发展基金，总规模1000亿元。12月7日，湖北省规模最大的私募证券基金管理人昭融汇利入驻基地，管理规模超40亿元。基地全年新增基金企业52家，比上年增长48.6%；至年末，基地落户企业87家。其中，管理公司44家，基金43家。管理总规模1431亿元，实缴201亿元。已备案基金对外投资项目65个，累计投资金额39亿元。基地对接30余家优质创新企业及上市公司，全面覆盖地理信息、医疗健康、数字经济，辐射北京、上海、广州、深圳、南京、杭州、西安、苏州、厦门和武汉。

2022年，湖北省铁路发展基金有限责任公司入驻武汉基金产业基地顶层精装办公区　　（汉阳区融媒体中心　供图）

【新兴产业发展引导基金运营】 2022年，汉阳区引导基金和母子基金投资项目22个；注册汉阳区、投资汉阳区注册成立子公司或企业总部迁至汉阳区项目12个。引导基金收回投资3065万元。在引导基金对子基金和项目投资中，未退出的投资金额达1.12亿元。

【太保资本200亿元母基金落户武汉基金产业基地】 2022年4月21日，太保长航股权投资基金（武汉）合伙企业（有限合伙）成立，正式落户武汉基金产业基地，规模200亿元，由中国太平洋人寿保险股份有限公司、太保私募基金管理有限公司共同出资。作为一支股权母基金，执行事务合伙人为太保私募基金管理有限公司，主要投资领域为能源环保、先进制造、消费升级等，200亿元分期到位。

（周易炜）

旅游业

风景名胜

【月湖】 月湖位于汉阳区北部，东抵龟山西北，南傍古琴台与梅子山相邻，西抵江城大道，北依汉水，东西长约 2 千米，南北宽约 1 千米，湖泊水域保护面积 67.64 公顷，湖水深 2 米，为淡水湖。月湖与龟山、梅子山、古琴台浑然一体，自然条件得天独厚。高山流水觅知音的优美传说，使月湖景区具有深厚的历史文化内涵。自古以来，月湖就以“真山，真水，风景如画”闻名于世。2007 年在月湖畔建成开园的琴台文化艺术中心，是武汉市重要文化活动和市民休闲娱乐的场所。

【古琴台】 古琴台位于龟山之西、月湖东南畔，是中国著名的音乐文化古迹、湖北省重点文物保护单位、武汉市著名文物旅游景观之一，有“天下知音第一台”之称。相传春秋末，琴师伯牙曾在汉水入江口鼓琴，遇钟子期，钟子期能辨其音律，知其志在高山流水，二人遂结为知音。后钟子期病故，次年伯牙应约至而知音已失，伯牙碎琴不复弹。后人感其事，筑台纪念。古琴台约始建于南北朝或之前，历代毁建多次，明代开始移建于月湖之畔。清嘉庆年间重建于现址。古琴台现有建筑群为 1957 年后重修，占地面积 1 公顷，布局精巧雅致。主体建筑是一栋单檐歇山式前加抱厦的殿堂，堂前为汉白玉方形石台，象征伯牙抚琴处。“古琴台”三字分别为北宋著名书法家米芾和近代书法家杨守敬手迹，碑廊及屋额尚有“印心石屋”“琴台题壁诗”“高山流水”等题字，皆为名家手笔。

【琴台文化艺术中心】 琴台文化艺术中心东至鹦鹉大道，西至江城大道，南至琴台大道，北至知音大道，面积 2.15 平方千米，景区建设面积 50 余万平方米，是武汉市最大的文化主题公园。该中心整体环月湖而修建，傍汉江，枕月湖，衔梅子山，被誉为“武汉最美的客厅”。月湖南岸为文化广场，含凤凰广场、万人露天剧场、月影舞台；东侧为知音岛，绿意葱茏；东南侧为音乐森林，流水潺潺；西南边为莲花湿地，栈桥曲折相连，沿湖边延伸。月湖北岸有琴台大剧院和琴台音乐厅及附属设施。琴台大剧院建筑面积 6.57 万平方米，主体建筑由一个 1802 座的综合大剧院、一个 400 座的多功能厅和其他辅助设施组成，以演出国内外各类大型歌剧、舞剧、交响乐、音乐剧、话剧、戏曲等为主。琴台音乐厅总建筑面积 3.69 万平方米，由 1600 座的交响音

2022年古琴台鸟瞰图

（汉阳区融媒体中心　供图）

2022年，汉阳区国家AAAA级旅游景点归元禅寺

（汉阳区融媒体中心 供图）

乐厅及一系列排练厅和其他辅助设施组成，以交响乐、管弦乐等自然声演出为主。琴台大剧院设计创意为“高山放歌”，犹如一架古琴，线条笔直，充满刚性之美；琴台音乐厅设计创意为“流水知音”，宛如一座编磬，自然流畅，充满柔美之韵。两大建筑一刚一柔，象征着高山流水遇知音的故事，构成完美和谐的整体。

【龟山】 龟山位于武汉市城区中心、汉阳区的东北部，海拔 90.02 米，总面积 29.5 公顷，东西长约 1900 米，南北宽 200 米至 260 米。龟山处于长江、汉水交汇处，东临长江，北带汉水，西对月湖，南望凤凰山，与武昌蛇山隔江对峙，形成“龟蛇锁大江”的奇特景象。龟山是一座历史名山，是武汉市山水园林建设的重点。山上有大别山摩崖、祢衡墓、鲁肃墓、向警予烈士墓、红色战士公墓、鼎园、桃花洞、蝴蝶泉、湖北广播电视塔、屈原望郢台等名胜景点。遍山绿树成荫，环境优美，空气清新，有“城市中心一堵绿色浮雕”之称。登山俯瞰四周，长江、汉江、月湖、莲花湖依山环绕，江汉朝宗处、晴川阁、武汉长江大桥尽在眼底。环视武汉三镇，龟山也是绝佳处。

【晴川阁】 晴川阁又名晴川楼，位于龟山东麓的禹功矶上，北望汉水入江口，东濒长江，与武昌黄鹤楼夹江对峙，互为衬托，蔚为壮观，有“三楚胜景”之称，为全国重点文物保护单位和国家 AAA 级旅游景区。晴川阁始建于明初，取唐代崔颢诗《黄鹤楼》中的“晴川历历汉阳树”句意命名，明清时为冠盖必至之地，有“楚国晴川第一楼”的美誉。现存建筑为 1983 年至 1991 年依据清末晴川阁的历史照片及遗址范围复建的建筑群，由晴川阁、禹稷行宫、铁门关三大主体建筑和禹碑亭、朝宗亭、楚波亭、荆楚雄风碑、禹碑、敦本堂碑，以及牌楼、临江驳岸、曲径回廊等附属建筑组成，占地面积约 1.09 万平方米，展厅面积 1600 平方米。

【归元禅寺】 归元禅寺坐落于归元寺路（原名翠微横路）5 号，为国家重点佛教寺院、湖北省四大佛教禅寺之一、省级文物保护单位和国家 AAAA 级旅游景区。始建于清顺治十五年（1658 年），后又多次修建。现归元禅寺由大雄宝殿、罗汉堂、韦驮殿、大士阁、藏经阁、圆通阁、双面观音、念佛堂、碑廊等 20 余个主要建筑组成，巍峨错落，疏密相间，自成一格。寺内除收藏有佛教藏经 7000 余卷外，还有佛像、法物、石雕、木刻、书画碑帖等，以建筑完美、雕塑绝妙、珍藏丰富而闻名。

【汉阳树】 汉阳树位于汉阳区建桥街道凤凰巷一个小院内，是一棵古银杏树，2022 年树龄已达 543 年。高 28 米，胸径 1.5 米，冠幅达 21.8 米。为武汉市城区最古老的树，因坐落在汉阳古城，生长于明清私家园林，为纪念崔颢“晴川历历汉阳树”之诗句而被俗称为“汉阳树”。

【武汉动物园】 武汉动物园坐落在墨水湖畔，是集野生动物保护、科学研究、动物科普教育和娱乐休闲为一体的城市动物园，为全国八大城市动

2022年10月，晴川阁夜景

（汉阳区融媒体中心 供图）

物园之一。1985年正式对外开放，全园占地面积64万平方米，园区三面环水，景色宜人。该园以观赏动物为基础，以神农架金丝猴、长江水生动物和湿地鸟类为特色，辟有动物展馆、武汉园林野生动物园、陆生动物技能展示馆、海狮技能展示馆、郢趣园（金鱼锦鲤园）、湿地鸟区等。动物展馆包括熊山、品种猴馆、金丝猴馆、猩猩馆、狮虎山、中型猛兽馆、雉鸡馆、大熊猫馆、小熊猫馆、孔雀园、斑马馆、长颈鹿馆、袋鼠馆、鹿苑、两栖爬行动物馆、大象馆、河马馆、犀牛馆、火烈鸟馆、鹦鹉馆等40余座动物苑舍。园内植物以湖北常绿树为骨干，以樟树、茶花、竹为特色，另有大面积草坪，设有集奇石、植物盆景、树木根雕于一体的武汉盆景园，绿化覆盖率达81.3%。该园系中国青少年科技教育基地，中国野生动物保护教育基地、中国林学会自然教育基地。

【武汉中华奇石馆】 武汉中华奇石馆位于汉阳区翠微路61号，西邻归元禅寺。1993年建成，后扩建，占地面积6700平方米，建筑面积5000平方米，明清建筑风格，为集奇石、化石、矿物晶体、盆景、根雕等于一体的大型综合展馆。设展厅8处，藏有象形石、抽象石、纹理石、画面石、文字石、天外石、园林石、古生物化石、矿物晶体等国内外奇石10余类数万件，常年展出3000余件。该馆为国家AAA级旅游景区、青少年科普教育基地、爱国主义教育基地及涉外旅游景点。

【南岸嘴景观】 南岸嘴景观位于长江、汉江交汇处，有“中国角”之称，总面积10万平方米。2002年由武汉市人民政府、汉阳区人民政府投资建为具有滨江特色的亲水型多功能森林绿化景观区。区内树木繁茂、曲径通幽，布局美观、健身设施齐备，是观景、休闲、健身的理想场所。漫步其间，可观赏长江、汉水交汇泾渭分明独特景观，可眺望武汉三镇都市风貌。

【汉阳江滩公园】 汉阳江滩公园位于晴川阁至杨泗路的长江江滩上，全长3.69千米，总面积35公顷，园区绿化率达74%。以水文化为主题，分布有大禹神话园、水生植物园、文化长廊、忆源广场、地书广场、鲜花广场、朝宗广场、葡萄架、儿童乐园、健身步道、高架景观廊、彩虹广场、旱溪湿地、树阵广场、桥梁主题公园等景点，有游泳池、足球场、篮球场、极限运动区等运动场所。大禹神话园有玉面人像、商代双龙门、应龙画河海、大禹降生、鲧治水、搏杀相柳、三过家门、南方治水神话传说、镇江柱等12组展示大禹文化的景观雕塑。鹦鹉洲长江大桥下的汉阳江滩桥梁主题公园，展示出桥梁建筑艺术与结构之美。

2022年7月，居民在汉阳江滩公园足球场踢球
（汉阳区融媒体中心　供图）

【莲花湖公园】 莲花湖公园位于汉阳大道10号，东临长江，西达莲花湖路，北靠龟山，东北与武汉长江大桥相邻，南抵汉阳大道。1958年汉阳区人民政府组织群众在莲花湖清淤排污，并修建莲花湖公园，后多次修整。因邻近唐代诗人李白赐名的郎官湖（已不存），公园内建有李白塑像及太白楼。园内有清光舫、三联亭、瀑布亭、盆景园、奇石大观园、沿湖石林等景点10余个，廊榭亭阁参差错落、倒影碧波，风光宜人。

【汉阳公园】 汉阳公园北靠龟山，南对凤凰山，总面积2.6万平方米。元朝末年是天完农民起义领袖徐寿辉的王府所在地。清康熙年间，江繁在此造私园，名“江园”。道光年间为同善堂址。1957年建成汉阳公园，参考苏州园林风格并结合地方特点而建造，采用借景、框景、障景、衬景等手法，园林布置小巧玲珑。园内建筑大部分采用古典建筑的形式，有文汇堂、语香楼等建筑，有风翼亭、虚心亭、丛笑亭、送暖亭和眺虹轩等景点。有市级文物保护古迹石榴花塔，古树名木国槐等。公园内山、水、桥、廊相映生辉，树、木、花、草、竹景色秀丽。

【墨水湖公园】 墨水湖位于芳草路以东、墨水湖北路以南、马沧湖路以西围合区域，地处汉阳老城与四新生态新城之间。相传南朝昭明太子在湖内洗笔，笔墨将湖水染黑而得名。墨水湖公园环绕墨水湖而建，规划用地范围东起国博大道、南至杨泗港快速通道、西至龙阳大道、北至墨水湖北路和马鹦路。总面积417.89公顷，其中水域面积330公顷、陆地面积87.89公顷。环湖绿道长24.8千米，总绿化量101万平方米；是武汉市中心城区面积最大的湖泊公园。2007年10月建成通车的墨水湖大桥位于公园内。2016年底，环湖绿道建成，建有市政绿道、人行步道、公园园道和停车泊位，沿线配置座椅，设有驿站等服务站点，实现城市湖泊景观与现代都市风貌有机融合。

【汉水公园】 汉水公园位于汉阳区郭茨口汉江之滨，原址为郭茨口垃圾场，1996年建成公园正式对外开放，占地面积12.55万平方米，绿地率达91.6%。后经不断新建园林景观、完善服务配套设施，形成以奇石、树桩盆景为特色的生态主题公园。公园内建有三峡石、太湖石、灵璧石、硅化木等原石自然景观，建成以惟妙惟肖动物造型的灵璧石为主的十二生肖园区，以产自辽西和缅甸的赭黄色古树化石为主的硅化木园区，其木化石林不论单株规格的体量还是植株完整程度，为中南地区之最。公园内有国家二级保护植物“对节白蜡”等湖北地域盆景资源，采用楚天派树石盆景的艺术手法集中栽植的大中型桩景，有以凌霄及紫藤攀扎的花廊近300米，建有知音桥、竹径、紫薇园、红叶李园、雪松园、生态湿地等园林景点，配有小型健身和娱乐设施等。

【新区公园】 新区公园位于龙阳大道与四新大道交会处，是武汉市第一条水景道路——四新大道的入口公园，2011年1月建成。公园总面积5.38万平方米，分南区公园和北区公园。北区公园地势起伏，空中木栈桥跨越湖水，形成视觉高点，让游人可以登高一览沿湖景观，以“静”为主。南区公园有一块约4000平方米的椭圆形运动草坪，红色跑道环绕，红绿对比的色彩极富动感。由四新大道下穿通道经水景明渠使南北两园相连。绿林隔开龙阳大道上的车水马龙，入水栈桥和亲水平台呈现不同的水景观，使四新大道呈现出“公园在路中、河流在路中、花木在路边”的独特景观。

【琴台绿化广场】 琴台绿化广场位于汉阳琴台立交桥边，龟山西南脚下，西北边为古琴台。广场前身是汉阳儿童游乐园，1997年拆除儿童游乐园，建设绿化广场。广场总面积16.48万平方米，由琴台广场和琴台小森林组合而成，是武汉市内最大的森林绿化广场，绿地率达82.5%。广场内种植有乔、灌、花、草等各类植物300余个品种，栽植雪松、香樟、银杏等名贵乔木5000余株，种植桂花、茶花、樱花、含笑等花灌木1.3万余株，植物色块1.68万平方米。叠泉、假山、景石、古桩、花坛遍布其间，形成花木共生、景园相映、鸟语花香的生态环境，是休闲、娱乐、健身、观景的理想场所。

【“汉阳造”文化创意产业园】 “汉阳造”文化创意产业园位于汉阳区龟山北路1号，占地面积6公顷，建筑面积4.2万平方米。系在百年工业“汉阳造”遗址上原824厂改造而成的一座集文化艺术、创意设计、商务休闲于一体的综合性文化创意产业园。该园于2009年开工建设，2011年核心产业片一期对外开放，吸纳文化创意产业单位。园区东临长江，西靠月湖，北抵汉水，南枕龟山，处汉江文化旅游带，周边有晴川阁、古琴台、琴台音乐厅、琴台大剧院，山水环抱，环境清幽，绿化率60%，生态环境宜人。先后获得国家广告产业园区、国家文化产业示范基地、全国版权示范园区、湖北省文化产业示范基地、湖北省旅游创新创业基地、湖北省版权示范园区、湖北省现代服务业示范园区、武汉市文化创意产业最佳园区、武汉市首批现代服务业集聚示范区、武汉市首批文化与科技融合示范园区等称号，进入中国文化发展指数文化创意类文化产业园前10名，中国文化产业园百强排名前60名。至2022年，园区形成以广告创意、影视制作、艺术设计、新媒体技术等为特色的产业集群。建有汉阳会馆、影视大棚、云计算中心、文化展示中心、影视人才培训中心、产品推广中心、新媒体技术支持中心等产业功能型公共服务平台和休闲娱乐、餐饮酒吧等配套服务设施。

【高龙博古城·国家非物质文化遗产武汉传承园】 高龙博古城·国家非物质文化遗产武汉传承园位于汉阳区江堤中路江欣苑社区，是集保护、生产、展示、销售、研究、推广、学艺、传承、体验、旅游为一体的非物质文化遗产生产性保护基地，为国家级非物质文化遗产生产性保护示范基地、国家文化和自然遗产建设项目、中国民俗文化之乡、全国社区文化再造示范基地、国家AAA级旅游景区。2012年8月16日建成开园，占地面积2.6万平方米，建有百工坊、高龙博物馆和汉绣博物馆。百工坊免费为高龙、汉绣、木雕船模、雕花剪纸、黄梅挑花等54项国家级、省级、市级非物质文化遗产项目提供2.5万平

2022年，高龙博物馆展厅内实景

（汉阳区文旅局　供图）

方米精品展示厅和传承人工作室。高龙博物馆展厅面积近500平方米，通过弧幕带水投影和3D科技，向观众展示高龙的起源和传承。汉绣博物馆面积700余平方米，包括历史馆、名人馆、陈列馆、实景馆和体验区，收集展示精品汉绣藏品近1000幅。“楚香汉味”等配套设施于2014年6月建成并对外营业，为游客提供湖北风味餐饮服务。

【武汉国际博览中心】 武汉国际博览中心位于汉阳区四新生态新城轴线上，处在武汉市三环线和汉阳老城区之间，是集展览、会议、酒店、商务、文化休闲、旅游于一体的多功能复合型绿色生态国际博览城。占地面积416.87万平方米，包括展馆、国际会议中心、洲际酒店、海洋乐园、假日酒店，以及超高层写字楼、商业地产、景观水系、生态居住区等。总建筑面积45.7万平方米的展馆于2011年10月开馆，建筑面积10万平方米的国际会议中心于2013年9月正式启用，拥有490间客房的洲际酒店于2016年7月正式开业。武汉国际博览中心设有餐饮、商务、大型停车场、公交地铁枢纽和物流中心等配套设施，具备举办展览和体育、表演、集会等大型活动的多功能用途。核心区建有43.9万平方米的配套景观项目，主要由中央景观水系、展馆配套环状水系景观及中央绿化游园组成。其中，中央景观水系为开放式的生态主题城市公园。

【黄鹤楼酒文化博览园】 黄鹤楼酒文化博览园位于鹦鹉大道558号，是天龙黄鹤楼酒业股份有限公司的武汉厂区，也是集白酒生产、旅游为一体的国家AAA级特色旅游景区，占地面积7.2公顷。园区内开放的景点有：具有清代建筑风格的御酒牌坊、可供游客休闲的酒文化游园、历史悠久的传统手工生产作坊、可储存酒和可定制酒的名人酒窖以及御琼阁、辛氏酒馆、御酒粮仓、酒文化博物馆等。园内建筑融合清代建筑风格与现代建筑简约风格。酒文化景观、酒文化博物馆、天成坊酿酒车间、包装车间、高端窖藏等构成酒文化游园与酿酒体验为一体的体验式酒庄。酒文化博物馆展出面积3000余平方米，藏有100余件古代酒器酒具，还展示有最后一届中国名酒评酒会的200余种参评酒样，堪称绝版收藏。博物馆通过现代声像技术向游人介绍黄鹤楼酒文化悠久的历史，感受中华酒文化的源远流长。

2022年，武汉国际博览中心俯瞰图

（汉阳区融媒体中心　供图）

【叶开泰中医药文化街区】 叶开泰中医药文化街区位于鹦鹉大道484号健民药业集团股份有限公司厂区内，2019年申报成为国家AAA级旅游景区，占地面积近5万平方米。建筑外观为明清徽式风格，保存着380年老字号叶开泰“前店后厂”的经营模式。其前店包括国医馆、中医药文化博物馆、母婴护理中心、叶名琛纪念馆、老酒坊；后厂为全国小儿中成药精品国药生产基地、古法炮制技艺传承基地、百草园、健民集团儿童药物研究院等。可为游客提供便利的中医药一体化综合服务，系湖北省旅游委员会评定的中医药康养旅游线路，具有问诊抓药、亲子活动、休闲娱乐等多项功能。漫步其间，白墙黑瓦，绿荫曲径，整个街区浸润在底蕴深厚的传统中医文化中。

（汉阳区文旅局）

旅游园区建设

【知音文化旅游区创建】 2022年，汉阳区围绕整合龟山、月湖、古琴台、晴川阁等风景名胜，形成《汉阳区关于打造知音文化旅游区行动计划的工作方案》，力图打造汉阳区首个AAAAA级景区。筹备《知音文化旅游区总体规划》《知音文化旅游区AAAA创建详细技术方案》，聘请知名专家团队执笔创作《知音新赋》。对龟山公园进行提升，整合全景画馆、龟山城市天空观光平台，植入城市秀场和山居酒店等功能业态，实现生态环境改造升级。

【“汉阳古城”文创旅游消费区建设】 2022年，汉阳区以远洋、中海等项目为支撑，加快建设古城文化轴。引导远洋项目走文旅商贸融合发展之路，以“冲击华中首店、争取武汉首家”为目标，吸引开心麻花剧场、MELAND CLUB亲子乐园、星聚会直营黑金店、LALACE百丽宫影城等品牌入驻，聚焦酒店民宿、亲子娱乐、剧场影院、文化体验等多种业态。针对历史文物进行保护性开发，修缮圣母堂、圣心堂、绣花堂、铁佛寺，形成标志性文化标签。以“汉阳树”为主题打造对公众开放的城市绿地与休闲广场，延续历史记忆。

【融创 1890 文旅产业社区项目推进】 融创 1890 文旅产业社区规划以文化创意、文化旅游、文化消费、文化科技功能为核心。2022 年，汉阳区在做好原园区企业迁移的同时，围绕大型文旅企业主体向示范区汇集，推进文旅商融合发展的应用新场景，推动文化旅游消费向体验化、品质化和数字化方向提档升级，探索构建“高精尖”发展格局，促进武汉二次元文旅投资发展有限公司与融创集团展开合作，打造现代时尚文旅商融合发展示范区。

2022年，位于汉阳区龟山北路的“汉阳造”文化创意产业园
（汉阳区融媒体中心 供图）

【“汉阳造”文化创意产业园建设】 2022 年，汉阳区加强与融创文化旅游发展集团有限公司、中国传媒合作沟通交流，对园区产业定位、发展规划提出整体改造升级设想和思路。引进 5 家企业，包括汉字造梦（武汉）文化传播有限公司、北遇映画婚纱摄影工作室、武汉智云软通信息技术有限公司等。延伸园区区域，拓展龟山公园下方的防空洞开发“洞见未来”项目，打造集非物质文化遗产、创意零售、餐饮、娱乐、住宿等为一体的新地下商业，建设文化中心和新的文旅地标。龟山防空洞于 6 月底解密，武汉市人民防空办公室与武汉城市建设集团有限公司细化完善合作方案，招商引资工作同步开展。

【中国（武汉）文化消费体验区】 中国（武汉）文化消费体验区位于四新大道芳草路区域，规划以“动漫+科技+金融”为产业导向，以产业配套服务为特色，建设文化科技金融企业总部、ACG（动漫游）研发中心、影视创作中心、发行推广中心、创客天地、文化消费体验区、城市乐园七大功能区，致力于打造国家级动漫产业基地、国家级文化和科技融合示范基地、数字经济产业创新基地。2022 年，汉阳区加快园区施工，招商走访初步意向企业及协会 20 余家，包括哔哩哔哩、爱奇艺、京东方艺云科技有限公司、北京虚拟动点科技有限公司、腾讯游戏、腾讯好时光、喜马拉雅 FM、北京大学传统文化创新研究院、中国游艺机游乐园协会等。

2022年12月28日，位于武汉市汉阳区琴台中央艺术文化区的武汉美术馆（琴台馆）开馆
（汉阳区文旅局 供图）

【武汉美术馆（琴台馆）建成开馆】 2022 年 4 月 26 日，武汉美术馆（琴台馆）完成工程质量竣工验收。该馆位于汉阳区琴台中央艺术文化区，与梅子山隔月湖相望，总建筑面积约 4.3 万平方米，整座美术馆分地下一层、地上二层（局部夹层），有古代展厅、现代展厅、当代展厅、特殊展厅 4 个展厅，展厅面积共计 2300 平方米，主要进行美术、书法、雕塑、陶艺等作品的艺术展示。武汉美术馆（琴台馆）是国内最大的清水混凝土单体民用建筑，也是世界上首个地景式复杂双曲面清水混凝土建筑。建筑造型优美独特，外形如高山连绵，流水依依。层层银沙堆砌，构成的弧形轮廓，边缘柔和极具包容感。建成后即成为游客打卡地。12 月 28 日，“艺以通衢——2022 武汉双年展”在武汉美术馆（琴台馆）启幕，接待观展者 1.2 万人次。

【月湖婚庆产业园建设】 2022 年 2 月 28 日，月湖婚庆产业园基本完工，总面积约 30.7 万平方米，改造面积 4.94 万平方米。该园依托月湖风景区资源，以“月文化，悦生活”为主旨，打造武汉首家以知音文化为标志的体验式“婚礼+文化”艺术中心，逐步形成以文化展示、艺术空间、婚嫁服务、文化传承等多功能为一体的华中婚恋文化消费聚集地。6月1日，婚姻登记处面向市民开展婚姻登记业务。年内，引进飞凌婚礼策划有限公司等企业；中式婚礼堂改造完毕，进入内部装饰阶段，紫藤廊架、湖边“网红”打卡点、观景平台等公园设施全部建成完工，向市民开放；中央草坪建成完工。

（吴雪纷）

【武汉动物园综合改造工程】 2022年，武汉动物园综合改造工程稳步推进，累计完成工程计量产值4.65亿元。克服疫情对工程建设的影响，北门区完成主体结构，内外装修完成50%，市政道路排水施工进入实施阶段；儿童互动区完成场地平整；湿地鸟区和大洋洲区完成全部建筑、市政等施工；美洲区完成配套服务建筑的主体结构及部分馆场地平整；非洲区完成除长颈鹿犀牛馆外所有建筑及动物室外运动场建设，栈道、园路铺装等公共区域等完成70%；亚洲区完成所有建筑及室外运动场建设，道路铺装及栈道铺装等完成70%。完成建筑土体水电气全通。企鹅馆、大象馆、灵长类动物场馆投入使用并顺利完成动物转场。园区内绿化整体完成50%。组织园林力量，联合参建单位，以保、护、修为主应对极端天气，保护园内绿植。动物园每日出动洒水车2台，抽水泵6台，挂水袋100余个，投入人力19人，对全园主干道、锦鲤园、盆景园和园区保留植物进行抗旱浇水保苗。每日用水量达150余吨。参建单位常态化抗旱保植。水体整治工程项目有序推进，已取得可研报告、初步设计及项目环境影响报告表的批复，获得“临时占湖行政许可决定书”。4月24日完成EPC总承包单位招标。6月参建单位进场。至年底，工程完成80%，完成天鹅湖抽排水、湖底挖淤泥、淤泥固化外运消纳、底泥秋耕、杉木桩驳岸、投放净水药剂、水草种植、回水等施工。

（陈立云 李欢）

【汉阳文化创意城建设启动仪式暨文化旅游产业发展大会】 2022年5月12日，汉阳区举行文化创意城建设启动仪式暨文化旅游产业发展大会。活动现场，汉阳区发布汉阳文化创意城建设和文旅产业发展三年行动计划。依托“知音”和“汉阳造”两大知名文化品牌，将翠微路步行街、汉阳树公园、钟鼓楼广场串联成一条1800米长的汉阳古城文化商业步行街区，龟山、月湖、古琴台、晴川阁等景点合建一个AAAAA级景区。力争在3年内建成国家级夜间文旅消费聚集区、国家级文化产业示范基地和全国研学旅行示范基地。活动现场，14个文旅创意产业项目签约落地汉阳。其中，汉阳区与武汉市公共交通集团有限责任公司签订“汉阳旅游公交专线”项目，与武汉旅游体育集团有限公司签订“汉阳文化旅游资源开发升级”项目，与长江日报传媒集团有限公司签订“汉阳文化创意城市美学”项目。汉阳区文化和旅游局与中国国际旅行社签订“归元·拾光外”项目，与中国青年旅行社签订“文旅赋能大汉阳”战略合作协议。武汉晴川文化产业投资有限公司与清博智能科技有限公司、武汉沐石文化传媒有限公司分别签约“清元时空智能项目”“知音文化传播”战略合作。融创中国华中区域集团发展公司签约“新华播谷”“人民阅读”“冠军一号”“康宁唯诺婚礼中心”等项目，远洋地产（武汉）有限公司签约“开心麻花剧场”“百丽宫影院”“新华书店旗舰店”等项目。

（吴雪纷）

2022年，武汉动物园大洋洲主题展区游客栈道改造基本完成

（武汉动物园 供图）

文化旅游活动

【概况】 2022年，汉阳区持续强化“全城抢购汉阳造、全民引爆汉阳mall、全域畅享汉阳游”和“汉阳喊你来打卡、汉阳请你来过节”品牌效应，围绕重要节假日等时间节点，布局谋划、造势造节，通过整合游览、购物、娱乐等资源，举办各类文商旅消费促进活动，打造文创旅游消费生态区。全年接待游客3352万人次，实现旅游总收入20.8亿元，比上年增长13.66%。

【2022年元旦假期跨年活动】 2022年1月1日至3日，汉阳区打造商旅文体深度融合的消费场景，联动区内百余商业消费体和景区，优选43个汉阳知名“网红”打卡地，推出线上地图，通过制作汉阳打卡地图、点亮汉阳特色地标、摇取汉阳跨年礼券等

多种方式，开展“云端打卡”。以汉阳树为“暗号”，以“摇一摇”为动作，为游客送出红包好礼。

【2022年汉阳“有礼春节”打卡活动】 2022年，汉阳春节打卡活动采用“新春红包雨+汉阳有礼”形式。1月22日至27日，手机里的“汉阳树”每天一场“红包雨”，推出总量1万个现金红包。其中大额红包从666元至888元，最高1818元。线上点亮地标，集字可兑换“汉阳赠礼”，共有1888份。活动吸引近6万人打卡，红包10分钟“抢”空。

【“5·18国际博物馆日”活动】 2022年5月18日，汉阳区围绕国际博物馆日活动主题“博物馆的力量”，筹划线上盲盒、红包抽奖、趣味研学系列活动。通过“汉阳时光盲盒”小程序，将汉阳“博物馆之城”建设的知识和成果，以小程序答题形式进行展示和互动，市民可抽取现金红包和礼品。发布“走读汉阳城，研学博物馆”研学项目，将12个博物馆“串珠成线”，通过数字化手段，让博物馆“活”起来。

2022年5月19日，汉阳区召开知音婚庆产业联盟成立暨汉阳婚恋品牌推介大会
（汉阳区文旅局　供图）

【知音婚庆产业联盟成立暨汉阳婚恋品牌推介大会】 2022年5月19日，汉阳区召开知音婚庆产业联盟成立暨汉阳婚恋品牌推介大会，营造汉阳“浪漫经济”新生态。汉阳区以月湖文化艺术中心为核心引爆区，联动月湖风景区、龟山（汉阳造）、晴川阁、古琴台等，打造“知音文化”的“婚礼+文化”艺术中心。通过培育发展婚庆文化新业态，激发文化旅游消费潜力，发展汉阳“婚礼+文旅”产业。成立的知音婚庆产业联盟集结婚嫁服务、婚纱摄影、婚庆酒店、婚礼殿堂等婚恋品牌，打造一站式服务的婚庆产业生态圈。活动现场发布八大拍摄结婚照取景地、一条自由行蜜月游线路。

2022年7月8日，“武汉之夏”汉阳文旅消费季活动在武汉市月湖风景区开幕
（月湖风景管理处　供图）

【2022“武汉之夏”汉阳文旅消费季活动】 2022年7月8日，2022“武汉之夏”汉阳文旅消费季活动在月湖风景区开幕。现场有小品、舞蹈、魔术、演唱、少儿唱诗、花式篮球等文艺表演和全国群星奖参演节目。现场发布2022汉阳夏季文旅消费季、汉阳惠民文旅体活动信息和汉阳夜间文旅消费聚集区规划展望。开幕式上，汉阳区提出打造“武汉大归元城市文化走廊”，并以远洋里为主申报国家夜间文旅消费聚集区的计划。2022汉阳夏季文旅消费季活动包括乐游汉阳之“燃情夏夜”“活力暑期”“荷你香约”三部分。分别包括：7月8日至20日，琴台大剧院八喜·打开艺术之门2022暑期艺术节；7月8日至20日，在月湖风景区、古琴台、琴台大剧院举办“荷你香约·醉美月湖”汉阳荷花节开幕仪式暨“荷塘月摄”摄影大赛；7月8日至20日，在汉阳造文化创意园有梦花居举办知音花艺插花艺术公益讲座；7月8日至31日，汉阳区图书馆举办“金色年华·向阳花开”汉阳区第三届青少年书画作品展、“诗乐汉阳”活动；7月8日至8月，在汉阳各街道、景区景点和公园举行“武汉之夏”暨汉阳区“夏日嗨翻天”文化惠民活动；7月21日至22日，琴台大剧院“国风诗乐唱中国”诗乐夏令营；7月30日至31日在武汉国际博览中心广场举行Z视代

音乐嘉年华；7月至8月，在远洋里圣母堂举办“打卡三堂，探寻汉阳国际文化交往”活动；7月至8月，在汉阳区各博物馆举办“走读汉阳城 研学博物馆”活动；7月至10月，在VFC万科未来中心举办“神奇校车探索未知世界”科普互动体验展；8月4日至7日在月湖风景区举行“浪漫七夕，情定月湖”活动。

2022年7月16日，首届恩施州“凉交会”来凤县专场推介会在汉阳江腾广场举行

（汉阳区文旅局 供图）

【首届恩施州“凉交会”来凤县专场推介会在汉阳举办】 2022年7月16日，由中共汉阳区委、中共来凤县委、汉阳区人民政府和来凤县人民政府共同承办的“感恩有你，清凉一夏”首届恩施州“凉交会”来凤县专场推介会，在汉阳区江腾广场举行。活动现场有《酉水人家》《土家摆手舞》《只此青绿》等表演，还有来凤县当地出产的金丝桐油、甘醇浓烈的黄精酒、凤头姜、土家织锦西兰卡普、宝石花漆筷、藤茶等农特产品售卖，吸引市民观看、购买。来凤县文旅部门发布武汉市市民旅游优惠政策，宣布从2022年7月1日至2023年6月30日，武汉市民到来凤旅游，可享受景区门票、船票等各种优惠福利。会上，为“武汉人游来凤”汉阳百团首发旅行社授旗。

（吴雪纷）

【晴川阁文化旅游活动】 2022年，晴川阁（武汉大禹文化博物馆）免费对外开放，全年接待游客20.73万人次。全年开办原创展览5项。2021年12月31日至2022年2月18日“金樽玉壶——酒文化艺术展”；5月18日至7月20日“熠熠生辉——徽章中的故事”；6月11日至8月31日“栩栩如生——武汉杖头木偶戏专题展”；9月9日至11月15日“鉴古观今——2022晴川中秋书法作品展”；10月18日至12月18日“金樽玉壶——酒文化艺术展”。全年开展线下社教活动6项。马赛克烛台DIY”活动；“虎虎生威”布老虎制作活动；“五彩纳吉”端午绳制作DIY活动；“古建里的秘密：敲开历史的门——走进铺首”活动；凌空的“微笑”——走近飞檐翘角活动；“我绘我家园”晴川阁专场活动。举办线上手作课堂系列5次，讲授关于“折纸鱼”“手工年宵花”“虎年红包袋”“虎头帽”和“元宵花灯”的制作。9月9日，推出“诗韵金秋——2022晴川喜迎二十大中秋诗会”，举办古诗配乐朗诵与演唱、民乐演奏、民族舞蹈、名家书画创作表演，以“非遗文化传承”为主题，围绕第五批国家级非物质文化遗产项目“武汉大禹治水传说”和“武汉杖头木偶戏”，与市民共享传统中秋诗会，领略中国传统文化之精髓。

（解义龙）

2022年9月9日，“诗韵金秋——2022晴川喜迎二十大中秋诗会”在武汉市晴川阁管理处举办

（晴川阁管理处 供图）

【古琴台景区文化旅游活动】 2022年，古琴台景区举办活动2场，线上活动7场。6月8日，在汉阳区钟家村实验小学开展“光影映初心·经典永流传”古琴台爱国主义教育基地进校园活动；6月23日，在古琴台广场举行“新时代马克思主义接力者汉阳行”理论宣讲——“喜迎二十大，一起向未来”以及阅读进景区等系列活动；12月12日，第十一届琴台音乐节“清和雅乐·四海同音”系列活动在古琴台举行，开展7场古琴雅集直

播。活动通过中央广播电视总台央视新闻和央视频、新华社现场云、长江云、云上垄上、视频号西瓜视频、抖音、FM105.8楚天音乐广播八大平台面向全球观众直播，吸引672.3万人次在线观看。

（索元园）

2022年10月2日，武汉市龟山风景区管理处开展鸟类科普研学活动

（龟山风景管理处 供图）

【龟山风景区文化旅游活动】 2022年，龟山风景区开发研学产品，开设寻访红色足迹研学课。联合湖北省地质科学研究院推出地质遗迹保护展示项目，通过展牌介绍龟山古地质文化。举办文化活动，增强游园体验。组织植物医生活动12次，公园大课堂活动9次，市民园长志愿活动6次，其他活动20次，主办“鸟藏森‘龟’”摄影展。

（罗倩）

【月湖风景区文化旅游活动】 2022年，月湖风景区开展自然教育活动“公园大课堂”7场，举办“我们的节日”活动4场、“六一”儿童节特别活动1场、“歌唱新时代 喜迎二十大辉煌夕阳红”公益活动1场，丰富市民游客的精神文化生活。1月14日，组织市民园长团队、志愿者和四位书法家爱好者开展“迎新春，送春联”公益活动，营造欢乐过虎年的喜庆氛围。6月1日，联合汉阳区游泳和水上运动协会在月湖举行“让我们荡起双桨”——桨板少年儿童专场体验活动。6月25日，联合长江日报“可视电台”在景区莲花湿地亲水平台上举办“荷塘夏至”武汉民谣音乐会，吸引市民游客前来观赏。

（许华军）

旅游线路

【概况】 2022年，汉阳区旅游线路主要有名胜古迹游、文化科教游、寻幽访奇游、“汉阳造·健康游”等。年内，汉阳区文化和旅游局又开发两江游览线路、“知音遇国粹”研学旅行线路，策划设计“景景通”旅游专线设计，游客根据自己的喜好和时间安排选择旅游线路。

2022年6月5日，武汉市月湖风景区管理处开展“我们的节日”端午节活动

（月湖风景管理处 供图）

【名胜古迹游】 2022年，汉阳区名胜古迹游包括归元禅寺、古琴台、月湖风景区、龟山风景区、晴川阁、南岸嘴六个景区景点，荟萃汉阳区旅游的重点和精华。

【文化科教游】 2022年，汉阳区文化科教游包括中华奇石馆、琴台文化艺术中心、“汉阳造”文化创意产业园、大禹神话园、武汉国际博览中心、桥梁博物馆5个景点，可以让人在游览中增长知识。

【寻幽访奇游】 2022年，汉阳区寻幽访奇游开辟汉阳树、汉阳公园、定汉神铁和汉阳铁厂码头、汉阳兵工厂界碑和汉阳兵工厂码头等景点，以历史遗迹为线索，给游客提供掀开波澜壮阔历史画卷的启迪与思考。

【“汉阳造·健康游”】 “汉阳造·健康游”系汉阳区融入全市产业功能布局，主动对接工业旅游项目的一日游项目，其目的在于“传承汉阳造，振兴大武汉”，培育打造“旅游+工业”的特色文化旅游新产品。2022年，

“汉阳造·健康游”线路景点有：黄鹤楼酒博物馆—叶开泰中医药文化街区—汉阳造文化创意园—古琴台等。线路沿途各景点文化底蕴深厚，城市风光宜人。

【两江游览线路开发】 2022年，汉阳区与武汉旅游体育集团有限公司合作，将“知音号”姊妹船“古琴号”停靠晴川码头，结合长江灯光秀、沉浸演艺秀等文旅项目，推出各类主题活动，丰富两江夜游汉阳线路，推介汉阳两江风光景点，提升汉阳区城区形象美誉度和影响力。

【夜游经济】 2022年，汉阳区加快文博馆、名小吃、夜剧场的“夜文旅”升级。文博馆方面，引导图书馆、文化馆、博物馆等各类文化场馆，丰富夜间服务内容；名小吃方面，以鹦鹉巷子、玫瑰街等特色美食街辐射周边，突出夜间休闲娱乐；夜剧场方面，依托琴台大剧院、音乐厅等推出一批小而精的文艺项目，开辟一批群众免费使用的文化休闲场地，创新发展夜演、夜展、夜读、夜娱、夜秀、夜游、夜食、夜购等新业态，推出沉浸式演艺、非遗互动项目、3D灯光秀、街头艺术表演等特色化夜间文旅消费体验产品，延伸文旅消费链条。

【“知音遇国粹”研学旅行线路筹划】 2022年，汉阳区形成《汉阳区中小学研学旅行（试点）工作方案》，设计包括“近代工业，造在汉阳”“大禹精神，功在汉阳”“天下知音，缘在汉阳”“健康生活，乐在汉阳”“美酒天成，酿在汉阳”“世界之桥，建在汉阳”“非遗传承，秀在汉阳”7条主要研学产品在内的“知音遇国粹”研学旅行线路。通过打造特色研学项目，强化博物馆之城品牌建设。

【“景景通”旅游专线设计】 2022年，汉阳区对接武汉市公共交通集团有限责任公司，通过旅游专线形式实现旅游要素与旅游产业链的连接，方便游客游历环月湖、环墨水湖、环莲花湖、环武汉动物园等文旅圈。线路设置17个站点，覆盖28个文化、旅游、体育、商业点位。

（吴雪纷）

旅游管理

【概况】 2022年，汉阳区制定和实施旅游发展规划，合理利用和保护旅游资源。对旅游项目进行管理和监督，包括旅游信息咨询、导游服务、酒店预订等，提高游客的旅游体验。开展旅游宣传和推广，提高汉阳区的知名度和吸引力。对旅游行业进行质量监督和检查，开展A级景区复核、外来物种入侵普查、平安景区创建、星级酒店评定复核、新型冠状病毒疫情防控等工作，保障旅游服务的质量和安全。

【旅游规划管理】 2022年，汉阳区突破性发展文旅产业，制定《汉阳文化创意城三年发展规划》，打造知音文化旅游区、汉阳古城文化风貌区、国博会展文创区、四新工程设计建造产业园四大文旅融合亮点片区。依托汉阳铁厂工业遗址，推进融创·武汉1890项目打造“国家工业文化保护样板区”和“武汉文创艺术商业核心区”。在大归元片以创意赋能古城焕新，形成远洋国际文创产业群落。在月湖风景区，打造华中婚恋文化消费聚集地。设计推广“知音遇国粹”研学、“景景通”旅游专线、两江游览等文旅融合游览线路。制定《汉阳区文化和旅游产业发展三年行动计划（2022—2024）》，聘请专业机构，对武汉市文化旅游产业发展水平进行全面对比分析，围绕汉阳区文旅产业发展的重点领域、关键环节和重大问题开展课题研究，厘清思路，明确发展方向，提出汉阳区文化旅游产业发展的基本思路、战略重点、目标任务和实施保障等。

【旅游安全管理】 2022年，汉阳区加强旅游行业的安全生产宣传和教育，包括安全生产方针政策和法律法规知识、消防及职业卫生等常识，提升薄弱环节和突出隐患的综合治理、精准治理实效。开展旅游行业燃气安全隐患专项排查整治工作和旅游景区夏季高温季节食品安全督导工作。落实疫情防控常态化工作，督导全区文旅行业单位严格落实测温、扫码、登记等“四必”措施，每日营业后务必全面消杀。督导行业主体筑牢文旅行业疫情防控屏障。落实安全隐患排查治理主体责任，发动各文旅单位开展自查自纠，防范化解文化旅游安全风险。

【旅游饭店及管理】 2022年，汉阳区有星级饭店5家。其中，五星级2家（武汉洲际酒店、武汉世茂希尔顿酒店），四星级2家（干家湾郁锦香酒店、晴川假日酒店），三星级1家

2022年，龟山电视塔旁的晴川假日酒店

（汉阳区融媒体中心 供图）

（帅府铂雅饭店）。共有酒店床位 740 张。4 家限额以上旅游饭店全年营业收入 5501.1 万元，其中主营业务收入 2629.5 万元。受疫情影响，亏损 1594.5 万元。年内，汉阳区组织开展辖区旅游饭店星级复核工作，依据《旅游饭店星级的划分与评定》（GB/T14308—2010）实施工作规程，加强星级饭店管理，促进星级饭店服务和运营质量的全面提升。王家湾郁锦香酒店通过四星级酒店复核，帅府铂雅饭店通过三星级酒店复核。加强旅游饭店管理，组织全区旅游饭店积极参与疫情防控工作，并统筹指导饭店行业在无疫情时做好复工复产工作。

【旅行社及管理】 2022 年，汉阳区有旅行社 48 家。其中，具有出境经营权的旅行社 4 家，即武汉运通国际旅行社有限公司、湖北宇洋国际旅行社有限公司、湖北金程国际旅行社有限责任公司、中国国旅（武汉）国际旅行社有限公司；有 1 家 AAA 级旅行社，武汉运通国际旅行社有限公司；另有 194 家旅行社门市部。各旅行社及门市部提供国内旅游、会展、考察等服务，包括项目策划、人员接待、国内国际机票预订、租车、酒店预订等。受疫情影响，辖区旅行社经营情况不佳，出现亏损。武汉运通国际旅行社有限公司全年营业收入 8955.44 万元，均为国内旅游收入，利润 -292.07 万元。年内，汉阳区根据武汉市文化和旅游局工作要求，对 A 级旅行社进行评定和复核，贯彻实施相关标准和规范，提升旅行社服务水平。根据文化和旅游部市场管理司发布的《旅行社新冠肺炎疫情防控工作指南》（第五版），督导旅行社开展疫情防控工作，保障旅客和员工的健康安全。

【导游管理】 2022 年，汉阳区各景点景区实施导游综合素质提升计划，通过武汉“导游云课堂”开设的 114 个教程，对执业导游开展国家安全、普法教育、文明旅游、宗教政策、旅游安全、防疫专题等网络培训，参训率 100%。健全导游信用体系，引导执业导游员自主填写《导游人员信用承诺书》，定期将承诺书推送至“信用中国（湖北）”网站公示。

【旅游投诉处理】 2022 年，汉阳区秉承“听民意、解民忧、汇民智、暖民心”的热线宗旨，加强与游客的沟通与交流，及时调查处理旅游投诉事件，保障游客合法权益。全年处理投诉 213 件，结案率 100%，满意率 95%。

【智慧文旅平台构建】 2022 年，汉阳区策划“一机游汉阳”智慧旅游系统，将区内文博场馆、景区、文商旅消费企业、酒店进行整合，以“科创+文创”为原则打造线上平台，推出集食、宿、行、游、购、娱于一体的详细游玩线路和消费攻略，满足不同游客文旅消费需求。

【长江文化公园谋划】 2022 年，汉阳区探索和融入武汉市关于长江国家文化公园建设的相关部署，优化汉阳段“长江文化主轴”和“山水人文绿轴”，结合龟北国际交往中心建设，辐射串联龟山、琴台、月湖、归元片区，打造长江文明传承与创新聚集区。以沿长江岸线为轴，深挖“大禹文化”“高龙文化”等文化资源，丰富长江文化体系，为建设长江国家文化公园做先行探索。

（吴雪纷）

【龟山风景区管理】 2022 年，龟山风景管理处加强园林精细化养护，打造精致公园。维护主游线高大乔木、花灌木和色叶树种，打造梅花林、樱花栈道、杜鹃花海、桂花林、栾树林、枫树林等自然景观。开展山体清理工作，清理龟山南路、北环线、桂花林等多处枯枝败叶共 5.6 万平方米、128 吨。在春节、五一、国庆等节假日，分别在西门、南门、东门布置花卉扎景，完成龟山北段高压线下绿化改造，建设南门驿站花境，参加第三十九届金秋菊展。打造文化公园，盘活文化资源，协助武汉市地方志编纂委员会办公室编纂《龟山志》；聘请专业团队挖掘龟山文化、整理编纂讲解词，推出蝴蝶泉、鲁肃墓志愿讲解服务。提升服务品质，增设无障碍通道 1 处、厕所 2 处、垃圾桶 50 个、长凳 50 条、减速带 12 条。开放洗马长街停车场、山脊商亭，安装饮水机、挂衣架、标识牌、导览图等服务设施。完善安防监控体系，维修监控系统，接入洗马长街新增监控探头。完成检测维修、向警予展示室木平台维修、蝴蝶泉水潭安全隐患整治。

（罗倩）

【古琴台风景区管理】 2022 年，琴台管理处对古琴台护坡墙体、高山流水大厅进行维修保养；完成古琴台广场电子显示屏升级，景区路灯照明系统改造，古琴台标志标识标准化设置；整治景区及周边环境。启动古琴台修缮保护升级改造工程。对古琴台停车收费系统进行全面升级。受新型冠状病毒疫情影响，景区开放 3 个月，接待游客约 1.6 万人次。开放期间每天固定两场古琴表演，为游客提供更好的观赏体验。

（索元园）

【月湖风景区管理】 2022 年，月湖风景区开展月湖婚庆产业园配套工程建设，包括园林绿化景观提升，园林建筑新改扩，日常管理服务提升，给排水、智慧化建设工程等内容。实施园林绿化改造，投入 700 余万元开展植物综合管养，提升景区景观效果。实施网格化管理，推进责任到人到边的网格化管理巡查模式，发现各类问题 700 条，全部整改完毕。完善基础设施建设，完成全部绿化工程、园路及木栈道、四合院立面维修改造等项目，共计投入 1800 余万元。维修改造项目完工，完成凤凰广场、五爪湖两处木栈道拆除及铺装，大钢桥栏杆油漆翻新及游客服务中心电器配线配管等工程，年内正式投入使用。盘活固定资产，景区 11 处房屋（3160 平方米）全部出租，用以打造婚庆品牌。全年经营服务配套用房、月湖加油站、自动售货机、地下停车场总收入 220 万元。

（许华军）

功能区建设

武汉四新生态新城

【概况】 武汉四新生态新城规划范围为318国道以东，墨水湖以南，长江大堤以西，三环线以北区域，面积17.43平方千米，人口约25万人。定位为武汉市重要城市服务中心和生态宜居城。2022年，武汉四新生态新城完成固定资产投资7.98亿元。

【征地拆迁】 2022年，武汉四新生态新城加快征地拆迁和解决历史遗留问题，全年办理土地腾退约2公顷，土地移交约3.67公顷。推进和处理遗留问题5宗：完成会展北一街用地范围内武汉市公安局汉阳区分局江堤派出所、洲头街环卫所、汉阳区城管环卫用地约120米，以及向阳村约80米共计200米施工断面、汉城路（芳草南一街以南段）约130米施工断面土地腾退；完成邮政用地1公顷和国博公园2.67公顷土地移交；全年发放还建房办证资料约1000套，共计发放约3000套；启动江欣苑五期B区还建房办证；完成统征三村产业用地场平验收及移交、界牌村21户鱼塘补偿及购房协议签订、渔业村围墙协议签订及付款。

【土地供应与储备】 2022年，武汉四新生态新城完成自来水加压站、公交老关停保场、港口小区、老关村奖励用地还建房、英才公园等项目土地供应约9.53公顷，完成目标的142.9%。加强储备用地安全管理，完成F4、F8、F39等储备用地防汛排渍。加强储备地块精细化管理；加强生活垃圾清运、复耕复种铲除、裸土覆盖、围墙修缮。完成F67、F69、Z20地块等项目临建设施清退，拆除临建约1.2万平方米。实施F8地块体育公园、Z10地块江欣园城市精细化管理环境整治。加速储备办证，全年土地储备目标6.67万平方米，完成BL-K、BL-L、SX-E2-2等地块约9.7公顷土地储备，完成比例145.5%。

【基础设施项目建设】 2022年，武汉四新生态新城加强道路和公共设施建设。4月，汉城路、阳夏路天桥、梅林西路刷黑、文选路4个项目竣工验收并投入使用；10月，完成凤凰湖公园二期（前期）手续；11月10日，发布招标文件；12月，博览北巷、三青路、博览路刷黑工程3个项目完工。完成国博公园、莲花公园地下室结构施工。年内，完成南洲路、连通港西路等11个项目绿化移交；完成芳草西路等6条道路刷黑改造工程雨污水移交；完成汉城路、芳草西路等4个项目道路接管，完成文选路等2个项目雨污水接管。

2022年12月，武汉市汉阳区梅林五街（跨江城大道）人行天桥工程完工
（四新生态新城管委会 供图）

【铁路项目建设】 2022年，武汉四新生态新城联合武汉市城市建设投资开发集团有限公司制定《关于加快推进汉阳站高铁功能区片区综合开发相关工作的请示》，经市人民政府专题会议纪要研究同意《汉阳站高铁功能区片区综合开发实施方案》。汉阳区成立征地拆迁指挥部，推进专项债券资金申领发放，下达发行武汉枢纽直通线汉阳站扩大规模部分工程、武汉枢纽直通线及配套建设项目专项债券金额各10亿元。推进汉阳高铁站功能区产业策划，邀请华东建筑设计院专家团队开展前期产业策划研究，配合省、市规划部门协调基本农田调减。对接武汉市推进高铁建设指挥部办公室、中铁第四勘察设计院集团有限公司，协调武汉海事局码头搬迁以及渣土清运取土点、弃土点选取等工作，落实片区平衡方案。

（叶翎）

2022年，理想汽车武汉零售中心店落户汉阳区欧亚达商业综合体

（汉阳经济开发区 供图）

汉阳经济开发区

【概况】 2022年，武汉市汉阳经济开发区面积2.26平方千米（含黄金口都市工业园）。区内注册企业1977家，税收过100万元企业82家，包含税收过1000万元企业12家。全年完成规模以上工业总产值99.12亿元，比上年下降14%；完成规模以上工业增加值24.78亿元，下降14%。完成全口径财政收入17.57亿元，下降16.92%；完成社会消费品零售总额40.8亿元，下降24%；完成固定资产投资2.25亿元，下降44.1%；招商引资15.2亿元，下降72%。净增工业企业“小进规”（小微工业企业成长为规模以上工业企业）3家、规模以上工业企业24家、限额以上商贸企业90家。实现其他营利性服务业营业收入1.2亿元；实现地方一般公共预算收入6.57亿元。获批2022年省级专精特新“小巨人”企业称号6家（武汉日和汽车零部件有限公司、武汉齐达康环保科技股份有限公司、武汉阿迪克电子股份有限公司、武汉显捷电子有限公司、武汉天鸣集团有限公司、武汉恒星防水材料有限公司）。

【产业发展】 2022年，汉阳经济开发区发展新能源汽车后市场，引进比亚迪、蔚来、理想、小鹏、威马等26家新能源汽车品牌销售、交付中心。武汉市汽车流通行业协会落户汉阳经济开发区。黄金口都市工业园成为华中地区品牌最全新能源汽车交付交易

表26　2022年武汉市汉阳经济开发区税收千万元以上企业一览表

企业名称	地址	主营范围	税收（万元）
百威（中国）销售有限公司	琴断口上首	酒、饮料及茶叶销售	58553
百威（武汉）啤酒有限公司	琴断口上首	酒、饮料及茶叶批发	26070
味好美（武汉）食品有限公司	金色二路8号	味精制造	18289
武汉苏泊尔炊具有限公司	金色一路8号	金属制厨房用器具制造	13138
金牛世纪实业控股集团有限公司	黄金口工业园金福路8号	橡胶板、管、带销售	7907
武汉世纪金牛管件技术有限公司	黄金口工业园金福路8号	橡胶板、管、带制造	7288
武汉金牛经济发展有限公司	黄金口工业园金福路8号	橡胶板、管、带制造	6274
武汉亚太调味食品有限公司	鹦鹉大道554号	食品经营	2358
安海斯布希企业管理（上海）有限公司武汉分公司	琴断口上首	市场营销服务	1958
武汉恒信悦宝汽车销售服务有限公司	建园路1号附1号	汽车交易	1829
武汉恒信雷克萨斯汽车销售服务有限公司	孟家铺172号	汽车交易	1602
武汉联东金投实业有限公司	永丰街道金花路8号	园区管理服务	1338

中心。发展大健康产业，实现医药产业销售 2.8 亿元，比上年下降 6.2%。依托联东 U 谷 · 汉阳科技总部港、加华科技产业园，打造大健康产业“健康智能制造区”。联东 U 谷 · 汉阳科技总部港项目引进武汉德诚义肢矫型康复器材有限公司、武汉凯普医学检验实验室有限公司等大健康领域企业 16 家，完成营业收入 7 亿元；加华科技产业园引进武汉聚成医疗科技有限公司、武汉脉搏波医疗器械有限公司等大健康领域企业 7 家，完成营业收入 1.5 亿元。全年实现汽车产业销售 51.6 亿元，下降 1.7%。全年新增商贸企业 6 家，增长 22%；实现商贸业销售 548.3 亿元，下降 15.2%。提升辐射能级，扩大产业集聚效应。协调武钢云谷 · 琴台钢贸园企业完成 4 号楼升级改造，新引进钢贸企业近 100 家，园区注册钢贸企业累计 652 家。

2022年，位于武汉市汉阳经济开发区的武汉苏泊尔炊具有限公司产品展示区（汉阳经济开发区 供图）

【产业升级策划与指导】 2022 年，汉阳经济开发区推动企业智能化升级改造。百威（武汉）啤酒有限公司生产线智能改造项目、武汉孚安特科技有限公司一次性锂电池智能化制造生产线项目、武汉茗良报废汽车回收有限公司机动车回收拆解项目、味好美武汉食品有限公司液体香精车间项目均于 8 月完工，共完成投资 1.1 亿元。武汉苏泊尔炊具有限公司生产线改造升级、机械手及智能化设备运用项目完成投资 3298 万元。武汉金牛经济发展有限公司管件自动化改造项目进行工程主体施工，完成投资 5500 万。武汉龙欣物流码头改建工程项目 6 月开工建设，完成投资 260 万。咨询中信产城融合研究院、武汉理工大学等专业机构，对黄金口都市工业园区 42 个经营主体开展分析研判，综合研判各地块（园区）亩均税收、产值、产业业态等 7 项主要评价指标以及研发水平、高新技术、工业增加值等 13 项附加评价指标，形成《黄金口工业园区企业综合评级》，针对性分类综合评级制定差别化方案。搭建联东 U 谷汉阳科技总部港与武汉泓阳置业有限公司沟通平台，盘活武汉九天水性漆有限公司等低效用地，跟进优合产业发展（湖北）有限公司等对待供地块的项目策划，以项目导入增强园区经济发展动能。

2022年8月5日，武钢云谷 · 琴台钢贸园4号楼江城红色驿站24小时自助政务服务终端正式上线运行（汉阳经济开发区 供图）

【项目引进与建设】 2022 年，汉阳经济开发区引进重大项目 2 个（银合温控产业综合体 4.0 项目、汉阳市政 5G 智能检验检测基地项目）。实施重点项目 11 个，分别是：续建项目 4 个（百威啤酒生产线智能改造项目、孚安特一次性锂电池智能化制造生产线项目、茗良汽车 3 万辆报废机动车回收拆解项目、味好美新建工业项目新建液体香精车间项目）；新开工项目 4 个（苏泊尔厂区生产线改造升级、机械手及智能化设备运用项目、金牛管件增加产能及自动化改造项目、武汉龙欣物流码头改建工程项目、阿迪克数字产线化项目），其中，金牛项目 1 号楼施工至第 5 层（共 5 层），当年实现工业投资 6100 万元；前期项目 3 个（誉城数智科创产业园项目、汉阳市政 5G 智能检验检测基地项目、银合温控产业综合体 4.0 项目），其中，誉城数智科创产业园和汉阳市政 5G 智能检验检测基地项目取得建设工程规划许可证、建筑工程施工许可证，完成招投标及工程试桩。全年完成工业投资 2.19 亿元，占全区工业总投资的 60%。

【基础设施建设】 2022 年，汉阳经济开发区范围内金砖路、米粮路北段、金色环路建设完工并通车。加快停车泊位及充电设施建设，建成停车泊位 430 个，充电桩 32 个、充电站 1 个。引导企业实施光伏发电，完成安装及签约面积 6.77 万平方米；谋划循环利用改造，完成园区供热专项规划编制，协助推进锅顶山蒸汽管道铺设。完善智慧园区服务系统，排查智慧园区一期摄像头点位，提出调整方案，扩展服务内容，实现园区道路、重点企业实时监控。

【营商环境优化】 2022 年，汉阳经济开发区依托汉阳区工业研究院，开展订单式、问诊式技术服务，解决企业技术难题，全年实现技术合同转化金额 107 万元。落实扶持政策，为武汉苏泊尔炊具有限公司、百威（武汉）啤酒有限公司、汉桥船舶有限公司等企业兑现财政奖励政策 4030 万元；减免在建工业项目市政基础设施配套费 660 万元。搭建银企沟通桥梁，为武汉天鸣集团有限公司、武汉西高电器有限公司等 14 家企业融资 7.91 亿元；为武汉金牛经济发展有限公司、百威（武汉）啤酒有限公司等企业落实公租房 91 套；召开产品供需对接会，缓解企业受疫情及国家宏观调控导致订单不足的困难。服务土地出让，推进工业“标准地”挂牌供地，日和汽车零部件厂房项目已办理土地移交手续，武汉 5G 智能检验检测基地项目在修改完善规划方案，银合温控产业综合体 4.0 项目用 40 个工作日取得规划方案审查意见书；将誉城千

2022年，武汉市汉阳经济开发区内的金砖路建设完工

（汉阳经济开发区 供图）

里总部综合楼项目纳入承诺可开工试点项目。助力企业调容，民意纸业项目完成空间规划论证方案、效果平面图审查意见；对接园区意向调容企业，加强政策宣传指导，引导企业引进符合园区产业发展方向的项目。推进“学子留汉”工程、“人才引进和培育”战略，动员企业申报“武汉英才”、入驻汉阳区人才产业园大数据平台；服务企业技术人才，协助企业申请人才公寓 6 套，解决重点企业高管子女就学 20 人。构建和谐社会关系，动态化推动网上平台案件清零，全年办理群众投诉 97 件，结案率 100%，群众满意率 100%。打造“法律服务帮帮团”等“融企深根·黄金口”助企活动品牌，解决企业法治经营个性化需求。西部政务服务中心为企业提供全程帮代办服务 249 件，新注册企业 293 家；配置 24 小时政务服务自助终端机 1 台，实现企业办事不出园区。

【园区环境面貌整治】 2022 年，汉阳经济开发区加强园区交通管理，制定园区道路交通提升方案，协调交通大队加强园区道路巡查，引导企业规范停车。开展“河湖长制”及“三清”（清源、清管、清流）行动，配合完成园区生态环境综合治理；整治主次道路出店占道 475 处，清理乱停放共享单车 222 处，清除小广告 241 处，拆除广告条幅 60 余处，拆除违法建筑 1 处、面积 337 平方米。加强安全生产隐患排查整改，发现隐患 537 处，整改 518 处，限期整改 19 处。

【数字经济培育】 2022 年，汉阳经济开发区培育数字经济新生态体系，助力武汉打造“全国数字经济一线城市、新型智慧标杆城市”。1 月，华中地区首个“星火·链网”骨干节点在汉阳率先上线，武汉星火数字产业大楼揭牌。一批数字企业、应用场景、科技转化项目落地。8 月，“星火·链网”骨干节点（汉阳）首个应用场景——“工业品追溯与防伪”项目上线。

（陈斐奥）

交通·邮政·通信

交　通

【概况】 2022 年，武汉市汉阳区交通运输业完成规模以上服务业总营收 303.1 亿元，比上年增长 25.5%。全区交通运输服务及仓储业务营收指标排名武汉市第二。全区道路运输企业 305 家、车辆 5435 台。全年完成货物运输总量 108.7 亿吨、货物周转量 326.1 亿吨公里。机动车驾驶员培训机构 9 家，机动车维修企业 169 家，出租车企业 1 家，网约车 1 家，汽车租赁 2 家，客运旅游包车、班线企业 3 家，危险化学品运输企业 1 家。全年公交车发运 103.24 万车次，行驶 3873.5 万千米，运送乘客 4952.35 万人次。配车 939 台，环保车型占总车辆的 99.8%。其中，天然气车 335 台，纯电动车 409 台，柴油车 195 台。

【客运市场监管】 2022 年，汉阳区交通运输局每月检查 2 家客运旅游包车、网约车或租赁企业 2 次以上，节假日重点检查安全生产措施落实情况，全年无安全生产事故发生。对王家湾、琴台大道、钟家村等商圈重点地段实施全年常态化卡点巡查，查处停靠龙阳大道郭茨口、武汉动物园周边、居民小区出入口等人流密集地和客运沿站沿线揽客的非法运营车辆。开展出租车市场专项整治，采取单独检查或联合执法等方式，在古琴台、王家湾等窗口地带检查出租车、网约车路面运营情况，出动检查人员 1048 人次、车辆 418 台次，检查出租车、网约车 1.01 万台次。

【公交线路优化】 2022 年，汉阳区内地铁 12 号线在建，4 号线、3 号线、6 号线在营运。全年无新增公交线路，新增 9 个公交站点。年内，汉阳区协调武汉市公共交通集团有限责任公司优化公交线网布局、运力、线路和秩序，全年优化调整公交线路 14 条，线路总长 902.18 千米，平均线长 17.34 千米。方便福达坊食用油调料有限公司员工及市民出行，调整公交 390 路，回行改走金色二路、金色环路，填补三青路、汉新大道公交空白。方便沿线居民出行，加强四新北路运力，与地铁 4 号线、6 号线路对接，调整 42 路、653 路、680 路、681 路走向。因道路开通或施工建设，导致公交线路营运停靠及通行困难，调整相关线路走向，将 306 路、369 路、385 路、517 路、554 路、580 等 6 条线路起点由武汉国际博览中心公交场站迁移至官堤路公交场站，调整 337、580、658 等 3 条线路中途走

2022年6月15日，武汉市汉阳区交通运输执法人员在琴台大道检查旅游客车
（汉阳区交通运输局　供图）

向，改走江洲路或鄂渚路。调整公交597路线路走向，终点缩短至太平洋路海宁路。至年末，汉阳区共有51条公交线路停靠225个公交站点。区内公交站点500米覆盖率100%，公交线路覆盖全区各主要路段及商业网点、居民小区。

【路桥养护】 2022年，汉阳区提升路桥养护力度，年内维修车行道10.7万平方米、人行道9万平方米。按照开展示范创建和达标整治“双百”活动工作方案的要求，创建市容环境示范片区8个，投入资金90万元，维修道路设施1.1万平方米。提升改造新五里一路道路，完成人行道维修1800平方米，车行道维修200平方米，人行道电缆沟整改维修180米，人行道铺装新步砖150平方米。完成三里坡路、十里铺小路、永丰大道道路整治提升，修复路面2150平方米。全面清查桥隧排水设施，保障雨季汛期桥梁安全。投入经费147.6万元，对全区44座人行天桥及人行通道加强安全巡查；根据2021年桥隧检测报告结果，桥隧检测病害问题制定整改方案，完成其中176处桥隧病害的维修工作，问题处置率为68.8%。投入资金88.15万元，安全检测桥隧44座，未发现有评估等级不合格的桥隧存在。

【道路交通运输行业整治】 2022年，汉阳区开展道路运输行业扫黑除恶工作，成立扫黑除恶工作专班，推进专项整治工作。结合常态化扫黑除恶、矛盾纠纷大化解大排查和《中华人民共和国反有组织犯罪法》学习宣传贯彻活动，开展自查整改，重点整治交通运输领域长期存在的突出问题和乱象。先后组织开展全区道路运输行业“今冬明春”安全检查、“五一”“端午”“国庆”节前道路运输安全检查、道路运输危险货物运输安全综合治理、汽修违规喷涂专项整治、道路运输行业反恐怖等工作，检查共发现安全隐患50起，均督促企业整改到位。

2022年12月28日，武汉市汉阳区交通运输局执法人员在白沙洲长江大桥汉阳往武昌方向上桥处开展货运车辆超载联合执法 （汉阳区交通运输局 供图）

【货运市场监管】 2022年，汉阳区加大货运企业监管力度。加大道路运输市场管理，采取上路执法与源头监管相结合方式，开展定点检查、联合执法、专项整治等，打击非法经营活动和违章经营行为。优化货车运力结构，完善客运市场宏观调控，保持运力和运量基本平衡；健全监管制度，规范货运许可程序和内部流程，建立和完善承运人责任险制度、货运车辆维护预警信息制度，利用科技信息手段管理货运市场。严把市场准入关，燃油消耗参数不达标车型一律不办理道路运输证。12月，开展货运车辆超载整治。

【机动车维修业监管】 2022年，汉阳区完成169家机动车维修企业备案工作。与113家一类、二类维修企业签订安全生产诚信承诺书、安全生产责任状，监督企业诚信经营。定期开展安全隐患排查，配合中央环保督察组集中整治露天违规喷漆、涂漆行为，排查维修企业120家，现场拆除违规喷、涂漆字样广告牌8块，更换过期灭火器20个，维修企业全年安全生产无事故。

【机动车驾驶培训业监管】 2022年，汉阳区规范机动车驾驶培训行业秩序。完成区内9家驾驶培训监管规范整治和计时培训工作。全面应用驾驶培训计时监管平台，督导各驾驶培训机构按照国家标准和规定配备教练车、教练员和教学设施，严格执行《机动车驾驶培训教学与考试大纲》规定的学时、内容及顺序规范培训，使用规范化教材、教学日志及符合国家标准的驾驶计时培训系统、计时计程终端、驾驶模拟器设备、远程网络教育等培训设施，实现与省级驾驶培训监管服务平台无缝对接和培训数据上传。指定专人，利用计时培训系统每天抽查学员的电子教学日志，驳回不规范学时数据。依法处理学时造假行为。开展机动车驾驶培训专项整治。9月中旬收到驾培企业计时培训造假线索后，立即解绑7家驾培企业共计78辆教练车辆，暂停涉事车辆计时打卡功能，并督促企业限期整改。全面清查区内9家驾驶培训企业191辆教练车，未发现擅自拆卸改装情况；发现不达标训练场2个，协调执法机关暂停违法培训行为，拆除场地违法广告和建筑物。整治行动期间，累计检查学员电子教学日志224份。

【交通运输行业安全生产管理】 2022年，汉阳区开展“三年安全专项整治”“重点行业安全生产专项整治”行动，出动人员744人次、车辆252台次，走访重点企业和“两客一危”（从事旅游的包车、三类以上班线客车和运输危险化学品、烟花爆竹、民用爆炸物品的道路专用车辆）企业23家、普通货车企业130家，查出安全隐患50条，全部整改完毕。落实运输企业安全监管，与运输企业签订安全责任状。督促各道路运输企业召开动员会，强化道路运输企业管理人员安全生产的“红线”意识，落实安全责任。加大企业GPS动态监管力度，督促企业落实动态监控专职岗位人员和24小时动态监管措施，严格落实凌晨2时至5时落地休息制度。建立健全本单位安全生产规章制度和操作规程，完善现场警示标志，及时更换消防设施和器材。加强窗口地带、重点地段的日常监管，深入危险化学品运输企业，重点检查企业车辆安全隐患排查台账是否规范，司机资质、车辆保险和车辆违章记录是否完整，企业对司机安全教育管理是否经常，发现安全隐患是否立即整改并做好登记，对存在问题的企业勒令暂停运输，依法下达整改通知书15次，督促企业按时整改，落实安全生产主体责任制，实现全年零安全生产责任事故目标。

2022年6月21日，武汉市汉阳区交通运输局开展运输企业应急救援演练
（汉阳区交通运输局　供图）

【安全生产宣传教育】 2022年，汉阳区加强交通运输行业安全知识宣传，年内组织“两客一危”企业共120余人，参加隐患点发生火险急救和操作灭火器扑灭燃烧点控制火灾险情等模拟演练，提高日常应急救援能力。制作宣传标语、横幅100余条，播放公益广告300余次，发放宣传品200余件，开展宣传活动8场次。结合绿色维修创建活动、“3·15”优质服务月、“6·16”全国安全生产月活动开展系列宣教活动，利用电子屏幕、宣传横幅、橱窗等载体普及安全知识，发放宣传资料3500余份，接受企业、群众咨询170余人次。组织企业工作人员参加市、区两级各类型安全培训321人次，区内普通货车企业通过安全生产“两类关键人员”考试累计78人次。

2022年4月13日，武汉市汉阳区交通运输局工作人员在武汉新力量旅游客运有限公司检查企业安全生产情况及查看台账　（汉阳区交通运输局　供图）

【运输企业公开化监管】 2022年，汉阳区交通运输局加强“双评议”（评价主体通过对评价对象工作质量、效率、态度等进行满意度评价，从而汇总排序产生“十优满意单位”和“十差不满意单位”的考核评议制度）和投诉件处理工作。完善双随机执法人员名录库58名、抽查事项库11项和抽查对象库87家。“双评议”录入252条、扫码60条、回复满意数60条，满意率100%。利用“双随机、一公开”（在监管过程中随机抽取检查对象，随机选派执法检查人员，抽查情况及查处结果及时向社会公开）监管手段，建立和完善跨部门联合管理机制，打破“定点、定时、定人、定企业”的旧有监管模式，合理确定抽查比例。对区内43家道路运输车辆企业按10%比例，开展“2022年度汉阳区对道路运输车辆达标管理情况的双随机联合抽查”，由联合检查组实地核查抽中的市场主体，逐项填写联合检查记录表；现场检查出来的问题，依法督促企业限期整改，并将检查结果对外公示，确保执法检查全流程公开透明。承办投诉案件1313件。其中，市长专线851件，武汉市交通委员会网上中心462件，承办率100%，满意率92.6%。

（邹长青）

邮 政

2022年11月，武汉市汉阳区邮政分公司揽投部对进口邮件进行分拣

（汉阳区邮政分公司　供图）

【概况】 武汉市汉阳区邮政分公司为中国邮政集团有限公司设置的县区级分公司。下辖对外服务营业网点15个，公司从业人员509人。2022年，围绕服务地方经济，加速经营转型发展。全年累计综合收入2.04亿元，完成年度预算的102%，收入进度排名武汉市第八名，比上年增加2998万元，增长17.2%，高于全市平均增幅12.8%，排名武汉市第四名。先后获“全国邮政系统先进集体”“湖北工人先锋号”“全市十佳文明窗口”“2021—2022年度武汉市文明单位”等称号；创建全国“爱心拥军邮路”1条，获省级劳动模范1人、市级劳动模范1人。

【邮政业务发展】 2022年，汉阳区邮政分公司邮政储蓄板块累计实现收入1.26亿元，完成年度预算的108.7%，比上年增加2054万元，增长19.5%；代理金融板块收入占比61.7%，增长1.2%。储蓄余额规模突破70亿元大关，储蓄业务产能居武汉市第一名。邮政快递板块累计实现收入5824万元，完成年度预算的93.2%，增加855万元，增长17.2%，超全市平均增幅25.9%，市场占有率提升2%。传统邮政（包括集邮、报刊、函件）板块实现收入1295万元，增加81万元，增长6.6%，超武汉市平均增幅15.9%。新型业务板块实现收入702万元，完成年预算102.2%，增加9.2万元，增长1.3%，超全市平均增幅12.7%。其中，政务类收入实现423万元，车务类实现收入130万元，扶贫类产品销售149万元。

【邮政服务】 2022年，汉阳区邮政分公司完成邮政普遍服务和特殊服务各项任务，为区内11个街道、100余个社区、80万名居民提供便捷用邮服务。全年全区邮政服务综合满意度经三方测评86分，比上年增加2.76分，高于国家规定（83分）服务质量标准。为全区10万余户居民提供社保养老金代收代发服务，为8万余户居民提供电费、煤气费等系列涉及民生普惠金融服务。完成汉阳区电商小包收寄量日均6万件、进口电商小包投递量日均1.8万件。开办代缴通信费、水费、电费、燃气费、车驾管等一站式政务便民邮政服务。

（汤汉斌）

2022年月，中国电信武汉汉阳区分公司在琴断口街道龙阳雅苑社区开展社区智慧化改造宣传

（电信汉阳分公司　供图）

通 信

【中国电信武汉汉阳区分公司】 2022年，中国电信武汉汉阳区分公司宽带、天翼高清业务持续保持稳定增长，移动业务跃上新台阶，产数业务蓄势推进，天翼云业务进入快车道，三大传统业务用户总量77万户，实现主营业务收入4.26亿元。加快智能化综合性数字信息基础设施建设，全年竣工新建驻地网项目42处，新增千兆光宽资源4.26万户，开通综合业务区机房4处，竣工主干、中继光缆190千米，5G网络实现更广、更深、更密覆盖，提升光网能力、接入网效能。赋能数字化转型，加快云网融合，12月底建成投运新Dc（指数据

中心）机房，针对工业园区、商圈楼宇新建政企小光684条，完成FTTH（指光纤到户）补点268处，扩容约360处。围绕社区居民服务、物业管理、社区治理等场景，优化智慧社区生态合作及场景应用，全年完成122个老旧小区智慧化改造。围绕“云改数转”战略（中国电信集团有限公司提出的基于云网融合的数字化转型），加强与政府、企事业单位联动，一批数字政府、智慧校园、智慧交通、智慧民生等项目成功交付使用，带动DICT（指在大数据时代DT〈Data Technology〉与IT、CT的深度融合。DT狭义上讲是一种数据技术，广义上讲是云服务下的数据价值创造。互联网大数据时代，CT、IT、DT深度融合，实现简单信息化向智能信息化的发展，通过行业融合创造更多融合型智能应用）项目收入1500万元。

（李辉）

2022年12月，中国移动武汉汉阳区分公司工作人员到汉阳区龙阳街道龙清社区开展移动公司宽带优惠活动及防诈骗知识宣传　（汉阳移动分公司　供图）

【中国联合网络通信有限公司武汉市汉阳区分公司】 2022年，中国联合网络通信有限公司武汉市汉阳区分公司坚持打造综合性数字信息基础设施，提升网络硬实力，实现主营业务收入2.04亿元。新建开通移网5G基站314座，支撑5G建设发展，深化5G应用场景，实现5G信号主城区道路全覆盖。推进与汉阳电信公司基础设施的共建共享。其中，共享4G站点400个，5G站点439个。解决商务楼宇和地下停车场信号弱覆盖问题，回填还建13个网元，驻地网新建端口1.5万个，累计覆盖380余个小区。实现汉阳区域局点全千兆网络部署，10GPON端口占比提升至43%，强化网络承载能力。紧盯数字政府主航道领域规划，以创新驱动数字化转型，助力发展区域数字化、智能化工程，整合上下游产业链资源，推进汉阳平安校园、智慧社区、智慧教育专网升级及维护等项目，为区域公共服务提供保障。

（兰燕）

【中国移动武汉汉阳区分公司】 2022年，中国移动武汉汉阳区分公司推动个人市场、家庭市场、政企市场、新兴市场融合运营，全面提升客户满意度，主营业务收入高速增长，实现主营业务收入4.4亿元。推动5G客户规模价值双提升，个人市场企稳回升。锻造网络核心能力，巩固网络竞争优势，建设新型基础设施，建设5G室分基站124个。新增4.1万户家庭宽带、18个商务楼宇、0.6万户宽带覆盖。政企市场实现百万级项目破零，ICT项目签约金额75.7万元，比上年增长1258%。全年完成信息化收入1365万元，专线新增收入708万元，企业宽带净增收入223万元，移动云收入86万元。服务社会民生。落实“断卡”行动，关停骚扰诈骗电话223户。支撑乡村振兴，累计参与14个“数字乡村”达标村项目建设。响应民生需求，累计解决173个地下室信号问题，改善居住场景网络质量。加大帮助企业纾困力度，累计减免租金12万元。年末，移动用户49.6万户，5G用户12.4万户，宽带覆盖726个小区、54.1万户，宽带用户13.9万户。

（谢玉登）

城市建设与管理

国土资源与城市规划管理

【概况】 2022年，武汉市汉阳区土地面积11154.38公顷。其中，湿地27.4公顷，占全区土地面积的0.24%；耕地221.79公顷，占1.99%；园地0.14公顷，占0.01%；林地122.14公顷，占1.1%；草地83.73公顷，占0.75%；城镇村及工矿用地8389.63公顷，占75.21%；交通运输用地142.34公顷，占1.27%；水域及水利设施用地2144.62公顷，占19.23%；其他土地22.59公顷，占0.2%。年内，武汉市自然资源和规划局汉阳分局（以下简称汉阳规划分局）发挥城市规划引领和保障功能，开展规划编制、项目审批，改造老旧社区配套设施，落实不动产登记、土地资源保护和集约利用，加强建筑规划管理，强化地质灾害防治，规划设计城市空间发展布局，开展重大铁路项目规划建设。汉阳规划分局“红色驿站+流动办证服务队”工作模式被《中国自然资源报》头版头条报道。

【土地利用管理】 2022年，汉阳区组织签订土地出让（租赁）合同项目20个，涉及土地面积29.9万平方米；办理划拨决定书26份，涉及土地面积87.91万平方米；办理土地资产处置（划转）项目4个，涉及土地面积124万平方米。全年办理土地征收前告知、确认17项，报批面积50.05公顷。办理武汉市人民政府征收土地公告公示2项；办理集体土地补偿安置方案公告15项；办理安置补偿审批9项，办理征收完毕确认23项。签订拆迁补偿协议868户，拆迁建筑面积31.05万平方米。

【建筑规划管理】 2022年，汉阳规划分局核发《建设项目选址意见书》23件、“建设用地规划许可证”25件、“建设工程规划许可证”41件。全年审批建筑面积412.74万平方米，依法收取城市建设配套费0.97亿元。审批《建设项目选址意见书》用地面积158.5万平方米、“建设用地规划许可证”用地面积187.91万平方米、“建设工程规划许可证”建筑面积412.74万平方米。办理“建设工程竣工验收规划条件核实证明”36宗，竣工验收规划条件核实面积347.77万平方米。

【不动产登记】 2022年，汉阳区探索“红色驿站+流动办证服务队”工作模式，全年颁发不动产证书、证明10.61万件。“办证服务队”与“红色驿站”紧密联系，在区内流动服务，宣传不动产登记政策，帮助群众解决远距离办证、房屋落户、子女入学以及贷款融资等问题。帮助群众在家门

2022年9月，武汉市自然资源和规划局汉阳分局工作人员到江堤街道向阳村社区党群服务驿站为群众办理不动产登记　（汉阳规划分局　供图）

口办理不动产权证书，提高不动产登记便利性，改善群众“办证体验”。9月21日，汉阳区党员下沉社区、流动办证创新举措被《中国自然资源报》头版头条报道。实现宗地不动产登记信息及地籍图可视化查询。企业使用湖北省政务服务平台账号登录“武汉不动产服务平台”微信小程序，经身份认证即可在“武汉不动产服务平台”电子地图上可视化检索、查询和下载宗地不动产登记信息。不动产登记信息及地籍图可视化查询改革通过湖北省自然资源厅验收，被评为2022年湖北省优化营商环境改革先行区。全区登记财产营商环境在市级考核中连续四个季度居武汉市第一名。推进商品房项目“交房即可办证”。远洋东方境、滨江金茂府、福星惠誉、保利、招商愉樾等10个项目实现“交房即可办证”，3600余名群众现场办理“不动产权证书”。《湖北日报》、荆楚网、湖北电视台等媒体专题报道。

【地质灾害防治】 2022年，汉阳区按照《武汉市2022年度地质灾害防治方案》要求，制定《汉阳区2022年度地质灾害防治工作方案》。7月至8月，推进汉阳区米粮山原采石场不稳定斜坡地质灾害整治，完成危险区内房屋拆迁，完成拆迁1.71万平方米，搬迁24户，基本消除地质灾害特定威胁对象。为防止无关人员进入危险区，拆迁完成后围挡封闭边坡区域，并按照2022年度市级挂牌督办重大安全隐患整改和专项整治要求，完成重大地质灾害隐患整改。12月9日，武汉市安全生产委员会为汉阳区米粮山地质安全隐患销号。全年开展应急调查12次，出具地质灾害应急调查报告13份。开展在册地质灾害隐患点巡排查210点次，利用武汉地质灾害巡查小程序实时记录、现场记录、及时上报；开展屋场式和突发性地质灾害应急演练2次，参与应急演练人数30人次；开展地质灾害专业检测，选取建港至锦绣江城一带，开展岩溶地面塌陷专业监测，综合部署地下水、土体变形、震动、物探等多要素、多手段监测，投入经费100万元。

【城市空间发展布局规划设计】 2022年，汉阳区强化规划引领，加快构建国土空间开发保护格局。推进大归元片区城市更新，推动归元一、二期项目开工建设。服务四新片区重大建设，推进总部项目、新绿文旅体育文化场馆及方岛项目建设。加快西部三村还建房建设，解决拆迁居民还建需求。按照城市管理精细化、城市建设品质化要求，面向社会公开征集汉阳站，国博高中，龙阳湖公园龙阳半岛一级驿站，归元片二期4、5号地块，国博线网中心5个重点项目建筑设计方案，选择汉阳树公园、江欣园儿童友好型社区公共空间及永安堂地铁站3处为公共微空间，并分别征集实施点位方案。完成“三区三线”（“三区”即农业、生态、城镇三个功能区，“三线”即永久基本农田、生态保护红线和城镇开发边界）划定，加强建筑高度、房屋密度、城市色彩等要素管控。加强与交通、能源、水利等专项规划衔接，抢抓“三区三线”划定窗口期，重点保障汉阳站高铁功能区、市政道路、汉阳看守所等国家、省、市重点项目用地。扩大“三区三线”城市开发边界划定成果，其中汉阳站高铁功能区新增纳入城市开发边界面积6平方千米。

2022年，武汉市自然资源和规划局汉阳分局开展土地变更调查及土地卫片、农村乱占耕地建房等核查工作 （汉阳规划分局 供图）

【汉阳高铁站规划建设】 2022年，汉阳区推进重大铁路项目规划建设，开展汉阳高铁站及周边地区城市设计规划编制。汉阳高铁站位于汉阳区西部地区三环线与四环线之间，按照高铁4.0时代新标准，推动交通枢纽与城市空间融合，打造交通复合、功能融合、空间聚合多元综合城市活力中心，带动区域一体化发展。年内，完成汉阳高铁站站城一体化区域城市设计及站区综合体建筑概念方案国际征集，并公告发布征集结果。

【土地行政执法】 2022年，汉阳规划分局与汉阳区人民检察院结对共建，联合开展违法用地整改。加大土地执法力度，完成土地变更调查、土地卫片、农村乱占耕地建房等977个图斑实地核查和填报，查处违法用地案件36起。成立领导小组、工作专班，制定工作方案，推动养老诈骗风险隐患排查、农村自建房专项排查整治“百日攻坚”专项行动。完成全区首个“燃气管线”项目规划验收，全年办理规划条件核实证明36件，提前办结率100%。受理行政案件13件，胜诉率100%，行政负责人出庭率100%。开展普法宣传，发放宣传资料200余份。

【营商环境优化】 2022年，汉阳规划分局开展“优化营商环境再发力”“思想破冰引领发展突围”大讨论，主要领导常态化蹲点窗口，促进服务提升。施行联合审批首问负责制，编制汉阳工业园区工业用地容积率调整流程，开展“解难题、稳增长、促发展”企业帮扶活动。汉阳区首个工程建设“多测合一”试点——武汉市墨水湖中学项目落地，誉成数智科创产业园实现“承诺可开工”。在武汉市优化营商环境考核中，汉阳区列第一名；在武汉市局营商办优化营商环境考评中，汉阳规划分局排名全系统16个区（分）局第一名。

（周薇）

市政建设

【概况】 2022年，汉阳区推进路网、停车场、充电桩建设，建成道路18条、停车泊位1.2万个、充电桩6400个。完成18个社区道路维修改造。服务市级重点项目建设，全年完成市级城建重点工程征地14.58公顷，房屋征收1.39万平方米。江汉十桥等市级重点工程启动建设，知音大道先行示范段建成通车。完成城建投资120.59亿元，比上年增长31.5%。银杏街、新五里后堤、郭琴西路获2021年度武汉市市政工程金奖。

【城建重点项目建设】 2022年，汉阳区谋划汉阳大道、杨泗港城市高线公园、墨水湖北路综合管廊等一批重大项目。其中，汉阳大道综合整治提升项目进入可行性研究阶段，并被纳入市级前期计划。同步报请武汉市人民政府，以市区共建合作模式将汉阳大道（江城大道至鹦鹉大道）段作为示范段率先启动建设。杨泗港城市高线公园作为长江之滨重要空间节点形成策划方案，与武汉生态环境投资发展集团有限公司沟通建设投资事宜。墨水湖北路地下综合管廊建设被纳入武汉市“十四五”综合管廊建设规划。江汉十桥及两岸接线工程开工建设。年内，汉阳区承担市级城建重点工程征地征收目标任务4项，完成征地14.58公顷、房屋征收1.39万平方米。其中，琴台大道（二环线至三环线）完成征地4.66公顷；墨水湖立交改造工程完成征地0.03公顷，汉江南岸综合治理工程完成征地9.64公顷，征收1.15万平方米；轨道交通12号线项目完成征地0.26公顷，征收签约1.77万平方米。

【路网建设】 2022年，汉阳区建成道路18条，总长10.12千米，完成投资13.04亿元。12条道路建成通车，郭家湾路（玫瑰街至琴台大道）、米粮路、新五里后堤路（夹河路至鹦鹉大道）、玫瑰街（蟠龙路至汉江苑）路段、建港路（滨江大道至新五里后堤）、两湖路（鹦鹉大道至滨江大道）6条“断头路”实现贯通，建成学校保障路金龙南路（康达街至朱家新港路），优化营商环境路车友路（龙兴西街至隆祥街）、金砖路（什湖路至黄金口大道）、金色环路（建园路至金色三路），住宅小区配套路玫瑰街北路及侧路、花园湾路（汉阳大道至

表27　　2022年武汉市汉阳区微循环道路建设完成情况一览表

序号	项目名称	建设规模	2022年完成投资（万元）
1	新五里后堤（夹河路至鹦鹉大道）道路排水工程	长622米，宽20米	32717
2	郭家巷（鹦鹉大道至青石桥路）道路排水工程	长283米，宽15米	26017
3	米粮路（琴台大道至金色一路）道路排水工程	长668米，宽30米	24678
4	鹦鹉小道（马鹦路至腰路提路）改造提质工程	长499米，宽20米	8414
5	知音大道（汉江苑路至玉龙路）道路排水工程	长870米，宽30米	7000
6	阳城西路（玫瑰街至琴台大道）道路排水工程	长422米，宽25米	5818
7	知音大道（郭琴西路至仙女山路）道路排水工程	长260米，宽25米	5000
8	知音大道（玉龙路至金龙路）道路排水工程	长750米，宽30米	5000
9	玫瑰街（蟠龙路至仙女山路）道路排水工程	长1245米，宽25米至30米	4176
10	两湖路（鹦鹉大道至滨江大道）道路排水工程	长260米，宽25米	3200
11	建港路（滨江大道至新五里后提）道路排水工程	长294米，宽25米	2256
12	花园湾路（汉阳大道至玫瑰街）道路排水工程	长457米，宽15米至20米	1700
13	金龙南路（康达街至朱家新港路）道路排水工程	长870米，宽40米	1038
14	金色环路（建园路至金色三路）道路排水工程	长990米，宽15米	1000
15	金砖路（黄金口大道至什湖路）道路排水工程	长391米，宽20米	969
16	金色环路提升改造工程	长585米，宽15米	713
17	龙阳三路提升改造工程	长341米，宽20米	427
18	车友路（龙兴西街至隆祥街）道路排水工程	长308米，宽30米	225

玫瑰街）、朱家亭路（玫瑰街至银杏街）等民生道路，鹦鹉小道（马鹦路至腰路堤路）、陶家岭路提质改造工程、金色环路北段改造工程、龙阳三路改造工程4条道路改造提升完工。加快知音大道改造提升工程建设，启动江汉十桥建设。全年区级城建投资突破120亿元，形成对外大畅通、对内大循环的道路交通格局。2022年汉阳区平均行车时速45.8千米/小时，通畅率位列武汉市中心城区第一。

【海绵城市建设】 2022年，汉阳区完成琴断口、汉钢西、月湖汇水区积水点改造、雨污混接点改造、老旧小区海绵化改造及周边配套设施提升等建设，面积6.72平方千米。推进墨水湖汇水分区建设，投入1.76亿元。

【社区道路改造】 2022年，汉阳区投入社区道路改造资金460万元，完成鹦鹉街道、洲头街道等6个街道、18个社区道路维修改造，改造面积1.51万平方米。完成社区装灯482盏，涉及晴川街道、建桥街道、鹦鹉街道等10个街道、28个社区。

【公共配套设施建设】 2022年，汉阳区建设完成停车泊位1.2万个，充电桩6400个（含集中式充电站12个），完成年度目标的200%。编制完成老旧小区停车设施总体实施方案。提升建管水平。受监项目437项，总建筑面积1213.73万平方米；完成竣工验收备案33项，竣工备案面积55.3万平方米；完成消防验收、备案抽查及技术服务项目177个，验收总面积438.28万平方米。

【知音大道改造】 2022年，汉阳区加快知音大道改造提升工程建设，范围为百威路至龙灯堤路和江汉桥至晴川小路两段，路线总长9498米，总投资38亿元。规划为城市次干路，红线宽度25米至35米，双向4车道。设置桥梁1座、下穿道路通道1处、下穿铁路通道1处。主要建设内容包括道路工程、交通工程、给排水工程、绿化工程等。项目于2021年12月进场，采取分段施工的方式推进，计划2024年全线完工。2022年2月25日，仙女山路至阳城东路段完工通车。

2022年2月25日，武汉市汉阳区知音大道（仙女山路至阳城东路）正式通车
（汉阳区建设局　供图）

【地铁站点建设】 2022年，汉阳区配合武汉市轨道交通12号线建设，采用政府和社会资本合作（PPP）投资建设模式。轨道交通12号线全长59.9千米，全部为地下线路，江北段汉阳区施工占比70%，设车站9座，全部开工。其中，3个站点（国博中心南站、四新中路站、丁家咀站）进入土方及主体结构施工阶段，2个站点（博览路站、港口村站）完成主体结构；10段盾构隧道，开工2段（凌国区间、港丁区间）。5月，首次采用国产大直径盾构下穿长江，在国博中心南站始发；8月，港口村站盾构机下井。全年投资额10.4亿元，累计投资额14.78亿元。

【城市信息模型建设】 2022年，汉阳区以汉阳古城亮点片区为CIM（城市信息模型）先行试点区域，占地面积2.98平方千米，通过无人机采集建模等形成六大类CIM基础数据资源库。初步确定CIM+智慧建管、CIM+智慧应用两大类10种典型应用场景。其中，CIM+智慧建管板块，基于汉阳区数字工地平台成果，初步建起规划、设计、施工、竣工、运营全生命周期管控场景。汉阳区CIM平台融入时空基础、资源调查、规划管控、工程项目、物联感知六大类型数据，结合城市基础设施数据，开展数据抽离、整合、治理、万物赋码，形成数字公共基础设施专题数据库，打造智慧城建一体化平台。

（郑雅斯）

水务建设与管理

【概况】 2022年，汉阳区水务和湖泊局（以下简称汉阳区水务局）拉网式疏涝排水管网，集中解决污水漫溢、下雨积水等问题。推进百里长江生态廊道建设，延伸提档汉阳两江的滨水空间，提升改造杨泗港都市T台和南岸嘴节点工程，新增江滩面积近40万平方米。复核调查和整改市政管网混错节点，开展龙阳湖、墨水湖等生态修复治理工程，提升河湖水质。创新实施开展流域河湖长制，协同推进河湖保护。

【水务机构改革】 2022年，汉阳区水务局增加江滩管理、打击非法采砂、水务信息化、水务工程质监工作职责。推进所属事业单位改革，撤销汉阳区江北河道堤防维修管理所和汉阳区江滩管理办公室2个事业单位，二级单位数量由6个减少至4个；汉阳区河道堤防督察队更名为汉阳区水务设施运行维护管理中心，汉阳区环城河道堤防维修管理所更名为汉阳区河道堤防维修管理所。二级单位事业编人员编制数由196个减少至164个调整工作岗位56人，机构和人员7月底均到位运行。

【港渠连通工程建设】 2022年，汉阳区实施港渠生态修复及岸线整治工程，整治明珠河、龙阳湖明渠、汤山渠、芳草溪、什湖明渠、龙口渠、龙新渠等14条港渠水体，清淤1.93万立方米，原位修复淤泥14.93万立方米，生态化改造排水口141个，新建管网336米，整治岸线长度13.16千米。实施区湖泊港渠连通闸门新建及修复工程（二期），建设11座闸门及配套附属设施，连通芳草溪、鲤鱼溪渠道，明珠河、四新渠鲤鱼溪清淤6631立方米，港渠吨袋围堰12处，实现港渠与各大水体相互联通，城区水生态和水环境得到提升。

【湖泊管理】 2022年，汉阳区管理墨水湖、龙阳湖、莲花湖、月湖4个湖泊，水域总面积610.2公顷，岸线总长53.1千米。建立日常监管和维护制度，安排专人每日巡视湖泊岸线和湖面，定期监测水质。完善联合执法工作机制，水务、生态环境、城管、城建等部门，日常联合巡查龙阳湖流域范围内工业园区、农贸市场、沿街商铺、餐饮摊点，及时查处违法排水行为。落实河湖长制，建立区、街道、社区三级定期巡查制度，区级湖长每季度至少巡查1次，街道级湖长每月至少巡查1次，社区级湖长每周至少巡查1次，发现环境问题及时处理。年内，墨水湖、龙阳湖水质稳定在Ⅴ类水平，月湖和莲花湖水质稳定在Ⅳ类水平。

【排水管网建设与改造】 2022年，汉阳区加大排水管网建设与改造力度。新建25处零散点位排水管网共29.49千米，其中，雨水管网15.11千米，污水管网14.38千米；工程总投资12.48亿元。分流改造地下管网8210米。其中，雨水管道1790米，污水管

表28　　2022年武汉市汉阳区排水管网建设情况一览表

单位：米

序号	建设地段名称	起始位置	雨水管	污水管
1	京广东路	琴台大道至公共通道	119	119
2	金色环路	金色三路至郭琴西路	3314	1478
3	金砖路	金鑫路至黄金口大道	800	888
4	邬家巷	鹦鹉大道至青石桥街	283	283
5	归元寺北路	冰塘角路至归元寺路	690	660
6	井冈村小路	龙江路至国博大道	779	608
7	归元寺路	鹦鹉大道至归元寺路至西桥路	673	673
8	阳城西路	琴台大道至玫瑰街	331	530
9	米粮路	琴台大道至金色环路	1025	836
10	知音大道	仙女山路至阳城东路	1647	982
11	花园湾路	玫瑰街至汉阳大道	1235	818
12	建港路	滨江大道至新五里后堤	350	330
13	两湖路	鹦鹉大道至滨江大道	1238	801
14	玫瑰街北路及侧路	玫瑰街至赫山路	819	772
15	车友路	龙兴西街至隆祥街	1177	855
16	百灵路	麒麟路至墨水湖	260	—
17	金樱路	玫瑰街至玫瑰南街	80	—
18	玉龙路	汉阳大道至琴台大道	290	—
19	四台路	四台侧路至黄金口大道	—	528
20	金福路	百威路至金桥路	—	500
21	崔子湾泵站出水管	琴台大道至玫瑰街	—	485
22	曹家碑泵站出水管	赫山小路至玫瑰街	—	750
23	鹦鹉大道	汉新大道至洲头南路	—	392
24	拦江路	琴台大道至洲尾正街	—	200
25	知音大道	高公街至玑码头路	—	894

道 6420 米；工程总投资 4500 万元。至年底，全区有排水管网 933.32 千米。其中，雨水管网 604.27 千米，污水管网 329.05 千米。

【排渍疏涝】 2022 年，汉阳区疏浚管道 1500 千米，疏捞检查井 2.1 万口、进水井 4.1 万口、化粪池 663 个，疏捞频次、管内沉泥量达到国家标准。水务警讯与“110”联动，接警 4519 起，处警 4519 起，接处警率 100%。遭遇大暴雨 13 场，暴雨期间重点交通路段未出现长时间渍水。

【防汛抗洪】 2022 年，汉阳区修编各项防汛抢险应急预案，编制黄金口、东菜园、板子桥 3 个历史险工险段专项抢险预案。全面核实更新堤防、通道闸口、穿堤建筑物、险工险段四类防汛责任人，落实防汛职责。汛前检查 16 座穿堤泵站、10 座穿堤涵闸、32 座通道闸口和堤防管理范围内所有深井、钻孔、油库。3 月初进入防汛备战状态，组建 3 支、650 人的防汛抢险应急队伍，配备 60 台（套）防汛抢险设备随时待命。加强涉堤建设项目监管，检查长江、汉江沿线堤防管理范围内的 7 个基坑项目，所有项目登记造册，均运转正常。加强防汛能力建设，全面核查、清理 26 处防汛备料物资，常规备料砂石 2.02 万立方米、黄土 3.24 万立方米，备有区级砂石料约 1660 立方米。创新储备方式，委托储备 5000 立方米砂石料，随调随用，满足防汛抢险需求。加强值班值守，落实汛期 24 小时值班、领导带班制度，加强日常巡堤查险，关注天气和各类水雨汛情信息，及时报送相关信息。开展防汛知识培训 2 次和防汛演练 3 次。

【泵站管理】 2022 年，汉阳区按照相关设备维保制度，完成检修计划。在梅雨季节来临前，抽排各泵站运行情况和设备技术状态，各个泵站高压电气设备开展高压预防性实验和继电保护实验，消除安全隐患，确保设备安全正常运行，开机率 100%。全年各泵站开机 4709 台时，抽排水 2600.55 万立方米。完成月湖换水工作，排出湖水 33.5 万立方米，引江水入湖 32.7 万立方米，月湖水质基本稳定在Ⅳ类水平。

2022年9月20日，武汉市汉阳区水务和湖泊局工作人员现场查看芳草溪水质情况

（汉阳区水务局　供图）

【龙阳湖综合治理】 2022 年，汉阳区实施龙阳湖水体提质及生态修复一期工程，控制初期雨水污染物入湖，强化水体自净能力。建设范围为龙阳湖绿线范围内，面积 4.5 平方千米。治理在龙阳湖明渠处新建 1 座雨水调蓄池，雨水调蓄池规模约 2.7 万立方米；在龙阳湖北部米粮村与汉阳大道交叉口处新建调水泵站 1 座，新建调水管道约 1350 米，设计调水规模 5.8 万立方米/日；在汤山村新建 1 处人工湿地，占地面积 1.21 公顷，最大处理水量约 5000 立方米/日；在龙阳湖明渠处新建 2 座闸门，龙口渠入龙阳湖末端新建 1 座闸门；改造生态排口 8 处，生态沟植草约 3 千米，新建喷泉曝气（一种适用于水污染治理的增氧曝气与水体循环设备）12 台；改造并绿化东部岸线 1.5 千米。

【墨水湖综合治理】 2022 年，汉阳区实施墨水湖生态治理三期工程，完成混流排口治理 9 处、雨水排口末端治理 6 处，治理港口岛、七里庙污水。清理墨水湖区和周边 10 处塘口杂物 9.12 立方米，环保清淤 14.01 万立方米，清除 3 处水域底泥 2.76 万平方米，恢复水生植物，安装曝气设备等。修复驳岸 1486 米，设置生态围隔 5180 米，种植沉水植物共 34.4 万平方米，投放鱼类 10.71 万尾、底栖动物 10.5 吨。建设调水泵站 1 座，总体规模 1032×105 立方米/日，从墨水湖港口养殖场附近引水至区政府南侧水域。设置生态净水补水设施 3 处，钢混结构高效混凝沉淀池 1 座，一体化钢结构旁路生态净化设备 7 组，总处理规模 6 万立方米/日。设置控藻平台 1 座，投加微生物菌剂 961.5 吨。

【市政管网混错接改造及缺陷修复】 2022 年，汉阳区实施市政管网混错接改造及缺陷修复工程，解决雨污水串接、排水能力不足、管道不畅通、渍水等问题。改造墨水湖、龙阳湖、琴断口等 13 个流域 590 处市级混错接点位、2511 处市级缺陷点位（功能性缺陷点位 1512 处，结构性缺陷点位 999 处）。实施燎原路片区、红光路公共通道等 10 个区域排水管网补短板工程，知音大道（华园路至龙灯路）、五园里社区等 13 个排水应急改造工程，汉蔡高速下穿通道、四台三路等 54 个路段渍水点改造工程，江欣苑路排口、汉阳区看守所截污改造工程，清除龟山北路、墨水湖南路等 11

个路段雨水管淤泥和固结物。建设龙珠路3座智能分流井、车友路2座智能分流井。

【百里长江生态廊道汉阳段建设】 2022年，汉阳区加快推进百里长江生态廊道汉阳段建设，实施杨泗港都市T台项目和南岸嘴节点提升改造工程项目。杨泗港都市T台项目南至杨泗港大桥江滩公园，北起汉阳江滩公园，全长1.97千米，项目概算投资3.6亿元（其中工程费用2.8亿元）。主要建设堤防改造、滩地及岸线整治、闸口改造、景观改造等工程，将原防洪墙改造为缓坡式堤防，构建连续的通行空间，打通垂江城市通廊，打造长江生态码头公园和华中滨江文化秀场，塑造工业文化景观，营造多元城市场所。建设面积23.94万平方米。其中，景观改造面积18.25万平方米，岸坡改造面积6.29万平方米。南岸嘴节点提升改造工程项目位于长江、汉江交汇处，西南至高公街堤，北起汉江南岸江滩绿地，沿长江方向至汉阳江滩一期，建设面积13.61万平方米。主要建设景观工程、绿化工程、照明智能化工程、给排水工程等，梳理滩地内部园路，点彩插绿，修复生态，形成特色突出的“一带两环三径”体系（堤顶观江带；活力健步环、深林休闲环；芳草径、芳香径、芳华径），连通碧道，增设休憩设施，提升景观品质。至年底，项目全面竣工，具备正式对外开放条件。

【汉江南岸综合治理】 2022年，汉阳区水务局实施汉江南岸综合治理工程。包括知音大道提升改造和汉水碧道建设两大项。知音大道提升改造打通汉江南岸东西向沿江路网，改堤顶路为慢行通道。汉水碧道工程打造月湖桥至永安堂、永安堂至汉水公园段、赫山段、张之洞文化长廊段三段人行碧道连通及沿线景观提升工程，形成滨江景观廊道中的汉水碧道工程，投资概算1.74亿元。工程在汛前开工，新建及提升琴断口水厂上游至月湖桥段碧道长5.77千米，标准段宽4.5米，面积约3.27万平方米；修整汉江

2022年6月7日，武汉市汉阳区南岸嘴节点提升改造工程施工人员修复破损的排水通道　（汉阳区水务局　供图）

村民垸堤，重建堤顶道路长1.85千米；晴川阁至琴川小路段1.53千米碧道，绿化面积1.74万平方米；新建汉水公园段护岸，长3735米，景观建设总面积29.6万平方米。至年底，完成护坡植草，铺装砖7680平方米护脚槽等，完成土方工程1.2万立方米。

（邹世唯）

城区改造更新

【概况】 2022年，汉阳区旧城改造征收项目总投资38亿元，完成“城中村”改造房屋征收（拆迁）55.01万平方米，还建房新开工72.38万平方米；旧城旧厂改造房屋征收（拆迁）3949户、2.59万平方米。

【城市更新谋划】 2022年，汉阳区成立区城市更新工作领导小组，在武汉市率先成立区城市更新投资有限公司。规划引领划定更新单元，开展单元评估编制实施方案，完成单元编制绩效目标。初步策划全区近、远期7个城市更新单元。人保大楼、奥森玻璃厂、时云宾馆3个项目实现当年启动、当年清零。稳定土地规模，中维烟草等15个项目供地80公顷。加快发展“城中村”产业用地，向阳教育产业园、龙阳新能源汽车产业园、鹦鹉产业用房启动规划建设。完成高铁汉阳站站城一体化设计方案，推进汉阳西部产城融合发展。

【“城中村”改造】 2022年，汉阳区“城中村”改造完成征收（拆迁）55.01万平方米。其中，仙山村0.6万平方米，磨山村12.8万平方米，米粮村0.4万平方米，四台村33.4万平方米，董家店村1.9万平方米，徐湾村0.3万平方米，陈家咀村3.71万平方米，郑家咀村1.1万平方米，三眼桥村0.8万平方米。至年底，全区累计完成“城中村”拆迁量1781.02万平方米，占总拆迁量的88.6%。全年腾退开发用地8.4公顷，各类规划控制用地、储备用地17.46公顷，还建用地30.9公顷。全区“城中村”改造有十里铺村、铁桥村、龙阳村等20个村完成459.04公顷土地出让交易；向阳村、界牌村、太山寺村、汉城村、鹦鹉村、汤山村、黄金口村、米粮村、四台村9个村完成整村土地统征储备。十里铺村、铁桥村、龙阳村等36个行政村完成“城中村”综合改制并成立股份（集团）有限公司，2.04万名村民成为股民，3.57万人由农业户口改登为城镇居民户口，2.99万名“村改居”人员参入社保，9450名有就业愿望村民办理“再就业优惠证”。“城中村”改造还建房新开工72.38万平方米。其中，黄金口村38.68万平方米，四台村33.7万平方米。3.4万户拆迁

村民搬进新居。全区有“城中村”改造产业用地64宗，用地面积222.2公顷。14个“城中村”的24个产业项目均策划实施。龙阳欧亚达家居广场、红光武商量贩店和磨山村好美家3个项目发挥效益，并规划提档升级。

【旧城改造】 2022年，汉阳区有人保大楼地块等18宗列入年度旧城改造拆除更新项目。群建路小学片等10个项目实施拆迁，占地面积24.56公顷。征收房屋建筑面积40.02万平方米，涉及居民3876户、企业73个，完成旧城改建房屋征收建筑面积2.74万平方米。年内，汉阳区旧城改造完成土地储备项目6个（万里皮鞋厂、奥深玻璃厂、汉阳渔场、人保大楼、三村还建地〈黄金口、四台、米粮〉、汤山村还建地），储备土地64.6公顷。

（郑毓）

【武汉市城乡统筹示范区开发建设】 2022年，武汉市城乡统筹示范区投资开发有限公司继续组织实施武汉市城乡统筹示范区域内的土地储备和综合改造。完成城建投资3.9亿元。其中，城建产值3.04亿元、拆迁资金8616万元。完成拆除建（构）筑物过审面积1.43万平方米。至年底，累计完成投资34.04亿元，累计完成拆除建筑物约77.4万平方米，取得13.33公顷土地储备证，接收看管土地94.2公顷，建成交付19万平方米还建房永兴苑A区，在建27万平方米还建房一期B区9栋主体已实现4栋单体完工，建成一条配套道路。组织和落实高铁汉阳站高铁功能区的各项工作。8月，武汉市城乡统筹示范区投资开发有限公司接受武汉四新生态新城开发建设管理委员会委托，作为高铁汉阳站高铁功能综合开发建设实施主体。年内申报专项债券（2022年湖北省政府专项债券六十八期），完成融资到账20亿元，武汉枢纽直通线汉阳站扩大规模部分工程和武汉枢纽直通线及配套建设项目各10亿元，期限20年。

（毕猛）

表29　　2022年武汉市汉阳区旧城改造征收情况一览表

序号	项目名称	总建筑面积（万平方米）	征收户数（个）		2022年剩余建筑面积（万平方米）	当年累计完成面积（万平方米）
			企业	个人		
1	奥森玻璃厂地块	1.1	1	0	1.1	1.10
2	人保大楼地块	1.39	1	29	1.39	1.39
3	时云宾馆地块	0.4	3	4	0.4	0.25
4	车站片	14	25	1500	0.03	0
5	大归元片区群建路小学片	6.9	15	869	0.11	0
6	武汉市第二十三中学扩大片	0.94	1	148	0.01	0
7	汉阳区十里铺小学扩大片	4.5	6	181	0.01	0
8	雨淋山庄片	3.1	2	521	0.1	0
9	武汉复印机厂片	3.37	14	408	0.01	0
10	马沧湖建材市场	4.32	5	216	0.01	0

表30　　2022年武汉市汉阳区完成土地储备项目一览表

序号	地理位置	面积（万平方米）	用地性质	项目进展
1	汉阳区三村统征范围内	54.63	住宅	已供地
2	汉阳区四新大道以南、龙阳湖东路以东	5.10	住宅	已供地
3	汉阳区国博大道与归元寺路交叉口南侧	1.13	住宅、公园绿地	已供地
4	汉阳区隆祥街与车友路交叉口东北角	1.10	住宅	已供地
5	汉阳区江堤中路与墨水湖南路交会处，东起江堤中路，西至新城春天里居住小区，南临墨水湖南路，北达市计量测试检定（研究）所	2.06	商服、住宅	已储备
6	汉阳区鹦鹉大道与归元寺北路交叉口	0.57	商务办公	已储备

房产管理

【概况】 2022 年，汉阳区完善房地产市场监管，提升房地产治理能力和管理水平。房屋交易量 2.7 万起，商品房销售面积 169.33 万平方米。化解楼盘交付风险，制定《汉阳区防范化解房地产预逾期交付风险工作方案》，成立建立“一楼一策”工作方案。汉阳区房产交易中心获“全国青年文明号”称号。

【房地产市场监管】 2022 年，汉阳区从事房地产经纪业务机构（包括分支机构）754 家；新增备案机构 68 家，备案机构和分支机构总数达 704 家。房屋交易量 2.7 万起。其中，商品房 2.01 万起，存量房 6908 起。商品房销售面积 169.33 万平方米。房地产开发项目 89 个，完成投资 167 亿元。年内，汉阳区住房保障和房屋管理局办理群众投诉 800 余起，巡查、检查房地产经纪和租赁市场 145 家次，下达整改通知 20 份，约谈企业 6 家次。实施平台服务功能禁用 3 人次。落实房地产项目舆情预警、隐患排查、应急处置，制定“一楼一策”方案，组织、参与“保交楼”会议 50 余次。开展房地产开发企业市场巡查整治。约谈开发企业 52 家次，下达整改监管函 12 次。

【房地产政务服务】 2022 年，汉阳区完善不动产“一网受理、一窗办结”模式。完成购房资格核查 1.67 万件；完成房屋交易核查 2.37 万件（商品房交易核查 1.76 万件，存量房交易核查 6101 件）；完成合同网签备案 1.78 万件（商品房合同网签备案 1.16 万件，存量房合同网签备案 6101 件）。深化“放管服”（简政放权、放管结合、优化服务）改革，实现企业间不动产转移登记“190”（1 个环节、90 分钟）办结标准。推进企业间存量非住宅不动产转移登记“一件事”办理，设置企业不动产登记绿色服务专窗，通过专人、专号和免预约、即来即办等方式，优化业务流程和服务举措，买卖双方自行签订房屋买卖合同，无须网签备案，提升业务办理便利度，满足企业办证需求。按照《关于进一步推进不动产登记“同城通办”服务的通知》要求，开展房屋交易协税业务，建立“同城通办”交易协税联系机制，存量房屋交易合同网签业务“同城通办”，方便企业和群众在驻区政务服务中心自助服务区办理存量房合同网签。

【房屋租赁监管】 2022 年，汉阳区完成房屋租赁合同登记备案 5133 起，租赁住房房源筹集 6600 余套间。下达非住宅存量用房改造租赁住房认定项目 2 个。辅导辖区企业申请获批住房租赁市场发展专项补贴资金 1583 万元。以核实住房租赁房源信息发布情况为重点，随机核查 60 余家房地产中介企业发布的房源信息，约谈不规范发布和未及时更新信息的企业；出台规范住房租赁市场管理实施方案，建立多部门联合、网格化管理的监管模式。

【产权产籍管理】 2022 年，汉阳区完成房产测绘项目 38 个，测绘面积 91.2 万平方米，测绘收入 584.23 万元。完成历史遗留问题房和城中村改造项目测绘；完成新增问题房项目测绘 1 个，收回五里墩村“城中村”改造项目测绘费。推进企业间不动产转移登记实现“190”办结标准，配合不动产登记部门推进企业间存量非住宅不动产转移登记“一件事”办理，设置绿色服务专窗，采取专人、专号、免预约、即来即办工作机制，满足企业办证需求。

【物业管理】 2022 年，汉阳区有物业小区 595 个、物业服务企业 194 个。全年完成五项行政备案 39 件，规范物业服务企业进驻流程，住宅专项维修资金使用备案 124 笔，核拨资金 1800 余万元，维修事项涉及电梯、生活水泵、配电柜、外墙漏水、外墙脱落、消防安全设施等。常态化开展物业服务质量行政监管和疫情防控专项巡查，完成小区物业服务质量行政监管巡查 234 次，开展疫情防控专项巡查 9000 余次，下发责令整改通知书 389 件。开展物业企业“双评议”，评议系统数据 3.1 万件，满意率 99.9%。开展物业服务收费信息不透明问题专项整治，设立 24 小时举报热线，现场核实居民投诉，形成闭环管理，受理投诉 107 件，完成整改。

【红色物业托管老旧小区】 2022 年，汉阳区推动红色物业托管老旧小区“由有到优”，常态化巡查和定期考评物业服务。指导 2 家区属红色物业企业开展物业收费试点，增强自身“造血”功能，开展物业服务收费小区 11

2022年，改造后的洲头街道洲头社区倒口西村二院小区红色物业服务站

（汉阳区房管局 供图）

个，收取停车费小区51个，引进快递柜等多种经营小区60个。推进物业管理融入基层社会治理，实施党建引领，实现物业企业党组织应建尽建，开展行业评优评先。规范还建小区物业管理，实施月度巡查、季度综合考核机制，完成考评。督促江腾苑A区、十里玫瑰、汉博佳园等小区物业管理整改，提升服务水平。

【法治房管建设】 2022年，汉阳区加强房管执法队伍建设，提高执法管理水平。开展干部职工法治教育，组织学习习近平法治思想、中共二十大精神、《中华人民共和国反有组织犯罪法》《中华人民共和国行政处罚法》等法律法规，提高干部职工依法行政能力。加强法治宣传，利用“3·15”、安全生产宣传月、《中华人民共和国民法典》宣传等契机，深入小区开展法治宣传7次，引导群众依法依规维护权益，履行义务。组织街道、社区工作人员开展业委会组建换届培训14次，提高社区工作人员依法履职水平。落实行政执法三项制度，检查房地产中介机构4家、房屋租赁企业1家和物业企业2家，提高监管效能。应对行政诉讼和行政复议案件，依法处理行政诉讼案件10起和行政复议案件10起，确保行政胜诉率100%，受理司法协助执行案件321件。

（张丹峰）

城市管理

【概况】 2022年，汉阳区城市管理执法局常态化维护亮化设施，加大违法户外广告的查处力度，加强占道经营、噪声扰民、油烟扰民等违规行为整治行动。采购一批先进环卫设备，将机械清扫、科技清扫运用到道路整理。优化市内与市外垃圾收运处置体系，及时清运、资源化利用或无害化处置，建筑弃料资源化利用率70%。清扫主次干道路面面积1220.48万平方米，清运生活垃圾28.91万吨。依法拆除历史存量违建144处，建筑面积10.55万平方米。

【市容管理】 2022年，汉阳区开展市容达标街和市民满意路创建活动，8个片区和7条道路参与创建，在问题集中达标整治点位开展专项整治行动70余次。国博片区和晴川阁片区分别获“双百最美示范片区”称号。整治示范片区人行道、车行道破损932处，维修面积1.59万平方米，维护提升绿化景观229处，整治房屋立面87处，更新工地围栏25处，更新垃圾容器905个，整治井盖195处，整改箱柜44个，公厕升级改造3处。加强亮点片区范围内常态化巡查，规范非机动车停放点7641处，规范提升广告招牌489处。年内处理违法占道类问题3.55万起。其中，主次干道9967起，背街小巷2.56万起。加强占道违规挖掘排查，及时发现无证挖掘、未规范打围等问题点位，督促整改占道挖掘案件106件。开展夜市整治165次，督促整改主次干道违法占道点位1.09万处，每月主次干道违法占道类点位的整改率100%，限时整改率99%。

【户外广告招牌专项整治】 2022年，汉阳区持续开展户外广告招牌专项集中整治，拆除校外培训违规广告招牌244处，排查拆除商业体违规广告22处，清除各类过期、残破、污损的公益广告61处，整改拆除不规范楼宇挂网字14处，拆除保障线路沿线违规广告招牌50处。摸排少数民族经营户门店情况，整改不规范招牌4处。规范门面招牌备案，指导规范设置门面招牌106处；受理督办件85件，办理率和群众满意率均100%。聘请专业设计单位编制户外广告规划，支持商业体立面改造升级，完成12个商业体、42个户外广告的规划编制。投资500万元，升级提档龙兴西街等七条道路431块招牌。

【亮化工程管理】 2022年，汉阳区引进市场化运作模式，聘请专业单位维护管理600余处景观亮化设施，建立景观照明电子相册，一楼一档，打造景观照明运行维护精准管控平台体系。建立每日夜巡查、日维护闭环工作机制，每条路段、每个点位、每栋楼宇的巡查信息，以图片、视频等方式及时上传工作群。维修影响亮化效果点位756处，处理安全隐患问题56处，强弱电离线问题363次。加大投入提升智能化管理水平，更换11栋全媒体立面亮化重点楼宇漏气器，配电箱增设电子锁，配套设施周边摄像头，设立安全警示区，景观照明设施完好率和亮灯率均始终保持98%以上。逐户上门下发60栋社会自建楼宇亮化设施安全检查工作通知，厘清管理责任。开展老旧景观照明设施隐患排查整治。武汉市景观管理经验交流和工作部署会在汉阳区召开。

【环境卫生管理】 2022年，汉阳区加强环境卫生精细化管理。强化凌晨普扫作业，清扫保洁实现区域、时段两个全覆盖，深度保洁全区主次干道面积1220.48万平方米。落实道路清洗“一禁一限一全面”（高峰时段禁止洒水、白天时段限制横冲、夜间时段全面冲洗）要求，夜间全覆盖冲洗，白天雾洒压尘，加大重污染天气和施工工地周边、渣土运输线路、进出城道路等易污染区域清洗降尘力度。全年清运生活垃圾28.9万吨，其中餐厨垃圾1.06万吨。加强生活垃圾收运密闭化、袋装化管理，推行定时定点收运模式，杜绝跑冒滴漏和噪声扰民。实行智慧化收运模式，加强收运单位、权属单位信息互通、衔接；运用收运小程序，打通生活垃圾收集、运输、处置信息化管理流程，实现收运处全环节精细化管理。持续开展重点区域道路路面及隔音屏、护栏等附属设施清洗保洁工作。发动街道、社区及志愿者开展周末大扫除活动，每周集中解决一批老旧社区、背街小巷等薄弱区域暴露垃圾、城市家具不洁、容器管理无序等突出问题。全面落实临街单位、店面“门前三包”（包卫生、包秩序、包设施）责任制，固化“路长、楼道长、店长”职责，构建城市环境卫生管理长效机制，设立“门前三包”公示牌25块，商铺较多社区设立“门前三包”红黑榜12个。考核抽查11个街道主次干道 22 轮，发现问题 3824 处，下达督办单 140 张，回复率 100%，整治共享单车 1.2 万辆，发放《致市民一封信》6200 余份，制作宣传视频 50 个。采用联合执法，集中整治重难点问题，联合出动执法队员 1421 人次、环卫人员 1152 人次、执法车辆 160 台次，整治出店占道经营摊点 3200 起，清理乱堆放 1524 处，铲除“牛皮癣”528 处。

【环卫设施管理】 2022 年，汉阳区全面升级环卫设备，采购一批深度保洁车、护栏清洗车、雾炮车、餐厨运输车等先进设备，推广应用机械清扫、科技清扫新模式。开展垃圾容器专项整治行动。按照“一路一策、因地制宜”原则，加快推进退桶入院，主次干道垃圾容器全部就近移入单位和小区院内、沿街门店室内，实现“容器回家”。强化容器日常管护，及时维护更新破损容器，治理垃圾漫溢、容器不洁问题。投资 150 万元，维修改造 4 个垃圾转运站，增加污水收集池，完善污水收集系统，加固井盖等，确保大型垃圾运输车辆正常运行。投资 1100 万元，建设 20 座垃圾分类收集屋。

（邹长青）

2022年5月25日，武汉市汉阳区城市管理执法局组织施工人员更换井盖

（汉阳区城管局　供图）

配电设备运营维护

【概况】 国网武汉供电公司汉阳配电运检分公司（以下简称汉阳配电运检分公司）管辖区域东濒长江，北靠汉水，南抵沌口，西接蔡甸，沿城市中环线由西到南与两江合围成扇形，面积约 111.54 平方千米。承担汉阳区 10 千伏及以下配电设备维护检修。2022 年，汉阳区电网有 220 千伏变电站 2 座、110 千伏变电站 12 座；10 千伏配电线路 287 回、2165.83 千米（含电缆线路 1704 千米，电缆化率 78.69%）；配变 3677 台，2339.82 兆伏安，户均配变容量 4.64 千伏安。全年实现供电可靠率 99.9%，电压合格率 D 类 100%，完成带电作业 168 次。汉阳配电运检分公司被评为武汉供电公司安全生产红旗单位、文明单位。

【电力工程管理】 2022 年，汉阳配电运检分公司完成配网改造、迁改、技改、自动化改造等施工建设任务，实施工程进度动态管控，围绕年度目标任务，落实工程里程碑计划，实现均衡开工。强化应急救援管理，优化建设单位与施工单位突发事件预警及应急处理机制。强化源头质量，提升精准设计，推进物资利库利旧，减少库存结余，控制增量。规范开工手续，每笔配网项目先出蓝图后办开工。

【电力安全生产】 2022 年，汉阳配电运检分公司优化工作流程、制度和标准，健全安全管理体系。春、秋检期间检查施工单位安全防护设施 13 家，发现问题 22 项，均完成整改。全年开展安全日活动 40 余次、专题安全活动 20 余次。

【电力运维管理】 2022 年，汉阳配电运检分公司制定《2022 年线路督导运维方案》。强化包保督导，巡视质量提升。分公司领导、管理科室负责人、班组长、线路责任人、外协单位五方联动，共建巡视督导群，保障巡视质量。落实设备主人制，线路设备责任、考核到人，从重处罚因线路设备运维不到位造成责任性故障跳闸及电压质量投诉人员。压减存量，对 2021 年发生 3 次及以上高故障线路，开展“一线一案”改造。管控增量，对新增跳闸 2 次及以上线路立行立改，完成架空线综合整治 22 次，提升二桥片区、玫瑰片区等架空线运行环境。申报停电处缺计划 205 条，中压故障比上年下降 17.3%，户均停电时间下降 42.2%，故障时户数下降 51%。关注低电压台区，编制“台区一张表”，严防低电压红线，常态化监测历史低电压台区，存量无反弹。即查即改新增低电压 4 台。其中，计量问题 2 台，因高压故障导致失压 2 台，均处理完毕。

【自动化建设】 2022 年，汉阳配电运检分公司开展自动化建设和应用，围绕“三零三百”（二次零失电、保护零拒动、定值零偏差；信号百分百、遥控百分百、自愈百分百）工作目标，落实配电线路级差保护，开展线路级差保护调整，完成全部 287 条线路 891 个站房二次巡视和保护定值整定校核，更新完善保护装置台账 6251 台。推进二次电源改造，开展不同线路邻近环网箱二次电源交叉接线改造，完成相邻环网交叉接线改造 52 座。处理隐患缺陷，开展遥控电池活化、自动化终端在线巡视，处理各类二次及自动化缺陷 836 处。遥控成功 2910 次，比上年增长 227.7%；遥控成功率 89.2%，增长 8.5%。推进自动化终端调试、二次处陷、保护定值整定、保护整组试验等工程，全年完成自动化终端调试 896 台、缺陷处置 468 处，保护定值整定 3000 余处，保护整组试验 24 处。2 月，实现“一键转供”试点应用。4 月，开展全自动化 FA 自动化投运。7 月，完成 FA 覆盖率 100% 目标，自动化有效覆盖率 97%，居武汉市第一名。推进故障由人工判断向半自动 FA、全自动 FA 转变。配网 FA 相关线路跳闸 28 次，FA 启动 21 次，FA 参与故障处置率 75%。其中，FA 正确定位 12 次，FA 定位成功率 57.1%。全年故障时户数比上年减少约 1/3，可靠性提升至 99.9%。

【一流城市电网项目建设】 2022 年，汉阳区一流城市电网电力通道项目开工 11.6 千米，续建电力通道 8.4 千米，新开工电力通道 3.2 千米，完成投资 2.29 亿元。一流电网变电站项目完工 1 项，新开工 1 项，完成投资 4028 万元。电力通道完成 20 条线路招标。

【电力设施保护】 2022 年，汉阳配电运检分公司加强电力设施外破防控，落实防控责任制，梳理线上电气走向基础资料，辅助运维人员提高外破巡视精准度。绘制外破风险点“一张图”，按周制定巡视计划，落实线路责任人，依次巡视拍照“一张图”外破风险点，登记巡视结果，按日闭环管理。加强与市政、城管、街道社区等单位联络，完善政企、企企联动机制，畅通信息渠道。规范外破防治流程，配置防治技术措施（如地下探测仪、通道标识牌、通道走向带、夜光灯牌地桩、夜光粉、石灰粉等）。强化防火和防外破措施检查，签署安全协议 125 份，下达安全隐患通知单 63 份，安装电力设施警示桩 193 座，依法暂停供电 5 笔。

2022年1月1日，国网武汉供电公司汉阳配电运检分公司共产党员服务队开展保电特巡工作 （汉阳配电运检分公司 供图）

【安全隐患治理】 2022 年，汉阳配电运检分公司消除各类安全隐患，拉网式摸排重点路段多回电缆共沟电力通道变电站出口 14 座、27 处，联合园林清理树障 52 处 783 棵。排查凝露站房，修试校隐患开闭所 13 座、母线 23 段。施策压减高故障线路，解决 2021 年高故障线路 11条。更换变压器 43 台、调压 20 台，综合整治低压台区 65 个，消除老旧社区低压线路隐患。

【电力故障报（抢）修】 2022 年，汉阳配电运检分公司全口径受理中低压故障报修工单 1.1 万笔。其中抢修工单 6961 笔。全年故障报修工单抵达现场无超时，平均接单时间 1.61 分

表31　2018年至2022年武汉市汉阳地区配电网线路及设备情况统计表

设备类型		2018年	2019年	2020年	2021年	2022年
线路	线路条数（条）	262	269	276	284	287
	线路长度（千米）	1830	1849	1915.83	1970.74	2165.83
	架空线路长度（千米）	414	402	370.79	356.1	461.47
	电缆线路长度（千米）	1416	1447	1545.04	1614.64	1704.36
设备	开闭所（座）	234	258	267	283	293
	开闭所间隔数量（个）	2821	4773	4952	5263	5453
	户外环网箱（台）	429	483	507	524	552
	户外环网箱间隔数量（个）	2105	3458	3696	3050	3218
	柱上开关（台）	338	321	299	301	329
	开关设备总数量（台）	11494	13338	14417	15396	16485
	公用变压器台数（台）	2970	3160	3345	3541	3677
	公用变压器容量（兆伏安）	1751	1905	2050.62	2214.99	2339.82

表32　　2018年至2022年武汉市汉阳地区配电主要生产指标完成情况统计表

年份	10千伏公用线路跳闸（条·次）	城市供电可靠率（%）	停电时户数（户）	D类电压合格率（%）	带电作业（次）
2018	30	99.9748	9320.55	99.97	3505
2019	29	99.9812	7284.66	100	583
2020	21	99.9879	4967.11	100	1026
2021	21	99.9907	3931	100	960
2022	27	99.9915	3830.05	100	168

钟、平均到达现场时间20.5分钟，工单回复率100%。派工单1787张，抢修票190张（风控高压9张）。全年实现配网供电服务零投诉。

（谭丽）

供电经营服务

【概况】 2022年，国网武汉供电公司汉阳客户服务中心（以下简称汉阳供电客服中心）营业户数51.32万户，比上年增加2.3万户；售电量29.52亿千瓦时，增长13.5%；售电均价677.41元/千千瓦时，增加36.12元/千千瓦时；电费回收率100%；售电收入18.93亿元，增长20.4%；台区综合线损率2.3%，下降19%。“阳帆起航”QC小组《高层建筑安全用电保护智能端子箱的研发》获湖北省公司2022年质量管理（QC）小组成果二等奖。

【供电安全生产】 2022年，汉阳供电客服中心加强安全管理体系建设。开展中心、班、站、所全员学习，修编《典型违章目录及案例解析》，印制便携式安全口袋书。完善安全质量考核标准，修编安全管理考核方案、领导班子成员安全生产责任清单，完善《汉阳客户服务中心安全管理考核暨安全红旗班组评选方案》《汉阳客户服务中心“三种人”自查自纠考核办法》。建立“专职+专业”的安全监督机制，作业计划管控达100%。坚持刀刃向内，重奖重罚，打造标准化作业现场，提级管控屡查屡犯的违章行为。开展春、秋季安全大检查、隐患大排查大整治，实行重点隐患领导班子挂牌督办制，查处隐患14项。完成中、高考保电等重要保电任务37项。

【供电服务】 2022年，汉阳供电客服中心创新推出“制度实、温度暖、态度优”服务品牌。结合“三进”（进校园、进社区、进企业）服务，查找客户用电难题，提供供电管家式服务。推动全口径问题收集，形成《汉阳客服中心意见工单知识库》，覆盖业务13类209条，打造处理意见可复制可参考的工单样本库。定制“服务监督卡”，收集客户意见诉求，开展“服务半月谈”，服务管控的重点向意见工单转移。修订《汉阳客户服务中心供电服务奖惩实施细则》等内控制度，提升服务人员能力。畅通信息共享机制，对外对接政府部门，做实“日管控”，对内加强协同会商，统一目标，消化分歧。持续优化营商环境，推进延伸服务，建成武汉供电公司首家由政府主导的地下车库公共充电桩，减少客户投资。至年底，客户满意率96.8%，武汉市排名第四，实现零投诉突破连续778天记录，意见工单数量压降46%。

【供电管理】 2022年，汉阳供电客服中心重拳整治高损台区。打击农网和拆迁区域内违规用电行为，完成“7·31”“12·31”目标任务。推进HPLC（高频宽带采集）全覆盖，累计更换HPLC模块34.89万只，覆盖率98.8%。市场化采集成功率从28%提升至90%。应用RPA（机器人流程自

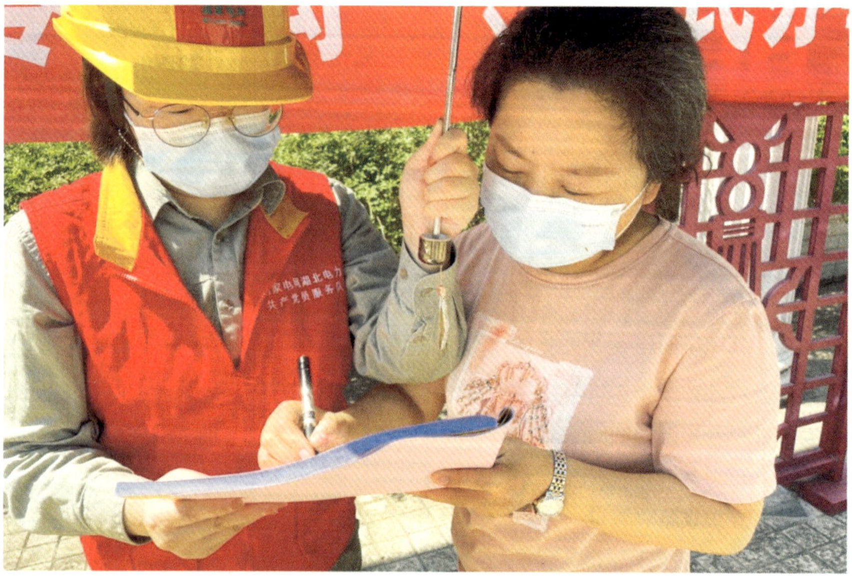

2022年6月30日，国家电网武汉供电公司汉阳客户服务中心推广运用供电服务质量评价卡，持续优化营商环境　　（汉阳供电客服中心　供图）

动化）场景，共享同质化业务数据、流程，实现业务流程的轻量化改造。业务中台同源维护专线、公线、低压台区校验通过率达 100%。加强移动作业端应用，网上国网注册率 40.6%，月活跃率 17.1%。落实电价改革政策，上门走访武汉天鸣集团有限公司等 79 个用户，提出合理用能建议。签订高压购售电合同，签订代理购电 1.27 万户。完成需求侧响应工作 19 次，确保不影响民生和重点企业用电。拓展“11010”（1 家医院、10 所学校、10 栋楼宇）能源托管、分布式光伏市场，签订能源托管合同 28 份。其中，医院 1 份，学校 9 份，政府办公楼宇 11 份。

（夏汀林）

供　水

【概况】 2022 年，武汉市自来水有限公司汉阳供水部（以下简称汉阳供水部）承担汉阳地区的供水营销、管网及设施维护维修、管网工程建设管理及二次供水设施维护等供水服务工作，辖区 DN（公称直径的表示方法，又称平均外径）大于等于100 毫米供水管线总长度 804.42 千米，管理闸门设施 1.48 万台，消火栓 2707 台，公益取水栓 350 台，供水服务面积约 111 平方千米，服务人口约 83 万人。全年总供水量 1.08 亿立方米，售水量 8295 万立方米，管网水质综合合格率 100%，管网压力合格率为 99.8%。

【供水管理】 2022 年，汉阳供水部建立“区域管理、分级负责、无缝对接、全面覆盖、职责到人”的供水服务“网格化”管理模式。由 40 名营销员兼任网格员，与区内 11 个街道共 118 个社区建立微信群，主要负责受理日常服务中的各类供水诉求，宣传相关供水法律法规、政策解答和工作协调预约服务。通过网格服务平台发布停水降压信息 673 次，受理服务诉求 451 笔，走访社区 138 次。严格执行营商环境相关文件要求，结合用户需求，通过业务学习、培训等方式，提高工作人员业务能力，加强服务意识。减少和降低用户办事门槛，增大容缺办和零跑腿的服务范围。优化“一事联办”关联内容，提升“一窗通办”窗口数量。汉阳供水部 2 个营业厅和政务大厅“一事联办”办理 2468 笔，“就近办”办理 75 笔，“减证便民”为企业用户提供专票邮寄服务 997 笔；办理符合优惠政策的民办教育机构和个体工商户 684 户，涉及水表 716 只，减退水费 1.16 万元。开展“双评议”工作期间，朱家亭营业厅收到市民群众扫码评议 2652 笔，满意率 100%；铁桥村营业厅收到市民群众扫码评议 1281 笔，满意率 100%。

【水质管理】 2022 年，汉阳供水部加强新装管道和管道维修的水质检测与管理。完成新装管道、维修管道、消防吐水抽检、水箱清洗及换表水质抽检 595 次，泵房水质抽检 60 次，余氯、浊度两项指标均达标。向区内城镇供水单位末梢水用户每日发布供水水质监测信息，密切关注汉阳现有 9 个取水点位（含 1 个在线监测点）水质信息数据。每月上门巡检水质 4 次，发现问题及时与区卫生健康部门联系。武汉市汉阳区卫生健康局在中心城区供水水质督查水样采集工作中，抽查汉阳区 8 个点位，全部合格。

【供水管网管理】 2022 年，汉阳供水部加大供水管网更新改造力度。与汉阳区建设部门保持密切联系，提前掌握市政道路新建（维护）改造计划，收集道路改造相关资料，确保老旧供水管网改造与市政道路建设同步实施。针对局部点位压力低的现状，先后完成雅丽花园三期、五里汉城、南国明珠等老旧管网改造，协助用户向政府申报二次供水改造 10 余笔。开展市政供水井室井盖排查整治，整改井室 858 座（处）。加强消火栓设施建设改造和维护管理，执行《武汉市水务集团有限公司市政公共消火栓管理办法》的巡查周期、标准，开展市政消火栓巡查维护管理，及时改造不合格的消火栓、消防阀门和井室。强化管理系统应用，及时完整录入供水 GIS 系统中管道及设施维修、更换、升移改等生产记录。

【供水安全生产】 2022 年，汉阳供水部全面开展隐患排查治理。建立健全安全隐患排查治理责任网络长效机制，完善安全管理体系。印发《武汉市自来水有限公司汉阳供水部安全生产管理规章制度汇编》，规范一线作业人员安全行为，健全劳动保护监督检查网络，落实督查整改责任。制定修编“三单二卡”（岗位风险清单、岗位责任清单、岗位安全检查清单，岗位安全操作卡、岗位应急处置卡），完善制度建设和“安全生产标准化”。

2022年2月7日，武汉市自来水有限公司汉阳供水部二次供水管理所开展例行泵房巡查，现场检查泵房管道、设备运行情况　　（汉阳供水部　供图）

加强安全生产及治安综合治理教育培训，完善应急预案及修编工作，分别开展消防应急预案、“大型供水管道爆管应急演练”的实战、营业大厅防盗抢和网络安全应急预案等演练。

（徐晓妍）

供　气

【概况】 2022年，武汉市天然气有限公司汉阳分公司（以下简称汉阳天然气分公司）承担汉阳地区民用、工商客户燃气供应和客户管道燃气安装、缴费、充值、燃气器具销售、安检维修、业务咨询及各类经营范围内诉求处理、转办工作。全年新增天然气开户客户2.93万户，客户数累计达44.84户。

【智能表具推广】 2022年，汉阳天然气分公司提升服务能力，加大智能表具推广。加强智能燃气表安装，及时更换到期表具，强化NB智能表推广与应用。开展延伸服务，与股东企业深化燃气设计与运营服务、燃气表具及系统换代升级与研发、入户一站式服务、报警器服务等方面合作，优化资源配置。优化NB网络信号，配合开展蓝焰移动版NB表测试，完成世纪龙城一期蓝焰移动版NB表安装200块。与武汉蓝焰自动化应用技术有限责任公司签订《民用燃气表更换、拆除施工合同》，开展超期表整体更换。与武汉蓝焰自动化应用技术有限责任公司签订《工商燃气计量表具检定（维修）拆装合同》，开展工商流量计检定（维修）拆装，前三季度完成372次拆装。跟踪蓝焰移动版NB表数据，监测表具使用。全年完成NB表更换1.7万块。

【“获得用气”营商环境优化】 2022年，汉阳天然气分公司优化“获得用气”营商环境，发布优化营商环境（获得用气）4.0版工作文案。通过流程再造、业务融合，工商业用户在3.0版基础上再次优化升级获得新用气办理程序，办理时限缩短至最短3个工作日、最长14个工作日，实现“获得用气”“零跑腿”。建立“一对一”管家式服务机制，指定专人为工商客户提供管家式服务，根据客户需求协调内部资源，为客户提供一站式优质服务。以“高效办成一件事”为主线，提升服务质量，推行网格化服务诉求处理模式，整合服务资源，优化线上服务功能，提升业务办理便捷度。安排专人对接政务、企业信息系统，为客户办理燃气业务。对接开发商和物业，在交房现场及物业群宣传并推送线上开户操作说明，指导客户完成网上开户（过户）业务办理，客户足不出户办理开、过户业务。4月初功能上线，至9月30日，完成开户审核3175户，过户审核867户。推行户内业务一体化服务，实现“一次入户解决所有问题”。以工商安检现场教学、抄收业务理论笔试及抄收户内业务知识抢答形式，开展运维员系列培训及竞赛，推进安检、抄收等户内业务一次性上门，形成入户服务一次解决模式。

2022年9月5日，武汉市天然气有限公司汉阳分公司工作人员现场勘察老旧小区天然气设备　（汉阳天然气分公司　供图）

【老旧小区天然气设施改造】 2022年，汉阳天然气分公司首次在汉阳区域成立老旧小区天然气设备设施安装改造专班，克服“设计难、协调难、施工难”问题，优化民现户项目指引流程，形成完整施工方案，采取“统筹规划、分步实施”方法，倒排工期，定期检查施工计划、每周汇报施工安全，多措并举为老旧小区天然气设施设备安装改造项目保驾护航。全年改造安装天然气涉及6个老旧小区、970余户居民。

【供气安全治理】 2022年，汉阳天然气分公司以“百日行动”、专家评审为抓手，开展多样化检查，分片、分时段安检，完成民用户安检约22.27万户，完成工商户安检3369户次。建立工商户“一户一档”，强化用气安全管理。加大工商业用户燃气安全隐患整改力度，加强“发现、记录、整改”闭环处置，保障供气安全。加强区域内工商用户、餐饮用户燃气泄漏报警器隐患整治。成立整治工作专班，对接区燃管部门，对不配合整改用户，经审批后暂停供气。天然气餐饮用户全部安装燃气泄漏报警器。通过举报、入户作业打击盗窃燃气行为，利用表具智能远传数据比对与分析，及时跟踪核查异常数据，上门核实长期未回传数据及长期回传用量“零”用户表具。9月22日，在锦华妇产医院开展食堂从业人员、医护人员燃气安全宣传及培训，检查食堂用气设施安全，提高燃气工商户安全用气意识，规范安全用气行为。

（朱炜杰）

生态环境保护

环境质量

【概况】 2022年，武汉市汉阳区提升环境监管能力，推进污染物减排、大气污染防治、江河湖泊保护、园林绿化等重点工程，致力于提升区域生态环境质量。全年汉阳城区环境空气优良天数274天，比上年减少7天。城区环境空气中颗粒物（PM_{10}）、细颗粒物（$PM_{2.5}$）、二氧化硫（SO_2）、二氧化氮（NO_2）、一氧化碳（CO）五项主要污染物浓度比上年下降或持平，均达到《环境空气质量标准》（GB 3095—2012）二级标准。全区水环境质量保持稳定，集中式饮用水水源地水质达标率100%，莲花湖、月湖水质稳定达标，墨水湖、龙阳湖水质较上年稳中有升。环境质量监测完成率、达标率100%，城市烟尘控制区、环境噪声达标区复查达标率100%。全区重点工业企业污染物排放稳定达标率100%，重点危险废物产生单位规范化管理执行率、核与辐射安全监管完成率100%，区域环境质量明显改善。年内，琴断口小河入选武汉市生态环境局和武汉市水务局联合发布的2022年武汉市“美丽河湖”优秀案例，成为武汉市首批15个“美丽河湖”之一。

【环境空气质量】 2022年，汉阳区空气环境质量优良率78.1%，比上年下降1.3%。轻度、中度、重度污染天数共为91天，比上年增加7天。城区环境空气中颗粒物（PM_{10}）年平均浓度为53微克/立方米，下降8.6%，达到《环境空气质量标准》（GB 3095—2012）年平均浓度二级标准。城区环境空气中细颗粒物（$PM_{2.5}$）年平均浓度为32微克/立方米，下降5.9%，达到《环境空气质量标准》（GB 3095—2012）年平均浓度二级标准。城区环境空气中二氧化硫（SO_2）年平均浓度为7微克/立方米，与上年持平，达到《环境空气质量标准》（GB 3095—2012）年平均浓度二级标准。城区环境空气中二氧化氮（NO_2）年平均浓度为36微克/立方米，下降10%，达到《环境空气质量标准》（GB 3095—2012）年平均浓度二级标准。城区环境空气中一氧化碳日平均浓度的第95百分位数（CO-95per）为1.10微克/立方米，下降8.3%，达到《环境空气质量标准》（GB 3095—2012）二级标准。城区环境空气中臭氧最大8小时滑动平均浓

表33　　2022年武汉市汉阳区国控点环境空气污染物浓度统计表

年份	监测点位	SO_2年均浓度（微克/立方米）	NO_2年均浓度（微克/立方米）	PM_{10}年均浓度（微克/立方米）	$PM_{2.5}$年均浓度（微克/立方米）	CO-95per浓度（毫克/立方米）	O_3-8h90per浓度（微克/立方米）
2022	汉阳月湖	7	36	53	32	1.1	164
2021	汉阳月湖	7	40	58	34	1.2	159
2022年与2021年比较		—	-10.0%	-8.6%	-5.9%	-8.3%	+3.1%
标准限值		60	40	70	35	4	160

注：“+”表示上升，“-”表示下降。

度的第 90 百分位数（O_3-8h90per）为 164 微克/立方米，上升 3.1%，超过《环境空气质量标准》（GB 3095—2012）日最大 8 小时平均浓度二级标准。

【水环境质量】 2022 年，汉阳区整体水环境质量保持稳定，长江、汉江断面，莲花湖、月湖水质稳定达标。墨水湖、龙阳湖水质较上年稳中有升，12 条港渠全面消除黑臭。集中式饮用水水源地水质达标率 100%。武汉市生态环境局汉阳区分局（以下简称汉阳区生态环境分局）对汉阳区墨水湖（Ⅳ类）、龙阳湖（Ⅲ类）、月湖（Ⅳ类）、汉阳莲花湖（Ⅳ类）4 个主要湖泊进行监测，依据生态环境部环办〔2011〕22 号文规定对 4 个湖泊的监测结果进行评价。全年监测结果评价为：龙阳湖为Ⅴ类，墨水湖为Ⅴ类，月湖为Ⅳ类，汉阳莲花湖为Ⅳ类。其中，月湖、汉阳莲花湖达到功能类别要求，龙阳湖、墨水湖未达到功能类别要求。龙阳湖主要超标项目为总磷、化学需氧量、五日生化需氧量、高锰酸盐指数；墨水湖主要超标项目为总磷。同上年相比，汉阳莲花湖、月湖、墨水湖、龙阳湖湖泊水质保持稳定。

【声环境质量】 2022 年，汉阳区生态环境分局每季度对汉阳西大街和四新北路功能区声环境质量监测点开展 24 小时连续监测，西大街居住区、商业区、工业区昼间等效声级 58 分贝，比上年上升 2%；夜间等效声级 49 分贝，与上年持平；声环境质量达标。

表34　　2022年武汉市汉阳区湖泊水质状况统计表

湖泊名称	功能类别	2022年水质状况	富营养状况	达标情况	2021年水质状况	2022年与2021年水质变化比较
墨水湖	Ⅳ	Ⅴ	中度富营养	不达标	Ⅴ	稳定
龙阳湖	Ⅲ	Ⅴ	中度富营养	不达标	Ⅴ	稳定
月湖	Ⅳ	Ⅳ	轻度富营养	达标	Ⅳ	稳定
莲花湖	Ⅳ	Ⅳ	中度富营养	达标	Ⅳ	稳定

表35　　2022年武汉市汉阳区功能区声环境质量监测点位达标情况一览表

单位：dB

测点名称	功能区类别	时间	等效声级分贝			
			昼间	达标分析	夜间	达标分析
西大街	2类区（居住、商业、工业混杂区）	2022	58	达标	49	达标
		2021	56	达标	49	达标
2022年与2021年相比			+2.0	—	—	—
四新北路	2类区（居住、商业、工业混杂区）	2022	53	达标	48	达标
		2021	54	达标	52	不达标
2022年与2021年相比			-1.0	—	-4	—

注：“+”表示上升，“-”表示下降.

表36　　2022年武汉市汉阳区区域环境噪声监测结果一览表

单位：dB

行政区	时段	网格大小（米×米）	网格总数	Leq平均值分贝		
				2022年	2021年	同比变化
汉阳区	昼间-	1000×1000	38	57.20	57.90	-0.7

注：“-”表示下降.

表37　　2022年武汉市汉阳区道路交通噪声监测结果一览表

单位：dB

行政区	时段	监测点位数	平均等效声级分贝		
			2022年	2021年	同比变化
汉阳区	昼间	11	69.50	70.80	-1.30

注："-"表示下降。

四新北路居住、商业、工业区昼间等效声级53分贝，下降1%；夜间等效声级48分贝，下降4%；声环境质量达标。全年全区城市区域昼间环境噪声平均值为57.2分贝，下降0.7分贝。城市区域昼间环境噪声总体水平等级为三级，评价为一般。全年汉阳区城市道路交通昼间噪声平均值为69.5分贝，符合交通干线两侧功能区噪声标准70分贝，下降1.3分贝。汉阳区城市道路交通昼间噪声强度等级为二级，评价为较好。

【土壤环境质量】 2022年，汉阳区重点监管企业和工业园区周边土壤监测实施计划，全区土壤环境风险得到有效管控，重点建设用地安全利用得到有效保障，受污染土壤安全利用率达到100%，重点建设用地安全利用率100%。

环境污染整治

【大气污染防治】 2022年，汉阳区生态环境分局强化重污染天气应对，完善重点企业重污染天气应急预案，落实《湿地公约》要求暨秋冬季大气污染防控部署。开展专项治理，对涉挥发性有机物（VOCs）重点企业实行专项帮扶。完成岚图科技有限公司整车油性漆喷涂、水性漆有机废气深度处置。加强巡查督办，下达179个大气污染问题整改督办单72份。加大机动车及移动源排气监管，路检检测机动车994辆，超标34辆，处罚34辆；检测非道路移动源161台次，环保编码登记146台；柴油车入户检测10家，车辆248台；建立常态化加油站油气回收检查机制，定期巡查辖区油站、油气回收设备使用情况，检测加油站油气回收14家，均达标。加强工地扬尘污染防治，完成在建重点工地扬尘在线监控安装22个，并与武汉市生态环境局监控平台联网，协助区内11个街道做好12家小型空气质量监测站运行管理。

【饮用水水源地保护】 2022年，汉阳区生态环境分局巩固县级饮用水水源地安全隐患整改成果，上半年发现琴断口饮用水水源地存在环境问题6处，武汉市生态环境保护综合执法支队四大队督促责任部门和单位整改，全部达标。年内，武汉市生态环境监控中心每月对汉阳区汉江琴断口水厂1个集中式饮用水水源地开展一次水质监测，监测项目为《地表水环境质量标准》（GB 3838—2002）中基本项目、补充项目以及33项特定项目，共计62项。饮用水水源水质评价执行《地表水环境质量标准》（GB 3838—2002）中Ⅲ类标准和标准限值。按单因子评价，2022年汉阳区汉江琴断口水厂1个集中式饮用水水源地水质达标率为100%。全区县级以上集中式饮用水水源地水质达标率100%。

【河湖排污口排查整治】 2022年，汉阳区生态环境分局加强涉水企业违法排污行为查处。强化沿湖、沿港周边环境监管。实施琴断口小河、朱家老港等12条港渠、沿线涉水企业长效监管，杜绝排污，12条港渠消除黑臭。落实长江、汉江及全区湖泊、港渠定期监测制度，监测完成率、达标率100%。推进入河排污口整治专项行动，完成全部排口溯源，整治区内110个长江入河排污口，取缔13个，清理合并1个，规范84个。长江汉阳考核断面（杨泗港）、汉江汉阳考核断面（宗关）水质稳定保持在Ⅱ类。

【噪声污染防治】 2022年，武汉市汉阳区贯彻落实自2022年6月5日起施行的《中华人民共和国噪声污染防治法》，加强声环境质量监测点位管理，设置2个功能区声环境监测点位，设置区域噪声环境监测点位20个、交通噪声环境监测点位15个。加强夜间施工噪声执法，开展主次干道社会生活噪声情况巡查。督促施工图审查机构按照《民用建筑隔声设计规范》进行设计审查，对不满足允许噪声级和隔声标准等强制性条文的设计，不予发放施工图审查报告书。开展"静音护考"专项行动，对考点周边商铺、建筑工地进行全覆盖巡查管控，给考生创造良好的考试环境。做好噪声扰民警情处置和纠纷化解，处置噪声扰民警情407起，化解因噪声扰民产生邻里纠纷400余次，依法处理制造噪声干扰他人生活的治安案件3起，警告违法嫌疑人3人。

【土壤污染防治】 2022年，汉阳区生态环境分局制定《汉阳区土壤污染防治工作方案》《汉阳区2022年土壤污染治理实施方案》，更新《汉阳区突发环境应急预案》，将土壤环境应急事项纳入应急体系。启用土壤污染地块环境管理信息系统，登入污染地块信息。完成土壤污染重点行业企业筛选及空间位置遥感核实。开展疑似污染地块详查评估，防范建设用地新增污染，严格用地准入。发布土壤重点监管企业名单，加大对原武汉农药厂污染地块修复后期管理。开展万里皮鞋厂、武汉奥深玻璃有限公司、武汉亚太调味食品有限公司（前进村生产基地）3家关闭企业场地土壤调查，未发现土壤污染。

【环保督察整改】 2022年，汉阳区生态环境分局成立环境保护督察整改工作领导小组及工作专班。已全部完成第一轮中央环保督察反馈意见涉及汉阳区整改任务42项。完成第一轮中央环保督察“回头看”整改任务6项；完成第二轮中央环保督察整改任务10项。完成省级环保督察整改任务10项；完成省级“回头看”整改任务12项。

【张之洞体育公园环保督察整改】 2022年，生态环境部华南督察局现场调研汉阳区“张之洞公园”环境整治和环保督察整改情况，并作为正面典型案例上报。“张之洞公园环保督察整改项目”成为中央生态环保督察首批正面典型中湖北唯一上榜案例，《人民日报》《光明日报》和中新网等中央、省、市级媒体报道。张之洞体育公园所在地曾经是汉阳炼钢厂冷却池地块。2018年，第一轮中央生态环境保护督察“回头看”期间，武汉市收到督察组交办信访件，反映汉阳钢厂冷却池地块严重影响周边环境问题。经过反复调研、听取群众意见，汉阳区决定将该地打造为滨江生态公园。2019年，拆除荒地上2000余平方米违规建筑，建成街心花园，整治初见成效。2020年8月，汉阳区投资5800万元，将街心花园升级为体育公园。2021年4月，张之洞体育公园开园。汉阳区将整改模式复制推广，向阳体育公园投入使用，四新体育公园项目在建，知音体育公园项目进入可行性方案研究阶段。

张之洞体育公园

（汉阳区融媒体中心　供图）

环境监管

【环境监测】 2022年，汉阳区生态环境分局完成辖区地表水、河长制、重点湖泊及其入湖排口（港渠）水质、分散式污水处理设施水质监测以及空气环境监测、声环境监测等常规点位监测任务，按时按质向武汉市环境监测中心报送监测数据。同时，做好监督性监测、专项监测、信访投诉监测、应急监测等。全年监测点位63个，监测项目67个，出具监测数据3230个，完成率、监测质量达标率100%。

【建设项目环境影响审批】 2022年，汉阳区生态环境分局依照《中华人民共和国环境影响评价法》严把审批关口，坚持凡建设项目环境影响评估审批必须召开专家评审会，未经专家评审的建设项目一律不受理。全区全年办理建设项目环境影响审批19项，环评准确率、抽查合格率100%。

【污染物排放及处理】 2022年，汉阳区重点排污企业废气排放量25.03亿立方米，比上年增加9799.83万立方米；二氧化硫排放总量10.03吨，氮氧化物排放总量10.9吨，烟尘（粉尘）排放总量6.43吨。全区重点排污企业废水排放量799.73万吨，减少36.87万吨；工业废水中化学需氧量排放量74.55吨，氨氮排放量为2.49吨。年内，汉阳区坚持对污染物排放进行识别和评估，对环境风险进行筛查和评估。强化源头控制，严格限制或禁止有毒有害化学物质的生产和使用的活动。建立有效的监测体系，定期检测环境中的污染物质，确保及时发现问题并采取措施。推动企业在生产过程中采取改进工艺、使用环保材料等措施减少污染物的排放，对于无法避免排放的新污染物，需要在排放前进行末端处理，采用物理、化学或生物方法来去除或转化污染物。监督污染物排放单位遵守相关法规和排放标准，确保排放物达到法定要求。全区城镇污水处理厂1座，日处理能为1.5万吨；重点排污企业拥有工业废水处理设施15台（套）。全区重点污染企业固体废物产生量7.74万吨。其中，综合利用量7.19万吨，工业固体废物综合利用率92.95%，增加0.12%。

【辐射安全监管】 2022年，汉阳区生态环境分局对区内全部26家使用Ⅳ、Ⅴ类放射源、丙级非密封场所、Ⅱ类射线装置单位以及其他辐射工作单位开展年度辐射安全监督检查或抽查，未发现存在辐射问题单位，无违法违规项目审批。

【危险废弃物监管】 2022年，汉阳区生态环境分局开展危险废弃物申报登记工作。全年申报危险废弃物年报单位108家，经营年报单位2家，一般固体废弃物年报单位4家；申报危险废物数量5970.61吨，经营收集4443.89吨，一般固体废弃物数量1.99万吨。现场排查产生危险废弃物单位71家。湖北省危险废弃物互联网系统完善50家单位申报资料，新注册企业11家。加强医疗机构医疗废弃物和污水处理监管。督促各产废单位与有资质的医疗废弃物处理单位签订转运处置合同，并在规定时间内处理完毕。区内均设有医疗废弃物暂存间和废水消毒点位，医疗废弃物转运日产日清，废水监测均达标。对4家安装在线网络的医疗机构采取非现场检查方式，每天安排人员上网检巡废水排放是否超标，对其他医疗机构不定期开展检查。武汉市生态环境综合执法支队四大队、汉阳区卫生计生执法大队成立联合检查组，在全区开展医疗机构污水处理情况检查，督导医疗机构污水处理设施规范运行、达标排放。

【环境监察执法】 2022年，汉阳区生态环境分局加大涉水工业企业检查力度，开展入河湖排口排查整治专项行动，制定《汉阳区湖泊排口整治方案》，推进区内湖泊、河流排口整治。开展“拥抱蓝天机动车尾气路检”“废矿物油危废整治”“排污许可证规范化管理”“建设项目事中事后监管”“挥发性有机物排放重点企业帮扶”“成品油市场专项整治”等专项执法检查。全年出动201人次，检查涉水工业企业52家次。办理涉水违法行为行政处罚案件1件。受理各类环境污染投诉1820件，环境信访处理率、办结率100%，发现环境违法行为查处率100%。全区无一例重特大环境污染事件，全年无环境突发事件。

【生态文明宣传教育】 2022年，汉阳区生态环境分局组织“六五”环境日、生物多样性日、环保设施公众开放日等环境宣教活动，开展环保宣传讲座进社区活动，参与全国科普日、长江大保护“你我共守长江水”主题教育实践活动等，发放环保宣传品300余份。联合各级新闻媒体开展宣传报道，全年在武汉市生态环境局官

2022年6月5日，武汉市生态环境局汉阳区分局“六五”环境日环保宣教活动在张之洞体育公园举办 （汉阳区生态环保分局 供图）

方网站、媒体平台发布信息60余条，市级以上媒体刊载20次。其中，武汉电视台报道1次，《长江日报》2篇，《湖北日报》1篇，《光明日报》1篇，《中国环境监察》1篇，《中国环境》2篇，“武汉生态环境”微信公众号10余篇。

【“六五”环境日宣传活动】 2022年6月1日，汉阳区生态环境分局在汉阳张之洞体育公园开展“六五”环境日主题宣传活动，以“共建清洁美丽世界”为主题，近50名社会各界环保志愿者和群众参与。设置系列环保宣传展板和答疑科普展位，工作人员和志愿者现场解答市民关注的热点环保问题，解读最新环保政策，宣传科普环保法律法规，发放《绿色生活手册》《环保科普读物》和环保袋等各类宣传品，吸引市民和游客参观参与。

【世界无烟日宣传活动】 2022年5月31日，汉阳区开展“第35个世界无烟日”控烟宣传活动。各街道、部门张贴禁烟宣传海报，利用电子显示屏播放控烟宣传视频，各部门和单位通过微信微博发布传播控烟科普文章，区疾病预防控制中心面向全区征集“我的控烟故事”短视频，营造良好宣传氛围。汉阳区教育局组织全区学校开展控烟宣传活动，利用国旗下讲话、主题班会、邀请健康讲师进校园巡讲让学生了解烟草危害，组织学生及家长签订控烟承诺书，开展“小手拉大手”家校共建的控烟宣传活动，家长和学校合作拍摄“我的控烟故事”短视频。全区医疗机构到社区、学校、企业开展控烟宣传活动，宣讲烟草危害，提供科学戒烟方法。汉阳区疾病预防控制中心组织综合医疗机构戒烟门诊进行督导检查，各戒烟门诊提供科学干预方法，指导门诊及住院病人科学戒烟。

（郭慧）

园林绿化

【概况】 2022年，汉阳区加强社会绿化、道路绿化和社区绿化建设，植树1.5万株，实施垂直绿化3千米，新增绿地15万平方米。至年底，全区绿地面积2751.21万平方米，城区绿化覆盖率41.3%，绿地率36.3%，人均绿地面积28.88平方米，改建林荫道7千米，新建口袋公园7个。

【道路绿化】 2022年，汉阳区实施江城大道、晴川大道道路绿化景观提升，中分带梳理、关键节点提升及花卉满铺形成特色大道。完成江城大道绿化面积12万平方米，以“四季有

花、迹象分明、特色鲜明、主题彰显”为目标，打造“林带连绵、繁花似锦、百日花红”四季景观，形成“一轴两带六点”赏花大道（“一轴”指江城大道北起月湖桥、南至三环线段，约 7.3 千米；“两带”指道路的中分带与侧分带；“六点”指“绚烂夏花”“姹紫嫣红”“碧波鱼跃”“芳岛花舟”“锦绣花语”“缘遇知音”6 个重要景观节点）。提升四新地区绿化景观道路 11 条。调整晴川大道杨泗路至两湖路段 600 米长、约 20 米宽中分带，优化植物层次，塑造端头景观；重大节日、重要活动布置道路花卉景观 125 万盆。

2022年，武汉长江大桥汉阳桥头园林扎景

（汉阳区园林局　供图）

【社区绿化】 2022 年，汉阳区推进“绿色驿站进社区”活动，在墨水湖社区、建港社区、白鹤社区、华园社区、汉琴社区、黄金口岸社区、车站社区、郭茨口社区、江宁社区、琴台社区建设绿色驿站 10 个。评选招商公园 1872 怡府、光明上海府邸等优秀园林式小区 5 家，评选招商樾望、广电兰亭都荟等园林式小区 78 家。网络评选“花园家庭”10 家。

【义务植树】 2022 年，汉阳区举办植树活动 15 次。其中，义务植树活动 5 次，参与 230 余人次，植树 90 株，播种野花组合 900 平方米；认建认养活动 8 次，参与 310 余人次，认养树木 410 株。开展义务植树志愿服务活动 2 次，参与 100 人次。新增社会绿化面积 31.69 万平方米。其中，防护绿地 9.82 万平方米（杨泗港都市 T 台），附属绿地 21.87 万平方米（新建楼盘）。完成碧溪苑、倒口西村二院、莲花村、七里新村、桥机四小区、桃花岛五字片小区、旺达小区、武房三期、长江委小区、自力小区、紫荆花园、玫瑰西苑、长航小区、五里二村三村、五里新村、桥西小区、知音西苑等 17 处老旧小区园林绿化改造升级，面积 1.63 万平方米，投资 443 万元。政府托底管理 72 个社区 214 个小区绿化养护，面积 29 万平方米，乔木 9000 余株，每 14 天全覆盖循环管理养护 1 次。解决树木影响采光、安全隐患问题，提高老旧小区绿化品质。

2022年7月，武汉市汉阳区园林局与武汉市汉阳区永丰街道汉琴社区共同建设“微景观”现场

（汉阳区园林局　供图）

【公园建设与管理】 2022 年，汉阳区园林局公园管理中心管辖公园、游园面积 160 公顷。其中，综合公园 6 座：汉阳公园、汉水公园、新区公园、莲花湖公园、墨水湖公园、琴台绿化广场；社区公园 5 座：江堤游园、江腾苑游园、汉江湾公园、前进嘉园游园、英才公园；游园 6 座：玉龙游园、赫山游园、家和园、龙阳湖游园、桃花岛小游园、桥西小游园。专设文明志愿服务岗，全天候为市民游客提供服务，开展公园大课堂、文化科普、植物医生、中小学生自然生态研学等文化活动 77 场，丰富公园文化生活。开展未成年人绿色生态实践活动 8 次，组织绿化专家进社区 4 次。年内，新建龙阳湖公园龙阳半岛、恬静公园、米粮城市低线公园、江欣园、知音人才公园等公园。汉阳公园被武汉市园林和林业局评为 2022 年“精致公园”。

【口袋公园】 2022 年，汉阳区园林局新建知音人才公园、东投汉阳城、中兴街等口袋公园 7 个。其中，知音人才公园利用城市碎片化隙地建设，主题建筑表达筑巢引凤愿望，设立 7 大互动式人才主题艺术雕塑，获湖北省2022年“最美口袋公园”称号。英才公园、玉龙游园、桥西小游园、前进嘉园游园新增体育运动设施39件（套），提升口袋公园运动健身属性。

【“湿地花城”建设】 2022年，汉阳区园林局布置长江大桥桥头湿地大会主题、张之洞博物馆太平有象主题立体花坛2处。布置汉江湾桥西侧波斯菊、百日草2季，墨水湖公园鼠尾草1季，打造“花田花海”10公顷。布置晴川大道、鹦鹉大道、国博大道等道路重大节日、重要活动花卉景观170万盆，建设招商1872花漾街区1条。

【金秋菊展】 2022年，汉阳区园林局在墨水湖公园北岸主办汉阳区第三十九届金秋菊展，布展面积约3.4万平方米。参与布展企事业单位13家，精选精品菊花500余种10万余盆，打造作品13处、菊花小景20处。汉阳区园林局获武汉市第三十九届金秋菊展优秀组织单位三等奖，布景作品一等奖；汉阳区教育局、汉阳公园获布景作品二等奖；龟山风景管理处获布景作品三等奖；汉阳区城市管理执法局、月湖风景管理处等9家参展单位获布景作品优秀奖；汉水公园获品种及栽培一等奖，汉阳公园获品种及栽培二等奖。

（陈松林）

2022年11月，第三十九届汉阳金秋菊展在墨水湖公园展出。图为游客在观赏菊展 （汉阳区园林局 供图）

节能减排

【概况】 2022年，汉阳区全社会能源消费量130.25万吨标准煤，比上年增长2.4%。其中，第二产业能源消费量40.78万吨标准煤，增长4.1%；第三产业能源消费量78.72万吨标准煤，增长0.9%；其他生活能源消费量10.75万吨标准煤。初步核算，全区万元国内生产总值能耗下降0.13%，第二产业万元国内生产总值能耗下降4.98%，第三产业万元国内生产总值能耗增长0.17%。严格控制能源消耗量。按照《武汉市加快建立健全绿色低碳循环发展经济体系实施方案的通知》要求，制定汉阳区2022年节能降耗计划，引导重点用能单位和重点污染物排放企业采取措施，减少碳排放和污染物排放量，控制在用能及排放指标范围内。加强新建项目用能规范审核，对改扩建和技术改造项目实施治理或关停现有污染项目，重视资源综合、循环利用以及污染物集中处理、控制，倡导工业水循环利用，推进低碳创新试点。在武汉市低碳示范工程第一批试点的12个单位中，百威（武汉）啤酒有限公司（工厂类）、金茂方岛智慧科学城（社区类）、汉阳区西大英才小学（学校类）3个单位入选。

2022年6月15日，武汉市汉阳区举办“节·碳·新未来”低碳日暨绿色节能周活动 （汉阳区环保局 供图）

【“双碳”战略实施】 2022年，汉阳区组织编制完成“碳中和”“碳达峰”规划，通过专家评审。汉阳区生态环境分局以监管执法与宣传引导并重的方式，重点向企业宣讲“碳达峰”“碳中和”方面知识、政策要求及先进做法，提高企业节能减排意识。引导企业运用各种减碳措施，践行低碳、清洁、绿色、环保的生产方式。举行低碳日暨绿色节能周“节·碳·新未来”主题论坛。邀请圈内专家学者、相关企业代表，共商低碳转型发展路径。开展节能监察及清洁生产。关注重点企业能耗情况，分析预警能源形势。对武汉苏泊尔炊具有限公司、武汉博瑞环保能源发展有限公司、百威（武汉）啤酒有限公司、中铁大桥局集团有限公司4家重点用能企业进行节能监察，对九州通医药集团股份有限公司固定资产投资项目进行节能审查，走访区属能源网报企业50家，引导企业网上报送数据，指导汉氏环保清洁生产，支持医疗废物处置（收转运）项目提档升级验收。

【低碳示范项目创建工作】 2022年，汉阳区组织武汉苏泊尔炊具有限公司参与全市碳核查，在学校、商业流通、大型企业、智慧小镇等领域开展低碳示范项目创建工作，敦促试点企业和园区上报低碳创建方案。百威武汉啤酒有限公司（企业）、武汉方岛金茂智慧科学城（园区）、汉阳区西大英才小学（学校）开展低碳示范项目创建并完成创建方案上报。

【合同能源和循环经济项目申报】 2022年，汉阳区组织开展合同能源和循环经济项目申报，推行新型市场化合作节能模式。湖北中鄂飞鹿科技有限责任公司、武汉市盛璟阳环保材料有限公司、武汉国博能源管理有限公司3个项目向武汉市发展和改革委员会申报循环经济发展专项资金补贴。其中，湖北中鄂飞鹿科技有限责任公司承建区机关合同能源改造项目通过市级审核。

（魏丹枫）

【绿色低碳环保宣教活动】 2022年，汉阳区组织“向雾霾宣战，志愿者在行动”学雷锋志愿服务环境宣传活动，向市民分发环保读物、环保小知识、环保法规等宣传小册。举办汉阳区节能减排环保宣传、节能低碳知识有奖问答、节能宣传展板及画册展示、企业节能产品展示、低碳手工、以物换物和低碳宣言等系列活动，推动形成绿色、低碳生产生活方式。

【工业减排】 2022年，汉阳区工业能源消费20.06万吨标准煤，比上年下降0.99%。其中，规模以上工业综合能费17.56万吨标准煤，下降4.85%；规模以下工业综合能费2.5万吨标准煤，增长38.5%。单位工业增加值能耗每万元0.43吨标准煤，增长13.5%。

【建筑节能】 2022年，汉阳区提升建筑节能和绿色建筑管理业务水平，发展和推进新型墙体材料及绿色建材；严格施工图审查和施工许可环节把关，落实用地规划条件和规划许可，推进新建项目采用装配式建筑。推进绿色建筑及可再生能源建筑应用示范项目。新建建筑节能工程项目99项，建筑面积372.27万平方米，办理建筑节能设计审查备案与建筑节能分部工程竣工验收备案率100%，节能竣工验收项目145项，面积196.09万平方米；新型墙体材料推广应用率100%，新建建筑执行建筑节能设计标准100%，其中，居民建筑执行低能耗节能设计标准100%，在建建筑工程新型墙体材料推广应用率100%，预拌混凝土、预拌砂浆使用率100%。可再生能源应用竣工项目面积49.78万平方米。开展既有建筑节能改造项目1项（武汉市坦达工程项目管理有限公司代建的汉阳区老旧小区改造工程〈四期〉工程），投入改造费用3200万元，总改造面积53.22万平方米。新建装配式建筑、市政基础设施项目26个，建筑面积99.8万平方米。其中太保家园·武汉国际颐养社区（1至3号楼）、武汉市公安局交通管理局王家湾综合业务用房项目被确定为年度装配式建筑试点示范项目。制定《汉阳区建管站关于开展超低能耗（近零碳）建筑示范工作实施方案》，组织项目进行试点示范项目申报。墨水湖南岸A3-2地块项目、新建商业服务业设施项目通过专家评审核查，进入公示阶段。

【交通节能】 2022年，汉阳区交通运输、仓储和邮政业能源消费量58.75万吨标准煤。加大城市公共交通新能源车辆推广，环保节能车型占全区公交线路运营车辆总数的74.3%。加强港口岸电动态建设，龙欣物流码头、大桥局物资码头等2座码头完成岸电设施安装。

【公共机构节能】 2022年，汉阳区推动公共机构节约节能转型，指导党政机关和企事业单位申报“节约型机关”和“省级节水型单位”创建。区直机关事务管理中心与中鄂飞鹿科技有限责任公司签订物联网智控节能系统合同，全年循环热水泵设备用电节能率约40%，锅炉设备用气节能率10%，冬季采暖能耗综合节能率11.5%；建设机关大院生活垃圾分类收集屋，利用湿垃圾生化处理设备将厨余垃圾转变为花肥，变废为宝。

（郭慧 李航）

科 技

科技管理

【概况】 2022年，武汉市汉阳区新认定高新技术企业90家，新认定获批高新技术企业22家。至年底，全区高新技术企业增至286家；科技企业研发平台35个；投入区级科技项目经费1280万元；专利授权总量2766件，比上年增长11.3%；发明专利授权量228件，增长55.1%；技术合同登记数133项，合同成交额45.14亿元，增长7.6%；实现高新技术产业增加值62.94亿元，增长0.5%。

【科技创新平台建设】 2022年，汉阳区推进国家科技创新中心建设，重点建设大健康、智能建造、环保类中试平台。依托健民药业集团股份有限公司，重点建设新药成果转化中试平台。通过装备升级、技术引进、平台打造、资源整合，开展新药成果转化中试研究服务。将健民药业集团股份有限公司新药成果转化中心研究基地、百威（武汉）啤酒有限公司研发中心测试酒厂实验室、武汉市汉阳市政建设集团有限公司城镇建筑废弃物体系化规模应用与推广项目作为中试平台报备。至年底，全区支持建立国家、省、市级科技研发平台和公共服务平台35个。其中，国家级平台4个，省级平台12个，市级平台19个。

【高新技术企业】 2022年，汉阳区112家企业被认定为高新技术企业。其中，新认定武汉市承远市政工程设计有限公司、武汉誉城千里建工有限公司等企业90家；新认定获批武汉汇科质量检测有限责任公司、武汉格林美洁净技术工程有限公司等企业22家。至年底，全区高新技术企业增至286家。

表38　　2022年武汉市汉阳区科技研发平台一览表

序号	平台名称	平台级别
1	健民药业集团股份有限公司国家博士后工作站	国家级
2	武汉金牛经济发展有限公司国家认可实验室	国家级
3	武汉金牛经济发展有限公司国家认定企业技术中心	国家级
4	中铁大桥局集团有限公司桥梁结构健康与安全国家重点实验室	国家级
5	九州通医药集团股份有限公司药用植物湖北省工程研究中心	省级
6	九州通医药集团股份有限公司工程技术中心	省级
7	健民药业集团股份有限公司湖北省暨武汉市中药现代化工程技术研究中心	省级
8	百威（武汉）啤酒有限公司饮料科学及啤酒工程中心	省级
9	武汉金牛经济发展有限公司湖北省塑料管道制造与应用工程技术研究中心	省级
10	中铁大桥勘测设计院集团有限公司湖北省桥梁绿色建造工程技术研究中心	省级

续表

序号	平台名称	平台级别
11	武汉市恒星防水材料有限公司湖北省企业技术中心创新中心	省级
12	武汉市汉阳市政建设集团有限公司湖北省企业技术中心	省级
13	湖北省城市地质工程院湖北省深基坑工程技术研究中心	省级
14	武汉天龙黄鹤楼酒业有限公司大清香固态发酵企校联合创新中心	省级
15	武汉市中药现代化企校联合创新中心	省级
16	武汉市液压压缩机企校联合创新中心	省级
17	武汉苏泊尔炊具有限公司研究开发中心	市级
18	武汉阿迪克电子股份有限公司研究开发中心	市级
19	武汉金牛经济发展有限公司院士工作站	市级
20	中铁大桥局集团有限公司国家企业技术中心	市级
21	健民药业集团股份有限公司武汉市中药现代化工程技术研究中心	市级
22	武汉西高电器有限公司研究开发中心	市级
23	武汉源锦商品混凝土有限公司研究开发中心	市级
24	武汉市汉阳市政建设集团公司研究开发中心	市级
25	武汉齐达康环保科技股份有限公司研究开发中心	市级
26	武汉中交交通工程有限责任公司研究开发中心	市级
27	武汉孚安特科技发展有限公司研究开发中心	市级
28	武汉市第五医院院士专家工作站	市级
29	湖北交投智能检测股份有限公司院士工作站	市级
30	中铁大桥勘测设计院院士工作站	市级
31	武汉新天达美环境科技有限公司院士工作站	市级
32	武汉市汉阳市政建设集团有限公司院士工作站	市级
33	武汉市西高电器有限公司智慧电气企校联合创新中心	市级
34	武汉市武公服装有限公司研究开发中心	市级
35	武汉路宝市政建设配套设施有限公司研究开发中心	市级

表39　2022年武汉市汉阳区国家高新技术企业一览表

序号	所属街道（开发区）	企业名称	认定年份
1	江汉二桥街道	武汉广弘环保工程有限公司	2020
2	江汉二桥街道	湖北楚天大地建设工程有限公司	2021
3	江汉二桥街道	湖北省交通规划设计院股份有限公司	2021
4	江汉二桥街道	塞尔纳新材料（武汉）有限公司	2021
5	江汉二桥街道	武汉公路桥梁建设集团有限公司	2021
6	江汉二桥街道	武汉市独角鲸翻译服务有限责任公司	2021
7	江汉二桥街道	湖北格瑞乐环保工程有限公司	2022
8	江汉二桥街道	湖北诺伽科技有限公司	2022
9	江汉二桥街道	未来田（武汉）信息技术有限公司	2022
10	江汉二桥街道	武汉普瑞斯测量技术有限公司	2022

续表

序号	所属街道（开发区）	企业名称	认定年份
11	江汉二桥街道	武汉七星工程建设监理有限责任公司	2022
12	江汉二桥街道	武汉鑫今创电力设备有限公司	2022
13	江汉二桥街道	武汉中频音响灯光工程有限公司	2022
14	建桥街道	武汉恒沛给排水工程设计院有限公司	2020
15	建桥街道	武汉辉煌电力工程有限责任公司	2020
16	建桥街道	武汉路宝市政建设配套设施有限公司	2020
17	建桥街道	武汉市汉阳市政建设集团有限公司	2020
18	建桥街道	武汉市园林建筑工程公司	2020
19	建桥街道	武汉天创市政建设工程有限公司	2020
20	建桥街道	武汉悉水科技有限公司	2020
21	建桥街道	武汉欣和机电工程有限公司	2020
22	建桥街道	武汉至臻空间展览装饰工程有限公司	2020
23	建桥街道	中铁大桥勘测设计院集团有限公司	2020
24	建桥街道	湖北万格环保科技有限公司	2021
25	建桥街道	湖北万泰建筑工程有限公司	2021
26	建桥街道	武汉东尚智能科技有限公司	2021
27	建桥街道	武汉今朝互动信息技术有限公司	2021
28	建桥街道	武汉武立涂料有限公司	2021
29	建桥街道	合一策研（武汉）数据科技有限公司	2022
30	建桥街道	湖北宝桥重工有限公司	2022
31	建桥街道	武汉艾联科技有限公司	2022
32	建桥街道	武汉博宏建设集团有限公司	2022
33	建桥街道	武汉电器科学研究所有限公司	2022
34	建桥街道	武汉汇科质量检测有限责任公司	2022
35	建桥街道	武汉建业展览有限公司	2022
36	建桥街道	武汉芥子科技有限公司	2022
37	建桥街道	武汉康正科技有限公司	2022
38	建桥街道	中铁武汉大桥工程咨询监理有限公司	2022
39	江堤街道	湖北炬创环境艺术工程有限公司	2020
40	江堤街道	武汉追月信息技术有限公司	2020
41	江堤街道	武汉生态环境设计研究院有限公司	2021
42	江堤街道	武汉市新裕科技有限公司	2021
43	江堤街道	中铁大桥局武汉桥梁传媒有限公司	2021
44	江堤街道	武汉恒顺通勘察设计有限公司	2022
45	江堤街道	武汉锐达智能包装技术有限公司	2022
46	江堤街道	武汉泽塔云科技股份有限公司	2022
47	汉阳经济开发区	武汉博奥美迪科技有限公司	2020
48	汉阳经济开发区	武汉德士康科技有限公司	2020
49	汉阳经济开发区	武汉海巍感知科技有限公司	2020

续表

序号	所属街道（开发区）	企业名称	认定年份
50	汉阳经济开发区	武汉金牛经济发展有限公司	2020
51	汉阳经济开发区	武汉凌合机电设备有限公司	2020
52	汉阳经济开发区	武汉睿创开关有限公司	2020
53	汉阳经济开发区	武汉世纪金牛管件技术有限公司	2020
54	汉阳经济开发区	武汉市金运科技开发有限公司	2020
55	汉阳经济开发区	武汉市艺茂机械有限公司	2020
56	汉阳经济开发区	武汉天鸣集团有限公司	2020
57	汉阳经济开发区	武汉西高电器有限公司	2020
58	汉阳经济开发区	武汉新塔医疗科技有限公司	2020
59	汉阳经济开发区	武汉鑫测检测技术有限公司	2020
60	汉阳经济开发区	武汉优博林新材料有限公司	2020
61	汉阳经济开发区	湖北烟草民意纸业有限公司	2021
62	汉阳经济开发区	武汉超屹电子有限公司	2021
63	汉阳经济开发区	武汉福达食用油调料有限公司	2021
64	汉阳经济开发区	武汉格林包装材料有限公司	2021
65	汉阳经济开发区	武汉齐达康环保科技股份有限公司	2021
66	汉阳经济开发区	武汉融控自动化科技有限公司	2021
67	汉阳经济开发区	武汉市昱宸峰科技有限公司	2021
68	汉阳经济开发区	武汉天晴干细胞有限公司	2021
69	汉阳经济开发区	武汉显捷电子有限公司	2021
70	汉阳经济开发区	武汉兴之旺光电科技有限公司	2021
71	汉阳经济开发区	武汉云天职业服饰有限公司	2021
72	汉阳经济开发区	元莱健康产品（武汉）有限公司	2021
73	汉阳经济开发区	武汉阿迪克电子股份有限公司	2022
74	汉阳经济开发区	武汉艾迪尔科技有限公司	2022
75	汉阳经济开发区	武汉博奥泰克科技有限公司	2022
76	汉阳经济开发区	武汉德胜兴邦科技有限公司	2022
77	汉阳经济开发区	武汉漫火科技有限公司	2022
78	汉阳经济开发区	武汉乔诺科技实业有限公司	2022
79	汉阳经济开发区	武汉日和汽车零部件有限公司	2022
80	汉阳经济开发区	武汉钇太自动化设备有限公司	2022
81	汉阳经济开发区	武汉英途工程智能设备有限公司	2022
82	汉阳经济开发区	武汉永鸿诚安防工程有限公司	2022
83	汉阳经济开发区	武汉卓阳精锐科技有限公司	2022
84	汉阳经济开发区	中城绿脉（湖北）检测有限公司	2022
85	汉阳经济开发区	武汉六石环境工程有限公司	2022
86	龙阳街道	湖北百草济世中医科技有限公司	2020
87	龙阳街道	湖北省城建设计院股份有限公司	2020
88	龙阳街道	九州通中药材电子商务有限公司	2020

续表

序号	所属街道（开发区）	企业名称	认定年份
89	龙阳街道	克虏伯流体机械（武汉）有限公司	2020
90	龙阳街道	榕知科技（武汉）有限公司	2020
91	龙阳街道	思方达交通工程(湖北)有限公司	2020
92	龙阳街道	为民企鹅科技（武汉）有限公司	2020
93	龙阳街道	武汉格炬智慧科技有限公司	2020
94	龙阳街道	武汉国信康医药科技有限公司	2020
95	龙阳街道	武汉华隆建筑安装有限公司	2020
96	龙阳街道	武汉金涛岩土工程有限公司	2020
97	龙阳街道	武汉诺博特机电有限公司	2020
98	龙阳街道	武汉市武公服装有限公司	2020
99	龙阳街道	武汉市长江富顺通通信有限公司	2020
100	龙阳街道	武汉双绿源创芯科技研究院有限公司	2020
101	龙阳街道	武汉中创融科科技股份有限公司	2020
102	龙阳街道	风禾尽起（武汉）环境艺术工程有限责任公司	2021
103	龙阳街道	湖北楚天蕙兰白蚁防治有限公司	2021
104	龙阳街道	湖北宏德发建设有限公司	2021
105	龙阳街道	湖北佳裕电子技术有限公司	2021
106	龙阳街道	湖北乐奇电力工程有限公司	2021
107	龙阳街道	九州通（武汉）医疗设备服务有限公司	2021
108	龙阳街道	武汉春和海獭防水涂料工程有限公司	2021
109	龙阳街道	武汉和力智展科技有限公司	2021
110	龙阳街道	武汉霍思凝科信息科技有限公司	2021
111	龙阳街道	武汉嘉斯睿特信息科技有限公司	2021
112	龙阳街道	武汉景泷仁科技有限公司	2021
113	龙阳街道	武汉卡斯尔德智能科技有限公司	2021
114	龙阳街道	武汉蓝帅机电设备工程有限公司	2021
115	龙阳街道	武汉诺飞特科技有限公司	2021
116	龙阳街道	武汉市千恒科技有限公司	2021
117	龙阳街道	武汉鑫盛达路桥设计咨询有限公司	2021
118	龙阳街道	武汉鑫盛天祥机电工程有限公司	2021
119	龙阳街道	武汉月成技术有限公司	2021
120	龙阳街道	武汉智铁科技有限公司	2021
121	龙阳街道	武汉佐盈森科技发展有限公司	2021
122	龙阳街道	星云海数字科技股份有限公司	2021
123	龙阳街道	湖北晨川环保科技有限责任公司	2022
124	龙阳街道	湖北三重茅信息技术有限公司	2022
125	龙阳街道	湖北省高速公路实业开发有限公司	2022
126	龙阳街道	湖北省公路水运工程咨询监理有限公司	2022
127	龙阳街道	湖北云医联科科技有限公司	2022

续表

序号	所属街道（开发区）	企业名称	认定年份
128	龙阳街道	湖北中旭勘测设计有限公司	2022
129	龙阳街道	湖北洲语科技有限公司	2022
130	龙阳街道	九信（武汉）中药研究院有限公司	2022
131	龙阳街道	九州通宝健康产业（武汉）有限公司	2022
132	龙阳街道	九州通健康科技集团有限公司	2022
133	龙阳街道	武汉禾维信息科技有限公司	2022
134	龙阳街道	武汉华商低碳能源股份有限公司	2022
135	龙阳街道	武汉科兰白材料有限公司	2022
136	龙阳街道	武汉栖之乐科技有限公司	2022
137	龙阳街道	武汉圣大东高科技有限公司	2022
138	龙阳街道	武汉小兵众创信息科技有限公司	2022
139	龙阳街道	武汉域外传媒科技有限公司	2022
140	龙阳街道	雪球（湖北）文化传媒有限公司	2022
141	琴断口街道	武汉德创捷机电技术有限公司	2020
142	琴断口街道	武汉鸿鑫立信金属制品有限公司	2020
143	琴断口街道	武汉市良山机电设备有限公司	2020
144	琴断口街道	武汉智慧云物联网科技有限责任公司	2020
145	琴断口街道	湖北省地质环境总站	2021
146	琴断口街道	湖北正显视通科技有限公司	2021
147	琴断口街道	武汉安即福科技有限公司	2021
148	琴断口街道	武汉必欣科技有限公司	2021
149	琴断口街道	武汉国运通科技有限公司	2021
150	琴断口街道	武汉科润表面新材料有限公司	2021
151	琴断口街道	武汉凌云信通科技有限公司	2021
152	琴断口街道	中泰信达环保科技（武汉）有限公司	2021
153	琴断口街道	武汉恒欣精密制造有限公司	2022
154	琴断口街道	武汉宏博纸品包装有限公司	2022
155	琴断口街道	武汉华迅捷检测设备技术有限公司	2022
156	琴断口街道	武汉汇科智创科技有限公司	2022
157	琴断口街道	武汉汇润远年科技有限公司	2022
158	琴断口街道	武汉鹏琛科技有限公司	2022
159	琴断口街道	武汉市承远市政工程设计有限公司	2022
160	琴断口街道	武汉五嘻信息科技有限公司	2022
161	琴断口街道	武汉鑫辉联创铝箱制品有限公司	2022
162	琴断口街道	武汉星颉辰科技有限公司	2022
163	晴川街道	武汉奥普铭市场研究有限公司	2020
164	晴川街道	武汉邻盛智能设备有限公司	2020
165	晴川街道	武汉琴台绿化工程有限责任公司	2020
166	晴川街道	武汉宜尚智能家具有限公司	2020

续表

序号	所属街道（开发区）	企业名称	认定年份
167	晴川街道	武汉宜尚智能系统工程有限公司	2020
168	晴川街道	武汉云眸科技有限公司	2020
169	晴川街道	武汉中合众建筑科学工程有限公司	2020
170	晴川街道	布狗文化科技（武汉）有限公司	2021
171	晴川街道	湖北高路公路工程监理咨询有限公司	2021
172	晴川街道	湖北交投智能检测股份有限公司	2021
173	晴川街道	武汉康腾信息技术有限公司（众康）	2021
174	晴川街道	武汉雅木网络科技有限公司	2021
175	晴川街道	武汉逸明科技发展有限公司	2021
176	晴川街道	爱途邦（武汉）网络科技有限公司	2022
177	晴川街道	湖北德銮建设工程有限公司	2022
178	晴川街道	湖北康智云医疗科技有限公司	2022
179	晴川街道	武汉帆腾科技有限公司	2022
180	晴川街道	武汉诺一数字技术有限公司	2022
181	晴川街道	武汉锐茨科技有限公司	2022
182	晴川街道	武汉心驰神往科技有限公司	2022
183	晴川街道	武汉智云软通信息技术有限公司	2022
184	四新街道	湖北广元岩土工程有限公司	2020
185	四新街道	湖北洁能工程技术开发公司	2020
186	四新街道	湖北省港路勘测设计咨询有限公司	2020
187	四新街道	武汉地质工程勘察院	2020
188	四新街道	武汉优运通信息技术有限公司	2020
189	四新街道	湖北省水文地质工程地质勘察院有限公司	2021
190	四新街道	荣世达（武汉）工程技术有限公司	2021
191	四新街道	武汉标杆通用无障碍科技有限公司	2021
192	四新街道	武汉嘉宏和设备有限公司	2021
193	四新街道	武汉三泰智科科技有限公司	2021
194	四新街道	武汉新浩爽制冷科技有限公司	2021
195	四新街道	武汉鑫隆诚电力工程有限公司	2021
196	四新街道	湖北成煜工程技术有限公司	2022
197	四新街道	湖北瑞立德科技有限公司	2022
198	四新街道	妙予彦武汉科技有限公司	2022
199	四新街道	无虚科技（武汉）有限公司	2022
200	四新街道	武汉庚泰净化装饰工程有限公司	2022
201	四新街道	武汉合联胜科技有限公司	2022
202	四新街道	武汉景天园林有限公司	2022
203	四新街道	武汉联戈机电设备有限公司	2022
204	四新街道	武汉诺威奇科技有限公司	2022
205	四新街道	武汉浦乔科技有限公司	2022
206	四新街道	武汉瑞丽森智能设备有限公司	2022

续表

序号	所属街道（开发区）	企业名称	认定年份
207	四新街道	武汉舒欣雅机电工程有限公司	2022
208	四新街道	武汉星空云智信息技术有限公司	2022
209	四新街道	武汉云合智汇科技有限公司	2022
210	五里墩街道	湖北省超能电力有限责任公司	2020
211	五里墩街道	武汉宝悍焊接设备有限公司	2020
212	五里墩街道	武汉国电华星电气有限公司	2020
213	五里墩街道	武汉市汉江石油物资技术开发有限责任公司	2020
214	五里墩街道	武汉武泵泵业制造有限公司	2020
215	五里墩街道	联讯益康医疗信息技术（武汉）有限公司	2021
216	五里墩街道	朴华建设集团有限公司	2021
217	五里墩街道	武汉楚江水利水电工程质量检测有限公司	2021
218	五里墩街道	武汉惠众智能科技有限公司	2021
219	五里墩街道	武汉尚龙数码科技有限公司	2022
220	五里墩街道	武汉市思达微信息技术有限公司	2022
221	五里墩街道	武汉天龙泉机电工程有限公司	2022
222	五里墩街道	武汉誉城千里建工有限公司	2022
223	鹦鹉街道	武汉致远市政建设工程有限公司	2020
224	鹦鹉街道	武汉钟鑫市政建设工程有限公司	2020
225	鹦鹉街道	湖北大盛智能装备有限公司	2021
226	鹦鹉街道	武汉武桥交通装备技术有限公司	2021
227	鹦鹉街道	杜瑞博机器人（武汉）有限公司	2022
228	鹦鹉街道	武汉嘉科奥化工设备有限公司	2022
229	永丰街道	禾舍设计事务所（武汉）有限公司	2020
230	永丰街道	湖北源绿高科技节能环保有限公司	2020
231	永丰街道	武汉奔阳新材料科技有限公司	2020
232	永丰街道	武汉黄山头建设科技有限公司	2020
233	永丰街道	武汉市启智园科技有限公司	2020
234	永丰街道	武汉亿晖科技有限公司	2020
235	永丰街道	武汉源锦商品混凝土有限公司	2020
236	永丰街道	武汉中海荣特焊科技有限公司	2020
237	永丰街道	湖北柯尚木业有限公司	2021
238	永丰街道	洁检（武汉）检测技术有限公司	2021
239	永丰街道	武汉峰发精工玻璃有限公司	2021
240	永丰街道	武汉孚安特科技有限公司	2021
241	永丰街道	武汉汉氏环保工程有限公司	2021
242	永丰街道	武汉华神电气设备有限公司	2021
243	永丰街道	武汉九洲宏进科技有限公司	2021
244	永丰街道	武汉科富达包装机械有限公司	2021
245	永丰街道	武汉尚品木业有限公司	2021
246	永丰街道	武汉市恒星防水材料有限公司	2021

续表

序号	所属街道（开发区）	企业名称	认定年份
247	永丰街道	武汉市永泰波纹管有限公司	2021
248	永丰街道	武汉阳光印刷有限公司	2021
249	永丰街道	湖北费尔德物流有限公司	2022
250	永丰街道	湖北交投建设集团有限公司	2022
251	永丰街道	湖北万亚软件技术有限公司	2022
252	永丰街道	武汉鼎博医疗实验设备有限公司	2022
253	永丰街道	武汉华通通风设备有限公司	2022
254	永丰街道	武汉建荣岩土工程有限公司	2022
255	永丰街道	武汉青柚文化传媒有限公司	2022
256	永丰街道	武汉圣龙包装有限责任公司	2022
257	永丰街道	武汉盛林机械设备制造有限公司	2022
258	永丰街道	武汉市宏伟纸箱包装有限公司	2022
259	永丰街道	武汉市盛璟阳环保材料有限公司	2022
260	永丰街道	武汉泰盛包装材料有限公司	2022
261	永丰街道	武汉亚益兴建设工程有限公司	2022
262	永丰街道	武汉智博通科技有限公司	2022
263	洲头街道	湖北省轻工业科学研究设计院有限公司	2020
264	洲头街道	湖北云安恒泰智能工程有限公司	2020
265	洲头街道	健民药业集团股份有限公司	2020
266	洲头街道	武汉恒盈泵业有限公司	2020
267	洲头街道	武汉中交交通工程有限责任公司	2020
268	洲头街道	湖北九州大健康会展有限公司	2021
269	洲头街道	领克智造（武汉）科技有限公司	2021
270	洲头街道	武汉超乐然科技有限公司	2021
271	洲头街道	武汉九邦环境科技有限公司	2021
272	洲头街道	武汉市合力电器有限公司	2021
273	洲头街道	武汉苏阳钣金工程有限公司	2021
274	洲头街道	武汉天加净化科技有限公司	2021
275	洲头街道	武汉英奇展示设计工程有限责任公司	2021
276	洲头街道	武汉中交工程勘察有限公司	2021
277	洲头街道	武汉中交试验检测加固工程有限责任公司	2021
278	洲头街道	武汉大通工程建设有限公司	2022
279	洲头街道	武汉格林美洁净技术工程有限公司	2022
280	洲头街道	武汉国博能源管理有限公司	2022
281	洲头街道	武汉珞珈上泱技术有限公司	2022
282	洲头街道	武汉润林果达科技有限公司	2022
283	洲头街道	武汉天海鸿运科技发展有限公司	2022
284	洲头街道	武汉微谷科技有限公司	2022
285	洲头街道	武汉亚美空间展示工程有限公司	2022
286	洲头街道	武汉优服优科信息技术有限公司	2022

2022年7月22日，武汉市汉阳区组织科技人员开展科普创新能力提升培训
（汉阳区科经局　供图）

【高新技术企业奖励政策落实】 2022年，汉阳区人民政府根据《汉阳区营商留商奖励政策》，分别对新获批认定、重新认定的2021年高新技术企业、2020年高新技术企业以及外省迁入企业给予区级政策兑现，奖励金额总计1280万元。其中，2021年高新技术企业获批认定奖励包括武汉英奇展示设计工程有限责任公司、武汉天加净化科技有限公司等74家，共兑现910万元；2021年高新技术企业重新认定奖励包括湖北省交通规划设计院股份有限公司、武汉武桥交通装备技术有限公司等20家，共兑现100万元；2020年规模以下高新技术企业第二批奖励包括武汉市艺茂机械有限公司、武汉海巍感知科技有限公司等41家，共兑现220万元；2021年外地整体迁入高新技术企业武汉泽塔云科技股份有限公司1家，兑现50万元。

【专精特新企业培育】 2022年，汉阳区建立专精特新中小企业培育库，入库培育企业46家。推荐38家企业进入市级培育库，武汉武桥交通装备技术有限公司、武汉西高电器有限公司、武汉天鸣集团有限公司3家企业入选国家第四批专精特新“小巨人”企业名单，16家企业被评为省级第四批专精特新“小巨人”企业。累计成功培育国家级“小巨人”企业4家，省级“小巨人”企业25家。

【科技人才培养】 2022年，汉阳区实施科技创新人才培训计划。组织科技工作者申报“武汉市最美科技工作者”“武汉楷模”。其中，中铁大桥局集团有限公司总工程师毛伟琦入选“武汉市最美科技工作者”，中交第二公路勘察设计研究院有限公司试验检测中心副经理付伟被评为“武汉市最美科技工作者”和“武汉楷模”。7月22日，组织科技人员开展科普创新能力提升培训，汉阳区企业科学技术协

表40　2022年武汉市汉阳区国家级专精特新“小巨人”企业一览表

序号	企业名称	批次	获评年份
1	武汉孚安特科技发展有限公司	第二批	2020
2	武汉武桥交通装备技术有限公司	第四批	2022
3	武汉西高电器有限公司	第四批	2022
4	武汉天鸣集团有限公司	第四批	2022

表41　2022年武汉市汉阳区省级专精特新“小巨人”企业一览表

序号	企业名称	批次	获评年份
1	武汉中交交通工程有限责任公司	第二批	2020
2	健民药业集团股份有限公司	第三批	2021
3	武汉西高电器有限公司	第三批	2021
4	武汉格林美洁净技术工程有限公司	第三批	2021
5	武汉武桥交通装备技术有限公司	第三批	2021
6	武汉源锦商品混凝土有限公司	第三批	2021
7	武汉泽塔云科技股份有限公司	第三批	2021

续表

序号	企业名称	批次	获评年份
8	武汉路宝市政建设配套设施有限公司	第三批	2021
9	武汉中交工程勘察有限公司	第三批	2021
10	武汉汇科质量检测有限责任公司	第四批	2021
11	湖北交投智能检测股份有限公司	第四批	2022
12	武汉宝悍焊接设备有限公司	第四批	2022
13	武汉齐达康环保科技股份有限公司	第四批	2022
14	武汉琴台生态环境建设有限公司	第四批	2022
15	武汉市武公服装有限公司	第四批	2022
16	武汉日和汽车零部件有限公司	第四批	2022
17	武汉黄山头建设科技有限公司	第四批	2022
18	武汉中交试验检测加固工程有限责任公司	第四批	2022
19	武汉天鸣集团有限公司	第四批	2022
20	星云海数字科技股份有限公司	第四批	2022
21	湖北省地源洁能工程有限公司	第四批	2022
22	武汉天加净化科技有限公司	第四批	2022
23	武汉市恒星防水材料有限公司	第四批	2022
24	武汉显捷电子有限公司	第四批	2022
25	武汉阿迪克电子股份有限公司	第四批	2022

会副主席、秘书长、科技人员，区科协工作人员、科普教育基地联络员、科普志愿者近 50 人参加。湖北铁塔技术专家、“刘经南院士信息通信科普工作室”核心专家、中国铁塔“曹晟创新工作室”负责人曹晟博士介绍数字武汉建设情况。华中科技大学电子信息与通信学院副教授唐祖平作《北斗卫星与导航灯塔》专题科普讲座。

【创新街区建设规划编制】 2022 年，汉阳区科学技术和经济信息化局（以下简称汉阳区科经局）谋划区域科技创新承载空间，盘活新建楼宇和闲置商业门面等低效空间，加快推动创新街区与城市更新、创新创业、产业转型等深度融合。湖北产融资本市场服务有限公司整合街道、园区、街区、楼宇信息。编制完成《汉阳区创新街区（园区、楼宇）建设规划（2022—2025 年）》，提出加快构建以数字经济为引领，大健康、工程设计建造和汽车后市场为优势，高端装备、科技金融和数字商贸为支撑的“133”现代产业体系，强化企业创新主体地位，建设重大科技创新平台，增强创新发展人才支撑，实施空间保障、政策创新、金融赋能、数字赋能四大重点工程，把汉阳区打造成“产创城人”聚合示范区。

科技活动

【概况】 2022 年，汉阳区科经局联合高校院所、创孵载体、科技企业开展科技成果转化系列活动 4 场，现场签约科技成果转化项目 18 个，促进科技成果、承接企业、资本要素对接。

【汉阳区科技创新暨数字经济大会】 2022 年 5 月 12 日，汉阳区科技创新暨数字经济大会举行，确定汉阳区重点在构筑科技创新研发平台、开展关键技术产业应用、打造科技成果转化高地、强化企业创新主体地位、打造创新人才集聚高地、营造创新创业生态环境六大板块，以及发展工程设计建造、高端装备制造、人工智能、地理信息、网络安全、大健康六大重点领域建设科技创新之城。会上，武汉理工大学、湖北工业大学分别介绍高校与地方政府产、学、研一体化合作情况；湖北省自然资源厅为汉阳区人民政府授牌“自然资源湖北省卫星应用技术中心社会化应用节点”；汉阳区为华发国际企业大厦授牌“武汉智慧地理信息产业大厦”；湖北省交通规划设计院股份有限公司与武汉理工大学的“轻质低收缩超高性能混凝土开发及其在桥梁中应用”、湖北楚天智能交通股份有限公司与华中科技大学的“智慧交通运营监测指挥调度系统”等 6 个项目落地签约；湖北纸贵科技有限公司、武汉泽塔云科技股份有限公司、武汉安恒信息技术有限公司、武汉汉云楚慧智能科技有限公司进行项目路演。

【国家新一代人工智能创新发展试验区建设】 2022 年，汉阳区推进国家新一代人工智能创新发展试验区建设。

区科经局组织中铁大桥局集团有限公司、武汉健民药业集团股份有限公司等企业申报武汉市人工智能应用场景18个。其中，16家被评为优秀应用场景，武汉双绿源创芯科技研究院有限公司“农作物基因指纹大数据分析共享平台”被评为示范应用场景。1月21日，华中首个“星火·链网”骨干节点建成上线并成功对接超级节点。国家超算长江分中心启动运营，构建算力一流生产平台。自然资源湖北省卫星应用技术中心社会化应用节点项目落户汉阳区。5月12日，汉阳区举行科技创新暨数字经济大会，“自然资源湖北省卫星应用技术中心社会化应用节点”“武汉智慧地理信息产业大厦”获授牌。8月26日，自然资源湖北省卫星应用技术中心社会化应用节点和长江鲲鹏生态创新中心牵头成立“长江鲲鹏卫星应用联合实验室”在武汉智慧地理信息产业园揭牌。9月30日，武汉市元宇宙产业联盟揭牌暨武汉元宇宙数字产业基地建设启动仪式在汉阳区举行，59家武汉市元宇宙相关领域企业参加仪式。12月11日至17日，算立方数字时尚艺术暨泽塔云杯·首届中国元宇宙服装设计大赛在汉阳区举办。年内，深圳云天励飞技术股份有限公司、杭州安恒信息技术股份有限公司、杭州趣链科技有限公司等16家数字经济企业签约落户汉阳。汉阳区依托自然资源湖北省卫星应用技术中心社会化应用节点项目和国家超算长江分中心项目，建立地理信息智慧工坊，打造武汉智慧地理信息产业园。制定出台《加快培育汉阳地理信息产业发展的若干政策》，北京威特空间科技有限公司、湖北锐捷信息集成有限公司、武汉兆格信息技术有限公司等企业落户园内。

2022年12月9日，2022年武汉科技成果转化对接活动智慧城市与智能建造专场在汉阳区举行

（汉阳区科经局　供图）

【武汉科技成果转化对接活动智慧城市与智能建造专场】 2022年12月9日，武汉科技成果转化对接活动智慧城市与智能建造专场在汉阳区举行。活动以智慧城市与智能建造高端论坛及博览会为桥梁，签约科技成果转化项目14个，涉及智慧城市衣、住、行等方面，具体包括城市隧道智慧防灾关键技术、基于神经网络模型的多源废骨料资源化利用关键技术与应用研究、城市水资源计量数据应用中心建设、南泥湾大道改造工程电力隧道工程、城市更新平台系统设计、本征抗菌面料研制及虚拟试衣关键技术研究等。领域专家为智慧城市与智能建造发展建言献策，国家数字建造技术创新中心主任、华中科技大学土木与水利工程学院副院长骆汉宾以《工程建造云平台技术及应用》为题发表演讲。

【武汉市暨汉阳区科技活动周】 2022年5月21日，武汉市暨汉阳区科技活动周启动仪式在武汉桥梁博物馆举行。此次科技周以“走进科技，你我同行”为主题，分为启动仪式和科技创新与科普展两大部分。启动仪式公布优秀科普微视频大赛和优秀科普作品大赛获奖者名单，武汉市科普志愿者服务队宣读科普志愿者倡议书。科技创新展览和桥梁博物馆会场参展单位47家，涵盖生命健康、自然资源、食品安全、智慧农业、智慧医疗、防灾减灾、消防科技、数字科技等方面。会场外设有面向公众开放的科普大篷车活动。科技活动周期间，武汉市通过线上线下结合百万市民科普游、科技大讲堂、线上优秀科普视频展播等丰富的群众性科普活动，集中展示科学智慧、科技力量。

（刘璋）

科技成果

【概况】 2022年，汉阳区路桥设计建造机构保持专业领域科技优势，共获各类科技成果奖117项。汉阳区科经局组织开展科技成果转化活动，促成科技成果转化项目18个。组织企业科技成果申报科技计划项目，武汉市汉阳市政建设集团有限公司“基于神经网络模型的多源废弃骨料资源利用关键技术与应用研究”项目、武汉泽塔云科技股份有限公司“多芯异构云算力服务产品平台研发”项目、湖北省交通规划设计院股份有限公司“基于北斗GNSS的工程勘设信息服务平台及智能辅助设计系统研发”项目被评为2022年度武汉市重点研发计划立项项目。

【新一代人工智能科技创新成果】 2022年，汉阳区推进国家新一代人工智能科技创新发展。汉阳区科经局组织中铁大桥局集团有限公司、健民药业集团股份有限公司等企业申报武汉市人工智能应用场景18个。其中，16家被评为优秀应用场景，武汉双绿源创芯科技研究院有限公司“农作物基因指纹大数据分析共享平台”被评为示范应用场景。举办汉阳星火链网骨干节点上线暨科技成果转化活动，1月21日华中首个“星火·链网”骨干节点建成上线并成功对接超级节点。年内，汉阳区依托自然资源湖北省卫星应用技术中心社会化应用节点项目和国家超算长江分中心项目，建立地理信息智慧工坊，打造武汉智慧地理信息产业园。

（刘璋）

【中铁大桥局集团有限公司科技成果】 2022年，中铁大桥局集团有限公司依托重大工程项目，开展课题攻关、工艺工法创新和实用型技术研究。新获批国家级科研课题4项、省部级科研课题2项；“交通基础设施智慧康养实用技术”入选2022年度中央企业科技创新成果；获各类科学技术奖50项；被评为省部级工法70项。中铁大桥局推进BIM管理平台使用，实现施工进度、工序分解、技术交底、安全生产和施工监控等要素与BIM技术融合，促进项目管控能力和效益提升。强化研发平台支撑作用，完成国家重点实验室重组方案，揭榜中铁桥梁研发中心建设方案，新增中铁智能建造研发中心——智能运维分中心、中铁“双碳”研发中心——城市运维分中心。

（孙晨）

2022年5月12日，湖北省自然资源厅向汉阳区人民政府授牌“自然资源湖北省卫星应用技术中心社会化应用节点” （汉阳区科经局 供图）

【湖北省交通规划设计院股份有限公司科技成果】 2022年，湖北省交通规划设计院股份有限公司获优秀勘察、设计、咨询、质量、BIM、科学技术等奖项45项。其中，十堰经镇坪至巫溪高速公路鲍峡至溢水段工程勘察、设计获中国公路勘察设计协会颁发的公路交通优秀勘察、设计一等奖；高应力强卸荷下地下工程硬岩劣化机制与灾变防控关键技术及桩承式路基沉降分析理论与控制关键技术获湖北省科技进步一等奖；BIM数字化项目获中国公路学会“天工杯”银奖。新增科技进步奖6项，获中国公路学会颁发的首届桥梁创新奖4项，优秀工程勘察设计奖12项，优秀工程咨询奖2项。全年获授权专利34项。其中，发明专利3项，软件著作权12项。参编国家行业标准1项，主编湖北省地方标准6项、团体标准3项。获批湖北省交通运输厅立项课题7项、武汉市重点研发项目立项课题1项、湖北交通投资集团有限公司科研项目立项课题5项。其中《现役特大跨度悬索桥综合性能提升关键技术研究》等3项课题列入交通运输部2022年度重点科技项目清单。

（柳霞）

【中交第二公路勘察设计研究院有限公司科技成果】 2022年，中交第二公路勘察设计研究院有限公司获国际路联全球道路成就奖、湖北省科技进步一等奖、中国公路学会科技进步一等奖、詹天佑大奖、国家优质工程奖等省部级及以上科技奖20项、工程奖48项。获国家发明专利15项，主持省部级纵向课题7个。《海绵城市关键技术研究与应用》获全球道路联合会成就奖研发类奖项。主编、发布公路行业标准《高速公路改扩建交通组织设计规范》（JTG/T 3392—2022）、

表42　　2022年中铁大桥局集团有限公司获奖科技项目一览表

奖项名称	项目名称	颁奖单位
中国公路学会桥梁工程创新奖	杨泗港长江大桥	中国公路学会
中国公路学会桥梁工程创新奖	秭归长江公路大桥	中国公路学会
中国公路学会桥梁工程创新奖	商合杭铁路芜湖长江公铁大桥	中国公路学会
中国公路学会桥梁工程创新奖	武汉市四环线青山长江公路大桥	中国公路学会
中国公路学会桥梁工程创新奖	宜宾金沙江公铁两用桥	中国公路学会
中国公路学会科学技术奖	深水超大台阶型沉井基础设计施工关键技术与装备及智能监控技术	中国公路学会
中国公路学会科学技术奖	千米级宽幅重载全漂浮体系斜拉桥建造技术	中国公路学会

续表

奖项名称	项目名称	颁奖单位
中国公路学会科学技术奖	大跨度全焊接连续钢桁梁—胶拼桥面板组合梁施工关键技术	中国公路学会
中国公路学会科学技术奖	超高性能混凝土提升跨海桥梁工程性能的应用研究	中国公路学会
中国公路学会科学技术奖	大跨度重载铁路公铁两用斜拉桥建造技术	中国公路学会
中国公路学会科学技术奖	在役文物钢桁梁桥剩余寿命评估及性能恢复一体化技术	中国公路学会
中国铁道学会科技进步奖	京张高铁官厅水库特大桥关键技术与应用	中国铁道学会
中国铁道学会科技进步奖	新型铁路钢-UHPC组合桥面体系成套技术	中国铁道学会
中国铁道学会科技进步奖	基于BIM+物联网的桥梁健康监测系统研发及应用	中国铁道学会
中国铁道学会科技进步奖	在役公铁两用钢桁梁桥公路桥功能提升改造关键技术	中国铁道学会
中国铁道学会科技进步奖	高速铁路300m级超大跨度混凝土梁拱组合桥关键技术及应用	中国铁道学会
中国铁道学会科技进步奖	大跨度高速铁路连续刚构四联柔性钢管拱桥施工技术	中国铁道学会
中国铁道学会科技进步奖	连盐铁路灌河特大桥（120+228+120）连续钢桁—柔性拱建造关键技术	中国铁道学会
中国铁道学会科技进步奖	铁路桥隧病害图像识别与养修决策系统	中国铁道学会
上海市土木工程奖	S26 公路入城段（G15公路嘉至闵高架）工程	上海市土木工程学会
中国钢结构协会科学技术奖	高速铁路大跨度钢桥体系创新、建造及维养关键技术与应用	中国钢结构协会
中国钢结构协会科学技术奖	全焊接大节段钢桁梁桥建造关键技术	中国钢结构协会
中国钢结构协会科学技术奖	在役文物钢桁梁桥剩余寿命评估及性能恢复一体化技术	中国钢结构协会
中国钢结构协会科学技术奖	复杂水文地质条件下百米长大直径钢斜桩基础施工技术	中国钢结构协会
中国公路建设行业协会科学技术奖	冬奥延崇高速河北段钢结构桥梁智能建造关键技术研究	中国公路建设行业协会
中国公路建设行业协会科学技术奖	复杂水文地质条件下百米长大直径钢斜桩基础施工技术	中国公路建设行业协会
中国公路建设行业协会科学技术奖	千米级宽幅重载全漂浮体系斜拉桥建造技术	中国公路建设行业协会
中国公路建设行业协会科学技术奖	超高性能混凝土—钢正交异性板组合桥面体系成套技术	中国公路建设行业协会
中国公路建设行业协会科学技术奖	大跨度悬索桥吊索减振技术研发及应用	中国公路建设行业协会
中国公路建设行业协会科学技术奖	老龄在役文物三铰钢拱桥整体保护式修复技术	中国公路建设行业协会
中国公路建设行业协会科学技术奖	深厚软土区串联式斜拉桥施工关键技术	中国公路建设行业协会
中国公路建设行业协会科学技术奖	复杂地质条件下近岸陆上主塔施工技术	中国公路建设行业协会
中国公路建设行业协会科学技术奖	深水岩溶裸岩深埋承台钢板桩围堰施工关键技术	中国公路建设行业协会
中国建筑业协会十大技术创新	复杂海洋环境公铁两用特大桥建造关键技术	中国建筑业协会
中国施工企业管理协会工程建设科学技术奖	超千米公铁两用斜拉桥建造关键技术	中国施工企业管理协会
中国施工企业管理协会工程建设科学技术奖	艰险山区高速铁路钢箱—混凝土桁架结合拱桥建造关键技术	中国施工企业管理协会
中国施工企业管理协会工程建设科学技术奖	大跨度高铁矮塔斜拉桥建造技术	中国施工企业管理协会
中国施工企业管理协会工程建设科学技术奖	基于BIM+物联网的桥梁健康监测系统研发及应用	中国施工企业管理协会
中国施工企业管理协会工程建设科学技术奖	双峡口交汇复杂环境下深水库区大跨度钢箱桁架拱桥建造关键技术	中国施工企业管理协会
中国施工企业管理协会工程建设科学技术奖	强潮台风河口深厚淤泥土层水中万吨级沉井施工关键技术	中国施工企业管理协会
中国施工企业管理协会工程建设科学技术奖	山区深V峡谷劲性骨架钢管拱二次竖转施工技术	中国施工企业管理协会
中国施工企业管理协会工程建设科学技术奖	长大跨海桥梁中预应力装配式墩身快速施工关键技术	中国施工企业管理协会
中国施工企业管理协会工程建设科学技术奖	在役公铁两用钢桁梁桥公路桥功能提升改造关键技术	中国施工企业管理协会
中国施工企业管理协会工程建设科学技术奖	上跨体育场馆悬索结构双层分段式主缆快速施工技术	中国施工企业管理协会
中国施工企业管理协会工程建设科学技术奖	三峡库区深水大跨预应力混凝土斜拉桥建造关键技术	中国施工企业管理协会
中国施工企业管理协会工程建设科学技术奖	复杂深水桥梁基础维修改造技术	中国施工企业管理协会

续表

奖项名称	项目名称	颁奖单位
中国施工企业管理协会工程建设科学技术奖	软土地基串联式斜拉桥建造关键技术研究	中国施工企业管理协会
中国施工企业管理协会第二届工程建设行业高推广价值专利大赛	一种变参数多功能粘滞阻尼器的设计方法及阻尼器	中国施工企业管理协会
中国施工企业管理协会第二届工程建设行业高推广价值专利大赛	一种高临时墩顶推方法	中国施工企业管理协会
中国施工企业管理协会第二届工程建设行业高推广价值专利大赛	钢桁梁纵向多点连续拖拉施工方法	中国施工企业管理协会
交通运输青年科技英才	—	中国交通运输协会
第八届中国科协青年人才托举工程人选	—	中国科学技术协会
2021年度茅以升科学技术奖铁道工程师奖	—	北京茅以升科技教育基金会
2022年全省优秀带徒名师	—	湖北省总工会
2021年度火车头奖章	—	中华全国铁路总工会
“工程建设科技创新人才万人计划”——青年拔尖人才	—	中国施工企业管理协会
佛山市公路学会“十佳工程师”	—	佛山市公路学会

表43　2022年中交第二公路勘察设计研究院有限公司获省级及以上工程奖项目一览表

项目名称	奖项类别
海绵城市关键技术研究与应用	国际道路联合会（IRF）全球道路成就奖（GRAA）研发类大奖
复杂环境下大型桥梁结构隔震减振协同控制关键技术与应用	湖北省人民政府科学技术奖一等奖
钢桥疲劳性能提升建造关键技术与成套先进装备	湖北省人民政府科学技术奖二等奖
高速公路改扩建智能化保畅通交通技术创新	广西壮族自治区科学技术奖三等奖
海绵城市关键技术研究与应用	中国施工企业管理协会工程建设科学技术奖一等奖
高速公路改扩建交通组织成套关键技术、标准研究与应用	中国公路学会科学技术奖一等奖
中国公路行业BIM技术研发及工程应用	中国公路学会科学技术奖一等奖
复杂地层水下长大盾构隧道抗震关键技术及应用	中国公路学会科学技术奖一等奖
孟加拉湾临海口深厚淤积地层大直径水下盾构隧道关键技术研究	中国公路学会科学技术奖二等奖
大水位差强渗流地层大型浅基础悬索桥锚碇关键技术	中国公路学会科学技术奖二等奖
厦门海沧海底隧道工程建造关键技术	中国公路学会科学技术奖三等奖
鄂咸高速组合式桥梁护栏防护性能提升研究	湖北省公路学会科学技术奖二等奖
荣乌高速公路特长隧道节能环保型通风关键技术应用研究	湖北省公路学会科学技术奖二等奖
端云协同的高速公路路面养护信息智能管理关键技术及应用	湖北省公路学会科学技术奖二等奖
孟加拉湾临海口深厚淤积地层大直径水下盾构隧道关键技术研究	中交集团科学技术奖一等奖
公路工程信息模型应用技术政策及标准	中交集团科学技术奖一等奖
基于空间信息技术的公路地质灾害多维多基监测预警关键技术研究	中交集团科学技术奖二等奖
青藏高原复杂环境下公路隧道建设关键技术及应用技术研究	中交集团科学技术奖二等奖
高速公路改扩建工程绿色设计研究	中交集团科学技术奖二等奖
公路工程建设阶段数字化解决方案成套技术研究	中交集团科学技术奖二等奖

《公路装配式混凝土桥梁设计规范》（JTG/T 3365—05—2022）、《公路水下隧道设计规范》（JTG/T 3371—2022）3部。参建精细爆破国家重点实验室。举办“大师点评”、院士对接高端技术交流会、中国公路学会工程设计分会年会、“交通BIM工程创新奖”评审等活动。推动钢结构桥梁BIM正向设计等专业工具研发，在20余项工程中发挥实效。创新开展“云汇报”“数字底座”等BIM技术应用实践。完成“互联网+工程建设”平台搭建，实施勘察设计项目管理改革试点。冯鹏程获“中国公路学会国际公路交通科技管理领军人才”称号，朱玉被桥梁杂志社评为2021—2022年度“十大桥梁人物”。

（李胜军）

科普宣传

【概况】 2022年，汉阳区制定《汉阳区全民科学素质行动规划纲要实施方案（2022—2025年）》，实施科普益民行动计划，开展科普“四进”（进社区、进学校、进企业、进机关）活动26场次；开展“科技学苑进社区”志愿服务活动6场；开展“院士专家进校园”活动10场。组织“喜迎党的二十大，VR科普进社区”活动10场。订阅《武汉科技报》《少年科普报》《新中国科技成就》等科普书刊，赠送各机关、事业单位、社区及中小学校。“科普汉阳”微信公众号全年推送科普热点信息300余条。

【科普日活动】 2022年全国科普日期间，汉阳区开展群众性系列科普活动22场，“线上+线下”双联动，直接受众1万余人。开展重点活动20余项，以卫生健康、绿色生活、资源保护、智能建造、科技文化为主题的科普日活动，使创新、环保、智慧、健康、科学生活的理念深入人心，融入生活。9月17日，汉阳区“全国科普日”启动仪式暨主场活动在汉阳区钟家村实验小学举办。湖北大学吴成国作《长江水文化与中华文明——以中游湖北为例》科普讲座。全国青少年模拟飞行锦标赛金牌获得者——汉阳区西大街小学六年级学生聂展颜展示“模拟飞行”成果。

2022年7月14日，武汉市汉阳区科学技术协会开展“喜迎二十大，VR科普进社区”主题活动
（汉阳区科协 供图）

【“喜迎二十大，致敬中国航天”科普巡展】 2022年9月科普日活动期间，“喜迎二十大，致敬中国航天”科普巡展活动在汉阳区6所中小学和5个社区开展，活动展板40块，普及了航空航天知识，受众逾万人。同时，在全区45个社区更新588块科普橱窗，新建4个科普园地和1个“科技学苑”活动中心，宣传主题涵盖健康生活、疫情防控、绿色环保、航空航天等众多领域。

【“喜迎二十大，VR科普进社区”主题活动】 2022年7月14日，汉阳区鹦鹉街道夹河社区新时代文明实践站联合区科学技术协会、武汉创客数字科技有限公司开展“喜迎二十大，VR科普进社区”主题活动，邀请15组家庭和党员、居民群众代表参与。围绕“爱国教育和航天知识科普讲座”“VR大国重器，爱国教育体验”等内容展开，通过PPT讲解“喜迎二十大”相关知识，组织观众观看中国航天领域发展历程视频。开展“乐高天宫一号模型”航天模型拼装活动，感受中国航天事业的发展历程。

【汉阳区五里墩小学昆虫馆开馆】 2022年9月30日，汉阳区五里墩小学昆虫馆正式开馆，开展相关科普志愿活动。该馆有昆虫家族厅、VR课程区、心里话区、创作空间4个区域，用于学生了解昆虫知识，开展昆虫方面的读书、标本制作、利用昆虫作为素材的艺术创想、进行3D打印等创客学习活动。昆虫家族厅内，志愿者结合主题展板和昆虫标本为大家讲解昆虫变身术、昆虫语言家、昆虫音乐家、昆虫建筑师、昆虫隐身术等知识。VR课程区内，孩子们通过实际体验，进一步丰富对昆虫的认识。心里话区，同学们通过参观和学习昆虫馆，将自己的收获、感想写下来。创作空间内，昆虫兴趣社团学生在老师带领下，制作昆虫标本、进行艺术创作等。年内，昆虫馆面向社会开放，组织研学活动，为汉阳区科普教育提供服务。

（龚成）

教育

教育管理

【概况】 2022年，武汉市汉阳区有各级各类学校221所，在校学生106383人，专任教师6394人（不含民办幼儿园）。幼儿园160所，在园幼儿27519人，其中，公办幼儿园36所，民办幼儿园124所；武汉市三级及以上幼儿园94所，其中，省级示范性幼儿园2所，市级示范性幼儿园11所。小学31所，在校学生53234人，班级1097个。中学19所，在校学生25630人，班级531个，专任教师2134人。其中，初中13所，高中6所（含1所民办）。中等职业学校9所，高等职业院校2所。创建市级《义务教育学校管理标准》达标校27所，汉阳区达标校建设经验在武汉市交流。

【教育基础设施建设】 2022年，汉阳区完成教育基础设施建设固定资产投资3.17亿元。对汉阳区墨水湖第二小学、汉阳区陶家岭小学、武汉市墨水湖中学3所学校进行设施设备配置、校舍改造升级，共新增建筑面积8.5万平方米，新增教学班126个、学位3360个和停车位634个。完成汉阳区西大街小学（江景园校区）、汉阳区钟家村小学（三里坡校区）改扩建工程，共新增建筑面积5774平方米，新增教室28间、学位1260个。武汉市建港中学、武汉市第二十三中学改扩建项目完工并投入使用，共新增建筑面积2.16万平方米，新增教学班17个、学位918个、停车位382个。国博第四小学、方岛小学等4所学校主体结构封顶，汉钢初中在进行主体结构施工，汉阳区钟家村小学改扩建项目（一期）工程完工。投入8250万元对晨光楚萌国博幼儿园、晨光楚萌未来城幼儿园、江汉二桥幼儿园琴台园区（火车站还建二期）、玫瑰楚萌阅江幼儿园、玫瑰楚萌四新幼儿园、金联民生幼儿园等11所幼儿园进行整体改造，装修装饰墙面、地面、天棚等，安装排水管道、电气线路、灯具、弱电系统，道路硬化和铺装、室外绿化及室外配套工程；投入677万元回购世纪金桥幼儿园；共新增建筑面积3.4万平方米，新增公办学前教育学位3240个。

【教育经费投入】 2022年，汉阳区财政持续增加教育投入，保障教育事业发展。年内教育经费中，财政补助共下达20.12亿元，支出18.46亿元，执行率为91.74%，其中一般公共预算财政拨款下达19.04亿元，支出17.48亿元，执行率为91.27%；专项债券资金下达1.08亿元，支出1.08亿元，

2022年，升级改造后的汉阳区墨水湖第二小学学生阅读室
（汉阳区教育局 供图）

执行率为 100.00%。全区教育总投入 20.32 亿元，其中上级转移支付资金 2.11 亿元，占比 10.4%，支付 1.74 亿元，执行率为 82.21%，其中中央、省级资金主要为城乡义务教育补助经费和支持学前教育发展补助资金，下达 4912 万元，支付 4903.21 万元，执行率为 99.82%。市级教育资金分别为基础教育保障机制专项资金 3557 万元、支出 3554.21 万元，为各学校的生均公用经费拨款，保障学校运转；基础教育重大建设项目专项资金 7910.3 万元、支出 6012.21 万元，主要因智慧教育示范区资金待结算；教育事业改革发展专项资金 3154.45 万元、支出 1940.55 万元，主要因普惠幼儿园奖补资金待结算；基础教育均衡发展市级补助资金 1600 万元、支出 964.64 万元，统筹用于教育事业发展。

【集团化办学模式改革】 2022 年，汉阳区继续推进集团化办学模式改革。新成立墨水湖小学教育集团、玫瑰园小学教育集团、翠微中学教育集团等 3 个教育集团，全区教育集团学校共有 11 所，分别是：钟家村小学教育集团、西大街小学教育集团、芳草小学教育集团、墨水湖小学教育集团、弘桥小学教育集团、七里小学教育集团、玫瑰园小学教育集团、第三寄宿教育集团、二桥中学教育集团、晴川中学教育集团、翠微中学教育集团，覆盖义务段学生总数的 52.6%。武汉市教育局“新建义务教育学校快速优质成长共同体建设现场推进会”在汉阳区墨水湖小学召开，汉阳区集团化办学案例入选教育部“教育这十年”案例集。

【校园安全保障】 2022 年，汉阳区为墨水湖中学等新办学校配齐安防器材，更换全区辣椒喷雾器 220 支。投资 40 万元完善教育系统视频管理平台，推进《汉阳区教育局全区 219 所学校门外人脸识别卡口项目方案及概算》项目，提升人防、物防、技防水平。5 月，启动“律师进校园”公益法律服务活动。8 月 26 日，组织武汉佑邦保安服务公司、武汉天盾保安服务公司，在武汉市第三初级中学开展校园安保力量“大比武大会操”活动。9 月 14 日，在汉阳区教育局召开联席工作会议，发布《汉阳区教育局关于落实中小学法治副校长聘任与管理办法的通知》，制发《汉阳区法治副校长聘书》，推动法治副校长聘任工作落实。完善学校安全网格化管理体系。创建和谐平安校园，武汉市建港中学、汉阳区玉龙小学等 26 所中小学校、幼儿园被评为武汉市示范平安校园和武汉市达标平安校园。

【校外培训机构整治】 2022 年，汉阳区出台《汉阳区关于开展校外培训机构违规行为集中专项整治工作实施方案》《汉阳区 2022 年暑假期间校外培训规范治理工作方案》，开展综合治理，组建夜巡专班，巡查 15 个重点商超和片区，整治校外培训机构。通过联合执法、巡查督查等方式，发现并消除安全隐患 42 处，开出整改通知书 32 个，“回头看”整改率 100%。推进校外培训机构分类管理，完善“政府统筹协调、教育综合牵头、部门分工负责、街道配合执法”管理体系，形成“社区排查发现、部门日常巡查、街道联合执法、突发事件应急处置”四大监管机制。搭建“汉阳区校外培训机构管理服务平台”，全区校外培训机构预收费资金监管专户设立率 100%。先后 5 次向全区所有中小学和幼儿园家长发放《告家长书》，增强家长防范意识，保障自身权益。落实“三限政策”（即限定培训时间，限制布置作业，限量收费标准），治理校外培训乱象，压减学科类培训机构办学规模。

【义务教育阶段学校入学划片调整】 2022 年，汉阳区将义务教育阶段学校入学划片调整方案纳入汉阳区人民政府重大行政决策事项，按照工作流程，形成入学划片方案。经汉阳区人民政府审议通过后向社会颁布，实现入学招生工作零投诉。全年共招收义务段新生 17127 人，其中小学 11003 人、中学 6124 人。

【校园疫情防控】 2022 年，汉阳区加强教育系统新型冠状病毒疫情防控。组织防疫指导与督查多轮（次），覆盖幼儿园、中小学、中职和高校等。指导全区中小学、职业学校动态落实线上教学和线下教学平稳转换，校园“多病同防”，执行信息报告、因病缺勤登记与追踪等制度。

【教育机构改革】 2022 年，汉阳区稳妥推进义务教育“公参民”学校（公办学校举办或参与举办民办义务

2022年5月26日，武汉市汉阳区司法局在武汉情智学校举办青少年法律知识讲座
（汉阳区教育局　供图）

表44　　2022年武汉市汉阳区义务教育阶段公办学校对口服务范围一览表

学校名称	对口入学服务范围
汉阳区弘桥小学月湖校区	华园社区、铁桥社区、龙灯社区
汉阳区弘桥小学金桥校区	鲤鱼洲社区
汉阳区弘桥小学	大桥社区、古楼社区、南城社区、显正街社区、国棉社区
汉阳区群建路小学	青石社区、西大街社区
汉阳区西大街小学	鹦鹉花园社区、自力社区、杨泗社区、锦绣长江社区
汉阳区西大街小学国博校区	江城明珠社区、江宁社区、汉博佳园社区、老关社区（仅含国博新城华江府、锦江府小区）
汉阳区西大街至诚小学	老关社区（除国博新城华江府、锦江府小区之外）
汉阳区西大英才小学	澜菲溪岸社区、梅林都汇社区、上太子溪社区
汉阳区钟家村小学	白鹤社区、琴台社区、钟家村社区、归元社区、夹河社区（除人防宿舍之外）、冰塘社区、鹦鹉洲社区（仅含枫华苑、枫华锦都、福园、油田小区、瓜堤后地、医材宿舍、构建宿舍、加油站私房、中轧宿舍）
汉阳区钟家村小学三里坡东校区	江腾社区、三里民居社区、墨水湖社区（仅含兰亭熙园、美好广场小区）
汉阳区钟家村小学三里坡西校区	江欣苑社区、向阳村社区、江博社区（仅含江博小区）、墨水湖社区（仅含丽水花园小区、航校宿舍、水墨丹青小区、兰亭珑府小区）
汉阳区钟家村明德小学	太子观澜社区、总港西岸社区
汉阳区钟家村小学新区分校	江博社区（仅含江城国际小区、新城印象小区、兰亭盛荟小区、拦中宿舍）
汉阳区钟家村第二小学	五荣里社区、五瑞里社区、钢管社区、夹河社区（仅含人防宿舍）、五墨里社区(仅含汉阳大道301-317号、杨家东湾1-142号、五通路10-11号、香榭琴台小区1期)
汉阳区车站小学	车站社区、五琴里社区、五园里社区、五墨里社区（仅含汉阳大道323-401号的单号；马沧湖路1-79号的单号；张家上湾29-35号、37-42号）
汉阳区夏明翰小学	洲头社区、红建社区、向阳社区、桥机社区、瓜堤社区（仅含金桥港湾小区）、鹦鹉洲社区（仅含雅居苑小区、桥机一小区、桥机二小区）
汉阳区晴川实验小学	建港社区、新五里社区、怡畅园社区、瓜堤社区（除金桥港湾小区之外）
汉阳区五里墩小学	五福里社区、五合里社区、五红里社区、五春里社区、五玉里社区、五丰里社区、五湖里社区
汉阳区知音小学	知音东苑社区、桥东社区、十里铺社区、赫山社区（仅含玫瑰园东村57-114号、玫瑰街173号、玫瑰街179号）
汉阳区玫瑰园小学	知音西苑社区、玫瑰西园社区、桥西社区
汉阳区玫瑰园润泽小学	汉琴社区、仙山社区、仙湖社区
汉阳区芳草小学	陶园社区、陶家岭社区、汤山社区、汉城社区、芳草社区、龙湖东岸社区
汉阳区德才小学	水仙里社区、玫瑰东苑社区、玉龙社区（除保利阅江台、鑫瑞小城故事、永开商住楼之外）
汉阳区七里小学	汇福园社区、桃花岛社区、七里一村社区、七里晴川社区、五麒里社区、五麟里社区、金龙花园社区
汉阳区墨水湖小学	墨南湖畔社区
汉阳区墨水湖小学东校区	丰收社区
汉阳区十里铺小学	紫荆花社区、十里景秀社区、冯家畈社区、星火社区
汉阳区楚才小学	百灵社区、七里庙社区、赫山社区（仅含十里新村1-151号；十里新村185-267号；昌家湾1-174号；赫山新村172-192号；赫山路18号（原玫瑰街3号）；刘家湾79号、86号、122号239号、243-244号、354-373号、381-383号、389号；汉阳大道660号、658号、682号）
汉阳区钟家村实验小学	龙阳新村社区、龙兴社区、龙阳湖社区、龙祥社区、龙清社区

续表

学校名称	对口入学服务范围
汉阳区郭茨口小学	郭茨口社区
汉阳区玉龙小学	磨山社区、燎原社区、汉沙社区、龙磨社区、玉龙社区（仅含保利阅江台、鑫瑞小城故事、永开商住楼）
汉阳区快活岭小学	郑家咀社区、快活岭社区、徐湾社区、江花社区、董家店社区、米粮社区
汉阳区田家台小学	四台社区
汉阳区陈家咀小学	陈家咀社区、三眼桥社区、罗家咀社区
汉阳区黄金口小学	惠民苑社区、黄金口社区、黄金口岸社区
武汉市晴川初级中学	国棉社区、大桥社区、古楼社区、南城社区、显正街社区、鹦鹉花园社区、钟家村社区
武汉市晴川初级中学英才校区	澜菲溪岸社区、梅林都汇社区、上太子溪社区、老关社区、江城明珠社区、江宁社区
武汉市第三十二中学	杨泗社区、锦绣长江社区、钢管社区、红建社区、桥机社区、建港社区、怡畅园社区、瓜堤社区、向阳社区、洲头社区、鹦鹉洲社区（仅含雅居苑小区、桥机一小区、桥机二小区）、夹河社区（仅含人防宿舍）、自力社区（仅含锦绣苑、水务宿舍）
武汉市第三初级中学	青石社区、西大街社区、白鹤社区、琴台社区、冰塘社区、归元社区、车站社区、自力社区（除锦绣苑、水务宿舍之外）、夹河社区（除人防宿舍之外）、五瑞里社区、五荣里社区、江腾社区、墨水湖社区（仅含兰亭熙园、美好广场小区）、鹦鹉洲社区（仅含枫华苑、枫华锦都、福园、油田小区、瓜堤后地、医材宿舍、构建宿舍、加油站私房、中轧宿舍）
武汉市翠微中学	五琴里社区、五墨里社区、五园里社区、龙灯社区、五福里社区、五合里社区、五丰里社区、五湖里社区、五红里社区
武汉市墨水湖中学	向阳村社区、江博社区（仅含江博小区）、三里民居社区、江欣苑社区、丰收社区、墨水湖社区（仅含丽水花园小区、航校宿舍、水墨丹青小区、兰亭珑府小区）
武汉市二桥中学	郭茨口社区、知音西苑社区、玫瑰西园社区、桥西社区、知音东苑社区、十里铺社区（仅含玫瑰园东村1-56号、玫东115-121号、龙阳大道19号、玫瑰园东路特8号、汉阳大道582号、718号）、赫山社区（仅含玫瑰园东村57-114号、玫瑰街173号、玫瑰街179号）
武汉市二桥中学芳草校区	陶家岭社区、汤山社区、汉城社区、龙湖东岸社区、太子观澜社区、墨南湖畔社区、芳草社区、总港西岸社区、陶园社区
武汉市德才中学	玫瑰东苑社区、玉龙社区、磨山社区、燎原社区、水仙里社区、仙山社区、汉琴社区、龙磨社区、仙湖社区
武汉市琴断口中学	惠民苑社区、黄金口社区、四台社区、黄金口岸社区
武汉市永丰中学	米粮社区、三眼桥社区、郑家咀社区、快活岭社区、徐湾社区、董家店社区、陈家咀社区、罗家咀社区、江花社区
武汉市拦江堤中学	汉博佳园社区、新五里社区、江博社区（仅含江城国际小区、新城印象小区、兰亭盛荟小区、拦中宿舍）、鲤鱼洲社区
武汉市七里中学	汇福园社区、桃花岛社区、五春里社区、十里景秀社区、龙祥社区、龙阳新村社区、龙兴社区、龙阳湖社区、汉沙社区、冯家畈社区、星火社区、五麟里社区、七里晴川社区、紫荆花社区、七里一村社区、五玉里社区、龙清社区
武汉市楚才中学	五麒里社区、金龙花园社区、百灵社区、七里庙社区、铁桥社区、华园社区、桥东社区、赫山社区（仅含十里新村1-151号、185-267号；昌家湾1-174号；赫山新村172-192号；赫山路18号（原玫瑰街3号）；刘家湾79号、86号、122号、239号、243-244号、354-373号、381-383号、389号；汉阳大道660号、658号、682号）、十里铺社区（仅含王家湾1-337号；十里铺1-100号；刘家湾1-384号；汉阳大道666号、668号、688号、706号、708号、712号）

教育学校）清理规范，推进汉阳区钟家村寄宿学校、武汉市第三寄宿中学2所“公参民”义务教育学校退回公办，汉阳区钟家村寄宿学校正式更名为汉阳区钟家村第一小学，提供2537个免费优质学位；武汉第三寄宿中学正式更名为武汉市第三寄宿中学，提供2952个免费优质学位。稳妥推进二级事业单位机构调整。将原有的区教育局教育教学科研中心、体育卫生艺术教育站、电化教育馆、青少年科技辅导站、房产仪器管理站、勤工俭学办公室、会计核算分中心（汉阳区学生资助管理中心）、区教师进修学校、区招生考试办公室9家二级事业单位机构调整为教学研究培训中心、教育事业发展保障中心、校外教育培训管理服务中心、招生考试办公室4个。

2022年4月，《长江日报》连续9天在头版推出汉阳区楚才小学校长韦莉的事迹报道

（汉阳区教育局　供图）

【教育宣传】 2022年，各级各类媒体上报道汉阳区教育的文章有926篇，其中，《人民日报》《瞭望东方周刊》《中国教育报》以及新华社、中国文明网等主流媒体上报道文章28篇，“学习强国”平台发稿286篇。中国教育新闻网以《武汉市汉阳区：出台作业设计和实施指导意见》为题，报道汉阳区落实“双减”（减轻义务教育阶段学生作业负担和校外培训负担）政策情况。光明日报客户端以《武汉一小学“双减”掠影：课后服务新风貌，五育并举助成长》为题，报道汉阳区郭茨口小学课后服务的特色举措。人民日报客户端以《在古琴曲中感受知音文化，古琴台爱国主义文化进校园》为题，报道汉阳区钟家村实验小学爱国主义教育的特色做法。中国文明网以《湖北汉阳：好人精神滋润未成年人成长》为题，报道武汉市第三中学教师赵廷富、武汉市晴川初级中学教师张爱华典型事迹。《中国教育报》以《幼小衔接——把镜头交给孩子，看看他们眼中的幼儿园和小学！》为题，报道汉阳区玫瑰第二幼儿园在幼小衔接方面的经验。湖北电视台以《脚踏泥土，手捧芬芳，这堂劳动课生动又有趣》为题，报道武汉市建港中学劳动教育的成果。4月，《长江日报》连续9天在头版报道汉阳区楚才小学校长韦莉的先进事迹。

（肖勇）

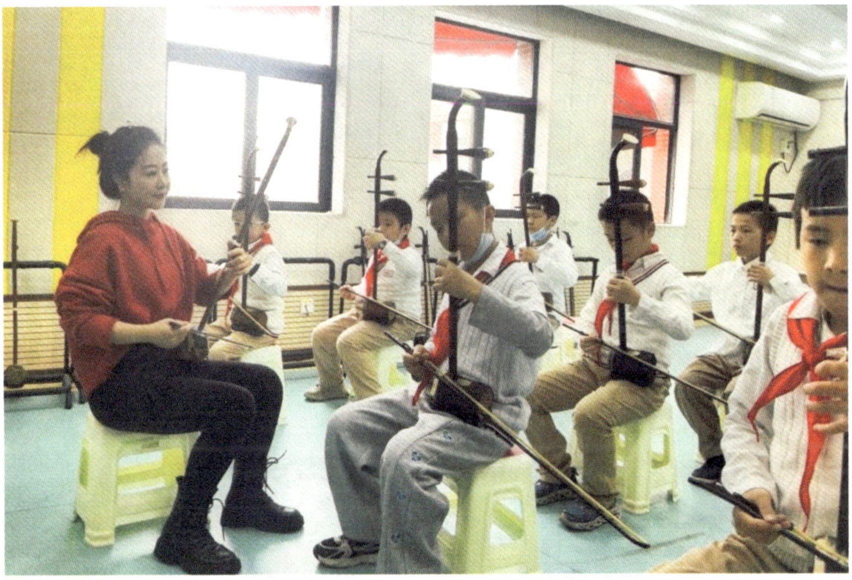

2022年，汉阳区弘桥小学开设的传统民乐“二胡”课程

（汉阳区教育局　供图）

素质教育

【质量提升与“双减”政策落实】 2022年，汉阳区开展“教学质量月”活动，组织“上好每节常规课”主题展示。开展“骨干教师赛”优质课评比。遴选100节区级基础教育精品课，夯实教学常规管理，提升常态课堂教学质量。与华中师范大学教育学院战略合作，启动区域“学习力”课堂研究项目。制发《推进全区中小学生作业、睡眠、手机、读物、体质健康五项管理全面落地见效的实施方案》，将“五项管理”列入汉阳区人民政府教育督导重点工作目标。“一校一策”开展“海量阅读”“课本剧”等校本阅读活动，推动“一校一品”“一校多品”体育品牌工程建设。设立全国、省级校园足球特色校（园）15所，市级体育传统特色学校18所。全区19所学校被评为市级视力健康管理示范学校。制定《汉阳区作业减负工作方案》《汉阳区作业设计和实施指导意见》，成立区级“学科作业设计”研究团队，分学段开展“‘双减’背景下的作业研究”专题研讨会，组织现

场观摩及评价活动，优化“一校一案”。在武汉市率先发布各学科《作业设计和实施指导意见》，汉阳区作业设计与管理（减负）案例入选教育部优秀教育案例集，汉阳区作业管理举措被《中国教育报》头版头条报道。

【高效课堂建设】 2022年，汉阳区深化高效课堂建设工程，推进数字化赋能学科教学。开展教育部“基础教育精品课”活动，27节区级基础教育精品课分获湖北省基础教育精品课一、二、三等奖。组织全区中小学校参评湖北省、武汉市优秀基础教育教学成果奖，武汉市晴川初级中学《大江大湖大课堂——武汉市晴川初级中学生态大课堂20年实践育人探索》获湖北省优秀基础教育教学成果一等奖，武汉市弘桥中学《普通高中体验式课程构建研究》等7项教学成果获武汉市第二届基础教育教学成果奖二、三等奖。成立学科中心组，定期开展沙龙活动。加强学科教学研究室建设和学科基地学校建设，并授牌学科基地学校。开展教学质量月活动，重点研究“课堂模式的创新实践、作业设计与管理”机制，举办主题为“智慧课堂教学模式”的骨干教师大赛。

【德育教育】 2022年，汉阳区落实《新时代爱国主义教育实施纲要》《新时代公民道德建设纲要》，开展“学习新思想，喜迎二十大”主题教育，在校园开展专项活动。一体化推进中小幼德育教育，落实《中小学德育工作指南》《3—6岁儿童学习与发展指南》，夯实德育工作基础，提升德育一体化效能。开展“双读”（经典诵读、起点阅读）、“我们的节日”、“弘扬和培育民族精神月”、“共赴文明之约”等活动，加强“四风”（校风、教风、学风、班风）建设，夯实中小学幼儿园精神文化、制度文化、课程文化、行为文化、环境文化。开展劳动教育、大思政教育、家庭教育等教育，加强常态化工作巡查和学生管理，规范学校德育管理。梳理“品质德育”系列工作，开展干部沙龙交流活动。依托线上成长网络平台、家庭成长支撑平台、学校成长实践平台等，构建高品质多维育人网络，形成《汉阳区品质德育工作方案》。成立区域课题研究团队，以《大思政视域下区域一体化实践育人体系研究》为题，申报湖北省重点课题并开题。编撰“图说心语”系列区域德育一体化读本之三《我和我的老师》。开展以“图说心语”为载体的主题教育，完成《我和我的老师、我和我的学校》区域大思政教育读本编纂。成立区域大思政课题组，搭建“实践育人视域下区域思政一体化”研究框架。以武汉市弘桥中学等多所学校为主要研究对象，推进品牌建设工作。开展班主任基本功和思政课教学基本功展示交流活动。围绕“开好班会”主题，通过实践讨论形式，促进班主任加强班会教育形式、教育意义研究。武汉市楚才中学教师梁倩茜获湖北省班主任基本功大赛一等奖、湖北省“新锐班主任”；汉阳区郭茨口小学教师李涵获湖北省思政教师基本功大赛一等奖。结合线上教学的实际情况，开发“微班会”，并制定班会评价表，完成小学、初中、高中线上“微班会”内容征集。围绕“上好一节班会课”开展第二期研修，树立马超君、高能英等典范。在武汉市第二届班主任基本功大赛中，武汉市永丰中学教师冯晓念获一等奖，汉阳区墨水湖小学教师王寒、武汉市晴川初级中学教师汪玲、武汉市第二十三中学教师艾巍获二等奖。“德育课程”基地学校开展德育课程开发，1所高中获全国一等奖，5所学校获全国二等奖，5所学校获全国三等奖。

【体育与艺术教育】 2022年，汉阳区推动体教融合发展，遴选区域体育与艺术项目，加强学校代表队建设，建立省、市、区三级传统项目学校39个，发展21所（家）学校、单位和社会机构为竞技体育业余训练点，3个市队区办项目落户。普及“三大球”（足球、篮球、排球）和舞蹈、合唱、戏曲、国画等体育与艺术项目，扩大校园足球、篮球、田径、艺术节等传统赛事影响力。打造汉阳区“知音杯”青少年体育赛事，开展青少年足球、篮球、排球、羽毛球、乒乓球、田径、棋类等体育赛事。在2022年湖北省第十六届运动会上，武汉市二桥中学、武汉市晴川初级中学等校参加中学生组游泳比赛获7枚金牌；武汉市楚才中学参加摔跤比赛获4枚金牌；武汉市翠微中学10名队员参加女子U13和U15组比赛，双双夺冠；第三寄宿中学戎成英获国际跳棋比赛第一名。在2022年武汉市青少年运动会上，获金牌28枚，奖牌67枚。武汉市第二十三中学学生在全

2022年5月31日，汉阳区白鹤幼儿园开展“我们的节日——端午”活动
（汉阳区教育局 供图）

国U18以下青少年田径锦标赛中获女子200米冠军。武汉市第三中学学生在2022年湖北省青少年田径锦标赛中夺得4枚金牌。武汉市弘桥中学、武汉市第三初级中学学生在全国和湖北省啦啦操锦标赛上获多项第一名。武汉市二桥中学学生杨佩琪蝉联第四十七届武汉渡江节女子组冠军。武汉市晴川初级中学获联合国儿童基金会水环境卫生项目比赛金奖。武汉市第三寄宿中学在全国青少年创新发明大赛选拔赛中获一等奖2项，并在全国展演交流。汉阳区学生在全国青少年模拟飞行锦标赛上获2金4银2铜。武汉市二桥中学学生李璨颜与非洲喀麦隆留学生罗迈参加“戏曲进校园中秋专场”表演，登上央视CCTV-13新闻频道。7月22日至24日，第十三届全国青少年模拟飞行锦标赛在汉阳区张之洞体育公园举办，汉阳区代表队35名青少年获2金4银2铜。汉阳区西大街小学五年级学生聂展颜获“Z—本场五边争霸赛（首都机场）”小学女子乙组第一名以及“解说口才现场项目”女子乙组第二名。

2022年7月22日，第十三届全国青少年模拟飞行锦标赛在张之洞体育公园举办（汉阳区教育局 供图）

【健康教育】 2022年，汉阳区落实健康教育暨生命安全教育课程，通过线下线上听评课、汉阳区生命安全教育教学评优活动，加强教学研讨，培训健康教师，提高健康教育教学质量，推荐优质课资源参加湖北省教育厅生命安全教育优质素质资源库征集活动，汉阳区楚才小学获一等奖。强化安全教育和法治教育，统筹开展国家安全、防溺水、交通安全、消防安全、食品卫生安全、禁毒、防治欺凌、防性侵、网络安全、防灾减灾、防拐防骗等各类安全教育和法治教育。深化“提升积极适应能力”主题教育，提升学生心理健康素养。指导创建市级心理健康教育示范（合格）学校，建立学校法治副校长工作联席会议制度，统筹推进学校法治副校长聘任与管理工作。加强青少年近视防控教育，开展春秋两季近视防控宣传月等系列活动，征集235个近视防控作品宣传交流。开展全区学校幼儿园眼保健操比赛，促进学生视力健康。倡导“校长讲健康、老师担责任、家长护光明”，利用“爱眼日”“爱牙日”“无烟日”等时间节点，校长、教师、学生、家长宣讲健康300余场次。

【智慧教育建设】 2022年，汉阳区启动智慧管理研究室的创建工作，制定智慧管理研究室指导意见和智慧教学研究评价方案，推进智慧教学研究室常态化开展应用研究。利用智慧教育研究中心（智慧教师研训基地），落实“一会”（承办国家智慧教育示范区现场推进会）、“两用”（市区校一体化平台的常态化、规模化应用和虚拟实验、精准教学、综合评价等创新应用）、“两研”（教育信息化课题研究和智慧教育研究室研究活动）、“两评”（评选市、区两级智慧教育优秀教师和市五星智慧校园1所，四星智慧校园9所）、“三赛”（武汉市中小学幼儿园信息技术与学科整合优质课评比活动、湖北省教育技术理论与实践征文评选活动、湖北省教师信息素养提升实践活动）等工作。区域智慧教育案例《构建教育大平台建设智慧教育新生态》获全国基础教育优秀工作案例，并被教育部编纂的《中国智慧教育区域发展研究报告2021》、科学出版社出版的《教育新基建》收录。1篇区域案例、3篇学校案例入选全国智慧教育优秀案例。武汉市二桥中学受邀在2022全球智慧教育大会上分享学校虚拟实验教学应用案例。汉阳区中小学虚拟实验教学实践获批教育部科技司“教育信息化应用实践共同体”项目。

【科学普及教育】 2022年，汉阳区创新“科技学苑+智慧教育”融合模式，打造“科技学苑进社区”科普项目，被评为湖北省优秀科技志愿服务项目。武汉市第三寄宿中学、武汉市第三初级中学、汉阳区芳草小学、汉阳区七里中学等在全国青少年创新发明大赛（湖北选拔赛）获5项一等奖，并获全国竞赛入围资格。武汉市晴川初级中学在全国中学生水科技发明比赛暨斯德哥尔摩青少年水奖中获湖北省赛区多项一等奖，并代表湖北省参加全国决赛。武汉市翠微中学入围全国青年科普作品实验大赛省级复赛。汉阳区十里铺小学被评为湖北省知识产权示范学校；汉阳区七里小学被评为武汉市三星科普示范学校。全年创建国际生态学校2所，完成市级绿色学校申报3所。

【劳动教育】 2022年，汉阳区推进《特色场域资源图谱》资源课程开发和具体实践活动探索，促进初中劳动必修课落实，举办汉阳区初中劳动主题公开课“一校一节”巡展，组织优秀教学案例展示与教师教学反思交流活动。开展劳动及综合实践活动课题研究，发布区域劳动实践指导手册《爱上劳动》，推出《汉阳区实践教育特色场域资源图谱》。组织劳动教师基本技能比赛，加强区级劳动校本课程调研，组织区级劳动校本课程评选，打造劳动教育优秀案例，构建劳动教育课程体系。汉阳区在2022年全国“生活·实践”教育年会中，被评为唯一优秀试验区，劳动教育案例在湖北省“生活·实践”教育大会上推介。以《发挥劳动教育综合育人作用，高质量构建汉阳区“劳动+”课后服务一体化育人体系》为题，申报中国陶行知研究会重点课题并开题。完成汉阳区《劳动教育报告》《劳动教育指导意见》《中小学劳动教育评价表》，召开汉阳区劳动教育推进会。区域劳动教育成果被“学习强国”学习平台、《湖北日报》等媒体专题报道，并在湖北省大会推介。

【语言文字规范化工作】 2022年，汉阳区开展第十五批市级语言文字规范化示范校（园）创建，知音幼儿园、江汉二桥幼儿园、钟家村幼儿园通过武汉市语言文字工作委员会、武汉市教育局评估认定。开展校园语言文字工作达标建设攻坚，全区23所新增公办校园、28所民办校园创建合格校园，实现公办校园达标率95%以上、民办校园达标率60%以上目标。以电话访问和实地抽查的方式，检查12家政府机关单位、12个政务中心服务窗口、31所学校以及3个示范岗的用语用字情况，发现不规范现象及时整改并督促落实。举办“第四届中华经典诵写讲大赛”，8件作品获市级奖项，汉阳区语言文字工作委员会获优秀组织奖，并被武汉市语言文字工作委员会评为“2022年语言文字工作突出贡献单位”。

【国际理解教育】 2022年，汉阳区推进教育国际化工作，制定《汉阳区国际理解教育工作第二轮三年发展计划（2022—2025）》。在普通高中推进小语种特色发展。汉阳区玫瑰园小学、武汉市建港中学被评为第四批市级国际理解教育示范（特色）学校，全区国际理解教育课程实验校增至9所。

【普通话推广】 2022年，汉阳区围绕“推广普通话，喜迎二十大”主题，制发《汉阳区第二十五届全国推广普通话宣传周活动方案》，在校园、社区、岗位推广普通话。各校园成立推普工作小组，通过升国旗、唱国歌、国旗下讲话、推普志愿者宣誓等方式，推广普及国家通用语言文字。汉阳区知音小学、汉阳区五里墩小学、武汉市翠微中学等学校开展以“弘扬传统文化、书写莘莘学子风华”为主题的书法比赛；汉阳区墨水湖小学、武汉市德才中学、武汉市弘桥中学等学校开展“推广普通话，喜迎二十大”朗诵、演讲比赛。汉阳区语言文字委员会办公室在钟家村教育集团、武汉市二桥中学、武汉市第三职业教育中心等10所学校设置普通话模拟测试点，提升学生普通话水平。各幼儿园实施“学前学会普通话”行动、“童话同音计划”，举办语言文字工作培训、讲座，开展推广普及活动。将推广普及活动与“党员下沉社区”相结合，在知音西苑社区、五红里社区、五玉里社区等社区发放推广普通话宣传资料，开展普通话“义诊”。汉阳区玫瑰园小学、琴断口中学等学校师生组成“推普小分队”，到社区张贴宣传画，到商铺指导规范用字，提高社会用语用字文明规范程度。汉阳区语言文字委员会办公室联合汉阳区政务服务中心开展普通话专项提升活动，5名国家级普通话测试员对窗口服务工作人员进行普通话水平等级模拟测试，开展正音指导。在汉口银行、区图书馆等窗口行业开展普通话“义诊”，营造“文明用语、和谐沟通”语言环境。

（曹艳萍）

2022年，汉阳区七里小学外教讲授国际理解教育专项课程《自然科学》

（汉阳区教育局　供图）

【课后服务工作】 2022年，汉阳区合理利用社会资源，提高课后服务能力。制定《汉阳区义务段学校课后服务工作实施方案》，义务段学校为学生提供常规托管、兴趣培养、特长发展、延时托管等服务。区域课后服务工作落实“1+X”（1个作业辅导时段+X兴趣课程时段）、“两个提升”（提升自主学习实效、提升综合服务质量）要求，规范时段安排和辅导计划，分层指导学生在校完成作业。延展课程实施载体，拓展学习空间，设置特色校本课程，深入开展阅读、劳动、专题教育等活动，提升课后服务品质。中国教育新闻网以《以“1+X”模式破解课后服务提质增效难题》报道汉阳区郭茨口小学“1+X”课后服务模式工作经验。

【语文素养提升工程】 2022年，汉阳区全学段推动“语文素养提升工程”，明确以“三必”课程（必备语文习惯、必备阅读能力、必备写作能力）为载体的研究方案，培训基地学校教师开展“三必”课程实践操作。开展全学段语文课程衔接研究活动，成立专项课题组，总结提炼前期研究成果，完成语文素养提升课题申报。开展“必备的写作能力课程”教学展示活动，推出写作示范系列标杆课，培育语文写作课程模式，5 项课题被评为武汉市优秀课题，并在全市展示。11 篇教学案例被评为武汉市基础教育教学评价优秀案例，其中一等奖 5 篇。

（肖勇）

教师队伍建设

【概况】 2022 年，汉阳区有区教育局属中小学、职校、幼儿园、二级机构 64 所，教职工总数 5856 名（事业编 3371 名、编外 2485 名）。年内招聘事业编制教师 147 名、合同制教师 441 名，办理随调安置教师 1 名，补齐教师缺口。根据《关于规范全市中小学幼儿园教师岗位设置与聘用工作的通知》文件精神，共增加岗位总量 1400 个。年内高级职称申报 19 人，通过 16 人；中级职称申报 90 人，通过 72 人。持续推进名师工程，继续督促和指导第六届名师工作室开展各项活动，充分发挥名师的示范作用和辐射效力，助力骨干教师成长。

【师德师风建设】 2022 年，汉阳区以师德师风建设月活动为契机，组织覆盖全体教师的师德规范再学习再教育。重温《新时代中小学教师职业行为十项准则》《新时代幼儿园教师职业行为十项准则》《中小学教师违反职业道德行为处理办法（2018 年修订）》《严禁中小学校和在职中小学教师有偿补课的规定》等师德师风建设重要文件精神，要求教师知准则、守底线。开展师德建设专项系列活动，下发《师德师风工作提示（一至五）》，对于通报的违反教师职业行为十项准则的典型案例和本地区、本单位相关违规案例进行学习。评选第四届区“四有教师”130 名，树立先进典型，发挥榜样力量。制定并落实《汉阳区教育系统师德师风专项排查工作方案》，自查教师师德行为和学校管理机制，制定措施、逐项落实、全面整改。

【教师业务水平提升】 2022 年，汉阳区构建教师专业成长体系。强化学校教师专业发展功能建设，稳步推进教师梯队培养计划。巩固新教师培训经验成果，实施“青蓝工程”选种育苗，以团队竞赛、个人通关等形式开展第三期“翠竹成林”新教师胜任力培养。在幼儿园分层开展“骨干展”“青年秀”系列分享、展示和比赛活动，提升幼儿教师专业能力。推进落实领军教师培养计划方案，开展“市学带”、省特级后备班首轮培训。组织区“四有教师”（有理想信念、有道德情操、有扎实学识、有仁爱之心的好老师）与新教师开展师徒结对，手把手进行帮扶指导。

【卓越教师培养】 2022 年，汉阳区评选推荐国家、省、市、区各类优秀教师，提高骨干教师队伍的数量及质量。武汉市第三中学赵高峰、肖晓萍，武汉市第二十三中学高瑶琴，武汉市第三寄宿中学陈祖华 4 位教师被评为第十一批湖北省特级教师，武汉市第三职业教育中心罗正丽获楚天园丁奖，武汉市第三中学赵高峰获武汉市人民政府专项津贴，汉阳区钟家村小学易琛被评为湖北省荆楚好老师提名奖，汉阳区楚才小学韦莉获武汉市最美教师称号，汉阳区教育局教育教学科研中心邹勤、武汉市翠微中学陈燕、武汉市楚才中学王承瑾、武汉市第二十三中学江晶、汉阳区墨水湖小学张庆、汉阳区玫瑰第二幼儿园吴炎坤获武汉市首届智慧教育优秀教师称号。

【教师交流】 2022 年，汉阳区以学区制为基础，推进全学段教师轮岗交流工作。下发《汉阳区教育局关于做好 2022—2023 学年度教师交流轮岗工作的通知》，在职称评聘、评优评先中将轮岗交流经历作为必要条件，进一步落实轮岗交流工作的实际效果，推动师资配置由“学校人”向“系统人”的转变，促进教育优质均衡发展。组织 95 名义务教育段教师进行区内轮岗交流，其中骨干教师轮岗交流比例达 52%。持续做好援疆、支教黄冈及来凤县教育帮扶工作。为援疆及支教教师提供政策保障，提醒各相关学校及时落实各项政策待遇，加强与派出教师的联系。以汉阳教育公众号及学校教职工大会为平台，组织援疆援藏、支教教师分享援教支教故事、感悟，带动全区教师学习主动奉献、艰苦奋斗的援教精神。

（肖勇）

2022年，武汉市晴川初级中学教研项目“大江大湖大课堂——武汉市晴川初级中学生态大课堂20年实践育人探索”授课现场

（汉阳区教育局 供图）

学前教育

【概况】 2022年，汉阳区有幼儿园160所，在园幼儿27519人。其中，公办幼儿园36所，在园幼儿9941人，其中2所幼儿园未办学；民办幼儿园124所（含普惠性民办园76所），在园幼儿17578人，其中19所幼儿园未办学。扩大学前教育公益普惠性资源，全区提供普惠性服务的幼儿园114所，公办幼儿园、普惠性民办园在园幼儿占比86.7%。

【幼儿园等级园创建】 2022年，汉阳区提升区域学前教育办园水平，开展等级园创建。创建等级园16所。其中，一级园4所，二级园6所，三级园6所。至年底，全区有省级示范园2所（晨光幼儿园、玫瑰幼儿园），市级示范性幼儿园9所（德才幼儿园、机关幼儿园、钟家村幼儿园、晨光第二幼儿园、玉龙幼儿园、玫瑰第二幼儿园、白鹤幼儿园、晴川阁幼儿园、大桥局幼儿园），一级园33所、二级园31所、三级园19所。

【学前教育教学研究】 2022年，汉阳区成立汉阳区学前教育教学研究室，发挥研究室专业引领作用，提升教师教学研究能力。参与市、区教研活动12期，其中，《智慧教研新视听》2期，《幼儿健康快乐的一天》1期。向

表45　　2022年武汉市汉阳区公办幼儿园基本情况一览表

幼儿园名称	地址	占地面积（平方米）	建筑面积（平方米）	班级数（个）	幼儿数（人）	教职工数（人）
汉阳区机关幼儿园	拦江路193号16栋	14108	11183.26	23	714	102
汉阳区白鹤幼儿园	江欣苑路335号	2700	1940	6	205	37
中铁大桥工程局集团幼儿园	建桥新村63号	7122	7123.34	18	596	85
汉阳区商业幼儿园	夹河路111号	0	0	0	0	0
汉阳区钟家村幼儿园	麒麟路118号	2000	1368	8	249	43
汉阳区晨光幼儿园	七里一村	2227	2924	11	346	62
汉阳区晨光第二幼儿园	江堤中路15号	6551.58	5628.26	17	527	69
汉阳区德才幼儿园	水仙里234号	3265	2533	9	301	42
汉阳区玫瑰幼儿园	玫瑰西村138号	3000	2262.44	9	283	50
汉阳区玫瑰第二幼儿园	汉城社区汉欣苑小区	2400.05	2133	8	281	42
汉阳区江汉二桥幼儿园	桥西村64号	5006	2485.8	10	314	41
汉阳区知音幼儿园	琴台大道503号	951	1918	6	216	31
汉阳区晴川阁小学附属幼儿园	汉南路8号	0	0	0	0	0
汉阳区黄金口幼儿园	和泰路二号惠民苑三期	2700	1953	6	199	30
汉阳区玉龙幼儿园	玉龙路170号	3927	3288.87	9	290	51
汉阳区晴川阁幼儿园	四新南路6号	3780	2730	9	288	42
汉阳区玫瑰楚萌梅林幼儿园	梅林西街13号	3800.37	2773.37	9	312	39
汉阳区玫瑰楚萌方岛幼儿园	墨子路4号（新城·璟棠）	3962.13	2742.7	9	305	37
汉阳区玫瑰楚萌仙山幼儿园	保利星河九洲K5地块	4860	1393.21	8	223	33
汉阳区玫瑰楚萌四新幼儿园	梅林东路205号	5165	2753	12	402	51
汉阳区玫瑰楚萌博睿幼儿园	兰惠路9号	3780	2805	9	283	38
汉阳区玫瑰楚萌凤凰幼儿园	招商樾望19栋	2755	2026.9	6	201	28
汉阳区玫瑰楚萌百灵幼儿园	钰龙旭辉半岛沁园小区	3780	1807.09	9	264	30
汉阳区玫瑰楚萌阅江幼儿园	玉龙路42号	4860	3607.85	4	122	22
汉阳区玫瑰楚萌新城幼儿园	梅林五街2号	6502	3207.69	12	333	49
汉阳区晨光楚萌向阳幼儿园	洲头三路万福国际城小区	2733.73	1697.58	6	181	27
汉阳区晨光楚萌连通港幼儿园	墨水湖南路8号	4862.52	3780	12	390	50
汉阳区晨光楚萌建港幼儿园	晴川大道329号附一号	2753	1940	6	181	26

续表

幼儿园名称	地址	占地面积（平方米）	建筑面积（平方米）	班级数（个）	幼儿数（人）	教职工数（人）
汉阳区晨光楚萌升官渡幼儿园	车友路24号	3780	2806	9	287	36
汉阳区晨光楚萌卓语幼儿园	梅林七街48号	3975	2785	9	316	40
汉阳区晨光楚萌龙阳湖幼儿园	龙阳湖东路13号	2750	2058	6	196	27
汉阳区晨光楚萌建园幼儿园	米粮路3号	3801.1	2730	8	231	37
汉阳区晨光楚萌新五里幼儿园	鄂渚路4号	3863.15	2820	9	273	39
汉阳区晨光楚萌金桥幼儿园	连通港西路33号	4916.3	3883.66	9	278	39
汉阳区晨光楚萌国博幼儿园	冬书街6号	4860	3605.16	4	115	20
汉阳区晨光楚萌未来城幼儿园	江城大道与汉阳大道交叉口	4860	3607	8	239	35

表46　2022年武汉市汉阳区民办幼儿园基本情况一览表

幼儿园名称	地址	占地面积（平方米）	建筑面积（平方米）	班级数（个）	幼儿数（人）	教职工数（人）
汉阳区锦绣幼儿园	鹦鹉小道1号	325.84	375.75	3	96	14
汉阳区明珠幼儿园	龙阳大道33号	2500	2800	10	302	47
汉阳区新星港湾幼儿园	磨山新村11号	1200	1750	7	190	34
汉阳区复地翠微幼儿园	归元寺路18号	3600	2480	9	270	39
汉阳区腰路堤幼儿园	鹦鹉大道175号	1800	1560	3	81	17
汉阳区小火车幼儿园	车站前路12号	0	0	0	0	0
汉阳区七色光幼儿园	鹦鹉花园二号门	3400	2000	7	206	43
汉阳区百花幼儿园	汉阳洲头二村9号	0	0	0	0	0
汉阳区芳卉幼儿园	鹦鹉大道281号	2400	1814.05	7	220	40
汉阳区摇篮幼儿园	倒口南村特1号	0	0	0	0	0
汉阳区沙龙艺术幼儿园	龙江路7号	848.77	848.77	3	96	15
汉阳区怡畅幼儿园	长航新村56号	2983	1692	5	128	23
汉阳区晶晶幼儿园	熊家东湾64号	197	500	0	0	0
汉阳区菁竹幼儿园	徐家大湾特1号	0	0	0	0	0
汉阳区五里汉城幼儿园	五里汉城小区3号	2002	2374	4	120	19
汉阳区幸福人家幼儿园	鹦鹉大道285号	1000	865	4	94	18
汉阳区新乐思幼儿园	赫山路47号	884	1373	5	91	25
汉阳区欧乐幼儿园	汉阳大道654号	2048	1145	6	124	27
汉阳区东方日出幼儿园	郭茨口桥东村37号	700	700	3	105	18
汉阳区碧水晴天幼儿园	琴台大道688号	2274	4686	7	222	36
汉阳区温馨小家幼儿园	玫瑰街64号	1216	1812	7	245	39
汉阳区贝贝星亲子幼儿园	琴台大道529号	2707	1993	6	183	30
汉阳区东方日出第二幼儿园	永安堂昌南花园172号	2600	1400	3	105	16
汉阳区霞光幼儿园	墨水湖北路102-212号	1100	818	3	58	14
汉阳区小太阳幼儿园	汉阳大道677号	900.5	300	2	45	10

续表

幼儿园名称	地址	占地面积（平方米）	建筑面积（平方米）	班级数（个）	幼儿数（人）	教职工数（人）
汉阳区花前树下幼儿园	汉阳大道532号	1218	736	3	93	17
汉阳区桃花岛实验幼儿园	七里新村17号	793	780	4	76	16
汉阳区小白鸽幼儿园	翠微街菩提巷5号	0	0	0	0	0
汉阳区楚天星汉江苑幼儿园	郭琴路汉江苑101号	2742	3247	7	245	38
汉阳区爱欣幼儿园	梅岩村25号	0	0	0	0	0
汉阳区星光幼儿园	米粮新家园60号	1892	946	5	76	23
汉阳区江欣幼儿园	汉阳江堤中路11号	1800	1470	6	210	28
汉阳区春蕾幼儿园	五合村79号	300	760	5	120	22
汉阳区伊顿慧智幼儿园	琴台大道388号	1450	1510	8	180	43
汉阳区博才幼儿园	琴台大道1101号	1200	2824.31	6	161	22
汉阳区东方太子幼儿园	江城大道四新北路100号	2500	1800	7	118	31
汉阳区春天幼儿园	动物园路东头特1号	1209	968	4	111	17
汉阳区小天才幼儿园	徐家大湾240号	0	0	0	0	0
汉阳区小木马幼儿园	七里一村七里晴川会所2号	902	581	3	58	14
汉阳区五里幼儿园	谭李湾5号	622	407.85	3	58	14
汉阳区快活岭幼儿园	快活岭宋湾16号	210	462	3	43	13
汉阳区喜洋洋幼儿园	殷家咀3号	300	880	3	86	12
汉阳区爱宝乐幼儿园	朱家亭280号	0	0	0	0	0
汉阳区格林嘉园幼儿园	鹦鹉大道448号	2229	2691.97	7	194	36
汉阳区启蒙幼儿园	鹦鹉大道448号	1715	708	0	0	0
汉阳区七彩树幼儿园	龙阳大道66号	1200	826	6	105	25
汉阳区澜菲溪岸幼儿园	江城大道芳草六街1附28号	4000	2800	9	204	39
汉阳区江腾实验幼儿园	马鹦路157号	2345	2107	9	215	38
汉阳区华师附属铁桥幼儿园	铁桥村汉阳大道648号	3974	2168	9	239	38
汉阳区十里铺幼儿园	芳草路18号	900	540	3	105	19
汉阳区万科育才幼儿园	陶家岭康达街10号	4074	3435.54	12	395	61
汉阳区汇佳绿地幼儿园	江城大道四新南路366号	3254.89	3254.89	8	162	37
汉阳区新玫瑰实验幼儿园	汉城路5号	1187	1235.76	6	180	28
汉阳区汉水琴台幼儿园	琴台大道820号	3229.79	2769.7	6	135	31
汉阳区阳光贝贝江博幼儿园	江堤中路13号	1455.84	695.84	3	65	17
汉阳区启航幼儿园	黄金口五村特1号211号楼	2800	1264	4	115	21
汉阳区东方日出汉城花园幼儿园	汉城花园小区	2900	1067.9	4	102	20
汉阳区与闻陶馨园幼儿园	康大街7-64号	1074	1609	4	140	29
汉阳区艾歌乐艺术幼儿园	招商公园1872号小区	3800	3687	7	128	45
汉阳区英伦兰亭幼儿园	马鹦路141号	4108	3083	8	160	34
汉阳区明珠锦绣幼儿园	滨江大道188号	5813	3600	13	360	55
汉阳区花溪雨幼儿园	百灵景都1号	1583	1192	3	90	26
汉阳区蒙特梭瑞幼儿园	马沧湖路水岸人家小区81号	0	0	0	0	0
汉阳区乔治嘉德幼儿园	康达街7号附38号	1400	992.96	3	105	28

续表

幼儿园名称	地址	占地面积（平方米）	建筑面积（平方米）	班级数（个）	幼儿数（人）	教职工数（人）
汉阳区人信汇幼儿园	龙阳大道61号	4800	3680	12	420	52
汉阳区旺斯达幼儿园	芳草路97号	6136	7334	24	709	85
汉阳区金起点幼儿园	王家湾商圈十升路179号	237	857	3	73	15
汉阳区常春藤幼儿园	五琴路6号A2-5/A2-6/A2-7	1500	1062.76	5	77	21
汉阳区艺苗幼儿园	王家湾商圈十升路179号	1130	1130	4	105	19
汉阳区玛兰花幼儿园	芳草路隆祥东街9号	2800	3480	7	180	32
汉阳区米修实验幼儿园	和泰路6号	1350	1152	3	63	15
汉阳区美霖幼儿园	芳草六路金地澜菲溪岸	2582.88	1582.88	6	180	42
汉阳区思桥幼儿园	四新北路606号	5400	3822	16	420	62
汉阳区西蒙幼儿园	国博新城C7号地块配套园	4865.97	3747.88	10	290	53
汉阳区月湖琴声幼儿园	知音大道107号	2700	1500	4	55	20
汉阳区睿智幼儿园	腰路堤30号	821	938	6	91	25
汉阳区童乐思幼儿园	江堤中路特1-1号	3500	2548	0	0	0
汉阳区黄金花园幼儿园	和泰路4号	3700	2016.4	7	165	30
汉阳区艾丁顿邓甲新城幼儿园	马鹦路邓甲新城B区159号	5478	3669.29	12	360	61
汉阳区梦想乐思明珠幼儿园	四新南路391号	8995	6000	23	577	98
汉阳区和昌森林湖伟才幼儿园	和昌森林湖一期6号	1200	1650.62	6	125	32
汉阳区翡翠滨江立德幼儿园	琴台大道1068号	8518	7203	12	420	87
汉阳区贝思特幼儿园	龙阳街龙珠路2号	630	984	3	105	23
汉阳区开森堡幼儿园	七里新村145号	1037	657.12	4	67	15
汉阳区卡乐幼儿园	星火路十升二路18号	666	1097	4	86	18
汉阳区阳光花老关新城幼儿园	芳草六街老关新城小区	3789	2712.93	9	270	41
汉阳区天佑幼儿园	高农太子尚品住宅小区	3781	2730	10	315	40
汉阳区四季花幼儿园	四季永兴商业步行街20号	750	1200	7	114	31
汉阳区艺童四台实验幼儿园	赵家台13号	1650	1900	2	15	15
汉阳区阳光花鲤跃龙门幼儿园	连通港西路鲤跃龙门小区5栋	3600	2000	5	149	27
汉阳区艾蓓蕾幼儿园	车友路名仕华府商铺D栋201号	1505	982	5	98	25
汉阳区乐贝尔幼儿园	琴台大道413号	1323.5	2647	6	180	29
汉阳区快乐天使龙兴幼儿园	芳草路88号	2856.96	992.16	3	90	17
汉阳区奥乐林幼儿园	龙阳大道特8号	1350	1050	0	0	0
汉阳区三里龙桥幼儿园	三里坡路三里民居号2栋1-2楼	987	987	0	0	0
汉阳区礼兮幼儿园	四新大道四新北路100号	1115	1133.95	3	65	15
汉阳区朗木滨江幼儿园	黄金口滨江花园1号	2300	2400	5	116	19
汉阳区森林湖幼儿园	芳草路76号	2700	1968	7	194	37
汉阳区优胜美地幼儿园	四新北路鲤鱼洲家园小区	4515.93	3093	6	169	34
汉阳区星光御园幼儿园	龙兴东街2-2号	1300	940	3	92	21
汉阳区英伦琴台幼儿园	崔子湾街特1号旁琴台馨都小区	3433	2299	1	19	6
汉阳区十里新城哚啦幼儿园	十里新城十二栋二号楼	1668.25	1086.25	3	90	17
汉阳区京学附属实验幼儿园	王家湾中央生活区2号	5898.31	4633	15	412	57

续表

幼儿园名称	地址	占地面积（平方米）	建筑面积（平方米）	班级数（个）	幼儿数（人）	教职工数（人）
汉阳区馨美佳幼儿园	江堤中路27号	1977	2661.88	5	131	25
汉阳区梦想董都华庭幼儿园	董都华庭小区2号	2700	3750	7	194	34
汉阳区嗯恩幼儿园	芳草路38号	0	0	0	0	0
汉阳区新苗圃幼儿园	黄金口创业园西区什湖大道	1017	867	0	0	0
汉阳区贝之特幼儿园	十里新村153号	477	900	2	22	13
汉阳区汉桥半岛幼儿园	墨水湖北路229号	1954	2861.83	11	293	47
汉阳区陈家咀幼儿园	陈家咀中湾48号	400	926	0	0	0
汉阳区吉利星幼儿园	磨山集团222号	1100	1700	0	0	0
汉阳区梦想雅苑幼儿园	夹河路107号	2310	2942	7	180	35
汉阳区蓝天之星幼儿园	汉阳大道620号	1685	2700	2	22	12
汉阳区英济幼儿园	玉龙路168号	1316.5	1767	7	140	29
汉阳区小云朵幼儿园	龙阳湖东路龙阳A1地块2号楼	570	892.17	0	0	0
汉阳区普灵思江欣苑幼儿园	江堤中路11号	2600	2545	6	210	37
汉阳区上海府邸幼儿园	湖北国展中心广场二期	4178	4675	11	315	44
汉阳区博识梦飞幼儿园	梅林东路288号	2876.7	1176.7	3	88	24
汉阳区明珠沁园幼儿园	招商公园1872六期沁园旁	3663.17	3663.17	12	360	62
汉阳区思桥前进嘉园幼儿园	前进嘉园小区B区	3039	2948	2	45	14
汉阳区惠雯幼儿园	琴台大道中海琴台华府	1940	1940	7	200	30
汉阳区洪恩家园幼儿园	知音大道199号	809	2940	5	90	28
汉阳区鹦鹉洲幼儿园	夹河路111号	3000	1940	6	202	36
汉阳区马荣名流幼儿园	五龙路62号	3228	2851	11	315	48

武汉市教育科学研究院送稿19篇，被武汉教育云平台录用4篇；向《幼儿健康快乐的一天》线上栏目投稿3篇，被武汉教育云平台录用1篇。5月18日，汉阳区晨光第二幼儿园承办武汉市第四轮学前教育保教活动教研展示活动，向全市幼儿园及小学展示幼小衔接教育工作经验。依托游戏活动优秀案例比赛活动，提升幼儿园保育教育质量，促进幼儿园教师成长。利用各级“幼儿园游戏案例评比”平台，组建专家团队，开展培训、申报、推荐工作，全区游戏案例作品获市级一等奖1件、市级二等奖8件。其中2件作品被推介至湖北省教育厅参评。

【学前教育学区制管理改革】 2022年，汉阳区推进“学区制”改革，规范民办幼儿园办园行为，以学区为单位开展园务管理、教师研训、教学研究、党建工作等活动。召开防疫、招生、等级园评估指导等学区会议，开展“解读家庭教育促进法”“家园沟通的形式与技巧”“优质课观摩”等专题培训、教研、展示活动。

【规范办园行为督导评估】 2022年，汉阳区制定《汉阳区教育局 汉阳区人民政府教育督导室关于开展2022年度幼儿园办园水平认定工作的方案》，以等级园创建为重点，加强各类幼儿园办园水平和保教质量的监测与指导。推进晴川阁幼儿园市级示范园创建，组织专业团队召开现场指导推进会5次，6月16日迎接市级评估，被评为市级示范性幼儿园。16所民办幼儿园开展办园水平等级认定，24所幼儿园通过办园行为督导评估。

【新建公办幼儿园开园】 2022年，汉阳区新增6所公办幼儿园，分别是晨光楚萌国博幼儿园、晨光楚萌未来城幼儿园、玫瑰楚萌阅江幼儿园、玫瑰楚萌四新幼儿园、晨光楚萌金桥幼儿园、江汉二桥幼儿园琴台园。共新增公办学前教育学位2430个。

【“品质幼教”发展共同体】 2022年，汉阳区推进“品质幼教”项目共同体研究，新组建“教办园集团化发展”“保教质量评估”2个项目共同体，推动学前教育聚力发展。建立“四级”教研体系，开展市级教研25次、区级教研9次、学区教研40余场。

【科学幼小衔接】 2022年，汉阳区开展第十一届学前教育宣传月活动，围绕“幼小衔接，我们在行动”主题，开展专家讲座、园所展示、教师论坛、游戏解读等活动，通过线上方式宣传国家政策、推广园所经验、解答家长疑惑、深入剖析幼儿园游戏中的入学准备，与家长携手助推科学衔接，建设科学幼小衔接教育生态。举办专家讲座6场，向武汉市教育局推送汉阳区学前教育宣传月视频案例4篇，其中玫瑰第二幼儿园视频《儿童视域下的幼小衔接》被中国教育报学前教育周刊录用。

（肖勇）

2022年10月19日，武汉市第四轮学前教育保教实验活动在汉阳区德才幼儿园举办。图为参会人员探讨如何以阅读推进幼小衔接平稳过渡

（汉阳区教育局　供图）

小学教育

【概况】 2022年，汉阳区有小学31所，均为公办小学，其中1所小学未办学。全年招收新生11002人，有在校小学生53234人、班级1097个、专任教师3045人。全区小学质量监测中，A等级学校达60%，B1等级以上学校达80%。

【小学教学创新】 2022年，汉阳区制定落实《汉阳区小学生学习习惯培养方案》，开展“上好每节常规课2.0”主题活动，评选“孩子们喜欢的课堂”。实施区域学习力课堂研究项目，在汉阳区钟家村小学、汉阳区西大街小学、汉阳区玫瑰园小学、汉阳区墨水湖小学、汉阳区芳草小学、汉阳区弘桥小学6所小学开展学习力课堂试点。落实书法课程，推进“书墨”小班共同体建

表47　　2022年武汉市汉阳区小学基本情况一览表

学校名称	地址	占地面积（平方米）	建筑面积（平方米）	班级数（个）	学生数（人）	教职工数（人）
汉阳区弘桥小学	建桥新村83号	56857	37562.21	77	3352	222
汉阳区车站小学	汉阳大道256号	2700	4067	16	676	56
汉阳区夏明翰小学	洲头二村61号	8821	5447	19	912	63
汉阳区德才小学	水仙里48号	8545	5768	38	1970	107
汉阳区钟家村小学新区分校	江堤中路114号	20062	6908	23	1119	75
汉阳区七里小学	麒麟路18号	18610.11	11358.35	47	2085	126
汉阳区群建路小学	群建路1号	2086	2413	12	276	45
汉阳区晴川阁小学	汉南路70号	0	0	0	0	0
汉阳区玉龙小学	蟠龙路5号	19100	29863.81	27	1435	75
汉阳区西大街小学	鹦鹉小道26号	39871.31	23136.56	96	4947	279
汉阳区快活岭小学	大郑湾特1号	36863.9	10951	26	1130	70
汉阳区楚才小学	玫瑰街16号	11424.2	8630	30	1483	86
汉阳区田家台小学	四台村田家台特1号	5592.3	942.44	6	95	20
汉阳区知音小学	知音东村44号	8725.9	8725.9	26	1267	77
汉阳区钟家村第二小学	归元寺路26号	8388	9819	34	1637	94
汉阳区晴川实验小学	洲头南路1号	20915.05	27252.91	19	910	5
汉阳区玫瑰园小学	知音西村119号	7845	6884	38	2083	113
汉阳区十里铺小学	十升路68号	4763.84	3342.76	21	973	65

续表

学校名称	地址	占地面积（平方米）	建筑面积（平方米）	班级数（个）	学生数（人）	教职工数（人）
汉阳区五里墩小学	陈家湾6号	10119	7377.45	36	1853	104
汉阳区陈家咀小学	陈家咀村特1号	3238	1362	7	236	29
汉阳区黄金口小学	百威路20号	7445.32	4287.69	15	666	47
汉阳区钟家村寄宿学校	江欣苑路337号	17473.35	14822.49	54	2537	163
汉阳区郭茨口小学	琴台大道1064号	10963.85	17178.51	27	1269	76
汉阳区钟家村小学	汉阳大道177号	54871.68	56121	106	5101	300
汉阳区墨水湖小学	江城大道288号	42802.41	20345.74	61	3168	176
汉阳区西大英才小学	四新南路芳草五街6号	24700	14236	62	3200	177
汉阳区芳草小学	芳草路88号	46111	33535.45	92	4861	261
汉阳区西大街至诚小学	梅林东路201号	17387.9	28142.25	9	383	23
汉阳区玫瑰园润泽小学	琴台大道1116附116号	19685	29959	9	402	26
汉阳区钟家村明德小学	四新中路15号	23897.44	26601.17	21	982	51
汉阳区钟家村实验小学	尹家楼路特2号	18094	30306.78	43	2226	1180

设，召开区级书法课程现场推进会。

【汉阳区芳草小学西校区建成投入使用】 2022年9月，位于龙阳湖东路以东、龙阳湖南路以南芳草小学西校区建成投入使用。该校区总用地面积1.8万平方米，总建筑面积2.31万平方米。办学规模30个班，可提供学位1350个。纳入汉阳区芳草小学教育集团，在师资、课程等方面与芳草小学南、北校区实行资源共享。年末，有学生468人、教师26人。

【汉阳区墨水湖小学东校区建成投入使用】 2022年9月，位于汉阳区渔业路以东、墨水湖南路以南的汉阳区墨水湖小学东校区建成投入使用。校区占地面积1.97万平方米，总建设面积3.35万平方米。办学规模30个班，可提供学位1350个，由墨水湖小学实施集团化办学，年末，有学生232人、教师14人。

（肖勇）

2022年9月，汉阳区芳草小学西校区建成并投入使用

（汉阳区教育局　供图）

中学教育

【概况】 2022年，汉阳区有中学19所。其中，初中13所，高中6所（含1所民办）。有在校生25630人、班级531个、专任教师2134人。全区参加中考4660人，普通高中上线2627人，普高升学率56.4%；参加高考2474人，全口径重点本科上线率超56.5%，专科上线率99.9%，高考重点本科上线率排在武汉市第二名。

【武汉市第三中学教育教学成果】 2022年，武汉市第三中学有专任教师192名。其中，正高级教师3人，高级教师65人，中级教师90人，初级教师31人。招收新生544人，在校生总人数1804人，开设教学班级33个。高中毕业生507人，升学503人，升学（就业）率99%。高考503人，本科录取503人，其中重点本科录取人数483人。本科特殊招生上线率（原重本率）96.1%。有5名学生被清华大学、北京大学录取，其中历史类最高分649分，列武汉市第四名。全校高考600分以上人数185人，在武汉市中心城区中学中排第四名。年内，武汉市第三中学教育教学成果丰硕。德

表48　　2022年武汉市汉阳区中学基本情况一览表

学校名称	地址	占地面积（平方米）	建筑面积（平方米）	班级数（个）	学生数（人）	教职工数（人）
武汉市琴断口中学	黄金口三村231号	64065	4194	9	268	23
武汉市翠微中学	马沧湖路54号	16893	12098.3	37	1732	146
武汉市第三寄宿中学	江堤中路110号	41719	21105	60	2952	237
武汉市二桥中学	知音路10号	32985.54	28490.94	67	3642	270
武汉市第三初级中学	归元寺路28号	15970	22021	27	1409	145
武汉市德才中学	水仙里233号	15589	8133	19	900	77
武汉市第三十二中学	鹦鹉大道362号	12457	8420	17	596	81
武汉市晴川初级中学	晴川大道74号	47580	24413	49	2433	202
武汉市楚才中学	赫山路昌家湾288号	15816	13794	29	1376	125
武汉市永丰中学	汉阳大道1187号	14104	4204	8	319	39
武汉市七里中学	百灵路45号	11670.86	5200	18	789	69
武汉市拦江堤中学	江堤中路114号	20062	2735	13	580	45
武汉市墨水湖中学	墨水湖南路6号	24654.95	4950.14	6	265	23
武汉市弘桥中学	莲花湖路2号	8811	9460	28	1314	113
武汉市建港中学	鹦鹉大道496号	23262	10116	32	1585	155
武汉情智学校	汉新大道4号	13986	14397	21	933	109
武汉市第二十三中学	芳草路2号	28902.3	22958	33	1598	179
武汉市第三中学	四新北路678号	90270	41580.24	33	1607	212
武汉市晴川高级中学	拦江路150号	25482	23411	25	1332	88

育课题“运用武汉红色文化资源培养中学生家国情怀的策略研究”在武汉市首届高中专项课题学生小课题研究评审中获一等奖，课题成果被武汉市教育局收录并结集出版。省级课题“学生精力管理模式研究”、市级课题“高中生物探究性试验活动指导策略研究”结题。完成省级课题“基于学科核心素养的高中物理创新性实验教学设计与实施策略研究”开题工作。学生代思聪在全国中学生物理竞赛中获全国省级赛区一等奖，5名学生获全国省级赛区二等奖，1名学生获全国省级赛区二等奖。学生琚恒鑫在国际中学生地理奥林匹克竞赛中国赛区选拔赛中获金奖，入选国家队。指导学生获国家级生物竞赛二等奖、获省级化学竞赛二等奖；12名学生参加楚才作文竞赛获一等奖、二等奖。校田径队7名队员在2022年湖北省青少年田径锦标赛中获4金2银1铜。教师肖晓萍被评为湖北省特级教师，获“武汉市五一劳动奖章”；赵高峰被评为湖北省特级教师和“武汉市第四届大城工匠”，入选武汉市“武汉英才”计划；朱宝骏被选为武汉市第三十八个教师节“印象教师”；殷玉琪在全国中小学自制教具比赛中获一等奖；孙培培、郭羽希、操梦娟参加湖

2022年10月27日，武汉市第三中学语文教研组组长赵高峰被评为“武汉市第四届大城工匠”
（武汉市第三中学　供图）

北省教师信息素养提升实践评比活动分别获一、二、三等奖；陈丽获湖北省中小学思政课教师教学基本功特等奖，是武汉市首届思政“金课”获得者；姚诚娟获湖北省中学历史优质课堂教学设计二等奖；孙培培获武汉市整合优质课评比一等奖；操梦娟在武汉市高中英语精品课评比中获一等奖；郭羽希参加武汉市中小学生心理危机有效预防案例评比获二等奖；刘敏（美术）被评为武汉市第十三届学校艺术节优秀指导教师，获武汉市第十三届学校艺术节绘画二等奖；2021届高三化学组被评为武汉市教育系统女职工建功立业标兵岗。武汉市第三中学获武汉市基础教育成果奖、首届武汉青年心理情景剧展演优秀组织奖、汉阳区教育局2021年度基层单位绩效管理综合考评立功单位等称号，成为中国人民大学优质生源基地校。

【武汉市第三中学教育教学信息化建设】 2022年，武汉市第三中学推进教育教学信息化建设，完成全市“四星智慧校园”创建申报。教师借助武汉市教育云人人通平台使用互动课堂教学，充实个人空间与学科资源库的内容，教师陈丽、苏恒的微课作品在中国教育技术协会组织的中小学老师信息技术创新与实践活动中获“深度融合创新成果奖”，教师孙培培、操梦娟的融合课例在湖北省教师信息素养大赛中获一等奖。武汉市第三中学在汉阳区2022年度教师教育教学信息化大赛中获“团体优胜奖”。

（张玄）

【武汉市墨水湖中学建成投入使用】 2022年9月1日，武汉市墨水湖中学投入使用。学校位于连通港路以东，墨水湖南路以北，用地面积2.47万平方米，建筑面积2.86万平方米，可容纳约1300名学生，规划办学规模24个班，对口服务6个社区。建有室内体育馆、化学实验室、美术室、科学探究室、创客工作室、图书阅览室等多种功能室。VR虚拟实验室、人工智能实验室、智慧教室等在建设中。实行“两校区一校制”，采取集团统一的管理方式和师资队伍配置，与武汉市翠微中学同步建设有国际化、信息化、个性化、课程化的特色校园，优化“翠微达人秀”“校园女子足球”等项目课程。

【武汉市弘桥中学通过市级示范高中督导评估】 2022年3月31日至4月1日，武汉市人民政府教育督导办公室专家组采取看现场、听汇报、查资料、座谈会、电话访谈等形式，对武汉市弘桥中学进行市级示范高中督导评估。经督导评估，督导组认为弘桥中学以“桥见未来、慧通世界”的“桥慧文化”为核心，传承“遇水架桥、精益求精”的建桥精神，努力改善办学条件，提升办学质量，打造办学特色，推进学校提档升级，教育质量不断攀升，成为武汉市普通高中多样化办学的新优质学校，综合评分94分，达到市级示范高中督导评估标准。武汉市弘桥中学被评为武汉市市级示范高中。

2022年，武汉市弘桥中学组织学生到武汉桥梁博物馆开展研学实践活动

（汉阳区教育局 供图）

【武汉市弘桥中学德育成果获奖】 2022年12月，在2022年中央电教馆主办的“中国梦—行动有我”德育视频课程和案例评比中，武汉市弘桥中学“桥见未来，慧通世界”德育视频课程获创新奖（一等奖）。该课程综合挖掘思政、语文、美术、音乐、物理、数学等学科资源，将爱国主义教育融入中华优秀传统文化教育、地域特色文化教育和学科教学之中，以独特的桥文化视角，培养学生的爱国情怀。在内容设计上，以时空为线索，建构起包括人文历史、文化传承、实践创新3个版块和“桥见历史”“桥见诗词”“桥见大美”“桥见歌声”“桥见世界”“桥见未来”6部分的课程内容体系，共28课时。

【武汉市二桥中学在全球智慧教育大会上推广经验】 2022年1月，武汉市二桥中学获批为中央电化教育馆第一批中小学虚拟实验教学培训基地，虚拟实验教学在物理、化学和生物学科全年级展开，覆盖校内的常规实验课教学、选修课、社团课、线上研学、课后延时服务等多个应用场景。武汉市二桥中学建设有融智慧教室、移动式虚拟实验室、创客教室的功能于一体的数字化课堂教学环境，支持跨校区共享和协作；同时搭建有中央电化教育馆虚拟实验教学系统与武汉教育云双平台。8月19日，武汉市二桥中学在北京师范大学与联合国教科文组织教育信息技术研究所联合主办的2022全球智慧教育大会上，以《内外协同，深入探究——推进中学虚拟实验常态化教学应用》为题，分享该校推动实验教学的数字化转型，实现更高水平的智慧教育应用的相关探索与经验，获得智慧教育优秀案例证书。

【武汉市第三寄宿中学学生获武汉市青少年科技创新大赛一等奖】 2022年2月14日，第三十六届武汉市青少年科技创新大赛评选结果揭晓，武汉市第三寄宿中学申报的“智能垃圾清运系统的设计与开发研究”“人体睡眠运动探测智能识别预警系统”2个项目获市级一等奖，囊括该大赛创新成果B类一等奖初中组的全部席位。“智能垃圾清运系统的设计与开发研究”由武汉市第三寄宿中学八（9）班学生陈沁伊负责设计和制作完成，该系统利用掌控板、超声波传感器、舵机等部件搭建电路，用激光雕刻机及手工制作，能通过语音和物体识别进行垃圾分类，再借助人脸识别将垃圾分类行为计入个人垃圾分类积分系统，并实时监控垃圾桶状态，通过物联网管理平台提醒垃圾车进行垃圾清运，减少资源浪费。“人体睡眠运动探测智能识别预警系统”项目由武汉市第三寄宿中学七（5）班学生刘奕承设计制作，该系统采用掌控板连接红外测温传感器持续对儿童睡眠状态进行监测，可以检测温度异常变化来帮助家长判断孩子是否发生睡眠异常行为，并及时将异常情况从监控终端通过无线传输到接收终端，接收端发出声光报警通知家长。

（肖勇）

职业教育

【概况】 2022年，武汉市汉阳区有中等职业学校9所、高等职业院校2所。中等职业院校中教育部门办学2所，即武汉市第三职业教育中心、汉阳区社区教育学院；行业、市级部门办学7所，即湖北省广播电视学校、武汉技师学院、武汉市财政学校、武汉市交通科技学校、武汉市第二商业学校、武汉市体育运动学校、武汉市建设学校。高等职业院校有武汉船舶职业技术学院、湖北交通职业技术学院西区。

2022年5月18日，武汉技师学院举办第六届技能节机电专业技能比赛

（武汉技师学院　供图）

【武汉技师学院】 2022年，武汉技师学院分为黄金口、墨水湖2个校区。两校区合计占地面积8.86万平方米，建筑面积9.51万平方米，建有14个校内实训基地、70个一体化实训室，实训实习总工位2861个。特色实训室有发动机智能实训室、发动机结构件实训室、发动机整车电器实训室、3D打印实训中心、数控实训室、音乐教室等。教职工248人，其中国家级技能大师1人、全国技术能手1人。年内招收新生671人，在校生2142人，开设13个专业，其中，国家级示范专业4个、省级重点专业4个。幼儿教育专业是“湖北省培养紧缺技能人才品牌专业”，3D打印专业入选“工业和信息化领域急需紧缺人才培养工程”。学院获得“全国教育系统先进单位”“国家中等职业教育改革发展示范学校”“国家级重点中等职业学校”“国家级重点技工学校”“国家高技能人才培训基地”“世界技能大赛塑料模具工程和印刷媒体技术中国集训基地”称号。与武汉经济技术开发区（汉南区）达成合作协议，推进新校区建设。推进“政校行企”四方联动，36家单位接收学生实习就业，12家单位接收学院教师进企业实践；与177家企业建立校企合作关系。一体化课程教学改革实现专业全覆盖，学院入选湖北省优质中等职业学校建设单位，数控技术应用专业入选湖北省中等职业学校优质专业建设项目。推进技能竞赛引领工程，30名师生获省、市级奖项，5名学生获市级一等奖。有省、市级以上技能大师技术能手21人。

（李博）

【武汉市财政学校】 2022年，武汉市财政学校开设10个专业，其中，会计事务专业是国家示范建设专业、湖北省优质专业，物流服务与管理专业是国家示范建设专业、湖北省优质专业，金融事务专业是湖北省级重点专业，数字媒体技术应用专业、电子商务专业为武汉市优质专业。有教职工230人，其中，专任教师165人，副高及以上职称53人。年内，招收新生884人，有在校学生2621人。毕业863人，其中，通过技能高考升入本科院校8人，升入高职高专821人，就业4人，就业（含升学）率95.6%。年内，学校被确定为省、市“双优”学校立项建设单位，在省级立项的140个优质专业建设项目中，学校会计事务专业列第三名、物流服务与管理专业列第十八名。数字媒体技术应用专业被纳入武汉市优质专业建设计划。选送思政教学示范课被评为武汉市“金课”，3名教师获教师教学能力大赛专业组省级三等奖、市级二等奖，3名教师获公共基础课组市级三等奖。学生获全国职业院校技能大赛团体二等奖，第九届全国证券投资模拟实训大赛二等奖，“一带一路”

暨金砖国家技能发展与技术创新大赛智能会计赛项（中职组）一等奖，第七届“科云杯”全国职业院校中职组财会职业能力大赛一、二等奖等。加快建设校级精品课程，深化校企合作。开展物流专业《智慧仓配运营》校级精品课程建设试点，形成学校专业课程引入现代学徒制教学机制的课程标准化建设模式。建校内实训基地1个、校外实训实践基地1个。开展线上学劳模、绿植领养等活动，“创业工坊”培训课堂全年授课30780学时、2565人次，学生线上创业课堂学习11507学时、5587人次。面向社会开展继续教育和技术技能培训，举办各类社会培训5场，社会培训规模1039人次。学校被确定为国家智慧教育平台湖北省试点单位，获“全国优秀教材单位”称号。提升数字教育基础能力，推进数字化转型赋能德育、教学、考评和管理。投资600万元完成68间智慧教室建设。印发《武汉市财政学校教师在线教学规范》，引入Class In在线教学平台，搭建数字化教学环境。

（邱小云）

2022年，武汉市财政学校开设国家安全教育课程

（武汉市财政学校　供图）

【武汉市第三职业教育中心】 2022年，武汉市第三职业教育中心开设学前教育、幼儿保育、汽车维修、汽车美容、计算机、旅游等专业。其中，学前教育、汽车维修为省级重点专业，计算机为市级重点专业、汽车美容为市级特色专业。年内，招收新生303人，有在校生974人，设教学班25个；有专任教师82人，其中高级职称教师22人。学校提升办学硬件设施水平，完成电增容、电改造，教室分期安装空调，课桌椅全部更新。建成汽车高水平实训基地、旅游、学前“1+X”实训基地，改建完成实训室于年底投入使用。加强教育教学改革创新，提高教学质量，实现课证融通，推动“三教”改革。教师罗正丽获湖北省人民政府颁发的第四届“楚天园丁奖”。学前教育专业纳入“湖北省双优建设”（湖北省优质中等职业学校和优质专业建设）立项建设名单。学前教育专业本科上线人数与上线比例，连续四年居武汉市第一名。加深“岗课赛证”综合育人，提升职业教育质量，推进“1+X”证书制度试点，瞄准技术变革和产业优化升级方向，推进产教融合、校企合作，为非升学学生创造就业机会。落实学生毕业前的实习，加强学生实习“跟踪”管理。开展“三全育人”，引进企业协同育人，完善“校企合作学生职业素养与德育行为管理”工作，开展“五四技能节”“技能成才，强国有我”校园专业技能竞赛。承办武汉市中等职业学校学生技能大赛“旅游服务”（导游服务）比赛，采取线上模式开赛，旅游专业学生3人获竞赛一等奖，2人获竞赛二等奖。

（喻欢桂）

2022年6月2日，武汉市第三职业教育中心举办2019级“3+2”班联合毕业汇演

（武汉市第三职业教育中心　供图）

【湖北省广播电视学校】 2022年，湖北省广播电视学校开设13个专业、39个教学班级，在校生1900人。有教职工53人，其中正高职称1人，副高职称9人。年内，中专招生670人；毕业生571人，其中高考升学398人，参加艺术高考166人，本科过线率40.1%，参加技能高考232人，专科过线率100%。学校加大专业设备投入，打造无人机培训基地、4K高清编辑机房等。建立校企合作关系，建设实训基地。与武汉市黄陂区第一中学、北川中学、黄冈中学等学校签订

培训协议，委托教培中心派出师资、输出课程体系，设计开发“网络主播”专业，并与企业签订战略合作协议，采用订单式培养方式培养新型人才。与大疆公司无人机合作公司签订合作协议，开展无人机驾驶培训和考证，发展学校“1+X”无人机技能等级证书的教学培训，58 人参加无人机驾驶培训课程并结业。其中，19 人获无人机技能等级证书。组织校领导、教师参加湖北省中职校长培训班、职业院校教师素质提高计划、暑期教师研修班（线上）学习、教育部专业骨干教师高级研修班、“1+X”证书认证专业教师培训、全国重点建设职教师资培训基地自媒体短视频制作与运营实战训练营等培训，为湖北省广播电视学校专业对接市场、建设教学资源库、增强专业综合实力提供保障。

（齐珊珊）

2022年，湖北省广播电视学校无人机课程教师进行飞行讲解

（湖北省广播电视学校　供图）

【武汉船舶职业技术学院】 2022 年，武汉船舶职业技术学院设置 50 个专业、教学班级 423 个。年内，招收新生 5382 人；毕业生 4737 人，其中升学 1256 人、就业 3435 人，毕业生就业率 95.9%。至年末，有在校生 15262 人；有专任教师 547 人，其中高级教师 220 人、中级教师 240 人、初级教师 73 人。学院“双高计划”（中国特色高水平高职学校和专业建设计划）建设中期绩效评价获优秀等次，入选“2022—2026 年全国舰船科普教育基地与特色学校”；立项工业和信息化部“十四五”规划教材 4 部，被推荐参加“十四五”职业教育国家规划教材遴选 6 部；获 2022 年全国职业院校技能大赛国赛一等奖 1 项、二等奖 2 项、三等奖 1 项；获第九届湖北省高等学校教学成果奖特等奖 1 项、一等奖 1 项；获第八届中国大学生“互联网+”大赛等各类创新创业奖项 22 项。牵头制定教育部职业学校实训教学条件建设标准 1 项，参与修（制）订教育部高职本科及专科专业简介和标准 4 项。获批全国产教融合型机器人焊接培训推广基地、工业和信息化部第一批产教融合专业合作建设试点单位，入选教育部 2021 年产教融合校企合作典型案例 2 项。获批教育部中德先进职业教育合作项目首批试点院校，承办 2022 年湖北省职业院校教师素质提高计划“德国双元制及本土化实践研修”项目。打造“船院模式”国际化品牌，被评为 2022 年国际职业教育大会职业院校国际交流与合作办学典型院校。完成舰船与航海博物馆实体馆建设及验收，实施智能机舱等实训室建设项目 26 项。申报武汉市创业培训定点机构，开展大学毕业生就业创业技能培训 3238 人次。学院建成武汉市红十字应急救护培训基地，首个企业新型学徒制项目通过武汉市人力资源和社会保障局审批备案。全年提供各类社会服务 128 项，其中社会培训 111 项，培训 39136 人次。推进“1+X”证书制度试点，新增 6 个职业技能等级证书考核站点，专业覆盖率 77%，“1+X”证书考试通过率 91%。推进数字校园建设，成为国家第一批职业院校数字化校园试点项目建设单位、国家智慧教育平台湖北省试点学校，入选教育部职业院校信息化建设与应用成果优秀案例奖 1 项。学院学生获 2022 年金砖国家职业技能大赛（决赛）网络营销赛项、2021“一带一路”暨金砖国家技能发

2022年，武汉船舶职业技术学院举办“清廉船院”廉洁文化作品成果展

（武汉船舶职业技术学院　供图）

展与技术创新大赛之人工智能计算机视觉应用赛项国内赛一等奖、跨境电子商务技能及数据分析赛铜牌等奖项20项。

（徐鑫）

成人教育

【概况】 武汉市汉阳区社区教育学院为汉阳区成人教育专门机构。2022年，该学院建有12间社区教育培训功能室。有专任教师21人，其中高级职称6人。学院负责汉阳区的社区教育课程开发、教育示范、业务指导、理论研究等，承担武汉开放大学汉阳分校工作、汉阳区语言文字工作，主办全民终身学习活动周活动，为市民终身学习提供支持与服务。开展“百姓学习之星”“终身学习品牌”“实验街道”“实验项目”“数字化学习社区”等遴选表彰，被评为“2022年湖北省社区教育先进单位”，国家“城市社区学习中心（CLC）能力建设”项目第二期实验点单位。在“喜迎二十大 强国复兴有我，奋进英雄城市”系列活动中，学院20件作品获奖，学院被评为“优秀组织单位”。《多方合力，智慧助老》被教育部职业教育和成人教育司评为“智慧助老”优质工作案例，《智能手机微课堂》15节微课列入第三批“智慧助老”专题典型课程资源；《周末少儿艺术公益课堂及家长公益课堂》被评为“能者为师”实践创新项目，《缝纫课堂视频课》系列微课被评为“能者为师”特色课程。

【公益课堂】 2022年，武汉市汉阳区社区教育学院以“构建终身教育体系，创建学习型社会”为发展目标，服务社区治理，开办65个成人线下公益课堂培训班，围绕教育部职业教育与成人教育司“能者为师”实践创新项目“周末少儿艺术公益课堂及家长公益课堂”，开办3个家长、27个少儿艺术公益课堂，共培训1.2万人次。举办4期成人朗诵公益课堂、4期“翰墨飘香”成人书法公益课堂，提高居民审美情趣。11期公益课堂均为线下免费培训，受众达2000余人次。

2022年夏季，武汉市汉阳区社区教育学院开设周末少儿艺术公益课堂尤克里里班

（汉阳区社区教育学院　供图）

【社区教育数字化课程建设】 2022年，武汉市汉阳区社区教育学院利用武汉市市级社教补助资金制作社区教育视频微课程50节，分为智慧助老类和社区智慧养老类课程、青少年编程等兴趣类课程、生活小妙招类课程三大类，丰富社区教育内容，满足社区居民对学习的要求。《智能手机微课堂》15节微课，被教育部职业教育与成人教育司列入第三批“智慧助老”专题典型课程资源。

【开放教育工作】 2022年，武汉开放大学汉阳分校本科学历段开办小学教育、工商管理、行政管理、学前教育等4个专业，专科学历段开办行政管理、工商管理、小学教育、学前教育等4个专业。开放教育全年招生51人，毕业48人。开设面授辅导课、网络辅导课等46门，多个专业采用腾讯会议线上教学，保证疫情期间“停课不停学”。全年有72人参加毕业实践教学，34人通过武汉开放大学本科论文答辩。全年考试1766门次，完成“一网一平台”一体化考试改革，考试零差错、零举报、零投诉。3名学员获国家开放大学奖学金，3名学员获武汉开放大学奖学金。15名学员、8名教师分别获武汉开放大学网上教学“学习之星”“导学之星”“组织之星”称号。教师黄千的课题获批汉阳区第六批教师个人课题，并通过开题论证。

（曹艳萍）

文化

公共文化

【概况】 2022年，武汉市汉阳区有文化馆（站）12个、文化综合活动中心120个、文化广场78个、影剧院及音乐厅2个、博物馆12个；区级综合档案馆1个、区级图书馆1个、区图书馆街道分馆11个。全区有省级以上非物质文化遗产保护项目8个；不可移动文物34处，其中，全国重点文物保护单位1处，省级文物保护单位6处，市级文物保护单位9处。全区有群众艺术表演团队15个。汉阳区推动“12分钟文体生活圈”建设，发挥公共文化服务体系基层阵地作用，引导公共文化服务体系向基层延伸，发挥区、街道两级文化馆、图书馆文化服务枢纽作用，加快公共文化资源共享与流通，丰富文化产品和服务供给，提高文化服务效能。

【文化场馆设施建设】 2022年，汉阳区完善公共文化服务体系，区级新“五馆”（文化馆、图书馆、博物馆、非遗馆、科技馆）建设概念方案和框架落定。推进张之洞与武汉博物馆、中国桥梁博物馆、武汉琴台钢琴博物馆等存量文博场馆“微改造、精提升”。推动武汉美术馆（琴台馆）、武汉戏曲艺术中心（规划建设中）等强化旅游服务功能，打造旅游新地标。推进城市书房进社区、进企业、进校园、进景区、进商超，支持城市书房创新模式，引入书店、咖啡吧、手作店等。12月，“博艺·1890”城市书屋、阅秀公益书屋建成开放。

【文化展览活动】 2022年，汉阳区举办“喜迎二十大·奋进新征程”暨庆祝六一国际儿童节少儿美术展、“礼赞新时代，奋进新征程”中共二十大报告金句书法作品网络展等活动。承办“喜迎二十大，华彩大武汉——武汉群文八人油画作品展”，线上展出作品70幅，线下展出作品64幅。9月28日至10月28日，“喜迎二十大·奋进新征程”——汉阳·硚口·武昌书画摄影作品展在武汉琴台钢琴博物馆展出。12月28日，“艺以通衢——2022武汉双年展”在武汉美术馆（琴台馆）启幕。

【图书馆活动】 2022年，汉阳区图书馆新增图书1.3万册，藏书总量32.01万册，包含图书、报刊、电子视听文献。全年办理借阅证1302个，接待读者数量11.95万人次，图书流通次数3.66万册次，实现市、区公共图书馆文献资源通借通还。开展网上信息服务，在微信公众号“汉阳区图书馆”发布活动资讯、服务公告等，提

2022年，位于武汉市汉阳区月湖风景区内的汉阳城市书房·琴台书院一角
（汉阳区融媒体中心 供图）

供数字资源阅读、线上读者服务。汉阳区图书馆以数字化助推总分馆制建设，依托现有业务管理平台，线上推出数字图书资源、“云上艺课堂”文化课程等。推进全民阅读，创立培育“琴台知音读书会”“汉阳悦读树”“汉阳少年传承学堂”“知识工程”少儿读书系列活动、“故事妈妈”志愿者讲堂、“为爱朗读”母亲节系列活动、“作家进校园”系列活动等特色读书活动品牌。1月26日至2月15日，由国家图书馆、中国图书馆学会主办，汉阳区图书馆承办的“典籍里的中国年”巡展在汉阳区图书馆、汉阳区图书馆各街道分馆举办。5月1日至10月31日，由国家图书馆主办、汉阳区图书馆承办的第十七届“文津图书奖”获奖图书展在汉阳区图书馆举办。5月17日至10月31日，汉阳区图书馆举办“品尝文化，浸润书香”现代诗歌唯美诗集展。7月1日至10月31日，举办“喜迎二十大，悦读新时代”汉阳区图书馆红色数字资源阅读推广活动。9月17日至10月10日，举办“廉慎传家政流芳合古今”中国廉政文化展。9月24日，举办“书香墨韵经典传承”主题活动。

2022年6月23日，武汉市汉阳区举办“喜迎二十大，一起向未来”全民阅读活动 （汉阳区文旅局 供图）

【第十一届琴台音乐节】 2022年12月8日，由中共武汉市委、武汉市人民政府主办的第十一届琴台音乐节在琴台音乐厅开幕，音乐节持续至12月30日。此届音乐节以“音乐的盛会，人民的节日”为宗旨，以打造“国际水平，国家影响，武汉特色”高品质艺术节会为目标，通过线上线下相结合的方式，举行剧场音乐系列、高清放映系列、群众音乐系列、市民音乐沙龙4大板块40余场活动，观众人数累计达1462万人次。有11场音乐会在琴台音乐厅举行，表演艺术家濮存昕、吴京安，钢琴家吴牧野，男高音歌唱家莫华伦，二胡演奏家姜建华，小提琴演奏家杨晓宇等先后在剧场音乐系列演出。湖北交响乐团、湖北编钟国乐团、武汉爱乐乐团、湖北省歌剧舞剧院、武汉歌舞剧院、湖北爱乐合唱团、江汉大学春潮合唱团等本地专业艺术团体，也为观众带来交响音诗《千里江山》、“音享时代乐动未来”音乐会、“荆风楚韵”湖北民歌与合唱音乐会、“楚韵千秋”编钟国乐音乐会等演出。作曲家谭盾携手长沙交响乐团在音乐节闭幕式上演出“卧虎藏龙”谭盾原创作品音乐会。剧场音乐系列的部分演出通过大武汉App、琴台音乐厅官方视频号、哔哩哔哩网站、微博等平台直播。此届音乐节首次新增“高清放映系列”，在琴台音乐厅室内乐厅现场放映来自德国、意大利、瑞士、委内瑞拉、奥地利、拉脱维亚等国家及地区的歌剧《麦克白》《卡门》《弄臣》，芭蕾舞剧《巴黎圣母院》，音乐剧《我来自奥地利》等12场演出。观众们通过高清放映的形式观赏到指挥家蒂勒曼、克莱伯、杜达梅尔分别与德累斯顿国家管弦乐团、维也纳爱乐乐团、阿姆斯特丹皇家音乐厅管弦乐团等乐团合作的音乐会。

2022年12月12日，第十一届琴台音乐节古琴系列活动在武汉市汉阳区举办 （汉阳区文旅局 供图）

【第十一届琴台音乐节古琴系列活动】 2022年12月12日，第十一届琴台音乐节古琴系列活动在汉阳区举办，以“清和雅乐，四海同音”为主题，开展7场古琴雅集直播，包括：高山流水——武汉古琴台专场雅集、江汉朝宗——武汉晴川阁专场雅集、琴韵书香——安徽古琴专场雅集、沅芷澧兰——湖南古琴专场雅集、蜀山琴侠——成都古琴专场雅集、西山清音——昆明古琴专场雅集、四海同音——境外古琴专场雅集，以线上+线下云直播的形式，通过央视频、新华社现场云、长江云、云上垄上、一直播、西瓜视频、抖音、FM105.8 楚天音乐广播 8 大平台向全球观众直播，吸引 672.3 万人次在线观看。

【“艺以通衢——2022 武汉双年展”】 2022 年 12 月 28 日，“艺以通衢——2022 武汉双年展”在汉阳区开幕。285 位中外艺术家及团队的 446 件（组）艺术作品在武汉美术馆（琴台馆、汉口馆）展出，涵盖绘画、雕塑、影像装置艺术、新媒体艺术、科技艺术等。展览以“艺以通衢”为主题，策划“文化样态”“城市形态”“创新动态”“绿色生态”“开放姿态”5 个专题，探讨世界、人类、自然、科技、文化等关系命题。运用数据处理、人工智能以及热成像、激光雷达等技术，展现科技与审美结合的创新成果。

（李方迪 安国旗）

2022年12月28日，游客在武汉美术馆（琴台馆）欣赏“艺以通衢——2022武汉双年展”作品

（汉阳区融媒体中心 供图）

群众文化

【概况】 2022 年，汉阳区文化和旅游局（以下简称汉阳区文旅局）组织开展文化惠民活动 95 场，其中大型公益性文艺演出 20 场。开展“琴台知音读书会”“汉阳悦读树”等阅读活动 60 场；线上推出各类数字图书资源、“云上艺课堂”文化课程，满足群众文化艺术需求。

【全民阅读】 2022 年，汉阳区开展全民阅读活动 60 场，参与人数达 9 万余人。汉阳区图书馆举办“琴台知音读书会”系列活动、“汉阳悦读树”系列活动、汉阳区“马良杯”少儿书画赛等。4 月 20 日至 23 日，“读你读我读汉阳”汉阳区 2022 年全民阅读月活动，以线下共读、线上传播方式开展，市民可在汉阳区图书馆、书店、学校、景区等场所阅读图书，重点推荐的《习近平讲党史故事》《红色气质》《中国文化的生命力》等图书受到读者喜爱。在第三十七届“马良杯”武汉市少年儿童书画赛中，汉阳区图书馆选送作品获一等奖 2 个、二等奖 19 个、三等奖 14 个；在第四十届“楚童杯”武汉市少年儿童读书汇活动中，汉阳区图书馆选送的节目《桥》获一等奖，《英雄之城——武汉》获二等奖。汉阳区图书馆被评为 2022 年武汉市“知识工程”少儿读书活动优秀单位。

【琴台知音读书会活动】 2022 年 5 月 14 日，琴台太和读书会第一期线下活动《小窗幽记》在琴台书院举行。6 月 2 日，琴台知音读书会“粽情端午，品味中华优秀传统文化”活动在汉阳造文化创意园有梦花居举办，活动展示端午民俗、诵读经典名篇，吸引居民 500 余人参加。8 月 20 日，琴台知音读书会“快乐暑假”青少年心理健康知识讲座在物外书店举办，武汉大学护理学院博士、硕士生导师王晓琴主讲，围绕“积极心理学视角下的积极情绪与优势养育”主题，结合案例分享与现场互动，受到 400 余名学生及家长的欢迎。9 月 30 日，琴台知音读书会“花间寻梦，温读经典”品读《红楼梦》活动在汉阳造文化创意园有梦花居举办。

【区图书馆少儿品牌读书活动】 2022 年，汉阳区图书馆根据少儿读者群体特点及需求，举办“云上庆新春 文化‘游’庙会”、“汉阳悦读树”2022 新春童趣手工坊、“记忆中的武汉童谣”、“巧手传技艺，靛蓝染春秋”非遗布艺扎染体验活动、“故事妈妈”志愿者讲堂《晴朗的一天》、儿童沉浸式剧本游《月亮去哪儿了》、“通草成纸绘丹青”非遗通草画体验活动、“诗乐汉阳”非遗琴歌课堂、“书香伴成长，志愿我先行”暑期“小小图书管理员”活动、“汉阳悦读树”暑期电影赏析、“喜迎二十大，悦读新时代”——汉阳区图书馆红色数字资源阅读推广活动、“书香墨韵，经典传承”纪念孔子诞辰日主题活动等，引导少年儿童在互动体验中学习中华民族传统文化。全区共计有 5 万余名少儿参与。8 月，举办暑期“小小图书管理员”志愿服务活动，组织小小图书管理员开展图书培训、实践体验，培训图书分类规则、图书馆基本工作流程、志愿者服务礼仪等。面向社会招募“故事妈妈”志愿者，进行集中培训，由志愿者担任领读人，开展“故事妈妈”志愿者讲堂 6 场，分享亲子绘本和书籍，传播亲子共读的理念和方法，培育少年儿童阅读兴趣和习惯。

（喻言 应吉平）

表49　　2022年武汉市汉阳区文化和旅游局组织开展的群众文化活动一览表

序号	活动名称	活动时间	活动地点
1	红色文艺轻骑兵走进黄鹤楼酒业送春联活动	1月14日	鹦鹉大道黄鹤楼酒业有限公司
2	“福瑞虎年，浓情元宵”主题活动	1月15日	惠民苑社区三期
3	“冬至送温暖，水饺话团圆”主题活动	1月21日	江汉二桥街道文化站
4	“送温暖，迎新春”包饺子主题活动	1月22日	五湖里社区
5	“迎新纳福写春联，翰墨飘香添年味”活动	1月24日	梅林都汇社区
6	“迎新春送春联，情暖独居老人心”活动	1月25日	江堤街道潮江社区
7	“翰墨送吉祥，文明过大年”主题活动	1月25日	洲头街道文化馆
8	“福送万家赠春联，心系群众暖人心”活动	1月25日	江堤街道江腾社区
9	写“福”送居民活动	1月25日	文化馆晴川街道分馆
10	“写春联，送春联”活动	1月26日	文化馆琴断口街道分馆
11	上太子溪社区开展“新春送福”活动	1月26日	上太子溪社区
12	“我们的中国梦——文化进万家”系列活动之“送春联进乡村”志愿服务活动	1月26日	江夏区山坡街道建设村
13	“我们的中国梦，文化进万家——红红火火过大年”专题活动	2月10日	鹦鹉洲社区
14	医保政策宣讲活动	2月11日	车站社区
15	“汉阳造进社区”2022喜迎元宵·惠民玩购游园会活动	2月13日	金地·澜菲溪岸、汉桥城中花园D区
16	“我们的中国梦，文化进万家——红红火火过大年”专题活动	2月14日	铁桥社区碧水晴天小区下沉广场
17	“我们的中国梦，文化进万家——红红火火过大年”专题活动	2月14日	湖畔人家休闲广场
18	“我们的中国梦，文化进万家——红红火火过大年”专题活动	2月14日	二桥街道文化馆东村小公园
19	“我们的中国梦，文化进万家——红红火火过大年”专题活动	2月14日	红建社区
20	庆元宵文艺汇演	2月14日	晴川街道文娱活动广场
21	元宵节活动	2月14日	文化馆晴川街道分馆
22	“我们的中国梦，文化进万家——红红火火过大年”专题活动	2月15日	大桥社区
23	“我们的中国梦，文化进万家——红红火火过大年”专题活动	2月15日	十里景秀社区中心广场
24	“我们的中国梦，文化进万家——红红火火过大年”专题活动	2月15日	南国明珠居家养老服务中心
25	“我们的中国梦，文化进万家——红红火火过大年”专题活动	2月15日	汉荣苑小区广场
26	“我们的中国梦，文化进万家——红红火火过大年”专题活动	2月15日	惠民苑社区
27	“我们的中国梦，文化进万家——红红火火过大年”专题活动	2月15日	江堤街道综合文化站
28	“欢欢喜喜闹元宵，童心共燃冬奥梦”主题活动	2月15日	洲头街道文化馆
29	“元宵氛围拉满，年味溢出社区”活动	2月15日	鹦鹉洲社区
30	“元宵送汤圆”志愿服务活动	2月15日	知东社区
31	“红红火火过大年”主题活动	2月15日	江堤街道文化分馆
32	浓情元宵，春暖社区活动	2月15日	太子观澜社区
33	“今年元夜时，月与灯依旧”庆元宵主题活动	2月15日	陶家岭社区新时代文明实践站
34	“元宵送汤圆，情暖空巢老人”主题活动	2月15日	龙灯社区
35	元宵锦时，汉沙社区与居民缘聚美好活动	2月15日	汉沙社区
36	“喜乐迎元宵，一起向未来”主题活动	2月15日	快活岭社区
37	“3·8”妇女节为社区女性工作者送花活动	3月8日	文化馆晴川街道分馆

续表

序号	活动名称	活动时间	活动地点
38	环保护绿“小骑士”，为美丽家园充“植”主题活动	3月11日	龙阳街龙湖东岸社区
39	“清明追思，感恩美好”主题活动	4月2日	上太子溪社区
40	园艺小组——手工花DIY活动	4月13日	梅林都汇社区
41	全民国家安全教育日宣传教育进社区活动	4月14日	车站社区
42	“喜迎二十大，荆彩‘她’奋斗”当好“廉内助” 凝聚“家力量”活动	4月29日	江堤街道江欣苑社区
43	“喜迎二十大，荆彩‘她’奋斗”群众性主题宣教活动启动仪式	4月29日	江欣苑社区
44	“喜迎二十大，助残鹦鹉行”全国助残日钢管社区在行动活动	5月10日	鹦鹉街道钢管社区
45	防范养老诈骗宣传活动	5月26日	建桥街道综合文化站
46	“美好传承 香飘百灵”端午巧制香囊迎佳节活动	5月26日	百灵社区
47	“趣味龙舟庆端午，欢乐亲子过六一”活动	5月28日	梅林都汇社区
48	“浓情端午·汉韵古风”主题活动	5月28日	总港西岸社区
49	“粽”情端午·共制龙舟主题活动	5月29日	上太子溪社区
50	控烟宣传活动	5月30日	建桥街道综合文化站
51	“党建引领基层治理，‘粽’情欢畅浓香端午”主题活动	5月31日	龙阳街道芳草社区
52	“老少同声颂党恩，携手喜迎二十大”主题活动	5月31日	洲头街道文化馆
53	“浓情相约迎端午，携手共建祝安康”主题活动	5月31日	杨泗社区老年活动室
54	“一粽浓情，美在龙灯”端午节包粽子活动	5月31日	龙灯社区
55	庆端午文艺汇演	5月31日	龙灯社区
56	“粽味飘香·情暖端午”趣味活动	5月31日	汇福园社区
57	“浓情相约迎端午，携手共建祝安康”活动	6月1日	江堤街道新新社区
58	“品味鲜香粽子，感悟端午”文化活动	6月1日	五合里社区
59	“粽叶飘香迎端午，幸福和谐邻里情”活动	6月1日	怡景华庭小区
60	“飘扬童趣，爱在仙山”主题活动	6月1日	仙山社区
61	“包粽子绘彩蛋、幸福在手中”趣味活动	6月1日	汉沙社区
62	“祥和端午·传承文明”系列趣味活动	6月2日	绿色晴川小区
63	“弘扬端午文化，传递浓情粽香”活动	6月2日	莲花湖公园
64	“粽情端午·情暖社区”端午节主题活动	6月2日	江堤街道丰收社区
65	“艾香端午邻里和”主题活动	6月2日	太子观澜社区
66	“花伴风凉”干花蒲扇DIY——五玉里社区手工制作活动	6月21日	五玉里社区老年服务站
67	“文化下基层进社区 ”少儿剪纸展走进星火社区活动	6月22日	十里新城三期檀悦小区
68	“新时代马克思主义接力者汉阳行”理论宣讲——“喜迎二十大，一起向未来”活动	6月23日	古琴台广场
69	“光荣在党50年”纪念章颁发仪式暨建党101周年庆祝大会	6月29日	洲头街道文化馆
70	时装舞蹈艺术团文艺汇演	6月30日	人信汇大舞台
71	“党员当先锋，喜迎二十大”主题活动	7月1日	夹河社区
72	“厚植深根工程，践行初心使命”主题活动	7月1日	上太子溪社区
73	“弘扬红船精神，践行初心使命”主题活动	7月1日	洲头街道文化馆
74	喜迎二十大文艺汇演	7月5日	汉阳造创意园
75	“汉阳喊你清凉一‘夏’”2022武汉之夏汉阳文旅消费季开幕式	7月8日	月湖风景区中央大草坪
76	“小小楼栋长·守护家园”青少年志愿服务活动	7月19日	知音国际茶城小区“阳小驿”驿站

续表

序号	活动名称	活动时间	活动地点
77	“‘麟’好乐森活，‘荷’你一起过夏天”活动	7月21日	五麟里社区阳小驿站
78	“普法护成长，防骗我有招”活动	7月22日	琴台社区
79	汉阳区第四十五届“武汉之夏”活动	8至10月	汉商21世纪广场、万科未来中心、龟山公园
80	“我把鲜花送给你”，致敬平凡、致敬不凡主题活动	8月18日	总港西岸社区
81	“喜迎二十大·奋进新征程”汉阳区第四十五届群众广场舞蹈大赛	8月19日	张之洞体育公园
82	“创清廉洲头，扬实干之风”主题活动	8月25日	洲头街道文化馆
83	“暖民心，情满中秋”主题活动	9月9日	汇福园社区
84	中秋趣味运动会	9月17日	桥机社区桥机嘉园1期
85	“文化惠民进社区，共同缔造点亮居民‘心’生活”活动	9月25日	磨山社区
86	“喜迎二十大·奋进新征程”——汉阳·硚口·武昌书画摄影作品展	9月28日	武汉琴台钢琴博物馆
87	“共同缔造网络安全环境，喜迎二十大胜利召开”主题活动	9月30日	二桥街道文化站
88	“‘志’在心中，‘愿’在行动”主题活动	9月30日	杨泗社区
89	“庆国庆颂祖国”主题活动	9月30日	鹦鹉花园社区多功能会议室
90	汉阳区“庆国庆 向未来——喜迎党的二十大”惠民演出活动	10月1日	古琴台广场
91	“庆国庆，敬重阳，心向党”主题活动	10月1日	冰塘社区
92	“九九重阳节，浓浓敬老情”主题活动	10月3日	江堤街道向阳村社区
93	“歌唱祖国，喜迎重阳”主题活动	10月3日	雅丽花园一期
94	“我们的节日，欢庆重阳——梅林都汇社区共庆生日会”主题活动	10月12日	梅林都汇社区
95	法治汉阳“宪”给你主题活动	12月7日	洲头街道文化馆

文艺创作

【文学作品】 2022年，汉阳区文化和旅游局组织完成文学作品15件。11月，武汉市汉阳区作家协会主席伍剑创作的小说《窑变》由湖北教育出版社出版。《窑变》讲述了这样一个故事：少年金魁父母双亡、在外流浪，来到汉派瓷器世家——钟家窑。钟家家主见金魁天资聪慧，便收他为徒，传授技艺。从此，师徒联手，钟家窑蒸蒸日上。然而不久家主意外伤残，金魁也因故出走，钟家窑一落千丈。多年后，金魁回归，烧制出窑变瓷杯——“知音杯”，重振钟家窑。作品把少年的成长经历与瓷器的各道工艺流程巧妙地交织在一起，展现出瓷器匠艺之美，书写了中华优秀传统文化的血脉传承。《窑变》创新性地融入知音文化元素，汉江、月湖、龟山、汉阳西大街等城市地标，热干面、鸡冠饺、炒鳝鱼丝、汤圆等地方特色吃食，还有那“像娃娃的脸一样说变就变”的武汉天气，以及楚剧哭丧等地方风物知识等，都出现在《窑变》的故事中，吸引读者跟随着主人公的脚步，领略荆楚大地特有的市井风尚。

【戏剧曲艺作品】 2022年，汉阳区文旅局组织创作完成戏剧曲艺作品5件，包括群口快板《新时代的答卷人》、湖北大鼓《全会精神放光芒》等。2020年创作的原创小品《谢谢你》2021年获湖北省“楚天群星奖”，2022年8月，被湖北省文化和旅游厅选送参加第十九届群星奖比赛，并在各类基层文艺演出中上演，受到专家及群众好评。该作品以一个几十余年的老包子铺为核心，融合“网红”

2022年8月，武汉市汉阳区原创小品《谢谢你》参加第十九届全国群星奖比赛

（汉阳区文旅局 供图）

“直播”等流行元素，将一个讲述家国情怀、战友情谊、父子传承的感人至深故事呈现在舞台上，通过一句诚恳的“谢谢你”，向国家、社会，以及曾经且正努力奉献的人民表示感谢。

【音乐舞蹈作品】 2022年，汉阳区文旅局组织创作完成音乐舞蹈作品10件，包括音乐作品《永远的记忆》、舞蹈作品《拂晓》等。其中舞蹈作品《拂晓》参加由湖北省文联、湖北省舞蹈家协会主办的第六届湖北舞蹈“金凤奖”（非职业类）评奖活动并获作品三等奖。

【美术书法作品】 2022年，汉阳区文旅局组织创作完成美术书法作品40件，主要美术作品有黄子卿创作的《群众的撑伞人》、舒章铭创作的《城市交响乐》、文荟乔创作的《中华民族共复兴》、薛苏北创作的《网事》等，主要书法作品有葛振亮创作的《琮堂印痕》、魏晓伟创作的《印稿》等。其中，《中华民族共复兴》在湖北省教育厅、湖北省文化和旅游厅主办的湖北省第二十三届中小学生美术书法作品比赛中获一等奖；《群众的撑伞人》获第十届“黄鹤群星奖大奖”；《琮堂印痕》获得第十届 “黄鹤群星奖”。

【摄影作品】 2022年，汉阳区文旅局组织创作完成摄影作品60件，主要作品包括黄蕾创作的《金龙飞跃杨泗港》、丁一创作的《欢乐时光》、李邹强创作的《情路漫长》。其中《金龙飞跃杨泗港》获第十届“黄鹤群星奖大奖”。

【“知音文化五个一”系列作品发布会在汉阳举办】 2022年7月17日，汉阳区举行“知音文化五个一”系列作品发布会。作品包括新编琴谱《研露楼琴谱钩沉》、长篇小说《研露楼琴谱钩沉》、连环画绘本《知音新琴缘》、电影《琴谱》、知音主题新曲《嗣音》。新编琴谱《研露楼琴谱钩沉》由中央音乐学院教授赵家珍、章华英主编，收录2018年《研露楼琴谱》打谱会优秀作品29首。知音主题新曲《嗣音》为古琴二重奏新作品，由中央音乐学院著名作曲家董颖达创作，并由中央音乐学院教授赵家珍，青年琴家、浙江大学博士李令晨合作演奏。长篇小说《研露楼琴谱钩沉》以武汉清代官员、琴家崔应阶与琴家王受白为蓝本，生动描写和刻画两人相识、相知、相交30余年的师生情、知音情。连环画绘本《知音新琴缘》以长篇小说《知音新琴缘》为蓝本创作绘画故事集。电影《琴谱》是一部以古琴艺术和知音文化为题材的电影。

2022年7月17日，武汉市汉阳区举行“知音文化五个一”系列作品发布会
（汉阳区文旅局 供图）

文物保护与非物质文化遗产保护

【概况】 2022年，汉阳区有市级以上文物保护单位16个。其中，全国重点文物保护单位1处（晴川阁禹稷行宫），省级文物保护单位6处（黄兴铜像、古琴台、归元寺、向警予烈士墓、红色战士公墓、辛亥铁血将士公墓），市级文物保护单位9处（永丰闸、鲁肃墓、大别山摩崖、汉阳铁厂矿砂码头旧址、汉钢转炉车间、石榴花塔、祢衡墓、梅子山摩崖、凤凰山摩崖），无新增文物保护单位。年内，汉阳区新增1项市级非物质文化遗产（黄鹤楼汉汾酒酿造技艺）、6项区级非物质文化遗产。全区累计有国家级非物质文化遗产项目5项、省级非物质文化遗产项目8项、市级非物质文化遗产项目13项、区级非物质文化遗产项目68项。

【革命文物勘察和保护】 2022年，汉阳区有革命文物4处，分别是红色战士公墓、向警予烈士墓、辛亥铁血将士公墓、黄兴铜像。制定《汉阳区文化和旅游局关于实施历史文化保护工程“六化”工作机制》《汉阳区文化和旅游局关于推行“文保卫士制度”的实施办法》，发挥街道综合文化服务中心作用，强化属地管理原则。系统收集整理红色文化资源，启动“一物一码”的数字化文物工程。全区4处革命文物均建立数字化档案，可一键扫码了解红色文化信息。按照“全覆盖、零容忍、严执法、重实效”要求，开展革命文物安全检查。

【非物质文化遗产传承】 2022年，汉阳区组织申报省级第六批非物质文化遗产项目与代表性传承人，灯彩（武汉花灯扎制技艺）传承人夏勇、中医传统制剂方法（叶开泰传统中药制剂方法）传承人李振昂、梅竹青跌打损伤疗法传承人梅珍珠入选湖北省第六批省级非物质文化遗产代表性传承人名录。推荐古谱琴歌传唱、古琴艺术（梅庵派）、九嶷派古琴、黄鹤

表50 武汉市汉阳区国家级非物质文化遗产项目一览表

序号	项目类别	项目名称	传承人	公布批次（时间）	保护单位
1	传统舞蹈	龙舞·高龙	刘卫祥（国家级）	第一批（2008年）	武汉市汉阳区文化馆
2	民俗	汉阳归元庙会		第三批（2011年）	武汉市汉阳区文化馆
3	民间文学	伯牙子期传说		第四批（2014年）	武汉市群众艺术馆
4	传统医药	叶开泰传统中药制剂方法		第五批（2021年）	健民药业集团股份有限公司
5	民间文学	武汉大禹治水传说	程涛平（国家级）	第五批（2021年）	武汉大禹文化博物馆

表51 武汉市汉阳区省级非物质文化遗产项目一览表

序号	项目类别	项目名称	传承人	公布批次（时间）	保护单位
1	民间文学	伯牙子期传说		第一批（2007年）	武汉市汉阳区文化馆
2	传统技艺	高龙	李光明（省级）	第一批（2007年）	武汉市汉阳区文化馆
3	民俗	汉阳归元庙会		第一批（2007年）	武汉市汉阳区文化馆
4	传统美术	灯彩	夏勇（省级）	第三批（2011年）	武汉市汉阳区文化馆
5	传统医药	梅竹青跌打损伤疗法	梅珍珠（省级）	第三批（2011年）	武汉梅竹青中医骨伤专科门诊部
6	传统医药	叶开泰传统中医药文化	李振昂（省级）	第五批（2016年）	健民药业集团股份有限公司
7	民间文学	禹的传说（武汉大禹治水传说）	程涛平	第六批（2020年）	武汉市晴川阁管理处

表52 武汉市汉阳区市级非物质文化遗产项目一览表

序号	项目类别	项目名称	传承人	公布批次（时间）	保护单位
1	民间文学	伯牙子期传说		第一批（2006年）	武汉市汉阳区文化馆
2	传统舞蹈	高龙	李之明（市级） 杨建华（市级） 王自立（市级）	第一批（2006年）	武汉市汉阳区文化馆
3	传统技艺	圆木微缩技艺		第一批（2006年）	武汉市汉阳区文化馆
4	传统技艺	武汉花灯扎制技艺	夏端阳（市级） 夏勇（市级）	第一批（2006年）	武汉市汉阳区文化馆
5	民俗	汉阳归元庙会		第一批（2006年）	武汉市汉阳区文化馆
6	传统医药	梅竹青跌打损伤疗法	梅珍珠（市级）	第三批（2010年）	武汉市汉阳区卫生局
7	传统体育、游艺与杂技	袁氏飞叉	袁明新（市级）	第五批（2015年）	武汉市汉阳区文化馆
8	传统美术	武汉剪纸	骆清霞（市级）	第五批（2015年）	武汉市汉阳区文化馆
9	传统技艺	曾氏铜艺	曾宪高（市级）	第五批（2015年）	武汉市汉阳区文化馆
10	传统医药	叶开泰传统中医药文化	孙玉明（市级） 孙桂芝（市级）	第五批（2015年）	健民药业集团股份有限公司
11	民间文学	叶开泰传说	李振昂（市级）	第六批（2017年）	健民药业集团股份有限公司
12	传统美术	武汉糖画	郭子清（市级）	第六批（2017年）	武汉市汉阳区文化馆
13	传统技艺	黄鹤楼汉汾酒酿造技艺		第七批（2022年）	武汉天龙黄鹤楼酒业有限公司

表53　　武汉市汉阳区区级非物质文化遗产项目一览表

序号	项目类别	项目名称	公布批次（时间）	保护单位
1	民间文学	白鹤井的神话传说	第一批（2009年）	武汉市汉阳区文化馆
2	民间文学	赑屃碑的故事	第一批（2009年）	武汉市汉阳区文化馆
3	民间文学	伯牙子期知音传说	第一批（2009年）	武汉市汉阳区文化馆
4	民间文学	大禹汉阳治水传说	第一批（2009年）	武汉市汉阳区文化馆
5	民间文学	古灵寺的传说	第一批（2009年）	武汉市汉阳区文化馆
6	民间文学	关羽洗马龟山麓故事	第一批（2009年）	武汉市汉阳区文化馆
7	民间文学	龟蛇斗的神话故事	第一批（2009年）	武汉市汉阳区文化馆
8	民间文学	归元寺白光和尚的传说	第一批（2009年）	武汉市汉阳区文化馆
9	民间文学	汉阳三眼桥的传说	第一批（2009年）	武汉市汉阳区文化馆
10	民间文学	蝴蝶山庄传说	第一批（2009年）	武汉市汉阳区文化馆
11	民间文学	跨鹤街的神话传说	第一批（2009年）	武汉市汉阳区文化馆
12	民间文学	快活岭的传说	第一批（2009年）	武汉市汉阳区文化馆
13	民间文学	米粮山的传说	第一批（2009年）	武汉市汉阳区文化馆
14	民间文学	墨水湖的传说	第一批（2009年）	武汉市汉阳区文化馆
15	民间文学	南岸嘴的传说	第一批（2009年）	武汉市汉阳区文化馆
16	民间文学	屈原登龟山披发行吟的传说	第一批（2009年）	武汉市汉阳区文化馆
17	民间文学	神鳌镇妖化山灵	第一批（2009年）	武汉市汉阳区文化馆
18	民间文学	石榴花塔	第一批（2009年）	武汉市汉阳区文化馆
19	民间文学	桃花夫人传说	第一批（2009年）	武汉市汉阳区文化馆
20	民间文学	天符庙的神话传说	第一批（2009年）	武汉市汉阳区文化馆
21	民间文学	仙女山传说	第一批（2009年）	武汉市汉阳区文化馆
22	民间文学	杨泗庙的传说	第一批（2009年）	武汉市汉阳区文化馆
23	民间文学	鹦鹉洲的沉浮传说	第一批（2009年）	武汉市汉阳区文化馆
24	民间文学	月湖红莲传说	第一批（2009年）	武汉市汉阳区文化馆
25	民间文学	月湖梅岩的故事	第一批（2009年）	武汉市汉阳区文化馆
26	民间文学	长虹卧波传说	第一批（2009年）	武汉市汉阳区文化馆
27	传统舞蹈	蚌壳精舞	第一批（2009年）	武汉市汉阳区文化馆
28	传统舞蹈	汉阳采莲船	第一批（2009年）	武汉市汉阳区文化馆
29	传统舞蹈	汉阳高龙	第一批（2009年）	武汉市汉阳区文化馆
30	传统舞蹈	跑竹马	第一批（2009年）	武汉市汉阳区文化馆
31	传统美术	王永庭三峡石画	第一批（2009年）	武汉市汉阳区文化馆
32	传统技艺	汉阳花灯	第一批（2009年）	武汉市汉阳区文化馆
33	传统技艺	刘泥巴圆木雕塑	第一批（2009年）	武汉市汉阳区文化馆
34	民俗	汉阳归元文化庙会	第一批（2009年）	武汉市汉阳区文化馆
35	传统医药	梅竹青跌打损伤疗法	第一批（2009年）	武汉市汉阳区卫生局
36	民间文学	武汉话（方言俗语）	第二批（2013年）	武汉市汉阳区文化馆
37	曲艺	杨氏百子歌	第二批（2013年）	武汉市汉阳区文化馆
38	传统体育、游艺与杂技	袁氏飞叉	第二批（2013年）	武汉市汉阳区文化馆

续表

序号	项目类别	项目名称	公布批次（时间）	保护单位
39	传统美术	卢氏根艺	第二批（2013年）	武汉市汉阳区江堤街道江欣苑社区
40	传统美术	武汉剪纸	第二批（2013年）	武汉市汉阳区江堤街道江欣苑社区
41	传统技艺	曾氏铜艺	第二批（2013年）	武汉市汉阳区文化馆
42	传统技艺	篾扎风筝工艺	第二批（2013年）	武汉市汉阳区江堤街道江欣苑社区
43	传统音乐	古琴艺术（梅庵派）	第三批（2015年）	武汉市汉阳区文化馆
44	传统医药	健民叶开泰传统中医药	第三批（2015年）	健民药业集团股份有限公司
45	传统医药	拔毒生肌散制作工艺	第三批（2015年）	健民药业集团股份有限公司
46	传统医药	参桂鹿茸丸制作工艺	第三批（2015年）	健民药业集团股份有限公司
47	传统医药	小金丸制作工艺	第三批（2015年）	健民药业集团股份有限公司
48	民间文学	叶开泰传说故事	第四批（2017年）	健民药业集团股份有限公司
49	传统美术	女书（行书书体）	第四批（2017年）	武汉艺播云天书画艺术有限公司
50	传统美术	曹新国手指画	第四批（2017年）	武汉市汉阳区文化馆
51	传统技艺	糖画	第四批（2017年）	武汉市汉阳区文化馆
52	传统技艺	汉绣	第四批（2017年）	武汉市汉阳区文化馆
53	传统医药	胡氏筋骨创伤膏	第四批（2017年）	武汉市汉阳区文化馆
54	传统医药	谢氏骨伤科	第四批（2017年）	武汉市汉阳区文化馆
55	民间文学	张之洞与汉阳造的传说	第五批（2018年）	武汉市汉阳区文化馆
56	传统音乐	九嶷派古琴	第五批（2018年）	武汉市汉阳区文化馆
57	传统音乐	古谱琴歌传唱艺术	第五批（2018年）	武汉市汉阳区文化馆
58	传统技艺	九德堂传统古琴斫制技艺	第五批（2018年）	武汉市汉阳区文化馆
59	传统技艺	黄鹤楼酒汉汾清香型酿造技艺	第五批（2018年）	武汉天龙黄鹤楼酒业有限公司
60	传统医药	归元罗氏骨伤科	第五批（2018年）	武汉市汉阳区文化馆
61	传统医药	刘骏正骨	第五批（2018年）	武汉市汉阳区文化馆
62	传统医药	宋氏摇腹	第五批（2018年）	武汉市汉阳区文化馆
63	传统美术	张功贞书法（榜书）	第六批（2022年）	张功贞传统书画传播武汉有限公司
64	传统美术	通草画	第六批（2022年）	武汉高龙城投资管理有限公司
65	传统技艺	知音花艺	第六批（2022年）	武汉市有梦不晚文化有限公司
66	传统技艺	钢琴调律、修复与重建	第六批（2022年）	武汉琴台钢琴博物馆
67	传统技艺	汉韵陶塑	第六批（2022年）	武汉高龙城投资管理有限公司
68	传统技艺	知音窑陶瓷制作烧造技艺	第六批（2022年）	武汉遇知音文化发展有限公司

表54　　武汉市汉阳区第四批区级非物质文化遗产代表性传承人一览表

序号	姓名	项目名称	申报地区或单位
传统美术（5人）			
1	江八九（第一代）	武汉糖画	武汉市汉阳区文化馆
2	张功贞（第一代）	张功贞书法（榜书）	张功贞传统书画传播武汉有限公司
3	夏菲（第一代）	灯彩	武汉市汉阳区文化馆
4	彭新政（第一代）	武汉剪纸	武汉市汉阳区文化馆

续表

序号	姓名	项目名称	申报地区或单位
5	胡家洪（第一代）	通草画	武汉高龙城投资管理有限公司
		传统技艺（5人）	
6	贺立军（第一代）	钢琴调律、修复与重建	武汉琴台钢琴博物馆
7	温华（第一代）	知音窑陶瓷制作烧造技艺	武汉遇知音文化发展有限公司
8	倪立（第一代）	九德堂传统古琴斫制技艺	武汉市汉阳区文化馆
9	柯杏林（第一代）	知音花艺	武汉市有梦不晚文化有限公司
10	刘涛（第一代）	汉韵雕塑	武汉高龙城投资管理有限公司传统医药
		传统技艺（3人）	
11	唐劲秋（第一代）	叶开泰传统中药制剂方法	健民药业集团股份有限公司
12	张新华（第一代）	叶开泰传统中药制剂方法	健民药业集团股份有限公司
13	陈扬（第一代）	叶开泰传统中药制剂方法	健民药业集团股份有限公司

楼汉汾酒酿造技艺等区级非物质文化遗产代表性项目参加武汉市第七批非物质文化遗产代表性项目评选。黄鹤楼汉汾酒酿造技艺入选武汉市第七批市级非物质文化遗产代表性项目名录。张功贞书法（榜书）、通草画、知音花艺、钢琴调律修复与重建、汉韵陶塑、知音窑陶瓷制作烧造技艺入选汉阳区第六批区级非物质文化遗产代表性项目名录，13人入选汉阳区第四批非物质文化遗产代表性传承人。

【文物保护与开发利用】 2022年，汉阳区文化旅游局召开西大街绣花堂、西大街耶稣圣心堂的修缮方案专家论证会，批复同意远洋集团控股有限公司修缮方案，要求遵循文物保护原则及修旧如旧的设计理念施工。古琴台高山流水大厅屋面安全排查清理工程施工，维护保养古琴台护坡墙体。加快重点文物开发与利用进度，指导汉阳火药厂碾坊遗址修缮前期论证、永丰街道“毛主席语录”牌异地保护公示、共勉街牌坊迁移保护。打造古琴台、归元寺、晴川阁（大禹文化博物馆）、汉阳造（张之洞与武汉博物馆）、融创1890、武汉高龙博古城、黄鹤楼酒文化博览园、叶开泰中医药文化园等非物质文化遗产旅游景点。投入4000万元资金修缮的圣母堂完工并试行开放。

2022年9月8日，远洋里圣母堂修缮完成

（汉阳区文旅局　供图）

【长江文物资源调查】 2022年，汉阳区开展长江文物资源调查，全面摸清汉阳区长江不可移动文物资源的分布、保存、利用情况，梳理全区长江不可移动文物的基本情况、存在的问题和安全防范风险，编制《汉阳区长江文物资源调查不可移动文物名录》。落实《尚未核定公布为文物保护单位的不可移动文物保护管理暂行规定》，重视尚未核定公布为文物保护单位的不可移动文物保护与管理，设立不可移动文物保护标志。结合长江文物资源调查，核查更新2022年度汉阳区34处不可移动文物名录和登记信息。

【“文化和自然遗产日”活动】 2022年6月，汉阳区举办“云上逛非遗，一屏看汉阳”活动，组织非物质文化遗产保护项目参加湖北省文化和旅游厅、武汉市文化和旅游局“文化和自然遗产日”宣传展示主场活动。推荐叶开泰传统中药制剂方法、黄鹤楼汉汾酒酿造技艺参加“荆楚非遗购物节”线上销售。

（雷迅）

融媒体

【概况】 2022年，汉阳区共运维7个新媒体官方发布平台，包括微信、微博、抖音、今日头条、视频号、“知音汉阳”App、“湖北日报”App汉阳频道，构建以“汉阳知音”微信公众号为核心的新媒体传播矩阵。年内，汉阳区融媒体中心把握“融合传播”和“服务治理”两大功能，聚合政务资源，对接部门、街道掌握的政务资源和公共资源，在微信平台链接政务咨询、新时代文明实践、园区推介、招商招才等信息服务端口，发布区域性政策信息；围绕宜居宜业新汉阳和“三城一中心”（科技创新城、文化创意城、青年创业城、武汉西部消费中心）建设，聚焦汉阳经济发展、产业升级、城区面貌、社会治理、民生服务、文旅消费等群众关切内容，注重创意策划和融合生产，以优质内容彰显城区形象。聚合用户资源，通过媒体走基层，逐步扩大街道、社区的通联队伍和用户网络。全年“汉阳知音”微信公众号发稿948条，总阅读量超过1490.8万人次，篇均阅读量1.6万+，微信用户订阅数达58万人。在武汉各区政务微信排行榜（WCI微信传播指数）中，“汉阳知音”位居全市前两名，在湖北区县微信TOP30榜中位居第二名。“知音汉阳”新浪微博号粉丝量13.45万人，全年发布微博11863条，单篇最高阅读量超过434万人次。在新浪湖北发布的全省政务微博排行榜中，“知音汉阳”在全市15个城区官方微博中居前两名。“知音汉阳”头条号全年发布信息1303条，阅读量达111.3万人次。“汉阳知音”视频号全年发布短视频367条。《炫彩汉阳》创意视频获湖北省文化和旅游厅“九头鸟”文旅创意作品二等奖。

【融媒体主题宣传】 2022年，汉阳以宣传贯彻中共二十大为主线，围绕党员干部“下基层、察民情、解民忧、暖民心”实践活动“小区遍访行动”、“共同缔造”、“三城一中心”、“三园齐开”（武汉智慧地理信息产业园、汉阳工程咨询服务产业园、中国武汉人力资源服务产业园〈汉阳集聚区〉）、“三楼齐开”（星空大楼、知音·律所大楼、平安大楼）等重大主题，以及中共汉阳区委、汉阳区人民政府重点工作和中心工作，组织各类新闻发布、集中采访活动30余场，推出重点新闻稿件2000余篇，开展直播7场、累积观看人次超1000万。《湖北日报》《长江日报》头版推介16次，其中头版头条刊发“深根工程”“阳小驿”“民生事项审批下放”等报道8次。围绕武汉国际消费季、文化创意城、青年友好城等主题，推出《10万+年轻人，为何涌入汉阳》《知音汉阳，桃花源记》《一“探”汉阳》《汉阳的未来，为什么值得高看一眼》等文章，其中浏览量10万+的作品有5篇。开展“汉阳知音进街道接力行”主题宣传，对全区11条街道分别进行为期一周的集中宣传，共发布推文62条，总阅读量超130万人次。聚合市场资源，配合商务、文旅等部门，持续进行汉阳城区形象宣传和商业文旅消费引导，叫响“汉阳喊你来打卡、汉阳请你来过节”节庆品牌，服务汉阳的市场主体，为汉阳聚人气、带消费。策划推出“这就是汉阳范儿”“炫彩汉阳城区巡游”等城区营销活动，抖音挑战赛话题播放量超3.5亿，“炫彩汉阳范儿”微博双话题曝光超9000万。完成武汉首个城区双生虚拟IP形象“知小音”“汉小阳”创意宣传项目。

【融媒体合作】 2022年，汉阳区融媒体中心在湖北日报客户端和大武汉客户端均开通有汉阳城区频道，与湖北电视台新闻综合频道联合录制《社区直通车·汉阳特别版》、与《长江日报》联合录制“街力赛”街道书记访谈，与武汉广电新媒体中心合作在“映像武汉”发布城区形象宣传视频，并同步在武汉地铁2号线至8号线7条线路播发，在利用省市媒体平台扩大汉阳影响的同时，也以产代培锻炼了中心业务队伍。探索与新兴媒体融合开展城市营销，加强与社交媒体头部平台和商业自媒体的联动与合作，联合微博、抖音开展有策划性的城区形象营销活动，与HANS、WHatplus、Wuhooo哦嚯、武汉吃货等武汉头部微信账号加大联动与合作，拓展KOL和内容创作者资源，扩大汉阳宣传“朋友圈”和发声量。

【汉阳融媒体中心新址启用】 2022年1月20日，汉阳融媒体中心新址启用暨“媒体融合·知音共享”战略合作签约仪式举行。新址位于四新北路125号汉阳区政务服务中心六楼，面积4000余平方米，配建多功能演播厅、开放式采编中心、指挥中心、配音室、共享办公区等融媒生产空间和设备设施，落地全省首个XR虚拟演播区。当日，湖北日报传媒集团、湖北广播电视台、长江日报报业集团、武汉广播电视台等四家省、市级融媒与汉阳区签订“媒体融合·知音共享”战略合作协议。湖北日报融媒创

2022年1月20日，全省首个建成投用的XR沉浸式虚拟演播区在汉阳启用
（汉阳区融媒体中心 供图）

意实验室、湖北广电区级融媒创意岛、长江日报“长江融媒”城区传播创意空间、武汉广电“黄鹤云媒”区动力传播中心落户挂牌汉阳融媒体中心，省、市、区三级媒体本着共建、共享、共赢的原则，联合构建区域媒体融合新生态。年内，汉阳区将区融媒体中心业务设施设备和1000平方米的产业空间交由武汉晴川文化产业投资有限公司运营，招引新兴传媒、数字技术等产业链上下游相关企业入驻。

（马旭）

2022年6月9日，武汉市汉阳区档案馆开展“国际档案日”活动

（汉阳区档案馆　供图）

档　案

【概况】 2022年，汉阳区档案馆推进数字化档案馆建设，8月通过国家档案局组织的全国示范数字档案馆预检。汉阳区档案馆报送的《建设项目照片档案的收集与整理》获国家档案局开展的微课征集活动入围奖，是湖北省唯一一家获奖单位。

【档案管理】 2022年，汉阳区档案馆完成新型冠状病毒疫情防控档案的接收进馆，注重接收涉民生档案、重要活动和重大事件档案等。接收26家单位档案3761卷、68804件，6858张、41盘。其中，文书档案26079件，照片档案6858张，实物档案10件，专业档案3761卷、42211件，备份光盘41盘，资料504件。接收条目97843条，扫描428868幅面。两类档案接收4103件。其中，文书档案4086件，资料11件，实物档案6件。照片档案138张，备份光盘5盘。接收条目4241条，扫描30033幅面。16家单位条目40701条在线移交档案。全年接待群众查档700人，调阅档案约1200卷（件）。做好档案统计年报工作，全区各单位的档案统计年报报送率100%。协助区档案局对21家机关单位开展档案复查换证验收工作。6月9日，邀请全区档案馆工作者、汉阳区七里小学师生到馆内参观“毛泽东像章与党史专题教育展览”。

2022年，武汉市汉阳区档案馆工作人员接待群众查档

（汉阳区档案馆　供图）

【档案信息化建设】 2022年，汉阳区档案馆推进馆藏档案信息化，完成馆藏全部公证档案的整理和数字化处理。开展馆藏1992年档案的开放鉴定、馆藏档案修裱等工作，完成开放档案条目录入，开放率达60%。修复区委办破损老化档案79卷。丰富政务网、互联网利用库资源，将馆藏开放档案条目使用系统控制词库进行筛选并挂接，新增12251条档案开放数据供群众查阅。增加54条政府政策目录及全文发布至政务网互联网。收集革命先烈向警予、夏明翰、萧楚女3人的动漫片与相关书籍，充实红色资源专题库。新建知音文化专题库、红色人物资源库，导入馆藏图书资料、声像、展览等内容。

【国家级数字档案馆测评验收】 2022年，汉阳区档案馆加强档案数据清理、档案接收、档案数字化工作，清理馆内文书档案，开展质检工作4次，确保档案实物与数据一致。按照馆藏档案信息数据格式要求，完成对公证档案、重大活动档案的清理，开展对馆内老照片的条目录入与扫描。按照国家档案局数字档案馆测评要求，清理馆藏专业档案。8月，通过国家档案局组织的全国示范数字档案馆预检，并按照创建标准做好全部准备工作。

（王坤）

地方志

【概况】 2022年，汉阳区史志研究中心继续潜心开展地方志编研、史志文化宣传教育、资政建言服务城市文化建设等工作。完成《汉阳年鉴（2022）》编纂出版、《武汉年鉴（2022）》汉阳区文稿编写。与武汉市地方志编纂委员会办公室联合编纂《龟山志》《莲花湖志》，《龟山志》已出版，《莲花湖志》完成资料搜集与初稿撰写工作。编纂出版《汉阳历史文化故事读本（小学高年级）》。开展全区街道志编纂督导工作。报送的《武汉市汉阳区完成全部传世府县旧志整理出版》信息先后被湖北文旅厅网站和中国方志网登载。编纂的《萧楚女传》《显正街记忆》被中共武汉市委组织部推荐参加中央组织部全国党员教育培训教材展示交流；《显正街记忆》参加湖北省第四届十佳荆楚图书评选，在220本参评书中读者投票票数居第十位。

【《汉阳年鉴（2022）》编纂出版】 2022年1月，《汉阳年鉴（2022）》编纂工作启动，组织人员收集整理2021年汉阳区的新闻报道、信息资料，全面了解和掌握全区各领域、行业、街道、部门的年度变化情况。在汉阳年鉴各类目中增加特色条目，体现地方特色、时代特色和年度特色，并结合搜资情况和中国精品年鉴工程要求调整篇目。制定《〈汉阳年鉴（2022）〉编纂工作方案》，发至全区各供稿单位。从3月开始，根据各单位情况分别进行指导。10月初，完成全部搜资、文稿编纂和排版等工作。12月，《汉阳年鉴（2022）》由武汉理工大学出版社、长江出版社联合出版发行。全书123.1万字，设特载、专文、大事记、汉阳概览、中国共产党汉阳区委员会、汉阳区人民代表大会、汉阳区人民政府、中国人民政治协商会议汉阳区委员会、中国共产党汉阳区纪律检查委员会·汉阳区监察委员会、民主党派与工商联、人民团体、法治、军事、经济管理、工业·建筑业、商贸业·会展业、旅游业、数字经济、功能区建设、城市建设与管理、交通·邮政、生态环境、科技、教育、文化·体育、卫生健康、社会生活、街道、人物、统计资料、附录31个类目。

2022年7月22日，武汉市汉阳区史志研究中心召开街道志督导培训会

（汉阳区史志研究中心　供图）

【街道志编纂督导】 2022年，汉阳区史志研究中心指导全区各街道做好街道志编纂工作，分别督导培训各街道的街道志编纂工作，推进质量符合要求的书稿进入评审、出版程序。3月，由汉阳区人民政府办公室发出《关于加快街道志编纂工作的督办函》。针对各街道志的具体情况，通过召开督导培训会的形式，分别与街道志编纂者沟通，指导街道志编纂工作。至年末，《永丰街道志》完成评审会后的修改，进入排版、出版等程序。《江汉二桥街道志》《龙阳街道志》完成初稿修改。

【资政服务城市文化建设】 2022年，汉阳区利用"汉阳知音"融媒体平台，开展汉阳历史文化宣传教育，年初发布《画说汉阳古城》短视频。为《湖北日报》等媒体记者和文化公司工作人员提供资料，协助中共汉阳区委宣传部、区融媒体中心等单位制作相关推文和视频。坚守教育阵地，与中共汉阳区委宣传部、区教育局合作，编纂出版《汉阳历史文化故事读本（小学高年级）》，各小学利用《汉阳历史文化故事读本（小学低年级）》，开展汉阳历史文化宣传教育。将近年编纂的史志书籍发放至各单位及社区新文明活动实践站。参加汉阳区政协第十六届一次会议第41号建议案办理，查找、搜集与"汉汾"品牌相关史料等。挖掘整理汉阳历史文化资源，启动《汉阳百年影像》编纂工作。

（王坤）

卫生健康

医疗卫生资源

【卫生机构】 2022年，武汉市汉阳区有各级各类医疗机构472个。其中，一级及以上医院19家，包括三级甲等综合医院1家（武汉市第五医院）、三级甲等中医医院1家（武汉市中医医院汉阳院区）、三级乙等综合医院1家（武汉市汉阳医院）、按三甲标准建设的综合医院1家（泰康同济〈武汉〉医院）、三级精神病医院1家（万济精神病医院）、二级综合医院1家（武汉龙阳医院）、二级中医医院1家（武汉市中医医院二桥院区）；专科医院6家（武汉爱尔眼科汉阳医院、艾格眼科医院〈汉阳院区〉、武汉康健妇婴医院、武汉锦华妇产科医院、武汉牙达人口腔医院、武汉阳光老年病医院）；一级及未定级医院6家（含2家监狱医院）。专业公共卫生机构中，有疾病控制中心1家（汉阳区疾病预防控制中心），妇幼保健院（汉阳区）1家。全区有社区卫生服务中心11个（政府办8家，非政府办3家），社区卫生服务站1家（政府办1家）。有门诊部131家，其中，综合门诊部28家，口腔门诊部61家，美容门诊部9家，中医门诊部27家，中西医结合门诊部1家，其他门诊部5家。有诊所280家，其中，口腔诊所35家，美容诊所7家，中医诊所64家，中医（综合）诊所21家，西医内科诊所82家，西医外科诊所5家，中西医结合诊所11家，其他诊所55家。有其他类医疗机构28家，其中，透析中心2家，护理院1家，护理站1家，村卫生室8个，卫生所5个，医务室11个。

【卫生人员】 2022年，汉阳区有专业卫生人员5578人，其中，执业医师1968人，执业助理医师146人，药师220人，技师359人（其中，康复技师38人，影像技师85人，检验师203人），卫生监督员12人。全区平均每千人拥有卫生技术人员6.6人。

【卫生健康领域基本建设】 2022年，汉阳区加快辖区医院项目建设。武汉市第五医院西院大楼竣工验收，武汉市中医医院平疫结合暨汉阳院区住院综合楼建设项目主体结构封顶，推进武汉市汉阳医院新医疗综合楼项目建设。建设“10分钟急救圈”，推进区级急救中心建设，新建桃花岛急救站、星火急救站，全区4家三级综合医院有9家急救站。完善基层卫生服务机构规划布局，合理规划社区卫生服务中心，在永丰街惠民苑片区开工建设1个社区卫生服务机构，交付洲头街社区卫生服务中心还建项目。

【医疗服务供给提升】 2022年，汉阳区引进优质医疗资源。7月，汉阳区卫生健康局与湖北省妇幼保健院签署合作协议，填补汉阳区妇女儿童专科医疗机构空缺，项目进入装修收尾阶段。推进金龙公馆地块医疗专科品牌大楼项目建设，对接湖北省口腔医院、武汉市第四医院、武汉市第一医院前来实地考察，与湖北省口腔医院达成入驻汉阳区合作意愿，并递交合作建设报告。

（曹荔）

医疗卫生体制改革

【公立医院改革】 2022年，汉阳区根据《汉阳区公立医院综合改革试点工作方案》步骤，指导武汉市第五医院作为现代医院管理制度建设国家试点改革管理体制、运行机制，完成精细化管理、降低费用、医务人员绩效考核等各项任务和指标。推动公立医院高质量发展。五里墩街社区卫生服务中心获得推荐“湖北省基层医疗卫生机构百强特色科室”资格。加强智慧医院建设，推进全区医疗系统信息化建设，与武汉市卫生健康委员会签订全民健康信息化平台共建协议，加速“五朵云”市区一体化平台建设，促进医疗信息融合。推动运营管理全面融入现代医院管理，区内公立医院运营管理模式初步建立、全面预算管理基本落到实处。

【药品供应制度优化】 2022 年，汉阳区制定相关中标药品采购量，以优先使用带量采购中标药品为原则，构建良性药品流通体系，带量采购中标药品实行"两票制"（药品生产企业到流通企业开一次发票，流通企业到医疗机构开一次发票）。相关医疗机构按照带量采购药品目录采购，非中标药品停止采购。

【中医药事业发展】 2022 年，汉阳区发挥 14 个国家、省市名老中医药专家传承工作室及辖区中医联盟作用，提高基层中医诊疗水平和能力。开展中医确有专长人员报名评审，确定初审合格 34 人，并予以公示。推进中医药参与疫情防控和救治，建立中医巡诊制度，配发中药汤剂、指导中医药诊疗。全年为各类人员配发中药汤剂 42.14 万袋。

【武汉市第五医院现代医院管理制度建设试点】 2022 年，武汉市第五医院作为现代医院管理制度建设国家级试点医院，合理设置医院党建工作机制，明确党委会和院长办公会的议事机制和议事规则，推进党建工作与医疗业务管理紧密结合。发挥专家治院作用，医院医疗质量与安全管理委员会结合医院实际情况，制定质量与安全管理标准、流程、制度，运用科学的方法对医院各项质量安全指标进行分析，每月、季度、半年度、年度发布医院质量与安全管理分析报告，并研究提高质量及保障安全的方法和控制手段。各专业委员会定期召开相关质量与安全会议，研讨本专业领域的质量相关问题，提出改进方案，推动与督导质量与安全工作，同时针对专业性、技术性强的决策事项提供技术咨询和可行性论证，并对医疗新技术新业务审核、科室重点专科的建设评审等工作进行指导和监督管理。药事管理及药物治疗学委员会进一步完善药品遴选量化评价管理：完善药品采购供应制度。坚持集体决策、程序公开的基础上，成立基本用药供应目录遴选初评专家组，开展药品评价与遴选量化评价，严格药品遴选，并落实国家和省市级药品集中采购要求和结果。建立处方审核质量监测指标体系，对处方审核的数量、质量、效率和效果等进行评价。门诊、急诊抗菌药物使用率分别降至 12.73%，23.07%；住院抗菌药物使用率 45.74%。试行总药师制推进医院药学学科建设，制定药学学科建设与药师队伍发展规划，培养临床药学人才，促进药师与医疗紧密结合，增强药师团队整体服务能力。推进 DRGs 医保支付改革，规范诊疗行为，控制医疗成本，提升医保基金运行效率。进一步应用互联网信息化建设，优化医疗服务模式，提升患者就医体验。武汉市第五医院医疗服务收入（不含药品、耗材、检查检验收入）占医疗收入比例 30.49%；人员支出占业务支出比重 44.79%。

（曹荔）

2022年7月13日，武汉市汉阳区卫生健康局与湖北省妇幼保健院签署协议，合作建设"湖北省妇幼保健院汉阳院区" （汉阳区卫健局 供图）

疾病预防控制

【概况】 2022 年，汉阳区完成基础免疫接种 10.57 万人次，加强接种 5.6 万人次。报告传染病 15 种、5558 例，报告死亡病例 9 例。全年总报告发病率 648.4/10 万，死亡率 1.05/10 万，病死率 0.1%。与上年相比，总报告发病率增长 20.5%，总报告死亡率下降 2.3%。未报告甲类传染病，报告乙类传染病 11 种。乙类传染病总报告发病率比上年增长 17.9%；死亡率 1.05/10 万，下降 2.3%。全年新型冠状病毒、乙肝、梅毒、肺结核、淋病 5 种病例占甲乙类报告数的 84.3%。全年检测出 HIV 阳性病例 46 例，比上年下降 24.6%。报告甲乙类发病数上升的有艾滋病、百日咳、梅毒；新增报告病种有布病、新型冠状病毒肺炎。报告发病数下降的有肝炎、痢疾、肺结核、伤寒、猩红热、淋病。未报告狂犬病、人禽流感；报告手足口病 626 例，无死亡病例；报告布病 1 例，无死亡病例。全年有腹泻患者 1793 人，对其中 384 名腹泻疑似患者开展霍乱检索，检索率 21.4%，未发现霍乱病例。以武汉市汉阳医院、武汉市第五医院作为哨点医院开展不明原因肺炎监测，未发现不明原因肺炎病例。武汉市第五医院、武汉市汉阳医院、武汉市中医医院（汉阳院区）作为全省、全市流感哨点医院，全年抽取流感样病例样本检测 1800 份。其中，样本检出流感阳性 227 份，流感阳性检出率 12.6%。处置学校聚集性疫情 35 起。其中，手足口病（疱疹性咽峡炎）疫情 27 起，水痘疫情 5 起，流感样病例疫情 3 起。

【艾滋病防治】 2022年，汉阳区登记艾滋病患者596人，艾滋病防治“四免一关怀”（“一免”：对农村居民和城镇未参加基本医疗保险等医疗保障制度经济困难人员中艾滋病病人免费提供抗病毒药物；“二免”：在全国范围内为自愿接受艾滋病咨询检测人员免费提供咨询和初筛检测；“三免”：为感染艾滋病病毒孕产妇提供免费母婴阻断药物及婴儿检测试剂；“四免”：对艾滋病病人孤儿免收上学费用；“一关怀”：将生活困难艾滋病病人纳入政府救助范围，按照国家有关规定给予必要生活救济。扶持有生产能力艾滋病病人开展生产活动，增加其收入。宣传艾滋病防治知识，避免对艾滋病感染者和病人歧视）政策落实率100%。

【精神卫生管理】 2022年，汉阳区有在册严重精神障碍患者2920人，报告患病率3.5‰，规范管理率94.9%，面访率95.2%，服药率85.9%，规律服药率72.8%。区级精神卫生防治技术管理机构设立于汉阳区疾病预防控制中心，独立设置精神卫生科，有专职人员2人。全区有从事精神科执业（助理）医师38人、精神卫生医疗机构4家、精神科床位数600余张、信息报告专兼职人员4人。从事日常管理服务精防专职工作人员11人、兼职2人。各街道均成立以公共平安办牵头，公安、民政、卫生、残联、社区等部门组成精神卫生综合管理工作小组，负责协助、落实开展严重精神障碍患者主动发现登记、患者日常随访、重点患者包保管理、应急事件报告处置、惠民政策宣传实施等。全区筛查81.6万人，参加随访医护人员39人，随访患者1.22万人次，面访患者4699人次，对历年3级至5级患者开展每周随访，随访781人次。落实监护人以奖代补政策，逐级审核通过383人次，发放以奖代补经费44.79万元。开展团体心理团辅10场，覆盖失独家庭、学校心理老师、基层医务工作者、援外医务人员、社区党组织书记、网格长等540余人次。

【慢病防治】 2022年，汉阳区依托基本公共卫生服务项目，开展孕妇、高血压患者、糖尿病患者、老年人、精神障碍病人、结核病人等重点人群定期体检服务。开展适龄人群免费结直肠癌筛查，初筛预约完成6920人次，预约完成率106.5%，初出报告数5876人次，初筛完成率90.4%。按照专业要求建设心脑血管疾病防治站。发挥慢病管理办公室及区级防治中心作用，加强技术指导、业务及人员培训。五里墩街道社区卫生服务中心参加武汉市慢性呼吸系统疾病筛查项目，问卷筛查200人，肺功能检测29人，调查人群慢阻肺知识知晓率69.9%，高危人群占比22.4%。为各社区卫生服务中心医疗设备投入约3000万元，有2家社区卫生服务中心配置CT。全区11家社区卫生服务中心启动一体化筛查及防治站建设，明确龙阳街道社区卫生服务中心作为第一个一体化防治站建设试点单位。区内各区级心脑血管防治中心，开展一对一基层医疗卫生服务机构帮扶，安排社区卫生服务中心39人不少于30天脱产培训；安排56轮次一对一指导及现场授课。各社区卫生服务中心均完成胸痛救治单元注册，社区卫生服务中心申报卒中防治站建设6家。

【计划免疫】 2022年，汉阳区计划内疫苗11种，接种12.39万剂次，不良反应报告15人；计划外疫苗21种，接种18.02万剂次，不良反应报告11人。无应急接种疫苗。流感疫苗接种4.04万剂次。

【职业病防治】 2022年，汉阳区开展第二十个《中华人民共和国职业病防治法》宣传周活动，组织区内40余家职业卫生用人单位开展职业卫生培训、职业卫生监督检查。督导区内重点治理企业职业病危害项目申报，职业病危害项目申报系统完成率100%。开展职业病危害专项治理企业核查，根据调查情况确定纳入治理企业名单，建立专项治理企业基础台账。督促开展化学中毒隐患自查，组织自查培训，核查企业台账，督促整改、消除化学中毒隐患。坚持医疗卫生机构医用辐射防护监测以及非医疗机构放射性危害因素监测。全区有接触毒害物质单位183家、职工1.08万人。全年公共场所职业病危害因素主动监测单位10家，医疗卫生机构医用辐射防护监测单位69家，非医疗机构放射性危害因素监测单位2家；企业职工应体检人数4411人，实检人数839人；医疗机构放射人员体检人数278人；无新发职业病人数及疾病分类。

（曹荔）

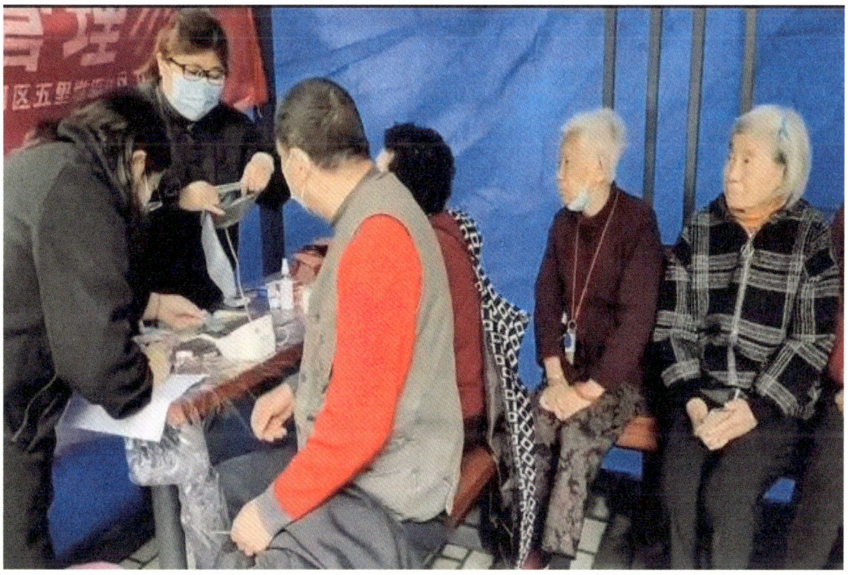

2022年，武汉市汉阳区五里墩街道五丰里社区联合五里墩街社区卫生服务中心开展慢性病防治宣传义诊活动 （汉阳区卫健局 供图）

新型冠状病毒疫情防控

【概况】 2022年，武汉市汉阳区落细科学精准防控措施，坚持底线思维、突出重点，切实保障人民群众生命安全，做好新型冠状病毒疫情防控工作。全区医疗机构报告新型冠状病毒病例604例。其中，死亡0人，重症及危重症55例，轻症及普通型549例。报告无症状感染者1197人。全区基层发热诊室接诊发热病人1.02万次。为特殊人群提供上门医疗服务。向全区居民公示社区卫生服务中心医护人员家庭医生团队服务电话87个，24小时为居民提供健康咨询服务，为特殊人群提供上门医疗服务。

【“敲门行动”关爱重点人群】 2022年，汉阳区把“敲门行动”与巩固“深根工程”成效，引导人民群众开展美好环境与幸福生活共同缔造活动紧密结合，全面动员社会各方都来关心关爱困难群众。加强逐户上门慰问。以社区为单位，逐人明确结对帮扶主体，落实帮扶责任，对全区城镇低保对象、城镇特困对象和孤寡、空巢（独居）、失独、失能、重残、困境儿童等重点人群上门探访慰问。发放“健康爱心包”。12月24日至25日，组织社区重点人群健康服务团队对农村特困供养户、低保户、脱贫不稳定户、边缘易致贫户、突发严重困难户，以及城镇低保对象、城镇特困对象七类人群发放“健康爱心包”。

【药品应急保障】 2022年12月，汉阳区全力保供退热、止咳、抗菌、抗病毒等“四类药品”。对11个街道按照每个社区1000片布洛芬的标准免费发放重点药品。发放药品时一并发放布洛芬服用说明书，建立药品发放登记台账，确保不乱发、不滥发。区民政局积极联系区内药企，优先为汉阳区养老机构采购一批应急储备药品，包括连花清瘟胶囊、阿莫仙、布洛芬片、氨酚烷胺胶囊、盐酸氨溴索口服溶液、藿香正气液、双黄连口服液、阿奇霉素分散片、急支糖浆等。

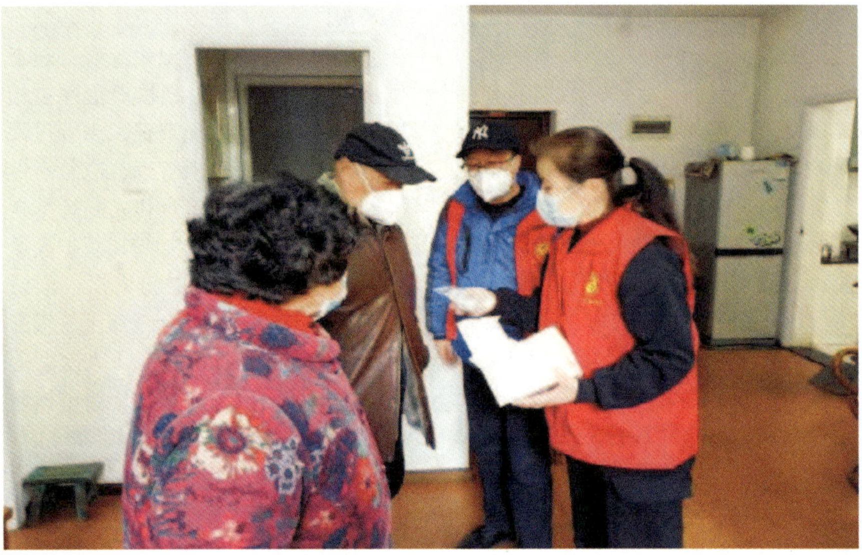

2022年12月24日，武汉市汉阳区龙阳街道汉城社区向辖区特殊困难群众赠送“爱心健康包” （汉阳区卫健局 供图）

【医疗资源储备】 2022年，汉阳区加强医疗资源储备，筑牢新型冠状病毒疫情防控屏障。新建改建重症床位，全区各相关医院综合ICU床位、其他专科ICU床位，分别扩增到51张和85张。构建三级诊疗网络，各基层医疗机构实施健康监测；二级医院提供技术、人力各方面的技术支持保障，满足一般诊疗的需求；三级医院重点满足急危重症患者的诊疗需求。通过“汉阳知音”微信公众员发布家庭医生团队联系方式，建议居民出现发热、咳嗽等症状居家治疗不见好转时，首选居住地附近的社区卫生服务中心（街道卫生院）就诊或联系家庭医生团队寻求帮助。推动互联网医疗服务，为出现新冠症状或非新冠患者提供诊疗服务、用药指导并开具相应处方，通过线下第三方配送提供相应的药品。所有二级及以上综合医院和社区卫生服务中心均开设发热门诊或者发热诊室；相关医疗机构开设简易门诊；推进各三级综合医院重症床位扩容和改造、重症救治能力培训。制定医疗资源储备工作方案，建立重点药品需求报告制度，保证布洛芬片剂及混悬液、退热栓、金叶败毒颗粒、抗原试纸条货源充足。

【医药物资储备】 2022年，汉阳区建立省、市、区三级保供体系，确保部分抗原、药品厂家和批发企业直供汉阳区连锁店和单体店。根据省市提供的线上药品采购渠道，鼓励辖区药店积极对接、线上采购。加强与九州通医药集团股份有限公司、湖北鑫烨医药有限公司、武汉市新龙医疗器械有限公司等本区药品、器械批发渠道供应商联系，建立区内批发商与零售商调配机制。加大对居民宣传，对各药店发放张贴居民购药用药指南，拓宽居民购药品种的认知和知晓面，减少居民盲目抢购囤药。建立社区居民购药服务群，及时了解居民需求，宣传居民理性购药，社区药店为周边小区需要慢性药品的独居老人提供送药上门服务，帮助困难群体渡过难关。

【疫情防控卫生检查】 2022年，汉阳区开展宾馆、旅店、招待所等住宿场所疫情防控检查400余户次。组织区内3家发热门诊定点医疗机构、10家社区卫生服务中心多轮全覆盖检查，重点检查预检分诊、发热门诊、预防接种门诊、医疗废物、医疗机构从业人员资质、母婴保健规范等情况，督导进入医疗机构人员佩戴口罩、医务人员采取相应防护措施等落实情况。开展区内小诊所不间断明察暗访、夜间巡查，督促落实各类疫情防控要求。2月、8月，分批次组织全区300余家小型医疗机构培训2轮，讲解疫情防控形势及要求。

（曹荔）

妇幼保健

【概况】 2022年，汉阳区卫生机构共为7294名孕妇建立围产保健手册（卡），无孕产妇死亡。区内助产机构初产妇剖宫产率54.5%，活产数7398人。新生儿死亡6人、新生儿死亡率0.8‰；婴儿死亡8人、死亡率1.1‰；5岁以下儿童死亡17人、死亡率2.3‰。新生儿出生缺陷发生率10.7‰，主要出生缺陷病种为多（并）指趾、先天性心脏病、外耳畸形、足内（外）翻、染色体异常、唇腭裂、四肢短小、神经母细胞瘤。加强新生儿产后访视和婴幼儿保健服务管理，0岁至3岁儿童系统管理数1.06万人，系统管理率88.5%。儿童计划免疫接种率98.5%。全年免费婚检3789对，婚检率72.3%。开展妇女“两癌”（宫颈癌、乳腺癌）筛查，筛查3.89万人。为全区婴儿免费实施先天性心脏病筛查3.89万人，筛查率95.9%。其中，筛查阳性儿童153人，筛查阳性率2.2%；初筛阳性儿童转诊上级医院复筛确诊81例。全区有武汉市第五医院、武汉市汉阳医院2家爱婴医院。6家助产机构依法取得“母婴保健技术服务执业许可证”。全年签发“出生医学证明”2214张、补发72张、换发31张；废证4张，废证率0.2%。

【托幼机构管理】 2022年，汉阳区有托幼机构154家。其中，教办园16所，民办园107所，公建民营20所，企业办园1所；备案托育机构10家。儿童集体在园体检2.77万人次，龋齿查出7128人次，视力筛查阳性2844人次，听力筛查阳性190人次，贫血1016人次。教师体检5738人，查出肝功能异常287人、肺结核可疑17人、梅毒可疑5人。全年督导检查托幼机构155次。2022年度4家托育机构被认定为湖北省示范性托育机构，3家托育中心被认定为武汉市示范性托育机构。

【汉阳区孕妇学校妇幼保健活动】 2022年，汉阳区孕妇学校设有生育指导室、沙龙园地、音乐调理室、孕校课堂、音乐疏导室、营养测评室、母乳喂养指导室等七大功能区，承担有心理与生理、保健与临床、理论与实践的全方面教学任务。1月至9月，开展线下课程共218节，1480人次参加。其中，运动课107节，理论课31节，其他课80节。10月至12月，因疫情防控转为线上课程，线上课共14节，1154人次参加。全年在公众号发表文章223篇，其中健康科普193篇，阅读量85567次。发布简报共141篇。人体成分分析检查共1300人次。

【武汉市第十届健康宝宝汉阳区初赛】 2022年7月，汉阳区卫生健康局、教育局、妇女联合会和共青团汉阳区委主办，区妇幼保健院承办武汉市第十届健康宝宝汉阳区初赛，全区共有1398个家庭及299名孕妈报名，参赛孕妈及宝宝数均为全市第一。通过网络答题环节积分，推选出100名宝宝及8名孕妈入选初赛。7月23日，主场比赛在汉阳区妇幼保健院举办，经过“开场亲子秀”“宝宝爬爬爬”“孕妈才艺秀”3个环节的比赛，专家团现场评选出3名孕妈、10名健康宝宝参加全市复赛。复赛于2023年举行。

2022年的武汉市汉阳区江堤街道江欣苑社区托育园

（汉阳区卫健局　供图）

【湖北省妇幼保健院汉阳院区筹建】 2022年7月13日，汉阳区人民政府与湖北省妇幼保健院签订框架协议，将合作建设湖北省妇幼保健院汉阳院区，重点开展妇女儿童相关医疗保健业务，同时承担辖区基层医疗机构人员培训、技术指导等工作任务，履行相应公共卫生职能。项目位于汉阳大道639号（紧邻十里铺地铁站B出口），规划用地面积7170平方米，包含门诊、急诊、住院、医技、手术室等功能，住院床位320张。

（曹荔）

老龄健康

【概况】 2022年，汉阳区11家社区卫生服务中心免费为65岁以上老年人提供健康体检2.72万人，为60岁以上老年人免费接种流感疫苗1.17万人。全区有汉阳区福利院、慈安医院、汉沙医院、晴川街道社区卫生服务中心、迎红养老院、招商观颐之家颐养院6家医养结合机构。其中，晴川街道社区卫生服务中心投资病房适老化改造600余万元，加大医疗设备投入，增加人员配备，对标《国家卫生健康委关于印发医养结合示范项目工作方案的通知》，申报湖北省医养结合示范机构。

【老年人健康关爱】 2022年，汉阳区组织各医疗机构、医养结合机构和社区卫生服务中心开展健康讲座、上门义诊、免费体检筛查、上门慰问、发放健康折页、播放健康讲座视频，发动下沉党员和志愿者开展爱国卫生、健康巡诊、护理指导、反诈宣传等助老活动。全区各医疗单位拉横幅21条，举办健康讲座19场，开展义诊活动17场，张贴海报296张，发放健康宣传折页6405张，播放视频100余场，参加健康教育活动老年人5000余人。年内，武汉市第五医院、武汉慈安综合医院、武汉汉沙医院、武汉龙阳医院和武汉友好医院5家综合医院被评为“湖北省老年友善医疗机构”。江堤街道社区卫生服务中心、洲头街道社区卫生服务中心和建桥街道社区卫生服务中心3家社区卫生服务中心被评为“湖北省老年友善基层医疗机构”。全区老年友善医疗机构和老年友善基层医疗机构创建率100%。

【老年人医养服务】 2022年，汉阳区聚焦老年人健康养老需求，推动医养结合规范化、标准化发展，提升医养结合服务水平。为全区260名高龄、失能、残疾老年人按照3000元/户的标准安装智能化设备和适老化改造；对全区符合条件的860余名特殊困难老年人每人每月给予100元至800元养老服务补贴，持续提供“三助一护”（助餐、助洁、助医、远程照护）送达率100%；开展《中央居家和社区基本养老服务专项行动》，为低收入（含低保）家庭中失能的老年人、个人收入低于3273元/月且重度失能的老年人建设700张家庭养老床位，为至少1100名失能老年人提供居家养老上门服务。通过老人主动式呼叫和智能化设备被动式响应形成“老人家属—服务企业—社区网格—区级平台”的四级响应机制，实现对老人的全天候响应和服务监管，每月提供不少于30小时的专业护理服务。全区有医养结合机构6家，分别为汉阳区福利院、慈安医院、汉沙医院、晴川街道社区卫生服务中心、迎红养老院、招商观颐之家颐养院。

【徐湾社区入选全国示范性老年友好型社区】 2022年，汉阳区永丰街道徐湾社区被国家卫生健康委员会、全国老龄工作委员会办公室命名为2022年全国示范性老年友好型社区。徐湾社区是典型的“城中村”还建社区，有60岁以上老人272人。汉阳区指导永丰街道徐湾社区养老机构对标创建，与湖北臻鑫真意智慧养老服务有限公司签约合作，搭建智慧养老信息平台，优化智慧养老服务模式进社区，开展情感慰藉、心理疏导、日常监测等志愿服务。加强老年人智能健康管理，建立起“智能穿戴设备—后台接受信息—专业人员5分钟内上门—现场处理问题”闭环，以最快速度处理老人遇到的紧急情况。

（曹荔）

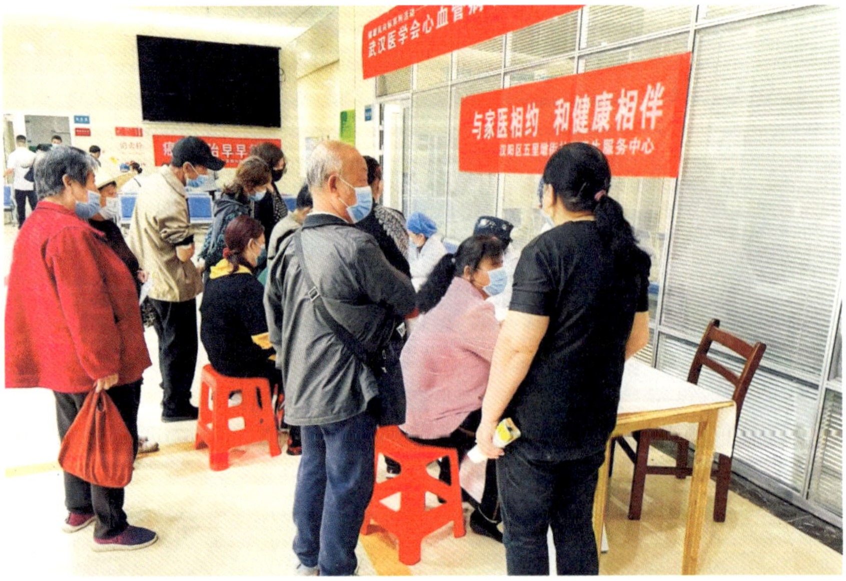

2022年5月17日，武汉市汉阳区五里墩街道社区卫生服务中心为辖区老年人开展健康体检服务
（汉阳区卫健局　供图）

卫生监督

【概况】 2022年，汉阳区根据“全行业、全过程、全方位、全社会”综合监管模式要求，检查医疗机构12家。全年办理行政许可50户。将41户次“双随机”任务与疫情防控、专项监督、日常监督等工作紧密结合，全年开展“双随机”检查案件6件。医疗机构、公共场所、学校卫生、职业卫生等各项监督覆盖率100%，实行卫生行政处罚78件，罚没约19万元。无移交非法行医案件。开展人类辅助生殖领域等突出问题专项整治、“3·15”打击非法行医专项行动、打击非法医疗美容服务专项整治、母婴保健和人类辅助生殖技术服务专项监督检查、医疗乱象专项整治等。调动卫生监督员及协管员力量，参与职业病防治宣传周活动。召集区内40余家职业卫生用人单位，开展职业卫生培训，按计划开展相关单位职业卫生监督检查。

【基层医疗卫生服务】 2022年，汉阳区对照《社区卫生服务中心服务能力标准（2022年版）》，加强基层服务能力建设。建桥街道、鹦鹉街道、龙阳街道、永丰街道、晴川街道5个社区卫生服务中心达到“优质服务基层行”基本标准，全区基本标准达标率80%以上。试点推进基层心脑一体化防治，龙阳街道、江汉二桥街道、五里墩街道3个社区卫生服务中心建成卒中防治站，龙阳街道社区卫生服务中心建成胸痛救治单元。开展慢病、直肠癌等免费筛查。完成35岁以上人群心脑血管慢病基层主动筛查24.92万人次；45岁至60岁人群直肠癌筛查预约6829人次；完成65岁以上老年人免费体检3.42万人。全年管理高血压患者2.13万人，规范管理1.19万人；管理糖尿病患者8477人，规范管理4980人。孕产妇健康管理中早孕检测率100%，产后访视率93.7%；新生儿上门访视率97%，0岁至6岁儿童健康管理率96.2%。全区严重精神障碍患者在册2927人，规范管理率

96.8%，均达国家规定标准。

【卫生应急】 2022年，汉阳区加强疾病预防控制中心生物安全实验室建设。9月，汉阳区疾病预防控制中心投入300余万元，购置热脱附仪、全自动高锰酸盐指数分析仪、气溶胶污染清除仪等实验室仪器设备31台，提高中心实验室能力。邀请市级专家授课，派送3名公共卫生技术人员参加武汉市疾控中心为期一年的卫生应急培训班。建成智慧化预警多点触发网络，修订完善各种突发公共卫生事件应急预案。1月，区疾控中心协同琴断口街道、永丰街道开展新型冠状病毒疫情突发应急处置演练，强化基层防控工作人员突发疫情处置能力。建立队伍下设“三室两中心”（疫情会商室、联防联控室、应急指挥室、公安流调数据中心、疾控电话排查中心），实行集中办公、统一作战。

【医德医风建设】 2022年，汉阳区推进“清廉医院”建设，加强卫生行业行风建设。上交礼金、礼券、礼物等25例涉及医疗机构4家、人员20人、金额3.17万元。开展不合理医疗检查专项整治，现场重点督查评估辖区医疗机构，抽取病例处方470余份，发现问题53个，主要涉及超适应证检查、过度检查、捆绑收费、重复收费、分解项目检查及其他问题，全部下达整改通知书。自查自纠问题127个，整改销号问题127个。开展医疗机构高值医用耗材专项整治，现场督查评估发现不合理使用高值医用耗材问题45项，全部下达整改通知书。开展自查自纠发现问题193个，涉及病历201份，涉及金额145.42万元，主要为串换材料、标签批号与植入材料登记表不符等问题，均已整改。

【护理质量管理】 2022年，汉阳区完善护理质量与安全改进方案，修订护理质量评价标准52项。建立预警分析及考核评估机制，完成《2022年护理质量指标分析报告》。开展护理风险教育，汉阳区护理质控中心全年上报护理不良事件64例。实施护理分层培训及考核，采取线上线下方式加强对新入职护士、专科护士、护理管理人员、社区护理人员等培训，全年护理培训完成率100%，考核率95%。合格率96%。加强专科护理人才培养，6人获得省级专科护士证书，6人获得市级专科护士证书，选派14名护理骨干到省内外知名医院进修学习。加强健康教育和出院随访，健康教育落实率95%，出院患者随访率95%，患者满意度97.5%。拓展护理服务领域，开展延续护理。武汉市第五医院全年专科护理门诊接诊936人次（糖尿病护理门诊213人次，PICC护理门诊573人次，伤口/造口门诊48人次，老年护理门诊54人次，心理护理门诊17人次，助产士门诊31人次）；推进“互联网+护理服务”，全年完成2例上门居家护理服务。严守疫情防控防线，严格执行疫情防控相关工作要求，汉阳区护理质控中心及时修订疫情防控工作制度与流程18项，实行三级防控管理；建立护理人员应急调配机制，紧急调配人力支援287人次。

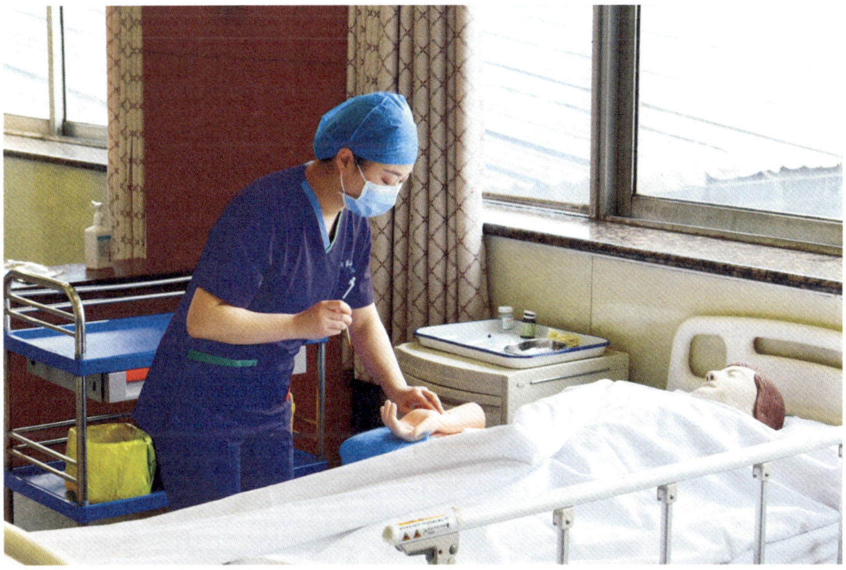

2022年6月15日，武汉市第五医院开展“夯基础、强技术”护理人员急救技能竞赛活动
（武汉市第五医院 供图）

【卫生健康信息化建设】 2022年，汉阳区按照《省卫生健康委关于推进部省属医疗机构与武汉市全民健康信息平台互联互通的通知》精神，指导武汉市第五医院及11家卫生服务中心100%完成社区“基层云”部署、医院与“中医云”“医疗服务云”“公卫云”“药事云”应用对接；完成对接武汉市人口健康信息平台，更新对接数据，按时数据上报。其中，武汉市第五医院、武汉市汉阳医院、泰康同济（武汉）医院，完成“居民健康卡应用”项目，实现微信端、自助机、窗口等不同入口技术对接，患者通过微信、支付宝、“健康武汉”App、第三方网站预约挂号、自助服务等；完成“疫情直报”项目门诊、住院、复诊等业务和院内HIS技术对接；完成“医疗机构数据采集”项目对接，实现各医院内数据按要求上传市级平台，通过武汉市卫生健康委员会全民健康信息一体化平台“双向转诊”服务，开通社区预约就诊患者绿色通道，由专职部门对接。加强全区卫生统计月报工作，传统纯数据统计转变为数据分析与应用，数据报表汇总系统向局医政科、社区科、疾控科等职能部门提供各级各类医疗机构病床数、人力资源、门诊量等卫生信息统计数据和全区健康状况，为制定新卫生发展战略提供可靠数据支持。

【血液管理】 2022年，汉阳区属医院全年用血总量6328.75毫升，自体输血27人次78.75毫升。汉阳区有采血点3个。其中，王家湾献血屋为固定献血点，钟家村和江腾广场为流动献血车2台。汉阳区无中心血站。全区团体献血1424毫升，完成全年目标值45.7%。推进无偿献血进社区、进企业、进机关，制定各街道、各系统应急献血任务，组织动员各街道、学校、部队和医疗卫生单位工作人员参与无偿献血。

【健康知识科普】 2022年，汉阳区组织区内医疗机构，每季度开展3次慢病健康科普活动，重点宣传高血压、糖尿病、心脑血管疾病、癌症及慢性呼吸系统疾病防治知识。在全区127个社区开展健康教育宣传活动，制作健康教育宣传栏，每两个月更新，宣传疫情防控、科学健身、防范过敏、预防接种、控制吸烟、预防食物中毒等科普知识。开展新型冠状病毒疫情防控及传染病、地方病防控等健康知识科普宣传，组织参与湖北省健康科普大赛，上报作品10余件。区疾控中心、妇幼保健院、二级以上医疗机构及所有社区卫生服务中心设立微信公众号，推动健康知识传播。

【爱国卫生工作】 2022年，汉阳区组织“爱卫70周年”及爱卫月宣传活动，开展环境卫生整治、病媒生物防治、健康生活方式科普宣传。春节期间，组织医疗机构开展“送烟=送危害”科普宣传活动，倡导居民健康过春节；5月31日世界无烟日，组织区内各街道、各部门开展控烟宣传；组织有奖问答、短视频征集、“拒吸第一支烟”签名活动；组织武汉市中医医院汉阳院区、汉阳区疾病预防控制中心、龙阳街道办事处、龙阳街道社区卫生服务中心在汉阳人信汇A馆开展控烟宣传健康咨询服务活动；组织全区学校开展控烟宣传；组织学生及家长签订控烟承诺书、家校合拍《我的控烟故事》短视频，开展“小手拉大手”家校共建控烟宣传活动。完成区内居民基本信息收集及街道、社区抽样，制定监测工作实施方案，组织检测点位技术培训，上门开展龙阳街道、鹦鹉街道、琴断口街道居民健康素养调查。永丰街道创建省级卫生街道，建桥街道为省级卫生街道复审单位。全年通过省级卫生先进单位复审6家，通过省级卫生先进社区复审3个，创建省级卫生先进社区6家；通过市级卫生先进单位复审7家，通过市级卫生先进社区复审6个；通过武汉市健康示范单位2家，新创建武汉市健康示范单位2家。无烟单位57家，公共场所吸烟处罚情况0起。

（严红波）

医政药政管理

【医政管理】 2022年，汉阳区实施医政药政管理“四办”（马上办、网上办、就近办、一次办）改革。在湖北省政务服务网发布445个政务服务业务办理事项，并在政务网站公示。加快政务服务事项权限下放，民生类事项“应放尽放”，完成下放19项，实现优化流程免申办2项。备案医疗机构51家。其中，备案诊所49家，医务室1家，卫生所1家。办理医疗美容主诊备案17人；办理省内医师多机构备案360余件，取消医师多机构备案4件。完成全区征兵体检、伤残医学鉴定、诊所备案及执业医师考试。指定武汉市第五医院完成应征公民按标准体检。统筹协调武汉市第五医院和武汉市汉阳医院完成残疾人期满换证医学鉴定。落实《医疗纠纷预防和处理条例》，建立投诉处理回访和不满意件二次督办机制，全年处理各类医疗投诉1000余件，均按时、依法依规办结，满意率超90%。完善“三调解一保险”（院内调解、人民调解、司法调解以及医疗责任保险）工作机制，区内三级医疗机构参保医疗责任险，推进其他医疗机构购买医疗责任险。引导医疗纠纷通过人民调解化解，防止矛盾纠纷扩大升级，全年调解医疗纠纷96起。

2022年5月31日，武汉市汉阳区在人信汇广场开展世界无烟日宣传活动

（汉阳区卫健局 供图）

【药事管理】 2022年，汉阳区定期改选基层医疗机构药事管理委员会成员，明确人员组成、职责、工作制度。常态化开展合理用药和用药安全质控检查和监测。完善抗菌药物、抗肿瘤药物分级管理，强化重点监控药品、麻精药品临床应用监管。落实基层医疗机构基本药物制度，实行月报表、半年实地督导检查工作模式。每月20日收取《汉阳区基层医疗机构基药（月采）报表》，统计基层医疗机构当月基本药物与非基本药物采购金额、基药比、药品入库率等情况，解决各基层医疗机构药品采购及药品使用问题。5月、10月，实地督导检查2次。2021年10月至2022年9月，汉阳区11家基层医疗机构全部执行药品零差率销售，网上采购797.67万元，入库金额797.67万元。其中，基药入库金额582.38万元，非基药入库金额214.81万元，医联体药品入库金额4723.5元，基药金额比65.6%，满足

了湖北省、武汉市对基层医疗机构基药比要求。

【医疗联合体建设】 2022年，汉阳区加快推进医疗联合体及分级诊疗制度建设，引导患者向基层医疗卫生机构分流。武汉市第五医院、武汉市汉阳医院、武汉亚心总医院与区内11家社区卫生服务中心，组建心脑血管防治紧密型医联体7个、专病联盟22个。推进紧密型医联体、远程医疗协作网等医联体建设。鼓励民营医院等社会办医疗机构参与医联体建设。推进急慢分治，完善分级诊疗病种及双向转诊规范，重点畅通向下转诊通道。完善医联体内管理体制和运行机制，促进优质医疗资源下沉基层。建立长处方、延处方制度，保障下转病人用药衔接。探索实践“医院+社区”慢病管理协作，实现“医院—家庭医生”慢病管理对接，促使“慢病”确诊患者回社区就医。推广武汉市双向转诊平台，规范病人流向。开辟双向转诊“绿色通道”，实行转诊医院之间线上双向转诊、门诊上转社区预约、预约优先流程，形成大医院与社区中心医疗转诊无缝对接。推进分级诊疗“区域分开、城乡分开、上下分开、急慢分开”，完善双向转诊制度和流程，保障患者转诊顺畅安全。全年区内下转患者449人次，比上年增长37.7%。牵头医院接收社区医护人员进修22名，举办各类培训讲座35次，培训社区专业技术人员4000余人次，专家、技术骨干下派社区指导35名，下派管理干部2名。

【医疗急救系统建设】 2022年，汉阳区以“323”（心脑血管病、癌症、慢性呼吸系统疾病3类重大疾病，高血压、糖尿病2种基础疾病，出生缺陷、儿童青少年近视、精神卫生3类突出公共卫生问题）攻坚行动为契机，完善胸痛中心、卒中中心建设。武汉市第五医院、武汉市中医医院汉阳院区、武汉市汉阳医院完成胸痛中心建设。新建桃花岛急救站、星火急救站，区内4家三级综合医院有网络急救站9家。其中，武汉市第五医院站点2个，为显正和江堤急救站；武汉市汉阳医院站点3个，为五里、仙山和星火急救站；武汉市中医医院汉阳院区站点1个，为凤凰湖急救站；泰康同济（武汉）医院站点3个，为龙阳湖东路、武汉市急救中心汉阳站和桃花岛急救站。

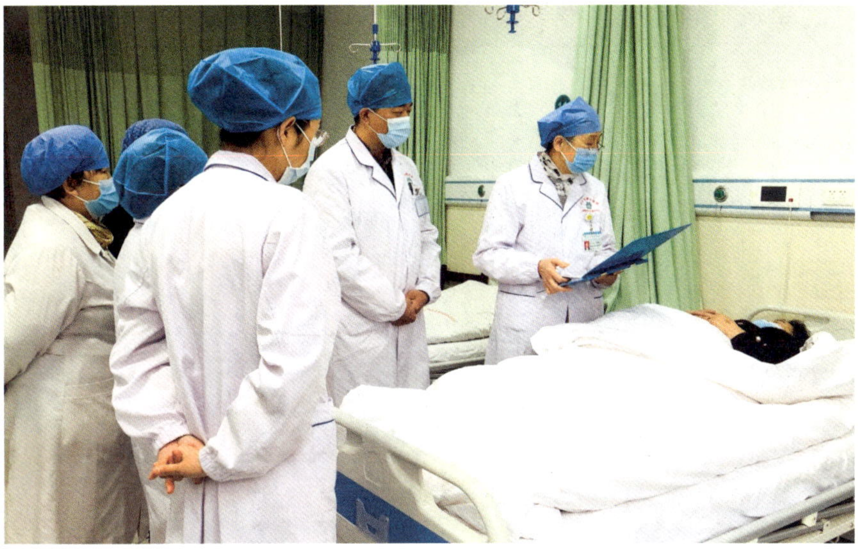

2022年，武汉市第五医院内分泌专家在五里墩街道社区卫生服务中心了解患者恢复情况 （汉阳区卫健局 供图）

【药品和医疗器械采购】 2022年，汉阳区组织武汉市第五医院、武汉市中医医院汉阳院区、汉阳区妇幼保健院以及11个社区卫生服务中心等16个医疗机构登陆带量采购系统填报采购需求，及时审核汇总，完成带量采购报送任务。全年药品集采填报及审核上报11次约1077种；完成医用耗材集采任务11次23种。上报备案医疗服务项目65项。组织区内口腔医疗机构申请参加种植体集采28家，口腔医疗机构参加种植牙价格调控2家。

（曹荔）

医疗机构

【武汉市第五医院】 2022年，武汉市第五医院有编制床位800张；一级诊疗科目23个、二级科室46个；国家级重点专科1个、省级重点（建设）专科5个、市级重点（建设）专科13个。享受湖北省、武汉市人民政府津贴专家5人、武汉市学科带头人3人、武汉市黄鹤英才3人、武汉市中青年骨干人才24人、武汉市晨光计划2人、汉阳区拔尖人才及汉阳英才16人。至年底，有在职职工1221人。其中，医生362人，护士559人，医技人员80人，正高级职称36人、副高级职称108人、中级职称516人、初级职称543人。博士学位11人，硕士学位177人。执业医师362人，注册护士559人。护理人员中大专及以上学历占98.9%，有专科护士70人（包括重症医学科、手术室、血液净化、老年护理、康复护理等专科护士），重症医学床位（包括ICU、CCU、EICU、MICU、NICU、PICU等）27张。全年门诊量50.9万人次，比上年增长4.7%；出院量22.39万人次，增长3%；手术4367台次，介入1863台次；CN-DRG组数596组，CMI值0.95，平均住院日8.5天。有乙类医用设备10台。创新急诊急救服务模式，成立武汉市第五医院急危重症救治中心。与华中科技大学同济医学院附属梨园医院建立专科联盟，打造血管创面修复外科，建设汉阳区血管创面修复外科中心。推广多学科诊疗，全年肺结节多学科门诊接诊患者141人次，复诊57人次。针对疑难危重患者，开展多学科诊疗31次。7月，汉阳区医学检验中心、健康管理中心项目可行性研究报告通过汉阳区发展和改革局批复。

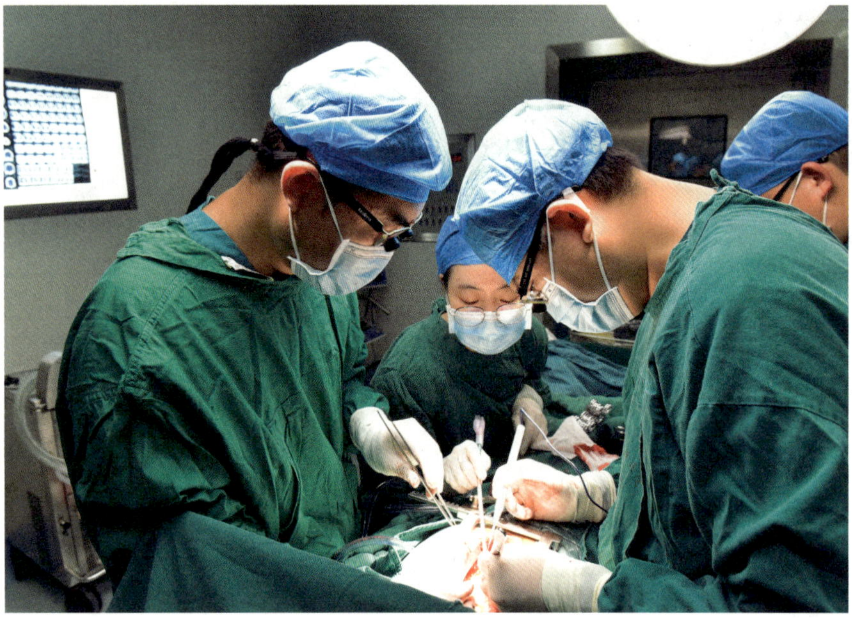

2022年8月，武汉市第五医院胸心血管外科完成首例（心脏不停跳）心脏搭桥手术
（武汉市第五医院　供图）

“智慧医院”建设　全年信息化建设投入约420万元。完成国家电子病历4级分级评价测评，达到三级公立医院绩效考核关于电子病历等级要求。升级线上服务，更新微信及支付宝服务窗口，实现线上门诊号的索引、预约及数据统一管理。优化急诊挂号缴费流程，实现诊间缴费。对接新省医保结算平台，完成工伤保险系统结算、医保电子凭证结算等功能开发，完善门诊住院缴费功能，医保患者可凭医保电子凭证就诊缴费。完成社区基层云应用部署、医院与中医云、医疗服务云、公卫云、药事云应用对接、武汉市人口健康信息平台医疗服务数据标准更新及数据上报。12月，“互联网医院”上线，进入试运行阶段，构建覆盖诊前、诊中、诊后线上线下一体化医疗服务模式。

院属社区卫生服务中心建设　推进各院属社区卫生服务中心基层心脑血管疾病一体化防治。定期召开医疗联合体社区工作会暨“323”攻坚行动工作推进会。组织各中心人员参加医院线上线下培训35场，培训4500余人次。各院属社区卫生服务中心工作人员到武汉市第五医院进修学习22人次。配合临床科室和社区卫生服务中心，做好健康教育和义诊。组织协调专家，下社区开展主题健康教育活动及义诊活动13场；组织医院专家到区卫生服务中心现场指导，引导各中心建设胸痛救治单元、脑卒中基层防治站。

医联体建设　以高血压、糖尿病等慢病为突破口，初步实现常规诊疗远程会诊、医疗检查远程诊断，推动慢病分级诊疗。五里墩街道、四新街道、琴断口街道、鹦鹉街道4家区卫生服务中心打造特色社区卫生服务中心，五里墩中心新增心血管内科、康复科，四新街道社区卫生服务中心开展妇科、儿科专家门诊。全年为医联体内各社区卫生服务中心PACS集中阅片、放射诊断1.5万例，为各社区卫生服务中心提供远程会诊279例，上转757人次，下转488人次。

（代玲）

【武汉市汉阳医院】　2022年，武汉市汉阳医院有员工1225人。其中，正高职称人员31人，副高职称人员90人，中级职称人员344人；有研究生学历33人，其中博士学位2人、硕士学位31人，本科学历656人；有开放床位1200余张，分设一级临床科室34个、医技科室11个、职能科室16个。全年门诊量70万余人次，收治患者4万余人次，完成手术1万余台次。选派支援武汉市金银潭医院护士4人，负责危重症患者及孕产妇护理。年内，医院南门改扩建项目完工；投资2亿余元，建设15层“平战结合”医疗综合楼；引进3.0T飞利浦超导磁共振成像系统、4K高清腹腔镜、血管内超声等高端设备。申报获批临床专科3个，其中，泌尿外科获批武汉市临床重点专科，妇科、心血管内科获批武汉市临床重点建设专科。被评为国际SOS急救网络医院、武汉市汉阳创伤急救医院、武汉市“120”医疗急救联动医院、医保跨省异地就医直接结算医院、湖北省抗击新型冠状病毒疫情先进集体。1月7日，新开设星火“120”急救站点。6月7日，获湖北省卫生健康委员会批准美容外科和美容皮肤科资质。6月10日，获产前筛查资质，增加无创DNA检查项目。

（蒋现永）

【汉阳区疾病预防控制中心】　2022年，汉阳区疾病预防控制中心在职在岗职工58人。其中专业技术人员50人。有正高级职称3人、副高级职称3人、中级职称20人、初级职称24人。推进扩大国家免疫规划，开展免疫接种率监测。接种信息录入率、客户端5日及时上传率、5日及时备份率均达规范要求，组织专项培训、完成年度接种资质认证，监测并及时有效处置汉阳区疑似预防接种异常反应，开展区内疫苗供应。开展HIV感染者和病人随访管理，定期对符合标准HIV/AIDS发放生活救助费。运用哨点监测，组织现场问卷调查及HIV、梅毒和丙肝三项检测。开展检测干预，完成高危人群检测任务。宣传艾滋病防治知识，提高全人群艾滋病知晓率、防病能力。与专业社工组织签订工作协议书，深入老年人群开展宣传教育活动。监测、预警、风险评估辖区血吸虫病、地方病及其他寄生虫病。强化洪涝灾害后螺情监测，监测历史有螺环境、可疑环境5.9万平方米，未发现钉螺。开展发热病人疟原虫镜检及血片复核，全区“三热”病人（指临床诊断为疟疾、疑似疟疾、不明发热原因者）血检无一例阳性；

开展碘缺乏病监测，抽样采集全区居民户盐样，全区碘盐覆盖率和居民合格碘盐食用率均符合国家消除碘缺乏病技术指标。全区无甲类传染病报告，传染病诊疗机构网络正常运行率100%，及时审核率100%、有效证件号完整率100%。筛查活动性肺结核患者密切接触者、65岁及以上老年人、糖尿病患者、艾滋病毒感染者/艾滋病患者等重点人群。为区内学校提供筛查用PPD试剂及预防性服药药品。协助学校落实确诊患者返回户籍地治疗管理，督促学校执行确诊患者休复学管理，督促学校健全防控体系，落实新生入校体检。提升聚集性疫情潜伏期感染者预防性治疗率，严防重点场所结核病公共卫生事件发生。组织区内医疗卫生机构对接使用健康档案、慢病管理系统培训，指导社区卫生服务中心整合心脑血管一体化筛查与慢性病协同管理及慢病随访，协助社区卫生服务中心开展慢病协同数据筛查。开展死因监测、恶性肿瘤监测、心脑血管事件常规监测，推进老年人近视防控、健康管理。开展严重精神障碍患者登记、应急报告处置、政策宣传。完善区、街道、社区三级心理服务组织架构，开展心理疏导，覆盖失独家庭、学校心理老师、基层医务工作者、社区网格。督促重点企业完成职业病危害项目申报系统。开展工作场所职业病危害因素监测、医疗卫生机构医用辐射防护监测、非医疗机构放射性危害因素监测；开展高温中暑、农药中毒平台数据收集、汇总、审核、质量管控及督导；开展职业病危害专项治理信息核查、技术督导；调查重点企业信息。开展疾病和健康相关危害因素生物、物理、化学因子检测；开展理化、微生物实验室检测，开展传染病病原学分离鉴定、疾病危害因素实验室诊断、中毒事件毒物分析等，加强菌（毒）种管理与实验室生物安全。完成公共场所样本、二次供水、管网末梢水与直饮水检测、游泳池水样本、消毒效果、食饮具、霍乱监测、食品安全风险监测、免疫学及寄生虫检测、疟原虫血片复核、化学污染物及有害因素监测、碘缺乏病监测等各项检验任务。在全区各街道、各社区卫生服务中心宣传高血压、糖尿病、心脑血管疾病、癌症及慢性呼吸系统等疾病防治知识。

（汪俊）

【汉阳区妇幼保健院】 2022年，汉阳区妇幼保健院有职工67人，有卫生技术人员62人，其他技术人员3人，其中正高职称1人、副高职称6人、中级职称30人；行政管理人员2人。有固定资产净值716.8万元，建筑面积4478.27平方米。增加内科1个一级诊疗科目。全院门诊诊疗6.43万人次，被评为武汉市2021—2022年度医院消毒与感染控制工作考评达标单位。全年开展幼儿入园体检1.45万人次，入学体检143人次，贫血745人次，低体重100人次，生长迟缓68人次，超重684人次，肥胖400人次，视力筛查阳性803人次，骨密度测试2871人次，经皮黄疸测试102人次，神经心理发育行为评估102人次，眼科专家就诊172人次，卡介苗补种63人次。全年初筛区内新生儿先天性心脏病6961人，复筛687人，阳性转诊81人；新生儿听力初筛7396人，筛查率99.97%，复筛208人，阳性转诊42人。新生儿遗传代谢性疾病筛查7396人，筛查率99.97%，确诊23人。免费唐氏筛查怀孕15周至21周且年龄低于35周岁孕妇；免费无创DNA筛查武汉市户籍或有居住证怀孕12周至22周+6天孕妇5238人。其中，高风险45人。宣传孕前优生惠民政策，完成婚前检查3789人，年度婚检率72.3%；免费孕前优生1710对，目标人群覆盖率131.5%。签发出生医学证明2214份。落实武汉市人民政府免费“两癌”筛查政策，宫颈癌筛查9009人，阳性转诊随访异常或可疑病例297人，宫颈癌防治知识知晓率87%、宫颈癌早诊断率98.7%，异常或可疑病例随访管理率100%。免费乳腺筛查7592人，初筛阳性727人，随访727人，随访率100%。宫颈癌筛查1084人，宫颈癌初筛阳性转诊随访42人；乳腺癌初筛1147人，阳性转诊随访60人。定期组织全区母婴保健技术服务（助产）机构、社区卫生服务机构、托幼（育）机构卫生专业技术人员、保教与保健人员培训，全年培训1039人次，培训率277.8%；定期开展业务技术检查与指导，累计督导445人次，督导率717.7%。为阻断艾滋病、梅毒、乙肝母婴传播，指定专人管理筛查出的阳性孕妇。全区孕产妇艾滋病、梅毒、乙肝筛查2328人。

（王玲　马玉巧）

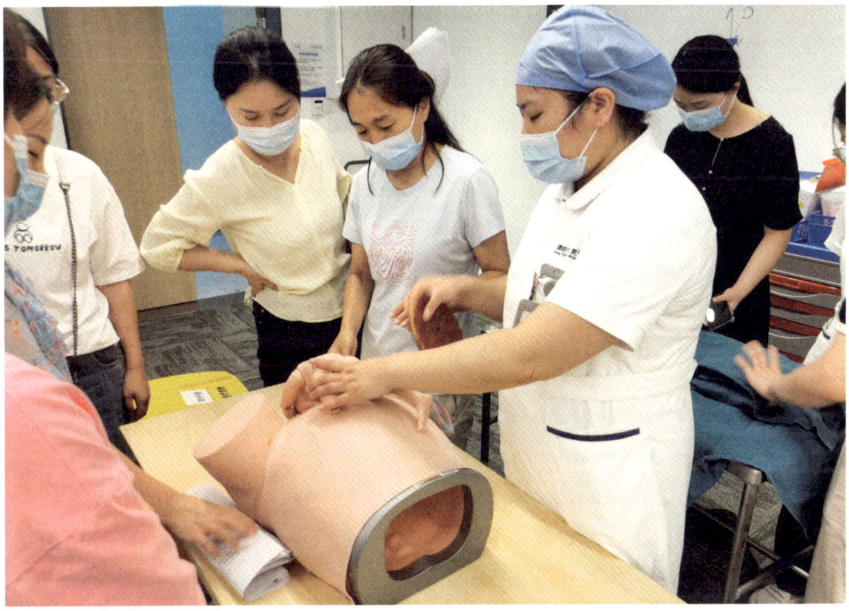

2022年8月11日，汉阳区妇幼保健院对辖区助产机构母婴保健技术人员进行实操培训

（汉阳区妇幼保健院　供图）

【泰康同济（武汉）医院】 2022年，泰康同济（武汉）医院在职在岗职工863人，含卫生专业技术人员736人。其中，执业（助理）医师290人，注册护士342人；正高级职称34人，副高级职称34人，中级职称259人，初级职称401人。年内，新增临床营养科、儿童保健科2个科室。全年诊疗47.18万人次，健康检查12.11万人次，出院17.85万人，手术9301台次，病床使用率62.6%，三、四级手术率68%。实施DRG医保控费，开展临床路径管理病种45个，规范实施临床路径管理出院人数583人，床护比1∶0.62。预约挂号占门诊总人次13.4%。本地医保门诊14.62万人次，异地医保出院3313人次。临床用血总量5557.75毫升，其中自体输血41人次1.9万毫升。年内，投入666.85万元改扩建高压氧舱、临床营养科和图书馆三个重点项目。信息化建设投入1500万元，重要系统均通过三级等保。与武汉城职综合门诊有限公司、武汉武东院综合门诊部有限公司、湖北军威医院有限公司3家单位签订“医联体合作协议”。

（曹雷）

【武汉爱尔眼科汉阳医院】 2022年，武汉爱尔眼科汉阳医院在职在岗职工129人，含卫生专业技术人员67人。其中，医师32人，护士29人；正高级职称5人，副高级职称8人，中级职称21人，初级职称33人；博士1人，博士研究生3人，硕士11人。有编制床位100张，实际开放床位38张。有甲类医用设备0台，乙类医用设备28台。全年亚专科手术培训3人，亚专科手术考核2人。全年出院915人次，床位使用率19.1%，床位周转24.1次，平均住院日3.3天；住院手术1024例；预约挂号占门诊总人次的35.7%；本地医保门诊1.77万人次，异地医保出院172人次。年内，升级院内医保系统并开通诊间支付、职工医疗保险门诊共济、电子医保凭证结算等功能。

（周琼）

2022年6月3日，武汉爱尔眼科汉阳医院在永旺梦乐城（经开店）举办趣味全民爱眼护眼公益义诊活动 （武汉爱尔眼科汉阳医院 供图）

【五里墩街道社区卫生服务中心】 2022年，汉阳区五里墩街道社区卫生服务中心参照二级乙等医院标准设置科室，开展胸痛救治单元及脑卒中防治站申报。完成社区医院创建，率先通过“湖北省百强科室中医康复科”申报资格。成立家庭医生团队11个，按照家庭医生团队工作方案开展慢病访视、老年人体检、两癌筛查、家庭医生签约、健康教育等诊疗。全年总诊疗9.7万余人次，实际开放病床20张，收入院376人次。运用微信公众号开展线上预约接种疫苗、预约老年人体检、“两癌”筛查、健康证办理等业务，微信公众号关注人数1.42万人。疫苗接种实现网上预约并使用门诊叫号系统，实现门诊诊疗系统和公卫系统互联互通。

【琴断口街道社区卫生服务中心】 汉阳区琴断口街道社区卫生服务中心原位于汉阳大道639号。2022年5月25日，搬迁至汉阳大道641号附2号。建筑面积4063.67平方米。有在岗职工115人。其中，专业技术人员93人，高级职称1人，中级职称23人。设有综合病房和精神康复病房，开放床位99张。该中心对辖区居民实行“基本药物零差价政策”，是武汉职工医保门诊统筹定价医药服务机构，可提供职工医保问诊统筹服务。全年诊疗10.06万余人次。

【龙阳街道社区卫生服务中心】 2022年，汉阳区龙阳街道社区卫生服务中心有职工105人。其中，卫生技术人员83人，高级职称4人，中级职称21人，初级职称58人。设有14个科室。设置住院病房，开放床位30张。取得“母婴保健技术服务”许可，设有妇科门诊手术室。组建家庭医生服务团队9支。全年门诊接诊5.2万人次。完成高血压、糖尿病、高脂血症等慢病和心脑血管疾病患者筛查1.5万余人。开展心脑血管防治线上线下科普讲座、义诊活动20余次。新建居民健康档案1.98万份，接种一类苗1.33万剂，接种二类苗1.97万剂，完成65岁以上老年人体检2278人次。年内，龙阳街道社区卫生服务中心获湖北省卫生健康委员会“老年友善基层医疗机构”称号；通过湖北省卫生健康委员会“三堂一室”验收，加挂“国医堂”牌匾；被评为湖北省心脑血管防治中心“胸痛救治单元达标单位”、湖北省脑卒中防治中心“卒中防治站达标单位”，被纳入武汉市医疗保障定点医疗机构。

（曹荔）

体 育

体育设施

【概况】 2022年，武汉市汉阳区改扩建社区青少年体育活动中心5个，分别是米粮社区、江城明珠社区、陶家岭社区、董家店社区、潮江社区。建成社区足球、篮球场12个，更新社区户外健身器材142件。加强户外健身设施的长效管理，全区健身路径完好率在98%以上。全年新增体育场地15个，面积达49.59万平方米。至年末，全区有各类体育场地1265个，其中室外体育场地375个、室内体育场地245个。全区体育场地总占地面积212万平方米，总场地面积252.48万平方米，平均每万人拥有体育场地14.06个，人均体育场地面积2.81平方米。主要体育场馆有张之洞体育公园、向阳体育公园等，全区公共体育场馆免费或低收费开放。

【公园绿地体育设施建设】 2022年，汉阳区体育局选址环境优美，游玩人数多的7处公园绿地，复合利用建设配置体育设施。分别在墨水湖公园2处地块、新区公园，英才公园、玉龙路与银杏街交会处东北角游园、桥西社区小公园、前进嘉园游园，配建少儿无动力器材、组合式力量器材、乒乓球台、智能健身器材、磁控棋桌、老年人健身器材以及景观器材等，拓展了公园体育健身功能。

【智慧体育场馆建设试点】 2022年，汉阳区选择社区、商业两大类，社区室内/室外、商业室内/室外4个小类共计7个场馆，开展智慧体育场馆建设试点工作。商业类室内试点场馆有江城健身e家、大桥局俱乐部，商业类室外试点场馆有玉龙路足球中心，社区类室内试点场馆有郑家咀社区健身俱乐部、冰塘社区健身俱乐部，社区类室外试点场馆有磨山社区青少年活动中心、上太子溪社区青少年活动中心。建设项目包括：人脸识别、指纹识别、刷卡识别、刷码识别、体温检测等多种功能的闸机系统；以及海康威视DS-K1T341BMW门禁系统套装，实施门禁管理；按照智能灯光照明管理系统，实施照明管理。建设订场系统、传输存储、管理后台、数据分析系统的综合管理服务平台，总投资101.97万元。

（周亮）

全民健身

【概况】 2022年，汉阳区有体育协会16个，包括汉阳区武术协会、汉阳区社会体育指导员协会、汉阳乒乓

2022年7月，辖区居民在张之洞体育公园篮球场打篮球

（汉阳区文旅局　供图）

球协会、汉阳区老年人体育协会、汉阳区网球协会、汉阳区游泳和水上运动协会、汉阳区棋牌协会、汉阳区羽毛球协会、汉阳区篮球协会、汉阳区体育舞蹈协会、汉阳区瑜伽协会、汉阳区跆拳道协会、汉阳区田径和户外运动协会、汉阳区足球协会、汉阳区华笛足球俱乐部、汉阳区美美青少年足球俱乐部。全区有体育人口 39 万人，占全区人口总数的 46.98%；有全民健身苑 25 个、全民健身点 432 个，满足全民健身需求。有社会体育指导员 4087 人，其中，一级社会体育指导员 76 人，二级社会体育指导员 208 人，三级社会体育指导员 3803 人。汉阳区体育局组织大型群众性体育活动 7 次，4 万人参加活动。举办体育赛事 7 场，17 万人参加活动。组织第四十五届“武汉之夏”文化体育活动。组队参加 2022 年“趣谷杯”武汉市第十届全民健身运动会，获优秀组织奖。

2022年8月19日，武汉市汉阳区举办第四十五届“武汉之夏”广场舞大赛
（汉阳区文旅局　供图）

【2022“知音汉阳”武汉女子半程马拉松比赛】 2022 年 10 月 28 日，“知音汉阳”武汉女子半程马拉松线上跑启动比赛报名，北京、武汉、广州、上海、深圳、西安、天津、沈阳、重庆、昆明、成都、南京、佛山、长沙、大连、厦门、济南、杭州、郑州等地选手踊跃报名，人数达 16 万余

表55　2022年武汉市汉阳区体育赛事活动一览表

序号	活动、赛事名称	举办时间	参与人数（人）
1	2022全国青少年模拟飞行锦标赛	7月22日至24日	2000
2	2022知音汉阳·武汉女子半程马拉松线上跑	11月18日至20日	160000
3	2022第四十七届武汉“7·16”渡江节（汉阳赛区）	7月16日	200
4	2022年汉阳区第十届全民健身运动会青少年足球赛暨校园足球联赛	4月至10月	800
5	张之洞体育公园一周年庆暨“五一”假期羽毛球抢位赛	5月1日	100
6	第十三届全国青少年模拟飞行锦标赛湖北省选拔赛	7月20日	150
7	汉阳区第五届全民健身运动会暨“新长征·万人健步行”活动	10月15日	10000

表56　2022年武汉市汉阳区大型群众性体育活动一览表

序号	活动名称	举办时间	参与人数（人）
1	第十届全民健身运动会	4月至11月	20000
2	2022汉阳游泳和水上运动协会武汉“7·16”渡江节快闪嘉年华	9月16日	100
3	2022年五一国潮运动会打卡活动	4月29日	10000
4	张之洞体育公园一周年庆暨“五一”假期科学健身指导中心惠民活动	4月30日	200
5	“知音汉阳”公益健康运动课堂	5月1日	3000
6	张之洞体育公园琴声广场潮玩市集	5月1日	500
7	2022年汉阳区全民健身运动会“舞动新时代，展现新风采”广场舞活动	10月13日	150

人。比赛时间为 11 月 18 日至 20 日，包括半程项目 21.1 千米、健康跑项目 5 千米。选手参赛方式为比赛日使用“悦跑圈”App 单次完成所报里程，点亮 2022“知音汉阳”武汉女子半程马拉松线上跑勋章即为完赛。116137 人完成比赛，完赛率 69.31%。该赛事线上跑短视频播放量超过10万，被湖北日报客户端重点报道。

2022年7月16日，参加第四十七届武汉“7·16”渡江节抢渡赛的选手们在汉阳区江面比赛 （汉阳区文旅局 供图）

【第四十七届武汉“7·16”渡江节】 2022 年 7 月 16 日，由湖北省体育局、武汉市人民政府主办，武汉市体育局、武汉旅游体育集团有限公司承办，武汉市汉阳区人民政府、武汉市武昌区人民政府、武汉市江岸区人民政府、湖北省体育局水上运动管理中心、武汉市游泳协会协办的以“万里长江横渡，极目楚天舒”为主题的 2022 第四十七届武汉“7·16”渡江节在汉阳区大禹神话园开赛。92 名选手从大禹神话园入水，向着武昌长江观景第一台抢渡，73 人顺利登岸。奥运选手、全国运动会“三金王”得主张子扬获得男子甲组冠军，成绩为 13 分 49 秒；武汉游泳队15 岁小将杨佩琪以 15 分 21 秒的成绩卫冕成功，连续两年获女子甲组冠军。

【“喜迎二十大，生态汉阳行”健步行活动】 2022 年 10 月 1 日，由汉阳区人民政府主办，汉阳区文化和旅游局承办的“喜迎二十大，生态汉阳行”健步行活动在武汉国博中央水系公园举行。此次健步行活动路线全程 3.5 千米（喷泉广场至国博 B 馆），中国中铁大桥局集团有限公司、湖北交通投资集团有限公司、武汉新区建设开发投资有限公司、武汉新城国际博览中心有限公司、武汉市汉阳市政建设集团有限公司、江堤街道、洲头街道组织人员参加。

2022年10月1日，“喜迎二十大、生态汉阳行”健步行活动在武汉国博中央水系公园喷泉广场举办 （汉阳区文旅局 供图）

【汉阳区第十届全民健身运动会】 2022 年 4 月至 11 月，汉阳区第十届全民健身运动会全面展开，比赛项目包括足球、篮球、气排球、羽毛球、乒乓球、徒步、棋类、广场舞、体育舞蹈、瑜伽、游泳、桨板、跆拳道、武术、垂钓 15 个项目，参加总人数达 2 万余人。

（周亮）

竞技体育

【概况】 2022 年，汉阳区注册运动员有 1252 人，其中年内新增注册运动员 136 人。有市级青少年体育后备人才（单项）基地训练项目 4 项，分别是摔跤、体操、棋类和射击，基地在训运动员 140 人。全年在武汉市各项体育比赛中获金、银、铜牌 54 枚，其中金牌 18 枚。向武汉市体育局少年队、集训队输送优秀运动员 9 名。组织运动员代表武汉市组队参加湖北省青少年射击、游泳锦标赛，获金牌 40 枚。参加湖北省第十六届运动会青少年棋类比赛，获金牌 9 枚；输送运动员参加湖北省第十六届运动会摔跤比赛，获金牌 4 枚。汉阳区获“2022 年武汉市青少年运动会承办贡献奖”“2022 年湖北省青少年射击锦标赛体育道德风尚奖”。

【武汉市第十二届运动会周期运动员注册】 2022 年，汉阳区体育局推进武汉市第十二届运动会周期运动员注册，新认定注册运动员 360 人，涉及足球、篮球、网球、羽毛球、武术、射击、摔跤、体操、跆拳道、棋类、健美操、乒乓球等18个项目。组织85名运动员参加武汉市体育局组织的“优秀体育苗子运动员”测试考核，20人被认定为“武汉市优秀体育苗子”。

【第十三届全国青少年模拟飞行锦标赛】 2022年7月22日至24日，第十三届全国青少年模拟飞行锦标赛在武汉市汉阳区张之洞体育公园举行。参与报名的学校和组队单位有450个，5万名学生通过校内社团活动、送课进校、互动体验等方式参训参赛。来自22个省、自治区、直辖市的5000名选手，根据不同年龄、性别和技术阶段参赛者特点，分成8个组别，采用线上线下相结合的形式参赛。湖北队参加主赛场现场赛，其他省份参赛队在属地参与线上赛。赛事围绕飞行主题，设置航空知识、飞行技能、航空文化三大类赛道10余个竞赛项目。汉阳区35名参赛选手在决赛中获2金4银2铜。汉阳区青少年科技辅导站何松青获全国决赛个人突出贡献奖，汉阳区教育局获湖北赛区优秀组织奖。汉阳区西大街小学五年级的聂展颜获“Z-本场五边争霸赛（首都机场）”小学女子乙组第一名以及“解说口才现场项目”女子乙组第二名。

2022年7月24日，第十三届全国青少年模拟飞行锦标赛在张之洞体育公园举行

（汉阳区文旅局 供图）

【2022年湖北省青少年锦标赛汉阳区参赛成绩】 2022年7月10日至17日，在宜昌市奥体中心射击馆举行的湖北省青少年射击锦标赛上，汉阳区代表武汉市组织65人参赛，获金牌6枚、银牌17枚、铜牌11枚，奖牌总计34枚，金牌总数与团体总分排名全省第一。6人次达国家一级运动员，6人次达国家二级运动员。

【2022年武汉市青少年运动会汉阳区参赛成绩及赛事】 2022年5月至12月，汉阳区组织399名运动员参加2022年武汉市青少年运动会比赛，共获得金、银、铜牌54枚，其中金牌18枚。7月14日至15日，由汉阳区体育局、区教育局承办的2022年武汉市青少年运动会棋类比赛在汉阳区钟家村小学三里坡西校区举行，比赛共设象棋、围棋、国际象棋、国际跳棋（64格/100格）、五子棋5个项目，全市13个城区的280名运动员参赛，汉阳区代表队获得7枚金牌。

2022年8月5日，汉阳区获得武汉市青少年运动会羽毛球比赛第一名

（汉阳区文旅局 供图）

【2022年湖北省青少年儿童游泳锦标赛汉阳区参赛成绩】 2022年7月8日至10日，在十堰奥体中心游泳跳水馆举行的湖北省青少年儿童游泳锦标赛上，汉阳区代表武汉市组织70人参赛，获得金牌35枚，银牌33枚，铜牌24枚，金牌总数、奖牌总数和团体总分均排名全省第一，有8名运动员获得“体育道德风尚奖”称号，有17人次达国家一级运动员，140人次达国家二级运动员。

（周亮）

青少年体育

【体教融合示范区试点建设】 2022年，汉阳区被列为湖北省体教融合示范区试点建设单位，成立汉阳区体教融合示范区试点建设工作领导小组，以形成“四大体系”（青少年健康促进体系、区级体育赛事体系、后备人才培养体系、社会力量参与体系）为建设目标，围绕“三大工程”（学校体育强基工程、体校功能提升工程、社会力量引育工程），开展体教融合示范区试点建设，基本形成教学体系规范、训练构架完整、赛事体系完备、人才渠道畅通、保障工作健全的体教融合机制。汉阳区体育局先后7次联合汉阳区教育局、武汉市体育运动学校、武汉市射击学校、武汉市少年儿童体育学校，开展网球、射击、体操、跳水、游泳、射箭等体育项目青少年运动员的选拔、招生及业训工作。组织汉阳区1440名适龄青少年参加“奔跑吧·少年”2022年武汉市青少年体育夏令营的“免费体育技能培训”活动。

2022年6月30日，武汉市弘桥中学啦啦操队获全国总冠军

（武汉市弘桥中学　供图）

【体育传统项目学校管理】　2022年，汉阳区按照《体育传统项目学校管理办法》管理体育传统项目学校，每季度抽查3所学校，以查督训。全区有23个市级体育场馆开放学校、17个体育传统项目学校完成武汉市体育局布置的“全国体育系统体育统计网上上报”工作。省级体育传统项目学校有武汉市第三中学、汉阳区楚才小学2所。市级体育传统项目学校有汉阳区钟家村小学、汉阳区钟家村寄宿学校、汉阳区知音小学、汉阳区西大街小学、武汉市第三中学、汉阳区五里墩小学、汉阳区群建路小学、汉阳区晴川实验小学、武汉市晴川初级中学、汉阳区墨水湖小学、汉阳区玫瑰园小学、武汉市弘桥中学、武汉市第二十三中学、武汉市第三寄宿中学、武汉市德才中学、武汉市翠微中学、武汉市楚才中学17所，项目19个。布局体育传统项目学校有武汉市建港中学、汉阳区七里小学、汉阳区建港小学、汉阳区德才小学、汉阳区钟家村实验小学5所。全区体育传统项目学校有田径、游泳、篮球、击剑等运动训练项目13项，其中摔跤、体操、棋类和射击为市级资助体育项目。建有武汉市德才中学、武汉市楚才中学、武汉市少儿体校、汉阳区钟家村寄宿小学4个市级训练基地，汉阳区西大街小学足球青训中心、汉阳区德才小学足球青训中心、武汉市翠微中学女子足球青训中心3个市级足球青少年训练中心；共有基层训练点38个。

【武汉市弘桥中学啦啦操队获全国总冠军】　2022年6月28日至30日，在由国家体育总局体操运动管理中心主办、全国啦啦操比赛组织委员会承办的“2022年全国啦啦操锦标赛”上，由1名领队、2名教练员、16名学生组成的武汉市弘桥中学啦啦操队获得全国总冠军，并获得2022年全国啦啦操锦标赛公开少年甲组——大集体爵士自选动作第一名。此次锦标赛有来自全国各省、自治区、直辖市的351所高校，684支队伍，约1.5万名运动员参赛。受疫情影响，比赛以线下录制，线上直播打分相结合的形式举行。

（何瑞　徐金辉）

社会生活

人口家庭

【概况】 2022年，武汉市汉阳区出生6265人，出生人口性别比为1.15，出生率10.8‰，免费婚前医学检查率72.3%。实施“全面三孩”政策，全区生育二孩835人，三孩及以上79人。办理“生育服务证”登记453件。5岁以下儿童死亡率、婴儿死亡率、新生儿死亡率分别为2.3‰、1.1‰、0.8‰。至年末，全区有常住人口90.06万。有户籍人口59.17万，比上年增加2.23万人。户籍人口中，男性29.65万人，女性29.52万人。其中，0岁至17岁11.34万人，占全区户籍人口的19.2%；18岁至34岁11.9万人，占20.1%；35岁至59岁21.97万人，占37.1%；60岁及以上13.96万人，占23.6%。平均期望寿命78.36岁，其中，男性75.24岁，女性81.97岁。全年共死亡3517人，人口死亡率为6.1‰；人口自然增长率为4.7‰，比上年提高0.1‰。

【婚姻登记服务】 2022年，汉阳区进一步优化婚姻登记服务，创新服务理念、优化服务措施、宣传移风易俗，推行婚姻登记免费颁证仪式。全年共办理结婚登记6888对、离婚登记2201对、补发结婚证书600份、补发离婚证书176份，登记合法率、合格率均为100%。

【武汉市首个湖畔结婚登记点开放】 2022年5月20日，武汉市首个湖畔结婚登记点——汉阳区民政局月湖婚姻登记点正式开放服务。该婚姻登记点位于月湖风景区凤凰广场的中轴线上，毗邻古琴台，具有浓厚的文化底蕴。使用面积约200平方米，设有3个独立办证窗口、1个调解宣传区、1个等候区、1个室内网红颁证仪式区以及若干户外证婚仪式打卡区。

【首届“家庭文化节”活动】 2022年5月至6月，围绕武汉市首届“家庭文化节”及家风家教主题宣传月活动，汉阳区开展“展清廉文化”“悟清廉家风”“树清廉家庭”“观清廉地标”“励清廉典型”等五大主题系列清廉家庭建设活动。推出“送法进万家，家教伴成长”家风家教主题系列线上课堂宣传活动和线上“家庭教育公益大讲堂”百余场，提高家教指导的精准度。开展“文明家庭”创建暨寻找“最美家庭”系列活动，通过基层寻访、媒体报道等形式发现、选树先进家庭典型。

【计划生育政策落实】 2022年，汉阳区全面落实各项人口计划生育利益

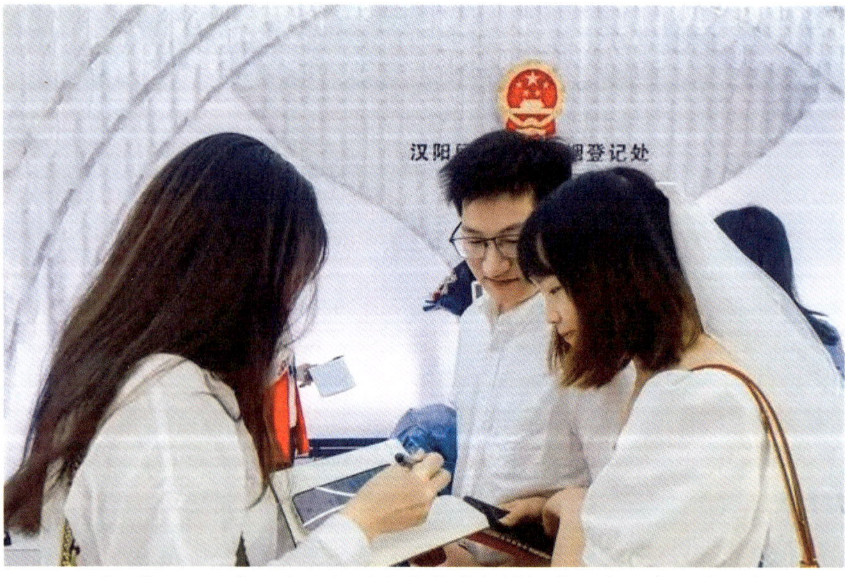

2022年5月20日，武汉市汉阳区民政局月湖婚姻登记点正式开放服务

（汉阳区民政局　供图）

导向政策。全年全区计划生育家庭特别扶助人数为 2530 人，其中死亡扶助对象 1186 人、伤残扶助对象 1344 人，共计发放特别扶助金 2345.33 万元；计划生育特殊困难家庭人员 114 人，共计发放一次性抚慰金 67 万元；农村部分计划生育家庭奖励扶助对象 3 人，共计发放奖励扶助金 0.43 万元；城镇独生子女年老父母一次性奖励申报人员 2214 人，共计发放奖励金 961.45 万元。

【人口监测】 2022 年，汉阳区贯彻党中央、国务院关于促进人口长期均衡发展、加强人口监测的系列决策，全面完成人口与家庭动态监测，为国家生育政策效果、研判人口形势、完善人口发展战略提供支撑和依据。全年全区出生人口 6265 人，人口出生率为 10.8‰；全年共死亡 3517 人，人口死亡率为 6.1‰；人口自然增长率为 4.7‰，比上年提高 0.1 个千分点。

【生育服务】 2022 年，汉阳区完成 1710 对夫妇孕前优生检查，完成生殖健康普查 68492 人、宫颈癌筛查 1544 人、乳腺癌筛查 1147 人。为 2129 名适龄青年提供免费婚检，为 1049 对备孕夫妇提供免费孕前优生健康检查，完成孕妇无创产前基因检测 2599 例。实施免费计划生育手术服务 14 人，无重大医疗事故发生，无计划生育手术并发症。规范全区药具工作，避孕药具发放和基本避孕节育手术纳入国家基本公共卫生服务项目，为育龄群众免费提供。全区医疗单位产科发放药具 1622 盒，药具进产房发放率 100%。投入资金 18 万余元，免费提供避孕药具 10 万余人次，提供基本避孕节育服务和生育相关服务。开展咨询、指导、随访服务 69610 人次，提供计划生育技术服务 4866 人次。推广避孕药具进产房，完善避孕药具产后避孕及随访服务，提供生殖保健服务 4939 人次。

【婴幼儿养育照护服务】 2022 年，汉阳区进一步促进 3 岁以下婴幼儿养育照护服务发展，鼓励有意愿的幼儿园增设托幼班，推进“托幼一体化”。推动街道普惠托育服务全覆盖。支持社会资本在托育需求较多或托育机构较少的街道开办普惠托育机构，指导民办托育机构申报市发改普惠托育项目建设补助。年内新增 4 家普惠托育机构，分布于四新街道、龙阳街道、鹦鹉街道、琴断口街道。至年底，全区提供托育服务的各类机构有 47 个，提供托位 2665 个；增设托幼班的幼儿园 15 个，提供托位 570 个。

【流动人口服务】 2022 年，武汉市公安局汉阳区分局主导开发“汉阳慧租房”实有人口管理系统和“民宿微管家”App，“一键式”落实流动人口线上登记。房屋出租方、承租方各自用手机下载“民宿微管家”App 后，由出租方发起入住信息登记，房客配合完成入住人员信息登记。双方线下签署《房屋出租治安责任保证书》，将登记信息、保证书拍照后，实时上传至公安系统即可。原本耗时耗力需要前往公安机关办理的流动人口登记，不到 5 分钟即可线上完成。

2022年，武汉市汉阳区江堤街道江欣苑社区托育园教师陪幼儿游戏
（汉阳区民政局 供图）

【殡葬服务】 2022 年，汉阳区开展社会殡葬机构专项整治“回头看”及“活人墓”“硬化大墓”“住宅式墓地”专项整治，指导社会殡葬机构完成整改 15 家。制定《关于实施节地生态安葬奖励的通知（试行）》，深化殡葬改革，推行节地生态安葬。

（李晗）

收入消费

【概况】 2022 年，汉阳区居民收入稳定增长，消费市场相对平稳。全市最低工资标准上调，援企稳岗等政策持续发力，带动居民收入持续增长。汉阳区城镇居民人均可支配收入 59220 元，比上年增长 5.5%。武汉市居民消费价格比上年上涨 2.3%，涨幅扩大 1.7 个百分点。其中，食品价格上涨 2.6%，扩大 5.3 个百分点；非食品价格上涨 2.2%，扩大 0.9 个百分点。

【居民收入】 2022 年，汉阳区居民人均可支配收入数据由国家统计局武汉调查队纳入全市一并统计。全市全年城镇居民人均可支配收入为 58449 元，比上年增长 5.7%。全市城镇居民工资性收入 34402元，增长 6.2%，占人均可支配收入的比重为 58.9%，比上年提高 0.3 个百分点，拉动可支配收入增长 3.7 个百分点。汉阳区全日制就业劳动者最低工资标准调整为 2010 元/月，非全日制就业劳动者小时最低工资标准调整为 19.5 元/小时。全市城镇居民经营净收入为 5721 元，增长 3.4%，占收入比重的 9.8%，拉动可支配收入增长 0.3 个百分点。全市城镇居民转移净收入11759元，增长6.1%，拉动可支配收入增长1.2个百分点。离退休人员养老金标准从2022年1月1日起全面上调，实现“十八连涨”；社会救助扩围增效，特困人员、散居孤儿、事实无人抚养儿童养育等救助标准均有所提高；医疗保障力度加大，正式实施新版国家医保药品目录，新增74种药品，重点领域保障能力进一步提升。

【居民消费】 2022年，汉阳区居民消费支出数据由国家统计局武汉调查队纳入全市一并统计。全市城镇居民人均消费支出37418元，增长2%，比全国平均水平高（0.3%）1.7个百分点，但比全省平均水平（2.2%）低0.2个百分点。从消费类别看，城镇居民人均消费支出呈现“五增三降”局面，其中，食品烟酒、居住、生活用品及服务、交通通信、其他用品和服务分别增长3.9%、3.4%、0.3%、3%和4.6%，衣着、教育文化娱乐、医保保健分别下降0.9%、3.2%和0.1%。武汉市居民消费价格指数（CPI）呈“倒U型”走势。1月至3月，受季节性因素及春节效应影响，CPI分别上涨1.3%、1.2%、1.8%；4月至8月，分别上涨2%、2.3%、2.7%、2.8%、2.9%；9月受中秋节、国庆节及散发疫情多重因素影响，CPI涨幅扩大至3.5%；10月至12月，政府储备猪肉投放，加上本地鲜菜大量上市等多重因素影响，CPI价格涨幅逐月回落，分别上涨2.9%、2.1%、1.9%。

【八大类商品价格】 2022年，汉阳区交通通信、教育文化娱乐、食品烟酒、其他用品及服务、居住、生活用品及服务、衣着、医疗保健类八大类商品价格由国家统计局武汉调查队纳入全市一并统计。全年居民消费价格比上年上涨2.3%。从分类看，交通通信、教育文化娱乐、食品烟酒、其他用品及服务、居住、生活用品及服务、衣着、医疗保健类价格分别上涨4.8%、2.7%、2.6%、2.3%、1.8%、1.4%、0.7%和0.2%。12月，新建商品住宅价格比上年同期下降5.6%。

（张玮）

劳动就业

【概况】 2022年，汉阳区新增就业2.2万人，帮扶困难群体再就业2631人，扶持创业4255人，组织再就业培训3175人、大学生就业培训572人、创业培训469人、农村劳动力转移培训424人。开展“春风行动”活动，举办各类招聘活动79场次。汉阳区人力资源局协调公安、工商、建管等部门，开展联合执法5批次，查处并督促整改违规企业30个，劳动监察立案并办结案件205件，追回农民工工资及押金7150万元。办理市长专线等各类转办件13900件，处理回复率100%。累计立案劳动仲裁案件1425件，结案1397件。受理信访件742件，接待群众上访2352人次。

2022年1月14日，武汉市汉阳区发展和改革局到中百仓储墨水湖店进行节日期间粮油储备及安全生产检查
（汉阳区发改局 供图）

【就业与再就业】 2022年，汉阳区开展“春风行动”“民营企业招聘月”“百日攻坚”“个体工商户服务月”“质量月”“金秋招聘月”“暖心活动”“乐业无忧”等系列活动。“直播带岗”优化招聘服务，推行疫情期“云招聘”模式解决企业紧缺用工需求，举办线上招聘活动79场次，为1.3万人次劳动者提供免费职业介绍服务，790个企业提供就业岗位71068个，推荐就业6049人。强化大学生就业招聘，指导武汉市汉阳人才集团企业管理有限公司开展招聘活动，举办“就在武汉、创赢未来”武汉理工大学、江汉大学、湖北工业大学、中国地质大学专场招聘会5场，参会单位230家次，提供岗位1.5万个，达成就业意向2104人次。以“春风送真情，乐业大武汉”为主题，组织招聘活动12场。其中，线下活动3场，网络招聘会9场；参会企业187家次，提供就业岗位1.3万个，实现意向就业2740人次。建立重点群体就业档案，畅通线上线下失业登记渠道，为登记失业人员建立动态化就业档案，落实实名制管理和季度回访机制，依托街道、社区跟踪走访登记失业人员1.6万人次。组织“就业援助月”活动，为就业困难对象提供免费职业指导、职业介绍、职业培训或创业培训等就业服务，实现零就业家庭动态清零。4名劳动年龄内退捕渔民得到帮扶安置，安置率100%。

【就业创业优惠政策落实】 2022年，汉阳区落实稳就业各项补贴政策，助力企业稳岗就业。审核发放灵活就业社保补贴2.9万人次、5568.39万元；企业社保补贴3780人次、952.73万元；就业培训补贴531人、64.05万元；一次性吸纳就业补贴963人、116.7万元；一次性创业补贴80人、59.1万元；发放个人创业担保贷款29笔、580万元。认定小微企业贷款贴息4623

万元。受理就业创业服务补贴237人，拨付资金18.96万元。助力高校毕业生创业，受理高校毕业生一次性创业补贴申请76人，一次性吸纳高校毕业生818人，审核通过武汉市大学生人才公寓租赁资格1550人、湖北省大学生创业扶持项目人员资格80人。

【职业技能培训】 2022年，汉阳区落实技能提升行动。组织48家企业开展岗位技能培训8862人次。推进企业新型学徒制培训，首次在武汉苏泊尔炊具有限公司启动225人新型学徒制培训项目。指导和推荐区内规模以上企业开展企业技能等级认定备案工作，推荐武汉苏泊尔炊具有限公司、武汉纵横保安服务有限公司等企业进入武汉市职业技能评价机构目录，提升企业人才评价自主性和灵活性。

【劳动监察执法】 2022年，汉阳区推进"互联网+监管"工作，通过行政执法云平台、湖北省"互联网+监管"平台，推动执法数据汇集共享，强化电子监察系统应用。畅通投诉举报"快线"，落实首问负责制，利用维权接待窗口、举报投诉电话、市民热线等形式，及时受理劳动保障举报投诉，第一时间核转管理分队和属地街道化解。处理市民热线、根治欠薪小程序等各类信访投诉1.4万件，为4200名劳动者追讨工资7150万元，移送公安机关涉嫌拒不支付劳动报酬罪案件2起。开展根治欠薪冬季攻坚、安薪工程、集中整治拖欠农民工工资问题等专项活动，检查用人单位110户次，下达工资支付建议函10份。累计开展根治欠薪冬季攻坚、虚构劳动关系骗取失业保险待遇专项整治、人力资源劳务派遣民办职业培训机构"双随机"（随机抽取检查对象、随机选派执法检查人员）抽查、安薪工程、集中整治拖欠农民工工资问题专项行动5次。完成用人单位劳动保障书面审查4360户。在建工程项目落实实名制管理、专户开设、代发工资、工资保证金制度覆盖率95%以上。优先受理、快速查办工资类案件，每日一报重大欠薪案件，每周分析上报欠薪案件处置情况，坚持平台线索和存量案件"动态清零"。至年底，全区根治欠薪线索反映平台办理上线率98%，国企项目和政府投资项目欠薪案件法定期限内结案率100%。指导美团武汉分公司、武汉饿了么配送服务有限公司规范用工，处置"暴雷跑路"机构欠薪风险，维护劳动者报酬权益。

2022年6月7日，武汉市汉阳区人力资源局现场检查武汉苏泊尔炊具有限公司岗位技能培训相关资料 （汉阳区人资局 供图）

【劳动争议仲裁】 2022年，汉阳区劳动争议智慧调解服务平台上线，为企业和劳动者提供实名注册、在线立案、远程调解、电子签署等在线服务，实现"数据多跑路，让群众少跑腿"。及时将平台受理的劳动争议案件分配至街道调解中心与基层调解员，答复和指导调解员提出的问题。至年底，收到调解申请233件，完成调解226件，未有超期或当事人不满意情况发生。处理劳动争议仲裁案件1590件，其中不予受理165件。立案受理仲裁案件1425件（含上年结转12件），结案1397件（其中，裁决处理549件，调解处理808件，撤诉及其他40件），涉及劳动者1413人。案件调解率79.5%（含基层调解组织），案件结案率98%，劳动者裁决、调解劳动报酬、经济补偿金、工伤赔偿2425.99万元。回复汉网管、市长专线等各类信访件742件，按时回复率100%；接待来访咨询2352人次。

（樊韵汝）

社会保险

【概况】 2022年，汉阳区完成社会保险扩面净增26220人，完成年度目标（19000人次）的138%。其中，养老保险扩面净增9885人，失业保险扩面净增8262人，工伤保险扩面净增8473人。武汉市人力资源和社会保障局汉阳社会保险管理处被评为汉阳区绩效管理综合考评立功单位。

【养老保险】 2022年，汉阳区参加企业职工基本养老保险39.73万人。其中，企业在职职工25.78万人，企业离退休人员13.95万人；城乡居民社会养老保险0.47万人。实际支付基本养老金65.6亿元，企业离退休人员养老金按时足额发放率、社会化发放率均为100%。审核办理退休手续4741人，受理特殊工种提前退休316人，审批受理因病或非因工完全丧失劳动能力提前退休190人，办理一次性待遇核定3950人。城乡居民社会养老保险新增、终止、暂停和恢复224人。年内，汉阳区机关事业单位养老保险系统上线运行单位275个，参保18618人。其中，在职人员9358人，退休人员9260人。机关事业单位养老保险应征收3.58亿元，实际支付基本养老金6.88亿元。办理在职转退休546人、停保389人、增员891人。

【医疗保险】 2022年，汉阳区医疗保险有城镇职工参保单位1.24万个、参保38.03万人，其中，单位在职职工17.35万人、单位退休职工9.58万人；灵活就业在职人员5.93万人，灵活就业退休人员5.17万人。有企业参保单位1.22万个、参保24.41万人，有事业机关参保单位230个、参保2.52万人，灵活就业人员11.2万人。门诊费用结算106.56万人次计2.99亿元，门诊重症结算33.22万人次计3.55亿元，住院结算8.85万人次计12.73亿元，购药结算311.3万人次计3.58亿元。汉阳区城镇居民医疗参保缴费16.06万人，其中，成年人5.19万人，未成年人10.87万人；16岁至59岁4.61万人，60岁以上1.8万人，大学生7609人。门诊费用结算19.31万人次计4418.71万元，门诊重症结算2.33万人次计2203.82万元，住院结算2.1万人次计2.38亿元。

【工伤保险】 2022年，汉阳区参加工伤保险28.75万人。其中建筑业参加工伤保险1.49万人，缴费金额571.74万元。受理工伤认定申报838人，其中简易工伤9人，一般工伤829人（含个人申报70人，单位申报759人）。受理工伤备案267起，工伤事故现场调查33起。受理工伤人员医疗费用申报664人，初审金额758.86万元。受理工伤人员伤残及因工死亡待遇申报232人，初审金额2259.74万元。受理工伤人员一次性医疗补助金申报138人，初审金额757.8万元。受理工伤人员继续治疗审核3579人，医院月结初审金额472.2万元。

【失业保险】 2022年，汉阳区参加失业保险16.08万人。发放失业保险金2.17万人次，金额3933.49万元；代缴基本医疗保险费872.58万元；发放临时价格补贴53.85万元；发放技能补贴3415人次，金额619.5万元。失业人员失业金按时足额发放率、社会化发放率100%。采取“免申即享”方式，发放失业保险稳岗返还资金4610.95万元，惠及企业6114家；企业吸纳高校毕业生就业2745人，发放一次性扩岗补贴274.5万元。

【生育保险】 2022年，汉阳区生育保险有参保单位1.24万个、参保职工26.82万人，其中女性职工13.86万人。有企业参保单位1.22万个、参保人数24.3万人，其中女性职工12.45万人。有事业机关参保单位228个、参保人数2.52万人，其中女性职工1.41万人。

【社会保障卡管理】 2022年，汉阳区办理社会保障卡新制卡5526笔、补换卡900笔、社保卡解挂424笔、挂失45笔、修改密码1.39万笔、卡密码重置8526笔、卡注销1219笔。完成企业离、退休人员养老待遇资格认证13.73万人、遗属人员267人。

【社保惠企政策落实】 2022年，汉阳区延续实施阶段性降低失业保险、工伤保险费率政策，为1.49万家企业减征失业保险费8945.69万元；减征工伤保险费3014.08万元。落实失业保险稳岗返还政策，为6114家企业发放失业保险稳岗返还资金共计4610.95万元。线上、线下渠道办理申请缓缴单位349户。其中，申请“五类特困”（特困供养人员、孤儿〈含事实无人抚养儿童〉；重点优抚对象、革命“五老”人员、计划生育特殊家庭成员、重度残疾人；最低生活保障对象、农村易返贫致贫人员、脱贫〈享受政策〉人员；最低生活保障边缘家庭成员；因病致贫重病患者）行业缓缴136户，“17类困难行业”（农副食品加工业、纺织业、纺织服装〈服饰〉业、造纸和纸质品业、印刷和记录媒介复制业、医药制造业、化学纤维制造业、橡胶和塑料制品业、通用设备制造业、汽车制造业、铁路〈船舶、航空航天〉和其他运输设备制造业、仪器仪表制造业、社会工作、广播〈电视、电影〉和录音制作业、文化艺术业、体育业、娱乐业）缓缴13户，“中小微”行业缓缴200户。落实“一网通办”“一事联办”“一窗通办”“跨域通办”等改革措施，提升企业和群众办事体验感。

【社会保险信息系统统筹运行】 2022年2月14日，汉阳区上线湖北省企业职工社会保险信息系统，实行“前台综合受理、后台分类审核、统一窗口出件、业务流程驱动”的综合柜员制模式，落实各岗位人员调整和权限管理，推进经办流程整合再造。完成全区参保单位经办人信息采集，持续开展线上和线下培训，确保新老模式无缝切换。7月25日，湖北省企业职工社会保险信息系统完成对接全国统筹信息系统。全面恢复办理社保业务，应对社保业务办理高峰，宣传引导“错峰办”“网上办”“掌上办”“就近办”“自助办”，实现经办服务

2022年10月，武汉市汉阳区江堤街道江欣苑社区保和墨水湾小区党群服务驿站工作人员帮助居民办理个人社保业务 （汉阳社保处 供图）

平稳过渡。

（王志华）

医疗保障

【概况】 2022年，汉阳区医疗保障局督导全区医保定点医疗机构和定点零售药店开展药品、医用耗材、医疗服务项目等价格政策落实和药品药械集中带量采购，提升医疗救助效率。全区有医保定点医疗机构、定点药店医药机构426个，占全区医药机构49.1%。其中，定点医疗机构100个，占全区医疗机构的24.7%；定点药店327个，占全区药店的70.6%。组织2023年城乡居民基本医疗保险参保缴费，实施打击欺诈骗取医保基金专项整治。全年受理信访投诉举报件38件，核查处置率100%。

【医疗保障制度改革】 2022年，汉阳区坚持“强基础，补短板，防风险”，着力做好制度调整，不断巩固完善医疗保障制度体系。围绕《武汉市基本医疗保险办法》，推进基础制度的整合和完善，为医疗保险事业可持续发展提供支撑。全面做实职工医保统筹，初步实现职工医保制度“六统一”（统一覆盖范围，统一筹资政策、统一保障待遇，统一医保目录，统一定点管理，统一基金管理），有效提升基金抗风险能力。建立职工医保门诊共济保障机制，实现个人账户家庭共济和门诊统筹共济，有效解决门诊保障功能不足等问题。健全防范化解因病致贫返贫长效机制，完善重特大疾病医疗保险和救助制度，不断强化基本医保、大病保险和医疗救助三重减负功能，防止出现规模性因病返贫致贫。

【城乡居民基本医疗保险参保缴费】 2022年，汉阳区组织2023年城乡居民基本医疗保险参保缴费，协调各相关部门街道，强化措施，保障参保缴费工作开展。重点督导做好低保低收入困难对象、残疾人、精神障碍患者、特困优抚对象等特殊人群和在校学生参保缴费。召开全区参保缴费专题调度会2次。工作人员深入11个街道（社区）开展参保政策宣传，提高居民基本医疗参保率，全区参保率超95%。

表57　　2022年武汉市汉阳区医保定点医疗机构一览表

序号	机构名称	地址
1	武汉市第五医院	显正街122号
2	武汉市汉阳医院	墨水湖路53号
3	泰康同济（武汉）医院	四新北路322号
4	武汉市汉阳区妇幼保健院	汉阳大道140号4楼
5	武汉市中医医院（汉阳院区）	四新大道303号
6	武汉市中医医院汉阳二桥分院	二桥玫瑰园87号
7	武汉爱尔眼科汉阳医院	罗七北路12号金龙公馆综合楼栋1-2层
8	武汉友好医院	鹦鹉大道197号
9	武汉康健妇婴医院	汉阳大道505号
10	武汉慈安综合医院	知音西村12号1栋1层
11	武汉汉阳艾格眼科医院	龙阳大道特8号1-5层
12	武汉汉沙医院	龙阳大道35号1、2栋
13	武汉新汉港医院	江堤中路17号向阳庭苑6号
14	武汉牙达人口腔医院	隆祥东街8号水墨甲秀雅园5栋1-2层
15	武汉万济精神病医院	黄金口工业园金花路18号科技孵化办公大楼
16	武汉阳光汉阳老年病医院	鲤鱼洲28号
17	汉阳区四新街社区卫生服务中心	招商公园1872项目C3区13栋
18	汉阳区洲头街社区卫生服务中心	红建路特1号11号楼1-14号商铺
19	汉阳区晴川街社区卫生服务中心	琴台路182号
20	汉阳区江堤街社区卫生服务中心	四新北路315号
21	汉阳区二桥街社区卫生服务中心	二桥西村142号
22	汉阳区琴断口街社区卫生服务中心	汉阳大道639号

续表

序号	机构名称	地址
23	汉阳区鹦鹉街社区卫生服务中心	自力新村11栋1-3层4室
24	汉阳区五里墩街社区卫生服务中心	墨水湖北路248号垦鑫花园1、2号楼
25	汉阳区建桥街社区卫生服务中心	建桥街建桥新村118号
26	汉阳区永丰街社区卫生服务中心	三眼桥村董湾特3号
27	汉阳区琴断口街七里一村社区卫生服务站	七里一村社区党群活动中心1楼
28	汉阳区龙阳街社区卫生服务中心	龙阳大道特8号
29	武汉智超综合门诊部	汉阳大道591号朝阳星苑1号楼
30	武汉市卫民门诊部	马沧湖路42-48号1层
31	武汉仁医综合门诊部	黄金口五村特1号黄金口岸1期第106-2栋1层
32	武汉市汉阳区景秀综合门诊部	芳草路18号
33	汉阳龙阳综合门诊部	龙阳1号东升二路雅苑小区5号、6号
34	汉阳区惠民苑综合门诊部	黄金口五村特1号惠民苑三期35栋3-21号
35	武汉博葆康医院管理有限公司琴台综合门诊部	汉阳天地A5-2、A5-4室
36	武汉汉阳琴太综合门诊部	翔麟琴台建材家居广场6号楼K3-1号
37	汉阳张华砚西医内科诊所	新城璟悦城C地块第4栋2单元1层3、4
38	汉阳黎云西医内科诊所	龙江庭苑3栋4商铺
39	武汉市汉阳区李洪胜西医内科诊所	四新北路100号太子水榭商铺南14号
40	刘润莲西医内科诊所	龙江庭苑C区12栋B1层06/07号房
41	汉阳刘剑和西医内科诊所	鲤鱼洲家园社区商铺29-1号、29-2号
42	汉阳詹华祖西医内科诊所	知音大道258号5栋1单元1楼4室
43	汉阳张忙生西医内科诊所	四新南路191号江城明珠社区商铺16-05号
44	汉阳黄小平西医内科诊所	铁桥新家园4期C2
45	武汉汉阳刘勤西医内科诊所	陶馨园康达街7号附114号
46	汉阳徐医生西医内科诊所	锦绣仙山S2号楼S2-07二层
47	武汉蓝草坪西医内科诊所	龙阳大道66号新澳蓝草坪17栋1层9-10室
48	汉阳区惠明苑内科门诊部	黄金口五村特1号惠民苑1期13栋1层49号
49	汉阳成向东西医内科诊所	四新北路鲤鱼洲家园商铺3-1-06号
50	武汉汉阳凯诚内科诊所	广电兰亭时代S2栋1-2层
51	武汉汉阳陈慧敏中医（综合）诊所	十里铺村润帝嘉园5栋1-2层1号
52	武汉汉阳黄伟中医（综合）诊所	蟠龙路8号燎原悦府1区7号楼3-4号
53	武汉养正医疗管理江博中医（综合）诊所	江堤街江博社区208栋特1号
54	武汉养正医疗管理有限公司青石分公司中医（综合）诊所	青石桥小区9-1、9-2栋
55	武汉鸿运堂义民汉阳卧龙墨水中医(综合)诊所	汉阳大道705号附66号
56	武钢集团汉阳钢厂雅丽小区卫生所	汉钢路2号
57	武汉回真堂中医门诊部	江欣苑1期商铺北门25-28号
58	武汉四新鑫康中医门诊部	四新农场太子水榭南面4号
59	武汉米粮中医门诊部	汉阳大道米粮工业园特1号
60	武汉九州上医中医汉阳门诊部	九州通大厦1层1商103号
61	武汉颐人和中医门诊部	汉桥村桃花岛H3地块汉桥城中花园

续表

序号	机构名称	地址
62	武汉德弘元中医门诊部	江城大道四新南路江城明珠小区商铺2-7号
63	武汉海思凯尔中医门诊部	玫瑰东村99-1号1-2层
64	武汉健民中医门诊部	鹦鹉大道484号第65栋
65	武汉德泽堂中医门诊部	芳草路111号开来都市丰景2号商业
66	汉阳刘济中医诊所	五龙路60号名流公馆NK4地块1栋1-2层
67	武汉汉阳喻苇中医诊所	江堤中路15号汉博家园A50
68	武汉市汉阳区胡进松中医诊所	新城丽景第5栋1层1号
69	武汉汉阳辉林中西医结合诊所	兴华御水澜湾第12号楼1-2层9号
70	武汉大学口腔医院汉阳门诊部	朝阳路87号
71	武汉大众口腔鹦鹉花园门诊部	拦江路193号鹦鹉花园12幢1层8-9号
72	武汉清华阳光口腔门诊部	汉阳大道630号
73	武汉市汉阳区圣华口腔门诊部	龙阳雅苑B1地块1号商铺
74	武汉清华阳光口腔五里门诊部	汉阳大道313号御水天成1、2栋1层
75	武汉汉阳雅致慧雅口腔门诊部	琴台大道820号宝安山水琴台6栋
76	武汉德韩摩尔城口腔门诊部	武汉摩尔城1期B座栋3层L3-011-2号
77	武汉大众口腔江腾广场门诊部	马鹦路117号江腾广场C2座二层2001号
78	武汉吾美牙口腔门诊部	五龙路59号武汉名流公馆1栋1-2层
79	武汉大众口腔四新门诊部	芳草路97号纽宾凯汉city国际社区蜜城2号楼
80	武汉易看牙口腔门诊部	芳草路76号和昌森林湖17栋1-2层
81	武汉汉阳哎雅口腔门诊部	新城丽景A区5栋6-7号商铺
82	武汉牙适美口腔门诊部	二桥小区西区F区80栋1层2号
83	武汉康莱口腔门诊部	招商公园1872项目A4地块1号商业1层商1号
84	武汉市牙倍康医疗服务有限责任公司郭茨口口腔门诊部	龙阳大道8号1-2层
85	武汉贝特口腔门诊部	龙阳大道66号
86	武汉万众口腔门诊部	汉桥路红光鹏程苑H-8栋1号
87	武汉汉阳众康口腔门诊部	赫山路玫瑰街十里玫瑰一期1栋6号
88	武汉汉阳奕庭口腔门诊部	陶家岭万科汉阳国际B地块6栋D3-D4
89	武汉聚和口腔门诊部	阳新路12、14号1层2室
90	汉阳爱齿尔口腔门诊部	龙阳大道58号汉阳人信汇1.3.8号楼栋8号楼
91	汉阳廖彩雄口腔诊所	鹦鹉大道448号合汇景苑5栋3单元1层1-2号
92	武汉汉阳寿全口腔诊所	汉阳大道190号
93	武汉仁德康门诊部	汉博佳园B12-B14号
94	武汉联众口腔门诊部	武汉汉阳大道528号十里华府4幢1层3-A号
95	武汉金桥明朗口腔门诊部	世茂锦绣长江C3地块二期7A商业1层
96	武汉医康专科门诊部	马鹦路江腾苑商铺二楼A-12号
97	武汉市汉阳区绿地济世门诊部	梅林西路绿地广场2栋1-2层6号商
98	武汉阳光护理院	鲤鱼洲28号
99	武汉天泽血液透析中心	龙阳大道85号南国明珠三期1栋1层
100	武汉博葆康血液透析中心	汉阳天地A5-3

【欺诈骗取医保基金专项整治】 2022年，汉阳区强化打击欺诈骗保工作联动协调机制，调整打击欺诈骗保联席会议领导小组成员，明确各单位职责分工，召开联席会议3次，通报全区打击欺诈骗保专项治理工作进度和动态。开展欺诈骗保线索核查，核查冒用死亡人员参保信息骗保689人次，假病人、假病历等诈骗医保基金行为17人51人次，重复收费医疗机构5家。在“假病人、假病情、假票据”的“三假”专项整治中，对全区医保定点医疗机构和定点零售药店实施全覆盖自查、检查，通过政府购买服务引入第三方会计师事务所专业人才力量，督促定点医疗机构健全内部医保管理制度，遏制医保基金使用违法违规行为。组织区内427家医药机构自查，现场检查其中118家重点医药机构，发现问题86家，查收违规金额近700万元，追缴医保基金540余万元，发现问题查处率100%，位列武汉市中心城区第一名。

【医保宣传】 2022年，汉阳区在区医保经办大厅、定点医药机构宣传栏悬挂横幅、张贴宣传海报、电子显示屏滚动播放宣传标语；在政府门户网站及“汉阳知音”“汉阳微邻里”等微信平台推送医保法律法规政策和打击欺诈骗保典型案例，增强网络宣传实效性和影响力。组织现场宣传和培训，医保宣传“进社区、进企业、进学校”。联合结对共建社区、汉阳医保经办机构和中国工商银行汉阳支行，开展“医保电子凭证”宣传活动。全年印制发放宣传资料2万余份，接受群众咨询200余人次。组织全区医保定点医疗机构和定点零售药店分级分类培训3次，提升行业从业人员法治意识和管理水平。

（马涛）

2022年9月21日，武汉市汉阳区医疗保障局打击欺诈骗保专项整治检查组在武汉艾格眼科医院现场检查（汉阳区医保局 供图）

住房保障

【保障房管理】 2022年，汉阳区筹集保障性租赁住房6463套（间），完成目标的107.3%。棚户区改造住房开工项目2500套，完成目标的166.7%；建成2000套，完成目标的117.6%。发放公租房租赁补贴432户，完成目标的108%。租赁住房房源筹集6600余套（间）。5月，清理公租房空置房源小区16个，空置房源327套，公告全区425户轮候家庭参与空置房源动态配租登记，申请登记226户，签约入住133户。8月，启动中铁·世纪金桥307套公租房公开摇号配租，签约入住117户。10月，选用安居兴业物业管理服务有限公司，在湖北省率先将公租房运营全口径通过政府购买服务方式运作，提升公租房居住质量。汉阳区作为武汉市加快解决从事基本公共服务人员住房困难问题试点单位，率先在中心城区完成先租后售保租房筹集任务1000套，制定“住房需求调查表”，启动房源分配，52个单位、1713名人员填报。

【房屋安全管理】 2022年，汉阳区巩固D级危房治理成果，推进全区自建房安全隐患排查整治“百日攻坚”行动，排查自建房1.24万栋，其中，经营性自建房3738栋，非经营性自建房8681栋。初判存在安全隐患自建房1123栋，其中，经营性自建房377栋，非经营性自建房746栋；完成安全鉴定1081栋，无须鉴定42栋。房屋安全鉴定比例100%。安全隐患房屋采取管控措施1114栋。全年消除B级危房3栋，建筑面积4423.8平方米，新增B级危房87栋。消除C级危房6栋，建筑面积1022.69平方米。消除D级危房2栋、建筑面积832.37平方米，新增D级危房3栋。至年底，全区有危房165栋、面积27.58万平方米。其中，B级131栋、面积15.94万平方米，C级33栋、面积11.63万平方米，D级1栋、面积80平方米。全年完成危房治理6278.86平方米，实现在册危险房屋监管率100%；危房信访投诉现场到达率100%、处置率100%；优秀历史建筑巡控率100%。

【老旧小区改造】 2022年，汉阳区投资1.65亿元，老旧小区改造开工32个，开工率100%；完工小区19个，完工率100%。完成外立面改造施工20.75万平方米，屋面防水施工3.55万平方米，道路硬化施工1.06万平方米，绿化提档2.33万平方米，管线整治80.45万米，楼道修缮粉刷10.23万平方米，排水管道改造2928米，园林道路铺装更换1.93万平方米，人行步道铺装修复4482平方米，安装消防灭火器2412组，设置垃圾分类点位32个，新增监控设备340个，新增停车位827个，新增休闲座椅76个。

（张丹峰）

社会救助

【概况】 2022年，汉阳区全面落实各项社会救助政策，分层分类救助低保、特困、支出型困难、临时救助等社会救助对象。全年累计发放低保等补助金5103.64万元，发放特困供养金204.92万元；发放商业医疗保险理赔资金147万元；为“三支人员”（支农、支教、支医）帮扶对象发放生活困难帮扶金36.49万元；为6976户困难群众发放春节慰问金503.82万元。救济城市“特困人员”701人次，发放救助金212.94万元。按残疾等级发放残疾人补贴，全年发放金额814.49万元。其中，享受困难生活残疾对象2151人，生活补贴284.8万元；重度护理补贴的残疾对象共4583人，补助金529.69万元。精神障碍社区康复项目实现街道级全覆盖，提供康复服务1.47万人次，服务居民占比99.7%。

【最低生活保障与救助】 2022年，汉阳区累计为城市低保户3.94万户次、5.51万人次发放低保金共计5588.1万元。实行低保救助动态管理，新增低保对象345户、522人，清理收入超标的低保对象483户、705人，保障人口比上年减少266户、400人。全年为低保户及低收入等困难家庭提供临时救助1168人次，发放救助资金178.77万元。其中，实施贫困家庭“大学生助学工程”，为73名困难家庭大学生发放助学金16.8万元。开展低保家庭累计调查3418户，提出有效建议405条。按照“一户一档一策”原则，为2个街道200户低保对象建立“物质+服务”名册。开展入户探访927人次，满足诉求2409条；开展满意度回访工作229户次，满意度100%。

【临时救助】 2022年新型冠状病毒疫情防控期间，汉阳区增发一次性生活补贴和物价补贴492.48万元，为77名特困人员和4434名低保对象上门发放健康爱心包4511份。按照“先行救助”政策，对1名确诊新型冠状病毒的低保对象和2名未参保失业人员实施临时救助。8月，为在册低保对象和特困供养人员增发一次性生活补贴390.88万元。10月至12月，为在册低保对象、特困人员、低保边缘户对象发放物价补贴101.6万元。

【流浪乞讨人员救助】 2022年，汉阳区积极开展救助管理服务质量提升专项行动，确保生活无着流浪乞讨人员及时被发现、应救尽救。全年开展流浪乞讨人员常态化巡查1796人次，救助7人，帮助5人返乡。冬季，开展“寒冬送温暖”专项救助行动，以车站、桥梁涵洞、废弃房屋等流浪乞讨人员集中活动区域和可能露宿区域为重点，劝导流浪乞讨人员去救助管理站接受救助服务，对不接受站内救助服务的，及时发放救助物资。

【医疗救助】 2022年，汉阳区利用城乡医疗救助信息化平台，实行基础信息数据库日常动态分析，安排各街道专门工作人员数据采集、统计、核对，确保一站式即时结算精准。节假日等重要时间节点，提升资料审批、资金筹措环节工作效率，节前资金足额拨付到位。做好特殊人群医疗救助待遇保障和信访接待，及时防范风险、化解矛盾。全年救助1.07万人次，支出救助资金687.08万元。其中，门诊救助8624人次，救助金额208.23万元，住院救助2109人次，救助金额478.82万元，应救必救率100%。完善医疗救助审批和财务工作制度，加强与救助对象身份认定部门数据衔接，掌握救助对象身份资质有效性，对身份存疑对象暂缓拨付；规范资金拨付审核制度，退回记载不准确、不完整原始财务凭证，按照规定更正、补充。

【无人抚养儿童救助】 2022年，汉阳区落实民政救济政策和孤儿救助政策，开展救助139人次，发放救助金19.95万元；救助孤儿131人次，发放救助金23.4万元；救助事实无人抚养儿童437人次，发放救助金70.5万元；发放孤儿圆梦助学金1.5万元；发放事实无人抚养儿童助学金2.5万元。

【红十字会救助】 2022年，汉阳区红十字会以人道、博爱、奉献为宗旨，积极落实各项社会救助任务，开展各类救济帮扶活动。在元旦、春节节日期间，向困难群众发放红十字会爱心包；组织志愿者慰问辖区空巢、独居老人，赠送暖心礼品；在重阳节联合区老年大学开展座谈联欢会，关爱老年人身心健康；组织医疗单位进入社区，开展义诊、健康咨询、传染病防治等活动。

【慈善救助】 2022年，汉阳区开展“慈善情暖江城”困境儿童帮扶慰问

2022年1月12日，武汉市汉阳区举办“赓续传承、汉阳有爱”汉阳区困境儿童帮扶慰问活动 （汉阳区民政局 供图）

活动、首届湖北数字公益节、关爱困境儿童家庭等各类慈善宣传和帮扶活动20余场，筹集款物价值300万元，为困境儿童、“三无老人”（没有劳动能力、没有收入来源、没有法定赡养人或扶养人的老年人）、养老机构、环卫工人等送去节日慰问物资。开展“金晖助学行动”，为169名困难学生提供爱心助学资金34.15万元。争取中华慈善总会、腾讯公益“五社联动”项目4个，分别落户琴断口街道、四新街道、鹦鹉街道、洲头街道等，获慈善扶持资金90余万元。划拨110万元慈善资金，成立11个街道级慈善冠名基金，支持街道、社区开展志愿服务，建立“慈善+志愿”联动机制。全区慈善冠名基金达40个，含11个街道慈善冠名基金、18个社区慈善冠名基金、11个企业及社会组织慈善冠名基金。汉阳区慈善会全年收入116.47万元，其中，货币资金104.19万元、非货币资金（物资）价值12.27万元。支出168.87万元，其中货币支出155万元、非货币资金（物资）支出12.62万元。

【社会救助方式创新】 2022年，汉阳区积极推行政府购买社会救助服务，切实加强基层社会救助经办服务能力。聘请第三方“汉阳区春晓社会工作服务中心”人员，开展事务型社会救助工作和服务型社会救助试点工作。面向全区11个街道的在册低保户，开展调查、核实，并提出调整、取消建议。完成低保对象家计调查工作3618户次，建议调整361户，建议取消485户，提高低保对象动态管理水平。为161户重点低保对象及39户一般对象制定“一户一档一策”方案，敲门入户927人次，收集诉求2722条，满足诉求2409条。提供助洁、代购、陪伴等关爱类服务1971件；提供助医、维修、心理疏导等急难类服务124件；提供融入、咨询、教育等发展类314件，帮助解决生活难题。开展满意度回访工作229户次，满意度100%，为探索服务类社会救助方式积累经验。

（李晗）

社会福利

【老年福利】 2022年，汉阳区全面落实各项老年人福利优待政策。全年为55707名80周岁至89周岁老人发放高龄津贴100元/人•月；为7583名90岁至99周岁老人发放高龄津贴200元/人•月；为126名百岁老人发放高龄津贴500元/人•月。为13340名老年人办理优待证，为4027人补办“老年人优待证”，老年优待政策落实率100%。

【儿童福利】 2022年，汉阳区切实加强困境儿童保障工作，分级分类救助低保、障碍、智障、孤独等类儿童，提高经费使用效率。2020年至2022年，累计为16名孤儿发放生活补助金78.6万元，为43名事实无人抚养儿童发放生活补助金172.4万元。为全区400余名困境儿童建立“一人一档”，做到“底数清、情况明、帮扶实”。开展“孤弃儿童关爱保护专项行动”，为困境儿童提供关爱帮扶和个案服务，发放各类救助金97.9万元。拓宽儿童关爱网，形成扩面排查与线索上报的长效机制，帮扶非孤儿和非事实无人抚养儿童。创新构建“区未保领导小组+区未保办+街道未成年人服务站+社区未成年人服务室”四级联动体系，建立“思想教育+心理辅导+教育矫治+临时救助”工作机制和“强制报告+信息共享+适时协商”监测预防机制，实现工作联动全覆盖。

【全国未成年人保护示范区创建】 2022年，汉阳区创建全国未成年人保护示范区工作通过民政部的检查、验收、公示，位列湖北省第一名。年内，汉阳区以区社会福利院、各街道保护服务站、各社区保护服务室和“12355”青少年服务平台为阵地，实现未成年人保护阵地全覆盖。多维构建家庭、学校、社会、网络、司法、政府“六位一体”的未成年人保护体系，增强未成年人监护干预、协同关爱帮扶工作力度。全区11个街道和118个社区全部配备儿童督导员和儿童主任，形成全区未成年人保护责任群体。汉阳区人民检察院、区妇女联合会、区关心下一代工作委员会、区教育局、区民政局等部门共同成立家庭教育指导工作站，合力开展未成年人家庭教育指导。将未成年人关爱服务列入政府购买服务项目，畅通社会专业机构引进渠道。引入专业社工，常态开展家庭调查、流浪乞讨救助、精神障碍等社工项目。全区有各类社会组织100余家，增强未成年人关爱保护效能和专业化水平。成立“心港湾社区观护站”，对不批捕、取保候审、不起诉、附条件不起诉的涉案未成年人，开展管理、教育和挽救工作。

（李晗）

【残疾人福利】 2022年，汉阳区共发放残疾人各项补贴1068.7万元，惠及残疾人5.35万人次。其中，低保精神服药补贴9477人次，重度精神补贴1.65万人次，三、四级精神治疗补贴1.3万人次，一户多残补贴465人次，智力家庭托养补贴1.2万人次，智力家庭照料补贴393人次，居家服务1732人次。发放下肢残疾人代步车燃油补贴335人，残疾人汽车驾驶技能培训补贴3人次。7月至12月，补贴灵活就业残疾人社保341人、残疾学生及特困残疾人家庭子女学费44人。为全区1.48万名持证残疾人购买残疾人意外伤害险，金额277.45万元。提高持证残疾人保险费至187元/人，增强保险责任和保险内容，减轻残疾人医疗和生活负担，降低残疾致贫返贫风险。

（刘雨恬）

残疾人事业

【概况】 2022年，汉阳区有持证残疾人14855人。其中，视力残疾3359人，听力残疾1170人，言语残疾81人，肢体残疾6640人，智力残疾849人，精神残疾2323人，多重残疾433人。汉阳区残疾人联合会进一步强化残疾人基层组织建设，在全区11个街道（开发区、管委会）设立基层残联组织，配齐专职理事长和残疾人专职干事，并在118个社区配置残疾人协理员，形成残疾人工作全覆盖的服务格局。规范残疾人证发放与管理，全年为737人办理残疾人“十年期满换证”。办理残疾人免费乘车卡635本，其中，办理精神残疾乘车卡107本，视力残疾乘车卡49本，听力残疾乘车卡47本，肢体残疾乘车卡381本，多重残疾乘车卡8本，言语残疾乘车卡5本，智力残疾乘车卡38本。建立完善残疾人权益保障应急处置机制。聘用法律顾问，依法维护残疾人合法权益，打击侵害、遗弃、侮辱、虐待残疾人的案件。开展《中华人民共和国残疾人保障法》等普法宣传活动11场次，参加活动约1000人次。

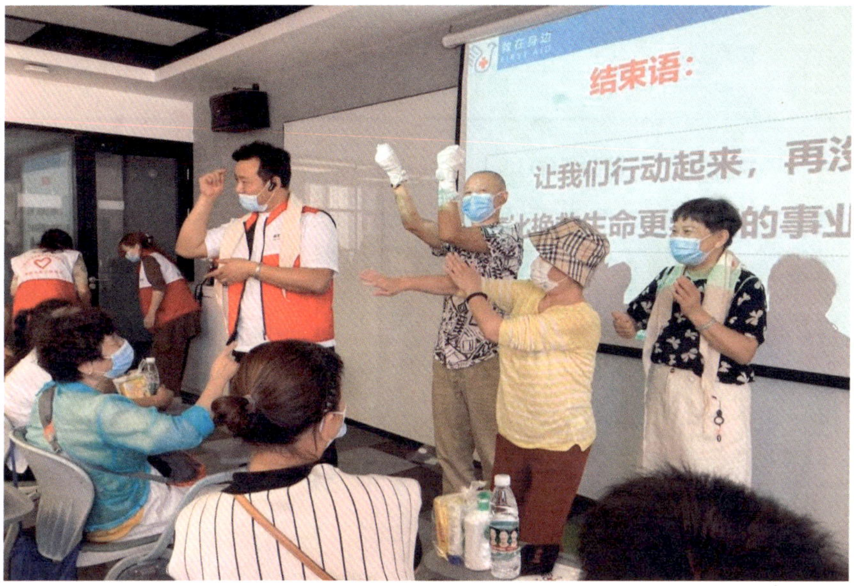

2022年9月29日，武汉市汉阳区残疾人联合会在铁桥广场为辖区残疾人举办“无声守护”急救科普培训 （汉阳区残联 供图）

【残疾人康复】 2022年，汉阳区建立贫困和重度残疾人基本辅助器具补贴制度。发放各类辅助器具909件，评估适配人数712人，回访和记录辅助器具的使用情况。在第六个“全国残疾预防日”，联合汉阳区残疾人辅助器具服务站，在3个阳光家园开展“做好残疾预防·享受健康生活”全国残疾预防知识主题活动。建立残疾儿童康复救助制度，提供6家武汉市残疾儿童康复训练机构，由家长选择适合的定点医疗机构进行康复。对选择省内其他（市外）定点康复机构的，组织审批并提供转介服务。依托阳光家园，开展康复训练和心理辅导，鹦鹉街道残疾人联合会引进武汉市爱特特殊儿童教育培训中心，为403名0岁至14岁残疾儿童提供康复训练，发放康复补贴591.38万元。

【残疾人培训就业】 2022年，汉阳区采取订单培训和点单培训的方式组织培训4场，100余名残疾人参加，培训美发、美甲、小吃、烘焙等技能。组织招聘会2场，帮助64名残疾人落实就业扶持政策。4月23日，长江存储科技有限责任公司、武汉新芯集成电路制造有限公司、武汉百川汇海企业管理咨询有限公司与10余名残疾人签订劳动合同。向残疾人推介招聘信息，安置残疾人就业142人。其中，非全日制残疾人就业援助岗128个，全日制新增就业援助岗14个。扶持3名残疾人自主创业，发放给每人一次性创业扶持资金1万元。

【残疾人活动】 2022年，汉阳区开展助残活动90余场。联合乐帮社会工作服务中心，在建桥街道阳光驿站开展“我们的节日‘温暖驿站·浓情元宵’”传统文化活动。在第三十二届全国助残日，区肢残人协会组织30余名残疾人在东湖绿道开展“阳光健步行·残健融合共享”活动。在紫荆花社区举办“帮扶助残，知音牵手你我他”助残日特别活动。联合武汉名逸中西医结合医院和爱尔眼科医院，提供免费义诊，走访慰问残疾人困难家庭。在第六十五届国际聋人日，联合湖北省应急救护培训中心、汉阳区聋人协会、硚口区手志梦青年志愿者协会，举办“无声守护”急救科普培训，参加学习和模拟操作练习50余人。在汉阳区建桥街道冰塘社区服务中心成立轮椅舞蹈队。

【“阳光家园”服务】 2022年，汉阳区实施“阳光家园”计划，鹦鹉街道、永丰街道阳光家园制定“手工技能”学习计划、“心理援助”康复计划、“志愿助残”培育计划、“社区融合”温暖计划等，提高残疾人生活水平，促进残障人士社会参与能力。利用残疾人“阳光家园”，通过专业教学老师创设小组课程平台，为残疾人提供多元化服务。帮助特困残疾人解决生活难事、接种疫苗，组织残疾人参观红色教育基地。

【残疾人家庭无障碍环境改造】 2022年，汉阳区投入218.98万元，完成450户生活困难残疾人家庭无障碍改造。项目包括卫生间改造，安装低位灶台改造，电源线路改造，安装安全防护网，安装扶手、防滑垫、坐便椅、沐浴椅等康复器材和生活辅助器具。

（刘雨恬）

老龄事务

【养老服务体系建设】 2022年末，汉阳区有60岁以上老年人13.96万人，占全区户籍人口总数的23.6%；有80岁以上老年人17054人，占全区户籍人口总数的2.88%，全区老年人口呈逐年上升趋势。年内，汉阳区有社会养老服务机构25个。其中，公办1个，民办24个；有养老床位3952张，从业人员709人。汉阳区完善养老服务网络，满足老年人养老服务需求。整合社区养老设施资源，改（新）建社区老年人服务中心4家，新增老

表58　　2022年武汉市汉阳区养老机构基本情况一览表

机构名称	性质	地址	床位数（张）	从业人员数（人）
汉阳区社会福利院	公办	鲤鱼洲路28号	1259	333
汉阳区和睦康养老院	民办	鲤鱼洲路（区福利院内）	52	10
汉阳区招商观颐之家颐养院	民办	江城大道288号蔚湖轩22栋	176	56
武汉楠山康养有限责任公司月湖惠养老院分公司	民办	琴台大道182号	150	10
汉阳区陶家岭社区怡安养老院	民办	龙阳大道特8号	70	10
汉阳区洲头街道综合养老服务中心	民办	洲头一村311号	300	23
汉阳区洲头街道夕阳红老年公寓	民办	建港洲头二路142号	71	13
汉阳区鹦鹉街道桥机社区康泰养老院	民办	桥机新村63号	90	13
汉阳区永丰街道综合养老服务中心	民办	燎原社区永安堂特3号	120	22
汉阳区永丰街道燎原社区宜居养老院	民办	燎原社区鑫瑞小城故事1—3号楼	75	12
汉阳区永丰街道惠民苑社区迎红养老院	民办	惠民苑三期35栋21号	63	14
汉阳区永丰道街汉沙社区养老院	民办	龙阳大道35号	150	36
汉阳区龙阳街道汉城社区（福星）养老院	民办	龙阳大道升官渡汉城花园6号楼	150	13
汉阳区龙阳街道汉城社区（情川）养老院	民办	龙阳大道升官渡汉城花园1号楼	130	13
汉阳区建桥街道南城社区养老院	民办	群建路晴川巷50号	125	14
汉阳区建桥街道南城社区（爱心）养老院	民办	棉花街16号	58	8
汉阳区五里墩街道综合养老服务中心	民办	汉阳火车站地铁B出口	105	13
汉阳区五琴里社区幸福安康养老院	民办	五里二村13号	66	9
汉阳区五春里社区长寿养老院	民办	麒麟路南静苑小区特1号	47	5
汉阳区五里墩街道常青养老院	民办	墨水湖北路231号	200	16
汉阳区琴断口街道七里一村社区养老院	民办	七里一村116号5楼	80	15
汉阳区江汉二桥街道桥西社区养老院	民办	知音路12—14号	98	16
汉阳区江汉二桥街道知音东苑社区养老院	民办	知音东村46号	110	10
汉阳区江汉二桥街道玫瑰西园社区康乐养老院	民办	玫瑰园西村160	157	16
汉阳区江汉二桥街道知音西苑社区养老院	民办	知音西村58号	50	9

年人供餐点2个，实施适老化改造11户。开展多元智能化养老服务项目。至年底，共建社区养老服务设施117个。其中，省级综合体2个；“互联网+居家养老”中心辐射式9个、社区嵌入式41个；社区老年人服务中心48个、老年人服务站8个；“幸福食堂”9个。规范社区养老服务设施运营管理，提升运营服务质量。组织参与武汉市社区养老服务设施等级评定（幸福食堂及新建社区不参与评定），全区被评为5A等级4个，4A等级10个，3A等级71个。

【爱老助老】 2022年，汉阳区免费为27187名65岁及以上老年人提供健康体检，为11711名60岁老年人免费接种流感疫苗。采取制作特色标语、开展健康讲座、上门义诊、免费体检筛查、组织慰问、发放健康折页、播放健康讲座视频、发动下沉党员和志愿者力量等方式，开展爱国卫生、健康巡诊、护理指导、反诈宣传等助老活动，提高老年群体生活质量。拉横幅21条，举办健康讲座19场，开展义诊活动17场，张贴海报296张，发放健康宣传折页6405张，播放视频百余场，服务老人5000余人。7月25日至31日，开展以“改善老年营养，促进老家健康”为主题的老年健康宣传周活动。洲头街道社区卫生服务中心、泰康同济（武汉）医院等机构，利用机构微信公众号开展老年健康宣传，线上推送相关科普文章，扩大受众面。泰康同济（武汉）医院制作老年健康营养教育宣传视频。招商观颐之家武汉颐养中心通过分享长者健康教育故事，分享日常预防老年共病经验，引导长者形成营养健康的生活方式。武汉市中医医院（汉阳院区）、11家社区卫生服务中心开展进社区义诊宣传活动，宣传中医养生保健、运动健身、老年常见病和慢性病防治、康复护理、心理健康、伤害预防、应急救助等科学知识。武汉市中医医院开展“冬病夏治”敷贴义诊活动，义诊100余人次。

2022年7月25日，武汉市中医医院（汉阳院区）组织开展敷贴义诊活动，为老年人进行免费健康咨询、体检　　（汉阳区卫健局　供图）

【养老服务信息平台建设】 2022年，汉阳区升级区级养老服务信息平台。设立养老服务行业准入门槛和退出机制，探索实施“老人下单，平台派单，服务商抢单，街道审单”上门服务订单模式，为特殊困难老年人提供上门服务和关爱巡访。足额按时发放高龄津贴。提供政策咨询、服务推荐、办事指导等服务。为各类服务对象购买意外伤害险、床位险。开展疫情防控，落实区、街道、社区“三级”联防联控机制，实行包保责任制；全年累计排查养老机构1155家次，发现隐患当场督促整改，闭环销号。

【关爱老年人活动】 2022年10月4日，汉阳区开展“六个一”（对老人说一句话、陪老人吃一顿饭、为老人做一件事、与老人拍一张照、给老人打一个电话、给老人寄一张贺卡）关爱老年人活动。为老人送医到家门口，开展健康检查、健康指导、健康宣传。“九九”老年节，武汉市第五医院10余名党员在院内义诊，8名党员专家在古楼社区义诊，免费为老年人提供疾病诊治、药物指导、健康管理与养生等服务，开展血压监测、血糖监测、心电图检查、房颤筛查等服务，建立健康档案管理，提供疾病健康教育资料。

（全玲敏）

【汉阳区老年大学】 2022年，汉阳区老年大学开设36个专业、128门课程。开办546个教学班，入学学员11934人、19030人次。年内，汉阳区老年大学实行“一课两制五同步”教学形式（线上线下授课同时进行、学员自主选择学习形式；教学计划、教材内容、课时安排、授课老师、学费标准同步）。向中国网老年大学上传优质课17门，网络收看8.2万人次，学员在中国网老年大学获单科结业证书2.1万份。舞韵瑜伽艺术团参加中国梦·中国红2022年春节联欢晚会暨第二届形象代言人决赛获金奖；京剧团参加全国网上老年大学春节联欢展演获“优秀创作奖”和“突出才艺奖”；健身气功社团参加2022年新春网络健身气功大赛获一等奖；琴韵葫芦丝艺术团参加中国梦·中国红2022年春节联欢晚会暨第二届形象代言人决赛获银奖；武术队参加湖北省传统武术大赛暨武术段位赛获3个一等奖、1个二等奖；气功社团参加“舞动桂林、艺路同心”全国文体艺术交流汇演获二等奖；汉阳老年大学在2023年老年线上春晚获“人气组织奖”第一名。学员万雪琴获“墨韵中华全国书画展”金奖和“国学文化守艺人”称号。储静兰、袁翔、李锦华、江平、郑强被武汉市老年大学协会授予武汉市老年教育优秀教师称号，秦海英、蔡智华、蔡若琴、姜春燕被授予武汉市先进老年教育工作者称号。论文获湖北省老年教育理论研究一等奖。全国、湖北省、武汉市媒体刊载学校报道文章30篇。编辑发行校刊《汉阳老年教育通讯》11期，

2022年6月21日，武汉市汉阳区老年大学举办喜迎二十大“强国复兴有我”主题党日教育系列活动　　（汉阳区老年大学　供图）

登载稿件和作品 94 篇。《汉阳老年教育通讯》获中国老年大学协会官网转载 5 期。中国老年大学协会授予汉阳区“全国老年远程教育示范区”称号；汉阳老年大学获“全国老年远程教育示范区指导校”称号。

（任银发）

关心下一代工作

【概况】 2022 年，武汉市汉阳区关心下一代工作委员会（以下简称汉阳区关工委）有领导班子成员 50 人。其中，在职干部 26 人，离退休老干部 24 人（名誉主任 2 人、顾问 2 人、主任 1 人、副主任 4 人、委员 15 人）。内设“五老”（老党员、老干部、老模范、老战士、老教师）报告团，成员 30 人；帮教矫正工作领导小组，成员 8 人；“金晖关爱助学行动”办公室，成员 5 人；“金晖志愿者”网吧监督工作办公室，成员 12 人；“金晖志愿者”网吧监督直属大队，成员 109 人。下设区直机关、街道、社区、学校和企事业单位关工委组织 190 个，有关心下一代工作人员 1.1 万余人。年内，区关工委被中国关心下一代工作委员会、中央政法委、司法部、共青团中央、中国法学会联合授予“全国青少年普法教育先进集体”称号。

【青少年活动平台建设】 2022 年，汉阳区关工委积极推动全区青少年活动平台建设。参与汉阳区青少年活动中心升级改造工作。升级后的汉阳区青少年活动中心更名为星空大楼，于 9 月 6 日启用，以“仰望星空、奔向未来”为主题，打造“青少年友好”全链条服务示范阵地。年末，全区共建有 116 个社区青少年空间，在 3 个街道、14 个社区、1 个区级青少年活动中心和 3 个青少年校外活动场所建立少工委阵地，为各类青少年活动的开展提供阵地保障。

【红色基因传承教育】 2022 年，汉阳区关工委发挥“五老”报告团作用，以“听爷爷奶奶讲红色故事”为主题，到梅林都汇社区、琴台社区青少年空间、澜菲溪岸社区青少年空间等地，为青少年讲“红色故事”，深化青少年党史学习教育活动。联合共青团汉阳区委、汉阳区教育局、汉阳区退役军人事务局，选拔 40 余名红领巾讲解员，在向警予烈士陵园、桥梁博物馆、白求恩纪念馆开展宣传讲解。专题拍摄 10 集中华英才少年情景剧，增强青少年爱国热情。以“缅怀革命先烈传承红色基因”为主题，开展汉阳区第三十七届革命传统教育周活动，全区各级关工委共开展祭扫、凭吊、寻访革命先烈活动 79 场次。

2022年5月31日，武汉市汉阳区关心下一代工作委员会在龙阳街道举办“我们的节日——端午节”活动 （汉阳区关工委 供图）

【家风教育】 2022 年，汉阳区关工委联合区文明办、共青团汉阳区委、区教育局，开展新时代好少年评选活动和“童眼看世界·礼赞二十大”（传承好家风）中华魂征文演讲比赛，促进“新时代好少年”“读懂中国”“中华魂”等青少年实践活动，收到稿件 8000 余件，评出一等奖 100 名、二等奖 200 名、三等奖 300 名。联合区妇联、区检察院，举行汉阳区未成年人家庭教育指导工作促进会暨家庭教育指导工作站挂牌仪式，制发《家庭教育指导工作会议纪要》，成立家庭教育指导工作站，推进未成年人案件家庭教育指导工作。组织 35 名少先队员开展“光辉历程记心中”“红色家书我来读”“红色家风永流传”红色家书分享活动。

【“金晖行动”主题活动】 2022 年，汉阳区关工委强化“金晖志愿者”网吧监督员工作三级管理模式，组织全区 100 余名“金晖志愿者”网吧监督员到 50 余个网吧开展巡查，禁止未成年人进入网吧，对网吧环境卫生、消防安全、禁止吸烟等进行监督，并做好巡查记录。联合武汉市关心下一代工作委员会、武汉市青少年发展基金会、湖北交通投资集团有限公司、武汉玉环商会等单位和企业，筹集资金和物资 4 万余元，走访慰问 148 名留守儿童、农民工子女、困境青少年，以及服刑在教、涉毒人员子女。6 月，组织召开汉阳区“金晖关爱助学行动”暨困境儿童关爱帮扶工作联席会。7 月，联合湖北交通投资集团有限公司开展关爱困境青少年活动，湖北交通投资集团有限公司捐赠资金 3 万元，用于开展“金晖关爱助学行动”。联合王群关心下一代爱心驿站，帮扶惠民苑社区 6 名涉毒人员子女，提供助学金 1 万余元；联合区法院、湖北省未成年人管教所关爱 20 名在押未成年人。至年底，“金晖关爱助学行动”筹集资金 34.15 万元，资助全区大、中、小学生 169 人次。

（赵雨）

基层社会治理

【概况】 2022年3月，汉阳区被湖北省民政厅确认为首批“全省‘五社联动’（社区、社会组织、社工、社会资源及社区自治组织联动）社会工作服务体系建设重点县”创建单位。“五社联动”工作经费纳入年度财政预算，购买社会工作服务列入政府购买服务清单，落实经费保障。年内，建成汉阳区社会工作服务指导中心1个、街道社工站11个、社区社工室118个，健全区、街道、社区三级社会工作服务体系。琴断口街道、四新街道社会工作服务站入选武汉市重点社会工作服务站。汉阳区汉阳树下青少年社工服务中心“心若向阳花自开”特殊家庭未成年人个案服务案例被评为武汉市“五社联动”社会工作服务典型项目案例。

【社区治理】 2022年，汉阳区有11个街道共有社区118个，社区工作人员1350人，建有街道级社区（政务）服务中心11个、社区服务站118个。举办社区工作者能力提升培训班，全覆盖式培训全区社区工作者，提升社区工作者专业化、职业化水平和服务能力。制定区社区工作者业务能力竞赛初赛方案，选派人员参加“武汉工匠杯”社区工作者技能大赛。制定《社区干事招聘方案》，全年招聘社区干事150人。为社区工作人员开展心理健康辅导，保障社区工作者权益。琴断口街道十里景秀社区、龙阳街道芳草社区、四新街道梅林都汇社区居民委员会被评为第三届湖北省百佳社区居民委员会。指导全区118个社区规范居民小组设置，加强下属委员会、居务监督委员会、议事协商委员会建设，推动基层群众性自治组织规范化运行。118个社区全部完成居民委员会规范设置，法人统一社会信用代码赋码和全国基层政权建设和社区治理信息系统年报统计，更新全国基层政权建设和社区治理信息系统基本信息，完善自治管理内容。深化社区党组织领导下的居民委员会、业主委员会、物业服务企业“三方联动”机制，试点创建市级“三方联动”示范点1个、区级“三方联动”示范点10个，打造“三方联动”示范典型。开展城乡社区结对共建。组织五里墩街道五麟里社区等6个社区，与江夏区湖泗街道祝祠村等6个村签订结对共建协议，完成全部协议约定活动内容；组织实施2022年“社区治理创新助力计划”。举办社区公益创投比赛，选拔6个项目参加湖北省社区公益创投暨基层治理创新成果交流展示大赛。指导社区健全居民议事协商委员会议事规则，规范议事程序，培育议事协商品牌。开展优秀居民公约和优秀城乡社区工作法评选，总结10余例优秀典型案例，推广基层治理创新经验。

2022年，“全国最美志愿服务社区”武汉市汉阳区洲头街道建港社区志愿者到居民家里辅导小学生作业　（汉阳区关工委　供图）

【社区志愿服务】 2022年，汉阳区持续推进“志愿服务之城”建设，平均每天新增注册志愿者千余名，构建了“红色驿站”“阳小驿”“文明实践站”“学雷锋服务站”等为志愿服务阵地。至年底，全区有11个街道社区志愿者服务中心、118个社区志愿者服务站、728个学雷锋志愿服务队；有注册登记社区志愿者43.71万人，占全区常住人口的48.57%。年内，汉阳区完善志愿服务“公益银行”机制，设有80余个社区志愿服务“公益银行”站点，志愿者可用公益积分兑换理发、洗车、物业费减免等商家资源，以及花艺课程等社区特色服务和生活物资。开展“红马甲领跑、志愿红深根”新时代文明实践志愿服务项目大赛，全区109个项目参赛，评选优秀项目20个，支持项目资金22万元。筹集资金160万元，实施精神障碍社区康复社会工作服务项目，覆盖全区11个街道。提供入户走访、居家康复指导、个案工作和康复活动14743人次，居家患者服务率99.7%。洲头街道建港社区获“全国最美志愿服务社区”称号。“做红色文化的知音”等3个项目分获第五届中国青年志愿服务项目大赛金、银、铜奖。“‘街头有爱’志愿者参与流浪乞讨人员社会救助服务项目”被评为全市志愿服务项目大赛“十优”项目。民政部主办的《公益时报》推介了汉阳区志愿服务工作经验做法。

【社工队伍建设】 2022年，汉阳区入选湖北省首批“五社联动”社会工作服务体系建设重点区创建单位，全面建立区、街道、社区三级社会工作服务平台，加强社工队伍建设。整合区社会组织孵化基地、党群服务中心、红色驿站和文明实践站所场地资源，因地制宜建设社工服务阵地，实现区、街道、社区社会工作服务阵地全覆盖。按照“一室多用”的原则，设置社工办公室、个案咨询室、小组活动室等。建立区、街道、社区三级社会工作平台月度联席会议、月度考评制度、外聘督导等机制。投入400余万元，配备近40名专职社工和有经验的督导队伍。建立2022年汉阳区社工机构社会工作人才名录，共有91人入选。组织开展全国社会工作职业水平考试考前培训和实务能力培训。全区社工机构中有34人取得社工证，全区持证社工达650人。对全区1350名社区工作者（不含社区党组织书记）进行全覆盖式培训，增强社工业务能力。加强社工思想道德教育，组织社工开展学雷锋主题活动、党史学习教育和“我为群众办实事”等活动。举办2022年“社工大讲堂”，组织汉阳区“社工加速营”的导师、优秀学员分享学习感受与相关工作经验，线上培训全区社区工作者、社工。结合国际三八妇女节、社会工作宣传周活动，对11个街道社工站、118个社区社工室、1500名女性社工（持证与非持证）开展“送温暖”活动。

2022年7月，居民在武汉市汉阳区洲头街道向阳村社区“红色驿站”咨询退休年审业务

（汉阳区民政局　供图）

【国际化社区建设】 2022年，汉阳区试点创建四新街道总港西岸社区和梅林都汇社区2个国际化社区，推动龙阳街道龙湖东岸社区和四新街道澜菲溪岸社区2个国际化社区提档升级，助力汉阳青创谷建设，提升社区治理品质。

【“清廉社区”建设】 2022年，汉阳区建立清廉社区建设联络协调机制，选取龙阳街道汉城社区、江汉二桥街道知音东苑社区为市级示范点，整理知音东苑商户“廉盟公约”、汉城社区治理工作法等案例资料。制定社区小微权力清单和履职流程图，推动权力运行公开透明、高效规范，推动“清廉社区”建设。开展社区以志愿服务为主要内容的积分制试点，组织参加积分制管理优秀案例评选。

2022年5月6日，武汉市汉阳区龙阳街道龙湖东岸社区开展“世界风情节”民俗文化展服饰秀活动

（汉阳区融媒体中心　供图）

【社会组织管理】 2022年，汉阳区办理社会团体登记4个、民办非企业单位登记19个，完成31个社会团体、153个民办非企业单位网上年检。有备案社区社会组织2400个。组织实施社会团体分支（代表）机构专项整治行动、社会服务机构非营利监管专项行动、行业协会商会涉企收费专项行动、“僵尸型”社会组织专项整治行动，以及社会组织领域风险防范化解工作。完成32家社会服务机构财务抽查审计工作，下达整改通知书31份，行政处罚社会组织3家。

（李晗）

民族宗教事务

【概况】 2022年，汉阳区有少数民族22个、户籍人口3931人，宗教场所8个、教职人员59人。推进宗教中国化，强化思想政治引领，防范风险隐患，深化民族团结创建，依法加强宗教事务管理。保障中国天主教全国代表换届大会在武汉国际博览中心召开。显正街天主堂获“湖北宗教界宗教红色教育基地”和“武汉市坚持我国宗教中国化方向宗教活动场所”称号；圣光堂被评为武汉市清净庄严宗教活动场所；汉阳区民族宗教事务局（以下简称汉阳区民宗局）论文《汉阳区坚持“以文润教”持续推进宗教中国化的实践与思考》被湖北省民族宗教事务委员会评为优秀论文。

【民族事务】 2022 年，汉阳区有壮族、满族、回族、苗族、维吾尔族、土家族等少数民族 22 个，有少数民族户籍人口 3931 人。其中，100 人以上的少数民族有回族（1941 人）、土家族（598 人）、壮族（441 人）、满族（255 人）。区内有少数民族流动人口 465 人。年内，汉阳区民宗局为 97 名少数民族考生办理中考优录手续；为 35 名少数民族考生办理高考优录手续；为 3 名群众办理少数民族成分变更审批手续；为 8 名少数民族子女解决就近入学问题；为 2716 名少数民族群众发放牛肉价格补贴 54.53 万元。接待政策咨询、慰问困难群众 50 余人次。协调防疫期间宗教场所不对外开放、少数民族经营户油烟占道等投诉问题，解决民族领域纠纷隐患案件 30 余件，群众满意率 100%。

【宗教事务】 2022 年，汉阳区有佛教、伊斯兰教、天主教、基督教 4 个宗教类别，经批准登记的宗教场所有归元禅寺、铁佛寺、伊斯兰教元宁公山临时过渡点、圣光堂、基督教知音聚会点、基督教朱家亭聚会点、基督教西大街聚会点、显正街天主堂 8 个。经认定的教职人员有 59 人。其中，佛教 45 人，伊斯兰教阿訇 1 人，天主教 9 人，基督教 4 人。年内，汉阳区民宗局提升宗教场所规范化管理水平。加强安全教育，定期检查各宗教场所消防通道和设施设备，发现安全问题及时督促整改。组织重大宗教节日安全保障工作，维护宗教活动秩序。保障宗教场所合法权益。协调有关职能部门调研铁佛寺修缮工作，帮助铁佛寺与远洋公司协调施工问题，推进围墙及山门修建；完成隆华法师离任铁佛寺主要教职和本慈法师担任主要教职的备案手续，为铁佛寺本慈法师举行任职仪式。做好圣光堂消防工程验收线下办理。

【宗教场所“三所同创”】 2022 年，汉阳区开展宗教场所“三所同创”（创建坚持我国宗教中国化方向宗教场所示范点、平安宗教场所、清净庄严宗教场所），引导宗教场所健全完善各项规章制度，优化内外环境。加强依法民主管理、宗教房产管理、财务管理和安全管理，加强教风建设、学风建设、制度建设。开展“四进八无三上墙”（“四进”即国旗、宪法和法律法规、社会主义核心价值观、中华优秀传统文化进宗教场所活动；“八无”即无非法出版物、无迷信活动、无高香、无假僧假道、无违规举办培训班、无违规吸纳未成年人、无脏乱差、无商业化行为；“三上墙”即新修订《宗教事务条例》、社会主义核心价值观、和谐寺观教堂创建标准上墙）活动，引导宗教界从严治教。建设“显正堂爱国主义教育文化基地暨白求恩汉阳居住旧址”，开展宗教法规政策和中华传统文化学习宣传活动。归元禅寺依托归元讲堂举办佛学研讨讲经课、二十大学习教育、崇俭戒奢教育、归元读书会、文物保护和书画雅集等特色文化活动，推进“坚持宗教中国化方向特色宗教活动场所”创建。

【民族宗教政策法规宣传】 2022 年，汉阳区宗教界开展多场中国共产党党史主题教育活动和迎接中共二十大“爱党爱国爱社会主义”主题教育活动。圣光堂举办“学法规，严管理，保安全，喜迎二十大”培训班，天主堂开展“四史”（党史、新中国史、改革开放史、社会主义发展史）主题学习研讨。天主堂神父高锐庆参加中共武汉市委统战部主办的“喜迎二十大，共筑中国梦”演讲比赛，获第一名。各宗教场所组织区教职人员、信教群众，通过报告会、座谈会、专题研讨、学习交流等形式，深入学习习近平新时代中国特色社会主义思想、党的路线方针政策和宗教法律法规，理解党史、新中国史、改革开放史、社会主义发展史，增进“五个认同”（认同中华民族、认同中国特色社会主义、认同中华文化、认同伟大祖国、认同中国共产党）。6 月，汉阳区民宗局在中共汉阳区委党校举办宗教政策法规培训班，150 余人参加培训，提高基层干部依法管理民族宗教事务能力和水平。7 月，在归元禅寺举行汉阳区宗教界法规政策培训会，

2022年7月12日，武汉市汉阳区民族宗教事务局在归元禅寺举行汉阳区宗教界政策法规培训会

（汉阳区民宗局 供图）

汉阳区教职人员及信教群众代表 80 余人参加，宣讲中央、湖北省、武汉市三级民族宗教工作会议精神。9 月，举办汉阳区少数民族政策法规培训班，100 余人参加。街道（社区）结合文明创建、学党史、群众文化和节日文艺活动等，宣传民族政策和少数民族风俗习惯，增进情谊。

【归元禅寺活动】 2022 年，归元禅寺开展佛学文化活动、慈善公益活动共 6 场。1 月 22 日，举办“迎新春、送春联进社区”公益活动。2 月 23 日，方丈、监院、知客到建桥街道归元社区看望慰问社区工作人员，送去口罩 1 万只、酒精 30 瓶、大米 10 袋、食用油 10 壶。5 月 16 日，归元禅寺向新洲慈恩寺捐赠大米 500 公斤、食用油 20 壶等生活物资。6 月 25 日，归元图书馆开展归元读书会活动，信教群众读诵《金刚经》并分享心得体会。8 月 5 日，在“归元讲堂”举办崇俭戒奢教育学习讲座。方丈隆醒大和尚结合修学体会，以“崇尚惜福节俭之德，从严治理道风学风”为题作学习分享，50 余人参加活动。9 月 4 日，归元禅寺举行“纪念中国人民抗战胜利七十七周年和平祈祷法会”，缅怀先烈，弘扬佛教爱国传统和慈悲和平理念，40 余人参加。

（周晓婷）

2022年1月22日，归元禅寺开展“迎新春送吉祥 送春联进社区”祈福活动

（区委统战部 供图）

精神文明建设

【概况】 2022 年，汉阳区加强新时代未成年人思想道德建设，开展未成年人思想道德教育实践活动，营造全社会关爱保护未成年人氛围。创建“一城汉阳人，半城志愿者”品牌，丰富和改善群众精神文化生活。培育文明风尚，发放《武汉市民文明手册》等宣传册 4 万余份，印发社会主义核心价值观、中国梦、志愿精神、“文明健康有你有我”等“讲文明树新风”公益广告 6 万份，新增公益广告点位 320 处。利用宣传栏、电子显示屏等方式，在全区重点点位持续刊播社会主义核心价值观公益广告。开展“市民素质提升”行动。开展“清朗”系列行动，联合网安部门依法依规查处“无忧代笔网”等 10 家属地涉黄涉赌违规网站。加强文明单位动态管理，深化文明单位与社区结对共建活动，围绕疫情防控、文明城市创建等工作，推动各级文明单位履行社会责任。开展省、市、区文明单位届末考评工作和申报工作，制定《2022 年湖北省武汉市汉阳区实地考察场所信息表》和《关于加强全区文明城市创建常态化措施的通知》，推动各项任务落细落小落实，完成全国文明城市复查工作。常态化开展指导、督查工作，下发督办单 218 个，印发督查通报 11 期，下发工作提示函 7 份。开展“飞线充电”“背街小巷”“无牌电动车”“入户测评互查”“建设工地”等专项行动，整治顽固问题。2022 年在武汉市二季度未成年人思想道德建设工作测评中位列中心城区第一名，在湖北省县（市、区）域文明指数测评中排名第五。强化媒体宣传报道，持续向中国文明网、武汉文明网、《长江日报》等媒体推送文明创建工作情况，推广经验做法，报道 800 余篇。年末，全区有区级文明单位 216 个、文明街道 11 个、文明社区 95 个、文明校园 55 个、文明家庭 37 个；市级文明单位 87 个、文明街道 11 个、文明社区 51 个、文明校园 11 个、文明家庭 12 个；省级文明单位 29 个、文明校园 5 个、文明家庭 1 个；全国文明单位 2 个、全国文明校园 1 个。

【新时代文明实践和志愿服务活动】 2022 年，汉阳区建立优质文明实践活动阵地，提档升级区新时代文明实践中心和“汉阳区新时代文明实践”线上平台，全区新时代文明实践小程序注册志愿者 50.42 万人，占常住人口的 55.5%，活跃度 66%。推出“红马甲深根领跑”行动，《武汉宣传》第 11 期刊登《“红马甲深根领跑”助力汉阳基层治理效能提升》。洲头街道建港社区被评为全国“最佳志愿服务社区”；2 个项目入围第二届省级志愿服务项目大赛决赛，其中，七里一村“汉钢里匠心院落”项目获第三名。“汉钢里匠心院落”志愿服务项目获“武汉市最佳志愿服务项目”称号，琴台社区春晖志愿服务队获“武汉市最佳志愿服务组织”称号，龙阳街道龙湖东岸社区获“武汉市最美志愿服务社区”称号；杨素芬、朱旺国获“武汉市最美志愿者”称号。汉阳区志愿服务工作经验被《湖北省精神文明建设（第 12 期）》专刊报道；武汉

2022年4月8日，武汉市汉阳区龙阳街道芳草社区开展“先模引领——大美汉阳吹响志愿集结号”活动 （汉阳区文明办 供图）

市精神文明建设指导委员会办公室“武汉以我为荣”之志愿服务专刊首期首篇刊登汉阳区志愿服务工作成果，并连续两期宣传汉阳区志愿服务工作。

【公民道德建设】 2022年，汉阳区印发《汉阳区2022年市民素质提升行动实施方案》，开展“礼让斑马线”“文明餐桌”“文明旅游”主题教育活动，引导市民践行文明规范。常态化开展典型推评选树工作，汉阳区清霏社会工作者服务中心主任张晓获第三季度“湖北好人”称号；汉阳区水务和湖泊局排水队副队长杨明峰、汉阳区楚才小学校长韦莉、中交第二公路勘察设计研究院有限公司检测公司副经理付伟获“武汉楷模”称号，韦莉还获“荆楚楷模”称号，付伟、中铁大桥局集团有限公司总经理毛伟琦被评为2022年度武汉“最美科技工作者”；武汉四新生态新城开发建设管理委员会土地管理局副局长张宗明获武汉市“最美退役军人”称号；21名市民被评为“武汉市文明市民”。“中国好人”陈春芳、杜云受邀参加汉阳区“先模直播间”专题分享。

【未成年人思想道德建设】 2022年，汉阳区开展“喜迎二十大，争做好少年”教育实践活动，结合新学期开学、清明节、劳动节、儿童节等时间节点，开展“童心向党”“开学第一课”“清明祭英烈”“经典诵读”等主题系列活动100余场。实施“快乐暑期在汉阳”工程，组织11家单位、20余支实践队伍、300余名志愿者开展暑期活动200余场次，惠及青少年7000余人，线上、线下参学人次1.77万人次，为未成年人打造暑假社会文化环境。开展好少年评选活动，评选区级“新时代好少年”20名，武汉市第三寄宿中学田泽恺等3人被评为2022年武汉市“新时代好少年”。推进青少年心理健康教育行动，开展公益性心理团体辅导4场，服务家长、青少年120人次。

【文明校园建设】 2022年，汉阳区围绕食品安全、消防安全、交通秩序、医疗卫生、文化市场等，推进“文明校园”建设，净化未成年人成长环境，创新开展校园周边“五个一”（区城管局负责校园周边市容和环境卫生、市公安局汉阳交通大队负责校园周边交通秩序、区公安分局负责校园周边治安秩序、区市场监督管理局负责校园周边商户管理和区文旅局负责校周边商户管理）包保责任工作。年末，全区有全国文明校园1个、省级文明校园5个、市级文明校园11个、区级文明校园55个、

（龚旋）

2022年6月17日，武汉市汉阳区龙阳街道陶家岭社区新时代文明实践站开展未成年人保护宣教活动 （汉阳区文明办 供图）

应急管理

应急救援

【概况】 2022年，武汉市汉阳区充实专兼职应急救援队伍，及时对区、街、社区三级185册应急预案进行修订，开展以实战为目的的应急预案演练，提高预防和处置突发事件的水平。督促标准应急服务站成立不少于50人的综合应急志愿者队伍，示范应急服务站成立不少于100人的综合应急志愿者队伍，并按照队员应急专业特长进行分组，开展相关培训和演练，推动应急服务站常态化运行，基本具备开展先期处置、抢救伤员、疏散群众、控制事态等基本处置能力。全区有各类应急救援队伍32支1302人（其中，专业应急救援队伍10支472人，社会应急救援队伍7支290人，民兵队伍15支540人）。

【应急救援知识竞赛活动】 2022年，汉阳区采取多种措施增强社会应急救援安全法治意识。5月16日至20日，组织各街道、成员单位、社区、企业在湖北应急管理杂志公众号上参与应急达人竞赛活动，总成绩排名全市第三。6月1日至30日安全生产月活动期间，在“全国安全生产月活动”网站和“链工宝”App上开展新安法知多少网络竞赛答题活动，全区有58家单位和企业参加，获得总分8647分，全省排名第27名。

【应急救援物资保障体系建设】 2022年，汉阳区做好物资储备工作，按照《武汉市应急管理体系建设三年行动方案》（2022—2024年）中应急物资储备规划的有关要求，有计划地采购补充救灾物资，增加储备的数量和品种。为全区118个社区配齐9大类51种应急装备器材；建立200余平方米的应急物资库，储备16类5615件物资。在全区每个街道配备1套心肺复苏模拟人、1套海姆立克训练马甲、1套AED除颤仪培训机。常态化储备防疫医疗物资，全年累计保障各类防疫物资50余万件，区级防疫物资储备量可供保障3个月以上，指导全区医疗机构按照30日治疗需求配备应急防护物资。为各区级和街道隔离点、区防输入专班及其他涉高风险单位等60余个单位实施保障，紧急采购防疫物资9批次，共517.33万件，价值996.72万元，保障各类防疫物资400余批次350余万件。

【武汉市汉阳市政集团有限公司应急救援技能大赛举行】 2022年6月27

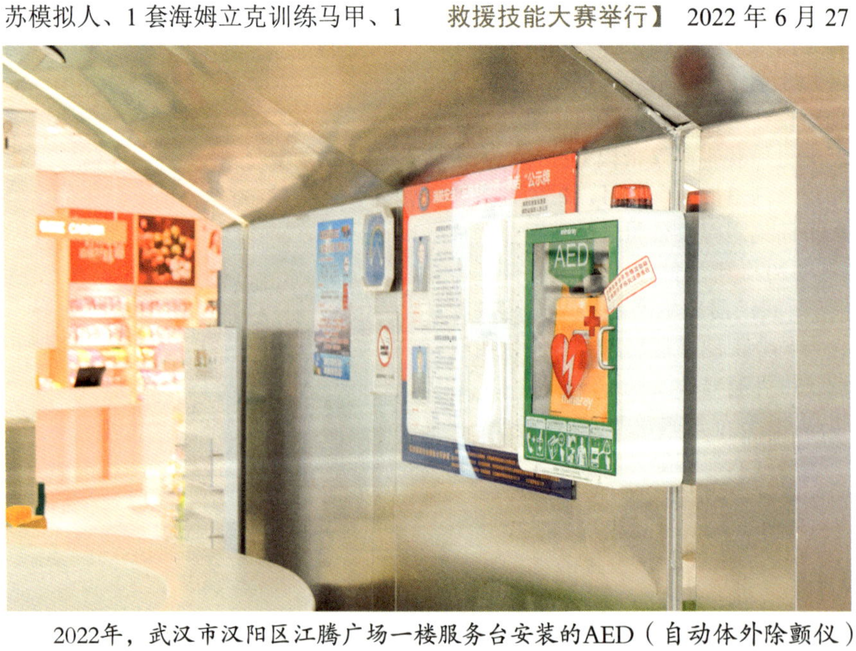

2022年，武汉市汉阳区江腾广场一楼服务台安装的AED（自动体外除颤仪）（汉阳区应急管理局 供图）

日，武汉市汉阳市政集团有限公司在汉江南岸综合治理项目部开展2022年安全应急救援技能比武大赛。此次比赛由武汉市汉阳区国有资产监督管理局主办，汉阳市政集团有限公司承办，武汉天创建设集团有限公司协办，比赛项目包括弃料坍塌物体打击、脚手架倒塌、交通事故、火灾事故、高处坠落、有限空间作业中毒事故、基坑涌水七类事故应急救援技能展示，汉阳市政集团有限公司下属7个子公司参赛，经比拼，二公司斩获大赛第一名和优秀组织奖，一公司、六公司、五公司分别获第二名、第三名和优胜奖。

（于思璇）

防灾减灾

【概况】 2022年，汉阳区加强基层防灾减灾能力建设，完善救灾应急工作机制，完善救灾物资保障体系，提高救灾应急处置能力。加强防灾减灾宣传教育培训，开展防灾减灾知识网络有奖答题活动，举办防灾减灾宣传周启动仪式及宣传活动。加强救灾工作队伍建设，重点完善补充街道报灾员和社区灾害信息员队伍，实现所有社区全覆盖。开展防灾减灾示范社区创建工作，汉阳区四新街道澜菲溪岸社区、墨南湖畔社区被评为市级综合减灾示范社区，建桥街道钟家村社区被评为省级综合减灾示范社区。

【防灾减灾预案制定与实施】 2022年，汉阳区充实汉阳区防灾减灾专兼职应急队伍，及时修订区、街道、社区三级应急预案。开展应急预案演练，提高预防和处置突发事件能力和水平，实现落实预案、磨合机制、锻炼队伍的目的。加大救灾物资储备体系建设，落实物资储备工作，采购补充救灾物资，增加储备数量和品种。督促相关部门加快做好专项应急预案和部门应急预案编制修订工作，对街道、社区层面185册应急预案进行修订完善。建立143名灾害信息员队伍，加强灾害风险隐患报送，积极推广使用应急部灾害风险隐患报送系统，重点完善补充街道报灾员和社区灾害信息员，实现所有社区全覆盖。按照《武汉市应急管理体系建设三年行动方案（2022—2024年）》中应急物资储备规划的有关要求，有计划地采购补充救灾物资，增加储备的数量和品种，2022年，全区共储备抢险救灾物资24类6396件（台、个）。

【防灾减灾宣传教育】 2022年，汉阳区利用各方力量、各种资源，采用群众共同参与的形式，动员和引导社会公众参加防震减灾宣传活动，全年组织宣传活动100场、专题讲座12场。发布公益短信10000余条，鼓励大众参与知识竞赛、有奖问答22500次，发放围裙、手提袋、玻璃杯等礼品19700个。编印科普读物、宣传片25种。社区利用宣传栏、宣传橱窗、专题宣传板报、张贴宣传海报、宣传手册和液晶显示屏，播放“防灾减灾”宣传公益片，组织居民学习收看公共安全科普宣传视频，普及防灾自救基本常识。5月7日至13日为全国防灾减灾宣传周，区应急管理局通过各街道、社区发动广泛宣传。利用微信、QQ、户外LED显示屏、楼宇电梯广告等方式，宣传防震减灾知识；利用各类宣传大屏播放地震宣传视频，提高社会防灾减灾意识。“7·28”唐山大地震纪念日，区应急管理局、区教育局、区城管局等部门在居民群、家长群、教师群、下沉党员群等转发防震减灾科普宣传视频30000余条、推送防震减灾宣传短信5000余条。主要LED显示屏连续7天滚动播放防震减灾宣传标语。组织区内公交司机观看防震减灾科普宣传视频。

2022年，武汉市汉阳区应急管理局在洲头街道开展防灾减灾宣传活动

（汉阳区应急管理　供图）

【中小学生防震减灾意识教育】 2022年，汉阳区在全区中小学、幼儿园开展“线上防震减灾宣传活动”，学校师生及幼儿园家长共2万余人观看防震减灾宣传视频。3月28日，组织区内中小学校收看中国地震局、教育部、国家民族事务委员会、中国科学技术协会联合主办的“地震科普，携手同行”主题活动启动仪式，普及地震科普知识。4月至5月，区应急管理局、教育局联合在全区范围内开展2022年“应急纸飞机”活动，向全区义务教育阶段一至八年级在校学生和幼儿园小朋友发放安全应急知识宣传单，学生、家长一起学习应急自救互救、防灾减灾、生活安全等知识，并在线答题。开展“应急小记者”招募活动，接受广大中小学生关于防震减灾、地质灾害救援等内容的投稿，在“大武汉”App和武汉市应急管理局微信公众号开辟专栏，刊登优秀稿件，全区有23000户家庭参与。

（于思璇）

安全生产

【概况】 2022年，汉阳区推动安全生产责任落实，理顺工作运行体制机制，加强重点行业安全生产综合监管，开展安全风险隐患排查整治。至年底，全区发生各类伤亡事故302起，死亡16人，伤140人，直接经济损失213.72万元。事故数比上年下降27.4%，死亡人数下降38.5%，受伤人数下降46.2%，直接经济损失下降84%。其中，道路交通事故发生151起，死亡15人，伤140人，直接经济损失21.68万元；火灾事故发生150起，死亡0人，伤0人，直接经济损失86.04万元；工贸事故发生1起，死亡1人，为一般生产安全事故。全年未发生重大亡人事故，全区安全形势平稳。

【安全生产责任落实】 2022年，汉阳区召开安全生产委员会扩大会议21次。安全生产工作做到“守土有责”，业务工作和安全生产工作实行“三同时”制度（同时安排、同时部署、同时检查）。各单位、各街道持续加强风险研判预警，抓早抓小落实隐患排查治理。实行区级领导挂点包片工作机制，区领导对重点隐患跟踪调度，及时化解销号。制定安全生产责任具体工作方案，细化党委、政府领导责任和部门、街道监管责任，制发《关于进一步加强区政府领导安全生产责任的通知》。制定领导干部安全生产“责任清单”和“重点工作清单”。制发《安全生产一票否决和失职失责问题线索移交制度实施办法》《全区公共安全（安全生产）领域党的二十大维稳安保工作方案》《关于落实市区领导批示切实做好当前安全生产工作的通知》，落实“党政同责，一岗双责”“齐抓共管，失职追责”，加强安全生产工作的领导。理顺工作运行体制机制。制定印发《汉阳区安全生产委员会工作规则》，明确任务分工，发挥专委会分线协调作用，推动综合协调常态化、制度化，督促成员单位履职尽责。

【安全生产监督检查】 2022年，汉阳区制定年度安全生产监督检查计划，对全区生产经营单位实行重点监督和一般监督检查，利用第三方服务机构参与安全生产监督检查，严查违章作业产生重大安全隐患的单位及主要责任人，依法依规处罚。运用“物联网+监管”“执法+专家”模式，监督检查区内企业，依法查处安全生产违法违规行为。贯彻落实安全生产执法检查“双随机、一公开”（指在监管过程中，各级安监部门随机抽取检查对象和检查事项，随机抽取检查人员和技术专家，并及时公开检查对象和执法检查结果的工作制度）工作要求，建立随机抽查名单、明确随机抽查执法检查内容，深入企业开展执法检查等活动，督促及时整改问题。全年开展“双随机、一公开”工作4轮，组织检查企业8家。抽查区内10人以上粉尘涉爆企业。完成4次国务院、省、市安全生产方面的巡查迎检、自查、整改等工作。全年检查各类企业195户，发现隐患295起，下达整改通知书131份，停产整顿0户。

2022年11月4日，武汉市汉阳区应急管理局复查永丰加油站安全生产隐患整改情况

（汉阳区应急管理局 供图）

【安全突出问题整治】 2022年，汉阳区落实危化品领域安全防范措施，开展危险化学品检查，全年开展安全生产检查127家次，排查整改隐患199处，下达整改通知书65份。开展醇基燃料安全专项整治，完善区内使用醇基燃料餐饮场所基础台账，摸排醇基燃料使用单位107家，出动执法人员183人次，排查整改隐患26处。开展成品油市场专项整治行动，开展专项执法8次，取缔“黑”加油站点8个。制定并实施全区危险化学品化工医药液氨制冷企业安全生产“打非治违”（打击非法违法生产经营活动行为）专项行动方案。全区安全生产专项整治三年行动累计排查整改问题隐患4139处，行政处罚154家，罚款83.91万元。

【安全生产宣传】 2022年，汉阳区应急管理局开展安全生产影片进影院活动，春节期间播放冬季安全警示3840场次。利用各大商圈、政府机关、社区电子显示屏循环播放安全生产“十五条”（严格落实地方党委安全生产责任，严格落实地方政府安全生产责任，严格落实部门安全监管责任，严肃追究领导责任和监管责任，企业主要负责人必须严格履行第一责任人责任，深入扎实开展全国安全生产大检查，牢牢守住项目审批安全红线，严厉查处违法分包转包和挂靠资质行为，切实加强劳务派遣和灵活用工人员安全管理，重拳出击开展“打非治违”，坚决整治执法检查宽松软问题，着力加强安全监管执法队伍建设，重奖激励安全生产隐患举报，严肃查处瞒报谎报迟报漏报事故行为，统筹做好经济发展、疫情防控和安全生产工作）。印制关于安全生产“十五条”硬措施小扇子15000万把，发放到各个街道、社区、企业。在重大节假日以及安全生产月等时间节点，向居民、企业、单位发送宣传公益短信10000余条。普及安全知识，制作8000张安全生产挂图发放到各街道，张贴在企业门口、社区、街道显著位置，提高居民安全防范意识，宣传法律法规。

【“安全生产月”宣传咨询日活动】 2022年6月16日，汉阳区应急管理局分别在武汉摩尔城、江腾广场门口设立宣传咨询台，开展“安全生产月”宣传咨询日活动。共有区政府办公室、城管、自然资源和规划、城建、商务、生态环境、燃气管理等部门以及各街道的118个社区代表参加活动。活动现场采取咨询、图片展览、发放宣传资料等多种方式，向群众宣传党和国家方针政策、法律法规和应急知识、燃气安全、消防知识、防灾减灾救灾常识等安全科普知识和技能，面对面解答群众关心的安全问题、现场受理群众举报。活动当日，发放安全宣传单5000余份、各类安全知识小册子3000余册。

【安全生产教育培训】 2022年6月27日至7月29日，汉阳区应急管理局与武汉中丞安全职业培训学校联合举办6期企业主要负责人和安全管理人员培训班，共有288家企业员工参加培训。结合实际案例，重点培训《中华人民共和国安全生产法》、安全生产“十五条”硬措施以及其他相关的法律法规、生产经营单位主要负责人和安全管理人员的法定职责、企业的安全生产隐患排查、应急预案的编制和备案等内容。培训期间安排培训人员专门开展安全作业实操训练。开展2期危险化学品（加油站）安全生产管理人员培训班，约90名企业代表参加培训。

（于思璇）

消防救援

【概况】 2022年，汉阳区消防救援大队所属各站共接处消防警情2042起，其中火灾121起、抢险救援628起、社会救助1010起、公务执勤114起、其他169起；出动车辆3148台次，出动警力18132人次，抢救被困人员23人，疏散被困人员42人，抢救财产价值213.07万元，保护财产价值596.37万元，有效警情比上年上升1.9%。完成庆祝建党101周年、中国国际工业设计博览会、世界大健康博览会、生活用纸国际科技展览会等重大活动消防安保工作，成功处置“6·28”汉阳动物园路居民楼火灾等灾害事故。

【消防安全综合治理】 2022年，汉阳区人民政府组织召开常务会学习宣贯《武汉市消防管理规定》，定期听取消防工作汇报，并多次召开消防工作专题会议；区委、区政府领导带队开展消防安全督导检查工作，区政府督查室对全区11个街道落实23项消防安全工作举措情况开展考核。开展全区消防安全专项整治三年行动评估，重点在自建房、超高层建筑、老旧商混、疫情隔离点、“五类人员”居住场所等重点场所开展基础消防设施、城镇燃气、电动自行车、密室逃脱、消防车道画线、工业物流园等专项整治，提请政府挂牌督办11家市区两级重大火灾隐患，常态化运行“随手拍”畅通消防通道。汉阳区消防救援大队联合汉阳区公安分局人口大队定期组织派出所社区民警开展消防业务理论和消防监督检查实践培训；每月将消防员辅助执法中发现的“十小场所”和居民小区消防隐患抄告给区公安分局人口大队，实时跟踪消防安全隐患整改情况；汉阳区公安分局人口大队畅通“十小场所”（小学校、幼儿园、小医院、小商场、小饭店、小旅馆、小歌舞娱乐场所、小美容院、小网吧、小生产加工企业）和居民小区举报投诉处理流程，形成派出所消防安全监督管理工作常态化运转机制。

【消防救援能力建设】 2022年，汉阳区消防救援大队推进全员岗位练兵，定期召开议训研训专题党委会，制定全员每月12个5千米长跑计划，每月一大考，每月通报考核情况，严格落实奖惩。突出专业技战术训练，细化技战术训练科目，围绕辖区高层建筑、商业综合体、城中村、老旧小区等灾害类型，制定更新预案73余份，开展高层建筑、大跨度大空间、石油化工实战拉动演练。优化消防站、微型消防站等消防力量“联勤联训联战”机制，依托全区5个消防站和6个小型站，将116个社区和450余家重点单位微型消防站纳入联勤联训统一调度体系，形成覆盖全区的协同作战灭火救援体系。建立帮扶指导制度，安排专人每月赴消防队伍指导业务训练，帮助建立管理制度，完善队伍档案。组织多种形式消防队伍负责人、骨干队员进行集训，开展全员轮训10次，拉动演练189次。

【消防队伍建设】 2022年，汉阳区消防救援大队加强队伍安全管控，结合队伍教育管理专项整治和六类安全隐患排查，制定针对性防范措施。到下辖5个标准消防站、9个小型站加大日常检查抽查及重点领域隐患整治力度，同时聚焦“八小时外”和“营区之外”管理，突出“人车酒、网电密、训战勤、黄赌毒、婚恋贷”等薄弱环节摸排，全年累计开展督查60余次，发现隐患问题40余处。强化纪律作风养成，开展条令纲要学习月活动，组织“早操练队列、集会练坐姿、点名练站相、饭前练歌声”活动；大队每月、消防站每周开展1次集中队列训练，定期开展日常办公秩序、内务卫生、礼节礼貌等日常作风养成评比。下辖七里庙站被评为湖北省青年文明号创建集体、被湖北省消防救援总队评为先进消防救援站、被武汉市消防救援支队评为先进基层党组织；下辖晴川站被武汉市消防救援支队评为安全工作先进单位。

（于思璇）

街道

晴川街道

【概况】 武汉市汉阳区晴川街道位于汉阳区东北部，东临长江与武昌区相望，南至龟山南路、京广铁路及琴台大道与建桥、五里墩、琴断口街道接壤；西至赫山路与江汉二桥街道毗邻；北至汉江与江汉区、硚口区相望。2022年，街域面积6.5平方千米，下辖国棉、龙灯、华园、铁桥4个社区。有户籍人口10089户、22948人，60岁以上老人3682人，外来暂住人口18497人。街域内有古琴台、南岸嘴、龟山、梅子山、晴川阁、铁门关、大禹神话园、汉阳江滩公园、“汉阳造”文化创意产业园、琴台大剧院、琴台音乐厅等风景名胜。有各类单位465个。其中，行政机关2个，企业单位452个，事业单位11个。主要单位有武汉市汉阳区人民政府晴川街道办事处、武汉海关汉阳办公区、武汉市自然资源和规划局汉阳分局、武汉市公安局汉阳分局月湖派出所、武汉船舶职业技术学院、武汉美术馆（琴台馆）、武汉市龟山风景管理处、武汉月湖风景管理处等。街道办事处位于武汉市汉阳区琴台大道378号。

【经济发展】 2022年，晴川街道完成地方一般公共预算收入2.03亿元，完成全口径财政收入3.59亿元，完成全社会固定资产投资总额16.5亿元，完成其他营利性服务业收入总量3.8亿元，比上年增长11%。完成社会消费品零售总额6.62亿元，增长21.6%，完成规模以上服务业营业收入3.8亿元。全年招商引资28.17亿元。培育“四上”企业（规模以上工业企业，有资质的建筑业企业及有开发经营活动的全部房地产开发企业，限额以上批发和零售业、限额以上住宿和餐饮业企业，规模以上服务业企业）7家。其中，“小进限”（推进限额以下批发零售、住宿餐饮企业进入限额以上企业行列）企业3家，“小进规”（小微工业企业成长为规模以上工业企业）企业4家。辖区有限额以上商贸企业8家。重点企业有武汉晴川文化产业投资有限公司等3家。

【基层社会治理】 2022年，晴川街道构建“大网格”管理体系。重新划分网格，共6936户、14727人。其中，国棉社区90户、223人，龙灯社区1609户、2784人，华园社区3725户、8460人，铁桥社区1512户、3260人。在华园社区开展“幸福华园·共同缔造”试点活动，通过组织深根、阵地深根、队伍深根、服务深根，运用“1345”（一条主线、三个基础、四项建设、五个检查）工作体系，打造现代化城市标杆社区。社区党委推进

表59　　2022年晴川街道重点企业一览表

名称	地址	所属行业	年生产总值（万元）	缴纳税金（万元）
浙商中拓集团（湖北）有限公司	知音大道257号	批零业	360476	1762
瑞幸咖啡（武汉）有限公司	鹦鹉大道48号	餐饮业	71355	46
武汉晴川文化产业投资有限公司	罗七北路12号	服务业	2756	17

组织深根，构建“纵向到底、横向到边、共建共治共享”组织体系，发动4名小区党支部书记、37名楼栋党小组长，带动125名“深根”党员化作“神经末梢”，将组织触角延伸到小区、楼栋。全面开展“小区遍访行动”，发挥小区党支部书记和楼栋党小组长，全程化跟进问题清单、任务清单、效果清单。社区工作者、民警陪同小区党支部书记、党小组长遍访楼栋38处，走访党员中心户82人、热心居民317人。以小区为基本单元，打造基层治理样板点。华园社区华润中央公园小区打造城市现代化商业小区样板点，改造小区闲置会所为华园社区党群服务中心，开辟“元宇宙”微型科普馆、网络直播间、图书漂流屋、共享展览馆等阵地，举办读书会、直播、展览等活动。铁桥社区碧水晴天小区打造便民服务样板点，利用闲置空地、边角地拓展停车位50个，打造社区托育中心、“碧水·聆听”议事亭，翻新“同心协力”步行长廊。龙灯社区龙灯里小区打造老旧小区功能提升样板点，改造电动车棚，加装声控楼道灯、智能门禁、晒衣架、休闲椅等。

2022年5月，武汉市汉阳区晴川街道华园社区华润中央公园小区党总支书记征集居民问题（晴川街道 供图）

【城市管理】 2022年，晴川街道抓队伍、抓网格，推行路长制，实施智慧城市综合平台一体化，补齐城市管理短板，2次获武汉市流动红旗称号。推行环卫工人进网格，鼓励31名环卫工人参与城市管理，实时登录汉阳智慧环卫小程序，上报占道整治、“门前三包”（责任人在责任范围内，按照“包卫生、包秩序、包设施”要求，对城市市容环境承担相关管理责任的制度）和立面环境等方面问题线索3200余起。建设“阳小驿”，实现活动空间近600平方米，为环卫工人、外卖员等户外从业人员提供饮水、工具摆放、充电等便利服务。通过《长江日报》“美丽武汉绣出来”5G直播车集中展示张之洞公园“全新蝶变”。开展“门前三包”宣传活动，引导居民共同缔造人居环境。挖掘文化底蕴，打造晴川阁景区式特色街区。实施龟山脚下空地综合整治，与龟山山体、晴川阁、铁门关形成连片效应。指导龙灯社区推进龙灯里小区升级改造，开展生活垃圾示范小区创建，推进华园社区、龙灯社区智能垃圾屋改造升级项目。督促清扫保洁公司加强街区主要路段、建筑工地、重点区域的洒水降尘增湿，定期绿网覆盖裸露土地，严格管控工地扬尘和噪声问题。全年未发生污染空气环境事件。强化河湖长制，推动河湖保护治理，实现河湖责任管理全覆盖，构建街道一级、社区二级河湖长加党员志愿者、民间河长、河湖警长、河管员的“2+4”河湖责任管理体系。

【平安建设】 2022年，晴川街道以“安全生产月”、“5·12”防灾减灾周等活动为契机，开展宣传活动4场、专题讲座1场，开设宣传栏10个，发放宣传资料800余份、宣传品1000余份。统筹综治中心建设，完成3个示范综治中心建设。星级平安社区创建覆盖率100%。落实消防安全，组织单位、企业、小区物业开展消防应急演练8场，参与人数240人。投放宣传标语350条次、宣传画800幅。落实消防安全专项整治，出动消防安全检查人员1070人。检查小区、企业、经营门店1886家。落实危险化学品安全专项整治，全街有3家加油站、2家煤气换气站、4家醇基燃料单位，均被纳入常态巡查督办范围。开展禁毒工作，举办禁毒宣传活动3次，发放宣传册、折页500余份。实现吸毒人员动态管理，上门核实在册人员，落实尿检和帮教，督促履行戒毒（康复）协议并开展心理疏导。

【民生保障】 2022年，晴川街道新增低保户2户，撤销9户，调整9户，新增低收入家庭3户。全年为780户、924人发放低保金100.8万元；为3户困难群众办理大病医疗救助，金额1.58万元；为15户因病因灾突发困难的家庭办理临时救助，金额4.85万元；为低收入住房困难的居民办理租金补贴102人次，合计12.2万元。落实公租房32套。元旦、春节期间，为77户家庭发放特困救助金共计2.38万元。发放高龄津贴104.6万元。全街道新增就业360人。

【精神文明建设】 2022年，晴川街道有志愿服务队伍80支，系统注册志愿者数量3000人。全年开展志愿服务120余场。加大志愿服务组织培训力度，打造新时代文明实践所（站）。围绕文化体育、法律教育、交通安全、社会救助、紧急救援、环境保护等方面开展技能培训，提升志愿服务专业水平，拓宽志愿服务范围。街道社工站依托心劢社会工作服务中心，整合物资近3万元，用于志愿服务活动。发挥志愿服务力量，为高龄独居老人开展入户探访、日常关怀、个案辅导、健康保健和社区文体活动等志愿服务。月湖小红帽志愿服务队、星光耀志愿者文化服务队、老年智能手机辅导志愿服务队，开展月湖巡查、为老服务、全民阅读、青少年服务、关怀特殊人群等志愿服务。龙灯社区每月举办公益集市，将义卖资金存入社区公益银行，用于弱势群体帮扶、社区文化体育活动等。推送4个汉阳志愿服务项目参加汉阳区新时代文明实践志愿服务项目大赛，其中2个入围复赛。龙灯社区志愿服务项目“古琴焕新 sheng”获二等奖，华园社区志愿服务项目“品味国学，传承经典”获参与奖。年内，完成2021—2022年度文明单位复查，武汉市城市建设投资开发集团有限公司等6个单位通过武汉市文明单位复查审核，武汉建通股份有限公司等12个单位通过汉阳区文明单位复查审核，推荐武汉新能源汽车充电设施建设有限公司申报为汉阳区文明单位。华园社区居民黄曼霞获“武汉文明市民”称号。

2022年5月10日，武汉大学马克思主义学院师生参观中海大厦楼宇党建阵地
（晴川街道　供图）

【中共基层组织建设】 2022年，晴川街道有中共基层组织54个。其中，党委4个，党总支1个，党支部49个。有中共党员1819人。实施党建引领“深根工程”，夯实基层治理体系。指导4个社区建立3个小区党总支、12个小区党支部、93个楼栋党小组，挂牌393个党员中心户。推进党组织向小区、楼栋延伸。华园社区提档升级1273.19平方米社区党群服务中心，提质拓面700平方米的小区红色驿站阵地。建立“社区党委议事+小区议事+楼栋议事”三级议事机制，经楼栋党小组提议、小区党支部审议、社区大党委决议，将共性问题自下而上纳入共同缔造项目清单，形成张之洞体育公园全民健身日、大白医疗队等18个项目，接受现场观摩和参观学习12次、212人次。坚持党建引领，推动新兴领域融入基层发展。常态化摸排走访中海大厦和天下名企汇商务楼宇，问需于企，指导3个非公有制企业成立党支部。促进机关企事业单位、“两新”组织与社区融合治理，琴台中央文化艺术集聚区开展“红领办实事”活动，社区打包购买企业文化体验服务。整合已有社区阵地资源，升级打造5个“阳小驿”，路长全部进驻“阳小驿”，及时解决快递员、外卖员等户外新就业群体所反映的问题，龙灯社区“阳小驿”被评为区级“五星级阳小驿”。以蔚来车友会晴川驿站为依托，打造示范“网约车司机之家”，组建“跟党走神州·红色车友会”，与国棉社区开展“爱回家”共建活动。

【重点项目建设】 2022年，晴川街道重点建设项目4个，分别是融创1890项目33号地块、融创1890项目32号地块、汉江新世界项目及武汉船舶职业技术学院地块项目。

“融创1890”项目33号地块　该项目位于汉阳区琴台大道与京广铁路线交叉口西南角。占地面积9.4万平方米，为住宅用地。总建筑面积约54万平方米，其中商品房住宅建面约36万平方米。

“融创1890”项目32号地块　该项目前身为汉阳铁厂，共有34处工业文化遗址，包括17处建筑物、17处构筑物。工业遗址保护协调区域整体占地面积17.32万立方米，旧改建筑面积约5.2万平方米。

汉江新世界项目位于汉阳区琴台大道原武汉农药厂地块　该项目占地15.93万平方米，以商住为主，配套部分商业。项目原地块以生产农药为主，含残留农药毒土已于2021年全部清理完毕通过验收，并开工建设。总计划投资40亿元，其中土地款14.4亿元。工期2021年至2024年12月。至2022年12月，上报投资5.76亿元。

武汉船舶职业技术学院地块项目　该项目位于汉阳区知音大道以南，华园路以西。总规划用地面积4.09万平方米，总建筑面积约15万平方米。计容建筑面积11.5万平方米。其中，住宅10万平方米，商业1.5万平方米。容积率2.82%，绿地率35%。该项目由湖北天创昌阳置业有限公司2021年10月摘牌。计划总投资30亿元。其中，土地款18.58亿元，建设资金11.42亿元。工期为2021年至2024年12月。

【城市更新】 2022年，晴川街道组织召开城市更新改造、城建项目征收拆迁项目的协议会、接谈会、研究会30余次。龟北二期项目被征收房屋总户数3482户，征收建筑面积约30万平方米。已拆除建筑面积 15.98 万平方米（其中 2022 年拆除 1.71 万平方米），已签订征收补偿协议 3466 户，未签征收补偿协议 16 户。其中，2022 年签约 5 户，过审 7 户。实施房屋腾退工作，汉南四村堤上、堤中、堤下总户数 51 户，全年已签约 50 户，过审 47 户。汉南三村汉汽俱乐部总户数 49 户，已签约 30 户，过审 29 户。对接安置房屋 28 套。

【服务企业】 2022 年，晴川街道为减轻企业负担、支持企业成长、保障企业用工和优化提升服务提供保障。梳理省市区各级惠企政策，按行业编印成册下发 300 余本。全年兑现财政政策奖励、《2021 年武汉市促进消费升级奖励资金实施细则》中防疫支出奖励、《武汉市加快区域金融中心建设若干支持政策实施细则》奖励、线上重点经济企业（平台）奖励、税收返还等多项奖励政策约 800 万元。通过建立完善高效的楼宇经济统计调查和服务促进制度，激发楼宇市场活力。全面动态地掌握街区商务楼宇情况，向楼宇企业宣传汉阳区楼宇大数据系统，整合共享楼宇数据资源。

【"文化+"产业发展】 2022 年，晴川街道建设文旅融合示范街区，形成"一带四园"（沿汉江艺术文旅带、"汉阳造"文化创意产业园、融创 1890 文旅产业社区、月湖文化艺术中心、长江广场）格局。打造沿汉江艺术文旅带，南岸嘴公园改造升级后于 12 月向市民开放。推进元宇宙音乐节项目落地，完成前期场地协调、相关审批手续办理等工作。举办 2022 百威啤酒节、第十一届琴台音乐节、"艺以通衢——2022 武汉双年展"、汉江·云赫"云中乐市"主题市集等活动。加快汉阳造文化创意产业园"腾笼换鸟"和运营模式的创新，引进汉字造梦（武汉）文化传播有限公司、北遇粉房子（武汉）摄影服务有限责任公司等企业，全年引进 17 家企业。至 12 月，入驻企业 386 个。全年实现营业收入 6.5 亿元、税收 797 万元，完成全口径财政收入 1565 亿元。年内，汉阳造文化创意产业园通过国家市场监督管理总局考核评估。

（杨思润）

2022年10月1日至3日，汉江·云赫商业街上的"云中乐市"主题市集向市民开放 （晴川街道 供图）

建桥街道

【概况】 武汉市汉阳区建桥街道位于汉阳区东部，东临长江大堤，与武昌区隔江相望；南至拦江路、国博大道，与鹦鹉街道接壤；西至武汉经济技术开发区铁路专线，与五里墩街道毗邻；北至龟山南路、京广铁路，与晴川街道相连。2022 年，街域面积 2.87 平方千米，下辖大桥、青石、南城、西大街、显正街、钟家村、古楼、白鹤、车站、归元、琴台、冰塘 12 个社区。有户籍人口 32036 户、74405 人，60 岁以上老人 16485 人，外来暂住人口 11145 人。有各类单位 2391 个。其中，行政机关 21 个，企业单位 2324 个，事业单位 46 个。主要单位有国家税务总局武汉市汉阳区税务局莲花湖办公区、汉阳区园林局、汉阳区住房保障和房屋管理局、汉阳区人民政府建桥街道办事处，武汉市第五医院、武汉市晴川高级中学、武汉市弘桥中学、武汉市钟家村中学、武汉市第三初级中学、武汉市晴川初级中学、汉阳区弘桥小学、汉阳区钟家村小学、汉阳区钟家村第二小学、汉阳区车站小学、汉阳区群建路小学、

表60　　2022年"汉阳造"文化创意产业园重点企业一览表

名称	地址	主营范围	缴纳税金（万元）
武汉沐石文化传媒有限公司	龟北路1号	文化艺术交流活动组织	27.93
武汉繁一美学文化传播有限公司	龟北路1号	工艺美术品及收藏品零售	7.78
武汉中合众建筑科学工程有限公司	龟北路1号	工程勘察	115

汉阳区机关幼儿园，武汉市汉阳公园、汉阳区莲花湖公园等。街道办事处位于武汉市汉阳区拦江路1号（莲花湖公园后门内）。

【经济发展】 2022年，建桥街道完成全口径财政收入18.07亿元，比上年下降14.3%；完成体制内收入11.35亿元，下降9.7%；完成全社会固定资产投资总额22.14亿元，下降65.7%。建筑业产值7.32亿元，非营利性服务业工资总额增长39.9%。全年招商引资22.14亿元，下降65.7%。社会消费品零售总额完成264.18亿元，下降11.2%。完成规模以上服务业营业收入21.44亿元，增长14%。商贸企业“小进限”净增1家，辖区限额以上商贸企业达21家。辖区重点企业有武汉屈臣氏个人用品商店有限公司等18家。

【基层社会治理】 2022年，建桥街道全覆盖建设“社区党委—小区党支部—楼栋党小组—党员中心户”组织架构，建立健全小区党支部31个、楼栋党小组312个、挂牌党员中心户944个。健全社区服务阵地类型，全街12个社区按照“6+1”（新时代文明实践站、“阳小驿”户外工作者服务驿站、党员教育中心、社区综治中心、一站式服务大厅、居民文体活动中心、社区特色亮点）模式提档升级社区党群服务阵地。建成13个小区红色驿站。建成“阳小驿”户外工作者驿站11个，为网约车司机、环卫工人、外卖配送员等新就业群体提供便利。建立网格志愿服务调解队，为居民提供“家门口”法律服务，推动矛盾纠纷化解。加强物业企业党组织建设，打造“红色物业工作队”。

社区共同缔造 结合社区实际整合资源，引领居民以“微改造”“微服务”“微心愿”“微空间”“微治理”五类形式，形成共同缔造项目清单。改扩建南城社区党员群众服务中心，改造大桥社区、白鹤社区的车棚3个。升级改造钟家村社区栖贤路片排污管网，减免西大街社区汉商银座户外工作者驿站物业管理费用，解决显正街社区大桥宿舍老旧片区居民停车难问题。琴台社区毛家堤小区老旧改造、幸福食堂、电梯加装等体系化更新升级。将车站社区车站前路的废弃荒地转变为网红打卡“车站花街”，打造“口袋铁路花园”。

“五社联动”机制实施 优化社区工作模式，推动街道社工站、社区社工室建设，实施“五社联动”（即社区、社会组织、社会工作者、社区志愿者、社会慈善资源）机制。全街13个社区均已建成社工室并挂牌，全年开展社区治理、社会救助、儿童福利、养老服务、心理服务、宣传倡导、文体娱乐等志愿服务活动100余次，心理服务专场10次，个案服务72次。培育志愿服务队伍参与社区基

表61　2022年建桥街道重点企业一览表

名称	地址	所属行业	缴纳税金（万元）
武汉屈臣氏个人用品商店有限公司	栖贤路12号	商贸物流业	34283
中国人民财产保险股份有限公司湖北省分公司	鹦鹉大道88号	金融保险业	18804
中国人民财产保险股份有限公司车商营业部	鹦鹉大道136号	金融保险业	9217
中国人民财产保险股份有限公司车商营销服务部	绿地国博广场10号	金融保险业	8211
武汉新天澜置业投资开发有限公司	翠微路特1号	房地产及建筑业	7718
武汉博宏建设集团有限公司	闽东国际城3栋	金融保险业	6785
武汉元慧置业有限公司	翠微横路18号	房地产及建筑业	5850
武汉市园林建筑工程有限公司	汉阳大道293号	建筑业	5430
中国银行股份有限公司武汉汉阳支行	毛家堤9号	金融保险业	5056
中铁大桥勘测设计院集团有限公司	汉阳大道34号	专业技术服务业	4860
中国工商银行股份有限公司武汉汉阳支行	鹦鹉大道35号	金融保险业	4336
中铁大桥局集团物资有限公司	莲花湖路特1号	批发业	4340
湖北福星惠誉汉阳房地产有限公司	栖贤路12号	房地产及建筑业	4027
中国建设银行股份有限公司武汉汉阳支行	鹦鹉大道192号	金融保险业	2530
中国农业银行股份有限公司武汉汉阳支行	汉阳大道184号	金融保险业	2408
武汉博归置业有限公司	朝阳路99号	房地产及建筑业	1708
武汉均瑶房地产开发有限公司	平山正街4号	房地产及建筑业	1000
武汉弘盛永泰置业有限公司	翠微横路18号	房地产及建筑业	597

层治理，践行“五共”（共谋、共建、共管、共评、共享）理念，全街社工室完成20个社会组织备案目标，涵盖文体娱乐类、公益慈善类、社区服务类、社会治理类。打造琴台社区为共同缔造示范社区，孵化培育春晖志愿者服务队、沐童家长志愿者服务队、邻里互助志愿者服务队。开展“老少同乐、邻里互助”志愿服务项目、“爱在琴台，共同缔造”家园共创项目。建桥街道“冰塘暖心小红屋”公益健身房项目获汉阳区公益创投优秀奖；“共行知音事，缔造知音情”家园共创项目获汉阳区公益创投一等奖；建桥街道社工站“童心护航，益路同行”困境儿童帮扶志愿服务项目、“守望相助，牵手相伴”邻里互助志愿服务项目、“楼楼通”管家联盟志愿服务获汉阳区志愿服务优秀奖；“双向奔赴，未来可期”困境儿童个案工作荣获武汉市优秀社会工作案例。

2022年9月23日，武汉市汉阳区建桥街道琴台社区举办“爱在琴台志愿行，共同缔造社区情”活动
（建桥街道　供图）

【城市管理】 2022年，建桥街道推进环卫工人、协管员进网格。12月，被武汉市城市综合管理委员会评为红旗单位。全年利用电子信息技术推进实现违法建设网格化管理，推进违建拆除，累计拆除违建38处、拆违面积1.92万平方米。跟进老旧小区改造四期古楼社区长航宿舍改造，5月下旬进场施工，完成楼道内墙粉刷翻新、管线序化、下水管道疏通及外立面弱电整治。推进楼顶防水、地面铺设及二次供水改造。向区政府争取专项资金改造古楼社区莲花村小区一处危房，10月上旬进场施工。落实区大气污染防治办公室关于环境保护常态长效管理的意见，以“巡查、发现、上报”为主要工作，加快形成改善空气质量的精细化网格化管理体系，完善监测管控网络并做好管理应用。全年空气质量均值76，空气质量优良率均值80%以上。涉及8个工地点位的市、区空气质量督办件11件，均按要求整改。全面推行河湖长制，组织河湖长制“六进”（进机关、进企业、进社区、进学校、进乡村、进公园）宣传，执行“清四乱”（乱占、乱采、乱堆、乱建）任务，常态化巡查莲花湖、长江沿岸排污、违法建设、环境卫生等问题。全年巡查130余次，发现问题均整改到位，在全区2022年第一季度河湖长制工作考核中排第一名。古楼社区河湖长王美琴被评为“武汉市汉阳区优秀民间河湖长”。

【垃圾分类】 2022年，建桥街道推进垃圾分类配套设施建设，选定垃圾分类试点26个，辐射周边公共机构20家、餐饮超市门店531家，覆盖居民19567户。开展各类垃圾分类宣传活动120次。响应居民提升垃圾分类设施诉求，在燕归园小区新建垃圾分类收集屋，面积87.36平方米。增设垃圾四分类的收集、分拣、转运集中点及建筑垃圾转运点，配套建设生活垃圾分类投放亭6处，在汉阳城小区增设一体式垃圾分类收集房2处。

【平安建设】 2022年，建桥街道推进扫黑除恶斗争、“平安街道”创建以及“雪亮工程”，建成社区综合治理中心。落实“谁执法谁普法”责任制，完成社区矫正人员集中教育学习18次、线上教育学习38次。接收刑释人员49人，帮扶刑释人员9人，接待法律咨询94次。开展法律讲座29次，受教育493人，完成矛盾纠纷调解356件。开展法治建设宣传活动，推广“法指针”系统，发挥社区律师作用。全年召开安全生产、消防安全会议8次，检查单位（包含沿街商铺、居民自建房）417家，未发生工伤死亡事故和火灾事故。发放安全宣传单1000余份，安全宣传手摇扇800余个，悬挂消防宣传横幅12条。全街41个网格配备小喇叭、燃气探测仪，每天至少开展2次小喇叭消防安全提示。12个社区均成立义务消防队，共有队员78人，负责安全巡查、值守。成立自建房安全隐患排查整治工作领导小组，联合第三方专业技术服务单位，排查自建房屋625户（含栋数）。其中，核实信息138户，拆迁区域101户，用于经营59户，初步判断有隐患143户。

【民生保障】 2022年，建桥街道新增低保户32户，撤销170户，新增低收入家庭2户。全年为528户、729人发放低保金605.31万元；为159户因病因灾突发困难的家庭办理临时救助，金额23.61万元；为187户低收入住房困难的居民办理租金补贴合计27.29万元，落实廉租房119套；为828人发放春节慰问品；为低保户及特困人员发放爱心包725份。在网低保家庭528户、729人，特困人员7人，困境儿童63人，孤儿1人，做到应保尽保、应救尽救。为3549名在册残疾人提供日间照料、心理疏导，并助力就业21人，助力实现0岁至14岁儿童康复29例；为139户享受租赁补贴保障家庭及时审核，循环利用住房资源。定期慰问计生特扶家庭587户，为605名独生子女父母申报计生奖励。新增就业800人，失业登记245人，困难认定238人，就业登记216人，就业综合指数90分。

养老服务　发挥社区嵌入式养老场所和居家养老服务中心（站）作用，与第三方签署服务协议并强化管理，为132名在册特殊困难老人制定个性化服务，为190位老人开展居家上门服务。提升居家养老服务品质，完成38户适老化改造摸底、104户老人家庭养老床位建设，强化南城2家养老院防疫，确保养老院防控措施落实。全年办理湖北省老年人优待证1429次，发放老年人福利补贴466.11万元。为112名在册特困老人购买特困老人养老服务，其中入住养老院17人。

残疾人权益保障　全年新增办理残疾人证283人，乘车卡办理127人，为924人申报重度残疾人护理补贴，为346名生活困难的残疾人申报生活补贴，培育技术能手2人，一对一帮扶4人，居家服务26人，全年发放残疾人各项补贴475.14万元。

【精神文明建设】　2022年，建桥街道组织开展文明城市创建工作，更新公益广告80余块，实地发放宣传海报1000余张，整改“顽疾性问题”30余处，87个重要点位落实到人。全面组织开展志愿服务。全街有注册志愿者14897人，组建志愿服务队467支。“街道—社区”两级平台共同设计“公益银行”“社区公益积分兑换”等志愿服务项目，链接爱心商户30余家，涵盖餐饮类、便民服务类、生活娱乐类商户，通过志愿服务积分可兑换服务，形成“志愿服务有回馈，积分优惠促消费”良性循环。承办的“守望相助，牵手相伴”邻里守望志愿服务项目、“楼楼通”管家联盟志愿服务项目入选区新时代文明实践志愿服务项目大赛。

【中共基层组织建设】　2022年，建桥街道有中共基层组织137个。其中，党委14个，党总支5个，党支部118个。有中共党员4421人。年内，建桥街道探索出党建引领基层治理的途径，开展美好环境与幸福生活共同缔造活动试点工作。探索在商圈党建中实施“深根工程”，构建钟家村古城商贸综合党委引领下的“四大产业”（商贸、金融、文旅、数字）党建联盟，覆盖纳税企业963家。“深根工程”、党员干部“下基层、察民情、解民忧、暖民心”实践活动、志愿服务活动、营商环境等被“学习强国”学习平台、《湖北日报》、《长江日报》等国家、省、市媒体宣传报道50余次。

【政务服务】　2022年，建桥街道各社区党员群众服务中心与红色驿站阵地均配置政务网，更新整理高频民生事项下放阵地，以“1+12+N”的政务服务网络衍生触角，对新下放民生类事项办事流程再造，形成网格员就近“帮代办”服务。党员群众服务中心开通24小时政务服务自助区。9月，整合建桥派出所、翠微派出所服务力量，在党员群众服务中心增设公安户政业务办理窗口，实现民生事项“只进一扇门”的业务办理模式。推动个体工商户、新生儿落户医保等“一事联办”业务，利用“云培训”平台定期组织人员，开展“一事联办”业务培训、考试，社区全员持证上岗，提升政务服务水平。

【重点项目建设】　2022年，建桥街道重点项目包括远洋东方境世界观项目、中海建桥项目、福星惠誉汉阳城、归元西片D地块、康健医院、归元西片C地块等。其中福星惠誉汉阳城、归元西片D地块、康健医院项目即将收尾；归元西片C地块项目启动，于6月办理入库手续，1月至9月完成固定资产投资0.59亿元；中建三局滨江公馆项目实施地下施工。

远洋东方境世界观项目　该项目1月至9月完成固定资产投资9.65亿元，累计完成固定资产投资258.11亿元。住宅地块加速收尾，商业地块平稳推进，4号地街区商业主体结构已封顶，6号地街区主体结构施工中，10栋独立商业已封顶。

中海建桥项目　该项目1月至9月完成固定资产投资6.18亿元，累计完成固定资产投资8.85亿元。7号地北楼主体结构施工至地上24层；南楼主体结构施工至地上29层；8号地北楼栈桥结构拆除中，南楼土方开挖、局部基础垫层施工中；9号地主体结构施工至47层，住宅已经开售。汉阳树公园启动规划建设。

2022年，武汉市汉阳区建桥街道车站前路小区党组织组织居民开展美好环境与幸福生活共同缔造活动，车站前路老街变身“花街”，成为“网红打卡地”
（建桥街道　供图）

【城市更新】 2022年，建桥街道推进拟交地地块征收工作。

建桥片项目 该项目东起晴川大道，西至鹦鹉大道，南临拦江路，北达汉阳大道，2018年11月6日下达征收决定，涉及总户数4913户（分户后）。其中，居民4733户，企事业单位180户。累计完成签约4882户。

车站片项目 该项目位于汉阳大道以北、琴台大道以南、车站横街以西、车站前路以东，2020年6月8日下达征收决定，涉及总户数1526户。其中，居民1501户，企事业单位25户。累计完成签约1456户（含企业11户）。

群建片项目 该项目位于阳新路与拦江路交会处西北角，2020年9月28日下达征收决定，涉及总户数884户。其中，居民869户，企事业单位15户。累计完成签约821户（含企业9户）。

人保项目 该项目位于鹦鹉大道与汉阳大道交会处西南角，2021年11月17日启动预征收工作，总户数30户。其中，居民28户，企业2户。累计完成签约30户，签约率100%。

钟家村道路排水工程（7条道路）项目 该项目包含西桥小路（西桥路至平山一巷）、西桥小路（冰塘角路至西桥路）、西桥路（西桥小路至汉阳大道）、归元寺北路（归元寺路至冰糖角路）、肖家湾路（拦江路至汉阳大道）、车站横街（西桥小路至汉阳大道）、南城巷（拦江路至显正街），2021年1月26日下达征收决定，总户数161户（含企业19户）。累计完成签约160户（含企业18户）。

【服务企业】 2022年，建桥街道加强对在建重大项目的协调和服务工作。与武汉中海置业有限责任公司建桥项目每周有约，协调配电房入地、供电设施迁改等问题；推动显正街城市界面提升，临时移交5号地、14号地部分区域，作为武汉中海置业有限责任公司项目施工人员生活区、项目办公区、临时停车场与展示厅使用。对接远洋集团控股有限公司，协调华润资本管理有限公司、中国建设银行等公司为项目提供资金支持。加快改造归元寺路、归元寺北路（西桥路至鹦鹉大道段），协调道路建设时序与远洋项目进度匹配，完善道路封闭施工期间交通导流。关注钟家村地铁站与远洋里地下商业联通事宜，引导远洋项目加入汉阳楼宇经济促进会，推动远洋里商业街被列入全市重点商业街。解决归元西片C土地手续办理，协调项目分包在汉阳注册法人公司。常态化走访企业。推进太保科技有限公司与汉口银行探讨碳普惠合作模式，协调太保科技有限公司参与数字政府建设，引导太保科技有限公司集聚上下游产业链。全力服务人保财险，对接人保投控成立新项目公司，提供注册地址、协调专业人员全过程提供指导服务。联合五里墩街道办事处解决工程细节问题，助力人保项目提速。完成武汉屈臣氏个人用品商店有限公司奖励兑现，推动新办公场地选址。助力祁万顺酒楼改造，协调办理施工许可证、缓解中防商城入口遮挡和油烟污染等问题。推动五矿钢铁有限责任公司与中国核工业第二二建设有限公司达成10万吨钢材采购订单。支持蓝罐王老吉品牌发展壮大，协助拓展销售渠道，扩大宣传面。

（池欣）

2022年8月8日，武汉市汉阳区建桥街道工作人员走访武汉数澜科技有限公司
（建桥街道 供图）

鹦鹉街道

【概况】 武汉市汉阳区鹦鹉街道位于汉阳区东南部，东临长江，南至杨泗路，西至国博大道，北至拦江路，四周与建桥街道、江堤街道、洲头街道接壤。2022年，街域面积2.52平方千米，下辖锦绣长江、自力、杨泗、鹦鹉花园、夹河、桥机、鹦鹉洲、瓜堤、钢管9个社区。有户籍人口39650户、58086人，外来暂住人口12240人。有各类单位1083个，其中，行政机关4个，企业单位1074个，事业单位5个。主要单位有武汉市公安局汉阳区分局、武汉市公安局交通管理局汉阳大队、汉阳区西大街小学、武汉市第三十二中学等。鹦鹉街道办事处位于武汉市汉阳区世贸锦绣长江C3地块8号楼1-3F。

【经济发展】 2022年，鹦鹉街道完成全口径财政收入1.91亿元；完成体制内收入1.18亿元；完成全社会固定资产投资总额4.95亿元。实现规模以上工业总产值1.46亿元，其中，规模以上工业增加值143万元，分别比上年增长1%和22%。完成社会消费品零售总额9023万元。完成规模以上服务业营业收入5.35亿元，增长5.9%。辖区有规模以上工业企业1家、限额以上商贸企业10家。全年产业到位资金35万元，增长40%，扶持创业主体185人（户）。辖区重点企业有湖北省铁路发展基金有限责任公司等3家。

【基层社会治理】 2022年，鹦鹉街道构建“社区大党委—小区党支部—楼栋党小组—党员中心户”四级组织架构，成立小区党总支5个、小区党支部57个、楼栋党小组440个，挂牌党员中心户1021户。建立“1+1+N”格格帮志愿服务队63个，推动志愿服务力量向网格、楼栋延伸。全面开展“书记赋能”行动，制作发放民情联系卡882张。推进“小区遍访行动”，小区党支部书记、楼栋党小组长（楼栋长）、党员中心户全覆盖走访小区63个，收集并解决居民关切问题442个。

社区共同缔造　坚持“党建引领、深根赋能”，推进“共同缔造”活动落实。翠微福苑小区升级改造群众文化大舞台、居民休闲议事亭、打造口袋公园、规范小区内停车位；锦绣长江四期启动人车分流、安装高空摄像头、文体设施、健身器材；锦绣长江二期规划实施彩虹桥喷泉改造、自行车充电棚、生态喷泉景观鱼池、智能安防系统；自力南苑小区推行天然气引进、老旧小区改造等项目。升级9个“阳小驿户外工作者驿站”（江城蜂巢）。夹河社区“家和驿家”被评为汉阳区“五星级阳小驿（江城蜂巢）”。

“五社联动”机制实施　完成9个社区的社工室建设，累计培育文体活动、邻里互助、社会治理等各类社会组织165个，其中通过项目孵化16个。全年建立“五社一心”志愿服务团队9支。开展消防安全、创建卫生城市、疫情常态化防控、慰问困难群体等志愿者活动400余次。上门走访群众并回访服务3200人次，形成动态管理档案1620份。开展帮扶困难人群1620人次。争取“中华慈善总会・五社联动・志愿加油站”社会工作服务项目落户。组织业主委员会专项工作培训会6场，处理业主委员会相关投诉件100余件。督促8个小区业主委员会履职，推进6个小区业主委员会组建、换届。

【城市管理】 2022年，鹦鹉街道加强城市精细化管理，提升环境品质。通过开展环卫工人进网格平台，督促清扫保洁人员每日上线，开展环卫工人网格平台案件培训，全年累计上报占道整治、“门前三包”和立面环境等问题案件7056起。督促社区、外包清洁公司及时处理市区两级平台案件，处置垃圾混投、容器不洁、容器满溢等突出问题。协同党建部门指导各社区建设“阳小驿”环卫工作间，建设休憩区域300平方米，为环卫工人、外卖员等户外从业人员提供饮水、工具摆放、充电等基础功能服务。综合整治2条主次干道，及时更新千余家门店“门前三包”责任书、月度星级评定。街道办事处开通“鹦鹉街道垃圾分类”微博账号，发布垃圾分类工作动态13条，阅读量超2万人次。指导鹦鹉花园小区，利用宣传品、宣传手册等方式，向居民普及生活垃圾分类知识。常态化开展爱国卫生运动。各社区开展以清理居民楼道杂物和夏季灭蚊蝇为重点的爱国卫生运动100余次。聚焦世茂锦绣长江片区，整治希尔顿酒店、“世茂52+”等5处建筑立面，修缮道路15处约60平方米。世茂物业整体刷黑翻新世茂52+商业体广场，解决门前道路反复破损问

2022年5月25日，武汉市汉阳区鹦鹉街道瓜堤社区开展垃圾分类宣传活动
（鹦鹉街道　供图）

表62　　2022年鹦鹉街道重点企业一览表

名称	地址	所属行业	缴纳税金（万元）
武汉神舟人力资源开发服务有限公司	滨江大道194号	服务业	847
武汉昭融汇利投资管理有限责任公司	滨江大道194号	金融业	307
湖北省铁路发展基金有限责任公司	世茂锦绣长江C1地块	金融业	196

题，并新增停车泊位78个。

【平安建设】 2022年，鹦鹉街道成立巡查专班，每天对街内重点区域、重点点位开展消防及安全检查，全年累计排查检查辖区企业单位（门店）3158家次，督导检查238次，排查隐患128起，全部完成整改。宣传安全生产、消防安全知识，制作宣传单、宣传海报共计3万余份，组织开展消防安全演习演练、培训22场次。对超高层住宅小区、小区的基础消防设施排查检查、生命通道开展综合治理，各社区对地下空间35处、电动自行车停车棚47处开展消防隐患检查、整治整改，解决江景园小区因消防管道老旧无法加压、消火栓无水的消防安全隐患。开展矛盾纠纷排查化解，走访家庭、企业等排查化解矛盾纠纷898起。发放各类平安创建宣传资料7.06万份。常态化开展扫黑除恶专项斗争，加强学校及周边、娱乐场所等重点地区治安整治，开展“打击养老诈骗”宣传，落实铁路护路联防等工作。鹦鹉街道中心戒毒社区增设平安关爱工作室，依托“数字派出所”公安系统，整合“防疫健康码”、统筹“智慧小区”等数据资源，对街道内吸毒人员全面定位轨迹、见面查找，实现“脱失清零”。年内，获平安武汉建设优秀单位、武汉市示范禁毒街道、汉阳区维稳安保工作先进集体等称号。禁毒社工尹青被评为“武汉市最美禁毒社工”。

【民生保障】 2022年，鹦鹉街道新增低保户92户，撤销79户，调整78户，新增低收入家庭3户。全年为591户、828人发放低保金920.6万元；为困难群众办理大病医疗救助报销62人次，金额合计20.55万元；为240户因病因灾突发困难的家庭办理临时救助，金额28.5万元。元旦、春节期间，发放特困救助金10.9万元。全年为314名特扶人员发放慰问物资42万余元；为134名失独人员购买大武汉旅游年卡。开展“晴川暖流爱在鹦鹉”“夏送清凉冬送温暖”等走访慰问活动。建立鹦鹉街道社区公益基金，募集善款救助低保、临时救助等现行政策保障对象外的困难人员。开展金晖关爱助学行动，湖北慈善总会“中恒公益基金”资助困难大学生2人。全街城镇新增就业510人，下岗失业再就业人员191人，特困群体再就业人员161人，扶持创业161人，创业带动就业281人，办理“就业创业证”530本，审核发放灵活就业社会保险补助390万元。加强与区劳动监察部门联动，完成354家用人单位劳动保障书面审查。落实公租房惠民政策，完成公租房新户审核申报31户，配房44户，为238户发放补贴金额25.6万元。开展自建房排查整治行动，排查174户自建房，下发《武汉市危险房屋治理通知书》7份，督促产权人整改2处经营性自建房，及时消除安全隐患。为退役军人建档立卡，申领优待证1965张；为9名困难优抚对象解决实际困难，申请困难帮扶2人，帮助军转干部申请生活困难救助、大额医疗救助17.3万元。春节、建军节慰问退休老战士、退休参战人员240人次，帮助4名参战参试人员申请定补。

养老服务 完善8个社区老年人服务中心配套功能设施，引进专业机构运营并开展家政服务、精神慰藉、亲情代办、慰问帮扶等服务，全年组织“一对一”帮扶8350人次，社区日间照料23人，社区养老服务12250人次。实施居家和社区基本养老服务提升行动项目，全年完成床位改造73人、上门服务109人，申报特困老人养老服务补贴108人。为27名老人办理适老化改造；为1608名高龄老人申请津贴217.16万元，办理“老年人优待证”1803本。

残疾人权益保障 鹦鹉街道残疾人协会完成换届，选举产生新一届残疾人理事会。全年组织各类残疾人就业培训、生日会、庇护性劳动活动8场，推荐11名残疾人走上公益岗位，为626名各类残疾人发放补贴57.81万元，为37名残疾人申报辅助器具。

2022年5月26日，武汉市汉阳区鹦鹉街道杨泗社区开展消防安全演练

（鹦鹉街道 供图）

【精神文明建设】 2022年，鹦鹉街道有文明实践所1个、文明实践站9个，均按照检查标准，实地要求阵地打造。开展以“喜迎二十大”为主题的各类学习宣讲50余场，其他政策知识、理论学习等宣讲60余场。开展文明实践宣传，及时撤换老旧破损宣传展板200块，新增宣传展板600块，新增遵德守礼牌300个，给临街商铺更换或新增文明创建宣传帖3000张。组建文明实践志愿服务中队9支、志愿服务小队45支、特色志愿服务队16支、其他楼栋小队若干支。完成注册志愿者45218人，注册比例68.8%。全街文明实践所（站）开展文明劝导、封控值守、诚信建设

宣传与引导 1000 余次。组织志愿者常态化开展“清洁家园”“飞线充电整治”“无牌电动车整治”等志愿服务活动，督促学雷锋站点开展便民志愿服务活动。

【中共基层组织建设】 2022 年，鹦鹉街道有中共基层组织 98 个。其中，党委 9 个，党支部 89 个。中共党员 3776 人。全年中心组开展集中学习 15 次、支部主题党日活动 12 次。开展党员干部“下基层、察民情、解民忧、暖民心”实践活动，完成助企纾困项目 23 项。在各级媒体推送深根工程、基层治理、民生服务等新闻报道 256 篇次。开展 2021 年度基层党组织和党员“星级争创”活动，评选出“五星级基层党组织”10 个、“五星级党员”587 人。开展 7 个社区党委及 1 个机关党支部标准化规范化示范创建，完成 2021 年度组织生活会及民主评议党员工作，全面推进落实党务规范工作，并通过督导组检查。坚持动态管理，新成立非公有制企业党支部 1 个。

【重点项目建设】 2022 年，鹦鹉街道有重点建设项目 2 个，分别是世茂锦绣长江项目、招商愉樾项目。

世茂锦绣长江项目　该项目武汉世茂锦绣长江房地产开发有限公司在建项目，该项目位于汉阳滨江大道 188 号。年内，D2a 地块累计报送投资 2.77 亿元，D2a 为住宅部分，已全部销售完毕。

招商愉樾项目　该项目栖江置业开发有限公司建设尾期项目，该项目计划总投资 17 亿元，已累计完成投资 14.85 亿元，年内完成投资 1.12 亿元。项目总建筑面积约 11 万平方米，由约 4 万平方米住宅（2022 年 9 月开始交付）、4 万平方米商业以及 3 万平方米配套组成，项目招商已接洽中财（湖北）实业有限公司、中国银行、武汉长江航运规划设计院有限公司、苍穹数码技术股份有限公司、开采夫（杭州）科技有限公司等。

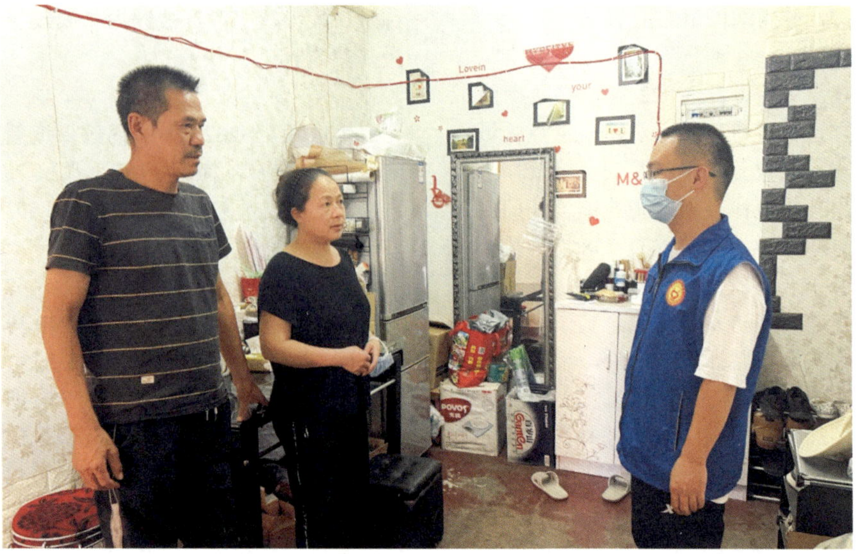

2022年7月，武汉市汉阳区鹦鹉街道桥机社区网格员上门走访居民

（鹦鹉街道　供图）

【城市更新】 2022 年，鹦鹉街道实施武汉铁路桥梁学校地块项目更新改造拆迁征收。项目占地面积 12.2 万平方米，总建筑面积约 16 万平方米，涉及户数 631 户。8 月 5 日，项目房屋征收调查结果公示。

【服务企业】 2022 年，鹦鹉街道实行“一企一策”个性化配套服务，围绕入驻的股权基金、证券基金等专业公司，培育储备配套服务型企业。收集街内市场主体生产经营中的困难问题，为重点企业开展“一对一”帮扶，送《汉阳区惠企政策汇编》上门，协同工商税务部门上门指导帮助商家解决各类需求，申领惠企纾困补助。围绕降低企业用能、用工、融资、物流等生产经营成本，搭建合作平台，帮助企业克服疫情影响。优化解决基金产业人才吃、住、行的问题。碧桂园基金人才公寓交付，申报入住高层次基金产业人才 7 人。完善餐饮企业配套，基地外按照“1 路 1 巷 1 家 1 线”美食地图规划，引进田师傅香辣虾蟹、万盛海鲜餐厅、灯塔餐厅等餐饮品牌。在武汉基金产业基地 1 楼沙龙区吧台引入“W+”咖啡馆。

【“基金产业辐射区”建设】 2022 年，鹦鹉街道打造“基金产业辐射区”，引领基金基地跨越发展。武汉基金产业基地运营以来，吸引湖北省铁路发展基金有限责任公司、太保长航股权投资基金（武汉）合伙企业（有限合伙）、武汉昭融汇利投资管理有限责任公司落户，近 100 家知名投资机构入驻，基金管理规模突破 1400 亿元。先后引进湖北正启科技有限公司、极世代（武汉）文化科技有限公司、国通百宸供应链管理有限公司、武汉山水私募股权投资基金管理有限公司、北京小白世纪网络科技有限公司、杭州数澜科技有限公司等符合汉阳现代化产业规划的重点企业落地汉阳，促进武汉双绿源创芯科技研究院有限公司、港天国际汽车城管理（武汉）有限公司、北京甄选时代科技有限公司等企业融资。

（钟歌）

洲头街道

【概况】 武汉市汉阳区洲头街道位于汉阳区鹦鹉洲南部，东临长江，南到白沙洲长江大桥三环线汉阳段，与江堤街道分界，西至国博大道、北接杨泗路、红建路与鹦鹉街道毗邻。2022 年，街域面积 6 平方千米，下辖红建、洲头、向阳、建港、怡畅园、新五里 6 个社区。有户籍人口 14241 户、31363 人，外来暂住人口 11426 人。

有各类单位532个。其中，行政机关1个，企业单位522个，事业单位9个。主要企业有武汉新城国际博览中心有限公司及其子公司、黄鹤楼酒业有限公司及其销售公司、健民药业集团股份有限公司、武汉中交交通工程有限责任公司等。街道办事处位于武汉市汉阳区洲头二路瑶琦园29号。

【经济发展】 2022年，洲头街道完成全社会固定资产投资总额31.83亿元，比上年下降51.2%。实现规模以上工业总产值16.16亿元，增长4.5%。工业企业“小进规”净增1家，规模以上工业企业4家。社会消费品零售总额完成2.7亿元，增长19.6%。商贸企业“小进限”净增5家，服务业企业“小进规”净增5家，限额以上商贸企业13家。完成规模以上服务业营业收入13.99亿元，下降6.5%，限额以上服务业企业19家。完成全口径财政收入9.08亿元，增长3.8%。完成体制内收入6.24亿元，下降2.5%。招商引资17.64亿元，下降52.5%，新增市场主体1039家。区域内重点企业有武汉安和盛泰房地产开发有限公司等6家。

【基层社会治理】 2022年，洲头街道以推进市域社会治理现代化试点工作为契机，全覆盖建设“街道—社区”两级综治中心、新时代文明实践站、应急服务站等阵地，培养网格长32人，建立矛盾纠纷调解队伍7支、调解员36人，社会治安与应急巡防队6支31人，志愿者调解人才库259人，形成“1+1+1>3”的化解合力。利用武汉智慧治理平台、湖北智慧信访系统、市长热线、武汉城市留言板等平台，及时收集社情民意，为各项工作提供信息支撑。打造建港社区复地海上海“阳小驿”、新五里社区路桥小区党群服务驿站、向阳社区向阳小区党群服务驿站、红建社区红建片区党群服务驿站、洲头社区党员群众服务中心、建港社区党员群众服务中心、红建社区党员群众服务中心、怡畅园社区党员群众服务中心8个驿站；建港社区复地海上海小区“阳小驿”被评为“五星阳小驿”。打造洲头街道综治中心、怡畅园社区“警社联动”综治中心、建港社区综治中心、红建社区综治中心、向阳社区综治中心、新五里社区综治中心、洲头社区综治中心7个特色治理平台。健全完善网格导师机制，全街道32个网格全部由机关干部、共建单位骨干担任网格导师，指导帮助网格长处理网格事务。整合党员、志愿者、社区、物业公司、综合执法队伍、律师、民警等力量，全覆盖建设网格红色工作队。全街有民调服务队21支、楼栋党小组（楼栋长）服务队532支，为居民办理实事2000余件。完成9个小区党群驿站拓面提质，全面推行“前台+后台”工作模式，前台对外统一设置面向群众的党务、政务窗口，实行“一站式”服务，后台整合资源，解决多头管理、力量分散、效率不高等问题。全面开展“红色代办”，居民下楼就能办理69项民生事项，可办结51项。

社区建设 修订社区居民委员会居民自治章程、居民公约等规章制度，其中洲头社区居民公约入围武汉市优秀居民公约。以新五里社区为试点，开展“清廉社区”创建活动。将倒口西村二院小区大门右侧空地建为停车场，被推荐为市级、区级共同缔造样板点位。建立“社区+社工+志愿者+远亲近邻+社会爱心资源”的关爱保护服务模式，创建未成年人保护示范区。全年新增社会组织18家，全街有社会组织122家。其中，志愿服务类社会组织78家，文艺类社会组织15家。录取新进社区工作者10人，全街有社区工作者75人。其中，35岁以下29人；本科及以上学历31人；持证社工33人，持证率44%。

【城市管理】 2022年，洲头街道围绕“一街一品”发展定位，结合共同缔造活动与城市精细化管理建设三年行动，优化城市人居环境。推进路长制，引入民间路长、城管义工，红建片区路长占见英获“2022年武汉最美城管人·十佳敬业标兵”称号。集中整治国博片区的市政道路、基础设施、市容秩序、园林绿化、环境卫生等问题点位，推动国博示范片区环境品质整体提升，国博片区被评为武汉市“双百”示范创建活动“最美片区”。改造前进村闲置空地为新能源综合站，打造汉新大道闲置空地成“杨泗港大桥绿色生态停车场”及红色文化教育

表63 2022年洲头街道重点企业一览表

名称	地址	所属行业	年生产总值（万元）	缴纳税金（万元）
武汉安和盛泰房地产开发有限公司	鹦鹉大道373号	房地产业	37394	15757
健民药业集团股份有限公司	鹦鹉大道484号	工业	127021	14271
黄鹤楼酒业有限公司	鹦鹉大道558号	工业	28804	8491
武汉傲卓置业有限公司	鹦鹉大道373号	房地产业	46603	3346
武汉天龙金地科技开发有限公司	鹦鹉大道564号	商贸业	161717	2545
武汉招平雍荣置业有限公司	鹦鹉大道373号	房地产业	69388	1558

园，在前进嘉园B区与夹河路交会处闲置空地建成综合停车场。全年拆除违法建筑（构筑物）42处，拆除面积7488平方米。推进城管信息化建设，初步建成街道智慧城管监督指挥平台。推进生活垃圾分类，在芳草苑小区、恒大御景湾小区、前进嘉园B区建设生活垃圾屋，在芳草苑小区建成时尚垃圾分类亭2个。全街22个小区、540家单位持续开展垃圾分类，垃圾分类入户宣传覆盖率98%，示范社区和单位覆盖率100%。开展老旧小区改造，完成两湖小区、二院小区、路桥小区改造；实施二院小区、路桥小区、两湖小区3个老旧小区的老旧改造，共改造2.25万平方米，涉及553户。

【平安建设】 2022年，洲头街道全面加强综治平安建设，建立每月至少1次的联席会议机制，定期开展铁路护路、打击整治养老诈骗等领域重大风险隐患排查。开展大规模平安建设宣传活动5次，累计印发各类宣传资料6万余份，被评为“平安武汉建设优秀单位”。接待群众来信来访400余人次，办理信访信件280余件。坚守消防生产安全底线，依托6个社区应急服务站，组建11支基层应急队伍和400余人组成的消防应急队伍。全年处置各类初期火情8起，新增和更换灭火器2000余个，维修和新建公共区域消防栓2个，新建电动车停车棚13个，维修6台微型消防车，参加应急拉练10次，整治隐患570处，重点隐患全部整治到位。

【民生保障】 2022年，洲头街道新增低保户22户，撤销40户，调整11户，新增低保边缘户家庭6户。全年为2008户、2736人发放低保金236.5万元；为7名困难群众办理大病医疗救助，金额3.03万元；为56户因病因灾突发困难的家庭办理临时救助，金额8.26万元；为54户低收入住房困难的居民办理租金补贴，金额8.1万元；落实廉租房28套。元旦、春节期间，发放特困救助金8.34万元，为14户家庭发放物资14份。新增就业780人。全年开展特殊困难老人上门服务255户。其中，为23户特殊困难老人家庭安装免费适老化硬件，并提供助餐、助洁和互联网远程照料服务。

【精神文明建设】 2022年，洲头街道开展文明实践宣传行动，制作公益广告1000块、遵德守礼牌500块，入户宣传1万余次。发挥新时代文明实践所（站）宣讲平台作用，开展习近平新时代中国特色社会主义思想和中共二十大精神宣传宣讲100余场次，受众1万余人。建港社区小马丁志愿服务项目获汉阳区新时代文明实践志愿服务项目大赛三等奖。以新时代文明实践“8+N”志愿服务为支撑，发展注册志愿者，累计注册志愿者1.16万余人。组建美丽夕阳志愿服务队、新五里红色教育宣传队、星舞霓志愿服务队、红小二志愿服务队、敬老志愿服务队等800余支志愿服务队伍。开展安全巡逻、环境保护、政策宣传、疫情防控、矛盾调解、邻里互助等各类志愿服务活动600余场次；红建社区“红小二”夕阳红学雷锋活动站被评为“武汉市学雷锋活动示范点”；建港社区被推选为全国最美志愿服务社区。

【中共基层组织建设】 2022年，洲头街道有中共基层组织61个。其中，党委6个、党支部55个。党员1940人。建立健全“街道大工委—社区大党委—小区党总支—楼栋党小组—党员中心户”五级组织体系，建立小区党支部32个、楼栋党小组284个。建立248支楼栋长队伍，400余名居住地党员“双报到”，进社区认领政策宣传、巡逻劝导、环境清洁、文明创建等工作5000余人次。推动支部规范化建设，完成3个支部的改选、换届工作。年内发展5名中共党员，10名预备党员转正。

【重点项目建设】 2022年，洲头街道重点建设项目8个，分别是武汉杨泗港新港长江城项目、绿地•国博财富中心项目、凤起听澜E4地块项目、凤起听澜E5地块项目、招商江山和樾E6地块项目、电建洺悦江湾E7地块项目、新港长江城临江汇二期还建房项目、卓越博译大江一期项目。

武汉杨泗港新港长江城项目 该项目位于汉阳滨江商务区。占地面积18.27公顷，建筑面积81.43万平方米，计划总投资230.41亿元，已累计完成投资162.09亿元。由中建三局、越秀、龙湖、金茂、平安、新港投共同开发，含J、K、F、G四个地块。其中，J地块已交房，F地块4栋楼已交付，其余4栋建筑正在精装修；G地块6栋建筑已封顶；K地块“三证”（企业营业执照、税务登记证和组织机构代码证）已取得。

2022年6月8日高考期间，武汉市汉阳区洲头街道红建社区“红小二”志愿服务队在武汉市建港中学门口服务
（洲头街道 供图）

绿地·国博财富中心项目　该项目位于鹦鹉大道与四新北路交会处。占地面积10.29公顷，建筑面积40.6万平方米，计划总投资35亿元，已累计完成投资34.91亿元，开发单位为武汉新绿置业有限公司，已全部交付。

凤起听澜E4、E5地块　该项目位于新五里地区。占地面积7.87公顷，建筑面积46万平方米，计划总投资90亿元，已累计完成投资67.56亿元，开发单位武汉滨江臻毅置业有限公司。规划建设10栋住宅、1栋幼儿园（开设12个班级），住宅楼已有4栋交付，6栋已封顶精装修中。

招商江山和樾E6地块　该项目位于四新南路与老关路交会处。占地面积4.41公顷，建筑面积18.92万平方米，计划总投资36.62亿元，累计完成投资30.9亿元，开发单位为武汉招平雍荣置业有限公司。规划建设6栋超高层建筑、商业、幼儿园及其配套设施，已交付4栋楼，1栋在精装修。

电建洺悦江湾E7地块　该项目位于老关路与兰玉街交会处。占地面积6.02公顷，建筑面积25.88万平方米，项目总投资50.93亿元，已累计投资35.94亿元，开发单位为武汉洺悦领江房地产有限公司。规划建设8栋超高层住宅，配建一所小学（规划开设30个班级），小学建成后移交至汉阳区教育局。已有4栋主体施工、4栋暂未启动，小学已开建。

新港长江城临江汇二期还建房项目　该项目位于晴川大道与洲头五路交会处。占地面积3公顷，建筑面积12万平方米，计划总投资24.2亿元，已累计完成投资15.96亿元，开发单位为武汉瑞和汇置业有限责任公司。规划建设6栋还建房，同时配套建设洲头小学、洲头社区卫生服务院，采用协议出让方式进行建设。还建小学于2019年9月建成并正式开学，还建房正在开展地下室底板建设，该项目6栋建筑已全部封顶。

卓越博泽大江一期项目　该项目位于鹦鹉大道与四新北路交会处。项目占地面积4.45公顷，建筑面积21.53万平方米，计划总投资34.98亿元，已累计完成投资11.77亿元，开发单位为武汉傲卓置业有限公司。规划建设6栋住宅楼及底商、1栋幼儿园，住宅楼5栋已封顶，1栋主体建设中。

【城市更新】　2022年，洲头街道实施倒口南村片旧城改建。该项目位于鹦鹉大道与向阳东路交会处西南角，被征收房屋771户、被征收企业1户，征收总面积60361.54平方米。2020年5月8日，汉阳区政府颁布房屋征收决定，7月17日正式启动签约。至年底，征收工作已完成。

【“会展+数字文创”产业提升集聚】2022年，洲头街道打造国博会展文创区，推进元宇宙数字产业基地等重点项目建设，推动产业延链、补链、强链，促进会展、文化、科技融合，打造“会展+数字文创”高地。武汉国际博览中心全年举办展会活动10场，接待参展人员63.9万人次；国博会议中心举办各类会议活动153场，接待参会人员8.01万人次。7月6日，“国博智能导航”小程序上线。国博汉厅落地商业演出。第二十三届艾尼动漫游戏展·夏季盛典SP于7月9日、7月10日在国博汉厅举办，德云社张鹤伦、朗鹤炎相声专场演出武汉站于7月28日上演。武汉国际会展集团股份有限公司、武汉汉展天地会展服务有限公司在12月实现“小进规”。

数字文创产业发展　极世代（武汉）文化科技有限公司、武汉时氪网络科技有限公司、会员良友数字科技（武汉）有限公司、武汉云川灵镜科技有限公司等数字文创企业落户。9月30日，武汉市元宇宙产业联盟成立后，吸引70余家单位入盟。11月18日，武汉市元宇宙产业联盟举办首届武汉市元宇宙优秀应用场景案例创新大赛初审评选，武汉若米数字科技有限公司、湖北未来智镜集团有限公司、武汉湾流科技股份有限公司等40家单位的优质创新创业项目入选决赛。

婚庆文化产业发展　国内婚庆产业头部品牌——格乐丽雅入驻洲际酒店星空会所，8月底开业。与武汉薇拉摄影有限公司、武汉薇志摄影有限公司、武汉科尼定制服务有限公司、武汉雯帕文化传媒有限公司、武汉国际洲际酒店共同形成婚庆产业链扎堆效应，全街婚庆年产值突破1.5亿元。

（马飞）

五里墩街道

【概况】　五里墩街道位于汉阳区中部，东起汉阳大道铁路跨线桥，与建桥街道毗邻；南临墨水湖；西至麒麟路，与琴断口街道接壤，北为京广线。2022年，街域面积4.75平方千

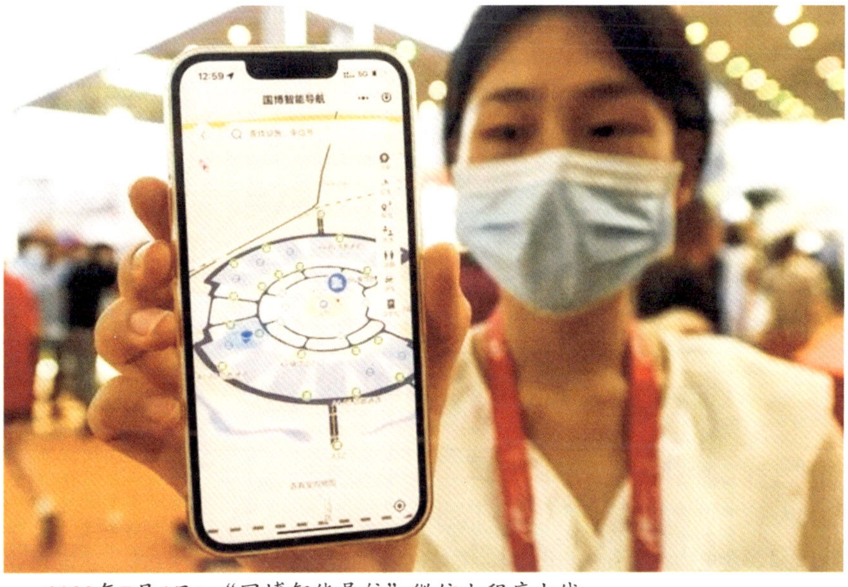

2022年7月6日，“国博智能导航”微信小程序上线

（洲头街道　供图）

米，下辖五麒里、五麟里、五春里、五玉里、五红里、五福里、五合里、五园里、五琴里、五湖里、五墨里、五瑞里、五丰里、五荣里14个社区。有户籍人口31899户、75387人。有各类单位49个。其中，行政机关4个，事业单位8个，“四上”企业单位37个。主要单位（企业）有武汉市汉阳区民政局、武汉市汉阳区市场监督管理局、武汉动物园、湖北超高压输变电智能电气有限责任公司、武汉市生态环境局汉阳分局、武汉市翠微中学、汉阳区五里墩小学等。街道办事处位于武汉市汉阳区五弦路308号。

2022年1月，武汉市汉阳区五里墩街道工作人员为居民办理业务

（五里墩街道　供图）

【经济发展】 2022年，五里墩街道完成全口径财政收入7.19亿元，比上年增长36%。完成全社会固定资产投资总额14.49亿元，下降69.19%。规模以上工业企业2家，实现规模以上工业总产值13.86亿元，下降23.62%。完成社会消费品零售总额10.66亿元，下降15.72%；规模以上服务业营业收入14.81亿元，增长15.03%。商贸企业“小进限”净增4家。限额以上商贸企业18家。全年招商引资21.29万元，下降43.7%。扶持创业主体653人（户）。辖区重点企业有湖北中烟卷烟材料厂等4家。

【基层社会治理】 2022年，五里墩街道构建党建引领基层治理新格局，成立小区党支部94个、小区党总支8个、楼栋党小组1158个。健全小区党支部“逢四说事”议事机制，夯实党的基层组织基础。街道党工委指导社区联合街内酒店、集团公司、企业共建“阳小驿”18个，对外卖、快递、环卫工人等户外工作者免费开放。

“小区遍访行动” 制定《五里墩街道党员干部“小区遍访行动”实施方案》，发动机关干部、社区工作人员、小区党支部成员420余人，遍访居民5.7万户。依托政务微信“网格长直通车”，调查街内居民需求，回收有效问卷8304份。

社区共同缔造 贯彻落实武汉市汉阳区“共同缔造”工作要求，打造区级样板点2个——五合里社区雅丽花园一期小区、五琴里社区地铁汉阳城小区。通过小区遍访、网格长直通车征集“五微项目”（微改造、微服务、微心愿、微空间、微治理）35项，包括修建休闲广场、停车棚、垃圾分类环保小屋等，所有已征集项目均改造完成。先后3次组织雅丽花园一期小区居民代表大会、小区党支部支委会会议等，共同制定“五微项目”42个。

政务服务 4月起，推行使用政务微信“网格长直通车”替代普通微信。围绕“小事不出小区，服务不打烊”理念，通过“网格长直通车”搭建服务群众“点对点”实时交流服务平台，为居民提供家“门口+指尖”的便捷服务。至年底，全街网格长通过五里墩网格长直通车添加居民7.2万人，占五里墩街道常住人口76%。形成“居民提意见、网格长巡查上报—街道、社区整改”模式。优化升级政务服务，推进“一件事一次办”。组织社区工作者开展业务培训，全年举办各类社区工作者队伍业务培训活动18场，累计培训社区工作者1200人次，培训内容包括医保社保、退役军人服务、就业信息服务、就业创业指导、人民调解、法律咨询援助服务、法律宣传教育等。政务服务中心

表64　　2022年五里墩街道重点企业一览表

名称	地址	所属行业	年生产总值（万元）	缴纳税金（万元）
湖北中烟卷烟材料厂	七里庙岱李湾4号	工业	129584	17387
武汉誉城千里建工有限公司	汉阳大道512号	建筑业	185881	2615
湖北省超能电力有限责任公司	二合村65号	建筑业	44245	1739
武汉汉德宝汽车销售服务有限公司	马沧湖路176号	批零	94895	1630

入驻事项 271 项，办件量 2.5 万余件；开放政务服务自助服务机，各社区红色驿站可办理政务服务事项 69 项，实现居民群众政务服务马上办、就近办。

【城市管理】 2022 年，五里墩街道推进行政执法改革，实现从条条的纵向执法为主向街道主导的块块执法为主的转变。重新划定综合执法网格，将各类执法人员编入同一网格，实行执法管理分片包干。利用网格长直通车、智慧环卫平台、路长制小程序等平台，为居民提供一对一精准服务，推动执法、服务、管理到一线。五龙路早餐一条街、汉桥路生鲜市场等重点路段，各类投诉案件情况好转。行政执法改革工作被《长江日报》、武汉广播电视台等媒体报道。探索城市管理新模式，创新推出“双路长”工作机制。在市区基础上升级为“2+2+N”（双路长+楼长+店长+共治力量）模式，全年处理案件 62558 件。依托“路长制”融入“深根工程”，在社区“阳小驿”户外工作者服务驿站建设“路长工作室”。8 位路长解决片区范围内社区上报事项、企业微信“网格长直通车”难办案件、市长热线不满意件，提升基层治理效率。落实河湖长制。河湖长定期巡湖，街级河湖长每月巡湖 1 次，社区河湖长每月巡湖 4 次。增设非临水社区河湖长、陆域巡查员，加强陆域雨水污水管混接、餐饮排档油污倾倒、汽修行业露天洗车废水排放巡查，做好源头污染管控，铲除违规种菜约 1000 平方米，清理湖边乱堆放 7 处垃圾近 6 吨，在汉阳区河湖长制工作考核中获第二名。

“两创一管”工作 推进“两创一管”（全国文明城市年度测评、国家卫生城市复审、城市精细化管理工作），扫除“脏乱差”等城市文明“顽疾”“痛点”。清理墨水湖大桥北侧桥下建渣和生活垃圾 80 余车，规范围挡日常维护；解决少数餐馆侧后方污水漫溢、恶臭难闻问题；解决七里新村小区通道油污污水漫溢、路面积水问题，疏通污水管道并在道路两侧挖设新的排水沟；制定集中清理楼道杂物工作方案，重点推进小区楼道杂物集中清理，清理杂物 60 吨；整治汉桥菜场周边开展环境卫生，改善汉桥菜场及周边“脏、乱、差”等环境卫生问题，提高日常清扫、清洗频次；整治江城大道两侧市容环境，在江城大道两侧围挡铺设仿真草坪，并更换公益广告牌，铺设面积约 4000 平方米。在全街开展“大扫除”式文明创建市容环境整治行动，清理垃圾 70 车、129 吨。打造城区功能示范街，建设口袋公园，见缝插绿，还路于民，缓解校门口拥堵问题，改观市容市貌。加强联动集中整治集贸市场、背街小巷、主干道等重点区域（地段），加强共享单车乱停放现象的规范化管理，综合治理“三乱”现象（乱贴、乱涂、乱画），实施常态维护。加快垃圾分类屋建设，建成地铁汉阳城垃圾屋。该垃圾屋为武汉市、汉阳区生活垃圾分类工作现场会的观摩点位之一。

【老旧小区改造】 推进辖区老旧小区改造。全街有 58 个老旧小区、12 个小区开展老旧小区改造，分别是外运路小区、外运宿舍、泓源楼、教委宿舍、何家咀 201号、丽湖花园二期、碧溪苑小区、五里二村三村、南静苑小区、五里新村、七里新村、雅丽花园一期，已经改造完成老旧小区包括丽湖花园二期、碧溪苑小区、五里二村三村、南静苑小区、五里新村、七里新村、雅丽花园一期，推进舞琴花园、昌隆花园电梯安装工作。配合区水务局开展二次供水改造，涉及小区 5 个，分 2 批改造。第一批为公汽宿舍、宜昌汉办宿舍、警苑小区，第二批为靓依之都、原武汉冷冻机厂宿舍。

2022年4月，武汉市汉阳区五里墩街道调研老旧小区改造

（五里墩街道 供图）

【平安建设】 2022 年，五里墩街道强化基层基础，统筹推进社会治理质效提升。打造街道—社区“情指勤舆”联动平台，创建企业微信五里墩街道“网格长直通车”，吸纳居民 6 万人。全街 14 个社区成立矛盾纠纷调解队 61 支、成员 236 人；社会治安巡防队 49 支、成员 164 人。通过街道、社区矛盾排查化解活动，走访群众 2 万户，排查矛盾 500 起，整治隐患 300 起。开展“6・26”全民禁毒，健康生活禁毒宣传、“5・12”全国防灾减灾日线上有奖竞答、“安全生产宣传月”安全知识竞赛答题、“10・13”国际减灾日宣传教育等活动，以及打击整治养老诈骗专项行动，通过线上、线下多种形式掀起涉老反诈热潮，排查线索上百次。组织开展《中华人民共和国宪法》《中华人民共和国民法典》等专题讲座、“宪法闪屏行动”，参与线上直播活动。先后组织街道、社区人员参加“2022 荆楚普法云课堂”6 期直播活动、“武汉文旅普法轻骑兵云上直播汉阳行”活动、汉阳区 2022

年宪法宣传周云直播活动，推进“法律明白人”工作，全街发展推荐42名“法律明白人”，并组织线上教学。强化安全生产，统筹推进安全堤坝筑牢筑实。坚持“党政同责，一岗双责，齐抓共管”，全年召开安全生产有关会议10余次。推进安全生产三年行动巩固提升年专项整治，持续开展防范一氧化碳中毒、火灾，禁止烟花爆竹等工作，定期排查街内的5家加油站、1家加气站安全隐患，并及时整改。开展“防风险、保安全、迎二十大”集中攻坚行动，重点排查小餐饮、醇基燃料等安全隐患，防范各类生产安全事故发生。

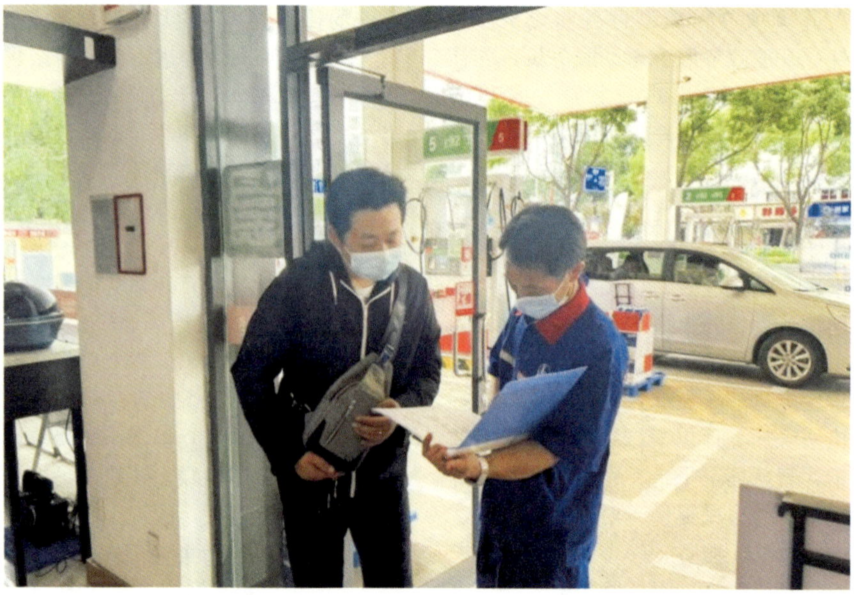

2022年5月，武汉市汉阳区五里墩街道工作人员在罗七路加油站开展安全检查
（五里墩街道　供图）

【民生保障】　2022年，五里墩街道设立五里墩街道慈善关爱基金，因类施救惠及2.5万余人次，各类补贴金额2380万元。全年新增低保户24户，撤销60户，调整32户，新增低收入家庭3户。全年为3915户、4781人发放低保金462.45万元；为24名困难群众办理大病医疗救助，金额1.68万元；为125户因病因灾突发困难的家庭办理临时救助，金额16.1万元；为219户低收入住房困难的居民办理租金补贴，金额23.78万元，落实廉租房54套。元旦、春节期间，发放特困救助金9.21万元，为71户家庭发放物资。新增就业916人，为街道内142名高校毕业生开展就业政策宣传，完成失业登记368条，发放灵活就业社保补贴4763人。

养老服务　引进6家专业机构开展养老服务，新建五里墩街道综合养老服务中心、五瑞里社区老年人服务中心。其中，五里墩街道综合养老服务中心接受消防验收、申办内置诊所备案。全街道建成老年人服务中心（站）11个（其中已投入运营10个），7个社区嵌入式老年服务网点。

未成年人保护　成立未成年人保护服务站、社区未成年人保护服务室14个。街道未成年人保护中心设在五麟里社区二楼201室。开展未成年人教育、服务活动，包括未成年人法律宣传、安全教育宣传、政策宣传等。全年全街道统计在册困境儿童34人，一人一档均纳入保障范围。

残疾人权益保障　10月9日，完成五里墩街道第七届残联换届工作。为60余名残疾人发放各类残疾补助380余万元（其中，享受重度精神病服药补助232人、一户多残补贴5人、轻度精神服药补贴166人、城乡低保家庭精神残疾人服药补贴122人、智力残疾人家庭托养补助141人、智力残疾人家庭日间照料补助2人、残疾人机动轮椅车燃油补贴50人、残疾人灵活就业社保补贴47人），提供援助性岗位18个。完成全街道残疾人乘车卡全覆盖工作，为83名残疾人开展家庭“无障碍”改造，为85名残疾人申办、发放小型辅助器具。

【精神文明建设】　2022年，五里墩街道加强文明建设宣传，利用电子屏、宣传栏、广告牌等方式，加强公益宣传，常态化做好清洗、维护、更新工作。实行网格化管理，对标创建标准，全面动员摸排实地考察底本点位，围绕“三个周边”（集贸市场周边、社区党群服务中心周边、校园周边）的重点测评点位，明确责任区，查漏补缺、对标整改。开展志愿服务活动。组织群众、志愿者参与文明创建活动，及时实施一批直接服务于民的实事项目，提高群众的参与率、知晓率。全街道有志愿服务队伍1952支，注册志愿者25080名。五合里社区志愿服务队举办绿化环境活动，吸引社区居民参与。

【中共基层组织建设】　2022年，五里墩街道有中共基层组织160个。其中，党委19个，党总支1个，党支部140个。中共党员5085人。社区党员群众服务中心开展标准化建设，五丰里社区、五瑞里社区、五红里社区、五玉里社区的党员群众服务中心均完成标准化建设入驻办公。完善党工委“第一议题”制度，党工委班子成员学习习近平总书记系列重要讲话、中共二十大会议精神26次，组织开展党工委中心组学习12次、学习研讨4次。举办“五里墩街中部崛起读书会”，给街道年轻干部讲党课。全年围绕“深根工程”、共同缔造等基层党建重点工作，面向社区党组织书记、副书记等开展理论培训10余次。强化制度建设，巡察期间2次召开巡察专题会，指导社区进一步完善党委议事规则、党费收缴制度、“三会一课”制度、基层党建巡察机制等，以制度建设提升基层党建规范化水平。推进党建与“一街一品”相融合，对准街道人力资源、数字经济等优势产业，推进武汉人才资源产业园、万科未来中心数字经济楼宇党建工作。通过“两新”队伍建设组织企业业务交流，举办特色党建活动，万科数字经济大楼的武汉汉云楚慧数字科技有限公司、武汉安恒信息科技有限公司的2名党员获武汉市互联网行业优秀共产党员称号。

2022年11月，武汉市汉阳区五里墩街道五合里社区志愿服务队开展绿化环境整治活动

（五里墩街道　供图）

【重点项目建设】 2022年，五里墩街道有重点建设项目10个，分别是万科金域国际项目、武汉国际文化商业中心A区项目、汉桥村城中村改造K6地块项目、五里商圈未来城项目（K5）、汉桥村城中村改造开发K4地块项目、琴台天地项目、金桥璟园项目、尚城国际项目、汉桥C2地块项目、汉阳医院医疗综合楼建设项目。

万科金域国际项目　该项目位于汉阳大道与江城大道交会处。占地11.46万平方米，总建筑面积80万平方米，包含大型购物中心（1栋7层11万平方米）、高层办公写字楼（170米商业塔楼：地上43层，计容建筑面积5.5万平方米；210米办公塔楼：地上48层，计容建筑面积约7.7万平方米）。项目由武汉誉天兴业置地有限公司开发，年内已完工，累计投资49.73亿元。

武汉国际文化商业中心A区项目　该项目位于汉阳大道与江城大道交会处。项目用地面积8.4万平方米，拟建成商业面积11.38万平方米，总建筑面积68.23万平方米，拟规划建设购物中心、商业塔楼和11栋34层至54层住宅楼。项目由武汉誉天东方置地有限公司开发，累计投资32.67亿元。

汉桥村城中村改造K6地块　该项目位于桃花岛七里中学旁，东临百灵路，北临徐家湾路，西面及南面毗邻墨水湖。项目总建筑面积7.77万平方米。其中包含商业面积1.23万平方米，规划建设商墅8栋，住宅2栋。项目由武汉惠誉华天置业有限公司开发，累计投资6.18亿元。

五里商圈未来城项目（K5）　该项目北临墨水湖北路，南临中兴街，西临百灵路（政府规划改建），东侧为红线内代建公共通道。项目总建筑面积16.73万平方米，规划建设方案为5栋超高层住宅，总户数915户，容积率5.3%。项目由武汉惠誉御恒置业有限公司开发，累计投资2.34亿元。

汉桥村城中村改造开发K4地块　该项目位于墨水湖北路以南、百灵路以西。建设规模15万平方米，商业面积7947.34平方米，规划建设高层住宅4栋，商业楼1栋。项目由武汉惠誉华天置业有限公司开发，年内竣工，累计投资14.49亿元。

琴台天地项目　该项目位于琴台大道、罗七北路。总用地面积4.8万平方米，计容总建筑面积17.53万平方米，居住用地面积2.5万平方米，建筑面积8.25万平方米，办公建筑面积8.42万平方米，规划建设住宅5栋，高层办公写字楼2栋。项目由武汉瑞益房地产开发有限责任公司开发，累计投资17.31亿元。

金桥璟园项目　该项目位于汉阳大道以南，红光路以西。项目占地面积1.32万平方米，总建筑面积5.31万平方米，规划建设44层住宅楼1栋，30层带2层商业裙房住宅楼1栋，2层带2层商业裙房办公楼1栋。项目由武汉市大桥坦达置业有限公司开发，累计投资8.51亿元。

尚城国际项目　该项目位于汉阳大道五麟路以西（原汉阳齿轮厂）。项目占地面积4.16万平方米，总建筑面积25万平方米，商业面积约5万平方米，建筑面积8.25万平方米，规划建设住宅9栋、办公写字楼2栋。项目由武汉汇璟房地产开发有限公司开发，累计投资22.69亿元。

汉桥C2地块项目　该项目位于麒麟路以东、墨水湖北路以北，中国工商银行湖北金融培训学校以西。项目用地面积1.9万平方米，建筑规模10.8万平方米，规划建设酒店1栋、办公楼1栋。项目由武汉惠誉建设投资有限公司开发，累计投资1.51亿元。

汉阳医院医疗综合楼建设项目　该项目位于汉阳大道以南、墨水湖路以西。新建综合楼一栋，建筑面积3.4万平方米。主楼工程已完成90%，附楼和其他配套工程正接续施工。项目由武汉市汉阳医院建设，累计投资0.27亿元。

【城市更新】 2022年，五里墩街道重点征收项目3个。其中，城市更新改造征拆项目为五檀里社区片旧城改建、马沧湖建材市场，城建项目征拆项目为墨水湖北路二环线匝道。

五檀里社区片　该项目拟征收范围北至汉阳大道，南至五里墩小学，西至红光路，东至五檀路，征收总用地面积3.67万平方米，规划用地性质主要为居住用地，拟征收房屋总建筑面积7.5万平方米，拟征收户数730户，土地储备主体为汉阳区土地储备中心。2016年被列入武汉市棚户区改造计划。2022年1月30日，五里墩街道发布“政府采购意向”公告，正式启动项目征收调查、劳务代办服务招标工作。4月，确定第三方服务机构为武汉瑞恒房屋策划咨询有限公司并在网上公示完毕。

马沧湖建材市场征收项目　该项目征收范围北临水天一色小区，南至高龙路，西至马沧湖路，东临名流公馆小区。总占地面积2.97万平方米，土地规划用途主要为小学用地，范围内房屋建筑面积4.6万平方米，户数221户（其中居民216户、企业5户），土地储备主体为汉阳区土地储备中心。2020年12月9日下达征收决定，至2022年12月15日止，征收范围内的221户中，已签约送审218户，其中居民216户、企业2户，未签协议企业3家。

墨水湖北路二环线匝道项目　该项目自2022年4月启动，拆除简朴寨餐馆、警务室，与武汉动物园签订土地补偿协议。至年底，修建墨水湖北路二环线匝道准备工作基本完成。

【“知音人才谷”建设】 2022年，五里墩街道与汉阳区人力资源局、中共汉阳区委组织部招才局、汉阳人才集团建立“四方联动”机制，瞄准汉阳“1+6”（以数字经济为引领，重点发展大健康、工程设计建造、汽车后市场、智能制造、金融商贸、会展文旅六大优势产业）产业发展方向，发展人力资源服务产业链，打造“知音人才谷”，形成以人力资源产业园为主、人才公寓、主题人才公园等N个人才元素阵地为辅的“1+N”规划布局。6月，对标省级人力资源服务产业园创建标准，对中国武汉人力资源服务产业园（汉阳集聚区）进行全方位优化升级。产业园空间由0.33万平方米扩至1万余平方米，进一步优化公共办公区和延伸配套服务区，园区企业由29家增至47家，服务行业范围覆盖汉阳“1+6”产业体系。8月8日，位于七里庙地铁站东侧的知音人才公园正式开放，该公园占地0.27万平方米，休闲设施齐全。公园景观画卷按照“创业咖啡”“下沉剧场”“知音画廊”三大主题次第展开，是全市首个建成的人才公园。在五里墩核心商圈万科未来中心旁建设知音人才公寓，除600余套免租金的高层次人才公寓，另有3000余套覆盖全区60余小区的大学生公寓，为各类人才提供“15分钟优质生活圈”的良好安居环境。对园区入驻企业以及高端人才引进提供政策支持。配合中共汉阳区委组织部招才局编制知音人才谷政策，推动实施高端人才领航、青年人才支持等5项计划和人才贡献奖励、企业引才奖励等5项扶持政策措施。配合汉阳区人力资源局落实就业创业政策，为符合条件的人力资源服务企业发放各类补贴。全年为街内人力资源服务企业发放创业担保贷款等补贴资金2450万元。

2022年，位于汉阳区五里墩街道的知音人才谷

（五里墩街道　供图）

【武汉动物园文旅圈建设】 2022年，五里墩街道打造动物观赏旅游特色品牌，推进武汉动物园综合改造工程，统筹谋划环武汉动物园周边环境改善，发展武汉动物园文旅圈。武汉动物园综合改造一期工程总投资9.8亿元，占地面积46.66公顷，总建筑面积约5.9万平方米。至年末，完成澳洲区景观工程、大部分动物笼舍主体结构施工，进入内景装修阶段。

（明弘文）

琴断口街道

【概况】 武汉市汉阳区琴断口街道位于汉阳区中西部，东临罗七路、麒麟路，与五里墩街道毗邻；南至墨水湖，与龙阳街道相望；西以龙阳大道为界，分别与永丰街道、龙阳街道相连；北至琴台大道，分别与江汉二桥街道、晴川街道接壤。2022年，街域面积3.39平方千米，下辖桃花岛、七里一村、汇福园、紫荆花、七里庙、十里景秀、龙祥、冯家畈、江花、金龙花园、七里晴川、星火、百灵、龙兴14个社区。全街有户籍人口22767户、52993人，60岁以上老人14429人，外来暂住人口22310人。有各类单位1642个。其中，行政机关48个，企业单位1547个，事业单位47个。主要党政机关有中共武汉市汉阳区委员会、武汉市汉阳区人民政府、武汉市汉阳区人民检察院、国家税务总局武汉市汉阳区税务局等；主要医疗机构有武汉市第五医院一分院；中小学校有武汉市第二十三中学、武汉市楚才中学、武汉市七里中学、汉阳区楚才小学、汉阳区七里小学等；主要企业有武汉卷烟厂、武汉电信工程有限公司、武汉市天然气公司汉阳营业部、武汉市自来水公司汉阳维修工程处、湖北十里投资发展股份有限公司、湖北铁桥经贸股份有限公司等。

【经济发展】 2022年，琴断口街道完成全口径财政收入8.9亿元，比上年下降10.4%；完成体制内收入3.34亿元，下降24.5%；完成全社会固定资产投资总额6亿元，下降69.6%。完成社会消费品零售总额29.16亿元，增长2.2%；完成规模以上服务业营业收入3.98亿元，增长58.9%。商贸企业"小进限"净增8家，分别是武汉东埕酒店管理有限公司、武汉鑫临门酒店管理有限公司、湖北钢之锋贸易有限公司、武汉盛禾源贸易有限公司、湖北福宸医药化工有限公司、湖北广德源工贸有限公司、武汉新力拓商贸有限公司、华棉网科技（武汉）有限公司。限额以上商贸企业39家，分别是湖北交投物流集团有限公司、湖北交投石化能源发展有限公司、湖北铭康元长能源有限公司、中化交投（湖北）能源有限公司、武汉飞腾亚化工新材料有限公司、湖北功承石油贸易化工有限公司等。全年招商引资30亿元，下降29.1%。扶持创业主体2736户。辖区重点企业有湖北中烟工业有限责任公司等9家。

【基层社会治理】 2022年，琴断口街道全面落实"深根工程"建设。14个社区统一规范挂牌，按照"6+1"

2022年9月20日，武汉市汉阳区琴断口街道在桃花岛社区召开老旧小区改造协调会 （琴断口街道 供图）

（居民文体活动空间、一站式服务大厅、社区综治中心、党员教育中心、"阳小驿"户外工作者服务驿站、新时代文明实践站+各社区特色活动室）模式设置党员群众服务中心。落实小区驿站"五站合一"（党群服务站、政务服务站、志愿服务站、物业服务站、民调服务站）功能，组织党员教育、开展协商议事。落实民生审批事项在社区"红色驿站"办理的功能作用，不断前移治理和服务平台。引导社区开展基层社会治理创新工作，促进社会组织规范运行、健康发展、发挥作用，提升基层社区治理的管理和服务能力。全街有社区社会组织289个。其中，已备案211个，未备案数78个。社区社会组织备案人员1800余人。涉及社区管理、志愿服务、公益服务、文化体育、社区教育、养老助残、环境保护等领域。初步形成自主发展、门类多样、不同层次、覆盖广泛、作用明显的社区社会组织体系。引入武汉市汉阳区春晓社会工作服务中心、武汉市汉阳区乐帮社会工作服务中心、武汉市汉阳区博仁社会工作服务中心等专业社工组织。引入专业团队运营琴断口街道社工站，全街道14个社区社工室开展常态化、专业化的培育孵化、业务交流培训、社区志愿服务积分兑换机制等专业服务。

表65 2022年琴断口街道重点企业一览表

名称	地址	所属行业	缴纳税金（万元）
湖北中烟工业有限责任公司	龙阳大道	工业	30378
湖北省烟草公司武汉市公司汉阳营销部	汉阳大道642号	批发业	19239
武汉洺悦领江房地产有限公司	鹦鹉大道373号	房地产	5668
湖北交投石化能源发展有限公司	罗七北路12号	批发业	2187
湖北十里投资发展股份有限公司	十里玫瑰四期	房地产	1968
贝因美股份有限公司武汉分公司	十里铺151号	零售业	1395
湖北天宇建设有限公司	百灵路9号	建筑业	1294
武汉地质工程勘察院有限公司	十里铺夏家湾特1号	服务业	1280
武汉飞腾亚化工新材料有限公司	龙阳大道49号	批发业	1175

社区共同缔造　确定七里一村社区、桃花岛社区2个共同缔造示范点位。改造七里一村社区一站式服务大厅，连片打造综治中心，并按照党务、政务、应急窗口设立工作台位。利用三片区闲置空间打造共享岛，安装便民休息桌椅，用闲置物品改造微空间，打造“网红”打卡地等。桃花岛社区通过居民协商议事会，居民群众设计确定改造项目，包括餐厨油烟污染环境净化治理、楼栋加装空调冷凝管设备、加装电梯、安装电动车智能换电柜等。

“红色驿站”建设　建成“红色驿站”45个，将民生类事项下放至社区“红色驿站”，形成“街道—社区—驿站”三级服务体系，升级全街“阳小驿”。按需设置“阳小驿”户外工作者驿站点位，提档升级前期打造较好的户外工作者驿站。各小区“阳小驿”进行硬件打造，整合江城蜂巢、职工心灵加油站、青年之家、小区红色驿站等阵地资源，建设覆盖更广、功能更全、服务更优的“阳小驿”户外工作者服务驿站。完善服务清单、管理制度和积分兑换规则。打造“阳小驿”17个。其中，一级2个，二级2个，三级11个。七里一村社区、冯家畈社区“阳小驿”被汉阳区命名授牌“五星级阳小驿”。

2022年8月4日，武汉市汉阳区琴断口街道七里一村“阳小驿”内，环卫工人休息喝水（琴断口街道　供图）

【城市管理】　2022年，琴断口街道推进城市管理工作精细化，提升市容环境。完善各项考核工作的分配和考核，提高工作效率。加强队伍纪律建设，打造能学、能战、执行力强的城管队伍，做好城市管理工作规范化。落实垃圾分类工作标准，通过每月工作简报的方式，通报全街各社区巡查整改情况。提档升级龙阳一号、汉钢小区垃圾分类设备，在相对应小区开展垃圾屋的选点、调研和建设规划，分发宣传物品。全年完成拆违8000余平方米，解决拆违存量7735平方米。改革优化“路长制”，做好道路环境管理精细化。重新划分道路片区，根据实际情况分配人员。加强协管员培训，提高城管考核扣分点和业务能力。加强队伍管理，定人定岗定责，抓路长巡街，抓问题整改，抓绩效考核。明确各执法队员路段责任区，全面巡街，督促整改责任区内的工作及环境卫生情况。利用图片、视频、微信、抖音等方式，激发路长快速反应、主动认领，限时处置市容市貌乱象、乱倒垃圾等问题。负责环境卫生清扫服务的外包公司实行到编到责到位，实行市容和环境卫生“门前三包”责任制管理成效直接与绩效考核挂钩。完成环境空气监测站点建设运行，完成市环保督察整改5件，整改率100%。推进长江经济带生态环境突出问题整改，推进“四水共治”。开展周末清洁家园活动、燃气专项整治活动、校园周边食品安全检查、街区户外广告立面整治、楼道杂物清理、闲置空地排查等专项整治活动。

2022年5月31日，武汉市汉阳区琴断口街道联合武汉市公安局汉阳区分局琴断口派出所，取缔武汉市七里中学周边不良场所（琴断口街道　供图）

【平安建设】　2022年，琴断口街道开展普法宣传15次、社区法律顾问开展法治讨论20场次，发放各种宣传单5万余份。组织街机关工作人员参加无纸化学习，提升行政业务能力。贯彻落实“八五”普法规划，制定2022年普法责任清单，组织机关干部集体观看《中华人民共和国民法典》宣传片，督促社区利用微信公众号、抖音号、工作群、电子屏、宣传栏等线上、线下方式宣传《中华人民共和国民法典》。开展扫黑除恶专项斗争，结合传统媒体与新媒体，宣传中央开展扫黑除恶专项斗争精神、重大意义、相关政策，提高群众参与扫黑除恶专项斗争的意识。在街道、社区分别设置举报箱，并公开举报电话，发动群众检举揭发、提供线索。加大排查化解矛盾风险力度。建立完善信访维稳长效工作机制，制订突发事件应急预案，加强节日及敏感时期的值班备勤。全年国家信访局重复重访交办件 14 件，化解 12 件，化解率 86%；武汉市交办信访积案 9 件，化解 8 件，化解率 89%。全年开展重点行业领域隐患大排查、大整治以及危化品专项检查，逐一检查 3 家加油站、2 家加气站及“十小”（食品加工小作坊、小食杂店、小餐饮店、小药店、小农资店、小菜场、小音像店、小美容美发店、小客运、小液化气供应点）场所，查出各类安全隐患 111 处，整改完成 109 处，2 处整改中。组织消防培训 13 期，消防检查 66 次，消防演练 12 次，全街道经营单位安全生产形势平稳。

2022年8月24日，武汉市汉阳区琴断口街道联合区城管、消防、公安等部门整治龙阳时代小区消防安全隐患
（琴断口街道　供图）

【民生保障】 2022 年，琴断口街道新增低保户 24 户，撤销 71 户，调整 20户，新增低收入家庭 1 户。全年为 350 户、510 人发放低保金 541.1 万元；为 88 户因病因灾突发困难的家庭办理临时救助，金额 6.5 万元；为 4 户低收入住房困难的居民办理租金补贴，金额 1.68 万元，落实廉租房 4 套。元旦、春节期间，发放特困救助金 6.55 亿元，为 350 户家庭发放物资 350 份。全年新增就业 760 人。

养老服务　关心关爱老年人，全年建设完成提升行动家庭养老床位 80 个，居家上门服务 120 人，提供助餐、助洁、助医、助行、康复、寻访关爱等服务，为 120 余名老人提供服务 7154 人次。为 113 名 90 岁特困老人申请特困补贴，落实特困老人“一对一”帮扶政策，开展“三助一护”（助餐、助洁、助医、远程照护）服务。全年申报适老化改造 36 户，通过在老人家中布设智能化、适老化设施设备，将专业照护服务延伸至老年人家中，提供专业护理、远程监测等养老服务。

残疾人权益保障　关心关爱残疾人，全年重度精神残疾服药补贴 1355 人次，金额 13.55 万元；轻度精神残疾服药补贴 1329 人次，金额 13.29 万元；低保精神残疾服药补贴 1132 人次，金额 16.98 万元；智力残疾家庭照料补贴 24 人次，金额 0.24 万元；智力残疾家庭托养补贴 1062 人次，金额 10.62 万元；残疾人就业援助岗 252 人次，金额 47.17 万元。残疾人证办理 134 人，残疾人 IC 卡办理 61 人。全年完成残疾人动态更新录入 1249 人，“2022 年全国助残日”活动慰问困难残疾人 42 人。接待残疾人来信来访工作，信访交办及时办理、回告率 100%，办理结果与当事人见面率 100%。

【精神文明建设】 2022 年，琴断口街道更换破损、老旧公益广告 130 块，更新维护创文宣传栏、凡人善举榜和健康教育等专栏内容 60 余块。利用社区小喇叭播放文明创建相关知识，开展文明市民评选活动，不断提高群众参与度和知晓率。开展各类宣传、文明旅游、文明交通和“武汉以我为荣，建设宜居宜业新汉阳”等文明实践活动，依托新时代文明实践所（站）的志愿服务队、志愿者自主编排节目，举办志愿服务演出，传递文明理念。抓实抓好未成年人思想道德建设，利用学校广播、板报、会议等形式，开展未成年人思想道德建设宣传教育活动。开展“喜迎二十大，同心护未来”未成年人保护宣传活动，讲解《中华人民共和国未成年人保护法》，帮助未成年人树立良好的法治观念。全面开展志愿服务。通过积分助力微公益、“点单式”积分兑换，打造七里一村红色启航志愿服务项目、红喇叭志愿服务队、爱心理发屋志愿服务品牌项目、十里景秀兵哥哥巡湖志愿服务品牌项目、龙祥青柠困境儿童帮扶项目、龙兴环保小卫士志愿服务队、垃圾分类环保志愿服务项目等特色服务项目。落实“公益银行”激励回馈机制，获《长江日报》、武汉文明网等媒体报道。在“魅力汉阳 共同缔造——2022 年汉阳区公益创投项目”大赛中，紫荆花社区与春晓社工服务中心共同申报的琴断口街道“家医速递”慈善医疗救助项目获一等奖，七里晴川社区“爷爷奶奶课堂”志愿服务项目获二等奖，紫荆花社区“格格粉丝团”志愿服务项目获三等奖；在“红马甲领跑，志愿红深根”2022 年汉阳区新时代文明实践志愿服务项目大赛中，七里一村社区“汉钢里匠心院落”居民自治志愿服务项目获一等奖，冯家畈社区“文明骑士”志愿服务项目获三等奖，联合楼栋长探索“房屋租赁+志愿服务”模式，缓解房屋租赁管理混乱等问题的十里景秀“房小帮”志愿服务项目获优秀奖。七里一村社区“汉钢里匠心院落”获“2022年湖北省新时代文明实践志愿服务大赛”铜奖。

【中共基层组织建设】 2022年，琴断口街道有中共基层组织108个。其中，党委6个，党总支12个，党支部90个。有中共党员3211人。全年发展新党员8人，均在35岁以下。其中，本科以上学历6人，研究生以上学历1人，储备入党积极分子29人。“七一”颁发“光荣在党50年”纪念章55人。推选2名社区党组织书记参加区级“我型我秀”擂台赛决赛。加强社区“两委”成员、小区支部书记、楼栋党小组长（楼栋长）的培训，指导开展小区遍访行动，制定遍访计划与作战图。楼栋党小组长（楼栋长）和党员中心户走访77个社区，走访居民群众72803人，遍访率100%，收集困难和问题162条，解决154个，解决率95%。以党建引领基层社会治理，组织开展小区共同缔造、“红色驿站”等工作。

【政务服务】 2022年，琴断口街道加快推进“四办”（马上办、网上办、就近办、一次办）改革，深化政务服务便民利民改革，优化“一窗通办，一网统办、一事联办”便捷服务标准流程，推行“五免”服务（免费帮办代办、免费收取快递、免费复印、免费发放口罩、免费档案袋），免费代办帮办服务成为特色服务内容。由街道牵头成立社区网格帮办队伍，明确窗口代办帮办人员职责，建立代办帮办事项清单、办事指南。完成派出所综合窗口入驻，利用社区“红色驿站”平台，承接政务服务事项。全年社区办理服务事项14839件，红色驿站办理11821件。全年，完成新登记市场主体2736家，增幅排名汉阳区第一。线上线下接待群众6000余人次，受理各类服务事项5564件。其中，工商各类业务1454件，公共场所卫生许可证32件，小餐饮许可证278件，食品经营许可证123件，销售预包装食品经营者备案169件。

【重点项目建设】 2022年，琴断口街道实施重点项目建设5个，分别是电建·泷悦长安项目、城投墨北璟苑项目、十里铺“城中村”改造K4地块项目、汉阳区十里铺村“城中村”改造三期B区、十里铺村城改还建二期H7地块还建项目。

电建·泷悦长安项目 该项目位于汉阳区十升路与十升一路交叉口东南角，总投资23.88亿元。占地面积2.45万平方米，建筑面积13.05万平方米。规划建设5栋14层至48层住宅、6000平方米邻里中心、2000平方米绿地广场及裙房商业体。于2021年12月开工，预计2024年12月竣工。建设单位为武汉泷悦领江房地产公司，正进行1栋至4栋住宅主体建设，已建成商业A2、A3，完成A1主体结构，进行砌体粗装和外立面施工，年内完成投资5.07亿元。

2022年，武汉市汉阳区琴断口街道政务服务中心为居民提供服务

（琴断口街道 供图）

城投墨北璟苑项目 该项目位于汉阳墨水湖以北，墨水湖北路与麒麟路交叉口，由武汉新天泽置业开发有限公司投资，总投资5.64亿元，用地面积1.24万平方米，建筑面积3.84万平方米，计容建筑面积2.74万平方米。于2021年3月开工。新建4栋12层至16层的住宅楼及配套商业服务用房，1栋5层公租房。建设单位为武汉新天泽置业开发有限公司，项目于12月31日交付，年内完成投资989万元。

十里铺“城中村”改造K4地块 该项目位于汉阳大道以北，永丰路以东，由武汉十里新航置业有限公司投资，总投资48亿元。用地面积4.73万平方米，建筑面积36.08万平方米。于2019年3月开工，预计2024年3月竣工。规划建设4栋40层到56层住宅楼、1栋41层商业办公楼、1栋30层商业、1所3层幼儿园及相关配套设施。建设单位为武汉十里新航置业有限公司，项目1号楼至3号楼已盖到第7层，4号楼盖到45层，5号楼至7号楼已封顶，年内完成投资3310万元。

汉阳区十里铺村“城中村”改造三期B区 该项目位于墨水湖北路以南、星火路以东，由武汉中大十里房地产开发有限公司投资，总投资4.4亿元。占地1.22万平方米，建筑面积5.42万平方米。2021年3月开工，预计2023年10月竣工。新建1栋34层底层商业裙房住宅楼，1栋2层集中商业、1栋幼儿园、1栋1层为垃圾收集屋。建设单位为武汉中大十里房地产有限公司，项目30号楼已封顶，完成抹灰，年内完成投资2336万元。

十里铺村城改还建二期H7地块还建项目 该项目位于墨水湖北路以北十里铺小学以西，总投资7.89亿元，用地面积4.42万平方米，建筑面积

21.33万平方米。2021年10月开工，预计2023年10月竣工。新建7栋14层至46层的住宅楼，1栋3层楼的幼儿园和底层商业，公用配套，供配电、给排水、道路、绿化等设施。建设单位为湖北十里投资发展股份有限公司，项目进行桩基工程、基础工程建设，年内完成投资2624万元。

【城市更新】 2022年，琴断口街道城建项目征地征收有8个，分别是金龙公馆北地块旧城改建、汉阳区十里铺小学扩大片旧城改造、高森片、农科所农垦局片、武汉市第二十三中学扩大片、雨淋山庄、轨道交通12号线（江北段）工程、轨道交通12号线江北段（十里铺站至汉钢站区间）工程。

金龙公馆北地块旧城改建项目 该项目占地面积3.12公顷，房屋建筑面积2.2万平方米。户数47户，已全部签约。

汉阳区十里铺小学扩大片旧城改造项目 该项目占地面积1.09公顷，房屋建筑面积4.5万平方米。户数186户，其中居民182户，已签约181户；企业4户，已签约1户，剩余企业3户待签约。

高森片项目 该项目占地面积3.99公顷，房屋建筑面积6.6万平方米。户数737户，其中居民731户，已经全部签约；企业6户，已经签约4户，剩余高森集团及陆兴酒店未签约。

农科所农垦局片项目 该项目占地面积1.13公顷，户数62户，房屋建筑面积0.64万平方米，农科所片占地面积0.53公顷，户数172户，面积1.3万平方米。已全部签约。

武汉市第二十三中学扩大片项目 该项目占地面积1.53公顷，房屋建筑面积0.94万平方米，户数149户，其中企业1户，为宝业集团；居民148户，持有两证住户50户，已签约48户，其余98户需宝业集团出具清册才能确权，出具清册及签约事宜已与宝业集团谈妥。

雨淋山庄项目 该项目占地面积3.31公顷，房屋建筑面积3.5万平方米。户数523户，已签约441户。

轨道交通12号线（江北段）工程项目 该项目占地面积0.3公顷，房屋建筑面积0.8万平方米。户数18户，已全部签约。

轨道交通12号线江北段（十里铺站至汉钢站区间）工程项目 该项目占地1.15公顷，房屋建筑面积4.3万平方米。户数427户，已签订304户。

【产业发展】 2022年，琴断口街道强化统筹谋划，打造汉阳工程咨询服务产业园。7月5日，汉阳工程咨询服务产业园在铁桥广场开园，是武汉市首个工程咨询服务类产业的集聚园区，引进19家工程咨询服务企业入驻园区，年内实现新增营收3500万元。融合“线上+线下”，服务中农易联（武汉）供应链有限公司线下阵地拓展，与区机关事务局接洽，计划在机关设立咖啡小店。做好智慧大厦、龙阳时代的招商工作，引进高新技术、数字经济等新兴产业。优化营商环境，密集走访重点企业，建立完善“解难题、稳增长、促发展”企业帮扶工作制度，组织干部下沉企业，实现企业联系服务全覆盖，每周梳理、汇总、分类处理收集到的问题，变“问题清单”为“服务清单”。

【“一刻钟便民生活圈”】 2022年，琴断口街道围绕便民生活圈规划、建设、业态、运营、创新、服务六个方面，推进社区商业标准化、智慧化、品质化、便利化发展，打造“一刻钟便民生活圈”。以金龙花园社区、百灵社区为试点社区，优先配齐、强化12种基本保障类业态和10种以上品质提升类业态，突出“便民、利民、惠民”特点。以金龙花园社区和百灵社区为圆心，步行5至15分钟可达公交站、地铁站、综合商业体、中百仓储、电影院。打造十升路与十升二路“生活秀夜场”。“网红”美食街区全长800米，引进锦官巷、“堤角朱爹爹”等“网红”餐饮，拟定“藏于烟火市井、充满芳草墨香、展现历史厚韵”建设方案。引进优质餐饮品牌，做强本地餐饮品牌，形成汉阳老字号和“网红”美食交融的特色街区。

【龙阳湖公园龙阳半岛园区建成开园】 2022年11月7日，龙阳湖公园龙阳半岛园区建成开园。该园区位于龙阳湖北路，是龙阳湖公园景观中心。占地面积16.68万平方米，三面环湖，可280度观景。园区设草坪露营区、萌宠互动区，建有环湖慢跑绿道、龙阳扇驿、龙骨桥、普昕广场、静林幽谷广场、龙心水环等。龙骨桥位于半岛驿站前，全长251.8米，桥梁整体线形为自然弧线，上部结构采用双主梁矩形钢梁，寓意为龙身；下部结构为双圆形钢管柱，略有倾斜，寓意为龙爪。龙阳半岛一级驿站坐落半岛中心，北面为背景林，前临广场、草坪

2022年7月5日，汉阳工程咨询服务产业园在汉阳区铁桥广场揭牌开园
（琴断口街道 供图）

和一级景观廊桥，驿站外观呈扇形。驿站为二层钢结构，建筑面积1000平方米，外立面采用仿红砖质感的陶土砖通花幕墙与玻璃幕墙。西南、东南方向为观湖视线通廊，驿站一层设游客中心、餐厅、咖啡馆、卫生间和多功用厅；二层为观景平台。

（杨琼）

江汉二桥街道

【概况】 武汉市汉阳区江汉二桥街道位于汉阳区西北部，东部以赫山路、知音大道至兔子嘴新华布鞋厂东侧为界与琴断口街道、晴川街道接壤；南部以汉阳大道为界与永丰街道、琴断口街道接壤；西部以玉龙路为界与永丰街道接壤；北部至汉江中心线。2022年，街域面积3.88平方千米，下辖知音西苑、玫瑰西园、桥东、知音东苑、桥西、郭茨口、水仙里、玫瑰东苑、十里铺、赫山10个社区。有户籍人口25006户、60169人，60岁以上老人16790人，外来暂住人口25954人。街道办事处位于武汉市汉阳区琴台大道529号。

【经济发展】 2022年，江汉二桥街道完成全口径财政收入4.63亿元，比上年下降43%；完成体制内收入3.05亿元，下降45.9%；完成全社会固定资产投资总额2.12亿元，下降84.99%；社会消费品零售总额完成9174万元，下降5.9%；完成规模以上服务业营业收入10.44亿元，增长18.3%。商贸企业“小进限”净增3家，为香猫科技有限公司、武汉凯盛越酒店、中兆联合实业有限公司。街道域限额以上商贸企业达22家，包含国药控股鑫烨（湖北）医药有限公司、湖北乐声药业有限公司等。全年招商引资20.8亿元，增长50%。辖区重点企业有湖北省交通规划设计院股份有限公司等3家。

【基层社会治理】 2022年，江汉二桥街道开展小区遍访行动，进家入户察民情、听民声、汇民意、解难题，收集居民问题需求281项。引领社区居民按照“五微”形式，形成共同缔造项目清单，全街确定项目22个，完成14个。全面推进党建强网、环境提升、惠民暖心和素质提升四大惠民行动。在玫西社区、知东社区开展环境整治，更新玫西美食街广告招牌20余块、垃圾分类容器200个，修建规范经营的门店“女儿墙”16处，清理游动餐车80余台，刷黑路面3000余平方米，疏通地下管网200余米，整治空中管线300余米，拆除违建腾空土地建设公共停车位40余个。发挥玫瑰西园社区“玫瑰街商户联盟”作用，筹资共建“女儿墙”。与居民共建共管电动自行车停车棚，扩充停车位40余个。修建玫瑰西园小区及东北小区居民“议事亭”2个。推进玫瑰西园社区、知音东苑社区美好环境与幸福生活共同缔造样板点工作。其中桥西社区“任务100工作室”、玫瑰西园社区“玫瑰街商户联盟”案例多次被“学习强国”学习平台、《长江日报》、《武汉晚报》、“汉阳知音”微信公众号等媒体报道。

【城市管理】 2022年，江汉二桥街道落实城市精细化管理，推进城市配套基础设施建设，配合新建知音大道、玫瑰街北路及侧路完成停车泊位1500个、交流充电桩700个，拟建苏美道森立体停车库、锦绣汉江一区充电站。开展环境治理，推动执法力量下沉，将“路长”派驻10个社区“阳小驿”联合办公。用好“1+2+N”（路长+楼长〈店长〉+共治力量）力量，每日排查梳理街区道路、小区环境，并记录台账，明确整改时限。按网格划分路段与小区，发挥环卫工人、协管员进网格作用，确保时间、空间全覆盖。实行案件分派、整改人员24小时值班制度，归纳整理城市管理中的出店占道、暴露垃圾、共享单车乱停放、管线、地下井盖等问题，收到问题第一时间派单、处理、回告，确保整改率和限时整改率达到“双百”要求。逐户摸底排查、上门宣传，全街13条道路736个临街门店建立路籍档案，分段管理，提升经营户能动性，强化门前卫生环境，“门前三包”责任书签订率100%。常态化开展市容市貌、环境卫生综合整治，重点整治规范路面不洁、垃圾容器、违法“三乱”、出店占道、广告招牌、共享单车乱停放等问题，集中治理脏乱差。全年清洗餐饮店墙面、地面的油污70处，修补破损积水路面40处，更换破旧垃圾容器80个，清理老旧小区单元楼道杂物、墙角旮旯和绿化带等卫生死角340处，清理各类有碍观瞻、影响通行的室外堆放物品90车，清除橱窗粘贴、墙面刻画、宣传、涂写900处，拆除破损和违规广告招牌53个。更换玫瑰街、玉龙路破损油污地砖，修整门前人行道口石柱和交通护栏，为街区11条道路沿路餐饮门店安装污水管，将店内污水排至室外污水井。整治玫瑰园市场、和阳市场

表66 2022年江汉二桥街道重点企业一览表

名称	地址	所属行业	年生产总值（万元）	缴纳税金（万元）
湖北省交通规划设计院股份有限公司	龙阳大道7号	服务业	96202	9552
国药鑫烨（湖北）医药有限公司	玫瑰街37号	批发业	73221	1463
湖北楚天大地建设工程有限公司	玫瑰园东路特8号	建筑业	31292	475

周边的基础设施并清理“三乱”。集中整治主次干道、背街小巷的违法占道、出店经营。全年组织大型集中拆违行动9次、小型拆违47处，及时发现制止现行违章建筑6处，拆除违法建设面积8126平方米。采取“三位一体”（街道牵头、执法中心实施、社区物业配合）联动机制，开展安全生产隐患排查。走访排查燃气场站、小餐饮、沿街门店等场地，普查登记98户天然气用户、78户瓶装气用户。每季度全覆盖检查，发现隐患立即责令整改。每月排查7家瓶装液化气供应站安全隐患，未发现“黑气点”存在。全年累计出动社区及执法人员1540余人次，检查商业瓶装气用户2000余次，发现安全隐患并整改90余处。

2022年2月7日，武汉市汉阳区江汉二桥街道玫西社区工作者在居民通行道路上扫雪除冰（江汉二桥街道 供图）

【生态环境治理】 2022年，江汉二桥街道落实河湖长制，开展清“四乱”“三清”（清源、清管、清流行动）行动，保护治理汉江岸线责任段及周边环境。街道、社区两级河湖长以及民间河湖长履职尽责，巡查汉江岸线，发现环境污染问题及时解决。全面清理排查汉江岸线责任段，拆除知音桥头转盘处违建棚子1处。投资20万元，整治汉水琴台、万科翡翠滨江周边、知音桥下涵洞、汉江湾桥西侧绿化用地闲置土地，铲除菜地、清理暴露垃圾、平整地块。在汉江湾桥西侧绿化用地种植花田花海约3万平方米，在汉江湾桥东侧建设玫瑰低碳公园、汉江碧道。开展“十年禁渔”工作，落实街道包社区责任制，社区根据河岸区域实行分段、分区、分人、分目标的网格化管理，建立网格化日常管理等工作台账。运用多形式开展禁捕宣传，张贴标语60幅，发放宣传资料1200余份。组织街综合执法中心、市场监管所开展常态化“联巡、联查、联打、联治”行动100余次，劝离违规垂钓人员280余人次，收缴野生青蛙6次，整改餐馆招牌2家。街道小型空气质量监测站24小时实时监测空气。强化工地管控，确保工地施工降尘、车辆清洗、封闭上路、错时喷涂工作落实到位，查处未错时喷涂工地1个，取缔室外喷涂门店1家，高污染天气劝停钣金油漆店3家。加大工地等重点区域的巡查，依法严禁露天焚烧垃圾，并协调环卫部门加强降尘作业频率，降低污染程度。

【生活垃圾分类】 2022年，江汉二桥街道全面开展垃圾分类工作，在小区、单位建成生活垃圾分类示范点位4个。分别是万科翡翠滨江一期、锦绣汉江一区、长江水资源保护科学研究所、武汉市建设学校。全街道参与垃圾分类小区60个、单位1000余家。张贴生活垃圾分类宣传海报900余份，向居民发放印有垃圾分类广告语的沥水篮共1250个。开展“可回收企业进社区”活动22场，现场回收废旧家电、废旧报纸等7吨，生活垃圾做到撤桶定点定时投放且日产日清。利用小区空间，争取居民支持，推进垃圾分类设施建设，在玫西社区、锦绣汉江一区、锦绣汉江二区安装垃圾分类亭28个；在锦绣汉江一区、锦绣汉江三区、锦绣汉江四区及万科翡翠滨江一期建成生活垃圾分类收集屋3座、建筑垃圾收集屋2座、智能垃圾分类设备2台。

【老旧小区改造】 2022年，江汉二桥街道改造老旧小区4个，分别是知音西苑社区、桥西社区、玫瑰苑小区（玫瑰东苑社区）、德才小区（玫瑰东苑社区）。采取问卷调查、召开方案见面会等形式，广泛征询民意，结合小区实际，全面收集居民的合理化意见和建议。多次与区老旧小区改造专班对接，确保居民急需解决的屋面防水、机动车及电动车的停放、管线规整、路面刷黑等改造项目落到实处。配合完成桥西社区二次供水改造任务，通过前期泵房建设、居民楼道水管铺设后，完成1400余户水管入户供水，完成率91%。开展旧改前期拆违，组织专人摸排违法建筑，建立清册、倒排工期、挂图作战，拆除玫瑰苑小区、玫瑰园市场周边历史违建，畅通消防通道，打通社区内部单循环。

【平安建设】 2022年，江汉二桥街道选配基层平安建设群防群治力量，在街区10个社区均成立治安巡防队和矛盾纠纷调解队。与派出所、司法所定期联动走访，做到零距离服务。宣传并参与“一感一度一率一评价”（群众安全感、政法机关公正执法满意度、矛盾纠纷调处有效率、扫黑除恶成效评价）测评，利用电子屏、宣传牌、公益广告牌、大型商超电视广告大屏等信息传播平台滚动播报“一感一度一率一评价”宣传内容。结合全街道工作，发放“告居民一封信”等

1.4 万张。依托武汉市智慧社会治理信息平台，统计分析矛盾纠纷排查化解情况，以社区网格为单位，完善人户信息，完善排查标准、处理机制和应急预案。推进矛盾纠纷风险隐患大走访、大排查、大化解，按照“日事日清，日事日毕”工作要求，每日报送，一事一报，实现信息高效准确流转，发挥社会治理效能，确保平安稳定。

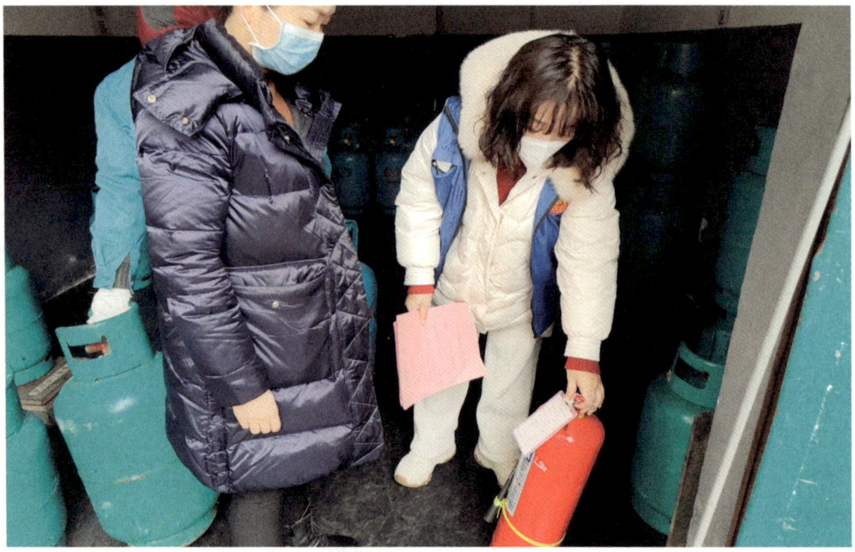

2022年1月16日，武汉市汉阳区江汉二桥街道工作人员检查桥西社区安全生产情况（江汉二桥街道 供图）

【民生保障】 2022 年，江汉二桥街道新增低保户 21 户，撤销 49 户，新增低收入家庭 2 户。全年为 3445 户、5051 人发放低保金共计 438.94 万元；为 142 户因病因灾突发困难家庭办理临时救助金共计 20. 6 万元；为 32 户低收入住房困难的居民办理租金补贴，金额共计 4.19 万元，落实廉租房 6 套。元旦、春节期间，共发放特困救助金 9.84 万元。全年新增就业 797 人。

养老服务 建设社区养老体系，选定湖北国药福芯养老服务有限公司，开展老年人居家适老化改造、家庭养老照护床位建设。全年完成老年人家庭的适老化改造 26 户，一人一方案，完成施工改造并验收。分配家庭养老床位任务 98 张，居家养老上门服务 154 人。与武汉炎黄家政咨询服务有限公司、湖北臻心真意智慧养老服务有限公司 2 家服务商签订合同，开展摸排录入工作。全街 5 个社区建成老年人服务中心，分别是桥东社区老年人服务中心、郭茨口社区、桥西社区、水仙里社区、赫山社区以及桥东社区嵌入式老年人服务中心。其中，赫山社区老年人服务中心为年内新建。全街道有空巢老人 258 户、独居老人 190 户、失独老人 132 户。与各社区组成困难老人“一对一”帮扶，逐一上门入户为 509 户生活困难老人开展生活慰问、代购、帮做家务、聊天谈心及安全检查服务。全年新办理老年证 1155 个，补办 354 个。全街百岁老人 7 人。春节、生日慰问老人，累计发放慰问金 7000 元。全年审核高龄津贴 8972 人次，累计发放 307.84 万元。其中，80 岁 7962 人次、244.23 万元，90 岁 979 人次、59.18 万元，100 岁 31 人次、4.43 万元。

残疾人权益保障 发放重度精神残疾人服药补贴 1792 人次、17.92 万元；轻度精神残疾人治疗补贴 1471 人次、14.71 万元；低保精神残疾人服药补贴 1062人次、15.93 万元；智力家庭托养补贴 1193 人次、11.93 万元；智力家庭照料补贴 48 人次、4800 元；一户多残补贴 48 人次、4800 元。发放援助性岗位补贴 7 人次、15.72 万元，发放协理员工资 4 人次、12.62 万元；发放替代帮扶补贴 2 人次、5.54 万元；发放残疾人燃油补贴申报 36 人次、9360 元；发放教育学费补贴申报 7 人次、3.2 万元；发放灵活就业社保补贴申报 41 人次、18.99 万元；发放驾照补贴 1 人次、1000 元；听力言语补贴 144 人次、5.04 万元。

【精神文明建设】 2022 年，江汉二桥街道开展爱国主义宣传教育、创建文明城市、“喜迎二十大，同心护未来”未成年人保护宣传、未成年人思想道德教育等活动，提高居民文明素质。常态化开展“树、讲、演”特色活动，打造放大好人效应。健全志愿者招募注册制度，壮大志愿者队伍，拓展志愿服务内容，发动群众志愿者累计 41683 人次，分批次参加社区治安巡逻、疫情防控、环境卫生整治等志愿服务活动。建设志愿服务平台，街道社工站全年发布志愿服务活动 300 余场，参与志愿者 2000 人，志愿服务时长累计 46164 小时。开展形式多样的志愿服务活动，以社区为依托，以社区居民为主体，围绕困境儿童、孤寡老人、社区治理、志愿服务展示等开展志愿服务活动 60 余场。活动内容包括义诊、免费理发、帮困服务、治安巡查、疫情宣传、科普宣传、清洁家园、老年人手工活动和兴趣小组、“一街一品”低碳生活宣传等。结合节庆假日组织志愿者开展志愿服务活动，联合玫瑰西园社区阳光家园举办元宵活动，服务残疾人 10 人、居民 30 人。在妇女节、护士节，分别为社区女性工作者、女性医护人员赠送鲜花并送上节日祝福。清明节组织志愿者到扁担山公墓参与文明祭扫服务保障、疫情防控工作，倡导文明祭扫。儿童节、端午节，社区志愿者开展趣味小游戏、包粽子、做香包等活动。国庆节前夕，各社区开展文艺会演活动 4 场。联合社工站以“以彩虹之名，志愿同行”为主题，分别在知东社区、桥西社区、十里铺社区、郭茨口社区、桥东社区开展志愿服务嘉年华活动 5 场，活动表彰优秀志愿服务队 3 个、爱心单位 3 家、优秀服务队员 10 人。

【中共基层组织建设】 2022 年，江汉二桥街道有中共基层组织 96 个。其中，党委 10 个，党支部 86 个。有中共党员 3548 人。制定《江汉二桥街关于开展党员干部下基层察民情解民忧暖民心实践活动的实施方案》，街道领导班子通过调研基层单位 150 余次，梳理汇总问题 29 个。新建及提档“红色驿站”“阳小驿”10 个，为户外作业人群提供便利“7+N”服务（法律服务、就业政策服务、相亲交友联谊服务、子女就近入学服务、关爱关心服务、身心健康义诊服务、住房租房服务）。打造玫西社区“玫瑰街商户联盟”、赫山社区“悦读·红色书屋”、郭茨口社区“民情气象站”、桥西社区“任务 100 工作室”等特色阵地，形成“一社区一特色”，实现全街道党群服务驿站、“阳小驿”建设全覆盖。实施网格长精细服务行动，优化楼栋党小组长队伍，壮大志愿者队伍，健全完善“社区大党委—小区党支部—楼栋党小组—党员中心户”四级动力主轴。全街道 10 个社区建立小区党组织 96 个，招募楼栋党小组组长 1040 名，党员中心户 2323 个。桥东社区党委书记代表江汉二桥街道参加汉阳区“我行我秀”擂台赛决赛，获风采展示奖。

【重点项目建设】 2022 年，江汉二桥街道实施重点项目建设 1 个，即万科新世纪翡翠滨江。万科新世纪翡翠滨江（汉江村城中村改造 K3）位于琴台大道 888 号，包括住宅、办公楼 5 栋及配套商业，由北汉江新世纪投资有限公司建设，累计完成投资 36.65 亿元。至 2022 年 12 月，万科新世纪翡翠滨江住宅部分全部封顶，1 号楼、5 号楼、7 号楼已交付 809 户；2 号楼、10 号楼预计 2023 年 3 月 31 日交付；3 号楼、8 号楼、11 号楼预计 2023 年 8 月 31日交付；4 号楼、9 号楼、12 号楼预计 2023 年 10 月 31 日交付；6 号楼预计 2023 年 12 月 31 日交付。

【产业发展】 2022 年，江汉二桥街道持续优化营商环境，落实“领导挂点服务辖区重点企业”制度，全年走访服务企业近 100 次。先后协调解决湖北鑫烨医药有限公司办公场所置换、平安普惠信息服务有限公司武汉汉阳分公司企业员工租房、苏美道森酒店树木修剪等事宜，帮助湖北九合科技有限公司、武汉同修智能科技有限公司、湖北新恒基国际新能源有限责任公司、湖北长江广济医疗科技有限公司等 14 家新进企业办理注册落户手续、协调办公场所，助力中小微企业起步。组建玫瑰街“商户联盟”，完善街道、社区、商户三方沟通机制，宣传惠企政策，引导商户参与街区治理，实现共建共享共赢。围绕低碳发展，引进高科技附加值企业，全年新引进企业 60 余家。其中，数字经济、新能源企业 10 余家。

（黄畅）

2022年10月，武汉市汉阳区江汉二桥街道赫山社区“红色书屋”开展全民阅读活动

（江汉二桥街道 供图）

永丰街道

【概况】 武汉市汉阳区永丰街道位于汉阳区西部，东与江汉二桥街道、琴断口街道毗邻，南与龙阳街道、武汉经济技术开发区相连，西与蔡甸区接壤，北与硚口区、东西湖区隔汉江相望。2022 年，街域面积 33.7 平方千米，下辖汉沙、龙磨、磨山、玉龙、燎原、汉琴、仙山、米粮、惠民苑、黄金口岸、黄金口、四台、三眼桥、董家店、快活岭、徐湾、陈家咀、罗家咀、郑家咀、仙湖 20 个社区。有户籍人口 21326 户、52092 人，60 岁以上老人 7237 人，外来暂住人口 63715 人。域内有汉江、琴断口小河、龙阳湖、朱家新港、朱家老港、龙新渠、龙口渠和磨子山、扁担山、锅顶山、仙女山、米粮山。以汉阳大道西段为中心轴分布，东部有王家湾商圈，中部有黄金口都市工业园，西部有汽车产业园区。区域内有各类单位 321 个。其中，企业单位 305 个，事业单位 16 个。主要企事业单位有湖北省琴断口监狱、武汉市汉阳区江北堤防维修管理所、武汉市汉阳区民政局扁担山公墓管理处、武汉市自来水有限公司制水部琴断口水厂、武汉市财政学校、武汉市技师学院、武汉市永丰中学、武汉市琴断口中学、汉阳区田家台小学、汉阳区快活岭小学、汉阳区玉龙小学（原永安堂小学）、汉阳区黄金口小学、汉阳区陈家咀小学、武汉产品质量监督检验建材站、武汉市汉阳区永丰街社区卫生服务中心、武汉市琴台公证处、武汉龙阳大洋百货有限公司、中百超市有限公司王家湾中央生活区店、湖北交投高速公路发展有限公司、湖北交旅文化旅游发展有限公司等。

【经济发展】 2022 年，永丰街道完成全口径财政收入 7.42 亿元，比上年增长 95%；完成体制内收入 644.3 万元，下降 15.9%；完成全社会固定资产投资总额 22.14 亿元，下降 63%。实现规模以上工业总产值 3.06 亿元，其中规模以上工业增加值 3.76 亿元，分别下降 21.3% 和 23.5%。工业企业“小进规”净增 1 家。规模以上工业企业累计 16 家，包括武汉孚安特科技有限公司、武汉市恒星防水材料有限公司、武汉市银莱制衣有限公司、武汉市建安混凝土制品有限责任公司、武汉中村砼制品有限公司等。完成社会消费品零售总额 12.27 亿元，下降 6.7%；完成规模以上服务业营业收入 1.35 亿元，下降 10.1%。商贸企业“小进限”净增 5 家，包含武汉海市湘依餐饮管理有限公司、武汉金宏奕建筑材料有限公司、武汉鑫犇悦汽车销售服务有限公司、武汉信来道建材科技有限责任公司、武汉凡点贸易有限公司。全街限额以上商贸企业累计 26 家，主要有武汉汉阳大洋晶典商业有限公司、武汉思念食品有限公司、武汉荟喜依贸易有限公司、武汉集通汽车销售有限公司、武汉市福星通贸易有限公司、武汉良辰美景餐饮管理有限公司等。全年招商引资 65.85 亿元，增长 25%。扶持创业主体 528 人（户）。辖区重点企业有武汉庭瑞信置业有限公司等 8 家。

【基层社会治理】 2022 年，永丰街道优化网格提升服务，将 20 个社区划分成 108 个网格，落实“一格一员”要求，全面推进网格员专职化、精细化管理。提档升级社区党建工作阵地，在 20 个社区打造“阳小驿”户外工作者驿站。其中董家店社区、仙湖社区、仙山社区、磨山社区、龙磨社区的“阳小驿”达到一类、二类标准。累计为户外工作者提供便利服务 600 余人次，收集治理线索 86 条，根据“积分制度”奖励 67 人次，以“阳小驿”为基点推动户外工作者与基层治理深度融合。全街设 25 个红色驿站，实现 51 项民生服务事项“家门口”办理，向汉阳区大数据中心申请将永丰街道的 8 个驿站接入政务外网，健全完善工作保障和运行机制。在汉琴南岸、燎原悦府二区、四台翠堤锦江、仙山昌南花园新建 4 个党群服务驿站，辐射周边居民 1 万余人。全街道 20 个社区与 50 家单位签订 43 份共驻共建协议、31 份“三个一”（即共办一件民生微实事，共建一个党建项目，共过一次“支部主题党日”）项目清单，制定徐湾托育园、老年大学、社区法庭等共建项目。在“i 武汉 i 家园”系统中，900 余名在职党员报到，完善服务项目清单，落实社区评价共建项目机制，为组织党员下沉社区、居住地党员下沉社区建立新的服务载体。各社区召开民情恳谈会，现场征集微心愿、微诉求，确立一批新的结对帮扶对象。加强惠民资金管理使用，召开惠民资金专题会议 3 次，审议惠民资金使用项目 205 个，推动实施 199 个，使用惠民资金 205.6 万元。其中 30 项惠民资金用于各小区基础设施建设，包括安装电动停车棚、便民晒衣架、休闲座椅等，改善小区人居环境。

【城市管理】 2022 年，永丰街道以精细化管理为工作重点，以“大城管考核”为抓手，加强街道服务外包合同履约监管，做好清扫保洁、垃圾清运等作业单位的日常监督、考核工作，督促各保洁公司提高作业水平和质量。采取“巡逻管控+重点严查”相结合的方式，集中整治磨子山路、杨家湾路、惠民苑片区占道经营现象。联合整治仙女山路旁生活垃圾堆积现象，清除昌南花园、玫瑰西苑嘉园等小区饲养种植现象。整治村湾房前屋后环境卫生。开展背街小巷环境精细化整治提升行动，每周开展“清洁家园”行动。开展联合执法行动，整治校园周边环境秩序，开展违法建设摸底排查、拆除行动，遏制新增违建，成立西部控违小分队，开展违法建设集中整治，全年累计核查图斑 2659 处，完成 2.4 万平方米历史存量违建拆除的年度目标任务。推进工地革命和大气治理工作，打击渣土乱象，街区工地问题点位整改回复率 100%，落实小型空气质量监测站建设与管理。推行河湖长制，建立健全河（湖、港、渠）岸线环境卫生长效管控机制，全面推行河湖长制列入街道对社区年度目标责任考核体系工作。

表67　　2022年永丰街道重点企业一览表

名称	地址	所属行业	缴纳税金（万元）
武汉庭瑞信置业有限公司	燎原村鑫瑞小城故事5栋	房地产及建筑业	3973
武汉源锦商品混凝土有限公司	徐湾村董家店特8号	工业	1999
武汉中村砼制品有限公司	黄金口村工业园特1号	工业	1475
武汉祥泰源置业有限公司	磨山路口	房地产及建筑业	1353
中铁房地产集团武汉有限公司	磨山村甲1号	房地产及建筑业	828
武汉博瑞环保能源发展有限公司	永安堂戈顶山一村157号	工业	531
武汉宏奕众拓建筑材料有限公司	徐湾村路98号	工业	443
武汉新中环建材有限公司	米粮社区客观湖特6号	工业	441

2022年，武汉市汉阳区永丰街道徐湾社区开展民兵消防演练活动

（永丰街道　供图）

【老旧小区改造】 2022 年，永丰街道完成老旧小区改造项目 6 个、申报 2023 年度老旧小区提质改造项目 2 个。结合老旧小区改造，解决基础设施破损、墙面大范围霉变脱落、私拉乱接、毁绿占绿、违章搭建、堵塞消防通道等问题。完成示范小区垃圾分类亭改造工作。四台社区、惠民苑社区、黄金口社区、龙磨社区获市级卫生社区奖牌。

【平安建设】 2022 年，永丰街道推进法治惠民惠企项目实施，开展社区法治讲座，抓好非法集资等金融风险防范化解工作。推进公共法律服务，各社区邀请社区律师每周四坐班调解矛盾，提供法律援助。防电信诈骗、防范整治养老诈骗行动。开展矛盾纠纷隐患大走访大排查大化解专项行动，特殊人群走访管控全覆盖。强化综治中心、街道政法信息视频会议系统建设。推进汉琴社区南岸小区的“惠民工程四大行动”，提高安全保障水平。开展“一感一度一率一评价”宣传，累计发放告居民一封信 11 万份、宣传纸巾 22 万包、宣传卡片 11 万张，20 块电子屏播放平安建设宣传片 1000 余次，转发点赞平安宣传美篇 2000 余人次。全年永丰街道党工委召开安全生产会议 4 次、专题会议 2 次，办事处研究部署安全工作 12 次。调整安全生产委员会成员及职责分工，进一步明确科室和基层权责，形成部门联动、齐抓共管的局面。健全事故隐患排查体系，以问题为导向强化安全隐患治理，力求安全排查实现全系统、全覆盖。街道领导带队检查 99 次，检查单位 255 家。打通消防生命通道行动，完成 55 处消防车通道沿途标志地面画线。组织学校、企业、物业公司等开展消防应急演练，提升企事业单位、街区居民的消防应急能力。

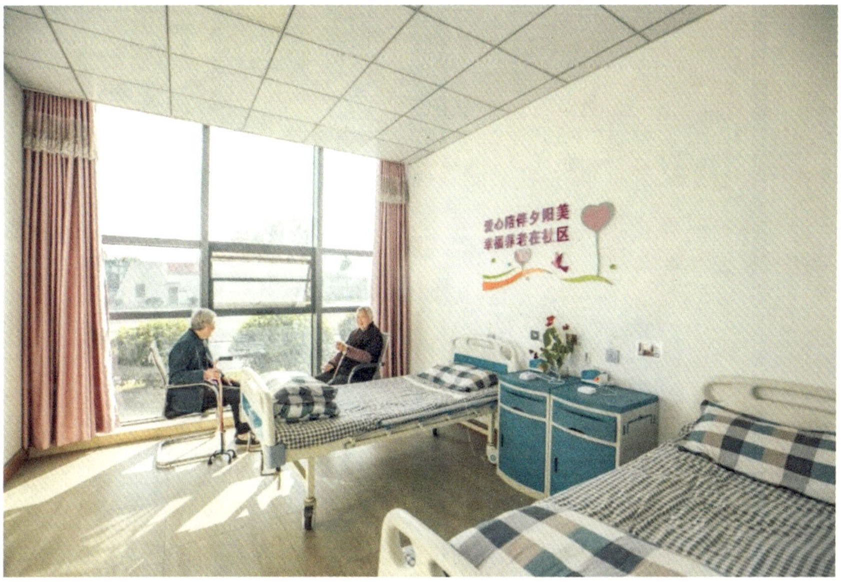

2022年，武汉市汉阳区永丰街道徐湾社区养老服务中心

（永丰街道　供图）

【民生保障】 2022 年，永丰街道新增低保户 76 户，撤销 59 户，调整 50 户，新增低收入家庭 36 户。全年为 585 户 840 人发放低保金 73.2 万元。为 1373 名困难群众办理大病医疗救助金 187.6 万元；为 168 户因病因灾突发困难的家庭办理临时救助金 28.22 万元；为 1 户低收入住房困难的居民办理租金补贴合计 1.29 万元。元旦、春节期间，发放特困救助金 0.54 万元，为 3 户家庭发放物资 3 份。有支出型贫困家庭 101 户 180 人。全年新增支出型贫困 A 类 22 户 40 人、B 类 36 户 70 人。慈善救助 17 户，救助金额 3.8 万元。为无房家庭申报公租房 21 户，初步审核 20 户，办理公租房资格证 6 户，补贴转换实物配租 1 户，配租登记 5 户，公租房年度复核 4 户。全年新增就业 1010 人，扶持创业 362 人，创业带动就业 532 人。服务失业群众 1160 人，提供对应就业岗位，失业人数再就业 382 人。帮扶就业困难人员 286 人。支持返乡创业 22 人，帮助高校毕业生实现就业 66 人，城镇失业登记率控制在 2.45%。组织和宣传参与招聘活动 3 场。

养老服务　全年新办老年证 1389 本，补办业务 374 笔。回访 305 位老年证办理对象、958 位高龄津贴发放对象，均未产生不满意的投诉问题。为 4389 人次 80 岁以上老人发放津贴 131.54 万元，为 569 人次 90 岁以上老人发放津贴 32.98 万元，为 15 人次百岁老人发放津贴 2.14 万元，为 5 位百岁老人发放春节慰问费、生日慰问费、体检费共计 0.6 万元。在仙湖社区新打造嵌入式居家照护中心，全街有社区养老服务设施 18 家。其中，老年人服务中心 8 家，老年人服务站 1 家，中心辐射式服务网点 4 家以及嵌入式服务网点 5 家，社区养老服务设施覆盖率为 90%。完成家庭养老床位建设 66 张，居家养老上门服务 98 人。全街 80 名特殊困难老人享受特殊困难老人助洁服务、12 位老人享受入住养老机构补贴资金支付护理费。

残疾人权益保障　全街新申请残疾证 25 人（含外地户籍人口在汉阳区申报），注销 1 人，升级 4 人，补办 3 人，到期换证 2 人，申请残疾人成人辅助器具 169 人，申请残疾儿童辅助器具 7 人，无障碍改造 22 人。新增残疾人困难生活补贴 5 人，新增重度护理补贴 2 人；享受残疾人困难生活补贴 250 人，重度护理补贴 424 人，发放残疾人困难生活补贴 3.13 万元，发放重度护理补贴 4.24 万元，商业保险上报民政 75 户。为 84 名残疾人累计发放一户多残补贴 0.84 万元，为低保精神残疾人发放低保精神补贴 21.63 万元，为重度精神残疾人发放低保精神补贴 15.55 万元，为轻度精神残疾人发放轻度精神补贴 11.92 万元，为智力残疾人发放智力家庭托养补贴 15.29 万元、智力家庭照料补贴 0.56 万元，为灵活就业残疾人发放灵活就业社保补贴 22.08 万元，为残疾学生及残疾人家庭子女发放学费补贴 2.2 万元，为下肢残疾人发放燃油补贴 6760 元，为听力言语残疾人发放听力言语信息补贴 3.56 万元。

人口与生育服务　为 98 对夫妻提供婚前检查、55 对夫妻提供免费孕前优生健康检查。4 月，为街道内 78 位特别扶助失独对象发放 850 份爱心体检包，共计 22.84 万元。6 月，开展女性“两癌”（宫颈癌、乳腺癌）筛查健康普查工作。完成全街道人口多方校对核查，发放企业退休职工城镇独生子女年老父母计划生育一次性奖励金 101.85 万元，完成计划生育家庭意外伤害保险人名单 1015 户。办理计划生育特别扶助新增对象 22 人。其中，伤残对象 10 人，失独对象 12 人，死亡退出对象 2 人，区内转入对象 3 人，外区转入对象 1 人。全街共计特扶 151 人。为新增 5 户失独家庭按每户 2000 元扶助金标准请款、13 名特殊家庭人员第二个 3500 元申报工作、12 名独生子女死亡计生特殊家庭一次性抚慰金申报。全街招录 55 名托育儿童。打造汉阳区西部首个高标准、高质量的公建民营普惠制托育园——徐湾托育园，同时选取 8 家民办幼儿园参与托育服务，覆盖黄金口、米粮、玉龙、董家店、徐湾、燎原、黄金口岸等社区，全年完成托位数 360 个。

【精神文明建设】 2022 年，永丰街道深化新时代文明实践站、所建设，加强建设街道志愿者服务队伍。探索志愿服务新机制，在汉阳区志愿服务平台上注册志愿者 45791 人，志愿者活跃度 61.2%，志愿者服务时长累计 79757 小时。全年开展志愿者招募活动 20 场、志愿服务活动 46 场、公益银行积分兑换活动 20 场。6 月下旬，更新志愿者系统（汉阳新时代文明实践程序），其中各社区按照小区楼栋划分，在系统中录入志愿者责任楼栋号。细分志愿服务队伍、志愿者对应的类型及邻里互助、文化宣传、纠纷处置等服务项目。按时间节点开展爱心献血、上门慰问帮扶、清洁家园等志愿服务活动。加强基层文化供给水平和设施建设，建成董家店社区、米粮社区的青少年活动中心。为玉龙社区、燎原社区、汉沙社区、黄金口岸社区等申请更新文化体育设施。依托辖内文化馆、图书馆、文化活动中心、社区党群活动中心、社区红色驿站、社区文化广场等文化活动场所，举办文化会演与文化活动。落实创建文明典范城市和意识形态工作，开展“我们的节日”“武汉以我为荣”“清洁家园”等主题活动。发动各单位、企业利用 LED 显示屏进行公益广告宣传，参加“定格最美文明瞬间”随手拍活动、“点滴文明 温暖江城”短视频大赛，永丰街道投稿量在各街道中排第一名。陈家咀社区投稿作品《携手抗疫，你我同行》入围短视频大赛决赛，是汉阳区街道类唯一入围作品。在“学习强国”学习平台、武汉文明网、“长江云”平台、《湖北日报》、荆楚网、“大武汉”客户端等网站媒体报道稿件 400 余篇。其中，省级以上媒体新闻稿件 150 余篇，市级媒体新闻稿件 50 余篇，区级媒体新闻稿件 40 余篇，其他媒体新闻稿件 110 余篇。

2022年7月，武汉市汉阳区永丰街道汉琴社区工作人员和社区环保志愿者共同打造“微景观”现场　　（永丰街道　供图）

【中共基层组织建设】 2022年，永丰街道有中共基层党组织110个。其中，党委6个，党总支16个，党支部88个。中共党员2679人。推进党建引领基层治理“深根工程”，建设小区党支部、楼栋党小组。全街20个社区成立63个小区党支部（其中单独组建47个、联合组建16个），班子成员315人。选拔63名党员担任小区党支部书记，选派楼栋党小组长477人和楼栋长317人。单独组建楼栋党小组351个，联合组建楼栋党小组126个，实现楼栋党小组全覆盖。全面落实党员干部“下基层、察民情、解民忧、暖民心”实践活动及共同缔造工作，召开工作部署会3次、工作培训会6次。制定《永丰街道遍访行动工作提示》《永丰街道小区遍访行动宣讲提纲》，为社区明确遍访对象、工作重点和工作方法。按要求全覆盖走访，收集问题线索340余条，完成共同缔造项目130余项，在汉琴社区、徐湾社区和米粮新家园小区形成特色缔造项目。7月1日，惠民苑社区党组织书记代表永丰街道参加“我行我秀”深根工程的擂台赛，获全区第一名。

【政务服务】 2022年，永丰街道公共服务办公室整体搬迁至永丰中心黄金口工业园区内，和永丰街道政务服务中心联合办公，持续深化“四办”改革。办理食品经营许可证业务131笔，办理个体工商户执照业务2510笔、公共场所卫生许可证6个。入驻服务事项217项，推行“一事联办”，简化办事流程，办理591户个体工商户注销登记、税务“一事联办”。优化卫生计生行政审批流程，解决永丰街道西部居民、企业出门难、办事远问题。

【重点项目建设】 2022年，永丰街道承担新建与续建重点征地拆迁项目5个，分别是琴台大道（三环线至二环线）道路改造工程项目、龙阳湖清理湖泊控制线项目、郭琴西路（知音大道至琴台大道）项目、磨山村A3、D2地块国有土地征收项目、米粮低线城市公园项目。

琴台大道（三环线至二环线）道路改造工程　该项目征地3.33万平方米，征收总面积150万平方米，房屋已全部拆除完毕，交付施工单位进场施工。

龙阳湖清理湖泊控制线项目　该项目征地29.33万平方米，拆迁面积16万平方米，住宅、厂房拆迁工作已基本完成。

郭琴西路（知音大道至琴台大道）项目　该项目征地1.8万平方米，拆迁面积5000平方米，拆迁和建设工作全部完成。

磨山村A3、D2地块国有土地征收项目　该项目共征收55户，征收面积4833.02平方米，征收工作圆满完成。

米粮低线城市公园项目　该项目整体长度700余米，总面积3.54万平方米，总投资2800余万元，建设内容包括园林绿化、休闲广场1166平方米，停车泊位409个，独立管理服务中心2533平方米。2022年11月建成开园。

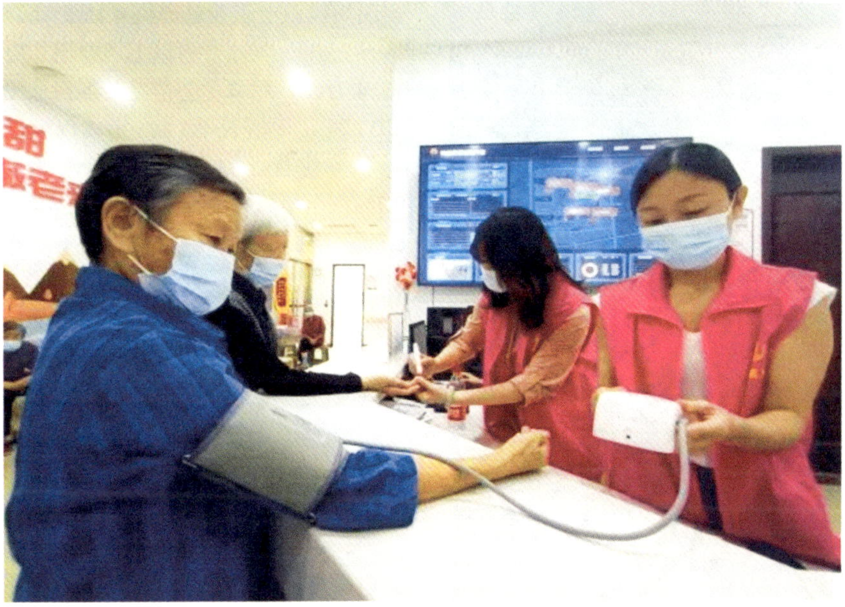

2022年6月，武汉市汉阳区永丰街道社区养老服务中心工作人员为老人测量血压　（永丰街道　供图）

【城市更新】 2022年，永丰街道实施城市更新改造拆迁总面积22.28万平方米，包括米粮、四台、黄金口3村统征改造项目。3村房屋拆迁总面积366万平方米。其中，住宅166.8万平方米，厂房199.2万平方米。涉及总户数10990户、23860人，劳动力3768人，3村土地纳入改造范围的有450.22万平方米。至年底，已签订拆迁协议面积328.59万平方米，其中米粮村103.24万平方米，四台村133.2万平方米，黄金口村92.15万平方米。已过审面积319.61万平方米，其中米粮村100.29万平方米、四台村131.9万平方米、黄金口村87.42万平方米。已拆除面积310万平方米，其中米粮村101.34万平方米，四台村122.5万平方米，黄金口村86.16万平方米。剩余37.61万平方米，其中米粮村7.06万平方米，四台村25.1万平方米，黄金口村5.45万平方米，房屋建筑主要位于绿化控制用地。

【汉江南岸综合治理工程（知音大道）】 2022年，永丰街道推进实施汉江南岸综合治理工程（知音大道）项目，该项目在永丰街道段东起百威路，西至阳城东路和二桥街道接壤，全长约2.6千米，宽25米至30米，计划征地25.53万平方米，征收2.4万平方米。其中，永丰街道范围内被征收企事业单位9家，征收面积1.32万平方米，已完成沿线国有土地上企事业单位房屋的征收补偿和拆除工作及施工断面移交。知音大道三新村区域被征收居民房屋20户，征收面积9167平方米。2月9日，永丰街道与武汉市建元建设工程项目管理有限公司、武汉市汉阳市政建设集团有限公司签订知音大道三新村场地移交书，将A11以西已拆除13户房屋施工断面移交给汉阳市政公司进场施工，场地平整完成，房屋砖渣全部清运完毕。

【产业经济集聚】 2022年，永丰街道精准对接企业需求，助企纾困稳住市场。为岚图汽车科技有限公司对接租赁新停车场、配件仓库，解决500余辆车停车难问题；为凯德维斯核酸检测公司提供集装箱场地支持和电力增容服务；为武汉青柚文化传媒有限公司、武汉与翼网络科技有限公司链接资源和服务，对接辖内房地产项目去存量。落实落细惠企政策，全街党政领导和科室负责人包保重点企业，先后走访武汉新中环建村有限公司、武汉孚安特科技有限公司、岚图汽车科技有限公司等近百家企业，宣传惠企政策，发放惠企汇编宣传册300余本。帮助华震集团有限公司高管解决子女入学问题；帮助辖内16家汽车经销商申报汽车以旧换新补贴。通过资源推介、政企对接、招商推介，制作招商宣传片等，创新招商方式，先后接待湖北容百新能源科技有限公司、日本津村药业、武汉联东投资集团等20余家企业来访。力促产业用地策划项目尽早开工建设。仙山时代广场项目链接湖北省建筑劳务协会，共同打造特色楼宇，塑造汉阳西部楼宇经济发展新动能。强调项目策划提质，根据上位规划和街情实际指导各村完成9个项目策划。促进重大项目提效，以包保领导和责任科室牵头，多方对接资源，深度分析研判，解决发展难题。先后协调解决土地侵占、道路建设、土地手续办理等问题，推进惠民楼建设、昌南花园和原老成都酒楼地块改造。推动高铁功能区建设。上报武汉西站红线范围内房屋分类及面积统计结果，核实红线内房屋数据差异。督促董家店、徐湾两村完成后续拆迁，协调拆迁补偿工作中的困难。配合进行该区域改造成本测算，研判村民还建安置、村改制公司集体产业安置等问题。

【米粮城市低线公园开园】 2022年11月7日，位于汉阳大道与三环线交会处、孟家铺高架及地铁4号线轻轨桥底的米粮城市低线公园正式开园。该公园场地狭长，整体长度700米，占地面积3.5万平方米。除中心广场、停车场和公厕等服务设施外，配套建设管理服务中心，助力改善该区域周边企业园区、居民的生产、生活环境。

（陈壮）

2022年11月7日，武汉市汉阳区米粮城市低线公园正式开园

（永丰街道 供图）

江堤街道

【概况】 武汉市汉阳区江堤街道位于汉阳区东南部，国博大道以西，江城大道以东，三环线以北，马鹦路和墨水湖湖岸线以南，地处武汉四新生态新城核心区域，与武汉经济技术开发区接壤。2022年，街域面积16.93平方千米，下辖新新、潮江、江宁、江城明珠、老关、汉博佳园、鲤鱼洲、丰收、江博、向阳村、江欣苑、三里民居、墨水湖、江腾14个社区。有户籍人口22835户、66757人，60岁以上老人6122人，外来暂住人口36216人。全街道有各类单位5772个。其中，行政机关5个，企业单位5749个，事业单位18个。主要单位有武汉市汉阳区人民政府江堤街道办事处、汉阳区人民法院、武汉市计量所、汉阳区墨水湖消防救援站、武汉市墨水湖中学、武汉市第三寄宿中学、武汉市拦江堤中学、中铁大桥局集团有限公司、湖北交投实业发展有限公司、武汉生态环境设计研究院等。

【经济发展】 2022年，江堤街道完成全口径财政收入5.19亿元，比上年下降25.9%；完成全社会固定资产投资总额26.32亿元，下降48.4%。全年实现规模以上工业总产值4.35亿元，增长3.6%，其中规模以上工业增加值1514万元。完成社会消费品零售总额5237万元，增长9.7%，完成规模以上服务业营业收入8.8亿元，增长9.7%。全年招商引资67.07亿元，增长6.5%。全街有规模工业企业2家，分别是湖北博磊商品砼有限公司、武汉建工鑫祥科技发展有限公司。商贸企业“小进限”净增3家，分别是武汉善橱餐饮有限公司、湖北鲤鱼洲酒店管理有限公司、武汉扬孚石化制品有限公司。限额以上商贸企业12家，分别是武汉佳路捷汽车销售服务有限公司、武汉市康宇堂大药房连锁有限公司、湖北鸿基锐创贸易有限公司、武汉奥汉鞋业销售有限公司、武汉东方华酒店管理有限公司、武汉市道升酒店管理有限公司、武汉红卫睿泓酒店有限公司、武汉荷塘花语餐饮管理有限公司、武汉策鱼邻壹餐饮有限公司、武汉善橱餐饮有限公司、湖北鲤鱼洲酒店管理有限公司、武汉扬孚石化制品有限公司。辖区重点企业有武汉广申房地产开发有限公司等8家。

【基层社会治理】 2022年，江堤街道深化社区治理创新，完善基层政权建设和社区治理信息，配合落实2022年汉阳区社区干事公开招考工作，新进社区干事20人。全街备案社区社会组织280个，关爱帮扶因疫情受到严重影响的困难群众。联合各社区社工室，开展公益银行宣传及志愿者招募活动12场次、志愿服务活动76场次、志愿服务嘉年华活动3次，参与居民6000人次。以共同缔造试点为契机，组建“企商社邻联盟”，开展辖区党员、居民代表、志愿者队伍、商企商户联合共建，改善人居生活环境及软硬件配套。推进业委会工作，完成新新社区新新人家小区业委会换届和备案；推进筹备鲤鱼洲社区鲤鱼洲家园小区、汉博佳园社区国博新城香涛居小区、老关社区华江府小区和城投四新之光一期业委会；推进江腾社区下马湖小区的红色物业托管老旧小区工作。推动全街15个还建小区、1个红色物业托管老旧小区物业管理提档升级。汉博佳园小区作为全区首批物业服务企业退出“破零行动”小区，引入区属国有红色物业安居兴业

2022年6月22日，武汉市汉阳区江堤街道社区网格员在小区开展日常走访，了解群众急难愁盼问题 （江堤街道 供图）

进行接管。依托小区“红色驿站”，集成党群、政务、人民调解、物业、志愿五大服务功能，实现“就近，就便，就时”零距离服务居民群众。各社区因地制宜建立说事议事室、楼栋党小组工作站等阵地，完善居民议事协商规则，共同推动党建引领下的居民共治。江欣苑社区率先在小区楼栋、红色驿站设立人大代表“民情民意联系点”；江宁社区广电兰亭时代一期整合党群驿站、“阳小驿”、路长制工作室于一体“三合一”打包服务居民；汉博佳园社区在“阳小驿”建立政协委员议事室，为户外工作者参与基层治理提供平台。将73名网格员升级为网格长，常驻小区“红色驿站”，组建3支网格红色工作队，凝聚网格共治合力服务居民。江博、丰收、老关、墨水湖、三里民居、江城明珠等社区盘活闲置办公用房存量，鲤鱼洲社区创新物业合作共建，党群服务驿站实现旧貌换新颜。拓展建设“阳小驿”户外工作者服务驿站，面积均在50平方米以上，为环卫工人、快递员、外卖配送员、网约车司机等户外工作者提供休息补给、服务代办、调解援助场地。通过建立日常管理制度，凝聚户外工作者，发挥走街串巷优势，成为基层治理“微探头”。江欣苑、江腾、向阳村社区“阳小

表68　　2022年江堤街道重点企业一览表

单位名称	地址	所属行业	缴纳税金（万元）
武汉广申房地产开发有限公司	汉阳大道398号	房地产业	24237
湖北鑫祥商品混凝土有限公司	江堤乡老关村特1号	批发业	3961
中铁大桥局集团有限公司	汉阳大道38号	建筑业	3290
武汉建工鑫祥科技发展有限公司	四新南路191号	工业	754
武汉泽塔云科技股份有限公司	梅林东路19号	服务业	432
中铁大桥局武汉桥梁传媒有限公司	汉阳大道48-5号	其他营利性服务业	269
武汉居然之家市场营销有限公司	四新南路199号	服务业	47
湖北交投智城发展有限公司	四新大道26号	服务业	40

2022年7月21日，武汉市汉阳区江堤街道新新社区工会爱心驿站开展慰问户外工作者活动（江堤街道 供图）

驿”被评为全区“五星级阳小驿（江城蜂巢）”。

【城市管理】 2022年，江堤街道推进智慧环卫平台建设，深化环卫网格化管理，建立健全“日常巡查+错时执法”的全天候管理机制。实施路长制改革，深化背街小巷、出店经营等专项整治，重点加强梅林七街、三里坡路、江欣苑路等路段守控，改善市容秩序。推动闲置空地环境提档升级，综合施策盘活闲置空地，规划建成驾校、停车场等有利资源。加大控违查违力度，拆除新增违建2082平方米。推进“垃圾桶革命”，开展爱国卫生运动，改造完成新型垃圾桶60余个，垃圾分类屋建成3处、在建2处。提升河湖治理水平，构建“街道+社区”联合巡查工作机制，定期实地开展禁捕巡查，街区6处河湖及小微水体公示牌信息实现全部更新。推进全域增绿增景，打造绿色低碳人居环境，配合武汉动物园综合改造建设。落实中央和湖北省、武汉市环保督察反馈意见整改，巩固整改成效。

【平安建设】 2022年，江堤街道开展矛盾纠纷大走访、大排查、大化解专项行动，全年排查各类风险隐患506起，全部分类处置到位。开展“一感一度一率一评价”宣传、常态化扫黑除恶斗争、打击整治养老诈骗、普法宣传等专项行动，落实特殊人群服务管理，连续3年无特殊人群脱管漏管、肇事肇祸案事件发生。推进市域社会治理现代化试点，获“平安武汉建设先进单位”称号。信访工作，办理上级交办重复信访16件，接待上访群众216批次、670余人次。全面排查整治各类安全生产问题隐患，坚决防范遏制重特大事故，全街安全生产形势持续稳定。推进安全生产三年行动攻坚年专项整治，定期检查排查5家加油站、2家加气站、63家企业与单位，排查一般隐患400余起。增强居民防灾减灾意识，全年开展专业安全消防知识讲座14次、消防安全演练26次。江博社区、江腾社区、老关社区、墨水湖社区、三里民居社区、汉博佳园社区6个社区被评为“应急服务站建设示范社区”，鲤鱼洲社区申报并参选“全国综合减灾示范社区”。

【民生保障】 2022年，江堤街道新增低保户47户，撤销44户，调整23户，新增低收入家庭12户。全年为低保223户、338人发放低保金305.3万元；为60户因病因灾突发困难的家庭办理临时救助，金额20余万元；为27户低收入住房困难的居民办理租金补贴，金额4.52万元；落实廉租房1套。强化困境儿童精准保障，推进普惠性托育机构建设，不断满足群众托育服务需求，每月发放补贴1.09万元。元旦、春节期间，发放特困救助金13.2万元，为140户家庭发放物资140份。至年底，发放残疾人六项补贴45.6万元，发放残疾人灵活就业补贴11.8万元、群体保2.4万元，新办残疾证34张、乘车卡56张。全年新增就业841人，组织街区未就业高校毕业生、失业待就业、大龄困难的居民参加线下招聘会1场、线上招聘会5场，为求职者提供就业平台。全街道灵活就业补贴人数691人，新增灵活就业补贴人员191人，发放灵活

2022年5月10日，武汉市汉阳区江堤街道丰收社区志愿者在小区开展平安汉阳宣传（江堤街道 供图）

就业社保补贴241.97万元。扶持创业主体239人（户），创业带动就业538人，返乡创业24人。

养老服务 为特殊困难老人提供居家适老化改造和家庭养老床位照护服务，推动江欣苑社区老年大学建设。建有中心辐射式养老服务网点1个、区级社会福利院1个、嵌入式服务网点4个、老年人服务中心12个、老年人服务站2个。新办、补办老年证1674张，发放高龄津贴3537人次，合计117.25万元。累计申请养老服务网点建设运营补贴139.85万元。

【精神文明建设】 推动新时代实践站（所）建设，常态化组织开展“飞线充电”专项整治行动，组织发动电动车上牌和消防安全入户宣传。开展各类文明实践活动，统筹推进学习实践科学理论、宣传宣讲党的政策、培育践行主流价值、丰富活跃文化生活、持续深入移风易俗等内容。老关社区屈春霞被推评为“第五届武汉市文明市民”。开展群众性的文化体育活动。江堤街道建有市级、区级文化综合广场等健身场所15个，总面积1.2万平方米。全街建有篮球场20个、足球场13个。向阳体育公园、墨水湖南岸足球场等成为网红潮玩打卡地。潮江社区、江城明珠社区入选武汉市文旅局青少年活动中心提档升级项目，为5个社区申请体育健身器材维修项目。全街道组建各类舞蹈队、戏曲队、篮球队等80余支。

【中共基层组织建设】 2022年，江堤街道有中共基层组织105个。其中，党委2个，党总支13个，党支部90个。有中共党员3326人。吸纳并发展党员和积极分子，备案发展对象14人，发展新党员15人，新备案入党积极分子23人。全区首个“老党员之家”在江欣苑社区落户。做实、做优小区党建，以门栋和单元为单位，通过吸纳本小区党员，建强楼栋党小组，选任楼栋党小组长，组织“共产党员户”挂牌亮身份。全覆盖建立小区党支部81个、楼栋党小组654个，挂牌党员中心户1530家，构建“街道党工委—社区大党委—小区党支部—楼栋党小组—党员中心户”五级基层组织体系。

2022年10月16日，武汉市汉阳区江堤街道江欣苑社区党员、志愿者、居民集中收看中共二十大开幕式（江堤街道 供图）

【重点项目建设】 2022年，江堤街道有重点建设项目6个，分别是海伦堡·海悦世界项目、湖北交投实业总部项目、国博配套工程项目、山姆会员店项目、中核时代广场酒店项目、武汉市邮政综合大楼项目。

海伦堡·海悦世界项目 该项目位于四新大道与江城大道交会处，开发商武汉市颐磊房地产开发有限公司，占地面积6.11万平方米，由B1、B2两个地块组成。海伦堡·海悦世界一期基本完成主体结构施工，二期完成桩基和基坑支护桩施工。

湖北交投实业总部项目 该项目位于江城大道与四新大道交叉口东南角B7地块，开发商湖北交投武汉置业有限公司，项目规划用地面积2.37万平方米，总建筑面积20.46万平方米，由2栋超高层塔楼组成，A塔楼核心筒施工至13层，B塔楼核心筒施工至15层。湖北交投实业总部入驻楼宇招商平台，为入驻企业提供个性化定制。

国博配套工程项目 该项目位于三环线、连通港路、杨泗港快速路，连通港路合围地块，开发商武汉国博文化旅游发展有限公司、武汉新城国际博览中心有限公司。由C2、C4、D8、D9四个项目组成，C2项目用地面积4.83万平方米，用地性质为居住兼商业金融业用地，C4项目占地面积3.66万平方米，用地性质为住宅用地，项目在加速各楼栋楼面浇筑进度。

武汉汉阳国博山姆会员店项目 该项目位于连通港路与三环线交叉口东北，建筑总体量约6万平方米，共3层。其中，地上1、2层为门店，每层约9米高；地下1层为停车场区域。武汉汉阳国博山姆会员店1、2区完成3层结构，8、9区封顶，3区及7区完成主体工程基准面。

中核时代广场酒店项目 该项目位于梅林东路与梅林四街交叉口西南角地块，开发商中国核工业第二二建设有限公司，酒店规划建筑面积1.92万平方米。项目已建设至4层。

武汉市邮政综合大楼项目 该项目位于汉阳区四新北路与子期路交叉口，项目单位为中国邮政集团有限公司武汉市分公司，规划建筑面积2.05万平方米。2022年10月动工。至年底，项目部已建成，设备已进场，桩基施工中。

【城市更新】 2022年，江堤街道有旧城改造与旧城改建房屋征收项目3个，分别是汉阳渔场片旧城改造房屋征收项目、武汉复印机厂片旧城改造房屋征收项目、汉阳区交通职业技术学院片旧城改建项目。

汉阳渔场片旧城改造房屋征收项目　该项目位于汉阳区江堤中路与墨水湖南路交会处，东起江堤中路，南临墨水湖南路，西至新城春天里居住小区，北达市计量检测检定（研究）所。2018 年 11 月 23 日下征收令，2019 年 12 月 3 日公示评估价。项目征收总户数 154 户。其中，居民 48 户，企业 1 户，自管产 105 户。征收总建筑面积约 1.15 万平方米，土地面积 2.2 万平方米。至年底，住宅房屋已签约 136 户，过审 134 户，1 户企业已签约，3 户自管产清册已出，16 户自管产权属待定。“两证”已全部注销，除门卫室外，房屋已全部拆除，场地已平整。

武汉复印机厂片旧城改造房屋征收项目　该项目位于汉阳区下马湖以北、汉阳区法院以南区域，东临江腾苑 B 区，南临下马湖路，西临社会居民用地，北临汉阳区人民法院。2020 年 12 月 8 日下征收令，2021 年 1 月 8 日公示评估价。该项目征收总户数 410 户，其中住宅 407 户、企业 3 户。征收红线范围内房屋建筑面积 3.62 万平方米，总土地面积 2.74 万平方米。至年底，住宅房屋已签约 399 户，过审 397 户，3 户企业尚未签约。

汉阳区交通职业技术学院片旧城改建项目　该项目位于江堤街道马沧湖路 336 号，涉及被征收人 104 户。其中，住宅 101 户，企事业单位 3 户。建筑面积 4.5 万平方米。2022 年 7 月 1 日，在汉阳区交通职业技术学院片旧城改建项目红线范围内，进行房屋征收调查公告、基础设施情况论证结果征求意见公告；7 月 30 日，意见收集汇总工作基本完成。

【产业发展】 2022 年，江堤街道加大招商引资力度，创新方式盘活闲置用地，发展壮大集体经济，拓宽增收渠道。通过组织开展“走进江堤”“江堤商会”等系列活动，实地走访了解新兴产业前沿信息，明晰街道产业规划布局，探索产业用地供地路径，推进汉阳树教育文化创意园、武汉市邮政综合大楼、向阳教育产业园、普林医疗检测大楼等项目建设。定位重点发展工程设计建造，创建“建造之都，魅力新城”街道品牌，以中铁大桥局集团有限公司、湖北交通投资集团有限公司、中国核工业第二二建设有限公司等龙头企业为发起单位，组建工程设计与建造产业链党建联盟，在中铁大桥局集团有限公司打造产业链共享空间，以高质量党建引领产业链高质量发展。瞄准地理信息产业抢占先机，抢抓“数字+地理信息”产业经济新赛道。7 月 5 日，在武汉华发国际企业大厦举行武汉智慧地理信息产业园开园暨湖北省卫星中心社会化应用节点启动仪式，同时发布地信产业培育扶持政策，华发国际企业大厦挂牌为“武汉智慧地理信息大厦”，入驻湖北省卫星中心社会化应用节点、武汉理工大学科技成果转化中心及北京泽塔云科技股份有限公司、武汉易米景科技有限公司、湖北锐捷信息集成有限公司、武汉追月信息技术有限公司、北京威特空间科技有限公司、武汉生态环境设计研究院等企业，武汉智慧地理信息产业园入驻率近 80%。湖北省交投集团成立湖北省智慧交通研究院，是湖北省首个专门从事智慧交通研究的新型研发机构。

2022年11月7日，武汉市汉阳区江堤街道江欣园共同缔造公园一期建成开放
（江堤街道　供图）

【江欣园共同缔造公园开园】 2022 年 11 月 7 日，江欣园共同缔造公园一期建成开放。该公园位于江堤中路西侧、保和·墨水湾东南侧，原为闲置空地，分期建设为公园。总占地面积 2.7 万平方米，绿化面积 1 万平方米，分期建设。园区内设集散广场、风雨亭、环跑步道、活动中心，配套商业等共享设施，有停车位 102 个。风雨亭位于公园主入口，占地 420 平方米。开放的一期园区内有开阔的草坪和绿道，为周边居民提供一个可以野餐露营、飞盘运动、放风筝的户外开放场地。

（胡修平）

龙阳街道

【概况】 武汉市汉阳区龙阳街道地处汉阳西南，东与龙阳大道、墨水湖、芳草路与琴断口街道及四新街道毗邻，南与武汉经济技术开发区（托管蔡甸区部分）接壤，西与永丰街道接壤，北以隆兴东街、龙阳三路、龙阳湖与琴断口街道、永丰街道毗邻。2022 年，街域面积 8.8 平方千米，下辖芳草、汉城、龙阳新村、陶园、龙湖东岸、龙清、龙阳湖、陶家岭、汤山 9 个社区。有户籍人口 17901 户、44853 人，60 岁以上老人 3542 人，外来暂住人口 33127 人。

【经济发展】 2022 年，龙阳街道完成全口径财政收入 25.9 亿元，比上年增长 5.8%（不含省交投退税）；完成体制内收入 16.65 亿元，增长 17.6%

（不含省交投退税）；完成全社会固定资产投资总额 18.28 亿元，下降 46.3%。全年实现规模以上工业总产值 1.08 亿元，其中规模以上工业增加值 3245 万元，分别下降 8.2% 和 8.2%。社会消费品零售总额完成 146.14 亿元，增长 0.6%。完成规模以上服务业营业收入 29.39 亿元，增长 1.4%。商贸企业“小进限”净增 2 家，街道域限额以上商贸企业达 63 户。全年招商引资 47.25 亿元，增长 9.6%。扶持创业主体 2255 人（户）。辖区重点企业有九州通医药集团股份有限公司等 8 家。

2022年12月2日，武汉市汉阳区龙阳街道联合汉阳区卫生健康局在5.5医药健康创新园开展“送健康进企业”卫生知识宣讲活动（龙阳街道 供图）

【基层社会治理】 2022 年，龙阳街道统筹推进基层社会治理现代化，将基层社会治理工作纳入街道党工委、办事处的重要议事日程、年度工作重点，推进基层社会治理与平安建设、文明创建、精准扶贫、民生工程建设等工作相结合。各社区落实 51 项民生类事项，“小区遍访行动”遍访覆盖率 92.5%，收集问题 289 个，处理问题 288 个。发挥基层党组织议事功能，收集意见形成“五微清单”（微心愿、微服务、微改造、微空间、微项目）45 项。召集居民代表、楼栋党小组长、党员中心户等建言献策，逐项形成工作方案，盘活居民自有资源，引导项目自领自管，促进“五微清单”落地。全覆盖建强小区党组织 37 个、楼栋党小组 378 个，选任小区党组织书记 37 人、楼栋长 109 人、党员中心户 763 户，并挂牌亮身份。组建网格红色工作队 43 支，覆盖楼栋 484 栋。完成“6+1”阵地功能布局，龙阳新村社区、汉城社区阵地提档升级落地。线上依托“江城小蜜蜂”“江城红领驿站”平台，线下成立志愿服务队，实现惠企服务一站到位。以 5.5 新能源汽车创意园为主阵地，打造网约车司机之家、“阳小驿”户外工作者服务驿站 13 个。依托驿站开展“炎炎夏日，互送清凉”服务活动 50 余场，提供法律服务、就业政策、相亲交友联谊、子女就近入学、关心关爱以及心理减压等服务。制定汽车后市场、大健康产业集聚区综合党委“十件实事”项目清单，开展“送系列”活动 10 余场。联合武汉市体育局与 5.5 医药健康创新园，打造园区健身区，占地面积 150 平方米。

【清廉社区建设】 将汉城社区作为试点打造清廉社区，结合龙阳街道党建引领基层治理“深根工程”，以“党建引领，五廉汉城”为主题，通过廉政文化廊、清风有约图书室打造清廉社区。建成 100 平方米的新时代廉洁文化长廊图书角，配置图书 300 余册。与街区 24 家企事业单位签订清廉协议，开展共建、共治、共享廉洁社区。

【城市管理】 2022 年，龙阳街道聚

表69　　2022年龙阳街道重点企业一览表

名称	地址	所属行业	缴纳税金（万元）
武汉二零四九保利房地产开发有限公司	龙阳大道特8号	房地产业	85170
九州通医药集团股份有限公司	龙阳大道特8号	西药批发业	38869
湖北楚天智能交通股份有限公司	龙阳大道9号	市政设施管理业	31496
湖北交投物流集团有限公司	汉阳大道641号	建材批发业	21955
湖北省高速公路实业开发有限公司	龙阳大道9号	公路工程建筑业	7938
湖北交投集团财务有限公司	珞瑜路1077号	金融信息服务业	7552
恒信汽车集团股份有限公司	龙阳大道67号	投资与资产管理业	5473
武汉星隆汽车销售服务有限公司	龙阳大道特1号	汽车新车零售业	3084

焦多元参与机制，以路长制引领“门前三包”责任制工作，形成常态化管控机制，设置总路长1人、片区路长7人、片区店长9人、片区楼长9人，“社区共治力量”59人。处理环境卫生、占道经营、违规招牌、机动车乱停放等各类上报问题1万件。通过路长制小程序收集和反馈城市管理问题，利用“督导通”处置随手拍问题违规占道、共享单车乱停放、违规悬挂横幅、垃圾满溢、容器不洁等问题1000件。坚持“周末大扫除”“清洁家园”活动，全年投放灭鼠药20千克、粘鼠板100张、灭蟑螂药200套、灭蚊蝇消杀剂100瓶、防蚊驱蚊药水50瓶。全面消杀老旧小区，面积2万余平方米。定期开展综合整治提升行动，全年开展各类城市管理综合整治活动86次，整治占道摊点109处、店外经营84处、院内（闲置地）室外经营的露天烧烤1处。全年大城管考核获2面流动红旗单位。

2022年5月16日，武汉市汉阳区龙阳街道陶家岭社区在名士华府小区开展垃圾分类宣传活动
（龙阳街道　供图）

【生态环境治理】 2022年，龙阳街道坚持街级河湖长一月巡查1次，社区级河湖长每周巡查1次。及时处理回复各类关于湖泊、港渠环境问题的督办。定期和不定期地巡查在建工地，检查、监督工地扬尘治理情况。全年开展“河渠绿道我来植”植树节主题活动、“治水有声”世界水日宣传活动。组织各级湖河长参加明珠河绿道植树活动，开展明珠河南国明珠段和惠誉大厦段岸线植绿活动，种植小叶黄杨500株，七芯海棠100株。

【垃圾分类】 2022年，龙阳街道落实生活垃圾分类处理，新建汉城花园小区、汉欣苑小区、陶馨园小区、南国明珠一期和龙阳南苑小区生活垃圾分类收集屋5座。开展小区居民楼栋的生活垃圾收集点并站撤桶，取消原设立的投放点54个，建设垃圾分类投放站点36个。

2022年7月，武汉市汉阳区龙阳街道开展市容市貌整治行动，提升城市综合管理工作
（龙阳街道　供图）

【平安建设】 2022年，龙阳街道利用电子屏、宣传牌、公益广告牌等方式，滚动播放“扫黄打非”“打击传销”“禁毒”等平安建设宣传内容，举办各类平安建设宣传活动。开展“6·26”国际禁毒日专项宣传活动。全街网格员定期开展入商户、住户宣传，开展“一感一度一率一评价”，累计发放宣传画册10万余份、宣传纸巾5万余包。完善应急资源信息管理系统，开展“基层应急能力提升年”、“安全生产月”、“10·13”国际减灾日安全宣传、应急救援培训等活动，以及防范一氧化碳中毒及火灾专项行动、醇基燃料专项整治等活动。重大节假日及中共二十大期间，组织开展危险化学品安全重点检查、安全生产大检查、安全生产暗查暗访活动，摸底调查规模以上工业企业安全生产。全年排查各类安全隐患并及时督促整改到位，未发现重大安全隐患。保障2022年“武汉之夏”汉阳夏季文旅消费季、2022年“武汉啤酒节”等活动的开展。全年发放各类安全读本宣传画等1万余本（册、幅）。推进综治中心建设，按照国家《社会治安综合治理综治中心建设与管理规范》，整合资源建立综治中心。信访接待中心实行一体化运作，建立网格化巡查、报告、解决、督查的闭环运行体系。完善矛盾纠纷联调、社会治安联防、重点工作联动、突出问题联

治、平安建设联创等工作机制，让基层综治中心成为政府治理社会、服务群众的“第一窗口”。组建街道多元化解中心、社区多元化解站、小区多元化解小组，建立“街道—社区—小区”三级矛盾化解平台。推进社会治理社会化、法治化。制定“三方”（社区、物业、业委会）工作法，矛盾调解职责任务、工作流程、考核办法等，实行“小区三方联动、社区五方联判、街道多方联调”工作方法，探索形成“发现—反应—处置—跟踪—考评”闭环处置机制。征集三级矛盾纠纷案例，编写《龙阳街道多元化解工作手册》，收录矛盾纠纷化解经典案例。

2022年5月24日，武汉市汉阳区龙阳街道龙湖东岸社区工作人员上门为高龄老人进行用药指导 （龙阳街道 供图）

【民生保障】 2022 年，龙阳街道新增低保户 9 户，撤销 7 户，调整 5 户。全年为 29 户 37 人发放低保金 40.56 万元。全街有低保 29 户 35 人，月发放低保金额 3.31 万元，累计发放低保金 33.59 万元。为 8 户因病因灾突发困难的家庭办理临时救助，金额 1.26 万元；为 3 户 3 人办理困难群众临时救助，金额 2610 元；为 3 户 3 人办理特殊困难群众临时救助，金额 5230 元。实施困难大学生助学 1 户 1 人，金额 2000 元。办理居民医保社保 254 人，退休年审 50 人。元旦、春节期间，发放特困救助金 2.03 万元。开展春节贫困群众慰问 51 户，发放慰问金 1.53 万元。区领导慰问特困家庭 5 户，发放慰问金 5000 元。公租房资格申请 3 户，办理房屋租赁备案证明 20 个，受理武汉市居民家庭经济状况核对 83 户。开放社区纳凉点 46 天，累计接待纳凉群众 8200 余人次。

养老服务 全街 9 个社区均建有养老服务中心。其中，嵌入式服务网点 3 个、老年人服务中心 6 个。引入湖北九康养老服务有限公司、湖北安福星健康产业发展有限公司、湖北国药福芯养老服务有限公司、武汉市汉阳区心励社会工作服务中心实行养老社会化运营。

残疾人权益保障 选点汉城社区开展精神障碍社区康复项目建设，依托龙阳街道精神障碍社区康复项目社工站、街道残疾人阳光家园，发挥专业社工优势，引进爱熙专业社工进驻社区，提供个性化的专业服务，举办特色主题活动，慰问帮扶特困精神障碍残疾家庭。开展精神障碍康复服务培训，组织医院专业医生一对一上门个案服务，建立就医康复转介、就业转介机制。

就业服务 新增就业人数 550 人、返乡创业人数 13 人，创业带动就业人数目标 386人。企业年审 565 家，扶持创业人数 193 家。全年享受灵活就业补贴 1372 人，发放补贴 250. 92 万元。就业政策法规宣传 235 人，职业介绍 55 人，职业指导 68 人，开展就业创业服务 109 人。在全国劳动人事争议管理平台调解案件 48 起，成功 25 起。

【精神文明建设】 2022 年，龙阳街道召开精神文明建设工作动员大会，总体部署 2022 年龙阳街道精神文明建设工作，印发《龙阳街 2022 年全国文明城市测评迎检工作方案》，制作《龙阳街文创资料活动记录规范》《龙阳街文明城市建设工作社区资料目录检查表》，完善督查机制，落实责任不遗漏，规范管理台账，夯实基础。全年督导社区互查、自查 9 次。发动宣传，营造文明创建氛围，制作宣传栏 6 个、宣传广告 50 余个、插牌 400 个、宣传展板 20 余个、展架 10余个、宣传资料 1500 余张，举办宣传活动 160 余场。激励居民群众参与志愿服务。全街有志愿者队伍 1675 支，招募志愿者 47887 人。开展志愿活动 415 场，参与年度志愿服务活动 3488 人，累计服务 15172 小时。

【中共基层组织建设】 2022 年，龙阳街道有中共基层组织 109 个。其中，党委 5个，党总支 7 个，党支部 97 个。中共党员 2918 人。年内发展预备党员 37 人，党员转正 58 人，新发展积极分子和发展对象 187 人，积极分子培训 136 人，发展对象培训 37 人。组织各级党员干部研学，中心组学习累计开展 10 次。联动社区、企业研学宣讲 50 余场，党员教育覆盖党组织 57 个、党员 2728 人。全年累计新闻报道 186 篇，文明宣讲 160 余场。全年累计举办支部主题党日活动 10 次。通过创意主题党日活动，引导街内大健康产业集聚区爱心单位发挥慈善帮扶功能，15 家爱心单位认领龙阳街道 59 户特困残疾家庭，结对帮扶，筹集慈善款 4 万元及价值 7200 元的防疫物资。加强“两新”组织党建工作。辖区有“两新”组织 94 家，党员 161 人，新成立非公有制企业党支部 4 家。依照“3+N”体系（即物业服务管理专委会、社会组织发展专委会、环境文化营造专委会 3 个专委，大健康融合治理专委会、商圈党建联盟专委会、新就业群体关爱专委会、汽车后市场专委会等N个特色专委），建强大健康融合治理专委会、商圈党建联盟专委会、新就业群体关爱专委会等特色专委。围绕“一街一品”建设规划，新成立汽车后市场综合党委、网约车司机流动党员党支部。九州通医药集团股份有限公司、武汉五点五孵化器有限公司、武汉市联海实业有限公司、武汉新盛物业管理有限公司等支部被评为“五星级基层党组织”。动员党员干部1000人次，配合落实常态化疫情防控工作。

【重点项目建设】 2022年，龙阳街道实施重点项目9个，分别是中国（武汉）文化消费体验区项目、武汉上坤·云启都会（居住、商务项目04A15地块）项目、中南科研设计中心项目、武汉银保城项目、东投汉阳城项目、居住用地（汤家山村还建地块一期）项目、新龙国际项目、恒大珺睿项目、九州通健康城项目。

中国（武汉）文化消费体验区项目 该项目位于四新大道与芳草路交叉口西南角。占地面积7.13万平方米，总计容建筑面积约25.4万平方米，项目单位为中城乐（武汉）文化产业管理有限公司。写字楼建筑面积14.2万平方米。其中，5.13万平方米为汉城社区产业，其余部分全部销售。2020年6月开工。至2022年底，已完成住宅部分1、2、3、6、7号楼封顶，4、5号楼建至30层，商业部分1、5号楼桩基完成，1号楼地下室底板施工。

武汉上坤·云启都会（居住、商务项目04A15地块）项目 该项目位于汉阳区芳草西路以东、芳草二街以北。占地面积1.27万平方米，总建筑面积4.2万平方米（不含地下室），地下室1.6万平方米，项目布局1栋33层住宅楼、1栋12层办公楼，办公楼全部自持，项目单位为武汉恒禄置业有限公司。2021年6月开工。至2022年底，住宅楼、办公楼主体结构已封顶，地下室结构已封顶。

中南科研设计中心项目 该项目位于四新大道与汉城路交叉口东南角。占地面积4.6万平方米，总建筑面积28.7万平方米，全部自持，项目单位为武汉创设科技发展有限公司。2021年6月开工。至2022年底，项目主楼核心筒完成至地上42层结构，副楼已结构封顶，会展屋面结构完成。

武汉银保城项目 该项目位于武汉市汉阳区汉新大道与芳草路交会处。占地面积2.2万平方米，建筑面积11.2万平方米。其中，住宅面积3.7万平方米，商业面积4.19万平方米，其他建筑面积3.34万平方米。主要建设1栋 高层办公楼、2栋高层住宅。项目单位为武汉银保创谷实业有限公司，办公楼全部自持。2022年1月开工。至年底，已完成1号楼桩基、2号楼1层结构、3号楼10层结构。

东投汉阳城项目 该项目位于汉阳区杨泗港快速通道与龙阳大道交会处。占地面积3.71万平方米，建筑面积约10万平方米，主要建设高层住宅、办公楼以及多层商业，预留底层商业导入产业。项目单位为武汉旭翔房地产开发有限公司。2022年3月开工。至年底，1、2号楼已封顶，3、5、6、7号低密度商业楼已封顶，8、9、10号楼工程桩已完成。

居住用地（汤家山村还建地块一期）项目 该项目位于汉阳区龙阳湖以南、三环线以东区域，四新大道、金龙南路附近。总建筑面积32.37万平方米。其中地下建筑面积8.22万平方米。主要建设内容包括住宅、商业及其配套。项目单位为武汉市汤山工贸发展有限责任公司，2022年5月开工。至年底，1号楼完成至15层，2号楼完成至16层，3号楼完成至16层，4号楼完成至20层，5号楼完成至7层，6号楼完成至21层，7号楼完成至14层，8号楼完成至22层，9号楼完成至21层。

新龙国际项目 该项目位于龙阳大道与四新大道交叉口东南角。占地面积2.2万平方米，建筑面积15.8万平方米，建设办公、商务总部区，写字楼一栋自持、一栋销售。项目单位为湖北新龙科技发展有限公司。2019年8月开工。至2022年底，1、2、3号已建至地面2层，地下室施工完成95%，基础完成55%。

恒大珺睿项目 该项目位于四新大道西北角入口公园处。占地面积1.87万平方米，建筑面积12万平方米（不含地下室），地下面积4.2万平方米，建设一栋42层写字楼、地上6层为商业裙楼，全销售。项目单位为武汉盛世艺展投资发展有限公司。2018年12月开工。至2022年底，主体结构已建至21层。

九州通健康城项目 该项目位于龙阳大道以西、车友路以南。占地面积4.59万平方米，总建筑面积21万平方米，主要建设医药健康电子商务大厦、创新孵化器、医药健康产品交易展示中心。其中，公寓楼建筑面积2.25万平方米，其他部分全部自持。项目单位为湖北九州通健康产业有限公司，2018年5月开工。2022年底竣工交付。

【城市更新】 2022年，龙阳街道通过督查治理闲置空地14块。其中，龙阳集团待开发地块6块，3块龙阳湖公园绿化用地已签订移交协议，1块24号产业用地正在办理土地转让，另2块产业用地租赁中；升官渡集团2块闲置空地，1块与保利地产合作保利水街项目，1块租赁中；陶家岭集团4块闲置空地，1块龙阳湖公园绿化用地已签订移交协议，1块龙阳湖南路规划用地已进行绿化，2块产业用地租赁1块，另1块正在招商引资中；汤家山统征统收地，部分已绿化，部分为龙阳湖公园绿化地实施公园改造；龙阳湖加气站1块建设用地已绿化，整体基本整改完成。更换车友路、康达街、龙阳大道、汉新大道、四新北路等主干道及背街小道150余处破损井盖，组织各物业单位维修红线范围内的破损井盖100余个。

【产业发展】 2022年，龙阳街道深入走访调研大健康产业、汽车后市场，全面分析发展特点，推动大健康产业向医药电商、健康大数据、高端医疗器械研发、健康生态体验等方面发展。对内引导传统燃油车4S店转型发展，对外吸引新能源汽车品牌入驻龙阳街道。推动项目落地增效，分三期建设中国新能源汽车博览城。一期导入吉利路特斯超链接、武汉经济技术开发区8家主机厂供应链；二期开发龙阳新能源汽车产业园，导入理想、蔚来、极氪等品牌汽车4S店、汽车主题酒店；三期湖北交通投资集团有限公司将投资建设为汽车产业园，导入平行进口车贸易、智慧金融、碳交易。推动欧亚汉阳国际广场由家居市场向新能源汽车市场进军，导入小鹏汽车、腾势汽车4S店进行试营业，改造完成欧亚达汉阳国际广场外立面，建成集中式充电站并投入使用。淘汰原有小微设计公司，加快调整产业发展方向，逐步打造集新能源汽车销售交付、数字营销、直播电商、改装设计、特色运营于一体的汽车后市场生态园区。武汉大雍实业集团有限公司调整汽车产业业态，布局新能源汽车销售赛道，华为武汉首家授权4S店、岚图武汉唯一授权4S店落户开业。

大健康产业发展　推动龙阳湖健康谷周边环境改造，完成悦城青年创新街区外立面提升工程、九州通健康城周边配套道路车友路北延伸路段建设、健康谷“生命之炬”雕塑安装，加速建设龙阳湖公园，二期沿龙阳湖东路绿色跑道及广场建成，确定位于龙阳半岛核心位置的一级驿站设计方案。九州通健康城项目完工，进入备案阶段，开展商业街、写字楼招商引资。凯乐士通达科技、湖北久安医药集团有限公司、君泽医疗科技有限公司等多家大健康领域知名企业达成意向性“入驻”，在谈有艾格高端眼科门诊、阿里巴巴——阿里健康、武汉威高医疗器械有限公司、阿斯利康制药有限公司等项目。5.5医药健康产业园二次招商，计划一期引进跨境电商头部企业区域总部项目、跨境贸易及电商企业以及数字贸易服务企业。

汽车产业发展　通过政策吸引，争取湖北省电动汽车流通协会、湖北省汽车流通协会先后落户龙阳街道；通过汽车行业协会在产业研究、信息中介、渠道项目等优势，推动汽车后市场产业企业聚集式发展，借助行业协会平台引进极狐汽车武汉总公司，意向引进武汉鸿鑫出行服务有限公司、易车堂（湖北）网络科技有限公司等企业；宣传龙阳街道“一街一品”品牌，向社会推介中国新能源汽车博览城、龙阳湖健康谷的名片口号。结合市区消费季主题活动，推出龙阳大道暑期消费十全十美大礼包，激发消费活力。参与《长江日报》的《街力赛——武汉街道书记访谈录》栏目，龙阳街道排武汉市第一名。举办汉阳知音进街道接力行、“新能源汽车博览城”发布暨“名嘴主播咛汉阳”活动，营造新能源汽车宣传氛围，扩大新能源汽车长廊、新能源汽车博览城知名度与影响力。量身定制陶家岭路沿线“一街一品”文化长廊、芳华路停车场文化墙。推动汽车长廊招商资源优化整合、企业发展转型。

（文振天）

2022年12月24日，“欧亚达·千礼之行”首届新能源汽车展览会在欧亚达家居奥特莱斯商场外广场举行
（龙阳街道　供图）

四新街道

【概况】　武汉市汉阳区四新街道位于汉阳区南部，东邻江城大道；南抵武汉市三环线，与江堤街道毗邻；西至芳草路，与龙阳街道相接；北临墨水湖，与五里墩、琴断口街道相望。2022年，街域面积8.93平方千米，有太子观澜、总港西岸、澜菲溪岸、梅林都汇、上太子溪、墨南湖畔6个社区。有户籍人口21607户、52709人，60岁以上老人8157人，外来暂住人口27887人。有各类单位2905个。其中，行政机关3个，企业单位2894个，事业单位8个。主要单位有武汉市汉阳区人民政府四新街道办事处、汉阳区退役军人事务局、汉阳区西大英才小学、武汉市第三中学、汉阳区墨水湖小学、汉阳区钟家村明德小学、武汉市汉阳市政建设集团有限公司、武汉市中医医院汉阳院区、湖北省水文地质工程勘察院、湖北省城市地质工程院、湖北省地质局武汉水文地质工程地质大队等。年内，四新街道办事处获武汉市信访工作联席会“党的二十大信访安全保障工作先进集体”称号；街计划生育协会被评为2022年度全国计生协先进单位；墨南湖畔社区被评为2022年度武汉市综合减灾示范社区；梅林都汇社区被评为2022年度湖北省百佳社区。

【经济发展】　2022年，四新街道完成全口径财政收入5.78亿元，比上年下降19%；完成体制内收入150.61万元；完成全社会固定资产投资总额20.49亿元。社会消费品零售总额完成 7.77 亿元，下降 5.7%；完成规模以上服务业营业收入 5.42 亿元，增长 26.4%。商贸企业“小进限”净增 5 家，限额以上商贸企业 10 家。全年招商引资 15.54 亿元，下降 77.2%。辖区重点企业有湖北省水文地质工程地质勘察院有限公司等 9 家。

2022年4月16日，武汉市汉阳区四新街道梅林都汇社区志愿者在社区“公益积分超市”兑换生活用品（四新街道　供图）

【基层社会治理】 2022 年，四新街道提档升级社区工作阵地，按照“6+1”模式全面优化 6 个社区党群服务中心功能布局，规范挂牌标识，办公面积均达到 1000 平方米以上。提质扩面社区红色驿站 26 个，迁入政务内网，使 41 项高频办理的民生审批事项下社区、进小区。提档升级“阳小驿”7 个，完善功能配套，拓宽服务范围。确定共同缔造微项目 48 个，实施青少年活动空间、居民共享花园、公共电动车棚、停车位微改造等 40 个项目，改善小区居住环境。加强社区工作者队伍建设，社区工作人员中持社工证人员共 46 人，其中，初级社工证 35 人，中级社工证 11 人。推进党员干部“下基层、察民情、暖民心、解民忧”实践活动，收集并解决民生保障、基层治理、企业发展等方面问题 26 个。开展“小区遍访行动”，遍访街区党员群众 7.4 万名，解决交通、教育、环境、治安等民生问题 436 个。开展美好环境与幸福生活共同缔造活动，老关新城、太子水榭 2 个区级样板点均获“示范小区”称号。提升街区居民自治水平，指导监督小区业主委员会依法依规开展工作。星光国际一期、太子水榭、南国明珠东岸、开来都市丰景、观澜国际、绿地新都会 6 个小区成立业主委员会。

【城市管理】 2022 年，四新街道持续推进城市管理科学化、精细化、智能化，加强城市环境综合整治，提升治理效能。布设小型空气质量监测站，提升街道空气质量监测能力。全年空气质量综合指数与汉阳区均值持平。开展背街小巷综合整治，整治出店、占道经营 1500 处，劝阻 600 次。重点加强学校门前站岗执勤，解决“三乱”问题。规范户外广告招牌，拆除电子显示屏、违规门面招牌、违规大型户外广告 251 处，拆除违法建设面积 6451.33 平方米。推进三青路招商公园 1872 示范片区建设，建成无暴露垃圾桶转运站、铺设防滑地毯。创建垃圾分类示范小区，安装垃圾分类亭 18 组、分类箱 30 组。全年张贴“路长制”公示牌 500 余个，社区、学校及工地按要求张贴路长制宣传海报，实现街区网格化管理全覆盖。完善“河湖长制”“三长三员”，每月组织各级河湖长完成巡湖工作，以“清洁家园”为契机，开展港渠湖边“四乱”问题清除行动，累计清理

表70　　2022年四新街道重点企业一览表

名称	地址	所属行业	年生产总值（万元）
湖北人福长江医药有限公司	麦普利斯广场	商贸业	29570
武汉纵横保安服务有限公司	鹦鹉大道32－2号	服务业	19001
湖北江玉龙珠商贸有限公司	江城大道366	商贸业	18000
武汉天翔人力资源有限公司	江城大道288号	服务业	17523
武汉嘉奥能源科技有限公司	芳草路99号	商贸业	14022
湖北省水文地质工程地质勘察院有限公司	麦普利斯广场	服务业	10778
湖北地建贸易发展有限公司	麦普利斯广场	商贸业	7928
湖北东方俊才人力资源有限公司	星光国际	服务业	5218
武汉嘉宏和设备有限公司	江城大道358号	服务业	1300

临近小区、湖岸线垃圾40余吨。按照规范流程回复市长专线、城市留言板、阳光信访的投诉案件，数字化管理平台每天专人专守接收回复，全年受理市长督办案2000件，监督指挥系统平台900起，回复各类整改图片1200余张，办结率和回复率100%。全街环卫工人、协管员基本信息录入汉阳智慧环卫平台，平均每周上传案800余件，实现环卫管理事务办理全过程网络化、移动化，提高环卫工作效率。加强燃气安全治理，全面排查餐饮场所的用气安全，整顿不符合安全用气标准的经营单位，依法处罚未安装燃气泄漏报警装置的餐饮经营单位。全街道205户使用瓶装气餐饮商铺均已安装燃气泄漏报警器，并按要求张贴最新版本的燃气公示牌。

【平安建设】 2022年，四新街道持续推进平安稳定建设，健全完善平安社区、平安单位创建工作体系，夯实四新街平安建设基层基础，“星级平安社区”创建率100%。6个社区按要求建立综治中心和网格化服务管理工作站，组织网格员参加培训，每周考核各个社区网格化工作，提升社会治理的能力与水平。5月，街道、社区均设扫黑除恶线索举报箱并公布举报电话。加大11类涉黑涉恶违法犯罪行为的摸排及举报力度，发动居民参与群防群治。营造平安建设与法治宣传氛围，制作户外固定宣传栏、“智慧社区”公示牌、宣传展板等。结合“平安创建”、“一感一度一率两评价”、扫黑除恶专项行动，在6个社区悬挂横幅36条、制作宣传展板18块。利用各类显示屏滚动播放创建宣传内容，印制“给居民一封信”3万份。加强法制宣传，通过宣传画、宣传标语、小区公示栏、宣传单等多种形式宣传法律知识。全年摸排调处各类矛盾纠纷1368起，化解矛盾纠纷1368起。

【民生保障】 2022年，四新街道新增低保户6户，撤销4户，调整10户。全年为29户、35人发放低保金30.2万元；为1户因病因灾突发困难的家庭办理临时救助，金额470元；为17户低收入住房困难的居民办理租金补贴，合计1.3万元，落实廉租房14套。元旦、春节期间，共发放特困救助金3.5万元。为30户家庭发放物资41份。全年新增就业317人。全年发放困难残疾人生活补贴18人、重度残疾人护理补贴66人；发放灵活就业残疾人社保补贴8人，金额3.5万元；为6人申报辅具，为7人申报2022年无障碍改造。全街有14人享受特殊困难老人服务补贴，开展服务725人次；提供家庭养老床位7户，居家养老上门服务13户。

2022年9月27日，武汉市汉阳区四新街道墨南湖畔社区组织开展消防演练活动

（四新街道　供图）

【精神文明建设】 2022年，四新街道开展“喜迎二十大、传颂文明风”等群众性主题宣传教育活动26次，推荐王传运、杨素芬等8名文明市民先进典型；开展文明家庭评选活动24场次；开展“武汉以我为荣”文明实践活动。拓展新时代文明实践所、站建设，建立健全新时代文明实践运行机制，开展文明实践志愿活动。推进全国文明典范城市创建，开展专项整治200余次。组织社区工作者、下沉党员、文明单位开展“全民战疫，清洁家园”小区周末爱国卫生大扫除活动百余次。推行志愿服务，发展壮大志愿者队伍。全街有志愿者服务队伍1859个，累计服务时长90241小时，社区社会组织备案数120个。

【中共基层组织建设】 2022年，落实党建引领基层治理“深根工程”，健全建强“街道大工委—社区大党委—小区党支部—楼栋党小组—党员中心户”五级动力主轴，有基层组织47个。其中，社区大党委6个，小区党支部41个。楼栋党小组353个，党员中心户1110户，党员1405人。新发展非公有制企业党支部4个，发展党员8名，培养入党积极分子55名。开展“我”系列党员教育主题活动，组织开展“创意主题党日我来廾”观摩学习活动6场、“主题党课我来讲”活动10场，拍摄《英雄城市先锋有我》基层党建视频宣传片6部。“七一”庆祝中国共产党成立101周年大会颁发“光荣在党50年”纪念章4枚、表彰优秀小区党支部书记9人、优秀楼栋党小组组长18人。

【双创生活圈青年友好城建设】 2022年，四新街道围绕“双创生活圈青年友好城”总体定位，推动青年创新、创业，协同企业打造青年友好基地。1月8日，首届四新街道读书分享会——四新阅微学堂在方岛金茂智慧科学城营销中心的言几又定制文化空间上线。四新阅微学堂通过读书分享会的形式，为青年构筑交流空间。5月

4日，湖北青创园（汉阳）一期在纽宾凯广场开园。9月21日，湖北青创园（汉阳）二期揭牌，与咨询机构合作审议制定青创城发展规划，构建“一园三街区”空间布局，以湖北青创园（汉阳）为核心，纽宾凯青创大街区、四新青年漫生活街区、方岛生态智慧街区三大街区为支撑，利用居住和公共服务优势，完善基础设施、提升城市功能品质。围绕“1+6”产业体系，做大做强工程设计及建造优势产业，发展适合青年创业的文化创意、健康体育等青创产业。围绕创业服务加快完善现代商贸、商务服务等配套产业，布局地理信息、新能源汽车、元宇宙、区块链等新兴产业，加速形成优势、青创、配套、新兴四个层次产业体系，园内入驻湖北瑞立德科技有限公司、武汉合联胜科技有限公司、无虚科技（武汉）有限公司、武汉浦乔科技有限公司、妙予彦武汉科技有限公司、武汉舒雅机电工程有限公司等高新企业。打造汉阳青创园、慕金星光2个孵化器，提高企业孵化培育数量和质量。创建企业注册、行政审批、税收等服务绿色通道，在汉阳青创园一期、二期设置24小时智慧政务服务点和人才服务“专窗”。持续办好“知音云上”创投大赛，加快集聚人才、金融、服务等资源。

2022年1月8日，首届四新街道读书分享会“四新阅微学堂”在方岛金茂智慧科学城营销中心的言几又定制文化空间举办　（四新街道　供图）

【重点项目建设】 2022年，四新街道重点建设项目共7个，分别是汉阳市政建设大厦项目、太保家园·武汉国际颐养社区项目、武汉市中医院项目、纽宾凯国际社区汉City锦城五期项目、方岛金茂A包项目、新绿体育公园项目、中铁十一局汉阳总部项目。

汉阳市政建设大厦项目　该项目由汉阳市政建设集团有限公司承建，计划总投资9.6亿元，自开建至2022年底已完成投资9.57亿元，其中年内完成投资1.7亿元，项目已经建设完毕。

太保家园·武汉国际颐养社区项目　该项目由上海建工集团承建，1号楼、2号楼、3号楼同步展开施工，计划总投资16.2亿元，自开建至2022年底已完成投资2.8亿元，其中年内完成投资2.34亿元。

武汉市中医院项目　该项目由中建三局承建，所有主体建筑已完成封顶，正在进行装修及配套设施建设，计划总投资6.29亿元，自开建至2022年底已完成投资2.64亿元，其中年内完成投资1.67亿元。

纽宾凯国际社区汉City锦城五期项目　该项目由中建二局承建，已全部建设完成，计划总投资2亿元，自开建至2022年底完成投资2亿元。

方岛金茂A包项目　该项目由中建五局、五矿二十三冶等公司承建，A1地块金茂览秀城已于1月31日开工，A2地块（售楼部所在地，后期规划为商业街+公寓住宅）、A3地块酒店年内暂无开工计划。计划总投资79亿元，自开建至2022年底已完成投资30.6亿元，其中年内完成投资7.6亿元。

新绿体育公园项目　该项目由武汉新区公司、绿地控股集团有限公司、湖北省文化旅游投资集团有限公司三大国企承建，A8地块（住宅）1楼至7号楼已交付，8号楼至15号楼已完成结构施工。A9商办地块暂无开工计划。A10地块滑雪馆已取得工程规划许可证。计划总投资53.2亿元，自开建至2022年底已完成投资26.1亿元，其中年内完成投资5.55亿元。

中铁十一局汉阳总部项目　该项目由中铁十一局承建，住宅部分已全部封顶，总部大楼和公寓桩基和地下室施工完成，已建至地面一层。计划总投资19.29亿元，自开建至2022年底已完成投资13.72亿元，其中年内完成投资1.49亿元。

【城市更新】 2022年，四新街道墨南湖畔社区港口小区开展征收拆迁工作。5月，汉阳区城建重点工程征地拆迁指挥部与四新街道签订墨南湖畔社区港口小区征地拆迁与房屋征收委托代办协议，房屋征收总面积约7800平方米。7月，四新街道成立汉阳区医养结合示范基地项目征收拆迁领导小组，并制定征收拆迁相关工作方案。9月，与代办公司签订拆迁委托代办协议，完成港口小区入户调查与房屋确权工作，汉阳区城区改造更新局在港口小区张贴征收方案公告。

（周欣）

人物·荣誉

人物简介

肖世波　男，汉族，1979年11月出生，湖南辰溪人，中共党员，中铁大桥局副总经理，兼任中国施工企业管理协会科技专家。2003年6月毕业于中南大学土木工程专业，大学本科学历，正高级工程师。历任中铁大桥局五公司长沙洪山庙大桥项目技术员，铜九铁路鄱阳湖特大桥工程部部长，大理至瑞丽铁路澜沧江大桥项目副总工程师、总工程师、项目经理，中缅油气管道澜沧江跨越EPC项目部项目经理，港珠澳大桥项目经理，福平铁路FPZQ-3标项目部项目经理，总经理助理、副总经理；中铁大桥局福平铁路FPZQ-3标项目部项目常务副经理，长乐外海海上风电场A区项目经理，新能源工程指挥部（大企业事业部）常务副指挥长、部长。长期从事项目管理工作，主持和参与大理至瑞丽铁路澜沧江大桥、中缅油气管道澜沧江跨越EPC项目、港珠澳大桥、平潭海峡公铁大桥等国家重点工程的建设，主持完成福清兴化湾、长乐外海等风电场项目建设，创新提出大跨度拱桥二次竖转施工技术，优化山区拱桥施工工艺；研究“复杂海况长距离组合桥梁快速施工技术”，克服复杂海况下快速运输安装桥梁预制构件（墩台）施工难题，提升港珠澳大桥建设速度，该项技术经中国中铁股份有限公司评定达到国际领先水平；创新提出“海中借助水头差快速整体拆除锁口钢围堰施工方法”，极大缩短潮差环境下围堰快速拆除、安装施工时间，提升了整体施工效率。2015年至2022年，担任分部项目经理、项目部常务副经理期间，主持平潭海峡公铁大桥施工，参与“恶劣海洋环境下桥梁基础超大直径钻孔桩施工关键技术研究”，解决恶劣地质环境下直径4.9米钻孔桩施工难题；研究“全工厂化焊接钢桁梁整孔制造及海上整孔架设成套技术”，首次实现国内80（88）米简支钢桁梁主梁采用全工厂化整孔全焊制造、现场浮吊整孔架设；首创“恶劣海洋环境下钢桁梁整节段制造及架设技术”，实现斜拉桥两节间整节段悬臂架设和边跨、辅助跨整孔吊装架设，提升了恶劣海况下架梁效率；主持“复杂海域桥梁施工结构及设备抗风浪安全关键技术研究”，为恶劣海况下安全施工提供技术支撑；上述技术水平经湖北技术交易所评定达到国际领先水平，该项目获中国建设工程鲁班奖。先后获国家一级学会科技进步奖1项，国家一级协会科技进步奖5项，股份公司科技进步奖1项，“航天科工杯”创新奖银奖1项；参编省部级技术规范2部；省部级工法7项；授权发明专利18件，实用新型专利11件，出版专著2部、发表论文3篇。荣获全国五一劳动奖章、中华全国铁路总工会火车头奖章、茅以升科学技术奖建造师奖、中国中铁优秀青年项目经理、中国中铁优秀项目经理、中铁大桥局建桥楷模等荣誉和称号。2022年5月1日，肖世波获全国五一劳动奖章。

张晓　男，汉族，1969年6月出生，四川内江人，民建会员，武汉市汉阳区清露社会工作服务中心主任。1984年11至1987年10月，在56030部队服役，服役期间荣立三等功。1988年1月，入职中国石油化工服务有限公司武汉分公司；2011年，受聘为汉阳区人民法院心理咨询中心主任；2013年，成立汉阳区清露社会工作服务中心并担任主任；2015年，成立并担任汉阳区社会工作者协会任会长；2016年，担任汉阳区政协委员；2021年，下沉永丰街道汉沙社区。张晓2008年开始义务接送和帮教强制戒毒期满出所人员，累计感化帮扶吸毒人员1000余人，帮扶帮教未成年人500余人，帮助失业人员办理低保手续和安置工作岗位超过100人次。2011年开始开展涉案未成年人的社会调查、心理测评、跟踪帮教等工作，组织领导心理咨询专家志愿者团队，开展法律心理援助、未成年成长帮抚、少年犯罪心理矫正等工作。他带领团队开展公益服务、公益讲座数百余场，提供公益心理咨询近千小时，共资助贫困儿童及孤儿20余人，2人由张晓长年资助，其中1人于2018年考上北京大学。张晓还参加过汶川、雅安地震现场救援工作，为疫情防控募捐物资及资金累计600多万元，多次协助湖北省阳光慈善总会为玉树地震灾区、舟曲泥石流灾区整理、运输救灾物资。曾先后获全国红十字优秀志愿者之星、湖北省十大杰出青年志愿者、"武汉时代楷模"、"武汉精神践行者"、武汉市岗位学雷锋标兵、武汉市"十佳禁毒人士"、武汉市最美志愿者等称号。2022年，张晓被评为2022年第三季度"湖北好人"、武汉市模范退役军人。

先进人物名录

全国（含系统）先进个人

全国特级优秀人民警察

廖宗安　武汉市公安局汉阳区分局警务指挥处教导员

全国公安机关"昆仑2021"专项行动成绩突出个人

陈习武　武汉市公安局汉阳区分局经济犯罪侦查大队大队长、四级高级警长

全国五一劳动奖章获得者

肖世波　中铁大桥局集团有限公司新能源工程指挥部（大企业事业部）常务副指挥长

《中国法院2022年度案例》编写人

卢少达　武汉市汉阳区人民法院员额法官

彭梦凌　武汉市汉阳区人民法院法官助理

中央纪委国家监委新闻传播中心2022年度优秀通讯员

冯　英　中共武汉市汉阳区纪律检查委员会、武汉市汉阳区监察委员会三级主任科员

2022年度全国优秀少先队员

黄子轩　汉阳区钟家村寄宿学校少先队员

省级（含系统）先进人物

湖北五一劳动奖章获得者

王腾飞　中铁大桥勘测设计院集团有限公司副总工程师

李汉江　中共中铁大桥局集团物资有限公司委员会书记、公司执行董事

2022年第三季度"湖北好人"

张　晓　汉阳区清露社会工作服务中心主任

2022年度9—10月"荆楚楷模"

韦　莉　汉阳区楚才小学校长

湖北省人民满意的公务员

王　群　武汉市公安局汉阳区分局洲头派出所二级高级警长

王文革　中共武汉市汉阳区财政局党组书记，汉阳区财政局局长，汉阳区人民政府办公室副主任（兼）

陈东华　中共武汉市汉阳区民政局委员会书记、武汉市汉阳区民政局局长

平安湖北建设先进个人

胡明荣（女）　中共武汉市汉阳区江堤街道江欣苑社区委员会书记

第四届"楚天园丁奖"

罗正丽　武汉市第三职业教育学校教师

湖北省纪检监察系统先进个人

钟财盛　中共武汉市汉阳区纪律检查委员会、武汉市汉阳区监察委员会三级主任科员

湖北省社区建设先进工作者

万遂平　武汉市汉阳区人民政府龙阳街道办事处平安建设办公室科长

2022年湖北省全国科普日活动先进个人

余　健　武汉市汉阳区科学技术协会副主席

湖北省"最美巾帼奋斗者"

吴彩荣　中共武汉四季永兴经贸有限公司党支部书记、公司董事长

湖北省"最美妇联人"

杜　云　中共武汉市汉阳区龙阳街道芳草社区委员会书记、芳草社区妇女联合会主席

湖北省"巾帼建功标兵"

罗惠敏　武汉市汉阳市政建设集团有限公司工程部副部长

杨汉荣　武汉东鑫酒店管理有限公司董事长

湖北省三八红旗手

吴彩荣　武汉四季永兴经贸有限公司

市级（含系统）先进人物

第一季度"武汉楷模"

杨明峰　武汉市汉阳区水务和湖泊局排水队副队长

第二季度"武汉楷模"

韦　莉　汉阳区楚才小学校长

付　伟　中交第二公路勘察设计研究院有限公司检测公司副经理

第四届武汉"大城工匠"

赵高峰　武汉市第三中学语文教研组组长

武汉市模范退役军人

李　冲　武汉市汉阳区人民法院执行局副局长

张　晓　汉阳区清露社会工作服务中心主任

李梦林　武汉市汉阳区人民政府琴断口街道办事处公共安全办

公室工作人员
罗俊斌　武汉市汉阳区科学技术协会科普部部长

武汉五一劳动奖章获得者
蔡振中　武汉市汉阳区行政审批局现场勘查科科长
张海东　华震集团有限公司部门总经理
王　莎　武汉市汉阳区社会福利院护士长
陈　茜　武汉市第三初级中学语文教师
肖晓萍　武汉市第三中学物理教师
朱炎华　武汉汉阳艾格眼科医院医师
戴伟思　武汉市汉阳区人民政府江汉二桥街道办事处副主任
刘学辉　百威（武汉）啤酒有限公司环境安全部安全主管
邢明党　武汉市承远市政工程设计有限公司总经理助理

2022 年度武汉“最美科技工作者”
付　伟　中交第二公路勘察设计研究院有限公司检测公司副经理
毛伟琦　中铁大桥局集团有限公司总工程师

武汉市女职工建功立业明星
张　辉　武汉市第三十二中学教务处副主任、英语教师

平安武汉建设先进工作者
李　祎　武汉市汉阳区人民政府晴川街道办事处办公室工作人员

2022 年度武汉市“新时代好少年”
田泽恺　武汉市第三寄宿中学
徐紫涵　汉阳区玫瑰园小学
熊宸乐　汉阳区楚才小学

2022 年武汉最美城管人·十佳敬业标兵
占见英　武汉市汉阳区洲头街道综合执法中心执法队员

武汉市“新时代巾帼英雄”
王　晶　湖北恒信德龙实业有限公司武汉摩尔城管理分公司总经理
韩　梅　武汉市承远市政工程设计有限公司副经理
刘　诚　武汉市公安局汉阳区分局永丰街派出所民警
殷肖丽　中共武汉市汉阳区城市管理执法局洲头城管所党支部书记
汪李丹　武汉市二桥中学副校长

武汉市“最美妇联人”
严　丽　武汉市汉阳区江堤街道江欣苑社区妇女联合会执行委员

武汉市“最美岗花”
韦　莉　汉阳区楚才小学校长
许　飒　汉阳区妇幼保健院孕产保健部主任
董　畅　武汉市汉阳区龙阳街道龙湖东岸社区网格长
黄　钰　武汉市汉阳区人民检察院第一检察部检察官

2022 年武汉市“最美志愿者”
梁　星　武汉市汉阳区图书馆副馆长

武汉市文明市民（21人）
黄曼霞　武汉市汉阳区晴川街道华园社区华润中央公园小区居民
吴绘春　武汉市汉阳区建桥街道钟家村社区都市兰亭居民
荣铁仿　武汉市汉阳区建桥街道大桥社区建桥新村居民
周明秀　武汉市汉阳区鹦鹉街道锦绣长江社区世茂锦绣长江五期居民
刘　丽　武汉市汉阳区鹦鹉街道世茂锦绣长江二期业主委员会主任
程博立　武汉市汉阳区洲头街道洲头社区前进嘉园本科在读学生
王　丹　中共中铁隧道股份有限公司武汉地铁12号线国博中心南站项目党支部书记
李晓晶　中共武汉市汉阳区琴断口街道十里铺社区汉水尚庭社区委员会副书记
屠　婧　中共武汉市汉阳区琴断口街道龙祥社区委员会书记
陈　斌　武汉长江日报媒体集团有限公司汉阳发行站职工
曾　斌　武汉市汉阳区江汉二桥街道桥东社区国信新城三期居民
屈春霞　武汉市汉阳区妇幼保健院检验技师
杨素芬　武汉市汉阳区四新街道澜菲溪岸社区居民
文恒春　武汉市汉阳区四新街道墨南湖畔社区招商公园1872璟园居民
张　銮　武汉市汉阳区五里墩街道住宅楼居民
张明汉　武汉市汉阳区五里墩街五瑞里社区邓甲新城居民
周发玉　武汉市汉阳区龙阳街道龙湖东岸社区万科汉阳国际居民
罗　玲　武汉市汉阳区妇女联合会权益部部长
熊凤姝　武汉仙山鸿宇商贸有限公司董事长
黄燕然　中铁三局科创发展有限公司装配式事事业部质保资料管理岗
刘剑波　湖北阿法迪文化发展有限公司销售经理

去世人物

易伦雄　1966 年 7 月生，湖北沙洋人。1987 年毕业于长沙铁道学院铁道工程专业，2011 年获得中南大学桥梁与隧道工程专业博士学位，教授级高级工程师。曾任中国中铁股份有限公司特级专家、中铁大桥勘测设计院集团有限公司副总工程师、《桥梁》杂志编委。从事桥梁设计 30 余年，作为技术负责人，主持了世界首座 6 线铁路大桥——京沪高铁南京大胜关长江大桥，世界首座非对称矮塔公铁两用斜拉桥——商合杭铁路芜湖长江大桥，世界最大跨度三塔铁路斜拉桥——浩吉铁路洞庭湖特大桥，国内首次跨越长江的重载铁路桥——浩吉

铁路公安长江大桥以及宜昌至喜长江大桥、镇胜公路北盘江大桥等重大项目的设计研究工作。作为京沪高铁南京大胜关长江大桥的技术总负责人，全面主持大桥的关键技术研究与设计工作，强调并重视结构动力性能的设计理念，适应高速铁路的运行要求，创新板桁组合、整体桥面和三主桁等桥梁新结构，解决高速铁路大跨度桥梁总体刚度、局部刚度与平顺性的技术难题，为中国高速铁路大跨度桥梁的技术发展起到示范与引领作用，并成功应用到多座高铁桥梁，取得广泛的社会效益。紧抓桥梁工程的需求，牵头进行系列桥梁用高性能钢的研发、制造与工程应用，带动在高性能高强度结构钢领域的持续发展，是中国现代钢桥技术发展的领军人。先后获得 2013 年“湖北五一劳动奖章”，2016 年湖北省“突出贡献中青年专家”称号，享受国务院政府特殊津贴，2020 年全国“工程勘察设计大师”称号。2022 年 1 月 28 日，因病医治无效逝世。

先进集体名录

全国（含系统）先进集体

全国五四红旗团委
共青团武汉天龙黄鹤楼酒业有限公司委员会

全国优秀法院
武汉市汉阳区人民法院

司法部“复议为民促和谐”专项行动表现突出单位
武汉市汉阳区司法局

全国民主法治示范村（社区）
武汉市汉阳区琴断口街道七里一村社区
武汉市汉阳区四新街道澜菲溪岸社区

全国示范性老年友好型社区
武汉市汉阳区永丰街道徐湾社区

省级（含系统）先进集体

湖北省工人先锋号
中铁大桥局集团有限公司新建川藏铁路雅安至林芝段 CZSCZQ-1 标段项目经理部

湖北五一劳动奖状
武汉市公安局汉阳区分局
武汉苏泊尔炊具有限公司

湖北省女职工建功立业标兵岗
武汉市汉阳区人民法院立案庭

湖北省“巾帼文明岗”
国家税务总局武汉市汉阳区税务局龙阳税务所

湖北省就业创业先进集体
武汉市汉阳区人力资源局

湖北省新时代文明实践志愿服务项目大赛铜奖
琴断口街道七里一村社区“汉钢里匠心院落”社区微治理志愿服务项目

市级（含系统）先进集体

武汉市工会组建工作先进单位
江堤街道工会联合会
龙阳街道工会联合会
晴川街道工会联合会
四新街道工会联合会
五里墩街道工会联合会

武汉五一劳动奖状
武汉博宏建设集团有限公司
武汉优候普文化传播有限公司

武汉市工人先锋号
湖北悦熙健康管理有限公司运营中心
武汉市第三十二中学英语教研组
武汉市汉阳区人民检察院第二检察部
百威（武汉）啤酒有限公司包装集成设备维修团队
泰康同济（武汉）医院护理部
武汉建通股份有限公司工程事业部
湖北鑫祥商品混凝土有限公司调度室
中海兴业武汉房地产有限公司建桥项目开发团队

武汉市“巾帼文明岗”
武汉市汉阳区税务局纳税服务科
武汉市汉阳区政务中心红色帮办服务站点
武汉市汉阳区人民法院江堤人民法庭
武汉市汉阳区江堤街道墨水湖社区

武汉市第七批“学雷锋示范点”
武汉市汉阳区洲头街道红建社区“红小二”夕阳志愿服务队

统计资料

表71　　2022年武汉市汉阳区总面积、户籍人口、人口密度统计表

区域	土地面积（平方千米）	户籍人数（人）	人口密度（人/平方千米）	区域	土地面积（平方千米）	户籍人数（人）	人口密度（人/平方千米）
总　计	111.54	591762	5305	琴断口街道	3.39	52993	15632
晴川街道	6.50	22948	3530	江汉二桥街道	3.88	60169	15507
建桥街道	2.87	74405	25925	龙阳街道	8.80	44853	5096
鹦鹉街道	2.52	58086	23050	江堤街道	16.93	66757	3943
洲头街道	4.05	31363	7740	永丰街道	33.70	52092	1545
五里墩街道	5.63	75387	13390	四新街道	8.93	52709	5902

注：1. 汉阳区土地总面积111.54平方千米（湖北省第二次土地调查统一下发的行政区工作线数据）；
2. 人口密度按户籍人数计算；
3. 此表由武汉市公安局汉阳区分局提供。

表72　　2022年武汉市汉阳区人口及结构情况统计表

指标	年末人数（万人）	比重（%）
常住人口	90.06	100.0
户籍人口	59.17	100.0
按性别分：男性	29.65	50.1
女性	29.52	49.9
按年龄组分：0—17岁	11.34	19.2
18—34岁	11.90	20.1
35—59岁	21.97	37.1
60岁及以上	13.96	23.6

表73　　2022年武汉市汉阳区人口年龄情况统计表

年龄	人口数（人）			年龄	人口数（人）			年龄	人口数（人）		
	合计	男	女		合计	男	女		合计	男	女
总计	591762	296530	295232	35	14167	7122	7045	71	6010	2874	3136
不满1岁	5349	2818	2531	36	12638	6450	6188	72	5921	2817	3104
1	6013	3175	2838	37	10605	5358	5247	73	5150	2445	2705
2	6665	3566	3099	38	10582	5402	5180	74	4415	2016	2399
3	8440	4375	4065	39	10793	5547	5246	75	4119	1940	2179
4	8211	4388	3823	40	11093	5535	5558	76	3524	1668	1856
5	8847	4645	4202	41	8575	4260	4315	77	2404	1118	1286
6	10101	5350	4751	42	7948	3972	3976	78	2105	1028	1077
7	8477	4395	4082	43	8809	4426	4383	79	1831	815	1016
8	7871	4137	3734	44	8194	4045	4149	80	1937	908	1029
9	6591	3503	3088	45	8347	4171	4176	81	2146	948	1198
10	6550	3457	3093	46	7555	3757	3798	82	1858	750	1108
11	5433	2848	2585	47	7377	3752	3625	83	1486	569	917
12	5067	2677	2390	48	6043	3087	2956	84	1615	599	1016
13	4550	2424	2126	49	6592	3295	3297	85	1397	499	898
14	4313	2258	2055	50	6913	3560	3353	86	1292	505	787
15	4126	2154	1972	51	7355	3688	3667	87	1264	469	795
16	3415	1812	1603	52	8399	4197	4202	88	983	365	618
17	3351	1741	1610	53	8320	4206	4114	89	852	336	516
18	3056	1570	1486	54	8542	4186	4356	90	535	223	312
19	2799	1476	1323	55	5471	2607	2864	91	391	177	214
20	2949	1607	1342	56	6287	3128	3159	92	351	136	218
21	3037	1635	1402	57	6830	3410	3420	93	256	109	147
22	3438	1858	1580	58	9042	4471	4571	94	208	86	122
23	3619	2016	1603	59	13194	6494	6700	95	169	74	95
24	4001	2234	1767	60	10122	4932	5190	96	97	36	61
25	4657	2481	2176	61	6070	2924	3146	97	67	23	44
26	5421	2925	2496	62	6832	3399	3433	98	36	15	21
27	6731	3568	3163	63	7967	3990	3977	99	43	14	29
28	8246	4356	3890	64	9330	4574	4756	100	30	9	21
29	9331	4696	4635	65	9709	4718	4991	101	24	10	14
30	9826	4919	4907	66	8817	4313	4504	102	7	4	3
31	11100	5525	5575	67	7147	3439	3708	103	7	2	5
32	13029	6317	6712	68	8244	3904	43410	104	1	0	1
33	14201	6995	7206	69	6659	3125	3534	105以上	2	0	2
34	13631	6675	6956	70	6216	2923	3293				

表74　　2022年武汉市汉阳区地区生产总值统计表

单位：亿元

指标	现价总量	不变价增减（%）
地区生产总值	801.86	2.6
农林牧渔业	0.00	0.0
工业	63.67	10.3
建筑业	86.74	10.2
批发和零售业	194.70	3.1
交通运输、仓储和邮政业	62.93	4.0
住宿和餐饮业	18.14	3.3
金融业	63.89	1.5
房地产业	106.44	-9.0
其他服务业	205.35	3.3
第一产业	0.00	0.0
第二产业	150.41	10.3
第三产业	651.45	0.8

表75　　2022年武汉市汉阳区投资完成情况统计表

项目	比上年增长（%）
全社会固定资产投资	-55.7
1. 按产业分：	
第二产业投资	-29.8
第三产业投资	-56.0
2. 按项目类型分：	
房地产开发投资	-59.5
城镇建设投资	-39.0

表76　　2022年武汉市汉阳区社会消费品零售总额统计表

单位：万元

指标	2022年	2021年	增减（%）
合计	701184.9	719182.4	-2.5
限额以上批零住餐（网汇同比）	376863.1	442706.2	-14.9
限额以上批零（网汇同比）	372693	436762.1	-14.7
限额以上住餐（网汇同比）	4170.1	5944.1	-29.8
限额以下批零住餐	324321.8	276476.2	17.3

注：表中数据为经济普查口径。

表77　2022年武汉市汉阳区招商引资和对外贸易完成情况统计表

指标名称	计量单位	完成情况
产业项目实际到位资金	亿元	180.37
外商直接投资（FDI）	万美元	2040
外贸出口	亿元	17.8
招商项目引进		
引进30亿元以上服务业项目	个	2
中国500强企业研发机构	个	1
世界500强企业	家	2
中国500强企业	家	4
中央企业	家	0
中国民营500强企业	家	1
大企业区域总部	个	2

表78　2022年武汉市汉阳区旅游与会展业情况统计表

指标名称	计量单位	实际
3A级旅游景区	个	6
旅行社	家	48
接待国内外游客	万人次	3352
实现旅游综合收入	亿元	20.8
承办各类大中型会展	场	10
会展总面积	万平方米	54.68

表79　2022年武汉市汉阳区劳动就业完成情况统计表

指标	单位	实际
城镇新增就业人数	人	22468
失业人员再就业	人	4625
帮扶就业困难人员再就业	人	2631
各类就业创业培训	人	3175
新发放个人创业担保贷款	人	29
扶持创业	人次	4255
创业带动就业	人次	5054
劳动人事争议案立案	件	1425
结案	件	1397
劳动仲裁法定期限结案率	%	98.04
城镇失业登记率	%	2.50

表80　　2022年武汉市汉阳区规模以上工业产值完成情况统计表（按经济类别分）

单位：亿元

指标名称	2022年累计	2021年累计	累计增减（%）	指标名称	2022年累计	2021年累计	累计增减（%）
工业总产值总计（现行价格）	166.64	194.62	-14.4	工业销售产值总计（现行价格）	164.74	186.36	-11.6
在总计中：轻工业	120.64	140.4	-14.1	在总计中：出口交货值	3.79	3.85	-1.6
重工业	46	54.22	-15.2	在总计中：轻工业	119.28	132.58	-10.0
在总计中：国有企业	13.86	18.4	-24.7	重工业	45.46	53.77	-15.5
股份制企业	124	143.18	-13.4	在总计中：国有企业	13.73	16.89	-18.7
外商及港澳台商投资企业	28.77	33.04	-12.9	股份制企业	123.14	138.07	-10.8
在总计中：国有控股企业	17.58	21.39	-17.9	外商及港澳台商投资企业	27.87	31.4	-11.2
在总计中：非公有工业	149.06	173.22	-14.0	在总计中：国有控股企业	17.45	20.54	-15.0
在总计中：大中型工业企业	101.88	124.61	-18.2	在总计中：非公有工业	147.29	165.81	-11.2
				在总计中：大中型工业企业	100.75	118.37	-14.9

表81　　2022年武汉市汉阳区规模以上工业各行业工业总产值完成情况统计表

单位：亿元

指标	2022年累计	2021年累计	累计增减（%）
金属制品业	35.82	40.97	-12.6
非金属矿物制品业	27.26	36.46	-25.2
酒、饮料和精制茶制造业	18.94	20.36	-7.0
医药制造业	13.79	13.89	-0.8
烟草制品业	13.27	17.64	-24.7
橡胶和塑料制品业	12.49	21.34	-41.5
食品制造业	12.11	14.49	-16.5
废弃资源综合利用业	8.28	8.09	2.4
电气机械和器材制造业	6.97	5.25	32.8
农副食品加工业	3.71	3.14	18.4
专用设备制造业	3.02	2.76	9.6
印刷和记录媒介复制业	2.90	2.57	12.7
纺织服装、服饰业	2.81	2.54	10.5
汽车制造业	2.63	2.69	-2.4
电力、热力生产和供应业	1.11	1.01	9.7
造纸和纸制品业	0.60	0.48	24.8
通用设备制造业	0.48	0.49	-1.3
仪器仪表制造业	0.44	0.44	-0.1

表82　　2022年武汉市汉阳区规模以上工业各行业增加值情况统计表

单位：亿元

产品名称	2022年累计（可比价格）	2022年累计（现价）	2021年同期累计（现价）	累计增长速度（%）
合　计	41.26	42.29	49.24	−16.2
酒、饮料和精制茶制造业	7.23	7.44	8.00	−9.5
金属制品业	6.47	6.91	7.90	−18.1
烟草制品业	5.72	5.72	7.59	−24.7
非金属矿物制品业	5.50	5.38	7.18	−23.3
医药制造业	4.43	4.37	4.40	0.6
食品制造业	3.12	3.40	4.07	−23.2
橡胶和塑料制品业	2.40	2.44	4.16	−42.4
电气机械和器材制造业	1.34	1.40	1.07	25.9
废弃资源综合利用业	0.88	0.99	0.97	−8.8
专用设备制造业	0.75	0.76	0.69	9.6
纺织服装、服饰业	0.74	0.75	0.67	9.8
印刷和记录媒介复制业	0.68	0.68	0.60	12.6
电力、热力生产和供应业	0.61	0.64	0.59	4.8
汽车制造业	0.61	0.61	0.62	−1.4
农副食品加工业	0.38	0.43	0.36	6
造纸和纸制品业	0.14	0.14	0.11	18.4
仪器仪表制造业	0.13	0.14	0.14	−1.4
通用设备制造业	0.12	0.12	0.12	−0.9

表83　　2022年武汉市汉阳区房地产开发主要指标完成情况统计表

指标	比上年增减（%）
房屋施工面积	−7.8
住宅施工面积	−9.5
房屋新开工面积	−27.3
住宅新开工面积	−36
房屋竣工面积	120
住宅竣工面积	68
商品房销售面积	−30.6
住宅销售面积	−29.6

表84

2022年武汉市汉阳区财政收入情况统计表

单位：万元、%

收入项目	收入	增减	收入项目	收入	增减
一般公共预算总收入合计	1215087	2.0	2. 非税收入	90926	7.8
一、地方一般公共预算收入	884846	0.7	专项收入	20585	1.0
1. 税收收入（区分享部分）	793920	0.1	其中：教育费附加收入	17799	-0.6
增值税（含营改增增值税）	174080	7.6	残疾人就业保障金收入	2786	13.0
企业所得税	158854	-2.3	行政性收费收入	5296	0.3
个人所得税	31264	3.5	罚没收入	5274	-29.0
城建税	41750	-0.7	国有资源（资产）有偿使用收入	57969	17.0
房产税	24604	-22.0	政府住房基金收入	1802	44.4
印花税	19909	30.4	二、上划中央收入	330241	4.2
城镇土地使用税	6850	-3.1	1. 增值税（含营改增增值税）	-19144	7.6
土地增值税	203775	3.6	2. 消费税	51970	14.4
车船税	25812	1.8	3. 企业所得税	250346	-1.7
耕地占用税	1970	-13.6	4. 个人所得税	46896	3.5
契税	104781	-18.7			
环保税	98	292.0			

表85

2022年武汉市汉阳区财政支出情况统计表

单位：万元、%

指标	实际	增减	指标	实际	增减
一般公共服务支出	91096	-2.5	农林水支出	18296	-3.28
国防支出	1486	66.41	资源勘探工业信息等支出	55609	-3.84
公共安全支出	54416	-9.06	商业服务业等支出	3270	93.03
教育支出	174844	0.11	金融支出	1445	80.17
科学技术支出	2018	-68.55	住房保障支出	21087	15.55
文化旅游体育与传媒支出	2722	-19.73	粮油物资储备支出	2	-60.00
社会保障和就业支出	115558	-6.53	灾害防治及应急管理支出	6880	77.27
卫生健康支出	84141	45.97	债务付息支出	8336	19.79
节能环保支出	1314	16.18	债务发行费用支出	44	-27.87
城乡社区支出	114891	-15.01	支出合计	750149	-0.85

表86　　2022年武汉市汉阳区税务、财政部门组织完成税收情况统计表

收入项目	实际收入（万元）	增减（%）
1. 公共财政总收入中税收收入	1124161	1.7
2. 税务部门组织收入	1141960	1.7
其中：地方一般公共预算收入	811719	0.1
3. 财政部门组织收入	73127	10.1
分部门组织收入合计	1215087	2.0
其中：地方一般公共预算收入合计	884846	0.7

表87　　2022年武汉市汉阳区社区组织情况统计表

单位名称	社区个数（个）	社区工作者人数（人）
合　计	118	1350
晴川街道	4	52
建桥街道	12	118
五里墩街道	14	174
琴断口街道	14	156
江汉二桥街道	10	119
鹦鹉街道	9	103
洲头街道	6	68
永丰街道	20	223
江堤街道	14	154
龙阳街道	9	102
四新街道	6	81

表88　　2022年武汉市汉阳区人均可支配收入情况统计表

项目	计量单位	合计	增幅（%）
人均可支配收入	元/人	59220.00	5.5

附录

汉阳区区直机关、人民团体、部分事业（企业）单位机构和领导名录

区委、区人大、区政府、区政协

中国共产党武汉市汉阳区委员会

书　记　徐丽（女）

副书记　郭笑撰　黄江波

常务委员　徐丽（女）　郭笑撰　黄江波　王新　吴惟　王汉斌　路庆伟　彭焚　张以（女）　张斌　王峰

武汉市汉阳区人民代表大会常务委员会

党组书记、主任　万磊

正区级干部　邹俊煜

二级巡视员　李福杰（1月免）　黄学真（女，3月免）　陶维民（10月免）

副主任　王鸿（女）　周立强　李庆华　罗双兰（女）　罗雄　鄢军

副区级干部　谢春芬（女，3月免）　叶平　李纪华

武汉市汉阳区人民政府

党组书记、区长　郭笑撰

常务副区长　彭焚

副区长　蔡松（4月免）　王彬（9月任）　李津　赵亮　黄翀（女）　易雄才　陈晓丽（挂职，女，6月任）

副区级干部　肖永久

中国人民政治协商会议武汉市汉阳区委员会

党组书记、主席　陈革鸿

正区级干部　张本满　李艳明

副主席　陈彩凤（女）　郭丽纯（女）　李文洲　张明东　罗传宏（12月任）

副区级干部　王天发　甘琼（女）

四新生态新城管委会

武汉四新生态新城开发建设管理委员会

党工委书记、主任　徐丽（女，兼）

党工委副书记、副主任　郭笑撰（兼）

专职副主任、纪工委书记　张斌（兼）

一级调研员　沈茂军（9月任）

二级调研员　顿大祥

三级调研员　李瑾（女）

综合计划局

局　长　裴菲

副局长　殷艳芬（女，7月任）

土地管理局

局　长　桂立宏

副局长　张宗明

建设管理局

局　长　袁伟光

副局长　殷艳芬（女，7月免）

经济发展局

局　长　沈茂军

副局长　李宇飞

社会事务局

局　长　晏凯

副局长　叶茂

中共武汉市汉阳区纪律检查委员会 武汉市汉阳区监察委员会

区纪委

书　记　王新

副书记　张钊　吴慎

常务委员　王新　张钊　吴慎　魏铭　沈真高
　　曾彦（女）　姚刚

区监察委员会

主　任　王新

副主任　张明东（4月免）　张钊　吴慎（4月任）

区监委委员　魏铭（4月免）　沈真高　姚刚　戴壬
　　胡飞（4月任）

区纪委监委派出第一纪检监察组组长　夏召山

区纪委监委派出第二纪检监察组组长　李德强

区纪委监委派出第三纪检监察组组长　熊洪斌

区纪委监委派出第四纪检监察组组长　田继辉

区纪委监委派出第五纪检监察组组长　秦利芳（女）

区纪委监委派出第六纪检监察组组长　吴江涛（5月任）

区纪委监委办公室主任　刘静山(12月任)

区纪委监委宣传部部长　刘君（女）

区纪委监委信访室主任　凌璟（女）

区纪委监委案件监督管理室（信息技术保障室）主任
　李梅（女）

区纪委监委第一纪检监察室主任　王天菊(女，12月任)

区纪委监委第三纪检监察室主任　胡飞（4月免）
　　汤洪波(12月任)

区纪委监委第四纪检监察室主任　田傲含（5月任）

二级调研员　蒋晓鸣（4月任，9月免）

三级调研员　蒋晓鸣（4月免）

区委工作机构

区委办公室

主　任　张以（女，兼）

一级调研员　韩俊（7月任）

二级调研员　韩俊（7月免）

副主任　左红伟　胡海燕（女）　崔丹（女）
　　罗洪确（兼）　李磊（兼，5月免）
　　李浩（5月任）

区委督查室主任　吴清华（女）

区委保密委员会专职副主任　侯欣雨

区委机要和国家保密局

局　长　胡海燕（女）

区委政策研究室

主　任　李磊（5月免）

副主任　李浩（5月免）　白杨（7月任）

区委组织部

部　长　王汉斌（兼）

副部长　高琴（女，1月任）　杨明生（兼，11月免）
　　卢红涛（女，兼，11月任）　李善华　刘大华
　　徐鹏（4月任）

四级调研员　王仕林（3月任，7月免）

区绩效管理和干部考评工作办公室

主　任　高琴（女，1月任）

区委非公有制经济和社会工委

书　记　李善华

专职副书记　徐鹏（4月免）

区委老干部工作局

局　长　杨明生（11月免）　卢红涛（女，11月任）

副局长　高成木（4月免）

一级调研员　杨明生（4月任）

二级调研员　张美英（女）

三级调研员　高成木（4月任）

四级调研员　王茜（女，3月任）

区委宣传部

部　长　王峰（兼，1月任）

副部长、一级调研员　刘明祥
副部长　施惠芳（女，1月免）　卢红涛（女，11月免）
王芳（女，5月任）　刘晶晶（女，12月任）
四级调研员　刘晶晶（女，12月免）

区精神文明建设指导委员会办公室
主　任　卢红涛（女，11月免）

区融媒体中心
主　任　魏笑琛　（女）
副主任　陈洁（女，4月任）

区委统战部
部　长　张斌（兼）
一级调研员　王艾萍（女）　程璞（9月任）
副部长　黄天来　李执　刘芳（女）
严俊（女，兼，1月免）
二级调研员　程璞（9月免）　郝芳（女，3月免）
四级调研员　程林（12月任）

区委台湾工作办公室
主　任　黄天来

区民族宗教局
局　长　李执
副局长　刘琼（女）

区委政法委员会
书　记　黄江波（兼）
一级调研员　周玉聪（女）　龚延瑛（7月任）
副书记　吴惟（兼）　周玉聪（女）　龚延瑛（8月免）
汪峰（9月任）　邱泽勇　朱晓波（5月免）
罗琴（女，12月任）
政治处主任　罗琴（女，12月免）　刘鼎（12月任）
二级调研员　刘汉怀　邱泽勇
四级调研员　舒明　陈文（9月任）

区机构编制委员会办公室
主　任　陈洁（女，1月免）　谢蓉（女，1月任）
副主任　蔡明俐（女）
三级调研员　蔡明俐（女，4月任）

区委直属机关工作委员会
书　记　李雪（女）
一级调研员　裴红英（女）
副书记　潘峰
四级调研员　陈维（女，12月任）

区委巡察办
主　任　谢蓉（女，1月免）　魏铭（1月任）
副主任　刘涛
二级调研员　汪桂华（女）
正处级巡察专员　杜军（女）　彭汉红（女）
副处级巡察专员　赖琼（女）　刘菁（女）
四级调研员　吴峻（3月任）

区信访局
局　长　罗洪确
副局长　张汉华
区群众信访接待中心主任　周斌
三级调研员　艾宏宇（12月任）
四级调研员　艾宏宇（12月免）　陈驰（4月免）

区档案馆（区史志研究中心）
馆　长　钟贤超（8月免，土家族）　陈祖勇（8月任）
一级调研员　钟贤超（7月任，土家族）
副馆长　熊婕（女）　杨大庆
三级调研员　熊婕（女，9月任）
四级调研员　王春芳（女）　王璇（女，3月任）

区史志研究中心
主　任　钟贤超（兼，8月免）　陈祖勇（兼，8月任）
副主任　熊婕（女，兼）　杨大庆（兼）

区委党校（区行政学校）
区委党校第一校长　徐丽（女，兼）
区委党校校长　黄江波（兼）
常务副校长（正处级）　罗文刚
副校长　肖革华（正处级）　刘军　余启才（4月免）
陈叶飞（5月任）
二级调研员　梅乾喜（4月任，9月免）
三级调研员　梅乾喜（4月免）　余启才（4月任）
四级调研员　林可

区人大工作机构

办公室
主　任　陈明才
副主任　余倩倩（女）

一级调研员　甘霖（3月免）
张蕾（女，12月免，土家族）　李伟民
陈明才（4月任）　王成明（7月任）
余加铭（9月任）

代表人事任免工作委员会

主　任　张梦君

法制工作委员会

主　任　余加铭

财政经济工作委员会

主　任　周本秀（女）

城乡建设与环境保护工作委员会

主　任　王成明

社会建设工作委员会

主　任　吴红文（女，12月任，回族）
副主任　吴红文（女，2月任，12月免，回族）
冯文（女，12月免）

教育科学文化卫生工作委员会

主　任　鲍芙容（女）

预算工作委员会

主　任　王成明（2月任，6月免）　林鹏（6月任）

区人民政府工作部门

区政府办公室（3月成立党组）

党组书记　王峰（1月免）　何思立（1月任）
主　任　王峰（2月免）　何思立（2月任）
副主任　潘凯　钟涛（4月免）　兰永杰（12月免）
王文革（兼，2月任）　孙全胜（4月任）
马骏驰（挂职，5月任）　黄华章（12月任）
区政府督查室主任　肖玥惠（女，5月任）
区政府总值班室主任　黄华章（12月免）
王静远（女，12月任）
二级调研员　陈琴（女）
三级调研员　宋伟民（3月免）
四级调研员　王静远（女，12月免）　黄金伟（12月任）

区政府研究室

主　任　王峰（1月免）　何思立（1月任）
副主任　李冕（2月免）　陈驰（4月任，4月免）
王仕林（8月任）

区乡村振兴局

局　长　王峰（1月免）　何思立（1月任）

区发展和改革局

党组书记、局长　李津（2月免）　袁波（女，2月任）
党组成员、副局长　刘清林　李翔（2月任）　叶方斌
杨锦逾（女，4月任）
彭召元（挂职，10月任，土家族）
副局长　刘婧（女，2月免）
三级调研员　刘清林（4月任）
四级调研员　王强（6月免）　薛丹（女）

区科技和经济信息化局

党组书记　董传胜
局　长　吴红文（女，2月免）　董传胜（2月任）
副局长　罗鸣凤（女，9月免）　汤雯（女）
陈杰（10月任）
总工程师　姚军
三级调研员　陈汉明

区教育局

党委书记　童桃生
党委副书记、局长　刘平华
一级调研员　郭均春
党委副书记、副局长　肖华磊（女）
副局长　杨建军　夏良豪
区政府教育督导室副主任　李兵
区少先队总辅导员　蔡葵（女）
二级调研员　卢朝东
四级调研员　朱斐然

区民政局（区老龄办）

党委书记　刘汉华（1月免）　陈东华（1月任）
局　长　刘汉华（2月免）　陈东华（2月任）
一级调研员　刘汉华
副局长　夏正超（苗族）　余洪宝（2月免）
李冕（2月任）
二级调研员　余洪宝（1月免）　徐俐俐（女）
三级调研员　张莲莉（女）

副处级干部 宋平

区退役军人事务局

党组书记 陈东华（1月免） 余洪宝（1月任）
局 长 陈东华（2月免） 余洪宝（2月任）
副局长 高世汉（5月免） 张秋山（8月任）
吴正凯（兼，8月任）
二级调研员 高俊辉

区财政局

党组书记 周立强（1月免） 王文革（1月任）
局 长 周立强（2月免） 王文革（2月任）
副局长 刘亚杰（7月免） 孙全胜（4月免） 潘武
郝涛（4月任） 马骏驰（挂职，5月任）
余武志（7月任）
总会计师 袁骏
原区金融办副主任 于红娟（女，副处级）
二级调研员 朱小毛（12月免）
三级调研员 王芹（4月任，11月免） 刘亚杰（7月任）
四级调研员 王芹（4月免） 雷春生 郑敏（女）
周正华（3月任） 熊娟（女，10月任）

区国有资产监督管理局

党组书记 周旭（1月免） 严俊（女，1月任）
局 长 周旭（2月免） 严俊（女，2月任）
副局长 张驰
二级调研员 王林
四级调研员 高明（12月免）

区人力资源局

党组书记 邓新民（1月免） 陈洁（女，1月任）
局 长 邓新民（2月免） 陈洁（女，2月任）
一级调研员 邓新民
副局长 梁向平（女，2月免） 邹萍（女）
张英鹏（3月任）
总会计师 张英鹏（3月免） 张春（8月任）
三级调研员 余庆
四级调研员 杨传文

区环境保护局

党组书记、局长 涂世平
副局长 黄雁（女，10月免）
总工程师 刘清华（女）

区建设局

党组书记 胡红胜（11月免） 朱源松（11月任）
局 长 胡红胜（12月免） 朱源松（12月任）
副局长 史光明（5月免） 徐淑芳（女，4月免）
王硕（8月任） 谢斌（8月任）
总工程师 王硕（8月免）
二级调研员 陈定明（4月免） 陈岚（女）
闵先亮（11月免） 王兰芬（女）
三级调研员 徐淑芳（女，4月任）
四级调研员 王文荣

区建筑管理站

站 长 王晟
副站长 吴光启 王新国（9月免）

区城市管管执法局

党委书记 朱源松（11月免） 汪淼（11月任）
局 长 朱源松（12月免） 汪淼（12月任）
党委副书记、副局长 汪淼（11月免）
副局长 许学松（4月免） 胡敏 高明（12月任）
总工程师 雷海东
区城管执法局执法大队政委、大队长 唐勇
环卫集团公司总经理 吴永忠
三级调研员 邱永忠 康萍芳（女，7月任）
四级调研员 康萍芳（女，7月免） 金玉琳（女）
杜光明 （9月任） 周献（女，9月任）

区水务和湖泊局

党委书记、局长 许才勇
党委副书记 祝进
副局长 祝进 刘君健
二级调研员 刘勇（7月免） 余武涛
四级调研员 杨玉屏（女）

区商务局

党组书记、局长 谢兴（女）
副局长 杨雯娟（女） 韩首韬（5月免）
胡帆（兼，5月任）
二级调研员 黄汉芸（女，4月免） 戴宗兴（8月免）
四级调研员 陈学礼（8月任）

区城区改造更新局

党组书记 柴劲松
局 长 周胜鹏

副局长　孟坦（3月免）　饶志红（挂，5月任）
　　张茜（女，3月任）
四级调研员　李坤（女）　马超（8月任）

区文化和旅游局
党委书记、局长　徐丽（女）
副局长　李全胜
二级调研员　王建伟（12月免）
四级调研员　王传江（3月任）

区卫生健康局
党委书记、局长　方丽（女）
一级调研员　邱积国
党委副书记、副局长　王婷（女）
副局长　喻涛
公卫总师　郑浩（9月任）
区疾控中心主任　辛艳芳（女）
二级调研员　盛会兰（女）　王立毅
三级调研员　王婷（女，11月免）

区红十字会
常务副会长（正处级）　王婷（女，11月任）
副会长　刘卫（女，9月任）

区医疗保障局
党组书记、局长　刘军
副局长　冷冰

区审计局
党组书记、局长　张高（4月免）　郭纹（女，4月任）
一级调研员　张高
副局长　郭纹（女，4月免）　计文国
　　宋文昶（12月任）
总审计师　潘伟萍（女）
区经济责任审计办公室专职副主任　宋文昶（12月免）
二级调研员　姚慧霞（女，12月免）
四级调研员　朱静（女）　曾顺利

区住房保障和房屋管理局
党组书记　王文革（1月免）　周旭（1月任）
局　长　王文革（2月免）　周旭（2月任）
副局长　王丛容（女）　张伟龙
总工程师　戴军
四级调研员　黄道方

区应急管理局
党委书记、局长　李汉光（12月免）　张鹏（12月任）
一级调研员　李汉光（4月任）
副局长　宋昌旭　吴上文
四级调研员　陈江涛（9月任）

区统计局
党组书记　袁波（女，1月免）　程红艳（女，4月任）
局　长　袁波（女，2月免）　刘婧（女，2月任）
副局长　程红艳（女，4月免）　张鸥（4月任）
四级调研员　李春桥（5月免）　张鸥（4月免）

汉阳经济开发区管委会
党工委书记　徐娜（女）
党工委副书记、管委会主任　王伟
纪工委书记　罗诚（12月免）
副主任　杨锦逾（女，4月免）　罗诚（12月任）
　　杨云（女，4月任）
总工程师　黄勇明
二级调研员　车敏
四级调研员　刘琳（女）

四新地区管委会
党工委书记　严漫丽（女，兼，1月免）
　　成艳（女，兼，2月任）
主　任　严漫丽（女，兼，2月免）　孟坦（3月任）
纪工委书记　蒋建华（2月免）
副主任　许铁奇
总经济师　刘俊玲（女）

区行政审批局
党委书记　高琴（女，1月免）　梁向平（女，1月任）
局　长　高琴（女，2月免）　梁向平（女，2月任）
副局长　罗鸣凤（女，9月任）　乐晓华（女）
　　谢斌（8月免）　曾筝（女，9月任）
总工程师　曾筝（女，9月免）　彭建新（9月任）
四级调研员　王忠

区市场监督管理局
党组书记、局长　施韦先
党组副书记　黄晟（4月任）
副局长　黄晟　陈健　张明强（4月免）　甘彤
总工程师　潘莉娜（女）
总经济师　闫红（女，3月任）
三级调研员　张明强（4月任）

四级调研员　蔡翔　韩晓红（女）　付家东
冯丹（女）　李绪必（9月任）

区园林局

党委书记　吴桂萍（女）
局　长　鄢军（2月免）　吴桂萍（女，2月任）
一级调研员　王辉友
党委副书记、副局长　许文杰
总工程师　洪柳（女）
汉水公园管理处主任　何涛

区大数据中心

党组书记、主任　牛海彤（女）
副主任　陈杰（10月免）　肖文秀（女）
张燕（女，10月任）

区会展和物流中心

党组书记　汤红利（女）
主　任　陈湧（9月免）　汤红利（女，9月任）
副主任　胡利（女）　刘长林　赵晓丽（女）

区人才服务中心

党组书记、主任　严俊（女，1月免）
李明红（女，1月任）
副主任　范朝阳　禹妮（女）

区企业服务中心

党组书记　李弘（1月免）　喻天胜（1月任）
主　任　李弘（2月免）　喻天胜（2月任，9月免）
陈湧（9月任）
副主任　吴荣（女，9月任）　高杨（土家族）
袁维（9月免）

区机关事务服务中心

党组书记　李明红（女，1月免）　杨红娣（女，1月任）
主　任　李明红（女，2月免）　杨红娣（女，2月任）
副主任　杨红娣（女，1月免）　段利娟（女）
易海涛（9月免）　向毅（10月任）
党组成员　方平

区政协工作机构

办公室

秘书长、办公室主任　郭丽纯（女，兼）
一级调研员　李明方　邵碧玲（女，2月免）
黄莉萍（女，7月任）
二级调研员　哈丁（女，回族）
办公室副主任　吕露（女）

经济科技委员会

主　任　纪勤（女）

文史教卫委员会

主　任　邵碧玲（女，1月免）　施惠芳（女，1月任）

社会法制委员会

主　任　黄莉萍（女，8月免）

提案委员会

主　任　陈俊敏

委员工作委员会

主　任　李乐义

民宗与港澳台委员会

主　任　田爱荣（女，3月免）

司法机构

区公安分局

党委书记、局长　吴惟（兼）
党委副书记、政治委员　孟冬华
党委副书记、副局长　王兆堂
副局长　徐俊林　周新华　刘胜斌　谢涛
张明（11月任）
党委委员、政治处主任　甄巍
党委委员　余志宏（3月免）　王胜强

汉阳区交通大队

总支书记、大队长　周新华
总支副书记、政委　邵旭东
副大队长　周立波　揭峰　彭亚涛

区人民检察院

党组书记、检察长　王爱华（女）
党组副书记、副检察长　王德胜
党组成员、副检察长　赵红（女，9月免）
李红艳（女）

党组成员　林江（9月任）
副检察长　梁志顺　林江（12月任）
党组成员、政治部主任　李瑛（女）
检察委员会专职委员　周文　程惠军
三级高级检察官　黄景涛
三级调研员　谭孟黎
四级调研员　王应槐（9月任）

区人民法院
党组书记、院长　闫小龙（11月免）
郭龙梅（女，12月任）
市管干部　殷磊
党组副书记、副院长　刘言胜（6月免）
杨丹（女，6月任）
副院长　李乐（女）　邹军　伊媛媛（女，挂职）
执行局局长　申晓东（5月免）
审判委员会专职委员　李先志
三级调研员　李晴云（女）　杨正白　张岚（女）
四级调研员　蔡云（女）　余春萍（女，3月任）

区司法局
党组书记　叶明媚（女）
局　长　罗传宏（兼）
副局长　张宾　刘焱（女）　薛丽（女）
政治处主任　许丽慧（女）
二级调研员　高国强　王新强（7月任）
三级调研员　王新强（7月免）
四级调研员　熊文（9月任）

人民团体

区总工会
主　席　王峰（兼，1月任）
党组书记、常务副主席　俞红霞（女，5月免）
李钟（5月任）
一级调研员　俞红霞（女，4月任）
副主席　陈新树（女）　吴飞舟（女）
向毅（挂职，3月免）　朱振江（兼）
杨妮（女，兼）
经费审查委员会主任　喻敏（女）
二级调研员　刘学选（女，9月任）
三级调研员　刘学选（女，9月免）
四级调研员　黄金伟（12月免）

团区委
书　记　何琼（女）
副书记　胡帆（9月免）　焦冉（女）
张婷（女，9月任）　武蕾（挂职，女）
唐一月（挂职，女，11月任）　向军（兼）
三级调研员　焦冉（女）

区妇女联合会
党组书记、主席　胡曙珍（女）
副主席　李桂锋（女）
三级调研员　李桂锋（女）
四级调研员　张菊仙（女）　冯小红（女）

区科学技术协会
党组书记、主席　张九红（女）
一级调研员　刘志林（8月免）
副主席　余健（女）

区残疾人联合会
党组书记、理事长　张凤
副理事长　曾建英（女，12月任）
二级调研员　刘吉安（4月任，12月免）
三级调研员　刘吉安（4月免）

区工商业联合会
党组书记　严俊（女，兼，1月免）
黄天来（兼，1月任）
主　席　张燕婷（女）
常务副主席　黄天来（兼，3月任）
副主席　王莉（女，3月任）
二级调研员　吴武安
四级调研员　刘希平

街　道

晴川街道
党工委书记　严漫丽（女）
党工委副书记、办事处主任　罗鸣
人大街工委主任　罗琳（女）
党工委副书记　罗琳（女，2月免）　蒋建华（2月任）
纪工委书记　陈军华
办事处副主任　宋洁（女）　金燕（女）　陈勇　董辉
人民武装部部长　孟凯（土家族）
党工委委员、晴川街道派出所所长　李明亮

二级调研员 魏世友（6月免） 代幼吾（10月免）
三级调研员 钟建平 陈建新 朱桂凤（女，4月任）
四级调研员 朱桂凤（女，4月免） 李萍（女，3月任）

建桥街道

党工委书记 罗雄（1月免） 吴重远（女，1月任）
党工委副书记、办事处主任 吴重远（女，2月免）
王波（2月任）
人大街工委主任 饶志红（12月免） 谢海松（12月任）
党工委副书记 谢海松（12月免）
纪工委书记 吴农平
办事处副主任 李运东 王波（1月免）
李翔（2月免） 熊金红 龙钢（2月任）
卢建权（3月任）
人民武装部部长 龙钢（2月免） 陈志刚（2月任）
党工委委员、建桥街道派出所所长 张传国
党工委委员、翠微派出所所长 孔军
三级调研员 欧阳美珍（女，6月任）
四级调研员 欧阳美珍（女，6月免） 张宗兵
詹云峰（3月任）

鹦鹉街道

党工委书记 李进前
党工委副书记、办事处主任 汪洋
党工委副书记 黄顺华
纪工委书记 刘勇
人大街工委主任 王建祥
办事处副主任 陈善福 王祖艾 熊贝（女）
张雁翎（女）
人民武装部部长 宋彬
党工委委员、鹦鹉街道派出所所长 刘烨
三级调研员 胡志道

洲头街道

党工委书记 张敬梅（女）
党工委副书记、办事处主任 林鹏（5月免）
杨锐（5月任）
人大街工委主任 李磊（兼，6月免） 史光明（6月任）
党工委副书记 曾凡忠
纪工委书记 高斌
办事处副主任 余国俊 曾磊 董欣
人民武装部部长 曾庆华
党工委委员、洲头街道派出所所长 肖国祥
二级调研员 舒畅（8月免）
三级调研员 朱斌 曾凡忠（12月任）

五里墩街道

党工委书记 何思立（1月免） 王汉斌（兼，1月任）
党工委副书记、办事处主任 柯敏
人大街工委主任 陈祖勇（9月免） 左紫翔（12月任）
党工委副书记 左紫翔（12月免）
纪工委书记 涂军
办事处副主任 陈正威 张娟（女） 周启国
人民武装部部长 孙寅
党工委委员、五里墩街道派出所所长 黄旭光
二级调研员 谢汉生（11月免）
三级调研员 张汉元（10月免）
四级调研员 孟祥尊 张志伟（3月任）

琴断口街道

党工委书记 赵亮（1月免） 乐镇海（12月任）
办事处主任 乐镇海（12月免）
人大街工委主任 赵祯（女）
党工委副书记 贺文彬
纪工委书记 蔡晓卫
办事处副主任 曾建英（女，9月免）
彭贤光（3月免） 付安静（女）
朱浩 汪沛（9月任）
人民武装部部长 张秋山（8月免）
张腾（9月任，回族）
党工委委员、琴断口街道派出所所长 鲍卫东
二级调研员 刘志新
四级调研员 倪文利 肖玥惠（女，5月免）
汤建桥（3月任）

江汉二桥街道

党工委书记 周杰
党工委副书记、办事处主任 杨锐（5月免）
人大街工委主任 王晓军（女）
党工委副书记 冯明
纪工委书记 方莉（女）
办事处副主任 蔡大忠 王伟 戴伟思
人民武装部部长 潘科
党工委委员、江汉二桥街道派出所所长 李宏
二级调研员 易宏 罗国兰（女，4月任，11月免）
三级调研员 罗国兰（女，4月免）
四级调研员 罗婷（女，3月任）

永丰街道

党工委书记 易雄才（1月免） 成艳（女，1月任）
党工委副书记、办事处主任 成艳（女，2月免）

兰亚东（2月任）
人大街工委主任　张鹏（12月免）　许学松（12月任）
党工委副书记　许学松（12月免）　兰永杰（12月任）
纪工委书记　梁伶俐（女）
办事处副主任　兰亚东（12月免）　魏国　李昌华
胡娟（女）　张凡（8月任）
人民武装部部长　杨志勇
党工委委员、永丰街街道出所所长　张明
二级调研员　罗代炽（7月任）
三级调研员　罗代炽（7月免）

江堤街道
党工委书记　罗双兰（女，1月免）　王华勇（1月任）
党工委副书记、办事处主任　王华勇（2月免）
李磊（5月任）
人大街工委主任　黄晟（4月免）　钟涛（4月任）
党工委副书记　刘小伟
纪工委书记　陈庆文
办事处副主任　杨莉（女）　熊继华　何智
人民武装部部长　朱成
党工委委员、江堤街街道出所所长　刘波（1月免）
龚铖（1月任）
二级调研员　陈有新
三级调研员　熊翠兰（女）
四级调研员　谢国珍（女）

龙阳街道
党工委书记　程德
党工委副书记、办事处主任　肖潇（女）
人大街工委主任　王芳（女，6月免）
韩首韬（6月任，蒙古族）
党工委副书记　肖志峰
纪工委书记　肖钢
办事处副主任　王莉（女，3月免）　王源（3月免）
胡涛　阮金环（女）　胡树祥（4月任）
人民武装部部长　陈拥军
党工委委员、龙阳街道派出所所长　王依利（2月免）
李炜（2月任）
二级调研员　肖钢　李丽娟（女，7月免）
杨海嵩（4月任，11月免）
徐建华（9月任）
三级调研员　杨海嵩（4月免）　徐建华（9月免）
肖详林（7月任，12月免）
四级调研员　肖详林（7月免）　刘兵金　蔡锋

四新街道
党工委书记　朱元平
党工委副书记、办事处主任　李钟（5月免）
何琼（女，5月任）
一级调研员　宋文发（9月任）
人大街工委主任　何琼（女，6月免）
汪淼（6月任，12月免）
饶志红（12月任）
党工委副书记　高联（女）
纪工委书记　付康（3月免）
刘卫（女，3月任，9月免）
熊起元（9月任）
办事处副主任　刘卫（女，3月免）　鄢圣藜
王可（女）　陈步高（4月任）
人民武装部部长　熊起元（9月免）　龙华全（9月任）
街道综合执法中心主任　徐波
党工委委员、四新街道派出所所长　王依利
二级调研员　宋文发（9月免）　周顺建（10月免）
杨谱钧（7月任）
三级调研员　杨谱钧（7月免）
四级调研员　付康（3月任）　陈步高（4月免）

市垂直管理部门

汉阳区税务局
党组书记、局长　朱文静（女）
副局长　杨师伟（4月任）　付梅清（4月任）
吴诗敏（女，4月任）　傅学军（4月任）
纪检组组长　肖杨权
总经济师　傅学军（3月免）　杨涛（3月任）
总会计师　包琨（3月免）　谌葳（女，3月任）
二级高级主办　翁德钢　李春荣　李春花（女）
王元文（9月免）　李艳（女）　罗炜
四级高级主办　吴拉（女）

汉阳自然资源和规划分局
党组书记、局长　刘思桥
副局长　吴远胜　皮文胜　罗玉华（女）

汉阳社会保险管理处
书记、处长　陈军（10月免）
副书记　王飙
副处长　付学文　李远卓（11月免）
二级调研员　李端武（5月免）

四级调研员　张俊东

龟山风景区管理处

书记、主任　李磊

副主任　胡芳（女，1月免）　钱威　金晶

钱力（1月任）

月湖风景区管理处

党委书记、主任　王克

副主任　石志伟　付玲（女）

区属企事业单位

汉商集团股份有限公司

董事长、党委书记　阎志

副董事长、党委委员　杜书伟

总裁、党委委员　杨芳（女）

党委副书记　杨芳（女，3月任）

常务副总裁、党委委员兼21世纪购物中心总经理

魏泽清

副总裁、党委委员　冯帆（女）

副总裁、党委委员兼武汉国际会展中心总经理

张燕萍（女）

副总裁、党委委员兼银座购物中心总经理　肖萍（女）

副总裁兼集团展览中心总经理　龙舟（女，10月任）

副总裁兼总会计师　刘传致（3月免）

张镇涛（10月任）

副总裁　李邹强　胡舒文

武汉市第五医院

党委书记　王曦

党委副书记、院长　韩斌（1月免）

严漫丽（挂职，女，1月任）

纪委书记　吴荣（女，9月免）　易海涛（9月任）

副院长　程翠年（女）　洪李锋　熊涛（女）

郑刚（12月任）

总会计师　杨芹（女）

武汉市第三中学

党委书记、校长　肖少斌

党委副书记　李忠（女）

党委委员、副校长　张才清　张东方　曾庆宇

副校长　黄群芳（女）

党委委员　张劲松（1月免）

汉阳渔场

党委书记　朱廷松

场　长　陈守国

汉阳市政建设集团（汉阳城建集团有限公司）

党委书记、董事长　严悌文

党委副书记、总经理、董事　虞志鹏

党委副书记、纪委书记、董事　陈颖（女）

副总经理、董事　荆武　邢荣斌

总工程师　卢永红（女，9月任）

武汉市城乡统筹示范区投资开发公司

书记、董事长　李军伟

总经理　赵晶

副总经理　秦林　管俊

财务总监　程文（女）

武汉市汉阳控股有限公司

党委书记、董事长　喻天胜（2月免）

曾凡龙（2月任）

党委副书记、总经理　曾凡龙（2月免）　李弘（2月任）

党委委员　朱娅琴（女，10月任）　谈勇（10月任）

汉阳区关心下一代工作委员会

主　任　李德禄

常务副主任　杜佐成　谢万源　李树泰　方锡宝

何琼（女，兼）

汉阳区老年大学

党委书记、校长　陈小安

副校长　黄业辉（女）　朱跃萍（女）　张啟全

郭华光

中共武汉市汉阳区委、武汉市汉阳区人民政府文件目录（部分）

2022年中共武汉市汉阳区委文件目录

发文时间	文号	文件标题
1月7日	阳文〔2022〕1号	中共汉阳区委印发《关于十三届市委第五巡察组反馈问题的整改方案》的通知
1月14日	阳文〔2022〕2号	中共汉阳区委2021年度工作总结报告
1月24日	阳文〔2022〕4号	中共武汉市汉阳区委关于第十三届市委第五巡察组反馈问题的整改报告
1月29日	阳文〔2022〕5号	中共武汉市汉阳区委关于中共汉阳区第十三次代表大会有关情况的报告
2月17日	阳文〔2022〕7号	中共汉阳区委、汉阳区人民政府关于表扬2021年度全区绩效管理综合考评立功单位、优秀单位的通报
2月25日	阳文〔2022〕8号	中共汉阳区委、汉阳区人民政府关于表彰2021年度投资及重大项目先进单位和先进个人的通报
2月28日	阳文〔2022〕9号	中共汉阳区委、汉阳区人民政府关于对全区公务员（参照）年度考核优秀给予三等功和嘉奖奖励的通报
3月17日	阳文〔2022〕10号	中共汉阳区委关于转发《区人大常委会党组2022年工作要点》的通知
3月17日	阳文〔2022〕11号	中共汉阳区委关于转发《区政协党组2022年工作要点》的通知
5月13日	阳文〔2022〕12号	中共汉阳区委关于印发《汉阳区青年发展型城区建设试点实施方案》的通知
12月20日	阳文〔2022〕14号	中共武汉市汉阳区委批转中共武汉市汉阳区政协党组《关于召开政协武汉市汉阳区第十六届委员会第二次会议的请示》的通知
12月20日	阳文〔2022〕15号	中共汉阳区委关于批转《中共武汉市汉阳区人大常委会党组关于召开汉阳区第十六届人民代表大会第二次会议的请示》的通知
12月26日	阳文〔2022〕16号	中共汉阳区委关于2022年工作情况的汇报
2月24日	阳发〔2022〕1号	中共汉阳区委、汉阳区人民政府转发《区委宣传部、区司法局关于开展法治宣传教育的第八个五年规划（2021—2025年）》的通知
5月30日	阳发〔2022〕4号	中共汉阳区委印发《关于开展党员干部下基层察民情解民忧暖民心实践活动的实施方案》的通知
7月8日	阳发〔2022〕5号	中共汉阳区委关于认真学习宣传贯彻省第十二次党代会精神的通知
9月6日	阳发〔2022〕8号	中共武汉市汉阳区委关于学习贯彻习近平总书记考察湖北武汉重要讲话精神奋力打造“三城一中心”的决定
10月29日	阳发〔2022〕9号	中共汉阳区委关于印发《汉阳区贯彻落第二轮中央生态环境保护督察报告整改方案》的通知
11月25日	阳发〔2022〕10号	中共汉阳区委关于认真学习宣传贯彻党的二十大精神的决定
11月25日	阳发〔2022〕11号	中共汉阳区委关于印发徐丽同志在区第十三次党代表大会第二次会议上所作报告的通知
12月30日	阳发〔2022〕12号	中共汉阳区委关于印发《法治汉阳建设实施方案（2021—2025年）》的通知
12月30日	阳发〔2022〕13号	中共汉阳区委、汉阳区人民政府关于印发《汉阳区法治政府建设实施方案（2021—2025年）》的通知
12月30日	阳发〔2022〕14号	中共汉阳区委关于印发《汉阳区法治社会建设实施方案（2021—2025年）》的通知

2022年中共武汉市汉阳区委办公室文件目录

发文时间	文号	文件标题
4月7日	阳办文〔2022〕1号	中共汉阳区委办公室关于调整区委常委和党员副区长基层党建工作联系点的通知
4月12日	阳办文〔2022〕2号	中共汉阳区委办公室关于印发《区委理论学习中心组2022年集体学习计划》的通知
4月12日	阳办文〔2022〕3号	区委办公室、区政府办公室关于成立区国有文化资产监督管理领导小组的通知
4月21日	阳办文〔2022〕4号	中共汉阳区委办公室关于印发《区委常委会会议2022年部分议题安排》的通知
5月30日	阳办文〔2022〕6号	区委办公室、区政府办公室关于印发《汉阳区“解难题、稳增长、促发展”企业帮扶活动工作方案》的通知
6月2日	阳办文〔2022〕7号	区委办公室、区政府办公室关于成立区人力资源服务产业园管理领导小组和区企业合规改革试点工作领导小组的通知
7月22日	阳办文〔2022〕8号	区委办公室、区政府办公室关于印发《区级领导干部安全生产工作职责清单》的通知
8月7日	阳办文〔2022〕9号	区委办公室、区政府办公室关于印发《汉阳区贯彻落实国家统计督察反馈意见整改工作方案》的通知
11月16日	阳办文〔2022〕10号	中共汉阳区委办公室关于建立区委政治生态分析研判工作联席会议制度的通知
4月21日	阳办发〔2022〕3号	区委办公室、区政府办公室关于印发《汉阳区绩效管理综合考核办法》的通知
7月19日	阳办发〔2022〕5号	中共汉阳区委办公室印发《关于推动党史学习教育常态化长效化的实施意见》的通知
7月22日	阳办发〔2022〕6号	区委办公室、区政府办公室关于印发《汉阳区加强新形势下重大决策社会稳定风险评估工作实施细则（试行）》的通知
8月19日	阳办发〔2022〕7号	区委办公室、区政府办公室印发《关于开展美好环境与幸福生活共同缔造活动试点工作的实施方案》的通知

2022年武汉市汉阳区人民政府文件目录

发文时间	文号	文件标题
1月7日	阳政〔2022〕1号	关于武汉市汉阳控股集团有限公司汉阳区黄金口村、米粮村、四台村城中村改造项目有关事宜的通知
1月11日	阳政〔2022〕2号	关于成立武汉市汉阳城市更新投资有限公司的批复
2月17日	阳政〔2022〕5号	关于永丰街道玫瑰西苑社区更名的批复
3月17日	阳政〔2022〕6号	关于公布区级实行告知承诺的证明事项和涉企经营许可事项清单（第二批）的通知
3月21日	阳政〔2022〕7号	关于汤家山村还建产业规模及建设主体的批复
3月30日	阳政〔2022〕8号	关于支持湖北新业资产运营管理有限公司更名使用“湖北烟草”特殊字号的批复
4月18日	阳政〔2022〕10号	关于武汉市汉阳区行政执法主体（第一批）的公告
4月19日	阳政〔2022〕11号	关于印发武汉市汉阳区人民政府工作规则等文件的通知
5月26日	阳政〔2022〕13号	关于印发汉阳区加快推进现代化产业体系提升“1654”行动计划（2022—2024年）的通知
6月15日	阳政〔2022〕14号	关于汉阳区两江流域生态环境综合治理项目退出全国PPP综合信息平台项目库的批复
6月16日	阳政〔2022〕15号	关于公示第六批区级非物质文化遗产代表性项目名录的通知

发文时间	文号	文件标题
6月17日	阳政〔2022〕16号	关于江堤街道向阳村56.06亩产业用地办理相关用地手续报告的批复
7月26日	阳政〔2022〕17号	关于印发汉阳区创建生态文明建设示范区规划（2022—2028年）的通知
7月28日	阳政〔2022〕18号	关于印发湖北青创园（汉阳）发展支持计划的通知
8月5日	阳政〔2022〕19号	关于印发汉阳区工程设计及建造产业发展“十四五”规划的通知
8月17日	阳政〔2022〕20号	关于省卫星中心社会化应用节点申请工商注册无字号特殊企业的批复
8月29日	阳政〔2022〕23号	关于印发汉阳区残疾人事业发展“十四五”规划的通知
9月5日	阳政〔2022〕24号	关于成立武汉市汉阳城市更新投资有限公司的批复
9月26日	阳政〔2022〕26号	关于印发知音人才谷政策（试行）的通知
11月14日	阳政〔2022〕28号	关于印发汉阳区文化和旅游产业发展三年行动计划（2022—2024）的通知
12月2日	阳政〔2022〕29号	关于向阳村产业政策规模的批复
12月2日	阳政〔2022〕30号	关于鹦鹉村产业政策规模的批复

2022年武汉市汉阳区人民政府办公室文件目录

发文时间	文号	文件标题
1月6日	阳政办〔2022〕1号	关于印发2022年区《政府工作报告》确定的主要目标任务责任分解方案的通知
3月10日	阳政办〔2022〕2号	关于印发汉阳区政务信息化项目建设管理实施细则的通知
4月7日	阳政办〔2022〕3号	关于印发汉阳区2022年“项目策划年”实施方案的通知
4月7日	阳政办〔2022〕4号	关于进一步加强区政府领导安全生产责任的通知
4月7日	阳政办〔2022〕5号	关于印发武汉市汉阳区人民政府2022年度重大行政决策事项目录的通知
4月15日	阳政办〔2022〕6号	印发汉阳区关于市十五届人大一次会议2号议案办理工作实施方案的通知
4月18日	阳政办〔2022〕7号	印发汉阳区关于市政协十四届一次会议3号建议案办理工作方案的通知
5月7日	阳政办〔2022〕8号	印发汉阳区行政执法协调监督工作体系建设试点工作实施方案的通知
6月16日	阳政办〔2022〕9号	关于成立汉阳区保障性租赁住房工作领导小组的通知
6月17日	阳政办〔2022〕10号	关于做好住房调查大样本轮换工作的通知
7月18日	阳政办〔2022〕11号	关于印发汉阳区房屋安全突发事件应急预案（2022年修订版）的通知
7月25日	阳政办〔2022〕12号	关于印发汉阳区一刻钟便民生活圈建设实施方案的通知
12月6日	阳政办〔2022〕13号	关于印发《汉阳区旧城改建房屋征收项目相关经费管理办法（试行）》的通知
12月9日	阳政办〔2022〕14号	关于印发汉阳区全民科学素质行动规划纲要实施方案（2022—2025年）的通知
12月27日	阳政办〔2022〕15号	关于印发汉阳区工业园区工业用地容积率调整工作流程的通知

2022年武汉市汉阳区重要新闻媒体报道文章目录（部分）

报道时间	报道媒体	标题
1月9日	长江日报	城市留言板“区区小事，满满幸福”系列活动走进汉阳区琴台社区，学校放假社区开学，这里的寒假很精彩
1月9日	长江日报	6位全国公安英模在媒体见面会上分享从警感悟，人民公安为人民，居民把我当家人（报道含汉阳区王群）
1月10日	湖北日报	从“停摆楼”到“亿元楼”（报道汉阳区）
1月11日	长江日报	“群众小事都是民生大事”——2021年，“民呼我应”让好建议落地见效（报道含汉阳区）
1月13日	长江日报	代表委员讨论“推进市域做大做强”，做强主城，做优副城，做大新城（报道含汉阳区）
1月21日	湖北日报	发展数字经济，汉阳抢下“先手棋”
1月21日	长江日报	汉阳融媒体中心新址启用
1月22日	长江日报	一条链网集聚一栋产业大楼，一个比赛网罗一批数字企业，全面发力“网云链”，汉阳数字经济聚势而上
1月22日	湖北日报	省政协委员林小芳：政府就像，企业身边的“110”（报道汉阳区）
2月7日	湖北日报	省市区联动服务，春节变身“招商节”（报道汉阳区）
2月11日	长江日报	足球小将立志以师姐王霜为榜样（报道汉阳区）
2月14日	湖北日报	一份汉阳人大代表的，春节履职“日历”
2月24日	长江日报	墨水湖南路已新增人行横道，两个小区居民过街不用再绕行
2月25日	长江日报	巡察组追根溯源一枚“特殊印章”，企业跑一次就办好占挖道路许可证（报道汉阳区）
2月25日	湖北日报	助政策红利直达快享，“阳小税•退税快”累计退税5.29亿元
2月26日	长江日报	政协委员直播带岗，3500个好工作等你来（报道汉阳区）
2月26日	长江日报	汉江南岸新增一条“精装修”大道知音大道先行示范段通车
2月27日	长江日报	不动产部门线上线下联动，为业主“按时”办好证书（报道汉阳区）
3月2日	长江日报	武汉市场主体经营场所管理新规实施，企业住所登记只需一纸承诺（报道汉阳区）
3月8日	长江日报	出发！汉阳医院专家率队援助莱索托医疗，抗疫先进个人再担援非重任，“最美逆行”展现中国医生形象
3月9日	长江日报	知识产权“她力量”：保护创新，维护营商环境（报道含汉阳区）
3月14日	长江日报	汉阳区琴断口有支“心愿快递服务队”，困难家庭“微心愿”完成数十个
3月16日	长江日报	下楼就有健身设施，还有足球场篮球场，孩子一到这个体育公园就不想走了（报道汉阳区）
3月18日	长江日报	“思政教育局长谈”首场开讲，让这堂大课“有意义”还“有意思”（报道汉阳区）
3月18日	长江日报	5年汉阳商品房成交量10.9万套，新增留汉大学生超过10万人——越来越多年轻人，持续流入安家“新汉阳”
3月22日	长江日报	“一把手”窗口坐班提速企业项目规划审批，山姆旗舰店签约落户汉阳提前半个月
3月23日	湖北日报	营商环境建设工作考核排名靠前，省法院通报表扬15家中基层法院（报道含汉阳区）
3月24日	湖北日报	汉阳优化综合环境促招商——一季度日均“敲定”投资签约2亿元
3月25日	长江日报	6家“汉阳造”产品入选“武汉名品”
3月25日	长江日报	让思政课“有意义”还“有意思”，汉阳区将思政课改革与德育有机结合

报道时间	报道媒体	标题
3月28日	长江日报	国家超算广州中心在汉联合建设超级算力平台，渲染一集动画片从500小时减至十几秒（报道汉阳区）
3月30日	法治日报	这里法治化营商环境何以位列湖北第一，武汉汉阳法院全流程全方位保护市场主体合法权益
3月31日	长江日报	数百家钢贸商聚集写字楼办公，汉阳立起钢材交易税收亿元楼
3月31日	人民法院报	小切口服务凝聚司法大智慧——武汉汉阳区法院优化营商环境工作纪实
4月9日	长江日报	有了劳务驿站不用在马路边揽货了（报道汉阳区）
4月12日	长江日报	央视新闻客户端、人民网、光明网、《中国妇女报》等媒体聚焦校长信箱，“韦莉校长用信向学生传递爱的温度”（报道楚才小学校长韦莉）
4月13日	长江日报	“一个人的物业”他坚守17年，小区托管出去后，仍然随叫随到（报道汉阳区）
4月13日	长江日报	百年前显正街长什么样，珍贵老照片还原汉阳古城风貌
4月14日	长江日报	“韦校长书信让教育充盈幸福感”，汉阳区号召全体教师向韦莉学习
4月15日	长江日报	网格长把“小型议事会”开进小区（报道汉阳区）
4月17日	长江日报	“人生如字，带孩子们写好每一笔”，新华社报道点赞“韦校长给学生的700封回信”
4月18日	长江日报	产业互联，精准配送，汉阳重点产业搭起“人力资源供应链”
4月18日	长江日报	中宣部“学习强国”总编辑刘汉俊撰文点赞“校长信箱”收获的是心传递的是爱
4月18日	长江日报	市教育局党委举行座谈会号召全市教育工作者向韦莉学习
4月19日	长江日报	社区网格员上岗半年多成居民“知心人”（报道汉阳区江堤街道江宁社区网格员沈鸿毅）
4月21日	湖北日报	武汉汉阳区实施党建引领基层治理“深根工程”——向更深处扎根，向最末端发力
4月22日	长江日报	学在深处，谋在新处，干在实处，推动市委人大工作会议精神走深走实（报道含汉阳区）
4月23日	长江日报	郭元强赴汉阳区调研时强调，更好统筹疫情防控和经济社会发展，加快推动产业链转型升级
4月26日	长江日报	政协委员亮码进基层，社区居民扫码提意见，“码上办”解决困扰居民多年的空调噪音问题（报道汉阳区）
4月26日	长江日报	汉阳名企“直播带岗”揽贤才
4月29日	长江日报	回望光辉历史，感受国家发展，沉浸式“节目现场”点燃学生炽热中国心（报道武汉市第三寄宿中学）
4月29日	长江日报	汉阳4.3亿元入股招引20余家高新企业成为一家人，以“股东”身份全生命周期助力企业发展，国资股权“重仓”投出产业“丛林”生态
5月2日	长江日报	中国教育学会副会长朱永新点赞韦莉校长：了解孩子走进孩子才能教育孩子
5月2日	长江日报	随时可以进来喝口热水歇歇脚，“阳小驿”为环卫工外卖员“加油续航”
5月5日	湖北日报	汉阳“云开户”上线，新设企业申请开户“掌上办”
5月5日	湖北日报	湖北青创园（汉阳）揭牌——“做最懂最爱青年人的城”
5月6日	湖北日报	汉阳“民情民意联系点”选区全覆盖，“我有一个微信好友，名叫‘人大代表’”
5月7日	长江日报	450个二维码亮相社区搜集民情民意，汉阳人大代表的微信成了居民“报事厅”
5月13日	长江日报	1800米步行街串起汉阳古城文化轴，“知音文化旅游区”将打造5A级景区
5月13日	长江日报	工业码头变身水岸秀场，杨泗港都市T台10月完工
5月13日	湖北日报	用创意之美推动城市更新（报道汉阳区）
5月16日	长江日报	“数字藏品”平台发布，科技成果转化引入“加油站”，地理信息产业“另辟蹊径”，汉阳以科技创新与数字经济“链接”未来
5月20日	长江日报	以市域社会治理现代化试点工作为契机，“红色物业”让基层治理有温度有活力（报道含汉阳区）

报道时间	报道媒体	标题
5月20日	湖北日报	青山江滩、汉阳月湖……以爱之名拉动餐饮、婚庆、文旅等消费，“最美婚登地”牵起浪漫经济产业链（报道含汉阳区）
5月26日	湖北日报	全国公安系统英雄模范立功集体表彰大会湖北31个集体48名个人获表彰（报道含汉阳区）
5月26日	长江日报	武汉公安7个集体、9位民警获全国表彰（报道含汉阳区）
5月26日	长江日报	全国特级优秀人民警察廖宗安参加集中收看后立即回访，与来访群众结亲戚交朋友解燃眉之急
5月26日	长江日报	尊重时光文脉，拥抱城市未来，汉阳树公园怎么建，万元奖金倾听你的建议
5月27日	湖北日报	“十里汽车长廊”崛起新能源汽车博览城——“新能源汽车哪里买，就去汉阳龙阳街”
6月1日	湖北日报	汉阳成立“政协委员、统战成员助企联盟”，为中小微企业建一个“团结之家”
6月7日	湖北日报	工业码头蝶变都市T台（报道杨泗港都市T台）
6月10日	长江日报	“区区小事，满满幸福”走进汉阳龙灯社区，志愿服务积分可兑换健身卡
6月17日	长江日报	同读《小兵张嘎》讲述太爷爷的故事，让“红色”成为学生成长的底色（报道汉阳区钟家村小学新区分校）
6月17日	湖北日报	汉阳知音人才公寓——小空间里“邂逅”童年
6月20日	湖北日报	“数字经济”引领汉阳创新发展
6月21日	长江日报	十里汽车长廊“切换”千亿新能源车赛道
6月28日	长江日报	江欣苑社区挂牌省人大常委会基层立法联系点一年来，提出立法建议百余条，4条被采纳，全过程人民民主就在家门口
7月3日	湖北日报	“阳小驿”与它的近万名“老铁们”——汉阳户外工作者服务驿站的温暖故事
7月5日	长江日报	汉阳区建桥街道党工委书记吴重远：建古城文化轴唤醒千年街巷
7月6日	湖北日报	数字经济、工程咨询、人力资源——汉阳三园齐开奋蹄“先行”
7月8日	湖北日报	中央生态环保督察“督”出一座人民公园——武汉市汉阳区张之洞体育公园诞生记
7月16日	长江日报	市委宣讲团汉阳区宣讲报告会举行
7月20日	长江日报	汉阳琴台社区设立幸福食堂提供托管服务，老人吃上放心餐，小孩暑期玩得欢
7月20日	湖北日报	“立法直通车”开进汉阳江欣苑社区，“街谈巷议”成为立法考量
7月20日	湖北日报	一谱一书一画一片一曲，汉阳奏响当代知音文化琴韵
7月22日	湖北日报	“鸟巢”口袋公园（报道汉阳区知音人才公园）
7月26日	长江日报	为户外工作者进行健康义诊送三伏贴，汉阳区政协委员入驻140个“阳小驿”
7月26日	长江日报	鹦鹉洲头文化墙成小区名片，老旧小区改造改出汉阳文化味
7月27日	长江日报	汉阳树公园概念方案评审结果出炉，明年到汉阳树下感受穿越时光之环
8月5日	长江日报	人大代表进小区为民解忧，百米危墙变法治教育画廊（报道汉阳区洲头街道怡畅园小区）
8月6日	湖北日报	探访“健博会”汉阳馆——科技“汉阳树”枝繁叶茂，产业营收逐年递增
8月8日	长江日报	汉阳140多个“阳小驿”遍布社区和商圈，打造“户外工作者之家”
8月9日	长江日报	潮玩精彩连“夜”绽放，啤酒节发挥“西”引力大汉阳片合力“酿”造武汉西部消费中心
8月10日	武汉电视台	汉阳：改造老旧小区，提升人居环境
8月10日	长江日报	长江日报5G直播车驶进汉阳城管看连续“第一”的秘诀，深度保洁路面可供人“席地而坐”
8月11日	湖北日报	平均入住率80%以上，汉阳楼宇总量三年翻番
8月12日	湖北日报	冲刺中国新能源汽车博览城，千亿级汽车后市场集群“汉阳造”

报道时间	报道媒体	标题
8月16日	湖北日报	三区联盟，大汉阳片崛起武汉西部消费中心
8月21日	长江日报	全市大城管考核，汉阳区缘何实现三连冠——3000环卫工随手拍监督“自家人”
8月21日	长江日报	汉阳树下建“诗画长廊”，市民雍国森提出这一建议获金点子大奖
8月25日	湖北日报	“星火·链网”骨干节点（汉阳）首个应用场景上线，酵母有了“国家认证身份证”
8月27日	长江日报	“小手拉大手”共传廉文化，学生和家长共演情景剧讲述先贤勤廉故事（报道汉阳区）
8月29日	长江日报	马克思主义学院党总支书记当小区书记，理论加实践，专业力量加入治理小区队伍（报道汉阳区）
9月7日	湖北日报	平安大楼律所大楼星空大楼同日揭牌，多彩画笔描绘汉阳宜居宜业新图景
9月7日	长江日报	综合治理、法律服务、未成年人保护，汉阳共同构筑平安底盘，擦亮幸福生活底色，三栋楼聚紧三大平安守护力量
9月12日	湖北日报	汉阳区政务服务“深根工程”高效便民——有事要办，就来小区“红色驿站”
9月22日	长江日报	老酒楼蝶变新潮流打卡地，武汉最大裸眼3D屏点亮钟家村
9月22日	湖北日报	园区揭牌，驿站启用，招才政策发布——汉阳青创城向年轻人“喊爱”
9月27日	长江日报	问题百分百解决，居民百分百满意，汉阳桥西社区楼栋党小组长挂牌义务“办案”，街坊小事不出单元门
9月29日	湖北日报	汉阳区推行“法务+税务+政务”，小切口改革带来营商环境大变化
10月1日	湖北日报	组联盟，建基地，办大赛，汉阳跑步进入“元宇宙”时间
10月11日	长江日报	汉阳区筑牢生态屏障，奋力书写“绿水青山”答卷
10月14日	长江日报	“汉阳树”切换至汉阳“数”，共筑创新创意创业的知音之城
10月17日	长江日报	增进民生福祉，共同奋斗创造美好生活（报道汉阳区江欣苑社区）
10月20日	长江日报	英模王群跨街道开了个工作室，困难群众在她的帮助下找到满意工作
10月21日	湖北日报	真实人试穿虚拟衣，虚拟人走秀梦幻境，国内首个元宇宙时尚秀“双十一”登陆汉阳
10月24日	湖北日报	4000多居民成为微信好友，汉阳区人大代表——“亮码”半年解“千难”
11月8日	长江日报	不拘一格觅知音,汉阳成为人才流向“目的地”，真心实意+真金白银，营造人才“热带雨林”
11月9日	湖北日报	不虚度从警每一分钟，55岁王群主动加重担——到更复杂的社区去干群众工作
11月10日	湖北日报	心揣百姓事，善解千家结，“平安大楼”里走出新时代“枫桥经验”（报道汉阳区）
11月11日	湖北日报	刚柔并济，大小并重，多措并举，汉阳擦亮营商环境法治底色
11月11日	湖北日报	武汉市汉阳区党代会报告出炉——三句话读懂“宜居宜业新汉阳”
11月14日	湖北电视台	武汉汉阳：师生变身艺术家，为老旧小区提“颜值”
11月17日	湖北日报	一年来，汉阳区纪检监察系统五获表彰——办好“关键小事”，擦亮“金字招牌”
11月22日	楚天都市报	天天徒步街头巷尾，专找城市脏乱差，汉阳有一位“爱挑刺”的城管队员
11月27日	武汉电视台	汉阳三里民居社区：小区党员齐上阵，投身社区疫情防控
12月28日	湖北电视台	武汉美术馆琴台馆携“双年展”精彩亮相
12月29日	长江日报	“越级工厂”建在鄂州、仙桃，容百集团区域总部落户汉阳，新能源动力电池“强心脏”搏动武汉都市圈
12月30日	武汉电视台	全球新能源龙头企业落子汉阳

2022年武汉市汉阳区重要文献辑存

汉阳区创新街区（园区、楼宇）建设规划（2022—2025年）（节选）

一、建设基础（略）

二、面临形势（略）

三、建设思路

（一）指导思想。

高举习近平新时代中国特色社会主义思想伟大旗帜，全面贯彻党的十九大和十九届二中、三中、四中、五中、六中全会精神精神，认真贯彻落实习近平总书记关于湖北工作的重要讲话和指示批示精神，深刻领悟“两个确立”的决定性意义，增强“四个意识”、坚定“四个自信”、做到“两个维护”，弘扬伟大建党精神，统筹推进“五位一体”总体布局，协调推进“四个全面”战略布局，坚持稳中求进工作总基调，立足新发展阶段，完整准确全面贯彻新发展理念，围绕湖北省构建新发展格局先行区和武汉打造新时代英雄城市，坚持把科技创新摆在事关全局的核心位置，构建“133”产业体系，集聚三大创新要素，实施四大重点工程，探索一条创新向中心城区集聚、产业向中高端迈进、企业向中高端升级，总体结构布局更优、质量效益更好的城区转型发展新路，把汉阳区打造成“产创城人”聚合示范区。

（二）基本原则

坚持协同聚合。有效整合空间资源、释放功能引领辐射效应，推动科技创新与城市更新不断融合，进一步强化创新策源、盘活要素资源，形成全区协调发展新格局。

坚持功能升级。围绕科技创新，促进重点产业和特色产业向重点区域集聚、集群发展，推进各重点功能区特色化发展、互促互进，形成高效、协调、融合的整体发展格局。

坚持创新策源。释放科研院所、重点企业引领带动效应，探索区、校、企、社协同创新的新模式，推动科技创新资源集聚。

坚持空间统筹。优化土地开发强度，调整开发空间，创新城市更新模式，扩大创新创业、公共服务和公共空间。

坚持智慧生态。将绿色生态、智慧城市等发展理念，全面融入重点功能区建设，借力新基建，提升政府精细化治理能力，推动美好家园建设，着力改善生态环境。

（三）发展定位

顺应国际先进城市“再中心化”趋势，坚持“以产促创、以创聚人、以人兴城”，大力发展新技术、新业态、新模式，加快构建以数字经济为引领，大健康、工程设计建造和汽车后市场为优势，高端装备、科技金融和数字商贸为支撑的“133”现代产业体系，建立创新资源链接新机制，重点突破一批共性质量技术和关键核心技术，开发一批具有国际市场竞争力的重大集成创新成果，培育和引进一批行业领军人才和创业创新团队，打造空间集约、功能复合、产业杂糅、管理智能、多态融合的未来城市形态，建设“产创人城”聚合发展示范区。

（四）发展目标

到 2025 年，汉阳区创新街区建设取得显著成效，基本形成以科技创新为引领的创新发展格局，具体目标是：

创新能力提升实现新突破，打造 1 个省级技术（产业）创新中心，建设 3 大成果转化中心，建成 3 个市级以上技术（产业）创新中心，高新技术企业数量突破 600 家，科学技术支出占本级财政支出的比重达到 2.73%，全社会 R&D 经费投入强度达到 3.5%。

产业发展质量实现新跨越，全区高新技术产值突破 900 亿元，年均增速 50% 以上，专利密集型产业增加值占 GDP 比重达到 13%，发布数字经济场景应用项目 50 个。

载体空间建设实现新成效，新增市级及以上创业孵化载体 20 家，每年建设创新街区（园区、楼宇）不少于 5 万平方米。

四、全面统筹，构建“133”产业体系

（一）创新发展数字经济

聚焦“数字新科技”，抢抓发展新契机。重点培育“网云智”三大产业细分领域，“网”产业重点发展网络安全、工控安全、移动安全、边界安全、地理信息等自主可控安全产品及解决方案“云”产业重点发展以云计算、大数据、区块链为先导的软件和信息服务业；“智”产业重点推动人工智能核心产业与融合应用协同发展。

推进“数字新智造”，形成发展新动能。推广 5G、工业互联网、人工智能等数字技术在工业企业中的应用，加快实现全区规模以上工业企业数字化诊断全覆盖，支持百威（武汉）啤酒有限公司、武汉苏泊尔炊具有限公司、味好美武汉食品有限公司等骨干企业上云、上平台，开展“机器换人”行动，持续提高企业供应链管理数字化水平，建成多个高度自动化、智能化的“母工厂”、“黑灯工厂”示范基地。

布局“数字新服务”，构建发展新优势。加快服务业数字化提升，推进数字技术在金融、商贸、文化、会展、医疗等领域应用，积极开展业态创新，探索线上线下同步互动、有机融合的发展新模式。

（二）做大做强优势产业

大健康产业。围绕建设“‘互联网+大健康’综合示范区”的目标，加快发展医药流通、精准医疗、互联网医疗、健康管理、健康金融等健康产业领域，提升“健康生活·汉阳造”影响力，打造“健康汉阳”品牌。

工程设计建造。围绕打造“全国知名、具有国际影响力的工程设计建造之都”的目标，整体提升南部四新新城总部区环境和服务功能，推进“互联网+设计产业”融合发展，推广BIM（建筑信息模型）成果应用，实现工程设计建造从前期策划、勘察设计、采购分包、施工安装、竣工交付和后期运营的全过程、全要素、全参与方的数字化、网络化、智能化。

汽车后市场产业。围绕建设“华中地区汽车后市场基地”目标，加快建设汽车数据、交易、检测、后市场等服务平台，以数字化推动“人、货、款、客、店”重构，重点发展汽车销售、二手车交易、汽车租赁、汽车金融、新能源汽车服务、汽车赛事等领域，打造“总部经济+汽车4S店”的立体营销服务。

（三）提升发展支柱产业

高端装备。以“新汉阳造”品牌为引领，依托联东U谷汉阳科技港、黄金口5G示范园区等载体，重点发展工业机器人、增材制造装备、智能传感与控制设备、智能安防、可穿戴设备等领域，建设一批智慧工厂、数字化车间。

科技金融。围绕“金融支持实体经济转型升级”目标，依托武汉基金产业基地，联动沪深交易所湖北资本市场培育基地，大力培育地方特色金融业态，积极发展创新金融载体和平台，重点发展创业投资、股权投资、并购重组、数字金融、绿色金融等业态。

数字商贸。聚焦生活服务，探索推进“智慧零售”、“智慧餐厅”、“社交电商”、“内容电商”等开放性数字生活服务平台建设。推动消费场所进行智能化和跨界融合改造，提供“预售+自提”“社区团购”等服务，开展直播带货。推进钟家村、王家湾、四新、五里墩商圈数字化建设，打造高品质数字商圈，提升消费者体验感、商户经营效率和商圈服务能级。

五、营造生态，集聚三大创新要素

（一）强化企业创新主体地位

1. 实施产业链领航企业“聚龙计划”

积极引进一批体量大、科研能力强、可以突破行业关键核心技术的领军企业；加大力度吸引一批国际龙头企业和行业骨干企业在汉阳设立总部、研发中心与高附加值生产基地。支持行业龙头企业通过资产重组、资源整合和引进战略投资者等途径实现强强联合，聚合创新资源，发展成为具有国际竞争力的创新型领军企业。加大对中铁大桥局集团有限公司、中铁大桥勘测设计院集团有限公司、湖北交通投资集团有限公司、中南建筑设计院股份有限公司、湖北省交通规划设计院股份有限公司等龙头企业支持力度，将其培育成全产业链的“链主”企业，占据产业链高端和控制性环节。鼓励“链主”企业依托自身品牌、资金、销售网络优势，通过产业链整合和延伸，带动中小企业集聚发展。

2. 实施高成长企业孵化“竹海计划”

制定高成长企业筛选标准，构建高成长企业培育库，加大高新技术企业认定奖励力度，通过降成本、增效益、强服务政策支持，促进企业提升自主创新能，提升品牌知名度与资源整合能力，助力企业做大做强。鼓励国资平台、龙头企业等牵头成立高成长性企业俱乐部、联盟，建立常态化活动机制，定期举办资本推介，项目路演等活动，构建“科技型中小企业—科技型高成长企业（科技‘小巨人’、‘瞪羚’、‘独角兽’）—高新技术企业”的梯次培育体系，形成壮大一批、培育一批、储备一批可持续的高新技术企业生产线。加快培育科技“小巨人”、“瞪羚企业”、专精特新、“独角兽”等企业，建设中小企业创新创业基地，锁定一批符合汉阳区产业发展方向、市场前景广阔、发展潜力大的科技型创新创业企业，创新孵化条件和孵化方式，完善政府采购向中小企业预留采购份额、评审优惠等政策，帮助企业快速成长壮大。

3. 营造“热带雨林式”创新生态

支持龙头企业搭建技术开源平台、公共技术平台、创客社区、众创空间等平台，打造开放式创新生态圈，带动上下游小微企业和创业者发展，加快形成“以大带小、以小促大”的大中小企业融通发展格局。

（二）建设重大科技创新平台

1. 打造重大研发创新平台集群

重点支持推进华中科技大学与中铁大桥局集团有限公司联合申报的数字建造与工程安全国家技术创新中心建设，打造具有核心竞争力的国际一流工程设计建筑技术重大创新平台集群。加快推进省交投、阿里集团与武汉理工大学联合组建“未来城实验室”，打造智慧交通（城市）重大创新平台集群。加快建设武汉（汉阳造）人工智能研究院，围绕人工智能技术研发中心、成果转化中心、人才实践基地，打造国内外知名的人工智能重大创新平台集群。加快推进湖北工业大学和黄金口都市工业园建设“汉阳工业设计研究院”，打造工业设计重大创新平台集群。

2. 搭建高端技术公共服务平台

规划建设和引进一批国际顶级的创新验证平台，建立一批功能性、普惠型新型科技基础设施与中试平台。依托中铁大桥局集团有限公司、湖北省交通规划设计院股份有限公司、武汉中交交通工程有限责任公司等重点企业，推进与技术转移机构深入合作，探索建立汉阳区技术交易网络平台、技术转移中心和知识产权交易中心，完善知识产权申报、交易、转化综合平台，促进创新成果与市场需求对接、转化落地。

3. 构建专业孵化平台培育体系

重点支持九州通医药集团股份有限公司、卓尔控股有限公司、中铁大桥局集团有限公司等企业在汉阳设立加速器、孵化器与云创新中心等生态型创业孵化载体，激发孵化器在产业资源、资本、人才引入方面的功能作用。支持国内外新型孵化器通过兼并重组、委托运营等形式，改造提升传统孵化器。鼓励和支持社会机构大力开展创业沙龙、创业培训、项目路演等形式多样的创业活动。

（三）增强创新发展人才支撑

1. 引进“高精尖”创新人才

积极实施“菜单式”引才，围绕汉阳发展战略和产业发展规划，建设“三库”联动智慧招才平台，定期发布海内外紧缺人才和团队引进目录。依托中国武汉人力资源服务产业园（汉阳）和武汉市汉阳人才集团，用好“知音计划”、“汉阳英才计划”等人才引进政策，深化实施“资智回汉”等重点工程，大力引进“两院院士”、各专业的学术带头人以及具国际影响力的科技专家。创新制定贯穿人才创业、创新全过程的一条龙政策，聚集海外高层次领军人才和创业团队、拥有核心自主知识产权的专业人才、通晓国际规则的经营管理人才、从事技术转移的高端专业复合型人才。

2. 统筹培养各类创新人才

优先培养高层次创新人才，依托高校、科研机构、重点企业等建设一批高质量人才培养载体，传帮带培育高层次人才；建立杰出人才后备库，支持参与国家重大科技计划、赴海外知名科研机构学习访问等。强化建设经营管理人才队伍，分层分类培养和造就一批具有全球视野、精通现代管理、崇尚自主创新、善于开拓市场的优秀企业家。加强专业技能型人才培育，实施“创新工匠”计划，大规模开展职业技能培训，为企业培养一批创新型、应用型人才。

3. 搭建人才综合服务平台

整合相关职能部门的人才认定、项目申报、配套待遇落实、创业扶持服务等职能，搭建人才一体化综合服务平台，解决人才服务信息碎片化问题，推动人才信息资源部门共享和服务贯通。充分发挥综合服务平台人才需求在线监测和大数据分析功能，及时公布人才供给与市场需求信息，为用人主体和人才提供高效便捷服务。

六、强化支撑，实施四大重点工程

（一）空间保障工程

1. 构建“一轴一谷多点”布局体系

（1）汉阳创新街区（园区、楼宇）楼宇遴选原则

“基于基本要素的楼宇选择”。从楼宇基本要素情况出发，根据各楼宇的产权性质情况来进行筛选，尽量筛选自持楼宇进行规划建设，在可租可售的楼宇中筛选拥有专业化运营的团队来规划。在初步产权性质筛选的基础上结合楼宇自身空置率，楼宇新旧程度等筛选出潜在创新楼宇的空置率（是否提供充足产业空间）、建成时间（楼宇新旧程度）、物业费、地理位置、周边配套等。

“基于产业基础的楼宇选择”。以龙阳湖健康谷为引领，集聚医药电商、健康大数据、高端医疗器械等龙头企业，提升医药物流产业规模，大力推进医药健康产业高质量发展；加快5.5家居园向新能源汽车创意园转型升级，重点打造集新能源数字营销、智能座舱研发、直播电商、改装设计等于一体的后市场生态园区；以太保金科入驻闽东国际为契机，集聚关联企业、招引产业链上下游科创企业，提高对科创资源的吸引力、承载力和集聚力。

“基于品质特征的楼宇选择”。以四新青年友好城建设为契机，从创业服务、资源链接、活动覆盖、投融资对接、组织凝聚等方面，实现全链条孵化、全周期培育、全过程服务，构建开放共享、热带雨林式创新孵化生态环境，建设湖北青创园双创孵化基地；依托汉阳铁厂工业遗址承接汉阳造广告产业园迭代升级，强化现代展陈科技在文旅行业的应用，引进培育一批数字文创IP企业，借助科技的推动做好文化产业的升级融合，打造全国具有影响力的文化创意产业园。

“基于特色楼宇打造工程”。围绕汉阳区科技创新及新兴产业布局方向，选择武汉基金产业基地、武汉星火数字产业大楼、万科未来中心、地信产业大楼、武汉光明中心等，加快打造科技金融、区块链、数字经济、地信产业特色创新楼宇，发展集约型、高密度创新楼宇经济。依托九州通医药集团股份有限公司打造医药电商、健康管理、智慧医疗、健康设备大健康产业发展集聚区，将九州通健康城打造成大健康创新园区。

（2）汉阳楼宇园区布局原则

顺应创新资源再中心化趋势，在四新新城总部片区，充分发挥中铁大桥局集团有限公司、湖北交通投资集团有限公司、中国核工业第二二建设有限公司等龙头企业的引领带动作用，依托华发国际未来城、武汉光明中心、华科育新等载体，沿“国博中央水系—四新大道—梅林东路”建设“T型创新主轴”，重点发展地理信息、数字建造、大数据、云计算、科技研发和孵化器、物联网等新兴业态，打造数字工程建造创新街区。

（3）空间布局体系

根据创新楼宇遴选原则，提出“一轴一谷多点”的布局体系。重点打造“一轴一谷”两大创新街区，包括四新数字工程建造“T型创新主轴”（市级）和龙阳湖健康谷创新街区；全面促进创新园区、楼宇“连点成面”，建设一批创新楼宇及园区，包括加华科技产业园、联东U谷·汉阳科技总部港，以及武汉基金产业基地、武汉区块链产业大楼、汉阳工程咨询产业园等创新楼宇。其中四新数字工程建造“T型创新主轴”（市级）以引进工程设计与建造产业链条为重点，加快重点招商项目开发落地，吸引国内外知名大企业集团来新城设立企业总部、地区总部、研发中心、采购中心、营销中心、培训中心等，促进工程设计建造集群。龙阳湖健康谷创新街区则重点发展医药电商、智慧医疗、健康大数据、健康金融等产业，聚焦打造一流智慧健康科技园。在汉阳区其余位置建造多个创新节点，连点成面致力于成串联“一轴”“一谷”链合发展。

2. 优化产业空间供给

盘活一批“空楼”。按照“规划引导、政策指导”原

则，对闲置楼宇进行资源整理，对闲置楼宇实施分类管理。根据产业布局、楼宇特点，通过出租、售卖、合作等形式招引楼宇企业，提高楼宇资源配置效率。

建设一批“新楼”。根据汉阳发展战略和产业方向，有序推动新开发地块楼宇建设。将楼宇建设标准和功能设计与楼宇产业定位紧密结合，使楼宇的使用功能满足招引目标企业的要求，提高入驻企业的舒适度和满意度。

升级一批“老楼”。鼓励老旧楼宇提档升级，实施老旧楼宇更新改造计划，优先安排建筑面积大、产权集中度高、改造方案成熟的楼宇实施公共部位和场地更新改造、公共设施设备更新改造、外立面更新改造及智能化升级等更新改造工程。

提升楼宇管理水平。拓展汉阳区楼宇招商信息平台功能，探索通过将经济数据与地理信息系统结合形成产业空间地图，重点设置产业空间、产业配套、产业规划、产业政策、街区招商、企业求租、企业推广等模块内容，搭建产业空间载体与优质企业快速对接的产业空间服务平台。

3. 探索建设运营模式

探索“政府主导、市场运作、权属方参与”的改造模式，政府制定改造规划，建立引导性措施体系；推动国有投资企业、专业运营机构、行业领军企业联合组建管理运营主体，鼓励采取“建设—管理—运营”一体化运作模式；社区与小业主成立改造及管理业主委员会，具体负责与政府、开发方的沟通与合作协议签订。支持社会物业、民营园区创新运营模式，追求长期收益，探索“产业空间收益+股权投资收益”模式。针对高科技、高成长性，但同时具有高不确定性的初创企业采用“租金换股权”“服务换股权”模式；针对有自主购买物业诉求的大中型企业开展“产权换股权”模式。支持国有企业建设运营科创空间，充分发挥国有企业资本和资源优势，积极参与创新街区（园区、楼宇）建设，以市场化方式进行资本投资或运营，提高国有资本经营效率。

（二）政策创新工程

1. 创新科创用地政策

优化创新型产业用地供应机制。通过推行“弹性供地”方式，缩短土地供应年限，降低企业所承担的土地成本。推进创新型产业用地采用长期租赁、先租后让、租让结合、弹性出让等方式，建立符合产业发展规划、产业生命周期和产业发展方向的土地供应机制。

创新企业总部联合用地模式。支持辖区重点企业组成联合体，联合申请项目建设用地，共同打造上市企业联合总部大厦、供应链企业联合总部大厦、先进制造企业联合总部大厦、创意设计企业联合总部大厦、科技创新型企业联合总部大厦。

2. 完善创新人才政策

调整人才政策支持方向。发起设立股权激励基金，实施科技企业高管团队激励计划，实施初创企业员工激励计划。加大对国高企业与独角兽企业技术骨干奖励力度。抓住青年创业人才与科技人员的核心诉求，探索建设一批共有产权住房、公租房、蜂巢公寓等保障性住房。通过政府购买服务形式，委托专业机构为每一位被引进人才提供户口公寓住房学位医疗交通一揽子安家服务。

深化人才分类评价和职称制度改革。推进人才评价制度改革，建立以能力、业绩、贡献为主要标准的人才评价指标体系，突出市场发现、市场认可、市场评价，在人才认定、研究课题和科技项目等申报时，不将职称、学历作为必要条件并逐步降低其权重。落实技能等级认定政策，发挥行业、企业等多元评价主体作用。推进专业职称评审社会化，探索对专业学术机构承接职称评审工作法定化，构建行业评价、政府监管、社会监督的人才评价体系。

3. 制定企业扶持政策

制定小微企业扶持专项政策。完善政府采购支持小微企业政策，鼓励联合体投标、建立诚信供应商库等方式不断加大对辖区中小微企业产品及服务的采购扶持力度。以政府采购的良好信誉为担保，对往年完成政府采购项目信誉好、财务和经营状况良好、贷款规模较小的中标企业，根据实际情况试行免抵押和免担保贷款。加快发起设立成立汉阳中小企业发展基金和双创母基金，重点支持辖区的初创企业。

制定“专家特新”、“独角兽”企业培育政策。实施认定入库奖励扶持政策，对获得国家或权威机构认定的“专家特新”、“独角兽”企业给予一次性奖励支持；对获得国家或权威机构认定的“专家特新”、“独角兽”企业的技术改造项目、标准研制类等项目给予一定比例补助。建立“专家特新”、“独角兽”企业培育库出台专项培育扶持政策。对于通过上下游配套、分工协作等方式进入国内领军企业供应体系的汉阳区企业给予专项支持。支持“专家特新”、“独角兽”企业提升自主创新能力和品牌建设，支持企业建设各类国家、省级企业技术中心、工程中心、设计中心，支持企业牵头建立产业创新联盟。

（三）金融赋能工程

1. 发挥科技金融服务效能

深化科技信贷创新。鼓励区内商业银行、信托公司、证券公司等金融机构面向技术创新提供个性化金融服务，重点推进知识产权质押、知识产权证券化（ABS）、科技保险、科技物业资产证券化、供应链金融等科技金融产品创新，促进科技成果资本化、产业化。持续推进“再担园区贷”等金融产品，健全政府性融资担保体系。

畅通产融对接渠道。引入银行、券商、中介机构等金融服务机构，常态化组织科技型企业路演和基金沙龙活动，为初创型企业导入产业基金和产业链资源，着力培养高成长性科创企业。

2. 开发特色金融创新工具

放大政府产业引导基金效应。积极探索有效的创业投资基金运作模式，加强与股权投资公司合作，研究建立政府产业引导基金，发挥政府引导基金的杠杆作用和“乘数效应”，吸引商业银行配套资金，撬动民间投资，拓展社会资本融资渠道。采取“母基金+子基金”运作模式，与拟引入研发创新机构或科创新类基金合作，成立各专业化的子基金，为成果转化项目提供专业资金支持，并助力研发创新机构导入。创新引导基金管理模式，改政府直接管理为委托市场化的专业机构管理，加强绩效考核和退出机制。

探索建立金融支持科创企业全生命服务周期模式。进一步完善股权投资体系、健全风险补偿机制，积极研究推进天使投资、风险投资、产业基金，努力建成覆盖企业种子期、初创期、成长期和成熟期的创新街区（园区、楼宇）特色科创基金体系，切实解决科技企业从技术创新到成果转化再到产业化、市场化的全链条投资需求。

探索优质创新街区（园区、楼宇）项目信托基金模式。鼓励辖区创新载体建设主体与金融机构（银行、券商及深交所）开展合作，探索城市更新项目证券化模式。

3. 加大财政资金支持力度

积极争取省、市资金支持，在科技资金中预留创新街区（园区、楼宇）建设专项资金，对从事创新街区（园区、楼宇）开发、入驻企业给与奖励扶持。采用补改投方式引导国有平台公司加大对从事产业空间改造升级的企业的扶持。认真落实高新技术企业、软件企业、创投企业税收优惠政策及研发费用加计扣除、股权激励、科技成果转化等各项税收优惠政策。

（四）数字赋能工程

1. 加快推进数字新基建建设

推进 IPv6 规模部署，构建高速率、广普及、全覆盖、智能化的下一代互联网建设，以 5G 教育城域网和黄金口 5G 示范园区为依托，落实 5G 基站建设，加快高速智能信息网络建设。加大充电桩、智能电网、摄像头、无线通信模块等数据采集终端部署，提高公共基础设施等智能化、信息化、网络化水平，提升城市智慧管理和服务水平。

2. 建设数字化公共服务平台

支持具有产业链、供应链带动能力的核心企业打造产业数据中台，以信息流促进上下游、产供销协同联动，保障产业链、供应链稳定。鼓励创新街区（园区、楼宇）运营单位面向企业共性需求，推动原材料采购、仓储配送、检验检测、品牌营销、售后服务等全方位共享，建设 5G、工业互联网、数据中心等信息基础设施，探索工业大数据创新应用。支持创新街区和创新园区开展云会议、云展览、云招商、云体验等活动。

3. 搭建智慧化监测管理系统

搭建创新街区（园区、楼宇）监测管理系统，由专人定时更新企业入驻、纳税等信息。建立全区产业空间统计、分析和评价的指标体系，全面掌握区域内楼宇资源数量、发展空间、税收贡献、经营状况等。加快区级各部门企业信息、税收信息、地块信息、项目进度信息等楼宇相关信息的互联互通，加强与市级信息平台之间的对接，通过数据资源创新应用，为制定创新街区（园区、楼宇）建设政策、规范管理等提供决策支持。

七、保障措施

（一）加强组织保障

成立由区委区政府领导任组织，相关局委组成的创新街区建设领导小组，主要负责重大事项的决策，承担宏观指导、统筹协调、监督考核的职能，领导小组办公室设在科经局。各有关部门按职责分工，精心组织安排，落实工作责任，建立健全协同推进创新街区（园区、楼宇）建设工作机制，加强组织领导和统筹协调，定期召开工作会议，沟通进展情况，确保各项工作顺利推进。

（二）创新工作机制

建立“六个一”工作体系，坚持一个创新街区（园区、楼宇）对应一个主导产业、一份龙头企业和“隐形冠军”企业清单、一份招商引资清单、一份重点投资项目清单、一个政策工具包、一家战略咨询支撑机构，逐步实现“一街区（园区、楼宇）、一基金、一展会、一论坛、一协会、一联盟、一团队”，做到专员负责、挂图作战，精准高效推动创新街区（园区、楼宇）建设。

（三）营造创新氛围

支持各创新载体设计形象标识，发挥历史文脉在创新街区（园区、楼宇）建设发展中的引领作用，扩大“汉阳造”影响力，高配置完善城市功能，提升城市品质，结合创新青年创新创业需求，纵深布局休闲文化、医疗教育等生活服务业态，打造专属文创产品，努力形成创新氛围浓厚、具有国际品牌影响力的创新生态环境。

（四）实施监督考核

加强对规划实施的目标责任制考核，强化绩效评估。定期评估规划实施效果，按照各部门意见对规划的重点任务进行动态调整与适时修订，及时解决规划实施过程中出现的问题，保证规划的科学性和可实施性。加强决策、执行、监督相互衔接。

（武汉市汉阳区人民政府）

汉阳区文化和旅游产业发展三年行动计划（2022—2024）

“十四五”时期是武汉建设国际滨水旅游名城、国际文化旅游目的地和国际文化交往中心的关键五年，也是汉阳区文化和旅游业由快速发展迈向高质量发展的重要窗口期，是支撑建设宜居宜业新汉阳的重要机遇期。根据《武汉市文化和旅游发展“十四五”规划》《汉阳区国民经济和社会发展第十四个五年规划和二〇三五年远景目标纲要》《汉阳区文化和旅游业发展“十四五”规划》等，制定本行动计划。

一、指导思想

以习近平新时代中国特色社会主义思想为指引，全面贯彻建设“宜居宜业新汉阳”的总目标，依托汉阳优化“四区支撑、两带拱卫”空间布局以及构建“1+6”现代产业体系等的重要契机，打造汉阳区“文化创意城”，主动发挥文旅融合赋能提升城市软实力的作用，以弘扬汉阳城市文化精神为价值引领，以满足人民日益增长的美好生活需求为根本目的，以高质量文化和旅游发展、高品质文化和旅游生活、高水平文化和旅游交流、高效能文化和旅游治理为发展导向，积极发挥文旅产业在经济增长中的助推作用、在城区品质提升中的先导作用、在民生福祉改善中的桥梁作用，推动汉阳文化和旅游向高密集度、高开放度、高专业度、高知名度提升，使汉阳成为武汉建设国际文化旅游目的地、国际滨水名城和国际文化交往中心的强大支撑和重要示范。

二、基本原则

全民共享原则。让市民游客共享高质量的文旅产品、人性化旅游服务，满足人民日益增长的美好生活需要，塑造市民、游客满意的汉阳文旅品牌。

提质创新原则。对标国内品质城区，提升文旅产业发展质量，推进旅游新产品、新业态和新模式落地，不断强化汉阳在全市文旅产业发展的地位与作用。

深度融合原则。高质量深化文旅互促互融、互动发展，提升文旅产业与商业、科技、体育、金融、城市建设融合能级，不断拓展融合发展新空间。

项目带动原则。以项目为抓手，强化市场意识，提升文旅招商专业能力，积极招引大项目、融合项目、新业态项目；强化服务意识，打通项目堵点，着力推进招引项目落地。

三、发展目标

以武汉建设国际滨水旅游名城、国际文化旅游目的地和国际文化交往中心为总体方向，以打造高能级文旅产业和高品质文旅产品为具体手段，不断优化全域布局、持续提升服务水平，全面推动文旅产业提质进位。

文旅产业转型升级的核心动能区。把握“十四五”时期区域高质量发展的大趋势，围绕文化旅游、会展旅游、旅游演艺、智慧文旅、滨水旅游等方向加速提升核心旅游产品能级，运营一批高品质景区、建成一批高格调综合体、谋划一批高潜力项目，文化和旅游经济贡献向百亿产业迈进，旅游接待超4500万人次，成为支撑武汉建设旅游经济强市的新动能。

文化遗产创新开发的特色体验区。将旧城改造、城市更新与文化遗产活化相结合，探索城市发展中文化遗产利用示范机制，持续推动文化遗产产品创新，推动创建国家级文化产业示范基地、省级文化产业示范园区和省级非遗特色街区，努力将汉阳打造为武汉工业遗产文化示范地、中医药文化遗产体验地和民俗文化遗产传承地。

文旅消费高度集聚的品质示范区。大力开发文化之旅、会展之旅、文博之旅、时尚之旅、演艺之旅、工业之旅等消费线路，大力营造“夜秀、夜游、夜购、夜宴、夜娱、夜展、夜读、夜宿、夜健”等多元消费场景，将琴台中央文化艺术区、汉阳古城文化风貌区、四新方岛智慧科学城、中国（武汉）文化消费体验区打造为文旅消费高度集聚的亮点片区，创建国家级夜间文旅消费集聚区。

文旅服务优化提升的精细治理区。以省级全域旅游示范区创建为抓手，推动旅游公共服务设施布局优化、提质增效，推动旅游公共服务设施与城市公共服务设施空间融合、功能融合。提升传统文旅业态治理水平，探索新型文旅业态的有效监管，推进现代信息技术、大数据管理在文旅管理服务领域中的应用，在文旅治理精细化方面走在全市前列。

四、重点工作

锚定区委“1+6”产业体系发展方向和“三城一中心”建设要求，奋力打造汉阳区“文化创意城”，并以“两区一基地”为重点目标，力争让汉阳古城风貌区成为“国家级夜间文旅消费聚集区”、国博会展文创区成为“华中会展文化数字产业聚集区”、四新工程设计建造市级示范园成为“全国工程设计建造中心”，绘好蓝图定准方向，聚合资源优化环境，以重点任务为驱动为整体工作赋能。

（一）高能级文旅产品提升计划

加快培育精品景区。积极整合龟山风景区、月湖风景区、古琴台、晴川阁和琴台中央文化艺术区的旅游资源，探索创建“知音文化旅游区”，2024年前完成4A级旅游景区评定，并启动5A级旅游景区创建前期工作。全面提升武汉高龙城·国家非物质文化遗产传承园、武汉中华奇石馆、黄鹤楼酒文化博览园、葉開泰中医药文化园的建设水平。推进景区数字化转型、景区游览体验优化，成功创建2家4A级旅游景区。（牵头单位：区文旅局；责任单位：区园林局、晴川街道、鹦鹉街道、洲头街道、江堤街道、龙阳街道、四新街道）

加快提升文博场馆。以武汉建设读书之城、博物馆之城、艺术之城为契机，推进张之洞与武汉博物馆、桥梁博物馆、武汉琴台钢琴博物馆等存量文博场馆“微改造、精提升”，将“以精促美、以美提精、精美相融”的理念贯穿其中，重塑文博场馆旅游体验。推动琴台美术馆、武汉戏曲中心（规划建设）等强化旅游服务功能，打造场馆精美、设施精良、服务精心的新旅游地标。支持书店、咖啡吧、手作店等商业文化空间以及汉阳城市书房等公共文化空间不断创新模式，打造体验精致的网红产品。（牵头单位：区文旅局；责任单位：晴川街道）

加快建设优质项目。加大龟北国际文化中心项目招引力度，突出展览艺术业态、主题酒店业态、精品零售业态等特色，集聚更多的国内外文化组织总部及分支机构、国际文化品牌和有影响的文化节庆活动，打造联接全球优秀文化艺术资源的窗口，成为武汉国际交往中心的核心区。加大国家重大项目谋划力度，主动将汉阳江滩、汉阳古城片区、杨泗港T台融入长江国家文化公园先行区。加大综合型文旅项目建设力度，推动远洋里、融创 1890、四新金茂方岛、四新体育公园、四新城市乐园、玫瑰低碳公园等项目落地，进一步夯实全域旅游发展基础。加大项目招引力度，重点引进文旅头部企业、中国（世界）500 强等市场投资主体，加强与省内湖北省鄂旅投旅游发展股份有限公司、武汉旅游体育集团有限公司、武汉文化投资发展集团有限公司等的深度合作。（牵头单位：区商务局；责任单位：区发改局、区文旅局、各街道）

加强挖掘文旅资源。以琴台中央文化艺术区为重点，积极引进国内外有影响的文艺演出、展览资源，打造武汉最具影响的旅游演艺市场。挖掘历史文物、民间传说、非物质文化遗产等文化旅游资源，不断丰富旅游资源存量。进一步修缮陈正泰木行旧址、圣心堂旧址、绣花堂旧址、汉阳火药厂碾房遗址等重点文物，加快文物开发与利用进度。启动汉阳文化和旅游资源普查工作，引导文化和旅游资源科学保护利用。（牵头单位：区文旅局；责任单位：各街道）

（二）高影响文旅核心品牌塑造计划

彰显知音文化旅游品牌。实施知音文化旅游五个一工程：结合“知音汉阳”树立一个知音文化旅游主题 IP，打响“知小音”、“汉小阳”城市旅游代言形象；结合社区文化建设布局一批社区知音文化驿站，让知音文化进社区；举办一次知音文化旅游高峰论坛，提升知音文化国内外影响；举行一次武汉·知音文化旅游节，拓展知音文化旅游消费载体。（牵头单位：区委宣传部；责任单位：区文旅局、各街道）

强化遗产文化旅游品牌。实施遗产文化旅游“双十双百”工程：打造 10 个代表性的遗产旅游景点，包括古琴台、归元寺、晴川阁（大禹文化博物馆）、汉阳造（张之洞与武汉博物馆）、汉阳树公园、武汉高龙博古城、黄鹤楼酒文化博览园、葉開泰中医药文化园、龟山风景区和远洋里；培育 10 个有影响力的省级以上非遗传承人，讲好汉阳非遗故事；培 养 100 个遗产文化旅游解说志愿者，构筑遗产文化解说矩阵；举办或指导 100 场非遗旅游进校园活动，扩大遗产文化旅游影响。（牵头单位：区文旅局；责任单位：区教育局、团区委、区档案馆）

突出城市会展文旅品牌。实施会展旅游目的地建设工程：一是打造更显魅力的传统节庆，重点举办琴台音乐节、知音文化节、归元庙会、汉阳文博旅游艺术周、汉阳非遗文化旅游节、女子半程马拉松、“相约春天赏樱花”等游客喜闻乐见的节庆活动。二是打造更显活力的产业展会活动，重点围绕“1+6”现代产业体系，推动“一产一展、一业一会”活动，发展符合区域产业发展方向和定位的高端精品会议和展览展示项目。三是打造更加完善的会展产业链，以四新片区为重点，积极招引头部会展企业，不断强化酒店、旅行社会展服务企业的平台化服务能力，提升会展产业能级。（牵头单位：区会展中心、区文旅局；责任单位：区商务局、洲头街道、四新街道）

（三）高质量文旅产业融合计划

“文旅+商业”，打造文旅消费新高地。发挥远洋里、融创 1890 等地标性文旅综合体的带动作用，推动国际知名品牌区域首店落户汉阳，不断提升服务品质。持续做好“汉阳喊你来打卡，汉阳请你来过节”品牌活动，强化“全城抢购汉阳造、全民引爆汉阳 MALL、全域畅享汉阳游”品牌效应，举办各类文商旅消费促进活动。依托钟家村、王家湾、四新片区等商圈的辐射作用，建设一批商圈文化旅游展示“微空间”。结合汉阳文旅资源优势，融合汉阳知音文化、遗产文化、工业文化、汽车文化等，开发设计一批具有较高市场影响力和受欢迎的文旅商品，打造“汉阳有礼”文化旅游商品系列。（牵头单位：区商务局、区文旅局；责任单位：各街道）

“文旅+科技”，打造文旅体验新阵地。加强现代制造科技和现代展陈科技在文旅行业的应用，开发一批基于 VR/AR、AI 等技术的新型文旅产品。提升汉阳文旅综合管理智慧化水平，构建集文化旅游资源数字化展示、游客消费需求分析、汉阳文旅品牌宣传和旅游公共服务指引于一体的“一机游汉阳”智慧文旅平台。推动文旅行业数字化转型，鼓励代表性景区、酒店、餐厅、网红打卡地等推出基于微信小程序的“云名片”，将旅游服务由线下向线上延伸。抓住数字经济趋势，重点引进电竞赛事、建设电竞体验基地，探索“元宇宙”与汉阳文旅资源的融合，开辟数字文旅产业发展新赛道。（牵头单位：区文旅局；责任单位：区科经局、区商务局）

“文旅+研学”，打造文旅发展新领地。支持市场主体开发各类研学旅游线路、研学课程，形成以博物馆研学为引领，以大健康研学、非遗研学和生态研学为支撑的课程体系。推动全国研学旅行示范基地创建，策划“走读汉阳城，研学博物馆”研学旅行活动，不断提升汉阳在全市的研学旅行影响力。开发一批研学旅游商品，力争研学旅行文创产品达 100 件以上。（牵头单位：区文旅局、区教育局；责任单位：团区委、各街道）

（四）高精准文旅营销创新计划

提升活动影响。加大文旅活动资金投入，推动城旅一体的目的地品牌建设：启动“知音汉阳”文旅品牌评选工作，包括十佳文博场馆、十佳城市景观打卡点、十佳酒店、十大特色小吃和十佳文旅服务志愿者。持续优化“琴台知音读书会”、“汉阳悦读树”等品牌内涵，突出文旅特色，形成在全国较有影响的文旅阅读品牌。打造公益旅游服务品牌，组织开展旅行分享会、旅游公益讲座、微游汉阳等体验活动。打造商圈品牌，支持文旅商综合体举办各类文创特展、品牌展示和夜间消费活动，带动各大商圈和商业功能区的时尚热点和市场影响力。（牵头单位：区文旅局；责任单位：区教育局、区商务局、区团委、区园林局）

创新营销方式。整合传统媒体、新媒体、网络平台资源，用好“报+网+端+微”的融媒体矩阵，逐步形成兼具各媒体特色的全媒体融合传播方式，实现对“知音汉阳”形象的全要素、全媒体、全渠道营销。发挥汉阳融媒体中心在文旅营销中的作用，充分运用“知小音”

“汉小阳”当好汉阳文旅星推官，支持融媒体中心运用XR等技术推介汉阳文化旅游。提升汉阳文旅官方微信号宣传能力，植入汉阳智慧文旅平台，持续扩大官微影响力。推进文旅品牌营销与文商旅等有机结合，组建汉阳文旅产业发展联盟，借助市场主体联合推广汉阳文旅品牌。（牵头单位：区委宣传部；责任单位：区融媒体中心、区文旅局、各街道）

拓展客源市场。以游客总量提升为目标，不断拓展区域旅游客源市场。加强汉阳与武汉市主城区在旅游线路设计、旅游客源互送、文旅品牌宣传等方面的合作，开展“武汉人游汉阳”活动，提升汉阳文旅在市内的曝光度与显示度。依托长江经济带、中三角无障碍旅游区建设等契机，积极参加跨区域文化旅游交流活动，提升汉阳在省内外重点客源市场的知名度。积极开展旅游展销会推介，加强与各地旅游行业和企业的交流合作，利用中国（武汉）文化和旅游博览会等平台向全国推介汉阳。（牵头单位：区文旅局；责任单位：洲头街道、晴川街道）

（五）高效率旅游服务提升计划

优化旅游基础设施。进一步提升游客中心服务功能，对主要A级景区游客中心咨询服务、游客集散功能进行优化，筹划建设汉阳区域游客集散中心。推进汉阳长江游船停靠点建设，争取纳入武汉市主要长江夜游线路；结合全域资源空间布局，推进“景景通”汉阳精品旅游专线建设。按照“分布合理、管理规范、免费开放”的原则，持续优化区内旅游厕所布局，新增AAA旅游厕所3座，主要游览场所实现A级旅游厕所全覆盖。（牵头单位：区文旅局；责任单位：区城管局、区建设局、区交通大队、各街道）

完善旅游标识体系。围绕“知音汉阳”，结合全域旅游示范区创建标准，设计汉阳文旅Logo及标识体系，形成规范、统一的旅游信息标识标牌导向系统。丰富旅游标识牌内容，按照国家4A级景区要求，采用至少三种语言介绍旅游资源，同时在城区关键节点（A级景区、旅游集散点、博物馆、“景景通”沿线等）进一步补充汉阳全域旅游全景导览图、局部导览图、景点介绍牌、安全提示牌、公共服务指引牌等。增加旅游交通导引标识，完善区内城市主干道、快速路、交通场站等旅游交通标识系统。结合数字文旅发展趋势，逐步推进电子旅游标识牌布局，优先在知音文化旅游区引进电子旅游标识牌，提升旅游标识导览智慧化水平。（牵头单位：区文旅局；责任单位：区建设局、区城管局、区交通大队、各街道）

提升旅游解说体系。以游客游览效率提升为目标，编制自驾游手册、全域旅游地图、核心区域手绘地图等面向游客的宣传资料；推进主要景区、博物馆更新解说内容，引进线上（微信）解说系统、无线解说设备等新型解说载体；率先在武汉主城区引入AR技术，实现智能可视化导航解说功能，提升解说服务能力；培育一批面向大众的传统解说员，选拔一批小小解说志愿者，树立一批解说典型，构建体系完备的解说员队伍。（牵头单位：区文旅局；责任单位：区教育局、团区委）

强化文旅消费服务。借鉴国内一流城市旅游服务标准与经验，提升旅游行业治理能力。加强对区域内洲际、世茂希尔顿、晴川假日、希尔顿欢朋等国际品牌酒店以及连锁酒店的服务指导，注入“知音汉阳”文化符号。引导规范城市民宿、非标住宿设施有序发展，挖掘一批城市美景民宿、精品酒店。以玫瑰街改造为契机，加快培育一批体现汉阳美食特色的旅游饭店、主题餐厅、小吃店，不断提升旅游餐饮服务质量。进一步指导区内旅行社门店、OTA提升综合管理水平。进一步提升旅游窗口单位从业人员素质，鼓励出租车公司一线人员提升服务质量。加强文化和旅游行业与公安、交通、消防、商务、食品、安监、卫生等联合执法，提高执法水平。加强旅游安全宣传教育，提高企业、游客旅游安全意识。（牵头单位：区商务局；责任单位：区公安分局、区交通大队、区消防大队、区市场监管局、区卫健局、区文旅局、区融媒体中心等）

五、保障措施

加强组织保障。加强区政府对文旅工作的领导，成立政府主要领导任组长的区文旅产业发展领导小组，将文旅产业纳入国民经济和社会发展的统一部署、统一建设当中，把文旅业绩纳入区直部门、街道的绩效考核体系。加强部门协作，建立常态化的工作协调机制。

加强规划保障。组织国内、省内有影响力的机构参与汉阳文旅产业相关规划的编制，完成《汉阳区全域旅游发展总体规划》《武汉知音文化旅游区总体规划》及主要景区创建4A级旅游景区整改提升规划。聘请国内、省内有影响力的专家组成汉阳文化和旅游智库，参与汉阳文旅产业重大项目咨询、规划评审等工作。

加强政策保障。加大区财政投入力度，提高文化和旅游专项经费财政支出比例，建立与文旅经济贡献相适应的财政保障机制，文化和旅游产业相关工作保障资金纳入公共财政经常性支出预算。对“行动计划”期间的重大项目列入城区文化和旅游基础设施建设规划，设立专项，予以重点保障。出台旅游产业高质量发展的政策体系，通过以奖代补的形式重点支持A级景区创建、旅游厕所改造、数字化水平提升、文旅新业态引进以及重大文旅项目前期培育等领域。优化旅游投资环境，联合相关部门在金融、旅游用地、税费等方面给予优惠。

加强人才保障。根据文旅产业发展需要，加大文旅人才培养力度。积极引进和培养文旅经营创意人才、文旅高级经营管理人才，加强对文旅行业中层以上人员岗位培训和基层服务人员的技能培训，鼓励区直部门、街道等招收旅游管理类专业背景的人才。通过校企合作、建立实训基地，招募和吸引文旅专业人才，缓解文旅行业人才结构性紧缺难题。

（武汉市汉阳区人民政府）

索 引

说　明

一、本索引采用主题分析法，按主题词首字汉语拼音（同音字按声调）顺序排列；首字相同者，按第二字音序排列，依次类推。

二、主题词后的阿拉伯数字表示内容所在的页码，数字后的拉丁字母（a、b、c）表示该页码从左至右的栏别。类目、分目名称用黑体字标注。

三、“特载”“专记”“大事记”“统计资料”“附录”等类目及全书图片未作索引。

四、表格索引以页码先后顺序排列。

条目索引

数字首

字母首

A

B

C

D

E

F

G

K

L

R

S

表格索引